버트런드 러셀(1872~1970)

▲러셀이 어린 시절을 보낸 집 리치먼드 공원에 있는 팸브룩 로지 러셀은 네 살 무렵 부모를 여의고 조부모 아래서 자랐다.

◀러셀 흉상 마르셀 퀸튼. 런던, 붉은 사자 광장(레드라이언 스퀘어)

▲케임브리지 대학교
의 트리니티 칼리지
러셀은 이 대학에서
수학을 공부하고, 케
임브리지 대학원에서
수학과 철학을 접목
시키는 연구를 했다.
자신에게 수학을 가
르쳤던 화이트 헤드
와 공저로《수학원
리》(3권, 1910~13)를
펴냈다.

▶화이트 헤드(1861~
1947)
케임브리지 대학에서
수학을 전공하고 같
은 대학 강사, 런던
대학 교수를 지냈다.

고틀로프 프레게(1848~1925) 독일의 수학자·논리학자로서 수리논리학 창시자.
러셀은 프레게의 기초 논리분석 토대 위에 자신의 '분석철학'을 연구 발전시켰다. 러셀의 이러한 선구적인 연구는 20세기 영·미철학의 지배적 흐름이 되었다.

프리드리히 슐리크(1882~1936) 독일의 철학자. 빈 대학교 철학교수로 빈 학파 창설자.
1920년대 빈에서 활동한 학자들 중 러셀의 분석철학적 방법을 발전시킨 학자들을 '빈 학파'라 하며 이들의 주요 관심사는 과학적 세계관에 철학적 토대를 세우는 것이었다. 이들의 철학은 그 뒤 논리적 실증주의라 불렸다.

▲핵무기 반대 거리행진 1961년 2월 18일

1950년대에 러셀은 철학에서 정치로 관심을 돌리기 시작했다. 1958년 그는 반핵단체 의장이 되었다. 1961년 러셀은 런던에서 영국의 핵정책을 반대하며 선두에 서서 거리 시위(위)와 연좌농성(아래)을 벌이고 있다.

◀국방성 앞에서 연좌 데모 러셀은 여기에서 체포되었다.

THE
PROBLEMS OF
PHILOSOPHY

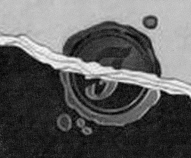

by
Bertrand Russell

《철학이란 무엇인가(철학의 모든 문제)》(초판, 1912) 표지

A 20TH-CENTURY
APPROACH TO
INCREASING YOUR
CAPACITY FOR
ENJOYMENT

THE CONQUEST OF HAPPINESS

BERTRAND RUSSELL

WINNER OF THE NOBEL PRIZE

《행복의 정복》(초판, 1930) 표지

세계사상전집084

Bertrand Arthur William Russell
THE PROBLEMS OF PHILOSOPHY
THE CONQUEST OF HAPPINESS

철학이란 무엇인가/행복의 정복

B.A.W. 러셀/정광섭 옮김

동서문화사

디자인 : 동서랑 미술팀

철학이란 무엇인가/행복의 정복
차례

The Problems of Philosophy
철학이란 무엇인가

머리글

앞으로 여기서 중점적으로 다루게 될 철학적인 문제들은 긍정적이고 건설적인 관점에서 논할 수 있는 것들이다. 부정적인 비판으로 일관하는 것은 옳지 않다고 생각하기 때문이다.

이런 이유로, 이 책에서는 형이상학보다 지식 이론에 더 큰 비중을 둘 것이며, 철학자들의 주요 관심사인 주제들을 다루더라도 아주 짧게만 언급할 것이다.

나는 무어(G.E. Moore)와 케인스(J.M. Keynes)의 미간행 저술에서 귀중한 도움을 얻었다. 무어에게서는 물리적 대상과 감각 자료의 관계에 대한 도움을, 케인스에게서는 확률과 귀납법에 대한 도움을 얻었다. 또한 머리(Gilbert, Murray) 교수의 비평과 제의가 큰 힘이 되었다.

1912년 저자

제1장
현상과 실재

　이성적인 사람이 의심하지 못할 정도로 확실한 지식이라는 것이 과연 이 세상에 있는 것일까? 얼핏 보기에 아주 쉬운 질문같이 여겨질지 모르나, 사실은 가장 어려운 질문 가운데 하나이다. 이 질문에 대해 바르고 확신 있는 대답을 제시하려고 할 때, 장애물이 존재함을 깨달았다면 비로소 철학적 연구를 시작할 준비가 되었다고 말할 수 있다. 왜냐하면 철학이란 그런 궁극적인 질문에 대답하려는 시도에 지나지 않기 때문이다. 그러나 철학은 우리가 일상 생활에서, 심지어 과학에서 그러는 것처럼 부주의하고 독단적인 방법에 의해 대답하려는 시도가 아니라, 그 문제를 어렵게 만들고 있는 모든 상황을 살피고, 우리들의 일상 관념 속에 깃들어 있는 모든 애매함이나 혼란을 자각한 다음 비판적으로 대답하고자 하는 시도를 말한다.

　우리가 일상 생활에서 확실하다고 생각하는 대부분의 것들을 잘 검토해 보면, 명백한 모순을 많이 포함하고 있음을 알 수 있다. 그러므로 우리가 정말 믿어도 되는 것이 무엇이냐 하는 것은, 심사 숙고한 연후에라야 비로소 알 수 있다. 확실한 것을 찾기 위해서는 현재의 경험에서 출발하는 것이 자연스러우며, 어떤 의미에서 지식은 이 경험에서 나온다. 그러나 직접적인 경험이 알려주는 것이 무엇이냐에 관한 진술은 모두가 아주 틀리기 쉽다. 나는 지금 어떤 모양의 테이블을 앞에 놓고 의자에 앉아 있다. 그리고 테이블 위에는 손으로 썼거나 인쇄된 몇 장의 종이가 보인다. 고개를 돌리면 창 밖에는 빌딩숲이며 구름이며 태양이 보인다. 태양은 지구에서 약 9천 3백만 마일 떨어져 있으며, 지구의 몇만 배나 되는 뜨거운 열을 발산한다. 지구가 자전하면서 매일 아침 떠오르는데, 앞으로도 영원히 반복될 것이다. 만일 누군가 정상적인 사람이 내 방에 들어온다면 그 사람도 내가 보고 있는 것과 같은 의자, 테이블, 책, 종이 등을 볼 것이다. 그리고 내가 보고 있는 테이블은 내가 팔꿈치를 짚고 있는 테이블과 같다. 이러한 모든 것은 명백한 사실이므로 나의 지력을 의심하는 사람에게 대답할 의도가 아니라면, 특별히 말할 필요가 없다고 여겨질지도 모른다. 그러나 이 모든 것은 당연히 의심해 볼 만한 일이며, 또한 이를 한치도 어긋남 없는 진실이라고 단언하기 위해서는 충분하고도 면밀한 정도가 요구된다.

어떤 어려움이 있는가를 분명히 하기 위해 다시 테이블 문제로 돌아가 보자. 테이블은 직사각형이고 갈색인 데다 광택이 난다. 손으로 만져 보니 매끈하고 차갑고 단단하다. 두드리니 나무 소리가 난다. 테이블을 보고, 만져 보고, 그 소리를 들은 사람이라면 누구나 이 묘사에 동의할 것이다. 별다른 어려움이 없어 보이지만, 그러나 좀더 깊이 들어가 정밀하게 살펴보려고 하면 곧 성가신 문제가 일어난다. 나는 이 테이블의 어디를 보거나 그 '실재'의 색은 같다고 믿지만 빛을 반사하고 있는 부분은 다른 부분보다 훨씬 밝게 보이고 또 어떤 부분은 반사광 때문에 희게 보인다. 만약 내가 움직인다면 빛을 반사하는 부분은 달라질 것이다. 따라서 테이블의 부분 부분에서 보이고 있는 색깔도 변화할 것이다. 그러므로 만일 몇 사람이 동시에 이 테이블을 보고 있다고 하면, 정확하게 같은 색의 분포를 보고 있는 사람은 아무도 없는 셈이 된다. 왜냐하면 두 사람이 정확히 같은 시점에서 테이블을 본다는 것은 있을 수 없는 일이고 시점이 조금이라도 변하면 빛의 반사에도 약간의 변화가 생기기 때문이다.

실용적인 목적을 갖고 있는 사람들에게 이런 차이쯤 아무래도 상관없는 일이지만 화가에게는 이것이 아주 중대한 일이 된다. 화가란 사물에 상식적으로 '실재'라고 여겨지는 색이 있다고 생각하는 습관을 버리고 눈에 보이는 대로 사물을 보는 습관을 습득해야 한다. 여기서 벌써 철학에서 가장 골칫거리 중 하나인 구분의 문제가 시작된다. 즉, 그것은 '현상(appearance)'과 '실재(reality)'와의 구분, 즉 사물이 어떻게 보이느냐와 진실로 무엇이냐의 구분이다. 화가는 사물이 어떻게 보이는가를 알고자 하고, 실제적인 사람이나 철학자는 사물이 진실로 무엇인가를 알고자 한다. 그러나 이 알고자 하는 욕구는 실제적인 사람보다 철학자 쪽이 훨씬 강한 데다가 또 이 질문에 대답하는 어려움 때문에 철학자 쪽이 더 이 문제에 골치를 앓는다.

다시 테이블 문제로 돌아가기로 한다. 지금까지 살펴본 바로는, 하나의 테이블에 관해서 또는 그 테이블의 특정한 어느 부분에 관해서 뚜렷하게 '진짜' 색깔로 규정할 수 있는 색깔이 없었고, 전부 보는 시점에 따라 다른 색깔로 보였으며, 한 색깔을 다른 색깔보다 더 '진짜' 색깔로 볼 이유도 없었다. 그리고 또 어느 특정한 시점에서 본다고 하더라도 인공 조명 아래에서는 색맹이거나 푸른색 안경을 쓴 사람에게는 각각 색깔이 달라 보일 것이다. 또 테이블은 어둠 속에서 그 색깔이 사라지겠지만, 만지거나 두드리거나 하는 데는 변함이 없을 것이다. 그렇다면 이 색깔은 테이블의 고유한 것이 아니라, 테이블과 보는 사람과 테이블에 비치는 광선에 따라 달라지는 것이 된다. 우리가 일상 생활에서 테이블의 진짜 색깔이라고 말하는 것은, 정상적인 관찰자가 보통의 광선 상태 아래서 보통의 시점에서 보는 색깔을 뜻할 뿐이다. 그러나 다른 조건 아래 나타나는 다른 색깔도 진짜 색깔로 간주될 동등한 권리가 있다. 그러므로 공평을 기하기 위해서는 테이블이 본질적으로 고유의 색깔을 가지고 있다는 생각을 부정할 수밖에 없다.

똑같은 말을 테이블의 나뭇결에 관해서도 적용할 수 있다. 육안으로 보면 나뭇결이 보이기는 하지만 그 밖에는 매끈하고 평평하다. 그러나 만일 현미경으로 본다면 거칠거칠한 표면과 골과 언덕, 육안으로는 볼 수 없는 여러 가지 요철이 보일 것이다. 어느 쪽이 '실재하는' 테이블일까? 물론 우리는 현미경으로 본 테이블 쪽이 좀더 참다운 실재에 가깝다고 말하고 싶을 것이다. 그러나 이것도 더 배율이 큰 현미경을 쓰면 달라진다. 만약 우리가 육안으로 보는 것을 믿을 수 없는 것이라고 한다면, 어째서 현미경으로 보는 것은 믿으란 말인가? 이렇게 해서 또다시 최초의 감각에 대한 신뢰가 우리들로부터 멀어져 간다.

테이블의 '모양'도 역시 마찬가지이다. 우리들은 모두 사물의 '실재' 형태에 관해서 판단하는 습관을 가지고 있는데, 아무런 의식도 하지 않고 그렇게 하기 때문에 우리가 참다운 실재의 모양을 보고 있는 것으로 믿어 버린다. 그러나 실제로 그림을 그리려고 하면 누구나 알게 되는 것처럼, 똑같은 대상도 시점이 달라짐에 따라 여러 가지 모양으로 보이는 법이다. 이 테이블의 '실재'는 직사각형이라 하더라도 거의 어디에서 두 개의 예각과 두 개의 둔각을 갖고 있는 것처럼 보인다. 대변은 평행인데도 보통은 하나의 선으로 모아지는 것처럼 보일 것이다. 두 변의 길이가 같다면 가까운 쪽이 긴 것같이 보일 것이다. 이런 것은 대개 보통 테이블을 무심히 바라볼 때는 깨닫지 못한다. 왜냐하면, 경험을 통해 외견상의 모양에서 '실재'하는 모양을 구축하도록 했고, 그 '실재'

하는 모양이 보편적인 인간의 관심을 끌기 때문이다. 그러나 이 '실재' 모양은 우리들이 현재 보고 있는 것이 아니라 보고 있는 것에서 추론된 것이다. 우리가 현재 보고 있는 것은 우리가 방 안을 왔다갔다 함에 따라 줄곧 그 모양을 바꾼다. 그러므로 여기서도 감각은 우리들에게 테이블에 관한 진리를 부여해 주지 않고, 단지 테이블의 현상에 관한 진리만을 부여해 주는 것으로 보인다.

촉각에 관해서 생각할 때도 비슷한 곤란이 생긴다. 테이블은 언제나 딱딱한 느낌을 주므로, 우리는 테이블이 압력을 버텨 낸다고 생각한다. 그러나 우리들이 느끼는 감각은 우리가 어느 정도 세게 테이블을 미느냐, 또는 몸의 어느 부분으로 미느냐 하는 것에 의해서 좌우된다. 따라서 미는 힘이나 사용하는 몸의 부분이 달라짐에 따라서 변화하는 온갖 감각이 테이블의 직접적이고도 결정적인 성질을 나타낸다고 생각할 수는 없다. 고작해야 그것은 어떤 성질의 표시라고 생각될 따름이다. 아마 그 모든 감각은 그 성질에 의해서 야기된 것일 테지만 그 성질이 그 감각들에 실제로 나타나 있지는 않다. 이와 똑같은 말을 테이블을 두드릴 때 나는 소리에 더 명확하게 적용할 수 있을 것이다.

이렇게 생각해 보면 만일 정말로 실재하는 테이블이 있다고 하더라도 그 테이블은 우리가 보거나 만지거나 듣거나 해서 직접 경험하는 것과는 다르다는 사실이 명백해진다. 정말로 실재하는 테이블이 있다면, 그것은 우리들 모두에게 직접 알려지는 것이 아니라 알려진 것에서 추론된 것임이 분명하다. 여기서 매우 곤란한 두 가지 문제가 한꺼번에 생긴다. 첫째, 도대체 정말로 실재하는 테이블이 있을까? 둘째, 만약 있다면 그것은 어떤 종류의 것인가?

이 문제를 생각하기 위해서는 그 의미가 분명하게 확립되어 있는 두세 가지 간단한 용어를 쓰는 것이 편리하다. 감각 면에서 직접적으로 알려지는 것, 즉 색깔이라든가 소리라든가 냄새, 경도(硬度), 거칠거칠한 정도 등을 '감각자료(sense data)'로 부르기로 한다. 그리고 이런 것들을 직접적으로 지각하는 경험은 '감각(sensation)'이라고 이름 붙이기로 한다. 이렇게 하여 우리가 어떤 색깔을 본다는 것은 그 색깔의 감각을 갖는다는 말이 되고, 색깔 그 자체는 감각이 아니라 감각자료가 된다. 색깔은 우리들이 직접적으로 지각하는 색깔을 말하는 것이고, 지각 자체는 감각이 된다. 그러므로 우리가 테이블에 관해서 무엇인가를 안다고 하면, 분명히 그것은 갈색이라든가 직사각형이라든가 매끄럽다고 하는 테이블과 관련된 감각자료를 통해 테이블을 안다는 뜻이다. 그러나 앞에서 말한 이유에 의해서 테이블이 바로 감각자료를 의미한다거나, 감각자료가 직접적인 테이블의 성질이라고는 말할 수 없다. 따라서 만약 '실재(實在)'하는 테이블이 있다면, 이 실재하는 테이블과 감각자료의 관계가 무엇이냐 하는 문제가 생긴다.

실재의 테이블이 있다고 치고, 이것을 우리는 '물적 대상(物的對象, physical object)'이라고 이름 붙이기로 하자. 그러면 문제는 감각자료와 물적 대상과의 관계이다. 일체의 물적 대상을 합쳐서 '물질(matter)'이라고 부른다. 그러면 앞의 두 가지 문제는 다음과 같이 고쳐 말할 수 있다. 첫째, 도대체 물질이라는 것이 있는가? 둘째, 만약 있다면 그 본성은 어떤 것인가?

철학자 버클리 주교(1685~1753)는 처음으로 감각의 직접적인 대상이 우리와 떨어져서 존재한다고 볼 수 없다는 것을 여러 가지 이유를 들어서 주장했다. 그의 저서 《하일라스와 필로누스가 나눈 세 가지 대화, 회의론자와 무신론자를 반박하다》는 물질이라는 것은 존재하지 않으며, 세계는 마음과 그 관념으로 이루어진 것에 불과하다는 것을 증명하려 한다. 하일라스는 그때까지 물질의 존재를 믿고 있었으나 필로누스에게 전혀 대항할 수가 없었다. 필로누스는 사정없이 하일라스를 모순과 역설로 몰아넣고, 끝에 가서는 하일라스에게 물질을 부정하는 것이 당연한 것으로 받아들이게 한다.

그 책에서 사용된 논법은 가치 있는 것도 있고 없는 것도 있다. 어떤 것은 중요하고 정당하다. 어떤 것은 혼란스럽고 억지스럽다. 그러나 물질의 존재를 부정해도 불합리에 빠지지 않는다는 것, 또 우리와 떨어져서 존재하는 것이 있다고 하더라도, 그것은 우리들의 감각의 직접적인 대상이 될 수 없다는 것을 밝힌 것은 버클리의 공적이다.

우리들이 물질이란 존재하느냐는 질문을 할 때, 거기에는 두 가지의 다른 문제가 포함되어 있으므로 이것을 분명히 해 두는 것이 중요하다. 보통 '물질'이라면 '마음(mind)'에 대립하는 어떤 것, 즉 공간을 차지하지만 어떤 종류의 사고도 의식도 못한다고 생각되는 것을 의미한다.

버클리가 물질을 부정한 것도 주로 이런 뜻에서이다. 그는 일반적으로 테이블의 존재를 나타내는 표시로 받아들이는 감각자료가 실제로 우리와 떨어져 존재하는 어떤 것의 표시라는 사실을 부정하고 있지는 않다. 그가 부정한 사실은 이 어떤 것이 심적인 것이 아니라는 것, 그것은 마음도 아니고 어떤 마음에 품은 관념도 아니라는 것이다. 그는 우리가 방을 나가거나 눈을 감더라도 분명히 계속해서 존재하는 어떤 것이 있다고 생각했고, 우리가 테이블을 본다고 말하는 것은 우리가 보고 있지 않은 때도 무엇인가가 존재한다는 사실을 말해 주는 근거라고 받아들였다. 그러나 그는 이 어떤 것의 본성(本性)이 우리들이 보는 것과 근본적으로 다를 수는 없다고 생각한다. 즉 본성이 우리가 보는 것과는 다른 문제라 할지라도 일반적으로 보는 것으로부터 독립되어 있을 수는 없다고 생각했던 것이다. 이렇게 해서 그는 '실재'하는 테이블을 신에 내재한 한 관념이라고 생각하게 된다. 그러므로 그 관념은 우리가 직접적이고 즉각적으로 알 수는 없지만, 추론은 할 수 있다는 점에서 완전히 알 수 없는 것이 아니면서도—그렇지 않았다면 물질은 완전히 알 수 없는 것이 되었을 것이다—영원성과 인간으로부터의 독립성을 갖게 된다.

버클리 이후의 철학자들 중에서도, 테이블의 존재 여부가 내 눈에 보인다는 사실에 달려 있지 않고, 어떤 마음에 의해서 보인다(혹은 이것을 '감각'으로 말할 수도 있다)는 사실에 달려 있다고 주장한 사람들이 있다. 이 어떤 마음이란 반드시 신의 마음일 필요는 없고, 오히려 전 우주의 집합적인 마음 같은 것이다. 그들이 이러한 주장을 하는 주된 이유는, 버클리와 마찬가지로 그들 또한 마음과 그 마음의 사고나 감정 이외에는 실재하는 것이 아무것도 없다고 생각하기 때문이다. 그들의 견해를 뒷받침하고 있는 논법을 우리는 다음과 같이 말할 수 있을 것이다. "무엇인가 생각의 대상이 된다면, 그 대상은 그것을 생각하는 사람의 마음 속에 있는 관념이다. 그러므로 마음에 있는 관념 이외에 생각할 수 있는 것은 아무것도 없다. 따라서 그 이외의 것은 모두 마음에 받아들일 수가 없고 마음에 받아들일 수 없는 것은 존재할 리가 없다."

나는 이 같은 주장에 오류가 있다고 생각한다. 물론 이런 주장을 펼치는 사람은 이처럼 간단하고 거친 논법을 쓰지 않는다. 그러나 옳든 그르든 간에 이 주장은 여러 가지 형태로 매우 널리 전개되었다.

대다수의 철학자들이 마음과 그 마음의 관념을 빼고는 아무것도 실재하는 것이 없다고 주장했다. 그런 철학자들을 '관념론자(idealist)'라고 부를 수 있을 것이다. 물질을 설명할 때 그들은, 버클리처럼 물질이란 실재로는 여러 관념의 집합일 뿐이라고 주장하거나, 또는 라이프니츠(1646~1716)처럼 대체로 기본적인 마음의 집합이라고 주장한다.

그러나 이 철학자들은 마음에 대립하는 물질은 부정하지만 다른 뜻의 물질은 인정한다. 앞서의 두 가지 질문을 떠올려 주기 바란다.

(1)도대체 실재하는 테이블이란 있는 것인가?
(2)만약 있다고 하면 그것은 어떤 것인가?

버클리도 라이프니츠도 실재하는 테이블이 있다는 것은 인정한다. 다만 버클리는 그것을 신의 마음 속의 관념이라고 한 데 반해 라이프니츠는 정신의 집합체라고 말하고 있다. 그러므로 두 사람 모두 (1)에 대해서는 긍정적인 대답을 하고 있으나, (2)에 대한 대답에서는 보통 일반 사람들과 견해를 달리하고 있는 것이다. 실제로 거의 모든 철학자들이 테이블이 실재한다는 사실에는 동의하고 있다. 그들은 우리의 감각자료, 색깔·모양·매끄러움 등이 아무리 우리에 의해서 좌우된다 하더라도, 그 발현은 우리의 감각자료와는 완전히 다른 어떤 것이 있다는 표시이며, 그 어떤 것이 우리들이 실재하는 테이블에 연관을 갖게 될 때마다 감각자료를 유발한다는 사실에 대부분의 철학자들이 동의하고 있다.

그런데 이 철학자들이 동의하고 있는 사실—그 본성이 어떤 것이건 간에 실재하는 테이블이 존재한다는 견해—은 분명히 아주 중요하다. 정말로 실재하는 테이블의 본성이 무엇이냐 하는 (2)의 문제로 들어가기 전에 그런 견해를 받아들여야 할 이유들을 고찰해 볼 필요가 있다. 따라서 다음 장에서는 실재하는 테이블이 있다고 판단하는 여러 이유에 관해서 살펴보기로 한다.

다음 장으로 들어가기 전에 여기서 잠깐, 우리가 이제까지 밝힌 것이 무엇이었던가를 정리해 두는 편이 좋을 것이다. 그것은 대강 다음과 같다. 감각에 의해 알게 되는 일반적인 대상을 놓고 생각할 때, 감각이 직접적으로 우리에게 전달하는 것은, 우리와 분리된 대상에 관한 진실이 아니라, 우리가 알 수 있는 범위에서 우리와 대상과의 관계에 따른 감각자료에 관한 진실이다. 따라서 우리가 직접 보거나 느끼거나 하는 것은 단순한 '현상'이므로 우리는 그것을 현상 이면에 존재하는 어떤 '실재'의 표시라고 생각한다. 그러나 실재가 현상으로 나타나지 않는다면, 우리는 실재라는 것이 있는지 없는지를 어떻게 알 수 있겠는가? 또 실재가 있다는 것을 알 수 있다고 하더라도, 그것이 어떤 것인지를 아는 방법이 있을 것인가?

　이런 문제는 우리를 어리둥절하게 만든다. 말도 안 될 정도로 이상한 가설이라 하더라도 그것의 진위를 증명하기는 어렵다. 이렇게 해서 이제까지 우리에게 아무 생각도 불러일으키지 않던 테이블이 놀라운 가능성으로 가득 찬 하나의 문제로 변한다. 우리가 알고 있는 유일한 사실은 그것은 보이는 대로 존재하지 않는 것뿐이다. 지금까지는 가장 조심스러운 결론 이상으로 어떻게 추측을 하든 그것은 자유이다. 라이프니츠는 정신의 집합체라고 하고, 버클리는 신에게 내재한 한 관념이라고 한다. 과학은 그것이 맹렬히 운동하고 있는 전하(電荷)의 방대한 집적이라고 말한다.

　이런 여러 가지 놀랄 만한 가능성에는, 어쩌면 애당초 테이블 따위는 존재하지 않는 것이 아닌가 하는 의문도 싹튼다. 철학에는 적어도 비록 우리가 바라는 만큼 많은 질문에 대답은 못해 줄지라도 세상 사람들의 관심을 자극하고, 가장 일상적인 사물의 표면 아래 숨겨진 신기함과 놀라움을 밝혀내는 질문을 할 힘은 있는 것이다.

제2장
물질의 존재

이 장에서 우리는 어떤 의미이건 간에 물질이라는 것이 있는가의 여부를 자문해 보아야 한다. 어떤 고유한 성질을 가지고 있으며 내가 보지 않을 때도 계속해서 존재하는 테이블이 있는가? 아니면 그런 테이블은 단지 나의 상상의 소산, 말하자면 길고 긴 꿈 속에서 본 꿈의 테이블에 불과한가? 이 문제는 매우 중요하다. 왜냐하면, 만약 우리가 어떤 대상의 독립된 존재를 확신하지 못한다면 다른 사람의 몸의 독립된 존재도 확신 못하게 되는 까닭에 더더욱 다른 사람의 마음의 존재를 확신할 수 없기 때문이다. 만약 마음이라는 것이 몸을 관찰해서 알 수 있는 것이 아니라면, 마음의 존재를 믿을 근거가 전혀 없어지기 때문이다. 따라서 만약 우리가 대상의 독립된 존재를 확신하지 못한다면, 우리는 홀로 사막 속에 남겨지는 셈이 될 것이다. 바깥 세상은 모두 하나의 꿈에 불과하고, 존재하는 것은 오로지 자기 혼자뿐인 것이다. 이렇게 되면 곤란하다. 그것이 잘못이라는 것을 엄밀히 증명할 수는 없지만 그것이 진리라고 생각할 이유도 전혀 없다. 이 장에서는 왜 그런가 하는 이유를 살펴보게 될 것이다.

먼저 의심스러운 문제에 착수하기 전에 다소나마 확고한 출발점을 찾아보자. 우리는 테이블의 물적 존재 여부는 의심하고 있지만, 테이블이 있다고 생각하게 해 주는 감각자료의 존재를 의심하지는 않는다. 우리는 우리가 어떤 대상을 보고 있는 동안은 일정한 색깔과 모양이 밖으로 드러난다는 사실과, 또 어떤 대상을 누르고 있는 동안은 단단함의 감각이 경험된다는 사실을 의심하지 않는다. 그것은 모두 심리적 사실이므로 우리는 이것을 문제시하지는 않는다. 사실 다른 모든 것이 의심스럽다 하더라도 적어도 어떤 직접적 경험은 절대적으로 확실하다고 여겨진다.

근대 철학의 시조인 데카르트(1596~1650)는 오늘날도 유용하게 이용될 수 있는 한 가지 방법, 체계적인 회의의 방법을 발견했다. 그는 아주 명확하고 분명하게 진리라고 인정되지 않는 것은 일체 믿지 않기로 결심했던 것이다. 의심스러운 것은 무엇이든지 그것을 더 이상 의심하지 않아도 될 이유가 명백해질 때까지 의심하려고 했다. 이 방법을 사용함으로써 그는 점차 의심할 수 없는 유일한 존재는 바로 자기 자신이라고 확신하기에 이르렀다. 그는 지속적으로 자신의 감각에 비실재적인 것들을 보여 주면서 자기를 속이는 악령이 있다고 상상했다. 그런 악령이 존재한다는 것은 있을 법한 일이 아니지만, 그럼에도 존재할 가능성은 있다. 그러므로 감각에 의해서 지각된 사물을 의심할 수 있었던 것이다.

그러나 자기 자신의 존재에 관해서 의심한다는 것은 불가능했다. 왜냐하면 그가 존재하지 않는다면 어떠한 악령도 그를 속일 수가 없기 때문이다. 만약 그가 의심한다면, 그는 존재해야 한다. 그가 무엇인가를 경험한다고 하면, 역시 그는 존재해야 한다. 이렇게 해서 그 자신의 존재는 그에게 절대적으로 확실한 것이 되었다. '나는 생각한다. 고로 나는 존재한다(Cogito, ergo sum).' 그는 이렇게 말하고, 이 명제의 확실성을 기반으로 앞서의 회의에 의해 파괴되어 버린 지식의 세계를 다시금 구축하기 시작했다. 이 회의의 방법을 발견하고 주관적인 것이 가장 확실한 것임을 증명하여 데카르트는 철학에 위대한 공헌을 했으며, 그 위대한 공헌으로 인해 그는 이 문제를 연구하는 모든 사람들에게 여전히 유용한 철학자가 되었다.

그러나 데카르트의 논법을 이용할 때는 약간의 주의가 필요하다. '나는 생각한다. 고로 나는 존재한다'라는 명제는 엄밀하게 확실한 것 이상을 표현하고 있다. 우리는 우리의 어제가 오늘의 우리와 같은 사람임을 확신하고 있다. 분명 이것은 어떤 의미로는 진리이다. 그러나 실재하는 자아라는 것은 실재하는 테이블과 마찬가지로 도달하기 어렵다. 그것은 그때그때의 특수한 경험에 속해 있는 절대적이고 설득력 있는 확실성을 갖고 있다고 생각되지는 않는다. 내가 테이블을 보면서 갈색이라고 생각할 때 확실하게 말할 수 있는 것은, '나는 갈색을 보고 있다'는 것이 아니라 '갈색이 보인다'라는 사실이다. 물론 여기에는 갈색을 보고 있는 무엇인가(또는 누군가)가 포함되어 있다. 그러나 그렇다고 해서 그것이 '나'라고 불리는 다소나마 영속적인 인간을 의미하는 것은 아니다. 직접적인 확실성에 관한 한, 그 갈색을 보고 있는 어떤 것은 아주 순간적인 것이므로 다음 순간에는 다른 경험을 하게 될 그 어떤 것과는 같지 않을지도 모른다.

따라서 확실성을 갖는 것은 그때그때의 특수한 사고나 감정이라 할 수 있다. 그리고 이것은 정상적인 지각뿐만 아니라 꿈이나 환각에도 적용된다. 꿈을 꾸거나 유령을 볼 때, 우리가 실제로 갖고 있다고 생각되는 감각을 가지고 있는 것만은 확실하다. 다만 여러 가지 이유로 이런 감각에 대응할 물적 대상이 없다고 생각할 따름이다. 따라서 우리 자신의 경험에 관한 지식의 확실성은 절대적이므로 어떤 경우에도 예외는 인정할 수 없다. 그러므로 우리는 여기에서 지식 탐구의 출발점이 될 견고한 기반을 획득한 셈이다.

우리가 생각해야 할 문제는 다음과 같다. 즉 우리 자신의 감각자료가 확실한 것이라면, 이 감각자료를 우리가 물적 대상이라 부를 수 있는 어떤 다른 존재의 표시라고 간주할 이유가 있겠느냐는 것이다. 우리가 당연히 테이블과 결부될 수 있다고 생각하는 감각자료를 모두 열거했다면, 테이블에 관해서 말할 수 있는 것은 모두 다 말한 것이 되는 것일까? 아니면 그 밖에 또 무엇인가가, 감각자료가 아닌 그 무엇, 우리가 방을 나간 뒤에도 존속하는 무엇인가가 있는 것일까? 상식은 주저 없이 있다고 대답한다. 매매되거나 또는 밀어 놓거나 테이블보를 덮어 놓거나 할 수 있는 것은 감각자료의 단순한 집합일 수가 없다. 만약 테이블보가 테이블을 완전히 가려 버린다면 우리들은 테이블에서 감각자료를 아무것도 얻지 못하게 될 것이다. 따라서 만일 테이블이 감각자료에 불과하다면 테이블은 존재하지 않는 것이 되고, 테이블보는 허공에 드리워져 테이블이 본래 있던 곳에 기적적으로 머물러 있는 것이 될 것이다. 이것은 명백히 불합리하다. 그러나 철학자가 되고자 하는 사람이라면 어떤 불합리에도 놀라지 않을 마음가짐을 길러 두어야 한다.

우리들이 감각자료만으로는 부족해서 다시 어떤 물적 대상을 확보해야 한다고 느끼는 한 가지 큰 이유는, 다른 사람들도 동일한 대상을 필요로 하기 때문이다. 열 사람이 식탁을 둘러싸고 있을 때, 그 사람들이 보고 있는 테이블보나 나이프, 포크, 스푼, 컵 같은 것이 동일한 것이 아니라고 주장한다면 그건 어처구니없는 일로 여겨질 것이다. 그러나 감각자료는 저마다 개인적이다. 한 사람의 시야에 직접적으로 들어오는 것이 다른 사람의 시야에도 직접적으로 들어오는 것은 아니다. 그들은 모두 조금씩 다른 시점에서 사물을 보기 때문에 조금씩 다른 것을 보는 셈이 된다. 그렇기 때문에 만약 어떤 의미에서 많은 사람들이 공통으로 받아들이는 중립적인 대상이 있다면, 그것은 각기 다른 사람에게 나타나는 개인적이고 특수한 감각자료를 넘어서는 어떤 것이어야 한다. 그렇다면, 이 같은 공통된 중립적인 대상이 있다고 믿는 데는 어떤 이유가 있을까?

당연히 누구에게나 떠오르는 첫 대답은 이럴 것이다. 즉 사람들은 각각 조금씩 다르게 테이블을 보기는 하겠지만, 그들이 테이블을 볼 때 역시 비슷하게 보고 있으며, 또 저마다의 차이는 원근법과 빛의 반사 법칙에 따른 것이므로 사람들마다 다른 감각자료의 밑바탕을 이루는 영속적인 대상에 다다르기란 쉽다는 것이다. 나는 이 방에 먼저 살던 사람에게서 이 테이블을 샀다. 그 사람의 감각자료는 그가 떠남과 동시에 사라져 버렸기 때문에 그 감각자료를 살 수는 없었지만, 다소나마 그것과 비슷한 감각자료를 가질 수 있다는 확신에 찬 기대로 테이블을 살 수가 있었고, 또 실제로 샀던 것이다. 이와 같이 동일한 장소에서는 비록 다른 순간이라도 여러 사람이 비슷한 감각자료를 갖고 있으며, 이 사실에 의해서 우리는 감각자료를 초월하는 어떤 영속적이고 공통된 대상이 있다고 보고, 그것이 각기 다른 순간 여러 사람 갖고 있는 감각자료의 기초가 되고 원인이 된다고 가정하게 된다.

그런데 이상과 같은 고찰은 우리 말고 다른 사람들이 존재한다는 가정에 근거를 두고 있으므로, 그것은 아직 풀리지 않은 문제를 논거로 제시한 셈이 된다. 다른 사람들은 그들의 모습을 본다든가, 목소리를 듣는다든가 하는 어떤 감각자료에 의해서 나에게 표시되는 것이므로, 만약 자신의 감각자료로부터 독립된 물적 대상이 존재한다는 것을 믿을 아무런 이유가 없다면 나는 다른 사람들이 내 꿈의 일부분에서나 존재한다고밖에 믿을 수 없다. 그러므로 우리들의 감각자료로부터 독립된 대상이 존재함을 입증해야 할 때 다른 사람들의 증명에 도움을 구할 수는 없다. 왜냐하면 그 증명 자체가 감각자료로 구성되어 있으며, 만약 우리 자신의 감각자료가 우리와 분리되어 존재하는 사물을 표시하지 않는다면 그 증명 역시 다른 사람들의 경험을 나타내는 것이 아니기 때문이다. 그러므로 우리는 가능하면 우리 자신의 순수하게 개인적인 경험 속에서, 이 세계에는 우리 자신 및 개인적인 경험 이외의 사물도 존재한다는 것을 보여주거나 보여주는 데 도움이 되는 특성을 찾아내야 한다.

어떤 의미에서 우리는 우리 자신 및 우리의 경험 이외의 사물의 존재를 결코 증명할 수 없다는 것을 인정해야 한다. 이 세계는 나 자신, 나의 사고, 감정, 감각으로 이루어져 있고, 그것 이외의 것은 꿈에 지나지 않는다고 생각하더라도, 그 가정에는 논리적 불합리는 생기지 않는다. 꿈을 꿀 때는 아주 복잡한 세계가 거기에 있는 것같이 여겨진다. 그러나 꿈에서 깨어나면 그것은 하나의 망상이었다는 것을 알게 된다. 즉 우리는 꿈 속의 감각자료가, 그것으로부터 자연히 추론되는 물적 대상에 대응하지 않는다는 것을 알게 되는 것이다. 물적 세계가 가정될 때, 꿈 속의 감각자료를 초래하는 물적 원인을 발견할 수 있다는 것은 확실하다. 예를 들면 문이 쾅 닫히는 소리가 해전(海戰)이 벌어지는 꿈의 원인이 되기도 할 것이다. 그렇지만 이럴 경우 감각자료의 물적 원인은 있지만 현실의 해전이 대응되는 방법처럼 감각자료에 대응하는 물적 대상은 없다. 인생이란 한바탕 꿈이므로 눈앞에 나타나는 일체의 대상이 꿈속에서 우리 자신이 만들어 낸 것이라고 하는 가정은, 논리적으로 가능하다. 그러나 논리적으로 가능하다고 해서 그것을 진리라고 생각할 이유도 전혀 없다. 사실 우리 생활의 사실들을 설명해 줄 수단이라는 관점에서 보자면, 그 가정은 현재 우리들로부터 독립된 대상이 있어서 그 작용이 우리들의 감각을 일으킨다는 상식적인 가정만큼 단순하지가 않다.

실제로 물적 대상이 있다고 가정하면 이야기가 간단해진다는 것을 쉽게 알 수 있다. 만일 고양이가 어떤 순간에 방의 어떤 장소에 나타났다가 다음 순간 다른 장소에 있다고 하면, 그 고양이는 먼저 장소에서 나중의 장소로, 중간에 있는 일련의 위치를 순간적으로 지나서 이동했다고 생각하는 것이 아주 자연스러운 일이다. 그렇지만 만일 고양이가 단순한 감각자료의 집합에 불과하다면, 내가 고양이를 보지 않은 장소에 고양이가 있었을 리가 없다. 그렇다면 내가 보지 않은 동안은 전혀 존재하지 않았던 고양이가 갑자기 새로운 장소에 나타났다고 가정하게 된다. 만약 내가 보든 말든 간에 고양이가 존재하고 있다고 하면 우리는 경험에 의거해서 고양이가 끼니 중간에 배가 고파진다는 것을 이해할 수가 있다. 그러나 만일 내가 보지 않을 때 고양이가 존재하지 않는다고 한다면, 존재하고 있는 동안과 같은 속도로 존재하지 않는 동안에도 식욕이 증진한다는 것은 기묘한 일이라 생각된다. 그리고 또 만일 그 고양이가 단순히 감각자료만으로 구성된 것이라면 고양이는 배고픔을 느낄 수 없을 것이다. 왜냐하면, 나 자신의 공복(空服) 이외에 다른 공복이 나에게는 감각자료가 될 수 없기 때문이다. 이렇게 해서 나에게 고양이라는 것을 표시하는 감각자료의 행동은, 그것이 공복의 표현으로 간주되면 지극히 자연스러운 것으로 보이지만, 단순한 운동이나 얼룩의 변화로 보인다면, 삼각형이 축구를 할 수 없는 것처럼 완전히 이해할 수 없게 된다.

그러나 이 고양이의 경우에서 볼 수 있는 곤란은 사람의 경우에 나타나는 곤란에 비하면 문제가 되지 않는다. 사람이 말을 할 때, 즉 우리들이 관념과 결부지을 수 있는 어떤 음성을 듣고 동시에 입술의 움직임이나 얼굴의 표정을 볼 때, 우리가 듣고 있는 것이 어떤 생각의 표현이 아니라고 생각하는 것은 대단히 어려운 일이다. 우리는 동일한 소리를 낼 때 그것이 생각의 표현임을 알고 있기 때문이다. 물론 이와 비슷한 것이 꿈속에서도 일어난다. 꿈에서 우리는 다른 사람들의 존재에 대해 착각을 하는 수가 있다. 그러나 꿈은 깨어 있을 때의 생활에 의해 어느 정도 암시를 받고 있으므로, 만일 정말로 물적 세계가 존재한다고 가정한다면 과학의 여러 원리에 의해서 다소나마 설명될 수 있을 것이다. 그러므로 단순성을 취지로 하는 일체의 원리는 우리 및 우리의 감각자료 이외에, 우리의 지각 여부와는 관계없이 존재하는 대상이 정말로 있다고 하는 자연스러운 견해를 따르도록 촉구한다.

애초에 우리가 독립되어 존재하는 외적 세계에 대한 신념을 갖게 된 것은 논증에 의해서가 아니다. 우리는 외적 세계를 떠올림과 동시에 이 신념이 이미 우리 자신 속에 있었다는 것을 깨닫게 되므로, 이것을 본능적인 신념이라고 불러도 좋을 것이다. 이 신념을 문제삼는다는 것은, 만약 다음과 같은 사실이 없었다면 생각도 못할 일이었을 것이다. 시각의 경우를 예로 들면, 감각자료 자체는 본능적으로 독립된 대상으로 여겨지고 있는 것 같지만, 논증에서는 그 대상이 감각자료와는 같을 수 없다고 밝혔다. 그렇지만 이 발견이—맛이라든가 냄새라든가 소리의 경우에는 조금도 역설적이지 않지만 단지 촉각의 경우에는 약간 역설적인 데가 있다—우리들의 감각자료에 대응하는 대상이 있다는 본능적 신념을 조금도 약화시키는 일은 없다. 이 신념 때문에 특별히 귀찮은 문제가 생기는 것도 아닌 데다, 이 신념은 우리의 경험에 관한 설명을 단순하고 체계적인 것으로 만드는 데 도움이 되므로 그것을 배제할 이유는 전혀 없다. 그런 까닭에 우리들은—꿈을 생각하면 약간의 의문도 생기지만—외부세계가 실제로 존재하고, 그 존재는 우리의 계속적인 지각에 전면적으로 의지하고 있지 않다는 사실을 받아들여도 좋을 것이다.

이 결론에 도달하기까지의 논의가 우리가 기대했던 정도로 강력한 것은 아니었지만, 그것은 많은 철학적 논의 중에서도 대표적인 것이므로 그 일반적인 성격과 타당성을 간단하게 고찰해 보는 것은 의미 있는 일이다. 우리는 모든 지식이 우리의 본능적인 신념을 기초로 하여 구축되어야 하며, 만일 이 신념이 부정된다면 남는 것은 아무것도 없다는 것을 알고 있다. 그러나 우리의 신념 가운데는 강한 것과 약한 것이 있는데, 그 가운데 많은 신념은, 원래 본능적이지 않았지만 습관과 결합하여 본능적인 신념으로 잘못 받아들여진 신념과 뒤얽혀 있다.

본능적 신념에 관한 한, 철학은 우리가 제일 강하게 갖고 있는 신념에서 시작하여, 개별적이고 관계없는 부가물을 될 수 있는 한 제거함으로써 각각의 위계적 조직을 밝혀야 한다. 그리고 최종적으로 배열된 형태에서 우리의 본능적 신념이 충돌하는 일 없이 조화적인 체계를 형성하도록 노력해야 한다. 하나의 본능적 신념이 다른 것과 충돌하지 않는 한, 그것을 배제할 이유란 없다. 따라서 그것들이 조화를 이룬다면, 그 모든 체계는 승인되어도 좋을 것이다.

우리의 신념의 전부, 또는 어느 하나가 잘못되었을 가능성이 물론 있을 수 있으므로, 모든 신념은 의심의 여지를 남겨두어야 한다. 그러나 우리는 어떤 다른 신념에 근거한 것이 아니라면 하나의 신념을 거부할 이유가 없다. 따라서 우리는 본능적 신념 및 그 결과를 체계적으로 조직하고, 또 필요하다면 그 중 어느 것이 제일 고치거나 버리기 쉬운가를 생각해야 한다. 그러면 우리는 우리가 본능적으로 믿고 있는 것을 우리의 유일한 여건으로 인정하여, 이를 바탕으로 삼아 체계적으로 조직되고 정비된 지식에 도달할 수가 있다. 이 지식 체계에는 오류의 가능성이 남아 있지만, 각 부분을 관계짓고 동의하기에 앞서 비판적으로 검토하면 오류의 가능성은 감소될 것이다.

이것이 철학이 완수할 수 있는 역할이다. 대개의 철학자는 옳고 그르고 간에 철학이 이 이상을 할 수 있다고 믿는다. 즉 철학이 우주 전체와 궁극적 실재의 본성에 관한 한, 다른 방법으로는 도달할 수 없는 지식을 우리에게 줄 수 있다고 믿는 것이다. 이것이 사실이건 아니건 간에 지금까지 이야기한 지극히 겸허한 역할은 확실히 철학이 수행할 수 있는 일이며, 또한 일단 상식의 타당성을 의심하기 시작한 사람들에게, 그런 역할만으로도 철학적인 여러 문제를 해결하는 데 괴롭고 어려운 노력이 필요하다는 것을 충분히 밝힐 수 있을 것이다.

제3장
물질의 본성

앞 장에서 우리는 논증적인 이유는 발견하지 못했지만, 우리들의 감각자료
—예를 들면 테이블과 결부된다고 간주된 것—가 정말로 우리 및 우리의 지각
으로부터 독립된 어떤 존재의 표시라고 믿는 것이 합리적이라고 인정했다. 즉,
그 테이블에는 색깔, 단단함, 소리 등의 감각 위에 그것을 초월한 무엇인가가
있는데, 그 초월적인 것에 대해 색깔 같은 것들은 현상이 되는 것이다. 내가 눈
을 감으면 색깔은 존재를 멈추고, 팔을 테이블에서 떼면 단단한 감각도 존재
를 멈추고, 또 손가락 마디로 테이블을 두드리기를 중단하면 소리도 존재를
멈춘다. 하지만 이 모든 것이 사라져 없어지더라도 테이블이 존재하지 않게 되
었다고는 믿지 않는다. 그러기는커녕 다시 눈을 뜨고, 팔을 얹고, 손가락 마디
로 두드리면 그 모든 감각자료가 다시 나타나는데, 분명히 테이블이 지속적으
로 존재하기 때문이라고 나는 믿는다. 이 장에서 우리가 생각해야 할 문제는
내가 그것을 지각하고 않고에 관계없이 존속하는 실재 테이블의 본성은 무엇
인가 하는 것이다.

이 문제에는 자연 과학이 한 가지 해답을 주고 있다. 다소 불완전하고 부분
적으로는 매우 가설적이지만 주목할 만한 가치는 있을 것이다. 자연 과학은 어
느 정도 무의식적으로 모든 자연 현상이 운동으로 환원되어야 한다는 견해를
품게 되었다. 빛이나 열이나 소리는 모두 그것을 뿜어내는 물체로부터 그 빛을
보고 열을 느끼고 소리를 듣는 사람에게까지 전해져 가는 파동의 문제로 귀
착된다. 파동을 만드는 것은 에테르이든가 '농밀한 물질(gross matter)'인데, 둘 다
철학자들이 물질이라고 부르는 것이다. 과학이 그것에 귀속시키는 성질은 공
간에 있어서의 위치와 운동 법칙에 따르는 운동력뿐이다. 그 외에도 다른 성
질을 가지고 있을지도 모른다는 것을 과학은 부정하지 않는다. 그러나 가지고
있다 하더라도 그런 다른 성질은 과학자에게 소용없는 것이어서 현상의 설명

에 전혀 도움이 되지 않는다.

'흔히 빛은 파동의 한 형태이다'라고 하는데 이것은 오해를 초래하기 쉽다. 왜냐하면 우리들이 직접 보고 감각에 의해서 직접 알고 있는 빛은 파동의 한 형태가 아니라 전혀 다른 어떤 것이기 때문이다. 이 어떤 것은 시각장애자가 아니라면 누구나 다 아는 것으로, 시각장애자에게 알 수 있도록 이를 기술할 수는 없다. 그러나 파동이라면 시각장애자에게도 충분히 설명할 수 있다. 시각장애자도 촉각에 의해서 공간의 지식을 얻을 수 있고, 시각장애자도 항해를 하면 우리들과 거의 마찬가지로 파동을 경험할 수 있기 때문이다. 그러나 시각장애자에게 이해되는 이것과 우리들이 빛이라고 말하는 것은 다르다. 우리가 빛이라고 말할 때의 빛은, 시각장애자에게는 절대로 이해되지 않고 우리가 설명해 줄 수도 없는 것을 의미한다.

그런데 시각장애자를 제외한 우리 모두가 알고 있는 이 어떤 것은, 과학에 의하면 사실 외부세계에서 발견되는 것이 아니다. 그것은 어떤 파동 운동에 의해서 그 빛을 보고 있는 사람의 눈이나 신경이나 뇌에 일어나는 어떤 것이다. 빛이 파동이라고 할 때, 그것의 진정한 의미는 파동이 빛의 감각의 물리적 원인이라는 것이다. 그러나 과학에서는 눈이 보이는 사람은 경험하고 시각장애자는 경험할 수 없는 빛 자체가 우리 및 우리의 감관으로부터 독립된 일부를 이룬다고는 생각지 않는다. 다른 종류의 감관에 대해서도 비슷한 말을 할 수 있다.

과학적인 물질의 세계에서는 색깔이나 소리 같은 것이 없을 뿐만 아니라 시각이나 촉각이 도달하는 공간 또한 결여되어 있다. 물질이 어떤 공간 속에 존재한다는 것은 과학에서는 본질적인 것이지만, 그 물질이 존재하고 있는 공간이 우리가 보거나 느끼는 공간과 엄밀하게 같을 수는 없다. 첫째, 우리가 보고 있는 공간은 우리가 촉각에 의해서 얻는 공간과 같지가 않다. 우리가 보고 있는 것에 어떻게 접촉하느냐, 우리가 접촉하고 있다고 느끼는 것을 어떻게 보느냐를 배우는 것은 단지 유년 시대의 경험일 뿐이다. 그러나 과학에서 말하는 공간은 촉각과 시각 사이에 있는 중립적인 것이라서 촉각의 공간도 시각의 공간도 아니다.

다시 말해 사람이 달라지면, 보는 시점에 따라 같은 것도 다른 형태의 것으로 본다. 예를 들면 동그란 동전은, 우리는 그것을 항상 동그랗다고 판단할 것이 틀림없지만, 정면에서 보지 않는다면 타원형으로 보일 것이다. 그것이 동그랗다고 판단할 때는, 눈에 보이는 현상과는 달리 그것에 본래 속해 있는 진짜 모양이라는 것이 있다고 보는 것이다. 그러나 과학이 문제삼는 이 모양은 누군가의 눈에 보이는 공간과는 다른 진짜 공간에 있는 것이어야 한다. 진짜 공간은 공공적인 것이고, 눈에 보이는 공간은 그것을 지각하는 사람의 사적인 것이다. 개개인의 사적인 공간에서는 같은 대상도 따로따로 다른 모양을 하고 있는 것처럼 보인다. 따라서 그 대상이 진짜 모양을 가지고 있는 진짜 공간은 사적인 공간과는 다른 것이어야 한다. 그런 까닭에 과학이 말하는 공간은 우리가 보고 느끼는 공간과 결부되어 있기는 하나 같은 것은 아니므로, 그 결부 방법의 검토를 필요로 하게 된다.

우선 우리는 물적 대상이 우리의 감각자료와 전혀 닮지는 않으나, 우리의 감각을 일으키는 것으로 생각해도 좋다는 것을 인정했다. 이런 물적 대상은 과학의 공간에 있는 셈인데 이것을 '물리적' 공간이라고 불러도 좋을 것이다. 만약 우리의 감각을 물적 대상이 일으킨다면, 이런 대상과 우리의 감각 기관과 신경과 두뇌를 포함하는 물리적 공간이 없어서는 안 된다는 점에 특히 주의해야 할 것이다. 우리는 어떤 대상에 접촉할 때 그것에서 촉각을 얻는다. 접촉한다는 것은 우리 몸의 어느 부분이 그 대상이 차지하고 있는 공간과 매우 가까운 물리적 공간 속에 놓인다는 것이다. 우리가 어떤 대상을 본다는 것은 (대강 말하자면) 물리적 공간 속에 있는 그 대상과 우리의 눈과의 사이에 불투명체가 없을 때의 일이다. 마찬가지로 우리가 어떤 대상의 소리를 듣거나, 냄새를 맡거나, 맛을 보거나 하는 것은 충분히 그 대상 가까이에 있을 때, 또는 그것이 혀에 닿을 때, 또는 그것이 물리적 공간에서 우리의 몸에 어떤 적당한 위치를 차지하고 있을 때이다.

대상과 우리의 몸이 같은 물리적 공간 속에 있다고 생각하지 않는다면, 서로 다른 조건 아래 주어진 하나의 대상에서 어떻게 서로 다른 감각을 얻을 수 있는가를 말할 수는 없다. 왜냐하면 주로 대상과 우리 몸과의 상대적인 위치가 대상에서 어떤 감각을 얻을 수 있는가를 결정하기 때문이다.

우리의 감각자료는 시각의 공간이든 촉각의 공간이든 또는 그 밖의 감관이 줄 수 있는 더 막연한 공간이든 우리의 사적인 공간 속에 놓여 있다. 만약 과학이나 상식이 가정하는 것처럼 물적 대상이 있는, 모든 것을 포함하는 하나의 공적인 물리적 공간이라는 것이 있다면, 그 물리적 공간에 있는 물적 대상의 상대적인 위치는 사적인 공간에 있는 감각자료의 상대적 위치와 다소나마 대등해야 한다. 이것을 사실이라고 가정하는 데 특별한 어려움은 없다. 어떤 길에서 한 집이 다른 집보다 훨씬 가깝게 보였다고 한다면, 우리들의 다른 감관도 그 거리가 가깝다는 견해를 지지해 줄 것이다. 예를 들면, 그 집 쪽으로 걸어가면 그 집에 먼저 도착할 것이다. 또 다른 사람들도 가깝게 보이는 집이 실제로도 가깝다는 것에 동의할 것이고, 지리 조사소의 지도도 같은 견해를 보여 줄 것이다. 모든 것이 집을 바라볼 때 우리가 보고 있는 감각자료와 집 사이의 공간적 관계가 대응된다는 사실을 보여준다. 그러므로 우리는 감각자료가 사적인 공간에서 갖는 공간적 관계에 대응하여, 물적 대상이 공간적 관계를 맺는 물리적 공간이 있다고 가정해도 좋을 것이다. 기하학에서 다루고 물리학이나 천문학에서 가정하고 있는 것이 바로 이 물리적 공간이다.

물리적 공간이 있어서 그것이 이처럼 사적 공간에 대응한다고 한다면, 대체 우리는 그것에 관해 무엇을 알 수 있을까? 우리가 알 수 있는 것은 이 대응을 확보하기 위해 필요로 하는 것뿐이다. 즉 우리들은 그 물리적 공간 자체가 어떤 것이냐에 관해서는 아무것도 알 수 없으나, 물적 대상들의 공간적 관계에서 나오는 물적 대상들의 배열은 알 수가 있다. 예를 들면, 일식이 일어날 때 지구와 달과 태양이 일직선을 이루고 있다는 것은 알 수 있지만, 우리의 시각적 공간에서 직선이 어떻게 보이는가를 아는 것처럼은 물리적 직선 자체가 무엇인지 알 수 없다. 그러므로 우리는 거리 자체에 관해서보다는 물리적 공간에서의 여러 거리적 관계에 관해 더 많은 것을 알게 된다. 한쪽 거리가 다른 쪽 거리보다 길다든가, 그 한쪽이 다른 쪽과 같은 직선을 따르고 있다는 말은 할 수 있다. 그러나 우리는 사적 공간에서의 거리, 색깔, 소리, 그 밖의 감각자료에 관해서 갖게 되는 직접적인 지식을 물리적 거리에서는 가질 수가 없다. 시각장애자로 태어난 사람이 남을 통해서 시각 공간에 관해서 아는 것처럼 물리적 공간에 관한 모든 것을 알 수는 있으나, 시각장애자로 태어난 사람이 시각 공간에 관해 절대로 알 수 없다면, 우리들도 물리적 공간에 관해서 알 수가 없다. 감각자료와의 대응 관계를 유지하기 위해 필요로 하는 여러 관계의 성질을 알 수 있더라도 여러 관계가 성립하는 관계항의 성질은 알 수 없다.

시간에 대해 생각해 본다면 시계에 따라 움직이는 시간을, 우리의 느낌에 따라 지속되었다거나 경과되었다고 보는 것은 참으로 불안한 일이다. 무료하거나 괴로워할 때의 시간은 천천히 지나가고 쾌적한 상태에 있을 때의 시간은 빨리 지나가 버린다. 그리고 잠잘 때의 시간은 있지도 않은 것처럼 지나간다. 이와 같이 시간이 빠름과 더딤으로 구성되어 있다면, 공간의 경우에도 공적인 시간과 사적인 시간을 구별할 필요가 있다. 그러나 시간이 앞뒤의 순서대로 구성되는 한 그런 구별을 할 필요는 없다. 사건들에 적용되는 것으로 보이는 시간의 순서는, 우리들이 느끼는 한 실제로 그 사건들이 일어난 시간의 순서와 같다. 아무튼 그 두 가지 순서가 같지 않다고 생각할 이유는 없다. 이와 같은 것이 대체로 공간에 관해서도 적용된다. 어떤 한 무리의 사람들이 길을 따라 행진을 하고 있다고 치자. 그들의 형태는 시점이 달라짐에 따라 다르게 보이겠지만, 배열은 어떤 시점에서 보더라도 같은 순서로 보일 것이다. 그런 까닭에 우리들은 순서라는 것은 물리적 공간에서도 그대로일 것이라고 간주한다. 한편 형태는 그 순서의 유지에 필요한 물리적 공간에 대응한다고 생각될 뿐이다.

사건이 갖고 있다고 생각되는 시간적 순서가 정말로 그것이 갖고 있는 시간의 순서와 같다고 할 경우, 흔히 생길 수 있는 오해에 빠지지 않도록 주의할 필요가 있다. 서로 다른 물적 대상의 여러 상태가 그 여러 대상들의 지각을 구성하는 감각자료와 같은 시간적 순서를 가지고 있다고 생각해서는 안 된다. 천둥과 번개를 물적 대상으로 생각한다면 동시에 일어난다고 볼 수 있다. 번개는 공기의 교란이 시작하는 장소에서, 공기의 교란은 번개가 있는 장소에서 동시에 일어난다. 그러나 우리가 천둥 소리를 들을 때의 감각자료는 공기의 교란이 우리가 있는 곳에 도달하기 전에는 생기지 않는다. 마찬가지로 태양의 빛이 우리에게 도달하기까지는 약 8분의 시간이 걸린다. 그러므로 우리가 태양을 볼 때는 8분 전의 태양을 보고 있는 것이다. 우리의 감각자료가 물적 태양에 관한 증거를 준다면 그것은 8분 전의 태양에 관한 증거를 주는 것이다. 만약 물적 태양이 마지막 8분 동안 멈추게 되었다 하더라도 우리가 '태양을 본다'고 하는 감각자료에는 아무런 영향도 주지 않는다. 이것은 감각자료와 물적 대상을 구별할 필요성을 보여주는 분명한 사례라 할 수 있다.

우리가 공간에 관해서 발견한 것은 감각자료와 그 물적 대상과의 사이의 대응 관계에서 발견한 것과 똑같다. 어떤 대상은 푸르게 보이고 어떤 대상은 붉게 보인다면, 우리는 당연히 물적 대상 사이에 대응하는 어떤 차이가 있는 것이 틀림없다고 추측할 수 있다. 또 만일 두 대상이 다 같이 푸르게 보인다면, 그것에 대응하는 유사성을 측정할 수가 있을 것이다. 그러나 그것을 푸르게, 또는 붉게 보여주는 물적 대상에 내재한 성질을 우리가 직접 알 수 있을 것이라고는 바랄 수 없다. 과학은 그 성질을 일종의 파동이라고 가르쳐준다. 우리는 파동이라면 우리가 보는 공간 속의 파동을 생각하기 때문에 그 설명을 익숙한 것으로 여긴다. 그러나 이 파동은 사실 우리가 직접적인 지식을 가질 수 없는 물리적 공간 속에 있다. 따라서 참다운 파동은 우리가 있다고 생각하는 그런 익숙함 따위는 전혀 갖고 있지 않다. 색깔에 대해 한 말은 다른 감각 자료에도 할 수 있다. 이렇게 해서 우리들은 물적 대상의 여러 관계가 갖는 온갖 성질을 감각자료의 여러 관계와의 대응에서 알 수 있지만, 물적 대상 자체의 내재적 성질은 감관을 통해서 발견되는 한 알 수 없는 것임을 알았다. 남은 문제는 이 물적 대상의 내재적 성질을 발견하는 방법이 달리 있느냐 없느냐일 것이다.

궁극적으로는 결코 제일 견고하다고 할 수는 없지만, 우선 첫째로 들어야 할 가장 자연스러운 가설은 적어도 시각적 감각자료에 관한 것이다. 말하자면 다음과 같다. 이제까지 고찰한 이유에서 물적 대상은 엄밀하게는 감각자료와 같지 않지만, 다소나마 비슷하다는 점이다. 예를 들어 물적 대상이 색깔을 정말로 가지고 있다면, 운이 좋을 경우 우리는 어떤 대상의 진짜 색깔을 볼 수 있을지도 모른다. 어떤 순간에 어떤 대상이 가지고 있는 것같이 보이는 색깔은 다른 시점에서 볼 때 완전히 같다고는 못해도 일반적으로 매우 비슷하다. 그러므로 우리들은 그 '정말의' 색깔을 일종의 중간색, 다른 시점에서 보이는 여러 색깔의 중간색이라고 생각할 수 있다.

이런 이론을 아마도 결정적으로 논박할 수는 없겠지만 근거 없는 것임을 증명할 수는 있다. 첫째, 우리가 보고 있는 색깔이 눈을 자극하는 광파(光波)의 성질에만 의존하는 것이라는 것, 따라서 빛이 그 대상으로부터 눈의 방향으로 반사되어 오는 방법에 의해 수정되는 것처럼 우리와 대상 사이에 존재하는 매개체에 의해서도 변화된다는 것은 명백하다. 매개체 역할을 하는 공기가 완전히 투명하지 않다면, 공기는 색깔을 변화시키고 강한 반사는 어떤 것이라도 그 색깔을 완전히 바꾸어 버릴 것이다. 이와 같이 우리가 보고 있는 색깔은 눈에 도달할 때의 광선의 결과이지, 단순히 광선에서 나오는 대상의 성질은 아니다. 그러므로 어떤 광선이 눈에 이르면, 그 광선이 나오는 대상이 색깔을 가지고 있든 없든 간에 우리는 어떤 색깔을 보게 된다. 그렇기 때문에 물적 대상이 색깔을 가지고 있다고 가정하는 것은 전혀 근거 없는 일이며, 따라서 그런 가정을 정당화할 만한 것은 아무것도 없다. 이와 똑같은 이론이 다른 감각자료에도 적용될 것이다.

이제 남은 문제는 물질이 실재한다면 그것은 이러이러한 성질의 것이어야 하는 일반적인 철학적 논증이 있느냐일 것이다. 앞에서 설명한 바와 같이 수많은—아마 대부분—철학자들이 실재하는 모든 것은 어떤 의미에서 심적일 것이라는 견해를 취해 왔다. 이런 철학자들은 '관념론자'라고 불린다. 관념론자는 물질로 보이는 것도 정말은 심적인 것이라고 말한다. 즉 그것은(라이프니츠의 견해처럼) 어느 정도 미숙하고 불완전한 마음이든가 또는 (버클리가 주장한 것처럼) 보통 우리가 말하는 물질을 지각하는 마음 속의 관념이든가 둘 중의 하나이다. 이처럼 관념론자는 감각자료가 우리의 사적인 감각으로부터 독립되어 존재하는 그 어떤 것의 표시임을 부정하지는 않지만, 마음과는 본질적으로 다른 어떤 것으로서의 물질의 존재를 부정한다. 다음 장에서 우리들은 관념론자가 자기들의 이론을 옹호하기 위해서 내세우고 있는 여러 이유—나는 이것에 오류가 있다고 생각한다—를 간단하게 고찰해 보기로 하자.

제4장
관념론

'관념론'이라는 말은 철학자에 따라서 다소 다른 의미로 사용된다. 우리는 '관념론'이라는 말을 존재하는 모든 것, 또는 적어도 존재한다고 알려진 모든 것, 어떤 의미에서 심적이어야 하는 것으로 이해하자. 이 학설은 철학자들 사이에 매우 널리 지지되고 있으며 여러 가지 형태가 있는데, 그 주장의 근거 또한 여러 가지이다. 이 학설은 대단히 널리 지지되고 있을 뿐 아니라 그 자체도 매우 흥미로운 것이므로 아주 짧은 철학의 개관이라 해도 이 학설에 대해서는 약간의 설명을 덧붙이고 있다.

철학적 사변에 익숙지 못한 사람은 이런 학설을 명백히 불합리한 것으로 여기고 거부하기 쉽다. 틀림없이 상식적으로 생각하면 테이블이라든가 의자, 태양이나 달 등 일반적으로 물질적인 대상은 마음이나 마음의 내용과는 전혀 다른 것이며, 마음이 존재하지 않더라도 계속 고유의 존재를 지속하는 것이다. 우리들은 물질을 마음이 존재하기 이전부터 계속 존재해 온 것으로 생각하고 있으므로, 물질이 단순히 마음의 활동의 소산에 불과하다고 생각하기란 어려운 일이다. 그러나 옳든 그르든 간에 관념론을 완전히 불합리한 것으로 치부해 버릴 수는 없는 일이다.

이미 본 바와 같이 물적 대상은 독립된 존재를 가지고 있다 하더라도, 그것은 감각자료와는 매우 다른 것이기 때문에 마치 카탈로그와 그것에 기재되어 있는 것들 간의 대응 관계처럼, 물적 대상도 감각자료와 그런 대응관계를 가질 수 있을 뿐이다. 따라서 상식적으로 물적 대상의 진정한 내적 성질을 알 수 없기 때문에 물적 대상을 심적인 것으로 간주하는 것을 타당하게 보더라도 단순히 기묘하다는 이유만으로 이 견해를 거부할 수는 없다. 물적 대상에 관한 진리는 기묘한 것임에 틀림없다. 어쩌면 물적 대상은 도달할 수 없는 것일는지도 모른다. 그러나 적어도 어떤 철학자가 진리에 도달했다고 믿고 있다면, 그가 진리라고 내놓은 것이 단지 이상하게 보인다고 해서 그것을 그의 견해에 반박할 근거로 삼아서는 안 된다.

관념론이 지지되는 근거는 일반적으로 지식론, 다시 말해서 우리가 어떤 대상을 알고자 할 때 충족되어야 하는 조건의 논의에서 비롯한다. 그러한 근거에 의거하여 관념론을 확립하고자 한 최초의 진지한 시도는 버클리 주교에 의해서 행해졌다. 그는 대체로 정당한 논증에 의해서 우선 감각자료가 우리로부터 독립된 존재를 갖는다고는 생각하지 않았다. 그러나 그 존재가 보거나 듣거나 만지거나 냄새를 맡거나 맛을 보는 일이 없다면 지속되지 않을 것이라는 의미에서 적어도 그 일부는 마음 '속에' 있는 것이어야 한다는 것을 증명했다. 지금까지 비록 그의 논증에 일부 옳지 않은 것이 있었다고는 하나 대체로 그의 주장은 확실히 옳았다. 그는 계속해서 감각자료만이 우리의 지각에 의해서 그 존재를 확인할 수 있는 유일한 것이므로, 알려진다는 것은 마음 '속에' 있는 것, 따라서 심적인 것이라고 말하기에 이른다. 그리고 거기에서 그는 마음 속에 있는 것 이외에 알려질 수 있는 것은 아무것도 없으며, 내 마음 속에 없더라도 알려질 수 있는 것은 다른 사람의 마음 속에 있는 것이어야 한다는 결론을 끌어냈던 것이다.

그의 주장을 이해하기 위해서는 그가 사용한 '관념'을 이해할 필요가 있다. 그는 이 '관념'이라는 명칭을, 감각자료가 알려지는 것처럼 직접 알려지는 모든 것에 부여하고 있다. 그러므로 우리가 보고 있는 어떤 특정한 색깔은 관념이며, 마찬가지로 듣고 있는 소리도 관념이 된다. 그러나 이 용어가 감각자료에만 한정되어 사용되는 것은 아니다. 떠올려지거나 상상되는 것도 있는데, 그런 것에 관해서도 역시 떠올리거나 상상하는 순간에 직접적인 지식을 갖게 되기 때문이다. 그런 직접적인 모든 자료를 그는 '관념'이라고 이름 붙인다.

이어서 그는, 예를 들면 나무 같은 일상적인 고찰을 시작한다. 그는 우리가 나무를 '지각'할 때 직접적으로 알게 되는 모든 것은 그가 말하는 의미에서의 관념으로 이루어져 있다는 것을 밝히고, 또 그 나무에 관해서 지각되는 것 이외에 어떤 실재적인 것이 있다고 가정할 근거는 아무것도 없다고 말한다. 그것이 있다고 하는 것은 지각되기 때문에 있다는 것이다. 스콜라 철학자들이 쓰던 라틴어로 말한다면 그 'esse(존재, 있는 것)'는 'percipi(지각되는 것)'라는 것이다. 그는 우리가 눈을 감았을 때도 또는 사람이 가까이에 없을 때도 나무는 계속 존재할 것이 틀림없다는 사실을 전적으로 인정한다. 그러나 그 지속하는 존재는 신이 그것을 계속 지각하고 있다는 사실에 기인한다고 그는 말한다. 우리들이 물적 대상이라고 부른 것에 대응하는 '실재의' 나무는 신의 마음 속의 관념에서 이루어진다. 이 신의 마음 속의 관념은 우리가 나무를 볼 때 갖는 관념과 비슷한 것이지만, 그것은 나무가 존재하는 한 신의 마음 속에 영구히 존재한다는 점에서 우리의 관념과는 다르다. 그에 따르면 우리의 모든 지각은 신의 지각에 부분적으로 관여하는 데 있다. 다른 사람들이 대체로 같은 나무를 보는 것은 이 관념이 있기 때문이라는 것이다. 이렇게 해서 마음과 그 마음의 관념과 분리될 수 있는 것이 아무것도 없으므로, 그 이외의 무엇인가가 알려진다는 것은 있을 수 없다. 알려지는 것은 모두가 반드시 관념이기 때문이다.

이 주장에는 상당한 오류가 있다. 그것은 철학사상 중요한 오류이므로 그것을 밝히는 것 역시 중요한 일이 될 것이다. 우선 첫째로 '관념'이라는 말의 사용에서 생긴 혼란이 있다. 우리는 관념이라는 것을 본질적으로 어떤 다른 사람의 마음 속에 있는 것이라고 생각한다. 따라서 나무가 완전히 관념으로 되어 있다는 말을 들으면, 당연하게도 나무는 전적으로 마음 속에 있는 것이라고 생각하게 된다. 그러나 이 마음 '속에' 있다는 개념은 모호하다. 어떤 사람을 마음 속으로 생각한다는 것은 그 사람이 우리의 마음 속에 있다는 의미가 아니라 그 사람에 관한 생각이 우리들의 마음 속에 있다는 의미이다. 처리해야 할 어떤 일이 마음 속에서 완전히 잊혔다고 사람들이 말할 때, 그 일 자체가 그의 마음 속에 있었다고 하는 것이 아니라 일에 관한 생각이 전에는 마음 속에 있었는데 뒤에는 없어졌다는 것을 의미하는 것이다. 그래서 버클리가 '만약 우리가 나무를 안다면 나무가 우리 마음 속에 있어야 한다'고 말할 때, 그가 정말 의미하는 것은, 나무에 대한 생각이 우리 마음 속에 있어야 한다는 것이다. 나무 자체가 우리의 마음 속에 있어야 한다고 말하는 것은 우리가 마음 속에 두고 있는 사람 자체가 우리의 마음 속에 있어야 한다는 것과 비슷하다. 유능한 철학자가 이런 혼란을 실제로 일으켰다면 너무 심한 것 같이 느껴지지만, 그것에 수반되는 여러 가지 사정이 이런 혼란을 가능케 한 것이다. 어떻게 해서 이렇게 되었는가를 알기 위해서는 관념의 성질에 관한 문제를 더 깊이 파고 들어가야 한다.

관념의 성질에 관한 일반적인 문제를 취급하기 전에 감각자료와 물적 대상에 관해서 일어나는 전혀 다른 두 가지 문제를 구분해야 한다. 우리는 앞에서 여러 가지 이유에 의거해서 버클리가 나무에 관한 지각을 구성하는 감각자료를 주관적인 것으로 다룬 것은 옳았음을 살펴보았다. 주관적이라는 것은 감각자료가 나무에 의존하는 것과 같이 우리에게 의존하는 것이며 만약 나무가 지각되지 않았다면 감각자료는 존재하지 않을 것이라는 의미를 담고 있다. 그러나 이 논점은, 버클리가 직접적으로 알려지는 것은 모두 마음 속에 있어야 한다는 것을 증명하고자 한 논점과는 전혀 다르다. 그것을 증명하기 위해서 감각자료가 우리에게 의존한다는 것을 세부적으로 논의할 필요는 없다. 증명해야 할 것은 일반적으로 사물은 알려짐으로써 심적인 것으로 나타난다는 점이다. 버클리는 그 증명을 완수했다고 믿는다. 지금 우리가 문제삼아야 하는 것은 이 문제이지 앞에서 말한 감각자료와 물적 대상과의 차이에 관한 문제가 아니다.

버클리가 말하는 의미에서 '관념'이라는 말을 취한다면, 어떤 관념이 마음의 앞에 있을 때는 언제나 두 가지의 전혀 다른 사항을 고려해야 한다. 한편에는 우리가 의식하고 있는 것—예를 들면 나의 테이블 색깔—이 있고 다른 한편에는 실제적인 의식, 사물을 감지하는 심적 작용이 있다. 이 심적 작용은 틀림없이 심적인 것이지만 그렇다고 감지된 사물이 어떤 의미에서 심적이라고 가정할 이유가 있는 것일까? 앞서의 색깔에 관한 논의에서는, 그것이 심적이라고 증명하지는 않았다. 다만 그것의 존재가 우리의 감관과 물적 대상—우리의 경우는 테이블—과의 관계에 의존하고 있음을 증명했을 따름이다. 즉 거기서 증명된 것은, 정상적인 눈이 그 책상의 어떤 지점에 놓인다면 어떤 빛 아래서는 어떤 색깔이 존재한다는 것이다. 색깔이 그 색깔을 지각하는 사람의 마음 속에 있다는 것은 증명되지 않았다.

색깔은 분명히 마음 속에 있어야 한다는 버클리의 견해가 그럴 듯하게 여겨지는 것은 감지된 것과 감지하는 작용의 혼동에 의거하는 것으로 보인다. 그 두 가지 모두 '관념'이라고 이름 붙일 수 있을 것이다. 아마 버클리는 그 둘을 다 관념이라고 불렀을 것이다. 작용은 틀림없이 마음 속에 있다. 그러므로 작용을 생각할 때는 관념이 마음 속에 있어야 한다는 견해에 우리는 쉽사리 동의하고 만다. 동시에 이것을, 관념이 감지하는 작용으로 해석했을 때만 옳다는 것을 잊어버리고, '관념은 마음 속에 있다'는 명제를 다른 의미에서의 관념, 즉 우리의 감지 작용이 감지한 사물로 바꾸어 버린다. 이렇게 해서 알지 못하는 사이에 애매한 말을 쓰게 되어 우리가 감지할 수 있는 것이라면 무엇이든지 우리 마음 속에 있어야 한다는 결론에 도달하게 된다. 아마도 이것이 버클리의 논증 및 그 밑바탕에 있는 궁극적인 오류의 정당한 분석일 것이다.

　사물을 감지할 때의 작용과 대상과의 구별이라는 이 문제는 매우 중요하다. 왜냐하면 그 문제에는 우리의 지식 획득에 대한 전체 능력이 관련되어 있기 때문이다. 자기 이외의 것을 직접적으로 아는 능력은 마음의 중요한 특징이다. 대상을 직접적으로 안다는 것은 본질적으로는 마음과 마음 이외의 어떤 것과 관련되어 있다. 이것에 의해서 사물을 아는 마음의 능력이 생기는 것이다. 만약 알려지는 것이 마음 속에 있어야 한다면, 우리는 마음의 아는 능력을 부당하게 제한하고 있든가, 단지 같은 말을 반복하고 있든가 둘 중의 하나이다. '마음 속에'라는 것이 '마음 앞에'라는 것과 같은 뜻이라면, 즉 단지 마음이 감지하는 것을 의미한다면 우리는 그저 같은 말을 반복하고 있을 따름이다. 그러나 만일 우리가 의미하는 바가 그것이라면 우리는 그런 의미에서, 마음 속에 있는 것은 마음 속에 있기는 하나 심적이지 않다는 사실을 인정해야 할 것이다. 이렇게 해서 우리가 지식의 본성을 알게 되면 버클리의 논리는 내용적으로도 형식적으로도 그릇된 것임을 알 수 있고, 또 '관념', 즉 감지되는 대상이 심적이어야 한다는 그의 가정의 근거가 아무런 타당성도 갖지 않음이 명백해진다. 그러므로 그의 관념론 옹호의 여러 논거는 배제되어도 무방하다. 남아있는 문제는 다른 논거가 있는지 없는지를 살펴보는 일이다.

　우리가 모르는 어떤 것이 존재한다는 것을 우리는 알 수 없다고, 마치 그것이 자명한 이치인 것처럼 흔히 말한다. 우리의 경험에 관계되는 것이라면 무엇이든지 적어도 우리에게 알려져야 한다는 사실이 여기서부터 추론된다. 여기에서 다음 문제가 나온다. 우리가 물질을 본질적으로 감지할 수 없다면 그것이 존재하는 것도 알 수 없을 뿐더러 우리에게 조금도 중요성을 갖지 않는다는 문제가 나온다. 이 말에는 또한, 여전히 모호해서, 우리에게 중요성을 갖지 않는 것은 실재하지 않으며, 따라서 물질이 마음이나 심적 관념으로 구성되지 않는다면 실재할 수 없고 단지 망상과 다름없다는 사실이 대략적으로 함축된다.

지금의 단계에서는 이 논증에 깊이 파고 들어갈 수는 없다. 그 이유는 이 논증에 상당한 예비적 논의가 필요하기 때문이다. 그러나 그 논증을 거부하는 몇 가지 이유는 즉시 알 수 있다. 결론부터 먼저 말하자면, 우리에게 실제적인 중요성을 갖지 않는다고 해서 실재해서는 안 될 이유가 없다는 것이다. 거기에 이론적인 중요성이 포함된다면 모든 실재하는 것은 우리에게 일종의 중요성을 갖는다고 할 수 있다. 왜냐하면 우리는 우주의 진리를 알고자 간절히 바라는 인간으로서 우주에 포함되는 일체의 만물에 어떤 관심을 가지고 있기 때문이다. 그러나 이런 종류의 관심까지 포함된다면, 비록 우리가 물질의 존재를 모르더라도, 물질이 존재한다는 것이 우리에게 아무런 중요성도 갖지 않는다고 하는 것은 부당하다. 분명히 우리는 물질이 존재할지도 모른다고 생각하거나, 과연 존재하는지 어떤지는 모르겠다고 의심할 수도 있다. 그러므로 물질은 우리의 지식욕과 결부되어 있어서, 지식욕을 만족시키든가 좌절시키든가 하는 중요한 뜻을 가지고 있는 셈이다.

다시 말해 우리가 모르는 어떤 것이 존재한다는 것을 우리는 알 수 없다고 말하는 것은 결코 자명한 이치가 아니라, 사실은 잘못된 일이다. '안다'는 말은 여기서 두 가지의 다른 뜻으로 사용된다. 첫째의 사용법에서는 오류에 대립하는 종류의 지식에 적용된다. 즉 우리가 아는 것이 '참'이라는 뜻, 우리의 신념, 확신, 즉 '판단'이라고 불리는 것에 적용되는 뜻으로 사용된다. 이 의미에서 안다는 것은 어떤 것이 사실이라는 것을 아는 것이다. 이런 종류의 지식은 '진리'의 지식이라고 해도 좋다. 두 번째 사용법에서는 '안다'는 말은 사물의 지식에 적용된다. 우리는 이것을 직접지(直接知 : acquaintance)라고 불러도 될 것이다. 감각자료를 안다는 것은 바로 이런 의미를 지닌다. (이 구분은 대체로 프랑스어의 savoir와 connaitre, 독일어의 wissen과 kennen의 차이로 볼 수 있다)

이렇게 생각하면 앞에서 자명한 이치처럼 보였던 명제는 다음과 같이 고쳐 쓰게 된다. "우리가 직접 알지 못하는 무엇인가가 존재한다고 판단하는 것은 결코 옳지 않다." 이것은 자명한 이치이기는커녕 명백한 오류이다. 나는 중국의 황제를 직접 알 수 있는 영광을 갖지 못하나 그가 진실로 존재한다고 판단한다. 물론 내가 이런 판단을 내릴 수 있는 것은 다른 사람들이 그를 직접 알고 있기 때문이라고 말할는지도 모른다. 그러나 그것은 부적절한 대답이다. 왜냐하면, 지금 말한 원리가 옳다면 나는 어떤 사람이 중국 황제를 직접 알고 있다는 것을 알 까닭이 없기 때문이다. 게다가 아무도 직접 알지 못하는 어떤 존재를 내가 알아서는 안 될 이유도 없다. 이 점은 중요하므로 설명을 필요로 한다.

만약 내가 존재하는 어떤 것을 직접 알고 있다면 '직접지'는 나에게 그것이 존재한다는 지식을 부여한다. 그러나 그 반대로 내가 어떤 종류의 것이 존재한다는 것을 알 수 있을 때, 언제나 나 또는 다른 누군가가 그것을 직접 알고 있어야 한다는 것은 옳지 않다. 내가 직접지 없이 옳은 판단을 할 경우에 가능한 것은 기술(description)에 의해서 나에게 알려지고 있다는 것, 어떤 일반적 원리에 의해서, 이 기술에 대응하는 것의 존재가 내가 직접 알고 있는 어떤 것의 존재에서 추론될 수 있다는 것이다. 이 점을 완전히 이해하기 위해서는 먼저 직접지에 의한 지식과 기술에 의한 지식의 차이를 밝히고 이어서 일반적 원리에 관한 어떤 지식이—그런 것이 있다면—우리 자신이 경험한 존재에 관한 지식과 동일한 확실성을 갖는가를 고찰함이 좋을 것이다. 이하의 몇 장에서 이런 문제를 다루고자 한다.

제5장
직접지(直接知)에 의한 지식과 기술에 의한 지식

앞 장에서 우리는 사물의 지식과 진리의 지식이라는 두 종류의 지식이 있음을 보았다. 이 장에서 우리는 사물의 지식만을 문제로 삼고자 한다. 이 지식도 역시 두 종류로 나뉜다. 사물의 지식이 우리가 말하는 직접지에 의한 지식이라는 종류에 속할 경우, 그것은 본질적으로 진리에 관한 지식보다 훨씬 단순하므로 논리적으로 진리의 지식과는 관계가 없다. 그러나 실제로 사람이 사물을 직접 알고 있으면서도 그것에 관한 진리는 전혀 모르고 있을 수 있다고 생각하는 것은 경솔한 말일 것이다. 반대로 기술(記述 ; description)에 의한 사물의 지식은 이 장이 진행되면서 밝혀지겠지만, 그 원천 또는 근거로써 언제나 약간의 진리에 관한 지식을 포함한다. 그러나 먼저 우리는 '직접지'란 무엇을 의미하는가, '기술'이란 무엇을 의미하는가를 밝혀 두어야 한다.

추론 과정 또는 진리의 지식을 거치지 않고 직접 의식하고 있는 것에 관해서 우리는 직접지를 갖는다고 말한다. 따라서 테이블을 앞에 놓고 있다면 나는 이 테이블의 현상을 만들어 내고 있는 감각자료—색깔, 모양, 단단함, 매끄러움 등등—를 직접 알고 있는 것이다. 이것은 모두 내가 그 테이블을 보거나 만지거나 할 때 직접 의식하게 되는 것이다. 내가 보고 있는 특수한 색깔에 관해서는 여러 가지 말을 할 수 있을 것이다. 예를 들면 갈색이라든가 좀더 어두운 색이라는 등의 말을 할 수 있다. 그러나 이런 말은 색깔에 관한 진리를 알려 주기는 하나 그 색깔 자체를 내가 전에 알고 있던 이상으로 알려 주지는 못한다. 색깔에 관한 진리의 지식과는 달리 색깔 자체의 지식에 관한 한, 그 색깔을 보았을 때 완전히 그 색깔을 알게 되는 것이므로, 색깔 자체에 관한 그 이상의 지식은 이론적으로 불가능하다. 이렇게 해서 테이블의 현상을 구성하고 있는 감각자료는 내가 직접 알고 있는 것, 있는 그대로 직접 나에게 알려진 것이다.

그러나 이와 반대로 물적 대상으로서의 테이블에 관한 나의 지식은 직접적인 지식이 아니다. 그것은 테이블이라는 현상을 형성하는 감각자료를 직접 알아서 얻는 지식이다. 이미 우리는 테이블이 존재하는가의 여부를 의심하는 것은 그다지 불합리하지 않다는 사실을 알고 있지만 그 감각자료를 의심한다는 것은 불가능하다. 테이블에 관한 나의 지식은 우리가 '기술에 의한 지식'이라고 이름 붙인 것이다. 테이블은 '이러이러한 감각자료를 일으키는 물적 대상'이다. 이것은 감각자료에 의해서 테이블을 기술하고 있는 것이다. 테이블에 관해서 무엇인가를 알기 위해서는 우리가 직접적으로 알고 있는 것과 테이블을 연결짓는 진리를 알고 있어야 한다. 즉 우리는 '이러이러한 감각자료는 어떤 물적 대상에 의해서 야기된다'는 것을 알아야 한다. 우리가 직접 테이블을 의식하는 마음의 상태라는 것은 없다. 테이블에 관한 우리의 지식은 사실은 모두가 진리에 관한 지식이므로 테이블이라는 현실적 사물은 엄밀히 말한다면 전혀 알려져 있지 않은 것이다. 우리가 어떤 기술을 알고 있다면, 그 기술이 적용되는 단 하나의 대상이 있다는 것을 안다는 말이지만, 그런 경우 대상 자체는 우리에게 직접적으로 알려진 것이 아니라 우리는 그 대상의 지식을 기술에 의한 지식이라고 말하는 것이다.

우리의 지식은 사물에 관한 지식도 진리에 관한 지식도 모두 직접지에 그 기반을 두고 있다. 그러므로 우리가 직접 알고 있는 것이 어떤 종류의 것인가를 고찰한다는 것은 중요하다.

이미 살펴보았듯이 감각자료는 우리가 직접 아는 것 중 하나이다. 사실 그것은 직접지에 의한 지식의 제일 두드러진 실례이다. 그러나 이 감각자료만이 유일한 예라고 한다면 우리의 지식은 실제보다 훨씬 제한될 것이다. 우리에게 알려지는 것은 지금 우리의 감각에 나타나 있는 것일 뿐이므로, 과거에 관해서는 아무것도—나아가서는 과거가 있었다는 것조차—알 수 없고, 감각자료에 관한 어떠한 진리도 알 수 없었다는 의미가 된다. 왜냐하면 지금부터 밝히겠지만, 진리에 관한 모든 지식은 감각자료와는 본질적으로 다른 성격의 것, 즉 때로 '추상관념'으로 불리기도 하는 '보편(universals)에 관한 직접적 지식을 필요로 하기 때문이다. 따라서 우리의 지식에 관한 정확한 분석을 하기 위해서는 감각자료 이외의 다른 것에 관한 직접지를 고찰해 보아야 한다.

우선 처음에 고찰해야 할 감각자료 이외의 직접지는 기억(memory)에 의한 직접지이다. 우리는 보거나 듣거나 한 것, 또는 다른 방법으로 우리의 감각에 나타난 것을 가끔 기억하고, 이 같은 사실을 직접적으로 의식한다. 그리고 그럴 경우, 우리가 기억하는 것이 현재의 것이 아니라 과거의 것으로 나타나는 데도 우리는 여전히 우리가 기억하는 것을 직접적으로 의식한다. 물론 이것은 분명한 사실이다. 이 기억에 의한 직접적인 지식은 과거에 관한 우리들의 모든 지식의 원천이다. 그것없이 과거를 추론해서 안다는 것은 있을 수 없다. 왜냐하면 기억에 의한 직접적인 지식이 없으면, 추론될 과거의 것의 존재도 알 수 없기 때문이다.

다음에 다시 고찰해야 할 것은 내성(內省)에 의한 직접지이다. 우리는 단지 사물을 의식할 뿐만 아니라 때때로 그것을 의식하고 있다는 것을 안다. 내가 태양을 볼 때 나는 보통 내가 태양을 보고 있다는 것을 의식한다. 따라서 '내가 태양을 보고 있는 것'이 나의 직접지의 대상이 된다. 음식이 먹고 싶을 때는 나는 음식에 대한 욕구를 의식한다. 따라서 '내가 음식을 먹고 싶어하는 것'이 나의 직접지의 대상이 된다. 마찬가지로 우리는 기쁨이나 고통, 일반적으로 우리의 마음 속에서 일어나는 것을 의식할 수가 있다. 이런 종류의 직접지는 자의식(自意識)이라고 할 수도 있는데, 그것이 심적인 것에 관한 우리의 모든 지식의 원천이 된다. 이처럼 직접 알 수 있는 것은 분명 우리 자신의 마음 속에서 행하는 것뿐이다. 타인의 마음 속에서 행해지는 것은 타인의 육체를 지각하여, 즉 그들의 몸과 결부되어 있는 우리들 속의 감각자료를 통해서 알려진다. 우리는 우리 자신의 마음의 내용에 관한 직접적 지식이 없이는 타인의 마음을 상상할 수 없을 뿐 아니라, 그렇기 때문에 그들이 마음을 가지고 있다는 것도 알 수가 없다. 자의식을 인간과 동물을 구별하는 것 가운데 하나라고 생각하는 것은 극히 자연스러운 일일 것이다. 동물도 감각자료에 관한 직접지는 있을 테지만, 이 직접지를 의식하는 일은 없으리라 생각된다. 동물이 자기의 존재를 의심한다는 뜻에서 이런 말을 하는 것이 아니라 자기들이 감각이나 감정을 가지고 있다는 것을 결코 의식한 일이 없고, 따라서 감각이나 감정의 주체인 자기들이 존재한다는 것을 의식한 적이 없었으리라는 뜻에서 말하는 것이다.

우리의 마음에 관한 직접지를 방금 자의식이라고 말했지만, 그것은 물론 우리의 자기(self)에 관한 의식이라는 것은 아니다. 그것은 개개의 사상이나 감정에 관한 의식이다. 우리가 개개의 사상이나 감정이 이 개입되지 않은 순전한 자기 자신을 직접 알 수 있느냐 하는 문제는 대단히 어려운 일이므로 이에 관해서 긍정적으로 말한다는 것은 성급한 일이 될 것이다. 우리 자신을 들여다보려고 할 때 항상 부딪치는 것은 어떤 개개의 특수한 사상이나 감정이지 그 사상이나 감정을 가지고 있는 '자아(自我)'는 아닌 것으로 보인다. 그런데도 우리가 이 '자아'를 직접 알고 있다고 생각할 이유도 없지는 않다. 이 직접지를 다른 것과 구별하기 어려운 일이지만 어떤 이유가 있는가를 밝히기 위해 개개의 사상에 대한 직접지에 정말로 관여하는 것이 무엇인가를 잠시 고찰해 보기로 하자.

'내가 태양을 보는 것'을 직접 알고 있다고 한다면 내가 직접 알고 있는 것이 서로 연관된 두 가지 다른 것임은 분명하다. 한편에는 태양을 나에게 표시하는 감각자료가 있고, 다른 한편에는 이 감각자료를 보고 있는 것이 있다. 태양을 표시하는 감각자료에 관한 내 직접지의 경우처럼 모든 직접지는 분명히, 직접 아는 사람과 그 사람이 아는 대상 간의 한 관계라고 생각된다. 그 직접지의 한 예가 내가 직접 알 수 있는 것일 경우(예를 들면 태양을 표시하는 감각자료가) 직접 아는 사람은 나 자신임이 확실하다. 따라서 내가 태양을 보고 있다는 것을 내가 직접 알고 있을 경우, 내가 직접 알고 있는 사실의 전체는 '감각자료에 대한 직접적인 자기지(自己知)'라는 것이 된다.

그리고 우리는 '내가 이 감각자료를 직접 알고 있다'는 진리(眞理)를 안다. 만약 우리가 '나'라고 부르는 것에 관해 무엇인가를 직접적으로 알고 있지 않았다고 하면, 어떻게 해서 이 진리를 알 수 있었던가 또 그 진리가 무엇을 의미하고 있는가를 이해하기가 어려워진다. 우리가 오늘도 어제와 다름없는, 영속적인 한 인간을 직접으로 알고 있다고 가정할 필요는 없다고 생각되지만, 우리가 그것—그 본성이 무엇이건 간에—이 태양을 보고 감각자료를 직접 알고 있다는 사실은 분명 알고 있는 것으로 보인다. 따라서 어떤 의미에서 우리는 개개의 특수적 경험과는 다른 우리 '자신'을 알고 있다고 생각한다. 이것은 어려운 문제이지만, 어느 쪽에서도 복잡한 논증을 펼칠 수가 있다. 그런 까닭에 우리 자신에 관한 직접지가 있는 것 같다고 생각되더라도 확실히 그렇다고 단정하는 것은 현명하지 못하다.

그러므로 존재하는 사물에 관한 직접지에 관해서 말해 온 것을 다음과 같이 요약할 수 있다. 감각으로 우리는 외관(外觀)의 자료를 직접 알고 있고, 내성(內省)으로 이른바 내관(內觀)이라고 부를 수 있는 사상, 감정, 욕구 등의 자료를 직접 알고 있다. 그리고 기억에서는 외관 또는 내관의 자료였던 것을 직접적으로 인지할 수 있다. 그리고 또 확실하지는 않지만, 아마 우리는 사물을 의식하고 사물에 대한 욕구를 갖는 존재로서의 자기를 알고 있을 것이다.

존재하는 개개의 특수적인 사물에 관한 직접지 외에 우리가 '보편(普遍)'이라고 부르는 것, 즉 색깔의 밝기 정도, 다양성, 형제애 같은 일반적 관념에 관한 직접지도 있다. 모든 완전한 문장은 적어도 한 가지는 보편을 나타내는 말을 포함하고 있을 것이다. 왜냐하면 모든 동사는 보편적인 뜻을 가지고 있기 때문이다. 제9장에서 이 보편의 문제로 다시 돌아가기로 하겠지만 우선 여기서는, 우리가 직접적으로 알 수 있는 것이 모두 존재하는 개별적인 것이라고 생각해 버리지 않도록 주의해야 한다. 보편을 의식하는 것은 파악(把握, conceiving)이라고 불리고 우리가 의식하는 보편은 개념(槪念, concept)이라고 불린다.

우리가 직접적으로 아는 대상 가운데 감각자료에 대립되는 물적 대상은 타인의 마음을 포함하지 않는다는 것을 곧 알게 될 것이다. 내가 말하는 '기술에 의한 지식'이 이것을 알려주는데, 이제 이것에 관해 살펴보게 될 것이다.

'기술'이란 '어떤 이러이러한(a so-and-so)'이라든가 '그 이러이러한(the so-and-so)'이라는 형태의 어구를 뜻한다. '어떤 이러이러한'이라는 형태의 어구를 '애매한(다의적) 기술'이라고 부르고, '그 이러이러한'(단수형)이라는 형태의 어구를 '명확한' 기술이라고 부르기로 한다. 따라서 '어떤 사람'은 애매한 기술이고 '그 철가면을 쓴 사람'은 명확한 기술이다. 애매한 기술에 관련되는 문제는 많지만 우리가 논의하는 문제와는 직접 관계가 없으므로 지금은 언급하지 않겠다. 우리가 여기서 문제삼는 것은, 대상에 대한 직접지는 없지만 어떤 명확한 기술에 대응하는 어떤 대상이 존재한다는 것을 알고 있을 경우, 그 대상에 관련된 지식의 성질은 어떤 것인가에 관해서이다. 이것은 오로지 '명확한' 기술에 관한 문제이다. 그러므로 이제부터 '기술'이라고 할 때는 '명확한 기술'을 뜻하는 것으로 한다. 즉 기술이라면 단수형으로 '그 이러이러한'이라는 형식의 어구를 뜻하게 될 것이다.

우리가 앞으로 대상이 '그 이러이러한 것'임을 알 때, 즉 어떤 성질을 가진

단 하나의 대상이 있다는 것을 알 때, 그 대상은 '기술에 의해서 알려진 것이다'. 이 경우에는 일반적으로 그 대상에 관한 '직접지에 의한 지식'이 없다는 사실이 함축되어 있다. 철가면을 쓴 사람이 존재했다는 것과 그에 관한 많은 명제가 있다. 그러나 우리는 그가 누구였는지는 모른다. 우리는 가장 많은 표를 얻은 후보자가 선출된다는 것을 안다. 이 경우에 우리는 실제로 가장 많은 표를 얻을 후보자가 될 사람을(다른 사람을 직접 알 수 있다는 유일한 의미에서) 얼마든지 직접 알 수 있다. 그렇지만 후보자들 중 어느 사람이 그 사람인지는 모른다. 즉 A가 그 후보자 중 한 사람의 이름이라면, 'A가 가장 많은 득표를 할 후보자이다' 하는 형식의 명제는 모른다. 이러이러한 사람이 존재하고 있다는 것을 알고는 있으나, 또 사실 그 이러이러한 대상을 직접 알고 있을지도 모르나, A라는 사람이 우리가 아는 그 어떤 사람이라 해도 'A는 이러이러한 사람이다'라는 명제를 모른다면, 우리는 그 이러이러함에 관해서 '단지 기술적인 지식'만을 가질 뿐이다.

'이러이러한 것이 존재한다'고 말할 때 우리는 그 이러이러한 대상이 단 하나만 존재한다는 것을 뜻한다. 'A가 이러이러한 것이다'라는 명제는, A는 이러이러한 성질을 갖고 있지만 다른 어떤 것도 그 성질을 갖고 있지 않음을 뜻한다. 'A씨가 이 선거구의 통일당 후보이다'라고 하는 것은 'A씨가 이 선거구에서 통일당 후보이고 다른 아무도 그렇지 않다'라는 뜻이다. '이 선거구의 통일당 후보가 존재한다'는 것은 어떤 사람이 '이 선거구의 통일당 후보이고 다른 아무도 그렇지 않다'는 것을 의미한다. 이와 같이 우리가 이러이러한 대상을 직접적으로 알고 있을 때는 그 이러이러한 것이 존재하는 것을 알고 있다는 말이지만, 우리가 그 이러이러한 것으로 알고 있는 대상을 직접적으로 알고 있지 않을 때도, 또 실제로 이러이러한 것인 대상을 직접 알지 못할 때조차 그 이러이러한 것이 존재한다는 사실을 알 수가 있는 것이다.

일상에서 쓰는 말, 심지어는 고유명사조차 대개는 기술이라 할 수 있다. 다시 말해서, 고유명사를 사용하는 사람의 마음 속에 있는 생각은 일반적으로 그 고유명사를 기술로 바꾸어 놓는다면 정확하게 표현할 수 있다. 게다가 그 생각을 표현하는 데 필요한 기술은 사람마다 다르고 또는 같은 사람일지라도 시간이 흐르면 달라질 것이다. 변하지 않는 유일한 것은(그 이름이 정확하게 사용되고 있는 한) 그 이름이 적용되는 대상뿐이다. 그러나 이 대상이 변치 않는 한, 개개의 특수적인 기술은 보통 그 이름이 나타나는 명제의 참거짓에는 영향을 끼치지 않는다.

몇 가지 예를 들어 보기로 하자. 비스마르크에 관한 어떤 진술이 있다고 가정하자. 자기 자신에 관한 직접지가 있다면, 비스마르크 자신도 그가 직접 알고 있는 그 특정 인물(비스마르크 자신)을 지명하기 위해 그의 이름을 직접 썼을지도 모른다. 그럴 경우는 그가 자기 자신에 대해 판단을 내린 것이므로 그 자신은 그 판단의 한 구성 요소가 된다. 이 판단에서는 고유명사가, 그것이 언제나 바라고 있는 직접적 용법—즉 단순히 어떤 대상을 나타낼 뿐이지 그 대상의 기술(記述)을 나타내는 것은 아니다—으로 사용된다. 그러나 비스마르크를 실제로 아는 사람이 그에 대한 판단을 내릴 경우에는 사정이 달라진다. 이 사람이 직접적으로 알고 있던 것은, 그가 비스마르크의 몸과 결부시킨(정확하게는 결부시켰다고 가정하는) 어떤 감각자료였다. 물적 대상으로서의 그의 몸, 나아가서 그의 마음은 이런 감각자료와 결부된 몸과 마음으로 알려진 것에 불과하다. 즉 그것은 기술에 의해서 알려진 것이다. 물론 어떤 친구가 그 사람에 대해 생각할 때 마음에 떠오르는 외관의 어떠한 특징은 대부분 우연에 따른 것이다. 그러므로 현재 그 친구의 마음 속에 있는 것은 우연한 것이다. 본질적인 문제는, 문제가 되고 있는 존재물을 직접 알고 있지 않아도 여러 가지 기술이 전부 같은 존재물에 적용된다는 것을 그가 알고 있다는 점이다.

비스마르크를 알지 못하는 우리가 그에 대해 판단할 때, 대개의 경우 비스마르크를 규정하는 데 필요한 것보다는 훨씬 많이 알고 있겠지만, 우리의 마음 속에 있는 기술은 아마 막연하게 쌓인 역사적인 지식일 것이다. 그러나 구체적인 설명을 위해 그를 '독일 제국 초대 재상'으로 생각하기로 한다. 여기에 나타나는 말은 '독일'을 제외하고는 모두 추상적인 것뿐이다. '독일'이라는 말도 사람에 따라 여러 가지 의미를 지니고 있다. 어떤 사람에게는 독일 여행을 연상시키는 말이 될 것이고, 또 어떤 사람에게는 지도상의 독일 형태를 연상시키는 말이 될 것이다. 그러나 적용이 가능한 기술을 얻기 위해서는 아무래도 우리가 직접 알고 있는 어떤 개별적인 것과 관련지어야 한다. 이런 관련은 특정한 날짜가 아닌 과거·현재·미래 또는 여기저기에서 또는 타인이 우리에게 가르쳐 준 것 등을 언급한 것 중에 포함되어 있다. 따라서 어떤 개별적인 것에 적용되는 기술에는—만약 기술되어 있는 것에 관한 우리의 지식이 단지 그 기술에서 논리적으로 도출된 것이 아니라면—어떤 방법으로든 우리가 직접 알고 있는 어떤 개별적인 것과의 관계를 포함해야 한다. 예를 들면 '가장 오래산 사람'이라는 것은 단지 보편만을 포함한 기술로, 몇몇 사람들에게 적용할수 있겠지만, 우리는 그 사람에 대해 이 기술이 주는 지식 이상을 포함해서 판단할 수는 없다. 그러나 '독일 제국의 초대 재상은 빈틈없는 외교관이었다'라고 할 경우, 우리는 우리가 직접 알고 있는 어떤 것—보통 듣거나 읽거나 한 증거—에 의해서만 이 판단이 진리임을 확신할 수 있다. 우리가 타인에게 전하는 정보, 즉 비스마르크에 대한 사실이 우리가 판단을 내리는 데 중요한 역할을 하는 것과는 달리, 우리가 실제로 하는 사고는 한 가지 또는 그 이상의 개별적인 것이 포함되어 있을 뿐, 그 외에는 완전히 개념만으로 이루어진다.

마찬가지로 런던, 영국, 유럽, 지구, 태양계 같은 장소의 이름을 말할 때, 그것은 우리가 직접 알고 있는 하나 또는 그 이상의 개개의 특수적인 것에서 출발하는 기술을 포함한다. 형이상학에서 생각되는 우주조차도 개개의 특수적인 것과 연관성이 있지 않나 하는 생각도 든다. 그러나 논리학에서는 존재하는 것뿐만 아니라 존재할지도 모르는 것, 존재할 수 있는 것이 문제가 되므로 거기에는 현실에 있는 개별적인 것에 대한 관련은 포함되지 않는다.

기술에 의해서만 알려진 것에 대해 말할 때, 우리는 때때로 기술을 포함한 형식을 취하지 않고 기술되어 있는 실제의 사물에 관해서만 말하려 하는 것 같다. 즉 비스마르크에 관해서 무엇인가를 말할 때, 우리는 될 수 있으면 비스마르크만이 할 수 있는 판단, 즉 그 자신이 생각한 구성 요소로 판단을 내리고자 한다. 이 시도는 필연적으로 실패로 끝나는데, 현실의 비스마르크가 우리에게 알려져 있지 않기 때문이다. 그러나 우리는 비스마르크라고 불리는 대상 B가 존재하고, B는 빈틈없는 외교관이었다는 것을 알고 있다. 따라서 우리는 우리가 주장하고 싶은 명제, 즉 'B는 빈틈없는 외교관이었다'—이 경우 B는 비스마르크라는 대상—를 명제로 기술할 수 있다. 만약 비스마르크를 '독일 제국 초대 재상'으로서 기술한다면 우리가 주장하고 싶은 명제는 '독일 제국 초대 재상이었던 실제 대상에 관해서, 이 대상이 빈틈없는 외교관이었다고 주장하는 명제'로 기술될 수 있을 것이다. 우리가 사용하는 기술이 여러 가지임에도 의사소통이 가능한 이유는, 우리가 실제의 비스마르크에 관한 참다운 명제가 있다는 것을 알고서, 기술을 아무리 바꾸더라도(그 기술이 옳은 한) 기술되어 있는 명제가 같다는 것을 알고 있기 때문이다. 기술되고 또 참된 것으로 알려져 있는 이 명제가 우리의 관심을 끌지만 우리는 명제 자체를 직접적으로는 모르므로, 참된 것으로 알려져 있다고는 하나 그 명제(命題) 자체를 알고 있는 것은 아니다.

개별적인 것이 직접지(直接知)로부터 멀어져 가는 과정에도 여러 단계가 있다는 것을 곧 알게 될 것이다. 실제로 비스마르크를 알고 있는 사람들의 비스마르크가 있고, 그를 역사를 통해서만 아는 사람들의 비스마르크도 있다. 또 철가면을 쓴 사람이 있고, 가장 오래 산 사람이 있다. 이것은 그 개별적인 것의 직접지로부터 점차 멀어지고 있는 것이다. 첫 번째는 가능한 한 타인에 대한 직접지에 가깝고, 두 번째는 '비스마르크가 어떤 사람이었는가'의 지식이다. 세 번째 경우에서 우리는, 그 사람이 철가면을 썼다는 사실에서 논리적으로 도출될 수 없는 많은 명제를 알 수는 있으나 그 철가면을 쓴 사람이 누구였는지를 모른다. 마지막 네 번째 경우, 우리는 그 사람의 정의에서 논리적으로 끌어 낼 수 있는 것 이상으로는 아무것도 모른다. 보편의 영역에도 이와 비슷한 계층적 체계가 있다. 대부분의 개별적인 것과 마찬가지로 대부분의 보편은 기술로만 알려져 있다. 그러나 개개의 특수적인 것의 경우와 마찬가지로, '기술에 의해 알려지는 것'에 관한 지식은 결국 '직접지에 의해 알려지는 것'에 관한 지식으로 축소된다.

기술을 포함한 명제를 분석할 때의 근본 원리는 다음과 같다. 즉, 우리가 이해할 수 있는 모든 명제는 전적으로 우리가 직접적으로 알고 있는 요소만으로 구성되어야 한다.

이 근본 원리에 대해서 주장될 모든 반론에 대해 지금 이 단계에서 답할 생각은 없다. 지금은 우선 어떻게든 이 반론에 답할 수 있을 것이라는 점만을 언급해 두기로 한다. 왜냐하면, 우리가 판단하거나 가정하는 것이 무엇인지도 모르고 판단하거나 가정할 수 있다는 것은 거의 생각할 수 없는 일이기 때문이다. 우리가 하는 말에 뜻이 있고 그것이 단순한 소음이 아니라면, 우리가 사용하는 말에 담긴 뜻은 우리가 직접 알고 있는 무엇인가이어야 한다. 그러므로 예를 들어 우리가 줄리어스 시저에 관해 진술할 때, 그를 직접 아는 것이 아니기 때문에 시저가 우리의 마음 앞에 없는 것은 명백하다. 우리가 마음 속에 가지고 있는 것은 시저에 관한 기술이다. 예를 들면 '3월 15일에 암살된 사람'

이라든가, '로마 제국의 창시자'라든가, 또는 단순히 '줄리어스 시저라는 이름의 사람'이라든가이다(이 마지막 기술에서의 줄리어스 시저는 우리가 직접 알고 있는 발음이나 형태이다). 이와 같이 우리의 진술은 그것이 의미하는 것으로 보이는 것을 의미하지 않고, 시저 대신 시저에 관한 어떤 기술—우리가 직접 알고 있는 개별과 보편으로 구성되어 있다—과 관련된 무엇인가를 의미한다.

기술(記述)에 의한 지식의 중요성은 그것이 우리의 사적 경험의 한계를 넘어서게 해 주는 데 있다. 우리는 단지 직접지에서 경험된 사항으로 이루어진 진리밖에 모르는데도 기술에 의해서 우리가 경험한 적이 없는 사물에 관한 지식도 얻을 수가 있다. 우리의 직접적 경험이 극히 적다는 것을 생각하면 이 결론은 참으로 중요하다. 이 점이 이해되지 않는다면, 우리 지식의 대부분은 불확실하며, 따라서 의심스러운 것으로 머물러 있을 수밖에 없다.

제6장
귀납에 관하여

지금까지 전개한 논의 중 대부분은 존재의 지식을 얻는 데 필요한 자료에 대해 명확히 알고자 하는 우리의 시도와 관계된 것이었다. 이 우주에는, 우리의 직접지(直接知)에 의해 알려진 존재 중 어떤 것이 있는가? 지금까지 도출된 대답은, 우리가 자기의 감각자료나 우리 자신을 직접적으로 알고 있다는 것이었다. 우리는 그것들이 확실히 존재한다는 것을 안다. 또 생각나는 과거의 감각자료가 과거에 존재했다는 것을 안다. 이 지식도 자료를 제공한다.

그러나 만약 우리가 이런 자료로부터 추론할 수 있다고 하면—물질·타인·개인적인 기억이 시작되기 이전의 과거, 미래 등에 관해서 알 수 있다면—우리는 그러한 추론을 끌어 낼 수 있는 일종의 일반적인 원리를 알아야 한다. 어떤 종류의 사물 A는, 예를 들어 천둥이 그 이전의 번개의 존재 표시이듯이, A와 동시에 혹은 전후에 일어난 어떤 다른 종류의 사물을 가리키는 존재의 기호임을 알아야 한다. 이것을 모르면 우리는 사적인 경험의 영역 이상으로 지식을 확대할 수 없다. 이 사적인 경험의 범위는 이미 알고 있는 것처럼 매우 한정된 것이다. 이제 우리에게 주어진 문제는 그러한 확대가 가능한가 어떤가, 만약 가능하다면 어떻게 해서 그것이 실현되는가 하는 것이다.

한 예로 실제 아무도 전혀 의심하지 않는 사물을 들어 보기로 하자. 우리 모두는 태양이 내일도 떠오른다고 확신한다. 왜일까? 이 신념은 과거의 경험에서 얻은 단순한 맹목적인 소산일까, 아니면 합리적인 신념으로 정당화될 수 있는 것일까? 이런 종류의 신념이 합리적인지 아닌지를 판정하는 테스트를 발견하기란 쉬운 일이 아니다. 그러나 적어도 어떤 종류의 일반적 신념이, 태양이 내일도 떠오르리라는 판단 및 그 밖에 우리 행동의 기반을 이루는 수많은 비슷한 판단을 정당화하기에 충분한가 하는 점만은 확인해 볼 수 있다.

태양이 왜 내일도 떠오르리라고 믿느냐는 질문을 받으면 우리는 "이제까지 매일 변함없이 떠올랐으니까"라고 대답할 것이 뻔하다. 우리는 태양이 과거에 떠올랐기 때문에 미래에도 떠오를 것이라는 굳은 신념을 갖고 있다. 어째서 태양이 앞으로도 계속해서 떠오르리라고 믿느냐고 묻는다면, 우리는 운동 법칙을 끄집어 낼 것이다. "지구는 자유로이 회전을 계속하는 물체이다. 이런 물체는 무엇인가가 외부에서 간섭하기 전까지는 그 회전을 그치지 않는다. 지금부터 내일까지의 사이에 외부에서 지구에 간섭할 만한 것은 아무것도 없다"고 말할 것이다. 물론 외부에서 간섭할 것이 전혀 없다는 것이 확실한지 어떤지는 의문의 여지가 있다. 그러나 이것은 당장 우리의 흥미를 끄는 의문은 아니다. 흥미있는 의문은 이 운동 법칙이 내일까지 계속 작용하는가에 관한 것이다. 이 의문이 제기되면 우리는 처음에 일출에 관한 의문이 제기되었을 때와 같은 상황에 있음을 알게 된다.

운동 법칙이 계속 작용한다고 믿는 유일한 이유는 과거에 대해 우리의 지식으로 판단할 수 있는 한, 그것이 오늘까지 계속 작용했다는 사실이다. 확실히 이 운동 법칙의 경우에는 일출의 경우에서보다 과거에서 얻은 증거가 훨씬 많다. 왜냐하면 일출은 운동 법칙이 실현된 특수한 경우에 지나지 않고, 이 같은 특수한 경우는 그 밖에도 무수히 많기 때문이다. 그러나 정말 문제는 이렇다. 과거에 어떤 법칙이 실현된 몇몇 사례가 있었다면, 그것은 미래에도 그 법칙이 실현되리라는 증거가 되는가? 만약 증거가 되지 않는다면, 내일 태양이 떠오를 것이라는 기대나, 우리가 다음 끼니로 먹을 빵에 독이 들어 있지 않을 것이라는 생각, 또 그 밖에 알지 못하는 사이에 생활을 규제하고 있는 무의식적인 기대에 대한 어떤 근거가 없다는 것이 명백해진다. 그러한 모든 기대가 단지 필연적인 것에 불과하다는 것을 알면, 우리는 그 기대들이 꼭 실현될 것이라는 증명을 찾을 것이 아니라 그것들이 실현될 것 같다는 견해를 지지할 이유를 찾아야 한다.

그런데 이 문제를 취급하기 위해서는 우선 한 가지 중요한 구별을 해두어야 한다. 이 구별을 하지 않으면 우리는 곧 어쩔 수 없는 혼란에 휩쓸리게 된다. 이제까지 한결같은 공존의 되풀이가 다음번에도 동일하게 계속적인 공존을 기대하게 만드는 원인이었음이 경험에 의해 밝혀졌다. 특정한 겉모양을 갖고 있는 음식물은 일반적으로 특정한 맛을 지니므로, 눈에 익은 모양의 음식물이 평소와 다른 맛을 갖고 있다는 것을 알게 되면 우리의 기대는 큰 충격을 받는다. 우리가 눈으로 보는 사물은 습관에 의해서, 그것에 닿았을 때 기대되는 어떤 촉각적 감각과 결부된다. 많은 유령 이야기들에서 유령이 무서운 이유 중 하나는 그것이 직접 피부로 와 닿지 않기 때문이다. 처음으로 외국에 나간 무식한 사람들은 자기 나라 말로 의사소통이 되지 않는다는 것을 알게 되면 매우 놀라며 믿을 수 없어 한다.

이런 종류의 연상은 사람에게만 국한된 것이 아니다. 동물에게도 매우 강하다. 어떤 일정한 길로만 달리던 말은 딴 방향으로 고삐를 돌리면 저항한다. 가축은 보통 늘 먹이를 주던 사람을 보면 먹이를 주는 줄 안다. 이런 일양성(一樣性 : uniformity)의 미숙한 기대가 모두 잘못 될 수 있다는 것을 우리는 안다. 병아리에게 날마다 모이를 주던 사람도 결국에는 그 병아리의 목을 비튼다. 이것으로 볼 때 자연의 일양성에 관해서 병아리가 좀더 정확한 견해를 가졌더라면 병아리에게 무언가 이로운 점이 있었을 것이다.

그러나 어긋나기 쉬운 기대임에도 그런 기대는 여전히 존재한다. 어떤 일이 여러 번 되풀이되어 일어나면 그 사실만으로 사람이나 짐승은 또 그 일이 일어나리라는 기대를 갖게 된다. 이렇게 해서 우리는 본능적으로 태양이 또 떠오르리라는 것을 믿는데, 이럴 경우 우리는 예상치 못하고 있다가 목이 비틀린 병아리와 별다를 바 없는 입장에 처하게 되는지도 모른다. 그러므로 우리는 과거의 일양성이 미래에 대한 기대를 일으킨다는 사실과, 그 기대의 타당성에 관한 질문이 제기되었을 때 그 기대를 중시할 만한 합리적인 이유가 있느냐 없느냐 하는 문제를 구별해야 한다.

우리가 논해야 할 문제는, 이른바 '자연의 일양성(the uniformity of nature)'을 믿을 이유가 있느냐 없느냐 하는 것이다. 자연의 일양성에 대한 신념은 모든 일들이 예외 없이 지금까지 일어나거나 앞으로 일어나게 된다는 것을 보여주는 어떤 일반 법칙의 한 사례이다. 우리가 이제까지 고찰한 미숙한 기대는 모두 예외를 낳기 쉬우므로 그 기대를 가진 사람들을 실망시키기 쉽다. 그러나 과학은 으레 최소한 작업 가설로라도, 예외를 갖는 일반적 규칙은 예외를 갖지 않는 일반적 규칙으로 대체될 수 있다고 가정한다. '공중에 떠 있는 물체는 떨어진다'는 것이 일반적 규칙이지만, 기구나 비행기는 예외이다. 그러나 운동 법칙 및 중력의 법칙은 대부분의 물체가 떨어진다는 사실을 설명하지만 기구나 비행기가 상승할 수 있다는 사실도 설명한다. 따라서 이 운동 법칙이나 중력 법칙은 그런 예외에 지배되지 않는다.

태양이 내일도 떠오르리라는 신념은, 만약 지구가 그 회전을 파괴하는 커다란 물체에 갑자기 충돌했다고 하면 거짓이 되고 만다. 그러나 운동 법칙이나 중력 법칙은 그런 사건에 의해서도 손상되지 않는다. 과학자의 일은, 운동 법칙이나 중력 법칙과 같이 우리의 경험이 미치는 한, 예외 없는 일양성을 발견하는 데 있다. 그 연구에서 과학은 두드러진 성공을 거두고 있으므로 지금까지 그런 일양성이 성립되어 있다고 인정해도 좋다. 이 시점에서 우리는 앞의 문제로 되돌아가게 된다. 과거에 일양성이 성립되었다고 해서 미래에도 성립되리라고 가정할 수 있을까?

미래가 과거를 닮았다는 것으로 받아들이는 데는 이유가 있다고 논의했다. 그 이유는, 미래는 언제나 과거였고 또 언제나 과거와 닮았다는 점이다. 따라서 우리는 실제로 미래의 경험을, 즉 전에 미래였던 시간의 경험을 가지고 있다고 말할 수 있으며, 그것은 '과거의 미래'라 부를 수 있을 것이다. 그러나 이런 논의는 실은 지금 문제가 되고 있는 것 자체를 논거할 때 가능한 것이다. 우리가 가지고 있는 것은, '과거의 미래'의 경험이지 '미래의 미래의 경험'이 아니다. 그래서 미래의 미래는 과거의 미래와 닮았을까 하는 문제가 제기된다. 이 문제는 과거의 미래에서 출발하는 논의로는 대답할 수 없다. 따라서 우리는 미래가 과거와 같은 법칙에 따른다는 것을 알려 주는 어떤 원리를 찾아야 한다.

이 문제에서 미래에 대한 언급은 본질적이지 않다. 같은 문제가 우리들의 경험 안에서 작용하는 법칙을, 우리가 경험하지 않은 과거의 것에 적용한 경우도 생긴다. 예를 들면 지질학에서, 또는 태양계의 기원에 관한 이론에서 우리가 정말로 물어 보아야 할 문제는 다음과 같다. "두 가지가 서로 연관성을 갖고 있고, 한쪽이 생기면 다른 쪽도 생긴다는 사실이 밝혀졌다면, 새로운 사례에서 그 두 가지 중 한쪽이 생기면 다른 쪽도 생길 것이라고 기대할 충분한 이유가 될까?" 미래에 대한 우리의 기대의 전체, 귀납에 의해 얻은 결과의 전체, 또 실제로 우리 일상 생활의 밑바탕에 놓인 모든 신념의 타당성은 우리가 이 질문에 어떻게 대답하느냐에 달려 있다.

우선 다음과 같은 사실을 인정해야 한다. 두 가지가 때때로 같이 발견되고 결코 떨어져 있지 않다는 사실만으로는, 다음번에 그 규칙을 보게 될 때도 역시 같이 발견되리라고 확실히 증명하기에는 충분치 못하다는 점이다. 우리가 바랄 수 있는 것은 기껏해야 같이 발견되는 일이 많을수록 다른 때도 같이 발견될 개연성(蓋然性)이 크리라는 것, 그리고 같이 발견되는 일이 충분히 거듭되면 그 개연성은 거의 확실성에 도달한다는 것이다. 그러나 완전히 확실성에 도달한다는 것은 불가능하다. 왜냐하면 아무리 되풀이되어도 마지막에 가서 목이 비틀리는 병아리의 경우처럼, 결국은 되풀이되지 않을 때가 있다는 것을 우리는 알고 있기 때문이다. 그러므로 우리가 구할 수 있는 것은 개연성밖에 없게 된다.

우리가 주장하고 있는 견해에 대한 반론으로 다음과 같은 주장이 제기될지도 모른다. 우리는 모두 자연 현상이 법칙의 지배에 복종한다는 사실을 알고, 어떤 경우에 단 한 가지 법칙만이 들어맞는다는 것을 관찰에 의거해서 알 수 있다는 것이다. 그런데 이 견해에 대해서는 두 가지 해답이 있다. 첫째는 비록 예외 없는 어떤 법칙이 우리에게 적용된다 하더라도, 실제로 우리가 발견한 법칙이 예외 없는 법칙이라는 확신을 가질 수 없다는 것이다. 둘째는 법칙의 지배 자체가 개연적인 것에 불과한 것으로 여겨질 뿐 아니라, 미래나 과거에서 아직 검토되지 않은 경우에도 그 지배가 있었으리라는 우리의 신념 자체가 우리가 검토하고 있는 원리에 입각해 있다는 것이다.

우리는 지금 검토하고 있는 원리를 '귀납원리(歸納原理)'라고 불러도 좋으며, 그 두 가지 부분은 다음과 같이 말할 수 있다.

(a) A가 B와 같이 발견되고, B와 떨어져서 발견된 일이 없다면, A와 B가 연관성을 가질 경우의 빈도수가 많아지면 많아질수록 그 둘 중 한쪽이 나타나는 새로운 경우에 양자가 같이 나타날 개연성도 커진다.

(b) 같은 조건 아래서 양자가 같이 있는 경우의 빈도수가 충분히 많아지면 새로운 경우에도 같이 있을 수 있는 개연성은 거의 확실성에 가까워지므로 한없이 확실성으로 접근해 간다.

방금 말한 바와 같이 이 원리는 개개의 새로운 사례에 우리가 기대하는 검증에만 적용된다. 그러나 우리에게 같이 있는 경우의 빈도수가 충분할 만큼 알려져 있고, 같이 있지 않은 경우는 전혀 알려져 있지 않다면, 우리는 A가 언제나 B와 같이 있다는 일반 법칙에 개연성이 있다는 사실이 알고 싶을 것이다.

이 일반 법칙의 개연성은 분명 개개의 특수적인 경우의 개연성보다 적다. 왜냐하면 일반 법칙이 진실이라면 개개의 특수한 경우도 역시 진실이어야 하는데, 개개의 특수한 경우는 일반 법칙이 진실이 아니라도 진실일 수가 있기 때문이다. 그러나 이 일반 법칙의 개연성은 개개의 특수한 경우와 마찬가지로 반복에 의해 증대한다. 그러므로 일반 법칙에 관한 원리의 두 부분을 다음과 같이 바꾸어 말할 수 있다.

(a) A가 B와 같이 발견되는 경우의 빈도수가 많으면 많을수록(같이 있지 않은 경우가 전혀 알려져 있지 않다고 하면) A가 항상 B와 같이 있는 개연성은 점점 더 커진다.

(b) 같은 조건 아래서 A와 B가 같이 있는 경우의 빈도수가 충분히 많아지면 A는 항상 B와 같이 있다는 것이 거의 확실해져서, 이 일반 법칙은 한없이 확실성으로 접근해 간다.

개연성은 언제나 어떤 여건과 연관을 갖고 있음을 주의해야 한다. 우리들의 경우 그 여건은 다만 A와 B의 공존이 알려진 경우에 해당된다. 이 밖에도 다른 여건이 있어서 그것을 고려하게 되면 개연성을 크게 바꾸게 될지도 모른다. 예를 들면 매우 많은 흰색 백조를 본 사람은 우리의 원리에 따라서 모든 백조가 희다는 것은 여건에 의거해서 확실한 것 같다고 주장할 것이다. 이것은 아주 건전한 논법이라고 해도 좋다. 왜냐하면 어떤 일은 여건에 의해 개연성이 없더라도 발생하기 때문이다. 백조의 경우로 말한다면, 어떤 사람이 색깔은 대부분의 동물의 종이 갖는 매우 가변적인 특징이므로 색깔에 관한 귀납은 특히 잘못되기 쉽다고 알고 있을지도 모른다. 그러나 이런 지식은 새로운 여건이지만, 앞의 여건에 대한 개연성의 평가가 잘못되어 있었던 것을 증명하는 수단이 될 수는 없다. 그러므로 사물이 때때로 우리의 기대를 저버리는 일이 있다는 사실이 어떤 경우 또는 몇몇 경우에 우리의 기대가 아마 실현되지 않을지도 모른다는 증거가 되지는 않는다. 따라서 우리의 귀납원리는 경험에 호소함으로써 반박될 수 있는 것이 아니다.

이 귀납원리는 또한 경험에 호소함으로써 증명할 수도 없다. 경험은, 이미 검토된 경우에 관해서는 당연히 귀납원리를 확인시켜줄 것이다. 그러나 검토되지 않은 경우에는 검토된 것으로부터 검토되지 않은 것에 대한 추론을 정당화할 수 있는 것은 귀납원리뿐이다. 경험에 의거해서 미래, 또는 과거 및 현재에 경험되지 않은 부분에 관해 논의를 펼칠 때는 모두 이 귀납원리를 가정하고 있는 것이다. 그러므로 우리는 경험에 의해서 귀납원리를 증명할 수가 없다. 그러므로 증명해야 할 문제를 미리 논거로 쓰지 않는다면, 우리는 귀납원리 자체가 갖는 명증성에 의해 귀납원리를 받아들이든가, 미래에 관한 기대를 정당화하려는 일체의 시도를 중단하든가 해야 한다. 이 원리가 건전하지 않다면, 우리는 태양이 내일도 떠오른다는 것, 빵이 돌보다 영양가가 있다는 것, 또는 지붕에서 몸을 던지면 떨어진다는 것을 기대할 이유가 없게 된다. 친구가 우리에게 다가오는 것을 볼 때, 그의 몸에 가장 나쁜 적이나 또는 전혀 모르는 낯선 사람의 마음이 깃들어 있지 않다고 생각할 이유도 없을 것이다. 우리의 모든 행위는, 과거에 잘 작용했기 때문에 미래에도 반드시 잘 작용되리라는 연상에 의거한다. 그리고 '반드시'라는 말의 타당성은 귀납원리에 의존한다.

법칙이 지배한다는 신념이나 모든 사건은 원인을 갖는다는 신념과 같은 과학의 일반적 원리는 일상 생활의 신념과 마찬가지로 이 귀납원리에 의거한다. 이런 모든 일반원리를 믿는 이유는 인류가 그 진리의 무수한 사례만 발견하고 허위의 사례는 발견하지 않았기 때문이다. 그러나 귀납원리를 가정하지 않는 한, 미래에도 이 원리가 진실이라는 증거는 될 수 없다.

따라서 경험에 의거해서 우리가 경험하지 않은 것을 가르쳐 주는 모든 지식은 하나의 신념(信念)에 의거한다. 그 신념은 경험에 의해서는 확인할 수도 없고 논파할 수도 없으나, 적어도 그것이 구체적으로 적용될 경우에는 대부분의 경험적 사실과 마찬가지로 우리 안에 단단히 뿌리를 내리고 있는 것 같다. 그 같은 신념의 존재와 정당화—나중에 보는 바와 같이 귀납원리가 유일한 예는 아니다—는 철학에 가장 어렵고도 많은 논의를 일으키는 문제들을 제기한다. 다음 장에서는 이 같은 지식을 설명하는 데는 어떤 말을 할 수 있는가, 또 그 지식의 범위와 그 정확성은 어느 정도인가 하는 점을 간단하게 고찰해 보기로 하자.

제7장
일반원리에 대한 우리들의 지식

앞 장에서, 귀납원리는 경험에 의거하는 모든 논증의 타당성에 필요하다는 것, 그 자체는 경험에 의해서 증명되지 않는다는 것, 그러나 적어도 그것이 구체적으로 적용된 것은 누구나 무조건 믿는다는 것을 살펴보았다. 이런 성격을 가지고 있는 것은 귀납원리만이 아니다. 경험에 의해서 증명도 반증도 할 수 없으나, 경험에서 출발하는 논증으로 사용되는 다른 원리들은 얼마든지 있다.

그 원리 중 어떤 것은 귀납원리보다 훨씬 큰 명증성(明證性)을 가지므로 그 지식은 감각자료의 존재에 관한 지식과 같은 정도의 확실성을 갖는다. 그 원리들은 감각 속에 주어진 것에서부터 추론을 해내는 데 필요한 여러 수단을 구성한다. 추론되는 것이 진실이어야 한다면, 우리의 여건과 마찬가지로 '추론원리(推論原理)'도 진실이어야 한다. 추론원리는 너무 자명하기 때문에 도리어 간과되기 쉽다. 거기에 포함되는 가정은 가정이라는 것이 인식되지 않은 채 승인되고 있다. 그러나 지식에 관한 옳은 이론을 얻기 위해서는 추론원리의 용법을 안다는 것이 대단히 중요하다. 추론원리에 관한 지식은 흥미 깊고 어려운 문제를 제기하기 때문이다.

'일반원리'에 관한 모든 지식에서, 우리는 실제로 먼저 그 특수성이 원리와는 관계없다는 것, 어떤 경우에도 정당하게 주장될 수 있는 일반성이 있다는 것을 깨닫게 된다. 말할 것도 없이 이것은 산술을 가르칠 때 자주 보인다. '2 더하기 2는 4이다'라는 것은 처음에 둘이 한 쌍을 이루고 있는 어떤 특수한 경우에 배우는데, 이어서 다른 특수한 경우에도 그렇다는 것이 알려지고 또 다른…… 이렇게 계속되다가 마침내는 그것이 둘이 한 쌍을 이루고 있는 어떤 경우에 관해서도 진리임을 알 수 있게 된다. 이와 똑같은 일이 논리적 원칙들에도 해당된다. 지금 두 사람이 오늘이 며칠인가를 논의하고 있다고 가정하자. 그 중 한 사람이 "만약 어제가 15일이었다면 오늘이 16일이라는 것은 자네도 당연히 인정하겠지?" 하면 "물론 인정하지" 하고 다른 한 사람이 말한다. 먼저의 사람이 계속해서 말한다. "자넨 어제가 15일이었다는 걸 알고 있을 걸세. 자넨 어제 존스와 식사를 했어. 일기를 보면 그게 15일이었다는 걸 알 수 있어." "그래" 하고 다른 사람이 대답한다. "그러니까 오늘은 16일이지?"

이런 논증에 따라간다는 것은 어려운 일이 아니다. 만약 그 전제가 실제로 진실이라는 것이 인정된다면 그 결론도 역시 진실이어야 한다는 것은 아무도 부정하지 않을 것이다. 그러나 이 결론이 진실인 것은 그것이 일반적인 논리 원칙의 한 사례이기 때문이다. 그 논리적 원칙이란 다음과 같다. 만약 이것이 진리라면 저것도 진리임이 명백하다고 치자. 그 경우 지금 이것이 진리임이 알려져 있다고 하면 저것도 진리라는 결론이 나온다. 만약 이것이 진리라면 저것도 진리가 된다고 할 경우 우리는, '이것은 저것을 함의(含意)한다'고 하고 '저것은 이것에서 나온다'고 한다. 그러므로 우리의 원칙이 말하고 있는 것은 만약 이것이 저것을 함의하고 있고 이것이 진리라면 그때는 저것도 진리라는 것이다. 다시 말해 '참다운 명제에 의해 함의되어 있는 것은 모두가 진리이다' 또는 '참다운 명제에서 나오는 것은 모두 진리이다'라는 것이 성립된다.

이 원칙—적어도 이 원칙의 구체적인 사례—은 사실상 모든 증명에 포함된다. 우리가 믿는 어떤 것이 다른 것을 증명하는 데에 사용될 때는—그 결과 그 다른 것도 믿게 되지만—언제나 이 원리와 관계된다. "어째서 나는 참다운 전제에 의거한 타당한 논증의 결과를 받아들여야 하는가" 하고 어떤 사람이 물었다면 우리는 그 원칙에 호소하는 것만으로 이에 대답할 수가 있다. 사실 이 원칙의 진리성은 의심할 수 없다. 그것은 너무도 명백한 것이기 때문에 얼른 보기엔 아무것도 아닌 것같이 여겨진다. 그러나 이 원칙은 철학자에게는 결코 사소하지 않다. 그 까닭은, 그 원칙들이 감관의 대상으로부터는 결코 끌어낼 수 없는 명백한 지식이 있을지도 모른다는 사실을 우리에게 보여주기 때문이다.

위에서 말한 원칙은 수많은 자명한 논리적 원칙 중의 하나에 지나지 않는다. 이 여러 원칙 중 적어도 몇 가지는 어떤 논증이나 증명을 전개하기 전에 인정해야 한다. 이 원칙들을 인정할 때 그것이 간단하고 이미 승인된 여러 원칙과 마찬가지로 명백하다면, 다른 것도 증명될 수가 있다. 특별한 이유가 있어서는 아니지만, 여러 원칙 중 세 가지는 전통에 의해서 '사고법칙(思考法則)'이라는 이름으로 묶여서 다루어졌다.

그 세 가지란 다음과 같다.

(1) 동일률(同一律, The law of identity) : '있는 것은 있다.'
(2) 모순율(矛盾律, The law of contradiction) : '어떠한 것도 동시에 있거나 없거나 할 수는 없다.'
(3) 배중률(俳中律, The law of excluded middle) : '어떠한 것도 있든가 없든가 둘 중 하나여야 한다.'

이 세 가지 법칙은 자명한 논리 원칙의 견본이기는 하나, 사실은 다른 여러 가지 비슷한 원칙 이상으로 기본적이지도 자명하지도 않다. 예를 들면 방금 고찰한 원칙, 참다운 전제에서 나오는 것은 진실이라는 것도 이런 원칙 가운데 하나이다. 게다가 '사고법칙'이라는 명칭도 오해를 초래하기 쉽다. 왜냐하면, 중요한 것은 우리가 이런 법칙에 따라서 생각한다는 사실이 아니라 사물이 이 법칙에 맞게 움직인다는 사실에 있기 때문이다. 다시 말해, 우리가 이 법칙에 따라서 생각할 때 우리가 생각하는 것이 진리라는 사실이 중요한 것이다. 그러나 이것은 큰 문제이므로 나중에 다시 논해야 할 것이다.

주어진 전제로부터 어떤 것이 확실히 진실인지 증명할 수 있게 하는 논리적 원칙 이외에, 어떤 주어진 명제로부터 어떤 것이 진실일 개연성이 큰지 적은지 증명할 수 있게 하는 다른 논리 원칙이 있다. 그런 원칙의 한 예, 아마도 가장 중요한 예는 우리가 앞 장에서 고찰한 귀납원리일 것이다.

역사적으로 철학의 큰 논쟁 중 하나는 '경험론자'와 '이성론자'라 불리는 두 학파 사이의 논쟁이다. 경험론자—로크·버클리·흄 같은 영국의 철학자들이 대표적이다—는 모든 지식이 경험에서 도출된다고 주장했다. 한편 이성론자—17세기의 유럽 대륙 철학자, 특히 데카르트와 라이프니츠가 대표적이다—는 경험에 의해서 알려지는 것 말고도 경험에서 독립되어 알려지는 '본유관념'(本有觀念, innate idea)이나 '본유적 원리'(本有的原理, innate principles)라는 것이 있다고 주장했다.

이제 어느 정도 자신감을 갖고 이 대립하는 학파들의 정당성과 오류를 규정하는 것이 가능해졌다. 이미 말한 이유에서 증명은 모두 논리 원칙을 전제하고 있기 때문에, 이 논리 원칙이 우리에게 알려지더라도 경험에 의해서 그것을 증명할 수는 없다는 사실을 인정해야 한다. 따라서 이 점—논쟁 중 가장 중요한 점이다—에 관해서는 이성론자(理性論者)가 옳았다.

한편, 경험으로부터 논리적으로 독립되어 있는(경험이 그 지식을 증명할 수 없다는 의미에서) 지식의 일부도 역시 경험에서 일어나고 야기된다. 우리가 일반 법칙을 알게 되는 것은 개개의 특수적 경험을 통해서이며 이 특수적 경험과의 연관성이 그 일반 법칙을 예증한다. 어린아이가 태어나면서부터 어른이 알고 있는, 더구나 경험에서 나올 수 없는 모든 것에 관한 지식을 가지고 있다는 의미에서 본유적 원리가 있다고 생각한다면 그것은 확실히 불합리하다. 이런 이유에서 오늘날 '본유적(本有的)'이라는 말은 논리 원칙에 관한 지식을 기술하는 데는 사용되지 않는다. '아프리오리(a priori, 선천적)'라는 말 쪽이 반론이 적어서 근대의 저술가들이 이것을 더 일반적으로 사용한다. 이렇게 해서 우리는 모든 지식이 경험에서 도출되고 야기된다는 것을 한편으론 인정한다. 우리는 우리가 생각해낼 수 있는 경험으로 증명할 수는 없지만 우리의 주의를 끌어서 경험을 통한 증명 없이도 진리를 알게 해 준다는 의미에서, 어떤 지식을 아프리오리하다고 주장한다.

또 한 가지 다른 중요한 점에서는 이성론자에 대해 경험론자 쪽이 옳았다. 경험의 도움 없이는 존재함이 알려질 수 없다는 것이다. 즉 우리가 직접적인 경험을 갖지 않은 어떤 것이 존재함을 증명하고자 한다면, 그 전제 가운데 우리가 직접 경험을 하는 한 가지 또는 그 이상의 것이 없어서는 안 된다. 예를 들면 중국의 황제가 존재한다는 우리의 신념은 증거에 의거한다. 그 증거는 최종적으로는 보거나, 읽거나, 듣거나, 이야기되거나 한 감각자료로 성립되어 있다. 이성론자는 존재해야만 하는 것에 관한 일반적 고찰로부터 현실 세계에서의 이런저런 존재를 연역할 수 있다고 믿었다. 이 신념을 토대로 그들은 잘못 생각하고 있었던 것 같다. 우리가 존재에 관해서 아프리오리하게 얻을 수 있는 지식은 모두 가설적인 것으로 생각된다. 그 지식은 만약 어떤 것이 존재한다면 다른 어떤 것이 존재해야 한다는 것, 더 일반적으로 말한다면 만일 어떤 명제가 진실이라면 다른 명제도 진실이어야 한다는 것을 가르친다. 이것은 우리가 앞에서 다룬 여러 원칙, 예를 들면 '만약 이것이 진실이고 이것이 그것을 함의한다면 그것은 진실이다'라든가 '만약 이것과 그것이 여러 번 되풀이해 같이 발견된다면 다음에 그 중의 하나가 발견될 경우에도 아마 둘은 같이 있을 것이다'라든가 하는 원칙에 의해서 예증된다. 이같이 아프리오리한 원리의 범위와 능력은 엄격히 한정되어 있다. 무언가가 존재한다는 지식은 모두 부분적으로 경험에 의거해야 한다. 어떤 것이 직접적으로 알려질 때 그 존재는 경험에 의해서만 알려진다. 어떤 것이 직접 알려지는 일 없이 존재한다는 것이 증명되면 그 증명에는 경험과 아프리오리한 원리가 함께 요구되어야 한다. 지식은 그 전부 또는 일부가 경험에 의거한 때는 경험적이라고 불린다. 그래서 존재를 주장하는 지식은 모두 경험적인 것이 된다. 그러나 존재에 관한 아프리오리한 지식은, 존재하거나 존재할지도 모르는 사물들의 연관성을 보여주지만 현실적 존재는 보여주지 못한다는 점에서 가설적이다.

아프리오리한 지식은 그 전부가 지금까지 고찰해 온 논리적 종류에 속하는 것은 아니다. 아마 논리적이지 않은 아프리오리한 지식의 가장 중요한 예는 윤리적 가치에 관한 지식일 것이다. 내가 말하는 것은 무엇이 유용한가, 또는 무엇이 이로운지 판단을 내리는 것이 아니다. 이런 판단에는 경험적 전제가 필요하기 때문이다. 내가 말하는 것은 사물 자체가 본질적으로 바람직한지 판단하는 것을 의미한다. 어떤 것이 유용하다면 그것은 어떤 목적을 충족시키기 때문에 유용한 것이 틀림없다. 그 목적은, 충분히 거슬러 올라가면 그것 자체에 가치가 있으므로 유용하지, 그것 이상의 어떤 목적이 있어서 유용한 것은 아니다. 따라서 무엇이 유용한가에 관한 판단은 모두 그 자체로 가치를 갖느냐의 판단에 의존한다.

예를 들면 우리는, 행복은 비참보다, 지식은 무지보다, 선의는 증오보다 바람직하다고 판단한다. 이런 판단은 적어도 부분적으로는 직접적이고 아프리오리해야 한다.

앞에서 말한 아프리오리한 판단과 마찬가지로 이런 판단은 경험에서 나오고, 또 그래야 한다. 왜냐하면 무엇인가가 본래적으로 가치가 있느냐 없느냐 하는 것은, 같은 종류의 무엇인가를 경험하지 않고는 판단할 수 없는 것처럼 여겨지기 때문이다. 그러나 그것이 경험에 의해서 증명될 수 없다는 사실은 명백하다. 그것은 어떤 것이 존재하거나 하지 않거나 하는 사실이 그것이 존재하는 편이 좋다든가 나쁘다든가 하는 것을 증명할 수 없기 때문이다. 이 문제의 연구는 윤리학에 속한다. 존재하는 것에서 존재해야 할 것을 연역할 수 없다는 것은 윤리학에서 확인해야 하기 때문이다. 그러나 우선 여기서는 본래적으로 가치 있는 것에 관한 지식은 논리가 아프리오리하다는 것, 즉 그런 지식은 경험에 의해서 증명도 반증도 될 수 없다는 점에서 아프리오리하다는 것을 알아 두는 것이 중요하겠다.

모든 순수 수학은 논리학과 같이 아프리오리하다. 이것을 경험론 철학자들은 강하게 부정했다. 지질학의 지식처럼 수학 지식의 원천도 경험이라고 주장한 것이다. 둘과 다른 둘을 보고 그것이 합쳐지면 넷이 된다는 것을 발견한다. 우리는 이 경험을 되풀이해서 귀납적으로 둘과 다른 둘을 합치면 항상 넷이 된다는 결론에 도달한다는 것이다. 그러나 이것이 2 더하기 2는 4라는 지식의 원천이라고 한다면, 이 지식의 진리라는 것을 납득하기 위해서는 우리가 현재 쓰고 있는 방법과는 다른 방법을 취해야 한다. 사실 두 개의 동전, 두 권의 책, 두 명의 사람, 그 밖에 또 다른 종류의 둘이 아니라 추상적인 둘에 관해서 생각하기 위해서는 몇 가지 사례가 필요하다. 그러나 우리의 사고에서 불필요한 특수성을 뗄 수 있다면, 우리는 당장 2 더하기 2는 4라는 일반원리를 포착할 수 있게 된다. 어떤 한 가지 예가 전형적인 것으로서 포착되면 다른 예의 검토는 불필요하게 된다.[*1]

기하학에서도 같은 경우가 예증된다. 우리는 삼각형의 어떤 성질을 증명하고 싶을 때는 한 개의 삼각형을 그려 놓고 그것에 관해서 추리한다. 그러나 이때 다른 모든 삼각형과 공통되지 않은 성질을 이용하는 것은 피할 수 있으므로 이 특수한 경우에서 일반적인 결론을 얻을 수 있다. 사실 우리는 2 더하기 2는 4라는 것의 확실성이 새로운 사례에 의해 증가된다고는 느끼지 않는다. 왜냐하면, 이 명제가 진실이라는 것을 우리가 알고 나면 그 확실성은 더 이상 증대할 수 없을 정도로 커지기 때문이다. 게다가 우리는 이 '2 더하기 2는 4이다'라는 명제에 관해서 일종의 필연성을 느낀다. 이 필연성은 가장 잘 증명된 경험적 일반화에서도 볼 수 없다. 그러한 경험적 일반화는 언제나 단순한 사실로 머무른다. 우리는 그 일반화가 이 현실 세계에서는 진실이지만 그것이 가짜인 다른 세계에 있을지도 모른다는 느낌을 갖는다. 이에 반해 어떤 세계에서든지 2 더하기 2는 4가 될 것이라는 이 명제는, 단순한 사실이 아니라 현실적이거나 가능성이 있는 모든 것이 따라야 할 필연이다. 이 사실은 '모든 사람

---

*1 A.N. 화이트헤드 《수학 입문 Introduction Mathematics (Home University Library) 참조.

은 죽는다'와 같은 순수한 경험적인 일반화를 고찰하면 더욱 명백해진다. 우리가 이 명제를 믿는 것은 분명히 우선 첫째로 어느 나이 이상으로 생존한 예가 알려져 있지 않기 때문이고, 또 둘째로 인간의 육체 같은 유기체는 조만간에 닳아 없어지는 생리학적인 이유가 있다고 생각되기 때문이다. 두 번째의 이유를 무시하고 인간의 죽음이라는 경험만을 생각해 볼 때, 한 인간이 죽는다는 지극히 명료하게 이해되는 사례 한 가지만으로 만족해서는 안 된다는 것은 분명하다. 그러나 '2 더하기 2는 4이다'인 경우에는, 주의 깊게 고찰하면 한 가지 예만으로도 같은 일이 다른 예에서도 반드시 일어나리라는 것을 충분히 납득할 수 있다. 또 생각해 보면, 모든 사람이 죽느냐의 여부에 관해서는 약간이기는 하나 의심의 여지가 없음을 인정할 수밖에 없다. 이것은 죽지 않는 사람이 존재하는 어떤 세계, 2 더하기 2는 5가 된다는 또 하나의 세계라는 두 가지 다른 세계를 상상해 보면 밝혀질 것이다. 스위프트가 우리에게 절대로 죽지 않는 스트럴드블럭이란 종족을 생각하게 할 때, 우리는 그 공상을 따라갈 수가 있다. 그러나 2 더하기 2는 5가 되는 세계는 전혀 다른 수준에 있는 것같이 여겨진다. 가령 그런 세계가 있다면 그것은 우리의 지식 조직 전체를 뒤엎고 우리를 완전히 혼란 속에 빠뜨려 버릴 것으로 생각된다.

사실 우리는 '2 더하기 2는 4이다'라는 간단한 수학적 판단이나 여러 논리학적 판단에서 일반 명제가 의미하는 것을 분명히 하기 위해, 대체로 어떤 사례가 필요하기는 하지만, 사례에서 추론하지 않고도 일반 명제를 알 수가 있다. 특수에서 특수, 혹은 특수에서 일반에로의 귀납 과정과 마찬가지로 일반에서 일반, 혹은 일반에서 특수에로 진전하는 연역의 과정에도 참다운 유용성이 있는 것은 바로 이 때문이다. 연역에서 새로운 지식을 끌어낼 수 있는가 여부는 철학자들 간에 계속되어 온 오래된 논의이다. 이제 우리는 적어도 어떤 경우에는 연역이 새로운 지식을 준다는 것을 볼 수 있다. 2 더하기 2는 항상 4가 되며, 브라운과 존스는 두 사람이고, 또 로빈슨과 스미스도 두 사람이라는 것을 미리부터 알고 있으면 브라운, 존스, 로빈슨, 스미스를 합하면 네 사람이 된다는 것을 연역할 수 있다. 이것은 전제에 포함되지 않은 새로운 지식이다. 왜냐하면 '2 더하기 2는 4이다'라는 일반 명제는 브라운, 존스, 로빈슨, 스미스 같은 사람들이 있다는 것을 가르쳐 주지 않았고 또 특수적 전제에도 그들이 네 명이라는 사실은 없지만, 연역된 특수 명제는 그 두 가지 모두를 우리들에게 가르쳐 주기 때문이다.

그러나 논리학 책에 흔히 나오는 판에 박힌 연역, '모든 사람은 죽는다. 소크라테스는 사람이다. 그러므로 소크라테스는 죽는다'를 예로 들면, 새로운 지식이 부여되는가의 여부는 위의 예에 비해서 훨씬 확실성이 떨어진다. 이 경우 우리가 분명히 정말로 알고 있는 것은, 어떤 사람들 A, B, C는 실제로 죽었기 때문에 죽은 것이었다는 사실이다. 소크라테스가 이런 사람 중의 한 명이며, '모든 사람은 죽는 것'이라는 사실에서 출발해서 아마도 소크라테스도 죽는다는 결론에 도달한다면, 그것은 어리석은 생각이 될 것이다. 소크라테스가 이 귀납의 기초가 되고 있는 사람 중의 한 명이 아닌 경우에도 그 논의를 일반 명제 '모든 사람은 죽는다'로서 모로하게 에돌아 펼치기 보다는 A, B, C에서 소크라테스로 곧바로 전개하는 편이 낫다. 왜냐하면 우리의 자료에 의거해서 생각한다면 소크라테스가 죽는 개연성 쪽이 모든 사람이 죽는 개연성보다 크기 때문이다(모든 사람이 죽는다면 소크라테스도 죽지만, 소크라테스가 죽더라도 모든 사람이 죽는다는 결론은 나오지 않기 때문에 이는 명백하다). 따라서 논의를 순수하게 귀납적으로 전개하는 편이 '모든 사람은 죽는다'로부터 시작해서 연역적으로 전개하는 편보다 더 확실하게 소크라테스는 죽는다는 결론에 도달한다.

이로써 '2 더하기 2는 4'와 같이 아프리오리하게 알려져 있는 일반 명제와 '모든 사람은 죽는다'라는 경험적 일반화와의 차이가 명백해진다. 전자는 연역이 옳은 논법이지만, 후자는 귀납이 항상 이론적으로 바람직하며 그 결론의 진리성에 보다 큰 확신이 부여된다. 왜냐하면 경험적 일반화 모두는 그 개개의 사례보다 불확실하기 때문이다.

지금까지 우리는 아프리오리하다고 알려져 있는 명제들이 있고, 그 명제들 중에는 윤리학의 근본 명제들 뿐 아니라 논리적 명제와 순수 수학적인 명제도 있다는 것을 살펴 보았다. 다음에 다루어야 할 문제는 이상과 같은 지식의 존재가 어떻게 해서 가능한가 하는 것이다. 더 구체적으로 말한다면, 모든 사례를 다 검토하지도 않았는데, 또 그 수가 무한해서 사실은 그 모두를 검토할 수가 없는데 어떻게 해서 일반 명제에 관한 지식이 존재할 수가 있는가 하는 문제이다. 독일의 철학자 칸트가 처음으로 이런 문제를 명확히 제기했지만, 이는 지극히 어려운 문제이며 역사적으로도 대단히 중요한 문제이다.

제8장
아프리오리한 지식은 어떻게 해서 가능한가

임마누엘 칸트는 근대 철학자 중에서 가장 위대한 인물로 인정받는다. 그의 일생 동안 7년 전쟁과 프랑스 혁명이 있었지만 그는 동프로이센 쾨니히스베르크에서의 철학 강의를 한 번도 중단한 적이 없었다. 그의 가장 두드러진 공헌은 이른바 '비판 철학'의 창시였다. 이는 여러 가지 지식의 존재를 여건으로 인정한 다음, 그런 지식이 어떻게 해서 가능한가를 탐구하고 그에 대한 대답에서 세계의 본성에 관한 많은 형이상학적 결론을 연역한 것이었다. 그런 결론이 타당한지 어떤지는 사뭇 의문의 여지가 있겠지만, 다음 두 가지 점에 관해서는 그를 믿을 수 있다. 즉 첫째로 우리에게는 순수하게 '분석적'이지 않은—말하자면 그 반대가 자기 모순을 초래하는—아프리오리한 지식이 있다는 것을 인정한 점과, 둘째로 지식론(인식론)의 철학적 중요성을 밝힌 점이다.

칸트 시대 이전에는, 아프리오리한 지식은 모두 '분석적'이어야 한다고 일반적으로 생각하고 있었다. 이 '분석적'이라는 말이 무엇을 의미하는가는 실례를 들어서 설명하는 것이 가장 좋을 것이다. '대머리인 사람도 사람이다', '평면도형도 도형이다', '나쁜 시인도 시인이다'라고 말할 때, 나는 순수하게 분석적인 판단을 하고 있는 것이다. 제시된 주어는 적어도 두 가지 성질을 가지고 있으며, 그 중 하나를 끄집어 내어 주장한다. 지금 말한 것 같은 명제는 하찮은 것이어서, 궤변적 언사를 쓰려는 변론가가 아니라면 실제 생활에서 그런 말을 하지는 않을 것이다. 이런 명제가 '분석적'이라고 불리는 것은 그 술어가 주어의 분석을 통해서 나온 것이기 때문이다. 칸트 이전에는 우리가 아프리오리로 확신할 수 있는 판단은 모두 이런 종류의 것이라고 생각하고 있었다. 즉 모든 판단에서 술어는 주장되는 주어의 일부분일 뿐이라고 생각되었던 것이다. 그렇다면, 만약 아프리오리하게 알려졌을 수 있는 무언가를 부정하고자 할 때 우리는 결정적인 모순에 휘말리게 된다. '대머리인 사람은 대머리가 아니다'라고 하는 것은 이와 같은 인물에 관해서 대머리임을 주장하면서 또 그것을 부정하는 것이므로 당연히 자기 모순에 빠진다. 그러므로 칸트 이전의 철학자들에 따르면, 어떠한 것도 어떤 성질을 동시에 가지고 있거나 없거나 할 수는 없다고 주장하는 모순율만으로 모든 아프리오리한 지식의 진리를 확립하기에 충분했다.

칸트에 앞서서 흄은, 무엇이 지식을 아프리오리한 것으로 만드는가에 관해서는 일반적인 견해를 받아들였지만, 종래 분석적이라고 여겨져 왔던 대부분의 경우, 특히 원인과 결과의 경우, 그 주어와 술어의 결합이 실은 종합적이라는 사실을 발견했다. 흄 이전의 이성론자들은 적어도 우리에게 충분한 지식만 있으면, 결과는 원인으로부터 논리적으로 추론할 수 있다고 생각하고 있었다. 흄은—오늘날 일반적으로 인정하는 것처럼 정당하게—이 같은 연역(演繹)은 불가능하다는 것을 논증했다. 여기에서 그는 다시, 원인과 결과의 관련에 대해서는 아무것도 아프리오리하게 알 수 있는 게 없다는, 훨씬 더 회의적인 명제를 결론으로 끌어냈다. 이성적 전통 아래서 교육을 받은 칸트는 이 흄의 회의주의로 크게 마음이 흔들려 그에 대한 해답을 발견하고자 노력했다. 그리하여 그는 단순히 원인·결과의 연관뿐만 아니라, 수학이나 기하학의 모든 명제가 분석적이지 않고 '종합적'이라고 인정하게 되었다. 이 명제의 어떤 경우에도 주어를 분석해서는 술어를 발견할 수 없기 때문이다. 그가 곧잘 사용한 예는 7+5=12라는 명제였다. 그는 12를 얻기 위해서는 7과 5가 합해져야 하고, 12라는 관념은 7과 5의 어느 것에도 포함되어 있지 않으며 또 양자를 더한다는 관념 속에도 포함되지 않는다는 것을 참으로 옳게 지적했다. 이렇게 해서 그는 모든 순수 수학은 아프리오리하지만 종합적이라는 결론에 도달했다. 이 결론에 의해서 새로운 문제가 또 제기되었고, 그는 그 해답을 찾으려고 노력했다.

칸트가 자신의 철학적 출발점에서 제기한 문제, 즉 '순수 수학은 어떻게 해서 가능한가'라는 문제는 흥미를 일으키면서도 어려운 문제이다. 완전히 회의적이지 않은 철학이라면 어떤 철학이든 반드시 해답을 찾아야 하기 때문이다. 순수한 경험론자의 해답은, 우리가 개개의 특수적 사례에서 귀납(歸納)을 끌어내어 수학적 지식을 얻는다는 것인데, 이는 이미 살펴본 바와 같이 다음 두 가지 이유로 인해 적절하지 못하다. 첫째, 귀납원리의 타당성 자체도 귀납에 의해서 증명될 수 없다는 것, 둘째, '2 더하기 2는 4이다' 같은 수학의 일반적 명제는 분명히 한 가지 사례를 고찰함으로써 확실하게 알 수 있으므로, 그것이 진리임을 밝히는 다른 경우를 더 나열해도 아무것도 얻을 것이 없다는 것이다. 그러므로 수학의 일반적 명제에 관한 우리의 지식은(논리학에 관해서도 같다) '모든 사람은 죽는다'라는 경험적 일반화의(단순히 개연적인) 지식과는 다른 방법으로 설명해야 한다.

문제는 그런 지식은 일반적이지만, 모든 경험은 특수하다는 데서 생겨난다. 우리가 아직 경험하지 못한 개개의 특수적인 것에서 미리 어떤 진리를 명백히 알 수 있다는 것은 이상하게 여겨진다. 그러나 논리학이나 산술이 그런 미경험적인 것에도 적용됨을 의심한다는 것은 곤란하다. 우리는 지금부터 100년 뒤의 런던 시민들이 어떤 사람일지 모른다. 그러나 그들 중 어떤 두 사람과 다른 두 사람을 보태면 네 사람이 된다는 것은 알고 있다. 이와 같이 우리가 경험하지 않은 것에 관한 사실을 명백히 예지하는 힘은 확실히 놀랄 만한 것이다. 칸트가 행한 이 문제의 해답은 내 생각으로는 옳지 않다고 여겨지지만 흥미 깊은 것이다. 그러나 이것은 대단히 어려우므로 여러 철학자들이 여러 가지로 해석한다. 그러므로 우리는 그것에 대해서 단순한 윤곽만을 말할 수 있을 따름이다. 그것만으로도 칸트 체계의 많은 해설자들은 사람을 오해로 이끈다고 생각할 것이다.

칸트는 우리의 모든 경험에서 두 가지 요소를 구별해야 한다고 주장한다. 즉 하나는 대상(우리가 '물적 대상'이라고 이름붙인 것)에서 유래한 요소이고, 다른 하나는 우리 자신의 본성에서 유래한 요소이다. 앞에서 물질 및 감각자료를 논했을 때, 우리는 물적 대상과 그것에 연결된 감각자료는 다르며, 감각자료를 물적 대상과 우리의 상호 작용에서 생긴 것으로 간주해야 함을 알았다. 여기까지는 우리의 의견도 칸트와 같다. 그러나 칸트에게 특징적인 것은, 우리 자신과 물적 대상을 각각 다른 영역으로 나누는 방법이다. 그는 감각에 부여되는 원재료—색깔·모양·단단함 등—는 대상에서 유래하므로, 우리가 공간과 시간에서의 배열 및 감각자료와의 모든 관계—이는 비교 혹은 하나의 감각자료를 다른 감각자료의 원인으로 보는 데서 비롯된다—를 부연한다. 이런 견해를 취한 주된 이유는, 우리가 공간 및 시간, 인과 관계, 비교 등에 관해서는 아프리오리한 지식을 가지고 있다고 생각되나, 감각의 현실적인 원재료에 관해서는 그렇지 않기 때문이다. 그의 말에 따르면, 적어도 우리가 경험하는 모든 것은 우리의 아프리오리한 지식으로 확인되는 특징들을 명백히 나타내야 한다는 것이다. 왜냐하면 그 여러 특징은 우리 자신의 본성에서 유래하는 것이므로, 이 여러 특징을 띠지 않고는 어떠한 것도 우리의 경험 속에 들어올 수 없기 때문이다.

그가 '물자체'*¹라고 부르는 물적 대상은 본질적으로 알 수 없는 것으로 간주된다. 알 수 있는 것은 우리가 경험하는 대상이며, 이를 칸트는 '현상'이라고 부른다. 이 현상은 우리와 사물 자체의 공동 소산이기 때문에 우리에게서 유래하는 어떤 특징을 가지고 있는 것이 확실하며, 또 그렇기 때문에 우리의 아프리오리한 지식에 확실히 들어맞는다. 따라서 이 아프리오리한 지식은 현실적, 가능적(可能的)인 모든 경험에 관해서 진실이기는 하나, 경험 이외의 것에까지 적용된다고 생각해서는 안 된다. 그러므로 아프리오리한 지식이 있기는 하나, 우리는 사물 자체 혹은 경험의 현실적 및 가능적인 대상이 아닌 것에 대해서는 아무것도 알 수 없다. 이렇게 해서 그는 이성론자의 주장과 경험론자의 주장을 조정하고 화해시키려고 한다.

칸트 철학을 비평하는 자질구레한 논거는 제쳐두고라도, 그의 방법에 의해서 아프리오리한 지식의 문제를 다루고자 하는 노력에 치명적이라 여겨지는 하나의 중요한 반대론이 있다. 지금 여기서 설명되어야 할 것은, 사실이 항상 논리와 산술에 합치해야 한다는 우리의 확신이다. 논리와 산술은 우리가 만든 것이라고 말해 봐야 이에 대한 설명은 되지 않는다. 우리의 본성은 다른 것과 마찬가지로 현존하는 세계의 사실이므로 변하지 않는다고 확실히 말할 수는 없다. 칸트가 옳다면 내일은 우리의 본성이 변하여 2더하기 2를 5라고 할지도 모른다. 칸트는 이 가능성에 대해 미처 생각을 못한 모양인데, 이는 그가 산술의 명제를 위해 줄곧 입증하고자 한 확실성과 보편성을 완전히 망가뜨리는 것이다. 형식적으로 말한다면 이 가능성은 시간 자체가 주관적으로 현상에 과한 형식이므로, 우리의 참다운 자아는 시간 속에 없으며, 따라서 내일도 갖지 않는다고 주장하는 칸트적 견해와 모순 되는 것만은 틀림없다. 그러나 역시 그는 현상의 시간적 순서는 현상의 배후에 있는 것의 특징에 의해서 결정

---

*1 칸트의 '물자체'를 정의하면, 물적 대상과 같은 것, 즉 감각의 원인이다. 그러나 그 정의에서 연역되는 성질은 같지 않다. 왜냐하면 칸트는(원인이라는 점에서 일종의 모순이 있는데도) 어떠한 카테고리(범주)도 '물자체'에는 적용되지 않는다고 단언하기 때문이다.

된다고 생각할 것이 틀림없다. 그리고 이렇게 말함으로써 우리의 논증의 본질은 보장된다.

다시 생각해 볼 때, 만약 우리의 산술상의 신념에 어떤 진리가 포함된다면, 그 신념은 우리가 그것을 생각하고 않고에 관계없이 사물에 동일하게 적용되어야 한다는 것이 밝혀질 것이다. 설사 물적 대상을 경험하지 않더라도 두 개의 물적 대상과 다른 두 개의 물적 대상을 합하면 네 개의 물적 대상이 되어야 한다. 이렇게 주장하는 것은 확실히 우리가 2 더하기 2는 4라고 말할 때 뜻하는 바와 같은 범위 안에 있다. 이것이 진리임은, 두 개의 현상과 두 개의 현상을 합하면 네 개의 현상이 된다는 주장이 진리임과 마찬가지로 의심할 수 없다. 그러므로 칸트의 해답은 아프리오리한 지식의 확실성에 대한 설명에 실패할 뿐만 아니라 그 범위를 부당하게 제한한다.

칸트가 주장한 특수한 학설을 제쳐두고라도, 철학자들 사이에서는 아프리오리한 것을 어떤 의미에서 심적인 것으로 보고, 외계의 사실보다도 우리의 사고방식에 관계된 것으로 흔히 받아들인다. 앞 장에서 우리는 일반적으로 '사고 법칙'이라고 불리는 세 가지 원리에 대해 주목했다. 그렇게 이름 붙인 것도 자연스러워 보이기는 하지만 그것이 틀렸다고 생각할 만한 더 강력한 이유가 있다. 한 가지 예로 모순율을 들어 보기로 하자. 그것은 보통 '어떠한 것도 동시에 있으면서 없을 수는 없다'라는 형태로 제시되는데, 이는 어떠한 것도 한꺼번에 어떤 성질을 가지며 또 갖지 않는다는 것은 불가능함을 표현하고자 한 것이다. 따라서 예를 들면 어떤 나무가 너도밤나무라면 동시에 너도밤나무가 아닐 수는 없으며 내 책상이 마름모꼴이라면 그것이 동시에 마름모꼴이 아닐 수는 없다는 것이다.

이 원리를 사고 법칙이라고 부르는 자연스러운 이유는, 우리가 그 필연적인 진리성을 외적인 관찰보다는 사고에 의해서 납득하기 때문이다. 어떤 나무가 너도밤나무임을 알았을 때, 그것이 너도밤나무가 아님을 확인하기 위해서 다시 한 번 그 나무를 살펴볼 필요는 없다. 생각만으로도 우리는 그것이 불가능하다는 것을 알 수 있다. 그러나 모순율이 사고 법칙이라는 결론은 그래도 역시 틀렸다. 우리가 모순율을 믿을 때, 마음이 그 모순율을 믿도록 만들어진 것이라고 믿지는 않는다. 이 믿음은 뒤따르는 심리적 반성의 결과여서, 그 반성의 모순율을 믿는 것을 전제로 한다. 모순율을 믿는다는 것은 사고에 관해서만이 아니라 사물에 관해서 어떤 신념을 갖는 것이다. 예를 들면, 어떤 나무를 너도밤나무라고 생각한다면 우리는 그 나무가 너도밤나무가 아니라고 동시에 생각할 수 없다는 신념이 아니라, 만일 그 나무가 너도밤나무라면 그 나무는 동시에 너도밤나무가 아닐 수 없다는 신념을 갖는다. 이와 같이 모순율은 사물에 관한 것이지 단순히 사고에 관한 것이 아니다. 모순율을 믿는 것은 사고이지만 모순율 자체는 사고가 아니고 사물에 관한 사실이다. 만일 모순율을 믿을 때 우리가 믿는 것이 이 세상의 사물에 관한 진실과 맞지 않는다면, 우리가 어떤 것을 강제로 진실이라고 생각한다 해도 모순율이 허위가 아니라고 말할 수는 없다. 이것이 이 법칙이 사고의 법칙이 아님을 보여주는 것이다.

이와 비슷한 논법은 다른 아프리오리한 판단에도 적용된다. 2를 더하기 2를 4라고 판단할 때, 우리는 사고에 관한 판단을 하고 있는 것이 아니라 현실적인 또는 가능적인 모든 짝에 관한 판단을 하고 있는 것이다. 우리의 마음이 2 더하기 2는 4라고 믿게끔 되어 있다는 사실이 진리라 할지라도, 우리가 2 더하기 2는 4라고 주장할 때 주장되는 것은 절대로 그것이 아니다. 또 우리의 마음이 어떻게 성립되어 있는가에 관한 사실도 절대로 2 더하기 2가 4라는 것을 진리로 만들지는 못한다. 그러므로 아프리오리한 지식은 그것이 오류가 아니라면 단지 우리의 마음의 구성에 관한 지식에 적용되는 것이 아니라, 심적이든 심적이지 않든 세계에 포함될 수 있는 모든 것에 적용된다.

사실은 우리의 모든 아프리오리한 지식은 본래부터 심적 세계에도 물적 세계에도 존재하지 않는 대상에 관계하는 것으로 보인다. 그런 것들은 명사가 아닌 품사에 의해 이름 붙인 것, 즉 성질이나 관계 같은 것이다. 예를 들면 내가 방 안에 있다고 가정해 보자. 나는 존재하고 내 방도 존재한다. 그러나 '안에'라는 것이 존재할까? 그러나 분명히 '안에'라는 말은 뜻을 가지고 있다. 그것은 나와 내 방과의 사이에 있는 관계를 가리킨다. 이 관계는 나나 내 방이 존재한다는 것과 같은 의미로 존재할 수는 없으나 있는 것(something)이기는 하다. '안에'라는 관계는 우리가 그것에 대해 생각하고 이해할 수 있는 어떤 것이다. 왜냐하면, 만약 그것을 이해 못한다면 우리는 '나는 내 방 안에 있다'라는 문장을 이해할 수 없기 때문이다. 대부분의 철학자들은 칸트를 따라 관계가 마음의 작용이라는 것, 사물 자체는 관계를 갖지 않으나 마음이—마음은 사물들이 관계를 갖는다고 판단한다—하나의 사고 작용 아래 그것들을 총괄

해서 관계를 낳는다고 주장했다.

그러나 이 견해에 대해서는 앞에서 칸트에 대해 제기했던 것과 비슷한 반론을 펼칠 수 있을 듯하다. '내가 내 방 안에 있다'라는 명제를 진리로 만들고 있는 것이 사고가 아님은 확실하다. 집게벌레가 내 방에 있다는 것은 설사 나나 그 집게벌레, 또는 다른 아무도 그 진리를 깨닫지 못하더라도 진리일 것이다. 그것은 이 진리는 단지 그 집게벌레와 그 방하고만 관계된 것일 뿐 다른 어떤 것에도 관계되지 않기 때문이다. 따라서 관계라는 것은 심적(心的)도 물적(物的)도 아닌 세계에 있어야 한다. 이 점에 관해서는 다음 장에서 충분히 고찰하기로 하겠다. 이 세계는 철학에서, 특히 아프리오리한 지식에서는 대단히 중요하다. 다음 장에서는 더 나아가서 이 세계의 본성 및 이제까지 다룬 여러 문제와의 관계 등을 밝히고자 한다.

제9장
보편의 세계

    앞 장의 끝부분에서 우리는 관계라는 것이 물적 대상의 존재나 또 마음의 존재, 감각자료의 존재 등과는 다소 다른 존재 방법을 취하는 것임을 알았다. 이 장에서는 이런 방법으로 존재하는 것의 본성은 무엇인가, 또 어떤 대상이 이런 방법으로 존재하는가를 고찰하기로 한다. 먼저 후자의 문제부터 시작하기로 하자.

    지금 우리가 당면한 문제는 플라톤이 철학에 도입한 것으로 대단히 오래된 문제이다. 플라톤의 '이데아론'이 바로 이 문제를 해결하기 위한 시도이며, 나는 그것이 지금까지 시도한 것 중에서 제일 성공적이었다고 생각한다. 지금부터 서술되는 이론은 대체로 플라톤의 것으로, 다만 시대가 진보하면서 그에 요구되는 수정을 가했을 따름이다.

    플라톤의 경우 문제의 발단은 대체로 다음과 같았다. 예를 들면 정의(正義)라는 개념을 생각해 보기로 하자. 우리가 정의란 무엇인가 하고 자문해 볼 때 자연스러운 방법은, 이것저것 여러 가지 정의의 행위를 생각해 보고 거기에 공통적으로 포함되어 있는 것을 발견해 내는 것이다. 그것들은 모두 어떤 의미에서 정의에서만 발견되고 다른 것에서는 발견되지 않는 성질을 공유하고 있음이 틀림없다. 그 공통된 성질은, 그 행위들이 전부 정의 또는 정의 자체이므로 곧 순수한 본질이라 할 수 있다. 이 순수한 본질과 일상 생활의 여러 사실이 혼합되어 정의의 행위가 나타난다. 이 밖에 공통된 사실에 적용되는 다른 말, 예를 들면 '순백' 같은 단어에 관해서도 같은 말을 할 수 있다. 그 단어가 숱한 개개의 특수적 사물에 적용되는 것은 이런 사물이 어떤 공통된 성질 또는 본질에 관여하기 때문이다. 이 순수한 본질은 플라톤이 '이데아' 또는 '형상'이라고 부르는 것이다(플라톤이 말하는 이 '이데아'는 마음에 의해서 포착되는 것이기는 하나 마음 속에 존재하는 것이라고 생각해서는 안 된다). 정의라는 '이데아'

는 정의인 어떠한 것과도 같지 않다. 그것은 개개의 특수적 사물과는 다른 어떤 것, 개개의 특수적 사물이 공유하는 어떤 것이다. 특수적인 것이 아니므로 그것은 감관의 세계에는 존재할 수 없다. 게다가 그것은 감관에 의해서 포착되는 사물과 같이 유동적이거나 가변적이지 않다. 그것은 영원히 그것 자체이며 결코 바뀌지 않는 불멸의 것이다.

이렇게 해서 플라톤은 보통의 감각 세계보다도 더 실재적인 초감각적 세계, 즉 불변하는 이데아의 세계로 인도된다. 이 세계만이 감각의 세계에 실재—아무리 흐릿하다 할지라도—를 반영한다. 플라톤에게는 진실로 실재하는 세계가 이데아의 세계이다. 왜냐하면 감관 세계의 사물에 관해서 무엇인가 말하려고 해도 우리는 단지 그것이 이러이러한 이데아에 관여하며, 따라서 이 이데아가 그런 사물의 특성 전부를 구성한다고 말할 수밖에 없기 때문이다. 여기서 신비주의로 옮겨가기란 참으로 쉽다. 우리는 신비의 빛 속에서 이 이데아를 마치 감관의 대상을 보는 것처럼 보았으면 하고 바라는 수도 있을 것이고 이데아가 천상(天上)에 있다고 상상할 수도 있을 것이다. 이런 신비주의적인 전개는 지극히 자연스러운 일이나 그 이론의 기초는 논리에 있으므로 우리는 논리에 의거한 이데아론을 고찰해야 한다.

'이데아(idea)'라는 말은 시간이 지나면서 많은 연상을 수반하므로, 그것이 플라톤의 '이데아'에 적용되면 대단한 오해를 불러오기 쉽다. 그래서 우리는 플라톤이 의미한 것을 기술하기 위해 '이데아'라는 말 대신 '보편(普遍, universal)'이라는 말을 쓰기로 하자. 플라톤은 존재물의 본질을 감각에 주어진 개개의 특수적 사물에 대립하는 것으로 해석했다. 우리는 감각에 주어지는 것 또는 감각에 주어진 것과 같은 성질의 것을 모두 '특수(特殊, particular)'로 취급한다. 이에 비해서 보편은 많은 특수에 의해서 공유되는 것이므로 앞에서 본 것처럼 정의와 순백을, 단순한 행위들과 흰 것들로부터 구별해 주는 특성을 갖추고 있다.

일상 단어들을 음미해 보면 대략 고유 명사는 특수를 나타내고, 그 밖의 명사, 형용사, 전치사, 동사 등은 보편을 나타낸다는 것을 알 수 있다. 대명사는 특수를 나타내지만 그 대상이 애매모호하다. 대명사가 어떤 특수를 나타내고 있는가는 그 전후의 문맥이나 상황에서 알 뿐이다. '지금'이라는 말은 하나의 특수, 즉 현재의 순간을 나타내고 있으나 대명사와 마찬가지로 그것이 나타내는 것은 여러 뜻을 지닌 특수이다. 왜냐하면 현재라는 것은 늘 변해 가기 때문이다.

문장이란 적어도 보편을 가리키는 말 하나쯤 없이는 만들 수 없다는 것을 쉽게 알 수 있다. 이를 가장 잘 설명해 주는 예로 '나는 이것을 좋아한다'를 들어보자. 그러나 이 경우에도 '좋아한다'는 말은 보편을 가리키고 있다. 왜냐하면 나는 다른 것도 좋아할 것이고, 딴 사람들도 여러 가지 것을 좋아할 것이기 때문이다. 이와 같이 모든 진리는 보편을 포함하고 진리에 관한 모든 지식은 보편의 직접지(直接知)를 포함한다.

사전에서 발견되는 거의 모든 말이 보편을 나타낸다는 것을 알면, 철학을 연구하는 사람 외에는 보편적인 존재가 있다는 것을 깨닫는 사람이 별로 없다는 사실이 기묘하게 여겨진다. 우리는 문장 속에서 특수를 나타내고 있지 않은 말에는 자연히 신경을 쓰지 않게 된다. 만약 보편을 나타내는 말에 억지로 주의를 기울이게 되면 우리는 자연스럽게 그 말이 보편의 범주에 속하는 특수 가운데 한 가지를 나타낸다고 생각하기 쉽다. 예를 들면 '찰스 1세의 목이 잘렸다'라는 말을 들었을 때 우리는 저절로 찰스 1세에 대한 것, 찰스 1세의 목에 대한 것, 그의 목을 자르는 동작에 대한 것—이것들은 모두 특수이다—을 생각하게 되는데, 이 '목'이라는 말, 또는 '자른다'는 말이 의미하는 것—이것은 보편이다—에는 별로 주의를 기울이지 않는다. 우리는 이런 말이 불완전해서 실체가 없는 것처럼 느낀다. 이런 말이 씌어 있는 전후의 문맥이 무엇인가 하도록 요구하는 것 같다. 그러므로 철학의 연구가 그런 보편으로 주의를 돌리게 하기까지, 우리는 보편 자체에는 전혀 주의를 돌리지 않는 것이다.

대체로 말하자면 철학자들 사이에서도 대부분 형용사나 명사로 이름 붙여진 보편만이 자주 인식되어 왔지, 동사나 전치사로 이름 붙여진 보편은 대체로 간과되었다고 해도 좋다. 이 간과는 철학에 대단히 큰 영향을 주었다. 스피노자 이래의 형이상학은 이 간과에 의해 큰 영향을 받았다고 해도 과언이 아니다. 어떻게 해서 그렇게 되었는가는 대략 다음과 같다. 일반적으로 말해서, 형용사나 보통 명사는 단일한 사물의 성질 또는 고유성을 표현하고, 전치사와 동사는 둘 이상의 사물 간의 관계를 표현한다. 그렇게 하여 전치사나 동사를 무시하여 모든 명제를 둘 이상의 사물 간의 관계를 표현하기보다 단일한 사물에 고유성을 귀속시키는 것으로 간주하는 믿음이 생겨났다. 그래서 최종적으로는, 사물 간의 관계 같은 실재는 있을 수 없다고 생각하게 되었다. 그로부터 우주에는 단 하나의 사물밖에 존재하지 못하기 때문에, 설사 수많은 사물이 있다고 하더라도 상호작용은 어떤 의미로든 불가능하다는 것이다. 상호작용이란 어떤 관계를 의미하며, 여기서 관계는 불가능하기 때문이다.

이 첫 번째 견해는 스피노자의 것으로 오늘날에 와서는 브래들리나 그 밖의 많은 철학자들이 지지하고 있으며, 일원론(monism)이라 불린다. 두 번째 견해는 라이프니츠가 주장했으나 오늘날에는 그다지 눈에 띄지 않는다. 그 고립된 사물의 하나하나가 모나드(monad, 단자(單子))라고 불리기 때문에 이것은 모나드론(monadism, 단자론)이라고 불린다. 이 대립적인 철학은 저마다 흥미 깊은 것이지만, 내 견해로는 모두가 한 가지 종류의 보편, 즉 동사나 전치사가 아니라 형용사나 명사로 표현된 보편에 과도한 주의를 돌린 결과에서 생겨난 것이다.

사실 만일 누군가가 보편이라는 것의 존재를 완전히 부정해 버리려고 노력했다면, 우리는 성질이라는 존재, 즉 형용사나 명사로 표현되는 보편의 존재를 엄밀하게 증명할 수 없다는 것을 알게 된다. 그러나 관계, 즉 일반적으로 동사나 전치사로 표현되는 보편이 존재해야 한다는 것은 증명할 수 있다. 예를 들면, '순백(純白)'이라는 보편을 들어 보기로 한다. 만약 이런 보편이 존재한다고 믿는다면, 우리들은 사물이 흰 것은 그것이 '순백'이라는 성질을 가졌기 때문이라고 말할 것이다. 그러나 이 견해는 버클리나 흄에 의해 엄격히 부정되고, 후대의 경험론자들도 이를 부정한다. 그들의 부정론이 취한 형식은 '추상 관념'의 존재를 부정하는 일이었다. 그들의 말에 의하면, 우리가 '순백'을 생각할 때, 우리는 어떤 특수한 흰색 사물의 이미지를 형성하고, 그것과 관련된 어떤 것—다른 흰 것에 대해서도 동일하게 적용되는지 알 수 없는—에도 진실인지 어떤지 모르는 것을 연역해 내는 일이 없도록 주의를 기울이면서 그 특수에 관해서 추론한다. 우리 현실의 심적 과정을 설명한 것으로 이것은 틀림없이 옳다. 예를 들면 기하학의 경우, 모든 삼각형에 대해 어떤 것을 증명하고자 할 때는 어떤 하나의 삼각형을 그려 놓고 이에 관해 추론을 하는데, 다른 삼각형과 공통되지 않는 특성은 사용하지 않도록 주의한다. 오류를 피하기 위해 초보자는 될 수 있는 대로 서로 닮지 않은 몇 개의 삼각형을 그려서 자신의 추론이 모든 경우에 똑같이 적용됨을 확인하는 것이 유용하다는 사실을 발견한다. 그러나 어떤 것이 희다든가 삼각형이라는 것을 어떻게 해서 알 수 있는가를 자문해 보면 곧 난관에 부딪친다. 만일 우리가 '순백'이라든가 삼각형 같은 보편을 피하고 싶다면, 어떤 특수한 흰 조각, 또는 어떤 특수한 삼각형을 선택해서 어떤 것이 이 선택된 특수를 닮았을 때 그것을 희다든가 또는 삼각형이라고 말할 것이다. 그러나 그럴 경우에 요구되는 유사(類似)는 보편이어야 할 것이다. 흰 것은 많기 때문에 유사는 특수적인 흰 것의 많은 짝 사이에서 성립되어야 한다. 그리고 이것이 바로 보편의 특성이다. 각각의 짝에 관해서 다른 유사가 있다고 말해 봐야 소용없다. 그렇게 되면 이 유사들도 서로 유사하다고 말해야 하므로, 결국은 보편으로서의 유사를 인정할 수밖에 없기 때문이다. 그러므로 유사라는 관계는 참다운 보편이어야 한다. 그리고 이 보편을 인정하게 되면 '순백'이라든가 삼각형 같은 보편을 피하기 위해서 어렵고도 타당해 보이지 않는 이론을 만들어내는 것이 별 가치가 없는 일임을 깨닫게 된다. 버클리나 흄은 자신들의 '추상 관념' 부정론에 대한 이 반론을 이해하지 못했다. 그 이유는 그들이 그 논적(論敵)들과 마찬가지로 성질에 대한 것만 생각하고 보편으로서의 관계를 전혀 무시했기 때문이었다. 따라서 경험론자보다 이성론자 편이 옳았다고 생각되는 또 한 가지 점이 여기서 발견된다. 그러나 이성론자도 관계를 무시하거나 부정했기 때문에 그들의 연역도 경험론자의 추론보다 더 잘못될 수도 있었다.

이제까지 보편이라는 존재가 없으면 안 된다는 것이 밝혀졌는데, 다음에 증명해야 할 점은 보편이라는 존재가 단순히 심적인 것이 아니라는 점이다. 이 뜻은 보편에 속하는 것은 모두 그것에 대해 생각하거나 어떤 방법으로 마음이 감지할 수 없다는 것이다. 우리는 이미 앞장 끝에서 이 문제에 대해 언급을 했지만 보편이라는 것의 존재 방법이 어떤 것인지를 좀더 충분히 고찰해야겠다.

'에든버러는 런던의 북쪽에 있다'라는 명제를 생각해 보기로 하자. 여기 있는 것은 두 장소의 관계이며, 이 관계는 분명 그것에 관한 우리의 지식과는 독립되어 존재한다고 생각된다. 우리가 에든버러는 런던의 북쪽에 있다는 것을 알게 될 때, 우리는 에든버러 및 런던에만 관계되는 것을 알게 된다. 그것을 알게 된다고 해서 이 명제가 진리가 되는 것은 아니다. 그것은 우리가 알기 전부터 있었던 사실을 우리가 단순히 파악한 것뿐이다. 비록 북쪽이라든가 남쪽 같은 방향을 아는 사람이 없더라도, 또 우주에 마음이라는 것이 전혀 없더라도 에든버러가 있는 지구 표면의 부분은 런던 북쪽 어디에 있을 것이다. 물론 이것은 대부분의 철학자들에 의해서, 칸트나 버클리가 풀이하는 이유에 의거해서 부정되고 있다. 그러나 우리는 이미 그 이유를 고찰하고, 그것이 부적당한 것이라는 단정을 내렸다. 그러므로 에든버러가 런던의 북쪽에 있다는 사실에는 아무런 심적인 것이 전제되어 있지 않다고 생각해도 된다. 그러나 이 사실에는 하나의 보편인 '~의 북쪽에'라는 관계가 포함되어 있다. 만약 이 사실의 한 구성 요소인 '~의 북쪽에'라는 관계가 어떤 심적인 것을 포함한다면 그 사실 전체가 심적인 것을 전혀 포함하지 않는다는 것은 불가능해진다. 그러므로 관계는, 그것이 관계짓는 관계항과 마찬가지로 사고에 의거하지 않는다는 것, 사고는 감지하지만 창조는 하지 않는 독립된 세계에 속한다는 것을 인정해야 한다.

그러나 이 결론은, '~의 북쪽에'라는 관계가 에든버러나 런던의 존재와 같은 의미로 존재하는 것 같지 않다는 어려움에 부딪친다. 우리가 '이 관계는 어디에 언제 존재하는가'고 물으면 답은 '아무 데도 존재하지 않고 언제나 존재하지도 않는다'가 될 것이다. '~의 북쪽에'라는 관계를 우리가 발견할 수 있는 장소나 시간은 없다. 그것은 에든버러에 존재하는 것도 아니고 런던에 존재하는 것도 아니다. 그것은 그 둘을 관계 짓고, 그것들 사이에서 중립적이기 때문이다. 또 우리는 그것이 어떤 특정된 시간에 존재한다고 말할 수도 없다. 그렇지만 감관 또는 내성(內省)에 의해서 감지되는 것은 모두 어떤 특정한 시간에 존재한다. 그러므로 '~의 북쪽'이라는 관계는 그런 것과는 근본적으로 다르다. 그것은 공간 속에도 시간 속에도 없고, 물질적이지도 심적이지도 않다. 그렇지만 무엇인가이다.

보편에 속해 있는 이 독특한 존재 방법에 의해서 많은 사람들은 보편이 정말은 심적인 것이라고 생각하게 되었다. 우리는 보편 가운데 하나에 관해서 생각할 수가 있는데, 그때 우리의 사고는 다른 심적 작용과 같이 완전히 평범한 의미로 존재한다. 이를테면 우리가 '순백'에 관해서 생각한다고 가정해 보자. 이럴 경우 어떤 의미에서 순백은 우리의 '마음 속에 있다'고 말할 수 있다. 여기에는 제5장의 버클리를 논한 대목에서 주목했던 것과 같은 애매함이 있다. 엄밀한 의미에서 우리의 마음 속에 있는 것은 '순백이 아니라' 순백에 대해 생각하는 사고 작용이다. 그때 함께 살펴보았던 관념이라는 말에 결부된 다의성(多義性)도 여기서 혼란을 일으킨다. 어떤 의미에서 이 말은 사고 작용의 대상을 가리킨다. 즉 순백은 하나의 '관념'이다. 따라서 그 다의성이 충분히 경계되지 않으면 우리는 순백을 다른 뜻에서의 '관념', 즉 사고 작용인 줄 알게 된다. 그러면 순백을 심적인 것으로서 생각하게 된다. 그러나 그렇게 생각할 때는 우리의 관념에서 보편성이라는 본질적인 성질이 사라지고 만다. 어떤 사람의 사고 작용은 필연적으로 다른 사람의 사고 작용과는 다르다. 어떤 때의 어떤 사람의 사고 작용은 다른 때의 다른 사람의 사고 작용과는 필연적으로 다르다. 그러므로 만약 순백이 사고의 대상과 대립하는 사고라면, 따로따로의 두 사람이 그 똑같은 순백을 생각할 수 없을뿐더러 또 아무도 그 똑같은 순백을 두 번 다시 생각할 수는 없다. 순백에 관한 수많은 사고가 공통으로 갖고 있는 것이 사고의 대상이며, 이 사고의 대상은 그 모든 사고와는 다르다. 이렇게 해서 보편이 알려질 때 그 보편은 사고의 대상이기는 하나 사고는 아니다.

우리가 존재하는 사물에 관해서 말할 때 그것이 시간 속에 있을 때만으로, 즉 그것이 존재하는 어떤 시간을 지적할 수 있을 때만(어떠한 때도 존재의 가능성을 제외하지 말고)으로 한정하여 말하는 편이 편리할 것이다. 사고나 감정, 마음이나 물적 대상은 존재(exist)하나, 이 의미에서 보편은 존재하지 않는다. 우리는 보통 '존재한다(subsist)' 또는 '있다(have being)'라고만 말하기로 하자. 이 경우 '유(有. being)'는 시간의 영원성을 갖고 있으므로 '존재'와 대립한다. 따라서 보편의 세계를 유의 세계라 해도 좋을 것이다. 유의 세계는 변하지 않고 견고하며 정확해서 수학자, 논리학자, 형이상학 체계의 건설자, 삶보다도 완전을 사랑하는 모든 사람들에게 기쁨을 준다. 존재의 세계는 변하기 쉽고 막연해서 명확한 경계선도 없고 뚜렷한 계획이나 배열도 없지만, 거기에는 모든 사고나 감정, 모든 감각자료, 모든 물적 대상, 이익이나 해(害)를 가져올 수 있는 모든 것, 인생의 가치 및 세계에 어떤 차이를 낳는 모든 것이 포함된다. 우리는 저마다 기질에 따라서 그 중 어떤 한 세계를 선택해서 생각에 잠길 것이다. 자기가 좋아하지 않는 세계는 좋아하는 세계의 희미한 그림자처럼 보일 것이므로, 어떠한 의미에서도 실재적이라 여길 만한 가치가 없는 것으로 보인다. 그러나 실제로는 그 모두가 다 우리의 공평한 주의를 요구할 권리를 가지고 있으며, 모두 다 실재적이고, 모두 다 형이상학자에게는 중요한 것이다. 사실 우리가 이 두 세계를 구별하면 곧 양자(兩者)의 관계를 고찰하게 된다.

그러나 우리는 먼저 보편에 관한 지식을 검토해 볼 필요가 있다. 다음 장에서는 주로 이를 고찰해 보기로 한다. 우리가 보편에 관해서 생각하게 된 출발점인 아프리오리한 지식의 문제는 여기서 해결될 것이다.

제10장
보편에 관한 우리의 지식

어떤 사람의 지식에 관해서 말하자면, 특수와 마찬가지로 보편(普遍)도 직접지(直接知)에 의해서 알려지는 것, 기술에 대해서만 알려지는 것, 직접지에 의해서도 기술에 의해서도 알려지지 않는 것으로 나뉜다.

먼저 우리는 직접지에 의한 보편의 지식을 고찰해 보겠다. 먼저 희다, 붉다, 검다, 달다, 시다, 소리가 크다, 단단하다 등등의 보편, 즉 감각자료로 예시되는 성질을 우리가 직접적으로 알고 있다는 것은 명백한 사실이다. 흰 헝겊을 볼 때 우선 직접적으로 알 수 있는 것은 그 특수적인 헝겊이지만, 많은 수의 흰 헝겊을 봄으로써 우리는 그 모든 것에 공통된 순백(純白)을 쉽사리 추출할 수가 있게 된다. 그리고 그로 인해서 우리는 순백을 직접적으로 인지하게 된다. 이와 비슷한 과정에 의해서 우리는 이런 종류의 다른 보편도 직접 알게 될 것이다. 이런 종류의 보편은 '감각적 성질'이라고 불린다. 이는 다른 보편만큼 다른 추상력을 요하지 않고서도 감지된다. 또 다른 보편만큼 특수로부터 멀리 떨어져 있는 것 같지 않다.

다음은 관계이다. 가장 쉽게 감지되는 관계는, 하나의 복합적 감각자료의 여러 부분 사이에 있는 관계이다. 이를테면 나는 한눈에 지금 쓰고 있는 페이지 전체를 볼 수 있다. 따라서 페이지 전체가 하나의 감각자료에 포함된다. 그러나 우리는 그 페이지의 어떤 부분이 다른 부분의 왼편에 있고 어떤 부분이 다른 부분의 위에 있다는 것을 지각하고 있다. 이럴 경우 그 추상화 과정은 어느 정도 다음과 같이 진행될 것으로 보인다. 즉, 나는 어떤 한 부분이 다른 부분의 왼편에 있는 많은 감각자료를 순서적으로 보아 나아간다. 앞서의 흰 헝겊의 경우와 마찬가지로, 나는 이 모든 감각자료에 어떤 것이 공통되어 있음을 지각하고, 그 공통된 것이 그 여러 부분들 사이의 관계, 즉 '~의 왼편에 있다'라는 관계임을 추상에 의해서 발견한다. 이렇게 해서 나는 보편적 관계를 직접

인지하게 된다.

이와 같은 방법으로 나는 시간의 전후 관계를 의식한다. 내가 종소리를 듣고 있다고 가정해 보자. 그 종의 마지막 소리가 울려 퍼질 때, 나는 종소리 전부를 마음 속에 간직할 수 있으므로 먼저 소리가 뒤의 소리 이전에 울렸음을 지각할 수 있다. 또 기억 속에서도 내가 지금 기억하고 있는 일이 현재보다 이전에 있었던 일임을 기억한다. 어떤 것을 보더라도 나는 마치 '~의 원편에 있다'라는 보편적 관계를 추출했을 때와 같이 전후라는 보편적 관계를 추상할 수 있다. 이리하여 공간적 관계와 같이 시간적 관계도 우리가 직접적으로 아는 것에 속하게 된다.

거의 이와 같은 방법으로 우리가 직접적으로 알게 되는 또 하나의 관계는 유사(類似)이다. 동시에 두 가지 초록색을 본다고 치자. 그러면 나는 그 두 가지가 서로 닮았다는 것을 볼 수 있다. 또 동시에 붉은색을 본다면 나는 두 가지 초록색이 각각 붉은색에 대해서 갖는 것보다 서로 더 많은 유사성을 가지고 있음을 볼 수 있다. 이렇게 해서 나는 유사 또는 상사(相似, resemblance or similarity)라는 보편을 직접적으로 인지하게 된다.

특수 사이에서와 마찬가지로 보편의 사이에도 우리가 직접 의식할 수 있는 관계들이 있다. 방금 살펴본 바와 같이 우리는 두 가지 초록색 간의 유사가 붉은색과 초록색 간의 유사보다 더 크다는 것을 지각할 수 있다. 거기서 다루고 있는 것은 둘의 관계 사이에 있는 하나의 관계, 즉 '더 크다'는 관계이다. 이런 관계에 관한 지식은 감각자료의 성질을 지각하는 데 필요한 추상력보다 더 큰 추상력을 필요로 하지만, 마찬가지로 직접적일뿐더러(적어도 어떤 경우에는) 마찬가지로 의심할 수 없는 것으로 여겨진다. 따라서 보편에도 감각자료처럼 직접적인 지식이 있다는 얘기가 된다.

여기서 우리가 보편에 관한 고찰을 시작했을 때 미해결로 남겨 둔 아프리오리한 지식의 문제로 되돌아가 보면, 우리는 전보다 훨씬 만족스러운 방법으로 이 문제를 처리할 수 있음을 알게 될 것이다. '2 더하기 2는 4이다'라는 명제로 되돌아가 보기로 하자. 이미 말한 바에 의해서 이 명제가 '2'라는 보편과 '4'라는 보편과의 사이의 한 관계를 말한 것임은 분명하다. 이것은 우리가 지금부터 확립하고자 하는 명제를 암시하고 있는데, 바로 모든 아프리오리한 지식은 오로지 보편적인 관계만을 취급한다는 것이다. 이 명제는 대단히 중요한 것으로,

아프리오리한 지식에 관해 앞에서 말한 여러 가지 어려움을 해결하는 데 크게 도움이 된다.

언뜻 보기에 이 명제가 진리가 아닌 것같이 여겨질 경우가 꼭 하나 있는데, 그것은 어떤 아프리오리한 명제에 어떤 특수 부류에 속하는 전부가 어떤 다른 부류에 속한다든가 또는 (결국 같은 격이 되지만) 어떤 하나의 성질을 가지고 있는 모든 특수가 또 어떤 또 다른 성질을 갖는다고 언명될 경우이다. 이럴 경우에는 마치 우리가 다루고 있는 것이 성질이 아니라 그 성질을 가지고 있는 특수인 것같이 생각될지도 모른다. '2 더하기 2는 4이다'라는 명제가 바로 그 예이다. 왜냐하면 이 명제는 '어떠한 2와 어떠한 2를 더해도 4이다', 또는 '둘에 둘을 모아서 만들어진 어떠한 집합도 넷이라는 집합이다'라는 형식으로도 말할 수 있기 때문이다. 이 같은 언명이 정말로 보편만을 다루고 있음을 나타낼 수만 있다면 우리의 명제는 증명되었다고 생각해도 좋을 것이다.

어떤 명제가 다루는 것을 발견하는 한 가지 방법은, 그 명제가 의미하는 것을 알기 위해 우리가 어떤 말을 이해해야 하는가—바꿔 말해서 어떤 대상을 직접 알아야만 하는가—를 자문해 보는 일이다. 명제가 의미하는 바를 알면 그 진위는 아직 모르더라도 그 명제가 실제로 다루는 것을 우리가 직접 알게 되는 것만은 분명하다. 이 테스트를 해 보면 특수(特殊)와 관계하고 있는 것처럼 보이는 많은 명제가 실은 보편(普遍)하고만 관계하고 있음을 알게 된다. '2 더하기 2는 4이다'라는 특수한 경우로 말하자면, 이것이 '둘에 둘을 모아서 만들어진 집합은 어떠한 것도 넷이라는 집합이다'를 의미한다고 해석될 때도 '집합'이라든가 '둘'이라든가 '넷'이라는 의미를 알면 곧 그 명제를 이해할 수 있다. 즉 그 명제가 주장하는 바를 알 수 있다는 것은 분명하다. 전 세계의 모든 짝을 알 필요는 없다. 만약 그럴 필요가 있다면 짝은 무한히 많아서 다 알 수 없으므로 분명히 명제를 이해 못하게 된다. 따라서 우리의 일반적인 진술은 개개의 특수적인 짝이 있다는 것을 알면 그 특수적인 것에 관한 진술도 포함하게 되지만, 일반적 진술 자체는 그런 특수적인 짝이 있다는 것을 주장하거나 의미하지 않으므로, 그것은 현실의 특수한 짝에 관해서는 어떤 진술을 할 수 없게 된다. 진술되는 것은 보편인 '짝'에 관해서이지 개개의 짝에 관해서는 아니다.

이렇게 해서 '2 더하기 2는 4이다'라는 진술은 오로지 보편을 다루고, 이에 관계하는 보편을 직접적으로 알고 또 이 진술에서 일컬어지는 그 관계를 지각(知覺)할 수 있는 사람이라면 누구나 그 뜻을 알 수 있게 된다. 우리의 지식에 관해서 곰곰이 생각해 보면 알 수 있는 일이지만, 보편 간의 이러한 관계를 지각하는 능력, 그렇기 때문에 또 산술이나 논리학의 명제 같은 아프리오리한 일반적 명제를 아는 능력을 우리가 가지고 있다는 것은 사실로 받아들여야 할 것이다. 앞에서 우리가 이런 지식을 고찰할 때 신비적으로 보였던 이유는 그것이 경험을 예지(豫知)하거나 제어하는 것같이 보였기 때문이었다. 그러나 이제 우리는 그것이 오류였음을 알 수 있다. 경험할 수 있는 것에 관한 어떠한 사실도 경험으로부터 독립되어서는 알 수 없다. 둘과 둘을 합하면 넷이 된다는 것은 아프리오리하게 알고 있지만, 브라운과 존스를 합하면 두 사람이고, 로빈슨과 스미스를 합하면 두 사람이라면 브라운과 존스와 로빈슨과 스미드를 합하면 네 사람이 된다는 것을 우리는 아프리오리하게는 모르는 것이다. 그 이유는 이 명제가 만약 우리가 브라운이라든가 존스라든가 로빈슨, 스미스 같은 사람들이 존재한다는 것을 모르면 이해되지 않기 때문이며, 그것은 경험에 의해서만 알 수 있는 일이기 때문이다. 그러므로 우리의 일반적 명제는 아프리오리하지만, 그것을 현실에서 개개의 특수에 적용한다는 것은 모두 경험과 관계된 일이므로, 경험적 요소를 포함하게 된다. 이렇게 해서 우리의 아프리오리한 지식 중에서 신비적이라고 보였던 것은 오류에 기인한 것이었음을 알게 된 셈이다.

　순수하게 아프리오리한 판단을 '모든 사람은 죽는다'와 같은 경험적 일반화와 대비해 본다면 이 점을 더 명확히 하는 데 도움이 될 것이다. 이 경우도 앞의 경우와 같이, 여기 포함되어 있는 보편, 즉 사람과 죽는 것을 이해하면 곧 이 명제가 뜻하는 바를 이해할 수 있다. 이 명제가 뜻하는 바를 이해하기 위해 전 인류를 하나하나 직접적으로 알 필요가 없다는 것은 분명하다. 따라서 아프리오리한 일반적 명제와 경험적인 일반화와의 차이는 명제의 뜻 속에 나타나지 않는다. 그 차이는 증거의 성질에 있다. 경험적인 경우에 그 증거는 개개의 특수적 사례이다. 모든 사람이 죽는다고 믿는 이유는, 죽어간 사람의 숱한 사례를 알고 있고, 어느 나이 이상으로 산 사례를 모르기 때문이다. 사람이라는 보편과 죽는 것이라는 보편과의 결합이 알려져 있기 때문에 그것을 믿는다는 것은 아니다. 만약 생리학이 살아 있는 육체를 지배하는 일반 법칙을 전제하고, 유기체는 모두 영속할 수 없음을 증명할 수 있다면, 확실히 이것은 사람과 죽는 것 사이의 결합을 주므로, 우리는 죽어간 사람이라는 특수적 증거에 호소하지 않고도 이 명제를 주장할 수 있게 될 것이다. 그러나 이 명제는 우리의 일반화가 좀더 넓은 일반화로 포섭된 것을 의미할 따름이다. 좀더 넓은 일반화의 증거는 먼저 것보다 더 널리 적용되지만 역시 같은 종류의 것이다. 과학의 진보는 줄곧 이러한 포섭을 낳고 있으며, 또 그렇기 때문에 과학적 일반화에 항상 더 넓은 귀납적 기초를 제공한다. 그러나 과학적 일반화가 확실성의 정도는 더 높여 주지만 종류가 다른 확실성을 주지는 않는다. 궁극적인 근거는 역시 귀납적이다. 즉, 그 근거는 여러 가지 사례로부터 도출되므로 논리학이나 산술에 있는 보편의 아프리오리한 결합은 아니다.

아프리오리한 일반적 명제에 관해서는 두 가지의 대립점을 인정해야 한다. 그 첫째는 대부분의 개개의 특수한 예가 알려진다면 귀납에 의해서 일반적 명제에 도달하고, 다음에 비로소 보편간의 관계가 인정될 수 있다는 것이다. 예를 들면 삼각형의 각 변에 그 대각의 정점에서 수직선을 내리면 그 세 개의 수직선은 한 점에서 교차된다는 것이 알려져 있다. 실제로 여러 삼각형에 수직선을 그어 보아서 그 수직선이 언제나 한 지점에서 교차되는 것을 발견하면 이 명제에 도달할 수 있다. 이 경험을 통해서 우리는 일반적인 증명을 찾고 그 증명을 발견할 수 있다. 이런 것은 모든 수학자들이 흔히 경험하는 바이다.

또 다른 대립점은 더 흥미롭고 더 철학적인 중요성을 갖는다. 그것은 우리가 단 하나의 사례도 모르지만 때에 따라 어떤 일반 명제를 알 수 있다는 점이다. 다음과 같은 경우를 들어 보기로 한다. 우리는 어떤 수라도 2를 곱할 수가 있는데 그러면 곱이라고 불리는 제3의 것이 나온다. 그 곱이 100보다 작은 모든 정수(整數)의 짝은 실제로 곱해져서 그 곱의 값이 곱셈표에 기록되어 있다는 것도 알고 있다. 그러나 우리는 정수의 수는 무한하지만, 인간이 생각할 수 있는 정수의 짝은 유한하다는 것도 알고 있다. 그러므로 인간이 생각하지 않았던, 또 생각할 수 없는 정수의 짝이 존재하며, 그것은 모두 곱이 100 이상인 정수로 이루어져 있다는 것이 된다. 이렇게 해서 우리는 다음과 같은 명제에 도달한다. '인간이 생각하지 않았고 또 생각할 수도 없는 두 정수의 곱은 모두 100 이상이다.' 이 일반적 명제의 진리성은 부정할 수 없다. 그러나 이 경우의 특질상 사례를 들 수는 없다. 왜냐하면, 우리가 생각하는 두 가지 수는 모두 이 명제의 조건에 의해서 제외되기 때문이다.

어떤 사례도 들 수 없는 일반적 명제를 안다는 것은 불가능하다고들 흔히 말한다. 그 이유는 이런 명제를 알기 위해서는 보편 간의 관계를 알 필요가 있을 뿐이지, 보편의 사례는 몰라도 된다는 것이 인식되지 않기 때문이다. 그러나 이런 일반적 명제에 대한 지식은, 일반적으로 알려져 있는 것으로 용인되는 수많은 명제에 매우 중요하다. 예를 들면 감각자료에 대한 것으로서의 물적 대상은 추론해서 얻을 뿐이지 우리가 직접 알 수 있는 것이 아님을 앞에서 계속 살펴보았다. 그러므로 '이것'은 절대적으로 알려지는 것으로서, '이것은 물적 대상이다'라는 형식의 명제는 알 수 없다. 따라서 물적 대상에 관한 우리의 지식은 모두 현실적 사례를 제시할 수 없다. 우리는 물적 대상과 결합한 감각자료의 사례는 제시할 수 있으나 현실의 물적 대상의 사례는 제시할 수 없다. 그러므로 물적 대상에 관한 우리의 지식은 그 사례를 제시할 수 없는 일반적 지식의 가능성에 완전히 의존하고 있는 것이다. 이와 같은 말은 타인의 마음에 관한 우리의 지식, 또는 직접지(直接知)에 의해서는 어떤 사례도 알려지지 않은 사물의 종류에도 적용할 수 있다.

이번에는 우리의 분석 과정에서 나타난 지식의 원천을 개관해 보기로 한다. 먼저 우리의 사물의 지식과 진리의 지식을 구별해야 한다. 그 감각에는 직접적인 것과 파생적인 것 두 종류가 있다. 사물에 관한 직접적 지식은 직접지라고 불리며 그 알려지는 사물이 특수인가 보편인가에 따라서 두 종류로 나뉜다. 특수 중에서 우리는 감각자료에 관한 직접지와 우리 자신에 관한 직접지를 가지고 있다. 보편 중에서는 무엇이 직접지에 의해서 알려지는가를 결정하는 원리는 없는 것 같으나 아무튼 직접지에 의해서 알려지는 것 중에 감각적 성질, 공간과 시간의 관계, 유사성, 일종의 추상적인 논리적 보편 등이 있는 것만은 분명하다. 우리가 기술에 의한 지식이라고 부른 사물에 관한 파생적 지식에는 어떤 것에 관한 직접지와 진리의 지식, 이 두 가지가 항상 포함된다. 진리에 관한 직접적 지식은 직관적 지식이라 불러도 좋고, 직접적으로 알려지는 진리는 자명의 진리라 불러도 좋을 것이다. 이러한 진리 가운데는 단지 감관(感官)에 주어진 것만을 말하는 진리 또 어떤 추상적인 논리적, 산술적 원리, 그리고 (그다지 확실하지는 않으나) 어떤 윤리적 명제 등이 포함된다. 진리의 파생적인 지식은, 연역의 자명한 원리를 사용하여 자명한 진리에서 연역할 수 있는 모든 것으로 이루어져 있다.

　지금 말한 설명이 옳다면, 우리의 진리에 관한 지식은 모두 직접적 지식에 의존하게 된다. 그러므로 처음에 직접지에 의한 지식의 성질과 범위를 고찰했던 것과 거의 같은 방법으로 직접적 지식의 성질과 범위를 고찰함이 중요하다. 그러나 진리의 지식은, 사물의 지식에는 생기지 않는 다른 문제, 즉 오류의 문제를 제기한다. 우리의 신념 중 어떤 것은 오류로 판명되는 수가 있다. 따라서 우리는 어떤 방법으로 지식을 오류로부터 구별할 수 있는가를 고찰해 볼 필요가 있다. 이런 문제는 직접지에 의한 지식에서는 생기지 않는다. 왜냐하면 직접지의 대상이 무엇이건, 그것이 꿈이나 환각 속에 있건, 우리가 직접적 대상을 초월하지 않는 한 오류는 생기지 않기 때문이다. 오류는 직접적 대상 즉 감각자료를 어떤 물적 대상의 표시로 볼 때만 생길 수 있다. 따라서 진리의 지식에 관계하는 여러 문제는 사물의 지식에 관계하는 여러 문제보다도 더 어렵다. 진리의 지식에 관계하는 문제들 가운데 첫 번째로 직관적 판단의 성질과 범위를 검토해 보기로 하자.

제11장
직관적 지식에 대하여

일반적으로 우리가 믿고 있는 것은 모두 증명되어야 하든가 적어도 개연성이 매우 높아야 한다. 대부분의 사람들은 아무 이유도 댈 수 없는 신념을 불합리하다고 생각한다. 대체적으로 이 견해는 옳다. 우리의 신념은 거의 대부분이 이유가 있다고 생각되는 다른 신념에서 추론된 것이든가 추론될 수 있는 것이다. 일반적으로 그 이유는 잊혀져 버렸거나 의식에 떠오른 적이 없거나 둘중의 하나이다. 예를 들면, 우리가 지금 먹으려는 음식이 독은 아니겠지 하고 생각할 이유가 어디에 있는가를 자문해 보는 사람은 거의 없다. 그러나 당장 대답할 수는 없겠지만 그 이유를 질문받았을 때는 완전히 타당한 이유가 발견될 수 있을 것처럼 느껴진다. 그리고 이런 신념을 갖는다는 것은 보통 정당화된다.

그러나 우리가 어떤 이유를 대더라도 그 이유에 대한 또 다른 이유를 댈 것을 요구하는 고집스런 소크라테스 같은 사람을 상상해 보기로 하자. 조만간에, 아마도 그다지 늦지 않아 우리는 그 이상의 이유를 발견할 수 없는 지점에 몰리게 된다. 그리고 그 지점에서는 그 이상의 이유는 이론적으로도 발견할 수 없다는 것이 거의 확실해진다. 우리는 일상 생활의 보편적인 신념에서 시작해서, 차례차례 되돌아와 마침내는 너무나 명백해서 더 명백한 어떤 것에서 연역할 수조차 없는 어떤 일반적 원리 또는 일반적 원리의 어떤 사례에까지 도달한다. 우리의 음식이 영양이 풍부하며 독이 있는가 없는가 하는 일상 생활 대부분의 문제는 제6장에서 논한 귀납원리로 되돌아간다. 그러나 그 이상으로 더 후퇴할 여지는 없다고 생각된다. 원리 자체는 우리의 추론에서 어떤 때는 의식적으로 또 어떤 때는 무의식적으로 늘 사용되고 있다. 그러나 더 단순한 자명한 원리에서 출발하여 결론적으로 귀납원리까지 우리를 인도해 주는 추론은 존재하지 않는다. 이와 같은 것은 다른 논리적 원칙에도 해당된다. 그것의 진리성은 명백하므로 우리는 그 원칙을 증명하는 데 사용한다. 그러나 그 원칙 자체는 적어도 그 중 어떤 원칙들을 증명할 수가 없다.

그러나 자명성(自明性)은 일반원리들 가운데 증명 불가능한 것에만 한정되는 것은 아니다. 몇 개의 논리 원칙이 용인되면 나머지 원칙은 거기서부터 연역(演繹)된다. 그러나 연역된 명제는 때때로 증명 없이 가정된 명제와 똑같은 정도로 자명하다. 그리고 산술은 모두 논리학의 일반 원칙에서 연역되나, '2 더하기 2는 4이다' 같은 산술의 간단한 명제는 논리 원칙과 마찬가지로 자명하다.

그리고 이것은 좀 더 논쟁의 여지가 있지만 '우리는 선(善)이라는 것을 추구해야 한다' 같은 윤리적 원칙에도 몇 가지 자명성이 있는 것으로 보인다.

일반원리의 모든 경우에서 우리는, 익숙한 사물을 다루는 특수한 사례는 일반원리보다 더 자명한 것임을 간과해서는 안 된다. 예를 들면 모순율은 그 어떤 것도 어떤 성질을 띠면서 동시에 그것을 소유할 수는 없다는 것을 말한다. 이것은 이해되면 금방 명백해지지만, 그것은 우리가 보는 특수한 장미꽃이 동시에 빨갛기도 하고 빨갛지 않을 수도 있다는 것만큼 명백하지는 않다 (물론 그 장미꽃의 어떤 부분은 붉고 어떤 부분은 붉지 않을 수도 있고, 그 장미꽃이 붉다고 불려도 괜찮을지 모르는 핑크색일 수도 있다. 그러나 전자의 경우에는 분명히 그 장미꽃이 전체로서는 붉지 않은 것이고, 후자의 경우는 우리들이 '빨강'의 정확한 정의를 결정하기만 하면 답은 이론적으로 명확해진다). 우리는 보통 특수적인 개개의 사례를 통해서 일반원리를 이해한다. 추상을 다루는 데 숙달된 사람들만이 사례의 도움을 빌리지 않고 쉽사리 일반원리를 파악할 수 있다.

일반원리 이외의 자명적 진리의 종류는 직접 감각에서 얻는 진리이다. 이런 진리를 우리는 '지각(知覺)의 진리'라 부르고, 이것을 표현하는 판단을 지각의 판단이라 부르기도 한다. 그러나 여기서 자명한 성질을 포착하려면 상당한 주의가 필요하다. 현실의 감각자료는 참도 거짓도 아니다. 이를테면 내가 보고 있는, 하나의 색깔 있는 천은 단지 존재하고 있을 뿐이지 참이라든가 거짓이라는 종류의 것은 아니다. 거기에 그런 천이 있다는 것은 진리이며, 그것이 어떤 모양과 어떤 색깔의 농도를 가지고 있다는 것, 어떤 색깔에 둘러싸여 있다는 것도 진리이다. 그러나 천 자체는 감관(感官) 세계의 다른 모든 것과 마찬가지로 참이나 거짓과는 근본적으로 다른 종류의 것이므로 참이라고 해서는 옳지 않다. 따라서 우리가 감관에서 어떠한 자명한 진리를 얻든, 그것은 본래의 감각자료와는 다른 것이어야 한다.

끝까지 분석해 나가면 하나로 합쳐질지도 모르나, 지각의 자명적(自明的) 진리에는 두 종류가 있는 것으로 보인다. 첫째로 조금도 분석하지 않고 다만 감각자료의 존재를 주장하는 것이 있다. 우리는 붉은 헝겊을 보고 '이러이러한 붉은 헝겊이 있다', 혹은 더 엄밀하게 '그것이 있다'고 판단한다. 이것은 일종의 지각의 직관적 판단이다. 또 한 가지 종류는 감관의 대상이 복잡할 때 생기는데, 우리는 이에 어느 정도의 분석을 가한다. 예를 들면 우리가 동그란 붉은 헝겊을 본다면 그 붉은 헝겊은 동그랗다는 판단을 하게 된다. 이것도 지각의 판단이지만 이전의 종류와는 다르다. 지금 말한 종류는 색깔과 모양 양쪽을 포함하는 단일한 감각자료이다. 그 색깔은 붉고 모양은 동그랗다. 우리의 판단은 그 자료를 색깔과 모양으로 분해하고 다음에 그 붉은 색은 동그란 모양을 하고 있다고 말함으로써 다시 한번 양자를 결합한다. 이런 종류의 판단의 예를 또 하나 든다면 '이것'과 '저것'이 동시에 보일 때도 '이것은 저것의 오른편에 있다'라는 판단이 그것이다. 이런 종류의 판단에서 감각자료는 서로 어떤 관계를 가진 구성 요소를 포함하기 때문에 판단은 이 구성 요소가 그 관계를 가지고 있다는 것을 주장한다.

직관적 판단 가운데 감각의 판단과 비슷하면서도 이것과 전혀 다른 종류로 기억의 판단이 있다. 기억의 성질에 관해서는 약간 혼란이 생길 위험성이 있다. 왜냐하면 대상의 기억에는 대상의 심상(心象)이 따라다니기 쉬우나, 그 심상은 기억을 구성하는 것일 수 없다는 사실 때문이다. 심상은 현재에 있고 기억되는 것은 과거에 있다고 알려져 있다는 점만 주의하면 그것은 쉽게 이해된다. 우리는 확실히 어느 정도까지 기억된 대상에 심상을 비교할 수 있으므로, 상당한 범위 내에서 우리의 심상이 어느 정도 정확한가를 알 수 있는 경우도 많다. 그러나 이것은 심상에 대립되는 대상이 어떤 식으로든 우리의 마음 앞에 없으면 불가능하다. 따라서 기억의 본질은 심상에 의해서 구성되는 것이 아니라 과거의 것으로 인식되는 대상을 직접 마음 앞에 갖고 있음으로써 구성된다. 이런 의미에서 기억의 사실이 없으면 우리는 애초에 과거가 있었다는 것을 모를 것이고, 마치 시각장애자로 태어난 사람이 '빛'이라는 말을 이해할 수 없는 것처럼 '과거'라는 말을 이해할 수 없게 되는 것이다. 따라서 기억에 대한 직관적 판단이 반드시 있어야 하므로 결국에는 과거에 관한 지식 전체가 판단에 의거하게 된다. 그러나 기억의 경우에는 한 가지 어려움이 있다.

알다시피 기억은 틀리기 쉬워서, 보통 직관적 판단의 신빙성이 의심받기 때문이다. 이 곤란은 그리 쉬운 것이 아니다. 그러나 우리는 우선 이 범위를 될 수 있는 대로 좁혀 보기로 하자. 대강 말해서 기억은 경험의 생생한 정도에 따라 또 현재에 가까운 정도에 따라서 신뢰할 수 있다. 만약 이웃집에 30초 전에 벼락이 떨어졌다고 하면, 내가 보거나 들었던 기억은 매우 믿을 수 있을 터이므로, 번개가 쳤느냐 안 쳤느냐를 의심한다는 것은 어리석은 이야기일 것이다. 그다지 생생한 경험이 아니더라도 그것이 최근의 경험인 한 동일한 내용이 적용된다. 30초 전에 내가 지금 앉아 있는 것과 같은 의자에 앉아 있었다는 것은 절대적으로 확실하다. 하루를 되돌아보면, 내가 완전히 확신하고 있는 상황과 대체로 확신하고 있는 상황을 떠올릴 때 확신할 수 있는 것과 결코 확신할 수 없는 것이 있음을 발견한다. 오늘 아침에 내가 아침을 먹었다는 것은 충분히 확신할 수 있는 일이지만, 만약 철학자들에게 흔히 있는 일처럼 아침 식사에 아무런 관심도 갖지 않았다고 한다면 내가 아침을 먹었는지 안 먹었는지 의심스러워질 것이다. 아침 식사 때 나눈 대화에 관해서도 어떤 것은 쉽사리 생각해 낼 수 있으나, 어떤 것은 애를 써서 또 어떤 것은 상당히 의심스러워하면서 생각해 낼 수 있고, 어떤 것은 전혀 생각나지도 않을 것이다. 이처럼 내가 기억하고 있는 것의 자명한 정도에도 연속적인 단계가 있듯 기억의 신빙성에도 거기에 따르는 단계가 있다.

따라서 기억이 틀리기 쉽다는 첫 번째 문제의 해답은, 기억에는 자명성의 정도가 있고, 그 자명성의 정도가 기억의 신빙성의 정도에 상응하고 있어서 최근에 일어난 생생한 사건의 기억에서 완전한 자명성과 완전한 신빙성이 극한에 도달한다는 것이다.

그렇기는 하나 완전히 잘못된 기억을 굳게 믿고 있는 경우가 있다. 이럴 경우에 정말로 기억하고 있는 것—직접 마음 앞에 있다는 의미에서—은 잘못 믿고 있는 것과는 다른 어떤 것이다. 그러나 그것은 잘못 믿고 있는 것과 결합되어 있는 것이 보통이기는 하다. 조지 4세는 워털루 전투에 참가했다고 종종 말하는 바람에 마침내는 자기가 정말로 참전한 것같이 믿게 되었다고 한다.

이 경우에 직접 기억되는 것은 그가 되풀이하고 있던 그 주장이다. 그가 주장하고 있던 것에 대한 신념은(그것이 있었다고 한다면) 기억하고 있던 주장과 결합해서 산출되었을 것이다. 그러므로 순수한 기억이 될 수 없다. 잘못된 기억의 경우는 모두 이런 식으로 처리된다. 즉 그것은 엄밀한 의미에서의 기억과는 전혀 다른 것으로 보인다.

자명성(自明性)에 관한 한 가지 중요한 점이 기억의 경우를 생각해 보면 밝혀진다. 그것은 자명성이 정도를 가지고 있다는 점이다. 자명성이란 단순히 있거나 없거나 하는 성질의 것이 아니라, 절대적인 확실성에서 거의 있는지 없는지 모르는 희미한 상태까지 단계적으로 다소의 차이를 보이는, 현존할 수 있는 성질의 것이다. 지각의 진리 및 어떤 논리 원칙은 최고도의 자명성을 가지고 있고 직접적 기억의 진리에도 거의 같은 정도의 자명성이 있다. 귀납원리는 다른 논리 원칙의 어떤 것—예를 들면 '진실한 전제에서 나오는 것은 진실이어야 한다'—보다 자명성의 정도가 적다. 기억이 멀어지고 희미해져 갈수록 자명성은 감소한다. 일반적으로 말하자면 논리학이나 수학의 진리는 복잡해져 갈수록 자명성이 적어진다. 윤리(倫理) 및 미(美)의 내재적인 가치 판단은 어느 정도의 자명성은 있는 듯하지만, 그다지 많지는 않을 것이다.

이런 자명성의 정도는 지식론에서는 중요하다. 왜냐하면 명제가 진리가 아니면서(드러나 보이는 것처럼) 어느 정도의 자명성을 가졌다면 자명성과 진리 간에는 관련성이 전혀 없다고 볼 필요는 없으며, 다만 명제에 대립이 생겼을 때보다 자명한 쪽을 채용하고 더 자명하지 않은 쪽을 버려야 한다고만 말하면 될 것이다.

그러나 지금 설명한 바와 같이 두 개의 다른 개념이 자명성에 결합되는 경우는 얼마든지 있을 수 있다고 여겨진다. 그 중 최고도의 자명성에 대응하는 하나는 실제로 틀리는 일이 없는 진리를 보증하는 것이고, 그 밖의 모든 정도의 자명성에 대응하는 다른 하나는 틀리는 일이 없는 보증을 주지 않는다는 것이다. 많건 적건 추정의 이유를 줄 따름이다. 그러나 이것은 다만 하나의 의견일 뿐 우리는 아직 이 이상 전개할 수는 없다. 진리의 본성을 논한 뒤에 우리는 오류의 구별과 지식에 관련해서 이 자명성의 문제로 되돌아갈 것이다.

제12장
진리와 허위

사물에 관한 지식과는 달리, 진리에 관한 지식에는 그 반대의 것 즉 오류가 있다. 사물에 관해서는 그것을 알거나 모르거나 할 뿐이지, 직접지(直接知)에 의한 지식에 한정하는 한, 사물에 대한 잘못된 지식이라고 기술될 수 있는 적극적인 마음의 상태는 없다. 직접적으로 알려지는 것은 모두 어떤 것이어야 한다. 직접지로부터 우리가 잘못된 추론을 내릴 수 있을지는 모르나 직접지 자체가 사람을 속일 수는 없다. 따라서 직접지에 관해서는 이원론이 없다. 그러나 진리의 지식에 관해서는 이원론이 있다. 우리는 진리와 마찬가지로 거짓을 믿을 수 있다. 많은 주제에 관해서 여러 사람이 여러 가지 양립할 수 없는 의견을 가지고 있다는 것을 우리는 안다. 따라서 어떤 신념은 그릇되어 있을 것이 틀림없다. 그릇된 신념도 진실한 신념과 똑같은 정도로 강하게 지지되는 수가 종종 있으므로 그릇된 신념과 진실한 신념을 어떻게 구별할 수 있는가가 하나의 곤란한 문제로 제기된다. 주어진 어떤 경우에, 우리의 신념이 그릇되지 않았다는 것을 어떻게 알 수 있는가? 이것은 대단히 어려운 문제여서 완전히 만족할 만한 해답을 찾을 수 없다. 그러나 그다지 어렵지 않은 예비적인 문제가 있다. 그것은 우리가 진실 또는 거짓이라고 말할 때 무엇을 의미하고 있는가 하는 문제이다. 이 장에서 생각해 보아야 할 것은 이 예비적 문제이다.

이 장에서는 우리가 어떤 신념이 진실인지 거짓인지를 어떻게 알 수 있는가를 문제삼지 않는다. 지금 문제삼는 것은 하나의 신념에 대한 진위를 묻는 것이 무엇을 의미하느냐는 것이다. 이에 대한 명료한 해답은, 어떠한 신념이 진실인가 하는 문제의 답을 얻는 데 도움이 될 것이다. 그러나 지금은 다만 '진리란 무엇인가', '허위란 무엇인가'만을 문제삼고 '어떤 신념이 진실인가', '어떤 신념이 거짓인가'는 묻지 않기로 하자. 이 문제들을 분명히 구별해 두는 것이 매우 중요하다. 왜냐하면, 이 양자를 혼동하면 사실 어느 쪽에도 적용되지 않는 해답이 나오기 때문이다.

진리의 본성을 발견하고자 할 경우에 지켜야 할 세 가지 필요 조건, 즉 어떠한 이론도 만족시키지 않으면 안 될 세 가지 필요 조건이 있다.

(1) 진리에 관한 우리의 이론은 그 반대물인 허위의 존재도 허용해야 한다. 대부분의 철학자들은 이 조건을 충족시키는 데 실패했다. 그들은 우리의 사고가 모두 진리가 되어야 할 이론을 만들었으나, 이때 제일 난감했던 것은 허위를 받아들일 장소를 발견하는 일이었다. 이 점에서, 신념에 관한 우리의 이론은 직접지의 이론과 다른 것이어야 한다. 직접지의 경우에는 그 반대물을 설명할 필요가 없었기 때문이다.

(2) 만약 신념이 없다면, 진리는 허위와 상관적이라는 의미에서 허위도 진리도 있을 수 없다는 것은 지극히 명백한 일로 여겨진다. 만약 단순한 물질의 세계를 상상한다면, 그런 세계에 허위가 존재할 여지는 없을 것이다. 거기에 '사실'이라 불리는 것이 포함되어 있을지라도 진리는 허위와 같은 종류의 것이라는 의미에서 어떠한 진리도 거기에 포함되지 않을 것이다. 사실 진리와 허위는 신념이나 진술의 성질이므로 어떠한 신념이나 진술을 포함하지 않는 단순한 물질의 세계는 진리도 허위도 포함하지 않는다.

(3) 그러나 지금 말한 것에서 다음과 같은 주의를 기울여야 한다. 즉 신념의 진위(眞僞)는 신념의 범위 밖에 있는 어떤 것에 항상 의존한다는 점이다. 내가 찰스 1세는 교수대에서 죽었다고 믿는다면, 그 신념이 진실인 것은 단지 신념을 관찰, 검토하는 것만으로 발견할 수 있는 신념의 내재적 성질에 의하는 것이 아니라, 2세기 반 이전에 일어난 역사적 사건에 의하는 것이다. 만약 내가 찰스 1세는 자기 침대에서 죽었다고 믿는다면 내가 믿고 있는 것은 잘못된 것이다. 나의 신념이 아무리 생생하더라도, 또 그것에 도달하느라고 얼마만큼의 주의를 기울였다 하더라도, 그것이 허위임을 막을 수는 없다. 그것이 허위인 것은 역시 예전에 일어난 사건에 따른 것이지, 나의 신념의 내재적 성질에 따른 것은 아니다. 따라서 진위가 신념의 성질이라 하더라도 신념과 다른 것과의 관계에 의존하는 성질이므로 신념의 내재적 성질에 의존하지는 않는다.

이 세 가지의 필요 조건에 의해서 우리는, 진리란 신념과 사실이 대응하는 어떤 형태에 있다는 견해—대체적으로 이것은 철학자들 간에 흔히 발견되는 견해였다—를 갖게 된다. 그러나 반박하기 어려운, 반론이 없는 대응의 형식을 발견하기란 결코 쉬운 일이 아니다. 부분적으로는 이 때문에—그리고 부분적으로는 만약 진리가 사고의 범위 밖에 있는 어떤 것과 사고와의 대응에 있다면, 사고가 언제 진리에 도달했는지 알 수 없기 때문에—많은 철학자는 진리를 완전히 신념 밖에 있는 어떤 것과의 관계에서 성립되지 않는다고 정의하고자 노력했다. 이런 종류의 정의를 내리고자 노력한 끝에, 진리는 정합성(整合性, coherence)에 있다는 이론을 세우게 되었다. 이 이론에서 허위의 표시는 우리의 신념 체계에 정합성이 없음을 의미하고, 진리의 본질은 진리라는 완전 충족적인 체계의 일부분을 이루는 것이라고 한다.

그러나 이 견해에는 한두 가지 큰 난점이 있다. 그 첫째는, 신념의 결합적 체계가 꼭 하나만 가능하다고 생각할 이유가 없다는 것이다. 소설가는 제멋대로 공상을 해서, 우리가 알고 있는 것에 완전히 부합하면서도 실제의 과거와는 전혀 다른 과거를 생각해 낼지도 모른다. 과학과 관련된 문제를 가지고 말하면, 어떤 주제에 관해서 알려져 있는 모든 사실을 설명하는 데는 분명 둘 이상의 가설이 있을 것이다. 이런 경우 과학자는 어떤 한 가지 이외의 모든 가설을 배제시킬 사실을 발견하려고 노력하는데, 그들이 언제나 성공한다는 이유는 없다.

또 철학에서도 적대적인 두 가설이 다같이 모든 사실을 설명할 수 있는 경우는 드물지 않다. 그러므로 예를 들면, '인생은 하나의 긴 꿈이다' '외부 세계는 꿈의 대상이 가지고 있는 정도의 실재성밖에 가지고 있지 않다'라는 것도 가능하다. 그러나 이런 견해가 꼭 알려져 있는 여러 사실과 일치할 수도 있겠지만, 다른 사람이나 다른 사물이 현실에 존재한다고 하는 상식적인 견해보다 이 견해를 선택해야 할 이유는 없다. 이렇게 해서 진리의 정의로써의 정합성은 정합적인 체계가 단 하나만 있을 수 있다는 증거가 없으므로 타당하지 않다.

이 진리의 정의에 대한 또 다른 반론은, 이 정의가 '정합성'의 의미로 알려진 것을 가정하고 있으나, 사실 '정합성'은 논리 법칙의 진리를 전제한다는 것이다. 두 명제는 양자가 다 같이 진리일 때는 정합적이지만 적어도 그 하나가 거짓일 때는 부정합이다. 그런데 두 명제가 다같이 진리인지 어떤지를 알기 위해서는 모순율 같은 진리를 알고 있어야 한다. 예를 들면, '이 나무는 너도밤나무이다'와 '이 나무는 너도밤나무가 아니다'라는 두 명제는 모순율에 의해 정합적이지 않다. 그러나 모순율 자체가 정합성의 테스트를 받는다면, 비록 모순율을 거짓이라고 가정하더라도 어떠한 것도 다른 것과 부정합하지 않는다는 것을 발견할 것이다. 이와 같이 논리 법칙은 정합성의 테스트가 이루어지는 골격 또는 테두리를 제공하나, 이 법칙 자체가 테스트에 의해서 확립될 수는 없다.

위의 두 가지 이유에 의해서 정합성은 진리의 의미를 주는 것으로 받아들일 수는 없다. 그러나 어느 정도의 진리가 알려지게 된 뒤에는 때때로 하나의 아주 중요한 테스트가 이루어지기는 한다.

이렇게 해서 우리는 진리의 본성을 이루는 '사실과의 대응'으로 되돌아가게 된다. '사실'이란 무엇을 의미하는가, 신념이 참이기 위해서 신념과 사실과의 사이에 존재해야 할 대응의 본질은 어떤 것인가? 우리는 이것들을 정확하게 규정해 두어야 한다.

앞에서 말한 세 가지 필요 조건에 따라서 우리는 (1)진리에는 반대물, 즉 허위를 가질 것을 허용하고, (2)진리를 신념의 성질로 삼고, (3)진리를 신념이 외부 사물에 갖는 관계에 완전히 의존하는 성질로 삼는 진리의 이론을 찾아 내야 한다.

허위를 허용하는 필요성 때문에 신념을 마음과 단일한 대상—믿을 수 있는 것이라고 해도 좋다—과의 관계로 본다는 것은 불가능하다. 만약 그렇게 생각한다면, 직접지와 마찬가지로 신념은 진위의 대립을 허용하지 않게 되므로 늘 진리여야 할 것이다. 실례를 들어 보면 명확해진다. 오셀로는 데스데모나가 캐시오를 사랑한다고 잘못 믿었다. 우리는 이 신념이 단일한 대상 즉 '캐시오에 대한 데스데모나의 사랑'과 관계 있다고는 말할 수 없다. 왜냐하면, 이런 대상이 있다고 하면 그 신념은 진리가 될 것이기 때문이다. 실제로는 이런 대상이 없으므로 오셀로는 이런 대상과 어떠한 관계도 가질 수 없다. 그러므로 그의 신념이 이 대상과 관계 있다는 것은 불가능하다.

그의 신념은 다른 대상, 즉 '데스데모나가 캐시오를 사랑하고 있는 것'과 관계 있다고 할지도 모른다. 그러나 데스데모나를 사랑하고 있지 않을 때 이런 대상이 있다고 생각하는 것은, '캐시오에 대한 데스데모나의 사랑'이 있다고 생각하는 것과 같을 정도로 어려운 일이다. 따라서 신념을 마음의 단일한 대상과 관계 있다고 보지 않는 신념론을 추구하는 편이 나을 것이다.

일반적으로 관계란 두 개의 항(項) 사이에 성립되는 것처럼 생각되고 있으나, 꼭 그렇지만도 않다. 어떤 관계에는 세 개의 항이, 또 어떤 관계에는 네 개의 항이 필요하며, 나아가 그 이상의 경우도 있다. 예를 들면 '~의 사이에'라는 관계를 들어 보기로 하자. 항이 단지 둘밖에 나오지 않는 한, 이 '사이에'라는 관계는 불가능하다. 그것을 가능하게 만드는 것은 최소한 세 개의 항이다. 요크는 런던과 에든버러의 사이에 있다. 그러나 런던과 에든버러밖에 없다고 하면 그 한쪽과 다른 쪽 사이에는 아무것도 없는 것이 된다. 마찬가지로 질투에는 세 사람의 인간이 필요하다. 적어도 세 사람을 포함하지 않는 질투 관계란 있을 수 없다. 'A는 B가 C와 D와의 결혼을 추진할 것을 바라고 있다'라는 명제는, 네 개의 항의 관계를 포함한다. 즉 A, B, C, D가 모두 나와서, 그 관계가 네 사람 모두를 포함한 형식 이외에서는 표현될 수 없는 것이다. 이런 예는 얼마든지 늘릴 수 있지만, 관계가 성립되는 데 둘 이상의 항을 필요로 하는 관계의 존재를 표시하는 데는 이것만으로도 충분하다.

판단하는 것 또는 믿는 것에 포함되는 관계는, 만약 허위도 정당하게 용인되어야 한다면, 두 항 사이가 아니라 여러 항 사이의 관계여야 한다. 오셀로가 데스데모나는 캐시오를 사랑하고 있다고 믿을 때는, 그가 '캐시오에 대한 데스데모나의 사랑'이라든가 '데스데모나가 캐시오를 사랑하고 있는 것' 같은 단일한 대상을 마음 앞에 놓아서는 안 된다. 왜냐하면 만일 그렇다면 어떠한 마음에서 독립되어 존재하는 객관적인 허위가 존재해야 하기 때문이다. 이것은 논리적으로는 반박하기 어려우나 가능하다면 피해야 할 것이다. 따라서 그것을 마음과 여러 관련 대상이 모두 개별적으로 나타나는 관계라고 판단하는 편이 허위를 설명하기가 더 쉬울 것이다. 즉 데스데모나, 사랑한다는 것, 캐시오 모두는 데스데모나가 캐시오를 사랑한다고 오셀로가 믿을 때 존재하는 관계의 항이어야 한다. 따라서 이 관계는 오셀로도 그 관계의 한 항이므로 4항 관계가 된다. 우리가 이것을 4항 관계라고 말할 때, 오셀로가 데스데모나와 어떤 관계를 갖고 있으므로, 그가 사랑한다는 것과 캐시오에 대해서도 같은 관계를 갖는다는 것을 의미하지는 않는다. 이것은 믿는 것 이외의 어떤 관계에 관해서는 진리일지 모르나, 믿는 것은 분명히 오셀로가 관계하는 세 항의 각각에 대한 관계가 아니라, 그것들을 합한 모든 것에 대한 관계이다. 믿음과 관련해서는 그 하나의 관계만 존재하지만, 그 관계가 나머지 네 개의 항을 결합시키고 있다. 그러므로 오셀로가 자신의 신념을 간직하고 있을 때 실재로 일어나는 것은, '믿는 것'이라는 관계가 오셀로, 데스데모나, 사랑한다는 것, 캐시오의 네 항을 하나의 복합적 전체로 결합시키고 있다는 것이다. 신념 또는 판단이라는 것은 마음을 자기 이외의 몇몇 대상과 관계시키는, 믿는 것, 판단하는 것의 관계일 뿐이다. 신념 또는 판단의 작용은 어떤 특정한 시간에 어떤 항들 사이에 믿거나 판단하는 관계가 생기는 일이다.

이렇게 해서 우리는 이제 참다운 판단과 거짓 판단을 구별하는 것이 무엇인가를 이해할 수 있게 되었다. 이 목적을 위해서 어떤 정의를 채택해 두기로 하자. 모든 판단 작용에는 판단하는 마음이 있고, 판단이 내려지는 항이 있다. 우리는 그 마음 쪽을 판단의 주체라 부르고 다른 한쪽의 항을 객체라고 부르기로 하자. 그러면 데스데모나가 캐시오를 사랑하고 있다고 오셀로가 판단할 경우 오셀로는 그 주체이고, 데스데모나, 사랑한다는 것, 캐시오는 객체이다. 주체와 객체는 다같이 판단의 구성 요소라 불린다. 판단하는 것이라는 관계는 '분별(sense)' 또는 '방향(direction)'이라 불리는 것을 가지고 있음을 알게 될 것이다. 우리는 비유적으로 판단해서 그 대상들이 어떤 순서로 배열된다고 말할 수 있다. 이 순서는 문장 속의 말의 순서로 표시된다(굴절어에서는 같은 것이 어미 변화, 예를 들면 주격과 대격의 차이에 의해서 표시된다). 캐시오가 데스데모나를 사랑하고 있다는 오셀로의 판단과 데스데모나가 캐시오를 사랑하고 있다는 그의 판단은 같은 구성 요소로 이루어져 있는데도 다르다. 그것은 판단하는 것의 관계가 그 구성 요소를 두 경우에 다른 순서로 배열하고 있기 때문이다. 마찬가지로, 캐시오가 데스데모나는 오셀로를 사랑하고 있다고 판단한다면, 판단의 구성 요소는 여전히 같지만 순서는 다르다. 이 '분별' 또는 '방향'을 갖는 성질은, 판단하는 것의 관계와 공유하고 있는 것이다. 관계의 '분별'은 순서나 배열, 무수한 수학적 여러 개념의 궁극적인 근원이다. 그러나 이 점에 관해서는 이 이상 문제삼을 필요는 없다.

우리는 '판단 또는 신념'의 관계를, 주체와 객체를 하나의 복합적 전체로 결합시키는 것이라고 말했다. 이 점에서는 판단하는 것이 다른 모든 관계와 똑같다. 어떤 관계가 둘 또는 그 이상의 항 사이에 성립될 때, 그것은 언제나 각 항을 하나의 복합적 전체로 통합한다. 오셀로가 데스데모나를 사랑하고 있다면

'오셀로의 데스데모나에 대한 사랑'이라는 하나의 복합적인 전체가 있는 것이다. 그 관계에 의해서 통합되고 있는 여러 항은 그 자체가 복합적일 수도 단순할 수도 있지만, 그것들이 통합된 결과에서 나오는 전체는 복합적이다. 몇몇 항을 관련시키는 관계가 있으면, 거기에는 언제나 그 여러 항의 통합에 의해 형성된 하나의 복합적 대상이 있다. 반대로 하나의 복합적 대상이 있을 경우, 거기에는 늘 그 구성 요소를 관련짓는 관계가 있다. 믿는다는 작용이 일어날 때는 '믿는다'는 것이 통합하는 관계가 되는 복합체가 있다는 말이므로 주체와 객체는 이 믿는 것의 관계인 분열에 의해 어떤 순서로 배열된다. 앞에서 '오셀로는 데스데모나가 캐시오를 사랑하고 있다고 믿고 있다'를 살펴본 바와 같이, 객체 속의 한 가지는 관계여야 한다─이 경우에는 '사랑하고 있는 것'이라는 관계이다. 그러나 이 관계는, 믿는다는 행위 안에서 생각할 때 주체와 객체로 된 복합적 전체의 통합을 낳는 관계가 아니라, 객체의 하나이다. 즉, '사랑한다'는 관계는 건축에서의 벽돌이지 시멘트는 아니다. 시멘트에 해당되는 것은 '믿는다'라는 관계이다. 이 신념이 진실일 때는 그 신념의 객체 가운데 하나인 관계가 다른 여러 객체를 관계짓는 또 다른 복합적 통일체가 있다. 따라서, 예를 들면 오셀로가 데스데모나가 캐시오를 사랑한다고 진실로 믿는다면, 복합적 통일체 '캐시오에 대한 데스데모나의 사랑'이 있다. 이 통일체는 신념의 객체만으로 이루어져 있고 그 순서는 신념 속에 있었을 때와 같으나, 전에 신념의 객체의 하나였던 관계가 여기서는 신념의 다른 객체를 결합시키는 시멘트로서 등장하고 있다. 한편 어떤 신념이 허위일 때는, 그 신념의 객체만으로 구성되어 있는 그런 복합적 통일체는 없다. 데스데모나가 캐시오를 사랑하고 있다고 오셀로가 잘못 믿는다면 '캐시오에 대한 데스데모나의 사랑'이라는 복합적 통일체는 없는 것이다.

따라서 어떤 신념은 어떤 결합된 복합체에 대응하고 있을 때는 진실이고 대응하고 있지 않을 때는 허위이다. 더 명확한 논의를 위해 지금 신념의 객체가 두 개의 항과 하나의 관계로 되어 있는데, 그 항들이 믿는 것의 분별에 의하여 어떤 순서로 배열되어 있다고 가정해 보자. 이때 그 순서로 되어 있는 두 개의 항이 그 관계에 의해서 하나의 복합체로 통합된다면 그 신념은 지식이고, 그렇지 않을 경우는 허위이다. 이것이 우리가 구하고 있는 진리와 허위의 정의이다. 판단하는 것 또는 믿는 것은 마음이 하나의 구성 요소가 되는 복합적 통일체이다. 만약 나머지 구성 요소가 신념에서와 같은 순서로 어떤 복합적 통일체를 형성한다면 그 신념은 진리이고, 그렇지 않으면 허위가 된다.

따라서 진위(眞僞)는 신념의 성질이긴 하나 어떤 의미에서는 외적인 성질이다. 어떤 신념이 진리이기 위한 조건은 신념 또는 일반적으로 어떤 마음도 포함하지 않고, 신념의 객체만을 포함하는 어떤 것이기 때문이다. 마음이 무엇을 믿을 경우, 그 마음을 포함하지 않고 단지 객체만을 포함한 복합체가 대응하고 있다면 그 신념은 진리이다. 그 대응이 진리를 보증하고 대응의 결여는 허위를 가져온다. 그러므로, 우리는 동시에 다음의 두 가지 사실을 설명하고 있는 셈이다. 즉 ⓐ그들의 존재는 마음에 의존하고 있다는 것과 그러나 ⓑ그들의 진리는 마음에 의존하고 있지 않다는 신념이다.

이 이론을 다음과 같이 바꿔 말할 수도 있다. 우리가 '오셀로는 데스데모나가 캐시오를 사랑하고 있다고 믿는다'라는 신념을 가진다면, 우리는 데스데모나와 캐시오를 객체항(object-term)이라 부르고 사랑하는 것을 객체 관계(object-relation)라 부른다. 객체 관계에 의해서 신념에서와 같은 순서로 관계지어진 객체항으로 성립된 복합적 통일체 '캐시오에 대한 데스데모나의 사랑'이 있다면, 이 복합적 통일체는 '신념에 대응하는 사실'이라 불린다. 따라서 신념은 대응하는 사실이 있을 땐 진리이고, 대응하는 사실이 없을 땐 허위이다.

마음이 진리나 허위를 만들어 내는 것이 아님은 금방 알 수 있다. 마음은 신념을 만들어 내지만, 신념이 일단 만들어지면 기차를 놓치지 않는 경우처럼, 믿고 있는 사람의 능력이 미치는 미래의 사항에 관계하는 특별한 경우를 제외하고는 마음은 그 신념을 진리로 만들거나 허위로 만들지 못한다. 신념을 진리로 만드는 것은 사실(fact)이나, 예외적인 경우는 제외하고 이 사실은 결코 그 신념을 가지고 있는 사람의 마음을 포함한 것이 아니다.

이렇게 해서 우리는 진리와 허위가 무엇을 의미하는가의 문제를 해결했다. 다음에는 이런저런 신념이 진리인지 허위인지 아는 데는 어떤 방법이 있는가를 고찰해 볼 것이다. 이 고찰이 다음 장의 주제가 된다.

제13장

지식, 오류 및 개연적 의견

　앞의 장에서 고찰한, 진위(眞僞)는 무엇을 의미하는가 하는 문제는, 어떻게 해서 진위를 알게 되는가 하는 문제보다 훨씬 덜 흥미롭다. 이제 이 후자의 문제를 이 장에서 다루기로 한다. 우리가 가진 신념 중 어떤 것은 그릇된 것이라는 점에는 의심할 여지가 없다. 그러므로 우리는 이러이러한 신념이 그릇되지 않다는 것을 어떤 확실한 근거를 가지고 말할 수 있는지 탐구해 보아야 한다. 바꿔 말하자면, 우리는 과연 무엇을 알 수 있는가, 또는 단지 가끔 우연에 의해서 진리를 믿게 되는가 하는 문제이다. 그러나 이 문제를 공략하기 전에 우리는 먼저 안다는 것이 무엇을 의미하는가를 해결해야 한다. 그러나 이 문제는 생각만큼 쉽지가 않다.

　언뜻 생각하기에, 지식이란 '진리의 신념'으로서 정의될 수 있다는 생각이 든다. 우리가 믿고 있는 것이 진리라면, 우리는 우리가 믿고 있는 것에 대한 지식을 얻었다고 생각할 것이다. 그러나 이것은 보통 지식이라는 말이 사용되는 용법과는 맞지 않는다. 사소한 예를 하나 들어 보겠다. 어떤 사람이 전 수상(首相)의 성이 B로 시작되었다고 믿는다면 그는 참된 것을 믿고 있는 것이다. 전 수상은 헨리 캠벨 배너맨(Henry Campbell Bannerman) 경이었으니까. 그러나 만약 그가 밸푸어(Balfour) 씨를 전 수상이었다고 믿고 있더라도 그는 역시 전 수상의 성이 B로 시작되었다고 믿을 것이다. 그러나 이 신념이 진실이라 할지라도 지식을 구성하고 있다고는 생각되지 않는다. 어떤 신문이 뛰어난 예측에 의해서 어떤 전투의 결과를 전보로 연락을 받기도 전에 보도했다고 하자. 그 신문이 보도한 내용이 다행스럽게도 실제 결과와 일치했을 수도 있다. 그로 인해서 그 신문은 경험이 부족한 독자의 마음에 보도에 대한 신념을 낳을지도 모른다. 그러나 그들의 신념은 옳지만 그들이 지식을 갖고 있다고는 말할 수 없다. 그러므로 진리인 신념이 허위의 신념에서 도출된다면, 그것은 지식이 아님이 분명하다.

마찬가지로 비록 진리인 신념에서 추출되어 나오는 전제가 진리라 할지라도 그릇된 추론 과정에 의해서 연역(演繹)된다면 그 신념은 지식이라 부를 수 없다. 모든 그리스 인이 인간이고, 소크라테스가 인간임을 내가 알고 있어서, 소크라테스를 그리스 인이라고 추론한다 해도, 소크라테스가 그리스 인이라는 것을 알고 있다고 할 수는 없다. 왜냐하면, 그 전제와 결론은 옳다 하더라도 그 결론은 전제에서 나온 것이 아니기 때문이다.

그렇다면 우리는 참된 전제에서 옳게 연역된 것 이외에는 아무것도 지식이 될 수 없다고 말해야 하는 것일까? 분명히 그렇게 말할 수는 없다. 이 같은 정의는 너무 넓기도 하고 또 너무 좁기도 하다. 우선 너무 넓다는 것은 우리의 전제가 참되어야 한다는 것만으로는 충분치 않으며 그것이 알려진 것이어야 하기 때문이다. 밸푸어가 전 수상이었다고 믿고 있는 사람은, 전 수상의 성이 B로 시작되었다는 참된 전제로부터 옳은 연역을 할 수 있을지는 모르나, 그 연역에 의해서 도달되는 결론을 알고 있다고는 말할 수 없다. 따라서 우리는 방금 말한 정의를 수정해서 지식이란 알려진 전제로부터 옳게 연역되는 것이라고 말해야 될 것이다. 그러나 이것은 순환 논법적인 정의이므로 '알려진 전제'의 의미를 이미 알고 있다는 것이 예상된다. 그러므로 이것은 기껏해야 일종의 지식—직관적 지식에 우리는 파생적(派生的, derivative)이라고 부른다—을 정의할 수 있을 따름이다. '파생적 지식은 직관적으로 알려진 전제로부터 옳게 연역된 것'이라고 우리는 말할 수 있다. 이 언명에는 형식상의 결함은 없으나, 직관적 지식의 정의를 추구해야 할 과제가 남아 있다.

잠시 직관적 지식 문제는 내버려 두고, 앞서 이야기한 파생적 지식의 정의에 관해 고찰해 보기로 하자. 이에 대한 주요한 반론은, 그 신념이 어떤 직관적 지식에서 출발하여 올바르게 추론되기는 하지만, 실제로 언제나 논리적 절차를 통해 추론되지는 않는다.

예를 들면 독서에 의해서 생기는 신념이 있다. 신문에서 국왕의 죽음을 알릴 경우 만약 그것이 거짓이라면 이런 보도는 하지 않을 것이므로 국왕이 죽었다는 것을 우리가 아주 당연하게 믿는다. 그리고 국왕이 죽었다고 신문이 단언하고 있다고 믿는 것은 충분히 정당화된다. 그러나 이 경우 신념의 기초가 되는 직관적 지식은, 뉴스를 전하는 인쇄된 문자를 보고 얻은 감각자료의 존재에 대한 지식이다. 이 지식은, 글을 제대로 읽지 못하는 사람의 경우를 제외하면, 거의 의식에 떠오르지 않는다. 아이들이라면 글자 모양을 의식하고 한 자 한 자 서툴게 더듬어 나가서 그 내용을 이해하게 될 것이다. 그러나 독서에 익숙한 사람이라면 곧 글자가 뜻하는 바를 포착해 버리므로 반성을 하지 않는 한, 인쇄된 글자를 본다는 감각자료에서 이 지식을 얻었다고는 의식하지 않는다. 따라서 글자에서 그 의미를 추론(推論)하는 일이 가능하고 독자가 하려고 마음만 먹으면 할 수 있는 일이지만, 논리적 추론이라고 부를 수 있는 어떠한 조작도 실제로는 행하고 있지 않기 때문에 실제로 추론한다고 볼 수는 없다. 그렇지만 신문이 왕의 죽음을 보도하고 있는 것을 독자가 모른다고 한다면 그것은 불합리한 일이 될 것이다.

그러므로 우리는 어떤 사람이 옳게 논리적으로 연관지어서 반성을 통해 이 관련을 인식할 수 있다면, 비록 단순한 연상에 의한 것일지라도 직관적 지식의 결과는 무엇이든 파생적 지식으로 인정해야 한다. 사실 논리적 추론 외에도 하나의 신념에서 다른 신념으로 옮겨가는 방법은 얼마든지 있다. 인쇄된 문자에서 그 의미를 파악하는 것이 그 한 예증이다. 이런 방법을 심리적 추론이라고 부른다. 그러면 이 심리적 추론은, 만약 그것에 병행하는 논리적 추론이 발견된다면 파생적 지식을 획득하는 한 수단으로 인정받게 된다. 이 때문에 파생적 지식의 정의는 우리가 바라는 만큼 정확하지는 못하다. '발견될 수 있다'는 말은 막연해서, 발견되기 위해서 어느 정도의 반성이 필요한가를 가르쳐 주지는 않기 때문이다. 사실 '지식'은 정확한 개념이 아니다. 이 장에서 앞으로 더 세밀하게 알게 되겠지만 그것은 '개연적인 의견'이라는 것에 합쳐진다. 따라서 매우 정확한 정의를 내리려 해서는 안 된다. 그런 정의는 많건 적건 오해를 초래할 것이 틀림없기 때문이다. 그러나 지식에 관한 어려움은 파생적 지식이 아니라 직관적 지식에서 생긴다. 파생적 지식을 다루고 있는 한, 우리는 직관적 지식의 테스트에 의지할 수 있다. 그러나 직관적 지식에 관해서 말하자면, 어떤 것을 진리로 삼고 어떤 것을 허위로 삼는 구별 기준을 발견하기란 결코 쉬운 일이 아니다. 이 문제에서 매우 정확한 결론에 도달한다는 것은 거의 불가능하다. 진리에 관한 우리의 지식에는 모두 어느 정도의 의문이 스며 있으므로, 이 사실을 무시하는 이론은 분명 잘못된 것이다. 그러나 이 문제에 관한 여러 어려움을 완화하기 위한 수단이 없는 것도 아니다.

우선, 우리의 진리 이론은 어떤 진리에 오류가 없다는 것을 보증한다는 뜻에서 자명한 것으로 구별할 가능성을 준다. 위에서 말한 바와 같이, 어떤 신념이 참일 때는 그것에 대응하는 사실이 있으므로 그 신념의 몇몇 객체가 단일한 복합체를 이루게 된다. 그리고 신념이 이 장에서 고찰한 다소 막연한 조건을 충족시킨다면 신념이 그 사실의 지식을 구성한다고 말했다. 그러나 어떠한 지식이라 해도 그 지식에는 신념이 구성하는 지식 말고도 지각이 구성하는 지식(이 말을 될 수 있는 대로 넓은 의미로 생각해서)도 있을 수 있다. 예를 들면, 해지는 시각을 알고 있다면 우리는 그 시각이 될 때 해가 지고 있다는 사실을 안다. 이것은 진리의 지식에 바탕을 둔 그 사실의 지식이다. 그러나 우리는 또 날씨가 좋으면 서쪽을 보고 실제로 해가 지는 것을 볼 수도 있다. 그럴 경우 우리는 같은 사실을 사물의 지식에서 알게 되는 것이다.

이론적으로 어떤 복합된 사실을 아는 방법은 다음과 같이 두 가지가 있다. (1)판단해서 안다. 이 판단에서는 그 몇몇 부분이 사실에 관계하고 있는 것처럼 관계하고 있다고 생각된다. (2)복합적 사실 자체를 직접적으로 인식해서 안다. 이 직접지(直接知)는 결코 감관의 대상에만 한정되지 않으며(넓은 뜻에서) 지각이라고 불린다. 그런데 이 복합적 사실을 아는 둘째 방법은, 즉 직접지에 의한 방법은 실제로 그런 사실이 있는 경우에만 가능하지만, 첫째 방법은 모든 판단과 마찬가지로 잘못 될 수도 있다. 둘째 방법은 복합적 전체를 주는 것이므로, 그 여러 부분이 이런 복합체를 형성하게끔 결합시키는 관계를 실제로 갖고 있을 때만 가능하다. 이에 반해 첫째 방법은 그 여러 부분과 관계를 따로따로 주고, 그 부분들의 실재와 관계만을 요구한다. 즉 그 관계는 부분들을 그와 같은 방식으로 관계시키지는 않겠지만, 그래도 판단은 가능하다.

여기서, 제11장 끝에서 잠깐 이야기했던, 즉 자명성(自明性)에는 두 종류가 있는데 하나는 진리를 절대적으로 보증하지만 다른 하나는 부분적으로 보증할 따름이라는 점이 생각날 것이다. 이제 이 두 종류를 구별할 수 있게 되었다.

우리가 진리에 대응하는 사실을 직접적으로 알고 있을 때 최선적(最善的)이고, 절대적인 의미에서 그 진리는 자명하다고 말할 수 있다. 데스데모나가 캐시오를 사랑하고 있다고 오셀로가 믿을 때 이에 대응하는 사실은, 그의 신념이 참이라면 '캐시오에 대한 데스데모나의 사랑'이다. 이것은 데스데모나 이외에는 아무도 직접 알 수 없는 사실이다. 그러므로 우리가 고찰하고 있는 자명성의 의미로는, 데스데모나가 캐시오를 사랑하고 있다는 진리는(만약 그것이 진리라면) 데스데모나에게만 자명할 수 있는 것이다. 모든 심적 사실, 모든 감각자료에 관한 사실에는 이것과 같은 사적 성격이 있다. 우리가 지금 말하고 있는 의미에서 이 사실이 자명할 수 있는 사람은 한 사람밖에 없다. 왜냐하면, 그 심적 사실 및 관련된 감각자료를 직접적으로 알 수 있는 사람은 한 사람밖에 없기 때문이다. 따라서 존재하는 특수적인 사물에 관한 사실은 한 사람 이상의 사람에게 자명할 수는 없다. 한편 또 보편에 관한 사실에는 이 사적(私的) 성격이 없다. 대부분의 마음이 동일한 보편을 직접 알 수 있다. 그러므로 보편 간의 관계는 많은 사람들에게 직접 알려질 수 있는 것이다. 우리가 직접지에 의해 어떤 관계 내에서 어떤 항들로 구성되어 있는 복합적 사실을 알게 되는 경우, 우리는 그 항(項)들이 연관되어 있는 진리가 최우선적이고 절대적인 자명성을 갖고 있다고 말할 수 있으며, 이 경우 항들이 관계되어 있다는 판단은 틀림없이 옳은 것이다. 그래서 이런 종류의 자명성은 진리의 절대적인 보증이다.

그러나 이런 종류의 자명성(自明性)이 진리의 절대적인 보증이라고는 하나, 그것이 어떤 판단의 경우에도 그 판단이 진리임을 절대적으로 우리에게 확신시켜 주지는 않는다. 복합적 사실인 '빛나는 태양'을 우선 우리가 지각(知覺)하고 있어서 '해가 빛나고 있다'는 판단을 한다고 가정해 보기로 하자. 그 지각에서 판단으로 나갈 때는 주어진 복합적 사실의 분석이 필요하다. 우리는 '해'와 '빛나고 있다'를 사실의 구성 요소로 분리해야 한다. 이 과정에서 오류를 범하는 일이 있을지도 모른다. 그러므로 어떤 사실이 최우선적이고 절대적인 종류의 자명성을 가지고 있더라도 그 사실에 대응한다고 믿어지는 판단이 진실로 그 사실에 대응하고 있지 않을지도 모르므로, 절대적으로 오류가 아니라고는 말할 수 없는 것이다. 그러나 만약 대응하고 있다면(앞의 장에서 설명한 의미에서) 그것은 진실이어야 한다.

두 번째 종류의 자명성은 무엇보다도 먼저 판단에 속하므로, 단일한 복합적 전체로서의 사실의 직접적 지각에서 나오지는 않는다. 이 둘째 종류의 자명성에는 최고도의 자명성에서 가까스로 신념이라 할 수 있을 정도의 것까지, 정도의 차이가 있을 것이다. 단단한 길에서 말(馬)이 우리에게서 멀어져 가는 경우를 들어 보기로 하자. 먼저 우리가 말굽 소리를 듣는 것은 매우 확실하다.

주의 깊게 귀를 기울이고 있노라면 그것은 차차 상상에 지나지 않든가 이웃의 덧문 소리든가, 자기 심장의 고동소리가 아닌가 싶어지는 순간이 온다. 그리고 마침내는 대체 당초에 무슨 소리가 났었던가 하고 의심스러워진다. 그러다가 이제 아무 소리도 안 들린다고 생각하고 마침내는 아무 소리도 안 들린다는 것을 알게 된다. 이 과정에서 최고에서 최저까지 자명성의 연속적인 단계를 볼 수 있는데 그 여러 단계는 감각자료 자체에 있는 것이 아니라 그것에 의거한 판단에 있다.

다른 예를 들어 보겠다. 청색과 녹색의 두 가지 색깔을 비교한다고 해 보자. 우리는 그것이 다른 색깔임을 완전히 확신할 수 있다. 그러나 녹색이 조금씩 청색에 가깝게 변화되어서 우선 청록색, 다음에는 녹색에 가까운 청색, 그리고 청색이라는 식으로 변화되어 간다면, 그 양자 사이의 차이가 식별될지 어떨지 의심스러운 순간이 오고, 다음에는 어떤 차이도 구별 못하는 순간이 온다. 이와 같은 일은 악기를 조율할 때도 생기고 또 연속적인 단계적 이행이 있는 경우에도 생긴다. 이와 같은 종류의 자명성은 정도의 문제라서 정도가 높은 쪽이 낮은 쪽보다 훨씬 믿을 수 있다는 점은 확실해 보인다.

파생적 지식에서도 최종적인 전제는 어느 정도의 자명성을 가져야 하고, 또 그 전제와 그것에서 연역된 결론과의 관련도 어느 정도 자명성을 가져야 한다. 기하학의 일련의 추론을 예로 든다면, 출발점의 공리(公理, 무증명 명제, axiom)가 자명하다는 것만으로는 불충분하다. 추론의 각 단계에서 전제와 결론과의 연관이 자명한 것도 마찬가지로 필요하다. 어려운 추론일 때는 이 연관은 아주 적은 정도의 자명성밖에 갖지 않는다. 따라서 추론이 많이 어려워지면 잘못된 추론도 있는 것이다.

지금 말한 내용에서 직관적 지식과 파생적 지식에서 다음과 같은 사실이 분명해진다. 만약 직관적 지식이 그 자명성의 정도에 따라서 신뢰할 수 있는 것이라면 완전히 확실하다고 여겨지는 명확한 감각자료의 존재라든가 논리학이나 산술의 간단한 진리에서부터 그 반대의 것들보다는 확실하다고 할 수 있을 판단에 이르기까지, 신뢰성에는 등급이 있다는 것이다. 우리가 굳게 믿고 있는 것이 진실이라면 그것은 지식이라 불린다. 그러나 그것은 직관적 지식에서 논리적으로 나와야 한다. 우리가 굳게 믿고 있는 것이 진실이 아니라면 그것은 오류라고 불린다. 우리가 굳게 믿고 있는 것이 지식도 오류도 아니라면 그것은 개연적인 의견(probable opinion)이라 불릴 것이다. 또 우리가 주저하며 믿고 있는 것도 최고도의 자명성을 갖지 않거나 또는 거기에서 얻는 것이기 때문에, 개연적인 의견이라 할 수 있다. 따라서 흔히 지식으로서 통하고 있는 것의 대부분은 많건 적건 개연적인 의견인 것이다.

이 개연적(蓋然的) 의견을 우리는 앞에서 진리의 정의로는 거부했지만 때때로 하나의 기준으로 쓸 수 있는 정합성(整合性)이라는 것에서 큰 도움을 얻을 수 있다. 개개의 개연적 의견의 집단은, 그것들이 서로 정합되어 있으면 의견들 가운데 하나가 개별적일 때보다 개연성이 높아진다. 대부분의 과학 가설은 이 방법에 의해서 개연성을 얻는다. 가설은 개연적 의견의 정합적 체계의 틀에 맞추어진다면, 따로따로 있는 경우보다 더 확실해진다. 이와 같은 것을 일반적으로 철학적 가설에서도 말할 수 있다. 하나의 경우를 놓고 보면 이 같은 가설이 대단히 의심스럽게 보일 때가 많지만, 그 가설들이 개연적 의견의 집단 속에 가져오는 질서와 정합성을 생각하면 거의 확실하다고 말할 수 있다. 이것은 특히 꿈과 생시의 구별 같은 문제에도 적용된다. 만약 우리가 밤마다 꾸는 꿈이 낮과 마찬가지로 서로 정합적이라면, 우리는 꿈을 믿어야 좋을지, 생시를 믿어야 좋을지 모르게 될 것이다. 그러므로 우리는 정합성의 테스트에 의해 꿈을 아닌 것으로 판결하고 생시를 확증한다. 그러나 이 테스트는 성공할 경우는 개연성을 높여 주지만, 정합적인 체계의 어떤 지점에서 이미 확실성이 없으면 절대적인 확실성을 주지 않는다. 따라서 개연적인 지식의 단순한 조직 자체는 결코 그 의견을 의심할 수 없는 지식으로 바꾸지 못한다.

제14장
철학적 지식의 한계

　우리가 지금까지 철학에 관해서 논한 전부를 펼쳐 놓더라도, 대개의 철학자들의 저작에서 큰 부분을 차지하고 있는 많은 문제에는 거의 손을 대지 못했다. 대개의 철학자들은—아무튼 대단히 많은—아프리오리한 형이상학적인 추론에 의해서 종교의 근본적인 교의라든가 우주의 본질적인 합리성이라든가 물질의 허망성, 모든 악의 비실재성 등등을 증명할 수 있다고 큰소리친다. 이같은 언설을 믿는 이유를 발견하고자 하는 희망이 일생을 건 숱한 철학 연구자들을 주로 고무했음을 의심할 나위도 없다. 나는 이 희망이 허무한 것이라고 믿는다. 전체로서의 우주에 관한 지식은 형이상학에 의해서는 얻어질 것같지 않을 뿐 아니라, 논리 법칙에 의해서도 이러이러한 것은 존재할 것 같지 않다. 이러이러한 것은 존재할 수 없다고 증명되어 봤자, 그것은 비판적인 시험에 견뎌 낼 수 없다고 생각한다. 이 장에서 우리는 이 같은 추론을 시도하는 방법을 간단하게 고찰하고, 그 추론이 타당하다고 기대할 수 있는 것인지의 여부를 밝혀 보자.

　우리가 여기서 검토하고자 하는 견해를 대표하는 근대의 철학자는 헤겔이다. 헤겔의 철학은 대단히 어려워서 주석가들도 그 옳은 해석에 관해서 의견을 달리한다. 내가 채용한 해석—이것은 대다수라고는 말할 수 없더라도 많은 주석자들의 해석이므로 흥미롭고 중요한 철학의 한 유형을 제공한다는 장점이 있다—에 따르면 그의 주요한 명제는, 전체성이 부족한 것은 모두가 분명히 단편적이므로 세계의 나머지 부분에 의해서 보충되지 않으면 존재할 수 없다는 것이다. 마치 비교 해부학자가 단 한 개의 뼈로 전체가 어떤 종류의 것이었던가를 알아내는 것과 마찬가지로, 헤겔에 따르면 형이상학자는 실재하는 어떤 부분에서 전체의 실재가 어떤 것이어야 하는가를—적어도 그 대강의 윤곽을—본다. 외관상 따로따로인 것으로 보이는 실재의 단편은 모두, 말하자면 다음의 단편에 걸리는 갈고리를 가지고 있다. 그리고 다음의 단편도 다른 새로운 갈고리를 가지고 있다. 이렇게 해서 전 우주는 재건된다. 헤겔에 의하면 이 본질적인 불완전성은 사고의 세계에서도 사물의 세계에서도 마찬가지이다. 사고의 세계에서 추상적 또는 불완전한 관념 하나를 골라서 이것을 관찰해 볼 때 그 불완전성에 대해 잊어버리게 되면 모순에 빠진다는 것을 알 수 있다. 이 모순은 문제가 되고 있는 관념을 그 대립물 또는 안티테제로 전환시킨다. 여기서 벗어나기 위해서는 본래의 관념과 그 반정립(안티테제)을 종합한, 새로우면서 불완전도가 적은 관념을 발견해야 한다. 이 새로운 관념은 우리가 출발점에서 취한 관념보다는 불완전도가 적지만, 그래도 완전하다고는 할 수 없어서 다시 그 반정립으로 이행하게 된다. 그리고 이 관념은 그 반정립과 결합되어 새로운 반정립이 되어야 한다. 헤겔은 이런 방식으로 계속 진행하여 마침내 '절대적 관념(Absolute idea)'에까지 도달한다. 그에 따르면 이 절대적 관념은 불완전성을 갖지 않는데다가 대립물도 갖지 않으며, 그 이상 전개될 필요도 없다. 따라서 절대적 관념이란 절대적 실재(Absolute reality)를 기술할 수 있다. 그러나 이보다 낮은 관념은 모두 부분적인 관점에 나타나는 대로 실재를 기술할 뿐, 동시에 전체를 바라볼 때 보이는 것처럼 기술할 수는 없다. 이렇게 해서 헤겔은 절대적 실재는 하나의 조화적인 체계—공간이나 시간 속에도 없고, 어떠한 악도 포함하지 않으며, 완전히 이성적이고 정신적인 체계—를 형성하고 있다는 결론에 도달한다. 우리가 알고 있는 세계에서 그 조화적 체계에 위반된다고 여겨지는 것은 모두 우리의 우주관이 단편적이기 때문이라는 것을 논리적으로 증명할 수 있다고 그는 믿는다. 만약 우리가 상상하기를 신이 우주를 내려다 볼 때처럼 우리가 우주 전체를 본다면 공간, 시간, 물질, 악, 그리고 일체의 노력이나 투쟁은 사라지고, 그 대신 우리는 영원하고 완전하며 변하지 않는 정신적 통일체를 볼 수 있으리라는 것이다.

이 같은 생각에는 확실히 어떤 숭고한 것, 가능하다면 동의하고 싶은 것이 있다. 그러나 그것을 뒷받침하고 있는 이론을 주의 깊게 검토해 보면, 그 이론에는 많은 혼란과 인정하기 어려운 많은 가설이 포함되어 있다는 것이 밝혀진다. 이 체계의 기초가 되고 있는 근본적인 이론은, 불완전한 것은 자립적이지 않으므로 그것이 존재하기 위해서는 다른 사물의 뒷받침을 필요로 한다는 것이다. 그것 이외의 사물과 관계를 갖는 것은 그것 자체의 본성에 그 외적 사물과의 어떤 관계를 포함해야 한다. 따라서 만약 그 외적 사물이 존재하지 않으면 현재의 상태일 수 없다는 것이다. 이를테면 어떤 사람의 본성은 그 기억이나 그 밖의 지식, 사랑이나 증오 등등에 의해서 구성되어 있으므로, 그가 알고 사랑하고 미워할 대상이 없으면 그는 현재의 모습일 수가 없다. 그는 본질적으로, 또 분명히 단편적 존재이므로 실재의 전체로 생각된다면 자기 모순적인 존재가 될 것이다.

그러나 이 관점은 모두 사물의 본성(本性)에 관한 사고방식에 의거해 있으며 그 '본성'은 '사물에 관한 모든 진리'를 의미하는 것으로 생각된다. 물론 어떤 사물을 다른 사물과 결합시키는 진리는 다른 사물이 존재하지 않으면 존재할 수 없다는 것은 사실이다. 그러나 사물에 관한 진리가, 지금의 사례를 본다면, 그 사물의 본성의 일부라 할지라도 사물 자체의 일부는 아니다. 사물의 '본성'이 사물에 관한 모든 진리를 의미한다면, 우주에 있는 모든 다른 사물에 대한 그 사물의 관계를 모르고서는 그 사물의 본성을 분명히 알 수 없게 된다. 그러나 '본성'이라는 말이 이런 의미에서 사용된다면 그 본성이 알려져 있지 않을 경우, 혹은 완전하게 알려져 있지 않을 경우에도 그 사물이 알려질 수 있다고 말할 수 있을 것이다. '본성'이라는 말이 이렇게 사용될 경우, 사물에 관한 지식과 진리에 관한 지식은 혼동되어 있다. 비록 사물에 관한 명제(命題)를 아주 조금밖에 모르더라도 우리는 직접지(直接知)에 의해서 사물에 관한 지식을 가질 수 있다. 사물에 관한 명제는 이론적으로는 아무것도 알 필요가 없다. 따라서 사물의 직접지는 위에서 말한 의미에서의 본성에 관한 지식을 포함하지 않는다. 또 어떤 사물의 직접지는 사물에 관한 어떤 명제를 아는 지식은 언제나 포함하지만, 위에서 말한 의미에서 본성의 지식은 포함하지 않는다. 그러므로 (1)사물을 직접적으로 아는 것은 논리적으로 그 사물의 관계에 관한 지식을 포함하지 않고 (2)그 관계있는 것에 관한 지식은 그 관계의 전부에 관한 지식 또는 위에서 말한 의미에서의 사물의 본성에 관한 지식을 포함하지 않는다. 예를 들면 나는 나의 치통을 직접적으로 알 수 있으므로 이 지식은 치과의사(이 치통을 직접적으로는 모른다)가 그 원인에 관해서 나에게 가르쳐 줄 수 있는 것을 전부 모른다 해도, 또 따라서 위에서 말한 의미에서의 '본성'을 모른다 해도 직접지에 의한 지식이 있는 한 완전할 수 있다. 이와 같이 어떤 사물이 관계를 갖는다는 사실은 그 관계가 논리적으로 필요한 것임을 증명하지는 않는다. 즉 그것이 그런 사물이라는 사실로는 그것이 실제로 갖고 있는 여러 관계를 갖고 있어야 한다는 것을 연역할 수 없는 것이다. 그런 결과는 다만 우리가 이미 알고 있기 때문에 나오는 것처럼 보일 따름이다.

이렇게 해서 우주 전체가 헤겔이 믿었던 것처럼 단일한 조화적 체계를 형성한다는 것은 증명할 수 없게 된다. 만약 이것을 증명하지 못한다면 공간, 시간, 물질, 악 등이 실재하지 않는다는 것도 증명하지 못한다. 왜냐하면 그 비실재성(非實在性)을 헤겔은 그 사물의 단편적인 성격에서 연역했기 때문이다. 따라서 우리는 이 세계를 단편적으로 연구하는 수밖에 없다. 우리의 경험에서 멀찌감치 떨어져 있는 우주 여러 부분의 성격을 안다는 것은 불가능하다. 이런 결론은 철학자들의 여러 체계에 의해 희망을 갖게 된 사람들을 실망시키겠지만, 현대의 귀납적(歸納的)인 과학적 기질과는 잘 맞을 뿐 아니라 또 우리가 앞에서 계속 살펴본 인간의 지식에 대한 전체적인 검토를 통해서도 확인할 수 있다.

형이상학자의 대부분의 야심적인 시도는 현실 세계의 이러이러한 외관적 특징이 자기 모순적이므로, 따라서 실재할 수 없다는 것을 증명하고자 한 것이다. 그러나 근대 사상의 전체적 경향은 점차, 그렇게 모순을 가정한다는 것은 망상이므로 존재해야만 하는 것을 고찰함으로써 아프리오리하게 증명할 수 있는 것은 거의 없다는 것을 밝히는 쪽으로 방향을 잡아가고 있다. 이 점을 잘 나타내는 예가 공간과 시간이다. 공간(空間)과 시간(時間)은 무한하게 넓어서 무한하게 나눌 수 있는 것처럼 보인다. 만약 우리가 어느 쪽으로든지 일직선으로 간다고 하면, 그 앞쪽엔 아무것도 없으므로 마침내는 공허한 공간마저 없는 그런 최후의 지점에 도달하리라고 생각한다는 것은 어려운 일이다. 마찬가지로 또 상상 속에서 과거 또는 미래로 나아간다고 하면, 그 앞쪽으로 공허한 시간조차 없는, 최초의 시간 또는 최후의 시간에 도달하리라고 생각한다는 것 또한 어려운 일이다. 이와 같이 공간과 시간은 그 넓이에서 무한한 것 같이 보인다.

또 어떤 직선 위에서 어떤 두 점을 취한다고 한다면, 그 사이의 간격이 아무리 작더라도 거기에 다른 점이 있어야 한다는 것이 밝혀질 것이다. 모든 거리는 반으로 나누어지고, 반으로 나누어진 것은 다시 반으로 나누어진다. 이것은 무한히 계속될 것이다. 마찬가지로 시간에서도 두 순간 사이에 아무리 적은 시간밖에 경과하지 않았다 할지라도 그 사이에 다른 순간이 존재하리라는 것은 분명한 것으로 보인다. 이와 같이 공간과 시간은 무한하게 나눌 수 있는 것처럼 보인다. 그러나 이런 명백한 사실—무한한 넓이와 무한한 분할 가능성—에 반대하면서 철학자들은, 사물의 무한한 집합은 있을 수 없으므로 공간 속의 점의 수, 또는 시간 속의 순간의 수는 유한(有限)해야 한다는 것을 밝혀 내기 위한 이론을 추진해 왔다. 이렇게 해서 공간과 시간의 명백한 성질과, 무한의 집합이 불가능하다는 생각 사이에 모순이 생긴 것이다.

이 모순을 처음으로 강조한 사람이 칸트인데, 그는 공간과 시간의 불가능성을 연역하고 그것은 단순히 주관적인 것이라고 선언했다. 그 뒤부터 많은 철학자들은 공간과 시간은 단순한 현상이지 진실로 존재하는 세계의 특징은 아니라고 믿었다. 그런데 오늘날에는 수학자들, 특히 칸토어(Georg Cantor)의 노력에 의해서 무한 집합이 불가능하다는 것은 잘못이었음이 밝혀졌다. 사실상 무한 집합은 자기모순이 아니라 오히려 어떤 완강한 심적 편견과 모순을 이룰 뿐이다. 그러므로 공간과 시간을 실재하지 않는다고 생각하는 이유는 무효가 되었고, 형이상학적 구축의 큰 원천 중 하나는 말라 버린 셈이었다.

그러나 수학자들은 보통 생각되고 있는 그런 공간이 가능하다는 것을 밝히는 것만으로는 만족하지 않았다. 그들은 논리가 밝혀낼 수 있는 한, 공간의 다른 많은 형식도 마찬가지로 가능하다는 것을 밝혀왔다. 상식적으로는 필연적으로 보이고 또 이전의 철학자들은 필연적이라고 생각한 유클리드의 공리 가운데 어떤 것은, 그 필연적이라는 외관을 아프리오리(a priori)한 논리적 기초에서 끌어내는 것이 아니라 우리가 현실의 공간과 익숙하다는 사실에서 끌어내는 것이라고 알려졌다. 이런 공리가 오류가 되는 세계를 상상함으로써 수학자들은 상식의 편견을 약화시키고, 우리가 살고 있는 공간과는 다소 다른 공간이 가능하다는 것을 밝히기 위해 논리학을 사용했다. 그리고 이 공간의 어떤 것은 우리가 측정할 수 있는 거리와 관계된 유클리드 공간과 거의 다르지 않기 때문에 우리의 현실적 공간이 엄밀하게 유클리드적인지 아니면 다른 종류의 것인지를 관찰해서 발견하기란 불가능하다. 따라서 입장이 완전히 뒤바뀐다. 이전에는 경험이 다만 한 종류의 공간을 논리에다 맡겨서 논리가 이 한 종류의 공간이 불가능하다는 것을 증명한 것으로 보인다. 그러나 지금은 논리가 무수히 많은 종류의 공간이 경험과 무관하게 가능하다는 것을 밝혀내고, 경험은 다만 부분적으로 그것들 사이의 결착(決着)을 내린다. 따라서 무엇이 있는가에 관한 우리의 지식은 전에 생각했던 것보다 적어졌지만 무엇이 있을 수 있는가에 관한 우리의 지식은 터무니없이 늘어났다. 우리는 구석구석과 갈라진 틈까지 환히 볼 수 있는 좁은 벽 속에 갇혀 있는 것이 아니라 자유로운 가능성을 갖는 개방적인 세계에 있는 것이다. 여기에는 아직 알아야 할 것이 많이 있으므로 많은 것이 미지인 채로 남아 있다.

공간이나 시간의 경우에 생긴 일은 다른 방면에서도 마찬가지로 생긴다고 볼 수 있다. 아프리오리한 원리에 의해 우주를 규정하고자 하는 시도는 사라졌다. 논리학은 이전처럼 가능성을 제한하는 것이 아니라 상상력의 위대한 해방자가 되어서 무반성적인 상식에 막혀 있던 숱한 선택을 드러내고 논리가 우리의 선택에 맡기는 많은 세계 중에서 어느 것을 택하는가를 결정하는—결정이 가능하다면—일을 우리에게 맡긴다. 따라서 무엇이 있는가에 관한 지식은 경험에서 배울 수 있는 것에 한정되지, 현실적으로 우리들이 경험할 수 있는 것에 한정되지는 않는다. 그것은 이미 본 바와 같이 우리가 직접 경험하지 않은 것에도 기술(記術)에 의한 많은 지식이 있기 때문이다. 그러나 기술에 의한 지식에서는 항상 보편간의 관련을 필요로 한다. 그것은 이러이러한 여건에 포함된 일종의 대상을 여건으로부터 추론할 수 있게 해 준다. 그러므로 이를테면 물적 대상에 관해서는 감각자료가, 물적 대상의 표시라는 원리는 그 자체가 보편의 결합이다. 이 원리에 의해서 비로소 물적 대상에 관한 지식을 경험에서 배울 수 있게 된다. 이와 같은 일은 인과법칙(因果法則)에도, 또는 더 일반적이지 않은 것에까지 내려간다면 중력의 법칙 같은 원리에도 적용된다.

중력 법칙 같은 원리는 귀납원리 같은 아주 아프리오리한 원리와 경험과의 결합에 의해서 증명되거나, 아니면 오히려 매우 개연성이 높은 것으로써 인정된다. 따라서 다른 진리에 관한 모든 지식의 원천인 우리의 직관적 지식은 다음의 두 종류가 된다. 하나는 순수하게 경험적인 지식이다. 이것은 우리가 직접 알고 있는 특수적 사물의 존재와 그 성질의 어떤 것에 관해서 가르쳐 준다. 다른 하나는 순수하게 아프리오리한 지식이다. 이것은 우리에게 보편간의 결합을 가르쳐 주고 경험적 지식 속에 있는 특수적 사실에서 추론할 수 있게 해 준다. 우리의 파생적 지식은 늘 어떤 순수하게 아프리오리한 지식에 의존하며, 또한 개체로 순수하게 경험적인 지식에 의존한다.

만약 지금까지 말한 것이 옳다면 철학적 지식은 과학적 지식과 본질적으로 다르지 않다. 철학에는 열려 있으나 과학에는 열려 있지 않는 그런 특별한 지혜의 원천은 있을 수 없고, 철학에서 얻은 결과는 과학에서 얻은 결과와 근본적으로 다르지 않다. 철학을 과학과 다른 학문으로 만들어 주는 본질적인 특징은 비판(criticism)이다. 철학은 과학이나 일상 생활에서 사용되는 원리를 비판적으로 검토한다. 철학은 이런 원리에 있을 수 있는 부정합(不整合)을 찾아내어 비판적으로 연구한 결과 이런 원리를 거부할 이유가 발견되지 않았을 때만 이 원리를 용인한다. 많은 철학자들이 믿은 것처럼, 과학의 근저에 있는 원리들이 부적절한 사소함에서 자유로워졌을 때 우리에게 전체로서의 우주에 관한 지식을 제공할 수 있다면, 그 지식은 과학적 지식과 마찬가지로 우리의 신념을 요구할 수 있을 것이다. 그러나 우리는 아직 그와 같은 지식을 발견하지 못했으므로 대담한 형이상학자의 특수한 학설은 대체로 부정적인 결과를 낳았다. 그러나 보통 지식으로 받아들이는 것에 대해 말한다면 우리의 결과는 대체로 긍정적이다. 우리는 비판의 결과 그와 같은 지식을 거부할 이유란 거의 발견할 수 없었고, 또 일반적으로 사람이 가지고 있는 종류의 지식을 가질 수 없다고 가정할 이유도 없었던 것이다.

그러나 철학을 지식의 비판으로서 말할 때는 어떤 제한을 둘 필요가 있다. 만약 우리가 완전히 회의적인 태도를 취하고 우리 자신을 전체의 지식 밖에다 두었다가 이 지식 외부의 입장으로부터 지식의 테두리 안으로 되돌려지기를 요구한다면, 우리는 아주 불가능한 것을 요구하고 있는 것이므로, 이 회의주의는 반박될 수 없다. 왜냐하면 어떠한 반박도 그것을 토론하는 사람이 나누어 갖고 있는 지식의 단편에서 시작되어야 하므로 완전한 회의에서는 논의가 시작될 수 없기 때문이다. 그러므로 철학이 사용하는 비판이 만약 어떤 성과를 거두고자 한다면 그처럼 파괴적이어서는 안 된다. 이 절대적인 회의주의에 대해서는 어떤 논리적인 논의도 펼 수가 없다. 그러나 이런 회의주의가 불합리한 것임을 이해하기란 그리 어려운 일이 아니다. 데카르트의 '방법적 회의'—근대 철학은 여기서 시작되었다—는 이런 것이 아니라 오히려 우리가 철학의 본질로 삼고 있던 종류의 비판이다. 그의 '방법적 회의'는 의심스럽게 보이는 것은 전부 의심하고, 외관적인 지식의 부분부분에 관해 멈추어 서서 반성했을 경우 정말로 그것을 안다고 확신할 수 있나 없나를 자문하는 것이다. 철학을 구성하는 것은 이런 종류의 비판이다. 감각자료의 존재 같은 지식은 아무리 냉정하고 철저하게 반성해도 의문의 여지가 전혀 없을 것 같다. 이런 지식에 관해서는 철학적 비판도 우리가 그것을 믿는 것을 삼가도록 요구하지는 않는다. 그러나 예를 들어 물적 대상이 우리의 감각자료와 매우 닮았다는 신념처럼 우리들이 반성을 시작하기까지는 받아들여지다가 엄밀하게 연구해 보면 사라지고 마는 신념도 있다. 어떤 새로운 논법에 의해서 그것이 옹호되지 못한다면 철학은 우리에게 그 신념을 버리라고 명령할 것이다. 그러나 아무리 면밀하게 검토해 보아도 반론의 여지가 없는 신념을 버린다는 것은 합리적이지 않을 뿐 아니라 철학이 지지할 바도 아니다.

한 마디로 말하자면, 철학이 지향하는 비판은 이유 없이 거부할 것을 결정하는 비판이 아니라, 확실한 것 같은 지식 하나하나를 낱낱이 고찰하고 그 고찰이 끝났을 때도 여전히 지식으로 나타나는 것은 무엇이든지 보류해 두는 비판이다. 사람이란 틀리기 쉬우므로 거기에 약간의 오류의 위험성이 남아 있음은 인정할 수밖에 없다. 철학이 오류의 위험성을 줄이고 어떤 경우에는 그 위험성을 사실상 무시할 수 있을 만큼 적게 만들어야 한다고 주장하는 것은 정당하다. 이 이상의 일을 한다는 것은 아무래도 잘못이 생길 수밖에 없는 세계에서는 불가능한 일이다. 그리고 철학의 신중한 옹호자라면 그 누구도 이 이상의 일을 해냈다고는 큰소리치지 못할 것이다.

제15장
철학의 가치

　드디어 철학의 여러 문제에 관한 간단하고도 매우 불완전한 고찰이 끝나가
므로, 결론적으로 철학의 가치는 무엇이며 왜 철학을 연구해야 하는가를 생
각해 보는 것이 좋겠다. 과학이나 실재적인 여러 문제의 영향에 비해서, 철학
은 해롭지도 이롭지도 않은 사소한 구별을 짓거나 알 수 없는 사항에 관해서
논쟁을 하는 것 이상의 아무것도 아니지 않느냐는 의심이 들기 쉬우므로 이런
문제를 고찰해 보는 것은 더욱 필요한 일이다.

　철학에 대한 이런 견해가 생긴 이유는 첫째로 인생의 목적에 관한 그릇된
생각 때문이고, 둘째로 철학이 얻고자 하는 가치가 오해받고 있기 때문이다.
발명을 매개로 하는 자연과학은 과학을 전혀 모르는 수많은 사람들에게도 유
용하나, 자연과학의 연구가 권장되는 것은 그것이 단순히 또는 우선적으로 연
구자에게 미치는 효과 때문이 아니라 오히려 인류 일반에게 초래되는 효과 때
문이다. 그러나 이런 유용성이 철학에는 없다. 만약 철학이 그 연구자 이외의
사람들에게 어떤 가치가 있다면, 철학을 연구하는 사람의 생활에 미치는 효과
를 통한 간접적인 것이어야 한다. 그러므로 어딘가에 철학의 가치가 먼저 요구
되어야 한다면 이 간접적인 효과에서 요구되어야 할 것이다.

　그러나 더 나아가, 만약 우리가 철학의 가치를 결정하고자 하는 노력에서
실패하지 않으려면 우리는 먼저 현실적인 사람이라고 잘못 불리는 편견으로부
터 자유로워야 한다. 이 '현실적인' 사람이라는 말이 종종 사용되는데, 이는 다
만 물리적인 요구밖에 인정하지 않는 사람, 인간이 육체를 위해 음식을 섭취해
야 한다는 것은 인정하나 마음에도 양식을 줄 필요가 있음을 잊고 있는 사람
을 말한다. 모든 사람이 안락하게 살고, 빈곤이나 병이 최대한 감소되었다 하
더라도 가치 있는 사회를 만들기 위해서는 더 많은 것이 이루어져야 할 것이
다. 또 현실의 생활에서도 마음의 재화(財貨)는 육체의 재화보다 적어도 동등

할 정도로 중요하다. 철학의 가치는 한결같이 이 마음의 재화에서 발견된다. 그리고 이런 재화에 무관심하지 않은 사람들만이, 철학의 연구가 시간 낭비가 아님을 납득할 수 있는 것이다.

다른 모든 학문과 마찬가지로 철학도 근본적으로 지식을 지향한다. 철학이 지향하는 지식은 여러 과학에 통일과 체계를 주는 지식이고, 또 우리가 확신, 편견, 신념 등의 근거를 비판적으로 살펴보고 검토하면서 생기는 지식이다. 그러나 철학이 그 문제에 해답을 내고자 하는 시도에서 그다지 큰 성공을 거두었다고 할 수는 없다. 만약 수학자, 광물학자, 역사학자, 또는 그 밖의 학자들에게 그들의 학문이 어느 만큼 진리의 명확한 총체를 확립했는가 하고 묻는다면, 그 학자의 대답은 이럴 것이다. '여러분이 물을 의사를 가지고 있는 한 언제까지고 계속될 것이다.' 그러나 같은 질문을 철학자에게 할 때, 그 철학자가 솔직한 사람이라면, 그는 철학이 다른 여러 학문에 의해서 달성되어 있는 만큼 적극적인 성과를 거두고 있지 못하다고 고백할 것이다. 이것은 부분적으로는 다음의 사실에서 확실히 설명되는데, 즉 어떤 주제에 관한 명확한 지식이 가능해지면 결국 이 주제는 철학이라고 불리지 않게 되고 한낱 개별 과학이 되어 버린다는 것이다. 오늘날 천문학에 속해 있는 모든 천체에 관한 연구가 전에는 철학 속에 포함되어 있었다. 뉴턴의 업적은 '자연철학의 수학적 원리'라 불렸다. 마찬가지로 인간 마음을 연구하는 학문이 오늘날에 와서는 철학에서 분리되어 심리학이라는 과학이 되었다. 따라서 철학이 불확실하다는 것은 대부분 진실이라기보다 겉보기만 그런 것이다. 이미 명확한 해답을 낼 수 있는 문제는 과학 속에 옮겨지고 지금도 명확한 해답을 줄 수 없는 것만이 철학이라 불리는 잔재의 형태로 남아 있게 된 것이다.

그러나 이것은 철학의 불확실성에 대한 진리의 일부에 불과하다. 우리가 알 수 있는 한, 인간의 지력(智力)이 현재와 전혀 다른 수준이 되지 않는 한 인간의 지성(知性)이 풀 수 없는 문제가 많다. 그리고 그 중에는 우리의 정신 생활에 매우 깊은 관계를 갖는 문제도 있다. 우주에는 어떤 계획이나 목적 같은 통일이 있는가, 아니면 우주는 원자의 우연적인 모임인가? 의식은 지혜가 무한히 성장하리라는 희망을 주는 우주의 항구적 부분인가, 아니면 언젠가는 생활이 불가능해질 작은 혜성에서 일어난 일시적인 우연인가? 우주에서 선이나 악은 중요한가, 아니면 단지 인간에게만 중요한가? 이런 질문이 철학에 의해서 생겨나고 여러 철학자들에 의해서 여러 가지로 대답되고 있다. 그러나 그 대답이 다른 방법으로 발견되는지 어떤지는 고사하고, 철학이 시사하는 대답은 거의 모두가 진실이라고 논증할 수 없는 것처럼 생각될 것이다. 그러나 답을 발견할 희망이 아무리 적더라도 이런 질문의 고찰을 계속하고 그 중요성을 깨닫고 그것에 대한 모든 접근을 검토하고 우주에 관한 사변적 흥미—이것은 자칫하면 명확하게 확인할 수 있는 지식에만 국한되어 묵살되어 버리기 쉽다—를 생생하게 보유해 두는 것도 철학의 일부이다.

철학이 이런 근본적인 문제에 대한 해답의 진리성을 확립할 수 있다고 생각한 철학자가 많은 것만은 확실하다. 그들은 종교적 신념 속에서 엄밀하게 논증하여 그 진리를 증명할 수 있는 것이 가장 중요하다고 생각했다. 이런 시도를 판단하기 위해서는 인간의 지식을 개관하고 그 방법과 제한에 관해 어떤 견해를 형성할 필요가 있다. 이런 주제에 관하여 독단적인 발언을 한다는 것은 현명하지 못할 것이다. 그러나 지금까지 각 장에서 고찰한 내용이 우리를 현혹시키지 않았다고 하면, 종교적 신념의 철학적 증명을 발견하고자 하는 희망을 버릴 수밖에 없을 것이다. 따라서 우리는 이런 질문에 대한 일련의 명확한 해답을 철학의 가치의 일부에 포함시킬 수 없다. 그러므로 되풀이해서 말하지만, 철학의 가치는 철학을 연구하는 사람이 확정적으로 확인할 수 있는 지식의 체계에 좌우되어서는 안 된다.

사실 철학의 가치는 대부분 그 불확실성 자체 속에서 찾아야 한다. 철학과 인연이 없는 사람은 상식이나 나이 또는 국적에 대한 습관적 신념, 또는 신중한 이성(理性)의 협력이나 동의 없이, 자기 마음 속에 자라온 확신 등에서 유래한 편견에 갇혀 평생을 보낸다. 이런 사람들에게는 세계가 명확하고 유한하고 뻔한 것이 되어 버리기 쉽다. 그들은 흔한 대상에 대해서는 문제를 제기하지 않고 미지의 가능성은 경멸적으로 거부한다. 이와 반대로 우리가 철학적 사색을 시작하자마자 처음의 여러 장에서 살펴본 바와 같이 아주 일상적인 사물도 우리를 철학적인 문제—아주 불완전한 대답만이 주어질지라도—로 안내한다는 것을 알게 된다. 철학은, 그것이 제기하는 의문에 대해 진실한 대답이 무엇인가를 확실성을 가지고 가르쳐 주지는 못하나, 우리의 사고를 확대하고 습관의 횡포로부터 사고를 해방시키는 많은 가능성을 갖고 있다. 따라서 철학은 사물이 무엇인가에 관한 우리의 확실성을 감소시키는 반면, 사물이 무엇일 수 있는가 하는 지식은 크게 증대시켜 준다. 철학은 의심을 해방시켜 주는 영역에 들어가 본 적이 없는 사람들의 다소 건방진 독단론을 제거하고, 평소에 눈에 익은 것을 익숙하지 않은 형태에서 나타내어 우리의 경이감을 생생하게 유지시켜 준다.

뜻하지 않은 가능성을 나타내는 유용성은 제쳐두고라도 철학에는 사색적 대상의 위대함과, 사색의 결과 개인적인 좁은 목표에서 해방되는 자유를 통해 얻는 가치가 있다. 아마 이것이 철학의 주요한 가치일 것이다. 본능적인 인간의 생활은 그의 개인적인 흥미의 범위 내에 갇혀 있다. 가족이나 친구는 포함되겠지만 그 밖의 세계는 그것이 본능적 욕구의 범위 내에 있는 것을 돕거나 방해하지 않는 한 무시되어 버린다. 이런 생활에는 열광적이고 한정된 면이 있는데, 이에 비교하면 철학적 생활은 고요하고 자유롭다. 본능적 관심의 사적 세계는 조만간에 사적 세계를 파괴할 것이 틀림없는 강대한 세계 속에 놓인 작은 세계이다. 외부 세계 전부를 포함할 만큼 우리의 관심을 확대시키지 못한다면 우리는 적에게 포위된 요새 속에서 꼼짝없이 마지막 항복의 길밖에 없다는 것을 알고 있는 수비병 같은 것이다. 그런 생활에는 평화가 없다. 있는 것은 완강한 욕망과 무력한 의지 사이의 부단한 투쟁이다. 우리의 생활이 위대하고 자유로워야 한다면 우리는 어떻게 해서든지 이 감옥, 이 투쟁에서 벗어나야 한다.

벗어나는 한 가지 길은 철학적 사색을 하는 것이다. 철학적 사색은 매우 광범위하므로 우주를 적대하는 두 진영—친구와 적, 돕는 자와 적대하는 자, 선과 악—으로 나누지 않고 전체를 공평하게 관찰한다. 철학적 사색이 순수하면 우주에 있는 인간 이외의 것이 인간과 같은 종류라고는 증명하지 않는다. 지식의 획득은 모두 자기의 확대인데, 이 확대는 지식을 직접 구하지 않을 때 가장 잘 달성된다. 자기 확대는 지식에 대한 욕구만이 작용하고 있을 때, 미리 그 대상이 이런저런 성격을 가질 것을 기대하지 않고 자기를 그 대상 속에서 발견하는 특성에 순응시키는 연구를 할 때 달성할 수 있다. 또 자기를 있는 그대로 두면서, 세계가 자기를 닮았으므로 낯설어 보이는 것을 받아들이지 않고서도 자기를 아는 것이 가능하다는 사실을 보이려고 할 때는 달성될 수 없다. 이것을 증명하고 싶다는 욕구는 자기 주장의 한 형식이므로 다른 모든 자기 주장과 마찬가지로 자기 성장—자기가 바라고 할 수 있다고 알고 있는—의 한 장해가 된다. 자기 주장은 다른 경우와 마찬가지로 철학적 사변에서도 세계를 각자의 목적을 위한 하나의 수단으로 간주한다. 따라서 자기 주장은 세계를 자기보다도 가치가 적은 것으로 만들고, 그 때문에 세계의 재산의 위대함에 제한을 가하게 된다. 이에 반해, 사색을 하게 되면 자기가 아닌 것에서 출발하여 그 위대함으로 자기의 경계를 확대한다. 우주의 무한성을 사색하는 마음은 그 무한성을 함께 나누게 된다.

이런 이유로 영혼의 위대성은 우주를 인간과 동일시하는 철학에서는 육성되지 않는다. 지식은 자기와 자기가 아닌 것을 통합하는 한 형식이다. 모든 통합과 마찬가지로 그것은 한쪽의 지배로 손상되며, 따라서 우주를 자기 자신 속에서 발견할 수 있다고 억지로 일치시키려는 그 어떤 시도로도 손상된다. 오늘날의 철학에서는 인간은 만물의 척도이며, 진리는 인간이 만들고, 공간, 시간, 보편의 세계는 마음의 성질이어서 마음이 만들지 않는 무엇인가가 있다면 그것은 우리들에게 불가지(不可知)이고 무의미하다고 보는 경향이 만연한다. 만약 지금까지의 논의가 옳았다면 이런 견해는 진리가 아니다. 진리가 아닐뿐더러 철학적 사색에 가치를 부여하는 모든 것을 철학적 사색으로부터 빼앗는 결과를 가져온다. 왜냐하면 사색을 자기에게 묶어 버리기 때문이다. 이 견해에서 지식이라고 부르는 것은 자기가 아닌 것과의 통합이 아니라 우리와 우리를 초월한 세계와의 사이에 투시할 수 없는 베일을 씌우는 일련의 편견, 습관, 욕구임에 틀림없다. 이 같은 지식론에 기쁨을 느끼는 사람은 자기 말이 법률이 아님을 두려워해서 집 밖으로 못 나오는 사람과 같다.

이와 반대로 참다운 철학적 사색은 자기가 아닌 모든 것을 확대시켜 사색의 대상을 위대하게 만들고, 그럼으로써 사색하는 주체도 위대하게 하는 모든 것에서 만족을 발견한다. 사색할 때의 개인적인 모든 것, 습관, 사리, 욕구에 의거하는 모든 것은 대상을 왜곡시키므로 지성이 구하는 통합을 손상시킨다. 이와 같이 개인적인 사물은 주관과 객관 사이에 장벽을 만들어 지성을 감옥에 가둔다. 자유로운 지성은 신이 보는 것처럼 사물을 본다. 즉 그것은 이곳도, 지금도 없이, 희망도 공포도 없이, 습관적 신념이나 전통적 편견에 사로잡히는 일도 없이, 평정하고도 냉철하게 오직 하나의—개인적이지 않은, 순수하게 사색적인, 인간이 획득할 수 있는—지식을 바라는 마음으로 사물을 본다. 그러므로 자유로운 지성은 사적 역사의 사건들이 개입되지 않는 추상적이고 보편적인 지식 쪽을 감관이 초래한 지식보다 높이 평가할 것이다. 후자는 배타적이고 개인적인 견지와, 드러나는 모든 것을 왜곡시키는 감각기관을 갖춘 육체에 좌우되기 때문이다.

철학적 사색의 자유와 공평에 익숙해진 마음은, 자유와 공평을 행동과 감정의 세계에서도 견지할 것이다. 그런 태도를 가지면 목적과 욕망을 전체의 일부분으로 보게 되며, 세상의 모든 것을 단 한 사람의 행동에도 영향을 받지 않는 무한히 작은 단편들로 보게 되어 목적과 갈망에의 고집을 버릴 수 있게 된다. 사색할 때의 공평성—진리를 향한 순수한 욕구—은 행동할 때의 정의이고, 감정면에서 보편적인 사랑 즉, 유용하다든가, 존경해야 한다고 판단된 사람들뿐만 아니라 모든 사람들에게 줄 수 있는 사랑이 되는 것과 똑같은 마음의 성질이다. 따라서 사색은 우리의 사고의 대상뿐만 아니라 행위나 감정의 대상도 확대한다. 그것은 우리를 다른 모든 세상에 대항해 성벽을 두르고 싸우는 도시의 시민으로 만들 뿐만 아니라 우주의 시민으로 만든다. 이 우주의 시민이라는 데 바로 인간의 참다운 자유가 있다. 편협한 희망이나 공포의 속박으로부터의 해방도 바로 여기에 있다.

철학의 가치에 관한 우리의 논의를 요약하면 다음과 같다. 철학은 문제에 대한 명확한 해답을 찾기 위해서 연구되어서는 안 된다. 왜냐하면 일반적으로 어떤 명확한 해답도 진리임을 알 수 없기 때문이다. 오히려 철학은 문제 자체를 위해서 연구되어야 한다. 왜냐하면, 이런 문제는 가능한 것에 관한 우리의 생각을 확대하고 우리의 지적 상상력을 풍부하게 하고 사변에 대해 마음을 닫는 독단적인 확신을 약화시켜 주기 때문이다. 그리고 무엇보다도 철학이 사색하는 우주의 위대성에 의해서 우리의 마음 또한 위대해지고 우주와의 통합이 가능해지기 때문이다. 이 우주와의 통합이야말로 마음의 최고선(最高善)인 것이다.

The Conquest of Happiness

행복의 정복

머리글

이 책은 학문이 깊은 사람이나, 또는 실제적인 문제를 그저 단순한 이야깃 거리 정도로밖에 생각지 않는 사람들을 위해서 쓴 것이 아니다.

이 책 속에는 심원한 철학이나 깊은 학식 같은 것은 하나도 씌어 있지 않다.

나는 다만 내가 상식이라고 생각하고 있던 내용을 다룬 평론 몇 편을 여기 에 늘어놓고자 생각했을 뿐이다.

여기서 독자들에게 공개하는 행복의 비결에 대해서 내가 말할 수 있는 전부 는, 그것이 모두 다 나 자신의 경험과 관찰에 의해서 확인된 것이라는 점이다. 그리고 내가 그것을 그대로 실행했을 때는 언제나 나 자신의 행복을 증대시켜 주었다는 것이다.

그래서 나는 감히 이렇게 생각한다. 불행으로 괴로워하고 고민하는 많은 남 녀 중에는 이 책을 읽음으로써 자기 불행의 실상을 잘 알게 되고, 그 불행에서 벗어나는 방법을 배울 수 있는 사람이 확실히 있을 거라고.

이렇게 말할 수 있는 것은, 세상의 많은 불행한 사람들이 이 책을 쓴 나의 노력에 인도되어 행복해질 수 있다고 확신하기 때문이다.

제1장
불행의 원인

1. 무엇이 사람을 불행하게 만드는가

동물은 건강하고 먹을 것이 충분히 있는 한 행복하다. 인간 또한 그럴 것이라고 생각한다. 그러나 사실은 그렇지 못하다. 적어도 대다수의 경우 그렇지 않다. 만일 자신이 행복하지 않다고 느낀다면, 여러분 스스로도 건강과 충분한 음식만으로는 행복할 수 없다는 것을 아마도 인정해야 할 것이다.

만일 행복하다면, 대체 주위의 얼마나 많은 친구들이 행복한가 생각해 보라. 그리고 그 친구들을 관찰할 때, 인상을 보고 판단하는 기술을 익히도록 하라. 또, 일상 생활에서 만나는 사람들의 기분을 예민하게 파악하도록 하라.

> 내가 만나는 모든 사람들의 얼굴에는
> 피곤함을 나타내는 얼굴이 있고
> 비애를 나타내는 얼굴이 있다.

—블레이크

그 종류는 여러 가지로 다르지만, 도처에서 불행이 여러분을 만나러 와 있다는 것을 알게 될 것이다. 여러분이 대도시 중에서도 가장 전형적인 근대도시인 뉴욕에 산다고 상상해 보자. 낮의 근무 시간에 왕래가 많은 길거리에 서 보라. 또는 주말의 번화한 큰길에 나서거나, 하룻밤의 무도회에 나가 보라. 그리고 자기 자신에 대한 생각을 텅 비우고, 주변에 있는 낯선 사람들의 개성에 대해서 한 사람씩 자세히 규명해 보라. 그러면 각각 다른 개성을 가진 사람들이 저마다 자기 나름의 걱정거리를 갖고 있다는 것을 알게 될 것이다. 근심에 빠져 있든, 무슨 일을 지나치게 골똘히 생각하고 있든, 소화불량에 걸려 있든

간에, 사람들이 낮 근무 시간 동안 악착같이 일하는 것 이외에는 아무런 관심도 흥미도 없고, 다른 사람에 대해서는 아무것도 의식하지 않고 있는 것을 발견할 것이다. 주말의 거리에서는 남녀가 모두 유쾌해 보이고, 부자들은 향락에 젖어 있는 것을 보게 될 것이다.

이러한 행복의 추구는 서서히 달리는 자동차의 행렬과 같은 보조로 이루어진다. 조금만 한눈을 팔면 사고가 날까 두려워 주위를 구경할 수도 없다. 자동차에 탄 사람들은 저마다 다른 차를 앞서려고 야단이지만 혼잡 때문에 그럴 수도 없다. 차를 몰지 않는 사람들은 이런 신경을 쓰지 않는 대신 말할 수 없는 권태에 사로잡혀 불만에 가득찬 태도를 취한다. 간혹 흑인들 한 무리가 유별난 짓거리를 하며 분개를 자아내게 하기도 하지만, 결국은 사고를 내 경찰 손에 잡혀가고 만다. 휴일날의 향락은 불법인 것이다.

흥겨운 저녁 파티에 모여든 사람들을 잘 살펴보라. 그들은 마치 치과에 갈 때 의자 위에 누워 울부짖지 않겠다고 단단히 마음을 먹었을 때처럼 비장한 결의를 하고서 몰려든다. 술을 마시고 서로 애무를 하는 것을 환락으로 들어가는 입구쯤으로 생각하고 모두 재빨리 취해 버리고 파트너가 싫어하건 말건 도무지 개의치 않는다. 실컷 마시고 나면 이번에는 울기 시작한다. 그 다음에는 도덕적으로 자기가 얼마나 어머니의 헌신적인 사랑을 받을 가치가 없는 인간인지를 슬퍼하기도 한다. 알코올이 그들을 위해서 해 주는 것은 정신이 말짱할 때 이성이 누르고 있는 죄악감으로부터 그들을 해방시켜 주는 일이다.

이와 같은 갖가지 불행의 원인은 물론 일부는 사회제도에 있지만 일부는 개인의 심리 자체에 존재한다. 하기야 심리 또한 적잖이 사회제도의 산물이기는 하지만 말이다.

나는 앞에서, 행복을 증진하기 위해서는 사회제도를 변혁하지 않으면 안 된다고 말했다. 전쟁이나, 경제적 착취나, 잔혹한 공포를 일으키는 교육을 그만두는 것은 필요하지만, 그것을 말하는 것이 이 책의 목적은 아니다. 전쟁을 회피하는 방법을 발견하는 것이 인류의 문명을 지키기 위해서 절대적으로 필요하지만, 서로 학살을 일삼는 것보다도 하루하루의 고생 쪽을 훨씬 고통스럽게 여길 만큼 불행한 사람들이 있는 동안은, 그것은 도저히 생각지도 못할 일이다. 아무튼 기계 생산의 은혜를 입을 필요가 조금이라도 있는 사람들이 존재하고 있는 한, 그 빈곤을 해결해 줄 필요가 있다. 그러나 돈 많은 사람들도 불행하다고 느낀다면 모두를 부자로 만들어 주는 것이 과연 무슨 소용이 있단 말인가?

잔혹한 공포를 일으키는 교육이 나쁜 것은 물론이다. 그것은 폐지되지 않으면 안 된다. 그러나 이미 이러한 감정에 사로잡힌 인간들을 다른 방법으로 교육할 도리는 없다.

이와 같이 생각해 보면 우리는 자신의 개인 문제에 도달하지 않을 수 없다. 즉, 회고(懷古)의 정에 잠길 수밖에 없는 오늘날의 사회에서 남녀 한 사람 한 사람이 자기 자신의 행복을 달성하려면 지금 여기서 무엇을 해야 하겠는가.

이 문제를 논하면서 나는 극단적인 외부의 불행에 조금도 영향을 받지 않는 사람들에 한해서만 언급하기로 한다. 음식물과 주거를 확보하는 데 충분한 수입과, 일상의 신체 활동을 가능하게 만드는 데 필요한 건강을 염두에 두기로 하자. 어린아이를 잃는다든가, 공공의 불명예 같은 커다란 파국은 다루지 않겠다. 그런 문제에 대해서는 할 말도 많고 중요한 일이기도 하지만, 내가 여기서 말하고 싶은 것과는 다른 계열에 속하는 문제이다. 나의 목적은 문명 사회의 거의 모든 사람들이 괴로워하고 있는 나날의 불행, 그리고 뚜렷한 외적 원인이 없는데도 도무지 달아날 방도가 없는 견디기 어려운 불행에 대해서 하나의 구제법을 제시하려는 것이다. 내가 믿는 바로는, 그런 불행은 대부분 그릇된 세계관, 잘못된 도덕론, 나쁜 생활 습관에 기인하며, 그런 것이 인간의 것이건 동물의 것이건 모든 행복이 궁극적으로 의존하고 있는 사물에 대한 욕구—당연한 욕구이지만—를 망가뜨려 버린다는 것이다. 이 같은 문제는 개개인의 힘의 범위 안에 속하는 것이다. 그래서 나는 보통 어느 정도의 행운만 있다면 한 사람 한 사람의 생각의 전환이야말로 행복을 달성하는 데 바람직하다고 충고하고 싶다.

내가 여기서 큰 소리로 권하고 싶은 인생 철학에 대한 가장 좋은 안내는, 아마도 내 자신의 일생에 관해서 한두 마디 하는 일인 듯싶다. 나의 출생은 행복하다고는 할 수 없었다. 어릴 때 내가 즐겨 부르던 찬송가는 '이 세상에 지치고, 죄악을 짊어지고……'라는 것이었다. 다섯 살 되던 해에 나는 몇 번이나 이렇게 생각했다—만일 내가 70세까지 산다면, 나는 아직 전 생애의 불과 14분의 1을 참아 온 데 지나지 않는다고. 그래서 미래에 가로놓여 있는 길고 따분한 인생이 도저히 참기 어려운 것으로 느껴졌다. 청춘기에 들어서는 인생을 증오했다. 그리고 끊임없이 자살의 위험에 직면했다. 그러나 수학을 더 연구하고 싶다는 욕망으로 간신히 자살 충동을 억누르고 있었다. 그런데 지금은 그와 반대로 인생을 즐기고 있다. 혹은 이렇게도 말할 수 있을지 모른다. '앞으로 해를 거듭할수록 더욱 더 인생을 즐기게 될 것이다.' 그 절반의 이유는 내가 가장 바라고 있는 것이 무엇인가를 발견했기 때문이며, 그 대부분을 잇달아 획득했기 때문이다. 그리고 나머지 절반은 어떤 종류의 욕망의 대상물, 즉 도저히 본질적으로는 획득할 수 없는 것이어서 교묘히 단념할 수 있기 때문이다. 이를테면, 이것저것 여러 가지 일에 대해서 의심할 여지없는 절대적 지식을 획득하는 것 같은 일 말이다. 그러나 대부분은, 나 자신이 스스로에게 별로 구애되지 않게 된 데도 원인이 있다. 본디 나는 청교도적 교육을 받은 사람들과 마찬가지로, 나의 죄나 어리석음이나 결점에 대해서 곰곰이 생각하는 습관을 가지고 있었다. 나라는 존재가 나 자신에게조차 불행의 본보기처럼 여겨졌던 것이다. 의심의 여지없이 사실 그대로이기는 하지만, 나는 차츰 나와 나의 결점에 대해서 무관심해지는 법을 알게 되었다. 차츰 내 주의를 바깥의 사물에 집중시키게 되었다. 즉, 세계 정세라든가, 여러 부문의 지식이라든가, 또는 내가 애정을 갖고 있는 한 사람 한 사람의 인간에 대해서 말이다. 바깥 세상에 대한 관심이 고통의 가능성을 가져다주는 것은 사실이다. 이를테면, 세계가 전쟁에 돌입하지 않는다고 할 수도 없고, 어떤 방면의 지식은 상당히 획득하기 어려울지도 모르고, 친구들은 죽을지도 모른다. 그러나 이런 종류의 고통은 자기 자신에 정이 떨어진 데서 일어나는 고통만큼 인생에 근본적인 성질을 파괴해 버리지는 않는다. 게다가 바깥 세상에 대한 관심은, 그 관심이 전부 싱싱하게 살아 있는 한 '권태'를 완전히 방지해 주는 어떤 활동을 촉진하는 법이다.

반대로 자기 자신에 대한 관심은 진보적인 성격을 띤 활동으로 이어지지는 않는다. 결국은 일기를 쓴다든가, 정신 분석을 받는다든가, 혹은 성직자가 된다든가 할 것이다. 그런데 성직자가 되더라도 교회의 판에 박힌 일상 생활이 자기의 넋을 잃어버리게 해 주지 않는다면 행복해질 수 없다. 성직자가 종교의 덕택이라고 말하는 행복은 그가 도로 청소부가 될 수밖에 없었다고 하더라도 얻을 수 있는 정도의 것이다. 너무나 자기 자신에 사로잡혀 있어서, 다른 방법으로는 도저히 구할 수 없을 만큼 극심하게 불행해진 인간에게는 세상사에 전념하는 것이 행복에 이르는 유일한 길인 것이다.

자기 몰입에도 여러 가지 종류가 있다. 매우 흔한 세 가지 유형으로, 죄의식에 괴로워하는 사람, 자기 도취에 빠진 사람, 그리고 과대망상에 사로잡힌 사람을 들 수 있다.

내가 말하는 '죄인'이란 실제로 죄를 저지른 사람을 가리키는 것은 아니다. 죄라는 것은 우리가 정의하는 의미에 따라서 모두가 저지르는 것도 되고, 아무도 저지르지 않은 것도 된다. 여기서 내가 말하는 죄인은 죄의식에 사로잡혀 있는 사람을 의미한다. 이런 사람은 끊임없이 자기 부정(自己否定)에 빠져 있으며, 거기서 치유되는 일이 없다. 그리고 그가 만일 종교적일 경우에는, 죄를 신의 부인(否認)으로 해석한다. 그는 자기는 이래야 한다는 스스로에 대한 이미지를 갖는다. 그 이미지는 현실의 자기에 대한 지식과 끊임없이 충돌한다. 만일 그가 어릴 때 어머니의 무릎에 안겨서 받은 도덕적 가르침을 자기 의식 속에서 오랫동안 거들떠보지 않았다면, 그의 죄악감은 무의식의 밑바닥 깊숙이 매몰되어서, 취했을 때라든가 잠자고 있을 때만 나타난다. 그는 마음의 깊숙한 곳에서 어린 시절에 배운 모든 금지 사항들을 아직 받아들이고 있는 것이다. 다시 말해, 신, 성서, 칼 같은 것에 맹세하는 것은 나쁜 일이다, 음주는 나쁜 일이다, 일을 할 때 꾀를 부리는 것은 나쁜 일이다, 무엇보다 섹스는 나쁜 일이다 등등의 금지 사항이다.

물론 그는 이런 쾌락 가운데서 어느 하나도 억제하지는 않는다. 그렇지만 그 모두가 자기를 타락시킨다고 느끼기 때문에 그것이 그를 해치는 것이다.

그가 전심 전력을 기울여 구하고 있는 오직 하나의 쾌락은, 어머니에게 마냥 안겨 있던 쾌락이다. 그는 어릴 때 경험한 그 쾌락을 기억하고 있다. 그러나 지금은 맛볼 수 없다. 그래서 될 대로 되라는 기분이 된다. 자기는 죄를 저지를 수밖에 없으니 철저하게 그 죄를 저질러 주자고 마음먹는다.

그가 어떤 여성과 사랑을 할 때 구하는 것은 모친의 상냥함이다. 그런데 그 상냥한 어머니의 사랑을 받을 수가 없다. 왜냐하면 그는 너무나도 어머니의 이미지를 좇고 있어서 관계를 맺은 어떤 여성에 대해서도 존경심을 가질 수가 없기 때문이다. 그래서 그는 실망하고 잔인해진다. 그러고는 잔인해진 것을 후회한다. 그리고 공상 속의 죄와 현실의 후회 사이에서 암담한 쳇바퀴를 돌기 시작한다. 이것이 소위 신의 버림을 받았다고 굳게 믿고 있는 사람들의 심리 현상이다. 그들이 이와 같이 갈피를 잡지 못하는 까닭은 유년기에 어리석은 도덕률이 마구 주입되었기 때문이기도 하지만, 그것과 더불어 아무리 구해 봐야 도저히 이룰 수 없는 목적(어머니나 어머니를 대신하는 대상)에 지나치게 매달리기 때문이다.

유년기에 심어진 신앙과 애정의 지배에서 해방되는 것이야말로, 이른바 어머니의 '미덕'의 희생자에게는 행복을 향한 첫걸음인 것이다.

자아 도취라는 것은, 어떤 의미에서는 바로 이 흔히 말하는 죄악감을 뒤집어 말한 것이다. 그것은 자기 자신을 찬미하고 남의 찬미도 받고 싶어하는 태도이다. 물론 그것도 어느 정도까지는 정상적이며 비난할 것이 못 된다. 그것이 큰 화근이 되는 것은 도가 지나쳤을 경우뿐이다.

많은 여성, 특히 상류 사회의 돈 많은 여성의 경우에는 사랑을 느끼는 능력은 아주 메말라 버리고, 모든 남성이 자기를 사랑해 주어야 한다는 강한 욕구만이 남아 있다. 이런 종류의 여성은 한 남성이 자기를 사랑하고 있다는 확신을 갖게 되면 이미 그 남성은 쓸모없다고 여긴다.

이것과 같은 일이 여성만큼 빈번하지는 않지만, 남성에게도 일어난다. 고전에 나타난 좋은 예가, 유명한 소설 《위험한 관계》(프랑스혁명 바로 직전의 프랑스 귀족들의 정사를 묘사하고 있다)의 주인공이다. 허영심이 이 정도에 이르면 다른 어떤 인간에 대해서도 참된 관심을 가질 수 없게 되고, 따라서 사랑에서 얻을 수 있는 참된 만족이라는 것도 전혀 없다. 하물며 다른 흥미 같은 것은 더더욱 없게 된다. 그것은 가장 커다란 불행이기도 하다.

예컨대 자기에게 도취되어 있는 인간은 어떤 훌륭한 화가에 대한 존경심이 동기가 되어 미술 연구생이 될지는 모르지만, 그에게 그림은 목적을 위한 단순한 수단에 지나지 않는다. 그림을 그리는 기술 따위는 전혀 흥미를 일으키지 않는다. 무슨 문제건 자기와 관계가 없는 것은 전혀 거들떠보지도 않는다. 그 결과는 실패와 실망뿐이며, 기대하고 있던 세상의 아첨과 추종 대신 웃음거리나 되고 만다.

이와 같은 일은 자기가 쓰는 소설 속에서 언제나 자기 자신을 주인공으로서 이상화하고 있는 소설가들에게도 해당된다. 창작상의 모든 참된 성공은 그 창작의 소재에 진정으로 흥미를 느끼고 있느냐 없느냐에 달려 있다.

성공한 정치가가 잇달아 실각(失脚)하는 비극의 원인은 어디에 있는가? 그것은 사회 자체와, 자기가 내세우는 정책 자체에 대한 진기한 관심 대신, 자아

도취에 차츰 고개를 돌렸기 때문이다.

자기에 관한 것 이외에 관심을 갖지 않는 사람은 칭찬할 만한 인간이 아니다. 남도 그를 칭찬할 만한 사람으로는 생각지 않는다. 그러므로 세상일에 대한 유일한 관심사가 세상에서 칭찬받는 데 있는 인간은 도저히 목적을 달성할 수 없을 것이다. 가령 목적을 달성할 수 있었다고 하더라도, 완전히 행복해질 수는 없을 것이다. 왜냐하면 인간의 본능은 완전히 자기 본위적인 것이 아니기 때문이다. 이리하여 자기 도취자는 죄악감에 지배되고 있는 인간과 똑같이 스스로 자기 자신을 좁혀가는 것이다.

원시인들은 사냥을 잘 하는 것을 자랑으로 삼고 있었는지 모르지만, 사냥하러 뛰어다니는 것을 즐겼던 것은 확실하다. 허영심이란 어느 한계를 넘어 버리면, 활동 자체의 즐거움을 감소시켜 버린다. 그 결과 필연적으로 마음이 내키지 않게 되거나, 따분해서 견딜 수 없는 기분이 된다. 그것은 자신이 없는 데서 오는 경우가 많다. 그 치료법은 자존심을 기르는 것이다. 이것을 가능하게 하려면 먼저 일정한 목적을 정하고, 그 목적에 대한 열의에 고무되어 좋은 결과를 얻을 수 있는 활동을 전개해야 한다.

과대망상증에 걸린 사람은 매력적이기보다 힘을 원하며, 남의 사랑을 받기보다는 두려움을 주려는 점에서 자기 도취자와는 다르다. 많은 정신병 환자나 대부분의 역사적 위인이 이 유형에 속한다. 권력애는 허영심과 같아서, 정상적인 인간성 중에서 매우 강력한 요소라 해도 무리는 아닐 것이다. 권력애 자체는 비난받을 일이 아니다. 다만 그것이 도가 지나치거나, 현실적으로 분별이 부족했을 때 참으로 비참한 것이 된다. 그렇게 되었을 경우, 권력애(權力愛)는 사람을 불행하게 만들거나 어리석은 자로 만들어 버린다.

자기를 왕관에 걸맞는 인물인 줄 알고 있는 정신병자는, 어느 의미에서는 행복한 인간일지도 모른다. 그러나 그 행복은 제정신을 가진 인간은 조금도 부러워할 종류의 것이 아니다. 알렉산더 대왕도 그 심리 상태는 이런 정신병자와 같은 유형이었다. 하기야 그는 그런 정신병자가 꾸는 꿈을 실현할 만한 재능을 갖고는 있었다. 그렇기는 하나, 자기의 꿈을 끝까지 실현할 수는 없었다. 왜냐하면 성공하면 할수록 꿈의 규모가 커져 갔기 때문이다. 그는 자기가 위대한 정복자라는 사실이 뚜렷해졌을 때, 자기를 신으로 만들려고 했다. 과연 그는 행복한 인간이었을까? 그가 주정뱅이였다는 것, 미친 듯이 노여워하고 흉포(凶

暴)했다는 것, 여자에 대해 냉담했다는 것, 자기를 절대 신성시할 정도로 오만했다는 것들은 그가 행복하지 않았다는 사실을 시사하고 있다.

인간성 중의 한 요소를 개발했다고 해서 그 이외의 일체의 요소를 희생시킨다면, 결코 궁극의 만족을 얻지는 못한다. 또 이 세상의 일체를 자아의 위대함을 과시하기 위한 재료로 간주하는 사고 방식으로도 결코 궁극의 만족을 얻지 못한다.

대체로 과대망상증은 그것이 광기에서 비롯되든 어느 정도 제정신에서 비롯되든, 과도한 비굴함에서 생겼다는 사실만큼은 틀림없다. 나폴레옹은 학생 시절에 학우들에 대한 열등감으로 괴로워했다. 자기는 가난한 일개 학생에 지나지 않았지만, 학우들은 부유한 귀족들이었다. 그래서 그는 망명한 귀족들의 귀국을 허가했을 때, 지난날의 학우들이 자기 앞에 무릎을 꿇는 것을 보고 만족을 느꼈던 것이다. 그에게는 다시없는 희열이었다. 그런데 그는 이번에는 러시아 황제를 희생시킴으로써 이와 똑같은 만족을 맛보고 싶었다. 그 결과, 센트 헬레나 섬에 유폐되었다.

인간은 누구나 전지전능할 수는 없으므로, 완전히 권력애에 의해서 지배된 인생은, 조만간에 도저히 극복할 수 없는 장벽에 부딪쳐서 좌절하는 수밖에 없을 것이다.

이러한 인식을 몰아내려면 광적인 짓을 할 수밖에 없는데, 만일 그가 그럴 만큼 강한 자라면 이러한 것을 지적하는 사람을 투옥시키거나 처형해 버릴 수도 있을 것이다. 정치적 압박과 정신 분석적 의미의 압박은 상호 긴밀한 관계를 갖고 있다. 어떤 형태로든 정신 분석적 압박이 일어나면 이미 거기에 진정한 행복은 없다. 적당한 정도의 권력은 행복에 상당한 도움을 줄 것이다. 그러나 그것이 일생의 유일한 목적이 된다면 내면적으로나 외면적으로 파멸만을 초래할 것이다.

불행의 원인에는 심리적인 것이 매우 많으며, 그 성질도 다양하고 매우 뚜렷하다. 그러나 그것들은 모두 무언가 공통적인 것을 갖고 있다. 전형적으로 불행한 사람은 청소년 시대에 어떤 정상적인 만족을 빼앗겨 버렸기 때문에 한 종류의 만족을 다른 어떤 만족보다도 높이 평가하게 된다. 그래서 그 하나의 방향만을 자신의 인생에 주어 버린다. 그리고 그것과 관련 있는 것에 반대되는 업적에 대해서는 아주 부당한 평가만을 내리는 인간이 되어 버린다.

그런데 오늘날에는, 이 경향이 한층 더 강해졌고 매우 일반화되었다. 사람들은 무슨 일이고 도무지 잘 되지 않는 것 같은 느낌에 빠져 있는 것처럼 보인다. 그래서 어떤 형태의 만족을 조금도 구하려 하지 않고, 다만 기분 전환과 망각에 잠길 뿐이다. 이래서 그는 '쾌락(快樂)'에 몰두하게 된다. 말하자면, 좀더 활동적으로 살아가지 않고 인생을 견딜 만한 것으로 만들려 하고 있는 것이다. 예컨대 술에 취한다는 것은 바로 일시적인 자살 행위이다. 술에 취해서 얻는 행복은 단지 소극적인 것에 지나지 않으며, 불행이 순간적으로 멈춘 것과 다름없다. 자아 도취자와 과대망상증 환자들은 행복을 획득할 수 있는 것으로 믿는다. 행복을 달성하는 수단이 그릇되어도 말이다. 그러나 어떤 형태의 도취든 도취를 찾는 인간은 망각 이외의 모든 희망을 포기해 버린다. 이런 경우, 우선 먼저 해야 할 일은 행복이 바람직스러운 것임을 그에게 타일러 주는 일이다.

불행한 인간은 잠을 잘 자지 못하는 사람처럼, 자기가 불행하다는 것을 언제나 자랑한다. 그것은 마치 '꼬리를 잃은 여우'의 자랑과 같다.*¹ 만일 이 여우와 같은 경우라면, 꼬리가 없는 편이 낫다고 자랑하는 대신 어떻게 하면 새로운 꼬리를 갖게 할 수 있는지 가르쳐 주는 것이 불행을 고치는 길이다. 만일 행복해지는 방법을 안다면 일부러 불행 쪽을 고를 사람은 거의 없을 줄 안다. 물론 그런 사람도 있다는 것을 나는 부정하지는 않는다. 그러나 그 수는 보잘것없을 것이다. 그래서 나는 이 책의 독자는 불행하기보다 오히려 행복을 바라고 있다고 생각한다. 그런 희망을 이루게 하는 데 내가 과연 도움이 될지 어떨지는 알 수 없다. 그러나 아무튼 도움이 되고자 하는 것이 해가 될 까닭은 전혀 없다고 생각한다.

2. 바이런적 불행

우리 가운데서 학문을 하는 사람들은 초기의 인류가 열심히 신봉하고 있었던 것이 대체 무엇이었는지 완전히 규명해 버렸으며, 또 이 세상에는 살아갈 만한 가치가 있는 것은 아무것도 없다는 사실을 다 알고 있다. 이와 같은 사고방식은 세계 역사를 통해서 많은 시대에 존재했던 사고방식이며, 또 오늘날에도 존재하는 일반적인 사고방식이다.

---

*1 이솝 이야기에 있는 우화로, 꼬리를 잃은 여우가 그것이 없는 편이 좋다고 자랑하다가 결국 망신당하는 이야기이다.

이런 생각을 가진 사람은 사실 불행하다. 그런데 그들은 오히려 불행을 자랑으로 삼는다. 더욱이 그들은 불행을 우주의 본질 탓으로 돌린다. 그리고 그와 같은 태도야말로 바로 지식인이 가져야 할 이성적인 태도라고 생각한다. 그러나 그와 같이 불행을 자랑으로 삼는 것을 보면, 좀 단순한 사람들에게는 그불행이 과연 진짜 불행인지 의심스러워진다. 다시 말해서, 그들은 이렇게 생각한다―불행하다는 것을 즐기고 있는 사람은 실은 불행하지 않다고. 그러나 그렇게 생각하는 것은 너무나 단순한 견해이다. 하기야 불행을 자랑으로 삼는 사람들이 가진 우월감과 통찰력에는 얼마 안 되지만 잃은 것을 보상하는 그무엇이 있는 것은 확실하다. 그러나 그것으로는 순수한 행복의 즐거움을 못갖는 손실을 충분히 보상하지는 못한다. 나 자신은 불행 속에 더 뛰어난 합리성이 있다고는 생각지 않는다.

현명한 사람도 사정이 허용하는 한 행복해지려고 할 것이다. 그래서 만일 어느 정도 우주에 대해 명상하는 것이 고통스럽다는 것을 알면, 그것을 그만두고 무언가 다른 것을 생각하게 될 것이다.

그것을 나는 이 장(章)에서 입증하고 싶다.

나는 설령 어떤 이론이 있더라도 이성이 행복을 방해하는 일은 결코 없다고 독자에게 강조하고 싶다. 아니, 오히려 나는 이렇게 생각한다―정말로 마음으로부터 자기의 불행을 모조리 우주 탓으로 돌리고 있는 사람들은, 마차를 끄는 사람이 말 앞에 수레를 다는 것과 똑같이 전도(顚倒)된 생각을 하고 있는 것이라고. 진실은 이렇다―그들은 자기가 깨닫지 못하고 있는 어떤 이유로 불행하며, 불행은 그들에게 그들이 살고 있는 이 세상의 별로 좋지 않은 쪽의 특징을 강조한다.

현대의 미국인에 관한 견해로 내가 언급해 보고 싶은 것은, 조지프 우드 크러치가 《현대 기질》이라는 책에서 말하고 있는 견해이다.

우리의 몇 대 전 시대에 관해서는 시인 바이런이 읊었고, 예부터의 각 시대에 대해서는 구약 성서의 전도서를 쓴 사람들이 기록해 놓았다.

크러치는 이렇게 말하고 있다.

"우리의 인생은 실패로 돌아갔다. 이 자연계에 우리가 생존할 자리는 없다. 그런데도 우리는 인간이라는 것을 슬퍼하지 않는다. 우리는 동물로서 살기보다 오히려 인간으로서 죽어야 한다."

바이런은 이렇게 읊었다.

    옛 사상의 찬란함이 무딘 감정의 쇠퇴와 더불어 잃어져 갈 때
    이 세상이 주는 기쁨은
    세상이 빼앗아 버리는 기쁨에 견줄 수는 없노라.

〈전도서〉의 저자는 이렇게 말한다.

    그러기에 나는 아직 살아 있는 자보다는, 이미 죽은 자를 찬양한다.
    그렇다, 이 양자보다 더 행복한 것은 아직도 이 세상에 없고, 태양 아래서
행하여지고 있는 나쁜 일을 보지 아니한 자로다.

이들 세 비관론자들 모두 인생의 쾌락을 충분히 음미한 후에 이와 같이 음울한 결론에 도달한 것이다. 크러치는 미국 뉴욕의 가장 지적인 자들과 교류하며 살았다. 바이런은 헬레스폰트(지금의 다르다넬스 해협)를 헤엄쳐 건너 수없이 많은 정사를 되풀이했다.*² 전도서의 저자는 한층 더 다양하게 쾌락을 추구했다. 그는 술을 마셨고 음악을 시도했다. '게다가 모든 종류의 쾌락'을 시도했다. 이런 처지에 있으면서도 그의 지혜는 그를 버리지 않았다. 그러면서도 그는 일체가 허무하고, 지혜까지도 허무하다는 것을 알고 있었다.

    나는 지혜를 가졌으며, 미친 것과 우매한 것을 분간하는 판별력을 갖고 있다. 그러나 이것 역시 영혼에 괴로움을 준다는 것을 알게 되었다. 많은 지혜에는 많은 불행이 따르는 것이며, 또한 지식이 많아지면 불행도 많아지는 법이다.

    지혜가 그를 괴롭혔던 것 같다. 그래서 지혜에서 벗어나려고 부질없는 이야기를 썼다.

---

*2 바이런의 시 《돈 주안》 속에 있다. 바이런은 무사이오스(Musaeus)의 시 《헤로와 레안드로스 Hero and Leander》의 젊은 주인공이 밤마다 헬레스폰트를 헤엄쳐 건너 연인을 만나러 간 이야기를 본따서, 자기도 그렇게 했다.

내 마음에 이르기를, 내 환락으로 너를 시험할 터이니 쾌락을 즐겨라. 그러나 이 역시 헛된 것이로다.

그래도 지혜가 그에게서 빠져 나가지는 않았다.

그때 나는 내 마음에 이르기를, 우매한 자에게도 그런 일이 있었던 것처럼 나에게도 그런 일이 있었으니, 나는 어찌하여 지혜로운 자가 되었는가. 다시 마음 속에 이르기를, 이것 또한 허무한 일이로다. 나는 인생을 미워한다. 이 세상에서 일어나는 모든 일이 모두 불행이고 허무한 것이어서 영혼을 괴롭히기 때문에.

현대인들이 고대의 창작들을 읽지 않는 것은 문학자들에게는 참으로 다행스러운 일이라고 할 것이다. 만일 현대인들이 고대의 작품을 읽는다면 현대의 작가들이 연못에 대해서 쓰거나 새로운 책을 낸다는 것이 모두 부질없는 일이라는 결론에 도달하기 때문이다. 만일 〈전도서〉의 사상이 지혜로운 자가 지녀야 할 하나밖에 없는 이론이 아니라고 한다면, 이와 같은 기분 때문에 후세의 다른 작품에 신경을 쓸 필요가 없을 것이다.

우리가 이러한 것을 논할 때는, 기분과 이성(理性)의 표현을 반드시 구별하여야 할 것이다. 논리로 다툴 수 없는 것이 기분이다. 기분이라는 것은 어떤 좋은 일이 생기거나 육체에 변화가 일어나면 변할 수 있지만, 이론이 기분을 변화시킬 수는 없기 때문이다. 나는 종종 모든 것이 허무하다고 느낄 때가 있다. 내가 이러한 기분에서 벗어난 것은 어떤 철학적인 힘에 의해서가 아니라 어쩔 수 없는 행동의 필요에 의해서였다. 만일 자녀에게 병이 났다고 하면 여러분은 행복을 느낄 수는 없겠지만, 그렇다고 해서 모든 것이 허무하다고 생각지는 않을 것이다. 인간의 생명이 가치가 있는가 없는가를 따지기 전에 여러분들은 우선 자녀의 건강을 회복시켜야 한다. 서둘러야 할 것이다. 아무리 돈 많은 부자라도 더러 허무하다고 느낄 때가 있을 테지만, 그러나 만일 그들이 돈을 모조리 잃게 되더라도 다음 번 끼니가 허무하다는 생각은 별로 갖게 되지 않을 것이다.

그러한 감정은 자연적인 욕구를 쉽사리 충족시키는 데서 일어난다. 인간도 다른 동물과 마찬가지로 어느 정도는 생존 경쟁이라는 것에 적응하기 마련인데, 재산이 많아져 자기의 욕구를 쉽게 충족시키게 되면, 생활에서 애써 노력하려는 경향이 감소되기 때문에 자칫하면 행복의 본질적인 요소를 잃어버리게 된다. 또한 작은 욕망을 쉽게 만족시킬 수 있는 사람은 흔히 욕구의 실현이 행복을 가져오지 않는다는 결론을 내리기 쉽다. 만일 그가 철학적인 소양(素養)이 풍부한 사람이라면, 바라는 바를 전부 가진 사람일지라도 여전히 불행하니 인간 생활의 본질은 비참하기 짝이 없는 것이라는 결론을 내릴 것이다. 그는 우리가 바라고 있는 것 가운데 얼마간을 갖고 있지 않다는 사실이 행복의 불가결한 부분을 이룬다는 것을 잊고 있는 것이다.

기분도 마찬가지일 것이다. 〈전도서〉에는 이렇게 기록되어 있다.

모든 강물은 바다로 흘러들지만 그것을 채우지는 못한다.
하늘 아래 새로운 것이란 하나도 없다.
지나간 일이야 누가 다 기억할 수 있으리.
나는 혐오하였다. 세상에서 한 모든 일을.
왜냐하면 내 뒤에 올 사람들에게 그것을 물려주려고 했기 때문에.

이와 같은 것을 현대 철학자의 말로 바꿔 말한다면 아마 다음과 같이 될 것이다. 인간은 끊임없이 노력하며, 만물(萬物)은 쉬지 않고 움직인다. 뒤에 오는 것은 이미 앞서간 것과 다름이 없지만 영구불변한 것은 하나도 없다. 인간은 죽어가고 그 뒤를 이은 자는 그 노력의 성과를 거두어들인다. 강물은 바다로 흘러들지만, 그 물은 거기에 머물지 못한다. 만일 물이 현명한 지혜를 가졌다면 현재 있는 그 자리에 머물러 있을 것이다. 또 만일 솔로몬이 현명하였다면 아들이 즐기게 될 과일나무를 심지는 않았을 것이다.

하지만 다른 견지에서 보면 전혀 다르게도 보일 것이다. 이 세상에는 전혀 새로운 것이라고는 없는가? 마천루는 어떠한가? 비행기는 어떠한가? 정치가의 방송 연설은 어떠한가? 솔로몬이 이런 것에 대해서 무엇을 알고 있었을 것인가?[3] 만일 시바의 여왕이 솔로몬의 영토에서 돌아가는 길에 그녀의 신하들에

*3 솔로몬이 이 〈전도서〉를 쓴 것은 아니지만 편의상 솔로몬의 이름을 빌리기로 한 것이다. (원주)

게 한 연설을 솔로몬이 라디오로 듣기라도 했다면, 메마른 나무들과 연못 가운데에서 시름에 잠겼던 솔로몬의 마음은 한가닥 위로를 받았을지도 모른다. 또 솔로몬의 공보비서가 궁전의 건축미나, 할렘에서의 재미나, 솔로몬과 논쟁을 겨루어서 패배한 많은 현자(賢者)들의 이야기 등에 대한 신문의 논평을 일일이 보고해 주었다고 하면, 그래도 하늘 아래에는 새로운 것이 없다고 말할 수가 있었을까? 하기야 이런 것쯤으론 그의 비관이 전혀 고쳐지지 않았을지 모르지만, 이에 대해 뭔가 말을 했을 것은 틀림없다.

사실을 말하면, 크러치가 현대에 대해서 불평을 갖고 있는 것은, 이 지상에 너무나도 새로운 일이 많기 때문이라는 것이다. 그러나 신기한 일이 많건 없건, 만일 사람의 고뇌에 변함이 없다면, 그 어느 쪽이 절망의 진짜 원인인지는 똑똑히 말할 수 없는 것이다. '모든 강물은 바다로 흘러 들어간다. 그럼에도 바다는 차는 일이 없다.' 다시 한 번, 강은 그 흘러나온 원천으로 되돌아간다는 〈전도서〉의 한 구절을 생각해 보자. 만일 이것을 염세론의 근거로 간주한다면, 여행 같은 것은 조금도 즐겁지 않다는 말이 된다. 사람들은 여름에 피서지로 떠난다. 그러나 떠나온 원래의 자리로 다시 돌아가게 된다. 그렇다고 여름에 피서지로 가는 것이 헛된 일일 수는 없다. 만일 흘러가는 물이 감정을 갖고 있다면 아마도 셸리의 시 〈구름〉처럼 모험을 즐기며 여기저기 돌아다닐 것이다.

후계자에게 여러 가지를 물려주는 괴로움만 보아도 두 가지 측면에서 생각해 볼 수가 있다. 물려받는 사람의 입장에서 보면 분명 손해될 것은 없다. 또한 만물이 유전한다는 사실은 원래 염세론의 바탕이 될 수는 없다. 만일 나쁜 것들을 계승한다면 염세론의 바탕이 되겠지만, 더 나은 것을 계승한다면 낙천주의의 바탕이 될 것이다. 솔로몬이 말한 바와 같이, 자기와 꼭 같은 것을 계승할 때는 어떻게 해야 할 것인가? 그 모든 과정을 무의미한 것으로 만들 것인가? 순환의 단계가 그렇게 고통스러운 것이 아니라면 결코 무의미한 것은 아니다.

언제나 미래에만 희망을 걸고, 현재에 가진 것 이외에는 모두 미래가 가져다 주는 것 속에 있다고 생각하는 습관은 좋은 습관이 아니다. 부분 속에 가치가 없다면, 전체 속에 가치가 있을 까닭이 없다. 인생이라는 것은, 남녀 주인공들이 믿기 어려울 만큼 큰 불행을 뛰어넘어 마침내 해피엔드로 끝나는 멜로드라마와 같은 것으로 생각해서는 안 된다. 나는 살아서 내 인생을 갖고 있다. 나의 아들은 내 뒤를 이어 그의 인생을 갖는다. 그의 뒤는 그의 아들이 이어받는다. 이 모든 것 속에 비극을 낳는 무엇이 있다는 것인가? 반대로 만일 내가 영원히 산다면, 인생의 환희는 마지막에 가서 틀림없이 그 향기를 잃을 것이다. 인생이 영원한 것이 아니기에 비로소 그 환희는 언제나 신선한 것이다.

나는 생명의 불에 두 손을 쬐었다.
불은 꺼진다, 그래서 나는 인생을 작별할 준비를 한다.

이와 같은 태도는 죽음을 노여워하는 태도와 마찬가지로 아주 합리적이다. 그래서 만일 인간이 갖는 기분이 합리성(合理性)에 의해서 결정된다면, 절망에 대한 것과 꼭 마찬가지로 유쾌함에 대한 합리성도 있어야 할 것이다.

〈전도서〉는 비극적이고, 크러치의 '현대 기질'은 감성적이다. 크러치가 마음 밑바닥부터 슬픔에 차 있는 것은 옛날의 중세기적인 확신을 붕괴해 버리고, 또 비교적 근대적인 확신마저 붕괴해 버렸기 때문이다.

"현대는 이미 죽은 세계의 유령에 시달리면서 아직도 정착할 곳을 찾지 못하고 있다. 현대의 상황은 마치 어린 시절에 접했던 신화에 의지하지 않고서는 행동 방침을 세우지 못하는 청년 시절의 모습과 같다"라고 크러치는 말하고 있다. 이것은 일부 지식인들에게 그대로 통용되는 말이기도 하다. 즉 인문적인 교육을 받았으나 현대 세계에 대하여 이해하지 못하고 있으며, 청년 시절에는 그 신념의 바탕을 정서적인 데 두고 교육을 받았으나, 과학의 힘으로도 어쩔 수 없는 안정과 보장에 대한 어린애와 같은 욕망에서 탈피하지 못하고 있는 일부 지식층에게 그대로 적용되는 것이기도 하다.

크러치는 다른 많은 문필가들과 마찬가지로, 과학은 아직 그 약속을 충분히 다 지키고 있지 않다는 생각에 사로잡혀 있다. 그 과학의 내용이 어떤 것이었는지에 대해서는 아무 말도 하지 않는다. 그러나 그도 60년쯤 전에 다윈이나 헉슬리 같은 사람들이 그러했듯이 과학에 무언가를 기대하고 있었던 듯하다. 그러나 과학은 아직 그 기대에 대답해 주지 않는다.

그러나 내가 말한다면, 이것이야말로 바로 자기의 개성을 무가치하다고 생각하고 싶어하지 않는 문필가나 성직자들이 고집하고 있는 완전한 망상 때문에 생긴 것이라 여겨진다.

현대 세계에 온갖 염세론자들이 있는 것은 사실이다. 지금까지 수입이 줄어든 사람들이 많으면 많아질수록 염세론자 또한 많이 나오는 것이 일반적이었다. 물론, 크러치는 미국인이다. 미국인의 수입은 전체적으로 보아 제1차 세계대전 후 증가하고 있다. 그러나 유럽 전역에 걸쳐서 지식 계급은 무서운 고난에 허덕였다. 전쟁 자체가 모든 사람들에게 불안감을 주었다. 이와 같은 사회적 원인이 시대의 분위기에 우주의 본질론보다 훨씬 중대한 영향을 미친다.

그런데 크러치가 매우 유감으로 생각한 것은 일찍이 13세기 때 로마 황제와 몇몇 위대한 이탈리아 귀족을 제외한 모든 사람들이 굳게 섬기던 신앙이었다. 더욱이 13세기만큼 절망적인 시대는 달리 없었다고 볼 수 있다.

로저 베이컨은 다음과 같이 말한다.

"과거의 어느 시대보다도 오늘날이 더 많은 죄악에 지배되고 있다. 죄악은 예지와 양립되지 않는다. 이 세계의 모든 조건을 규명하고, 곳곳의 실정을 진지하게 고찰해 보자. 그러면 거기에 한없는 부패, 그 중에서도 지배자의 부패를 발견하게 될 것이다…… 간음이 왕궁 전체를 더럽히며 탐욕이 모든 것의 주인이다…… 위에 선 자가 이런 상태라면 아래의 민중들은 대체 어떻겠는가? 높은 성직자들을 보라. 그들은 얼마나 돈을 추구하고 있으며, 영혼의 구제는 또 얼마나 등한시하고 있는가…… 종교 교단에 대해서 생각해 보자. 나는 조금도 서슴지 않고 말하겠다. 그들이 마땅히 해야 할 상태에서 얼마나 타락해 버렸는가! 모두가 다 그렇다. 또 수도사들의 새로운 수도원도 당초의 존엄(尊嚴)은 이미 없어지고, 무섭게 부패되어 있다. 성직에 있는 자들 모두 자만과 호색과 탐욕에 넋을 잃고 있다. 파리나 옥스퍼드에서처럼, 성직자들이 모이는 도처에서 싸움과 다툼과 그 밖에 온갖 악덕(惡德)이 일반 민중들을 분개시키고 있다…… 그저 각자가 물릴 줄 모르는 욕망을 채울 수만 있다면, 무엇을 어떻게 하거나 전혀 개의하지 않는다. 수단 여하를 묻지 않는 것이다." 그는 또 고대 이교도의 성인들에 대해서도 이렇게 말한다.

"그들의 생활은 그 품위에서나 세속을 멸시한 점에서나, 현대인의 생활과는 비교가 안 될 만큼 뛰어나 있었다. 향락과 재물과 명예로 얽힌 속세를 경멸했던 것이다, 그것은 아리스토텔레스, 세네카, 키케로, 툴리, 아비세나,*4 알파라

---

*4 아비세나(Avicenna)의 아라비아 이름은 이븐 시나(Ibn Sina, 980~1037). 근동 지방에서 중세회교 철학의 대표자이자, 아라비아 의학의 완성자이다.

비우스, 플라톤, 소크라테스 등의 저서를 읽으면 누구나 알 수 있다. 그래서 그들은 지혜의 비밀을 규명하고 모든 지식을 발견했던 것이다."

여기에 인용한 로저 베이컨의 의견은 당시의 모든 문인들의 의견이기도 했다. 그들 가운데 누구 하나도 자기가 살고 있는 시대를 좋아한 자가 없었다. 이와 같은 비관주의가 무언가 형이상학적(形而上學的)인 논거를 갖고 있었다고는 믿어지지 않는다. 그 원인은 오히려 다름 아닌 전쟁이요, 빈곤이요, 폭력이었다. 크러치의 저서에서 가장 감상적인 대목은 연애 문제를 다른 대목이다. 우리는 세속화된 현대의 경향에 부정적인 영향을 받아서 연애를 저속한 것으로 보게 되었지만, 빅토리아 왕조 시대의 사람들은 연애를 매우 높이 평가하고 있었던 것으로 보인다.

크러치는 이렇게 말하고 있다.

"빅토리아 왕조 시대에는 매우 회의주의적인 사람들에게까지, 연애는 그들이 이미 상실해 버린 신의 역할을 했다. 연애를 하고 있을 때, 가장 머리가 굳은 사람들조차 상당수가 그 순간 신비주의자로 돌변했다. 그들은 그때 자기 속에서 다른 것을 통해서는 불가능한 무언가 일종의 숭경(崇敬)의 감정이 느껴지는 것을 발견했다. 더욱이 자기의 가슴 속 가장 깊은 곳에서도 무조건 충성을 맹세할 만한 것이라고 느끼게 만드는 그 무언가를 발견했던 것이다. 그들에게 연애는 신처럼 일체의 희생을 요구했다. 그러나 연애는 또 신처럼 아직 다 분석할 수 없는 귀중한 의의를 인생의 모든 현상에 부여하여 연애를 믿는 자에게 보답했다. 그런데 현대의 우리는 빅토리아 왕조 시대의 그들보다 신이 없는 우주에 길들어 버렸다. 그러나 우리는 연애 없는 세계에는 아직도 전혀 길들어 있지 않다. 그러므로 우리가 연애 없는 시대에 길들여질 때, 비로소 무신론이 참으로 무엇을 뜻하는지 알게 될 것이다."

빅토리아 왕조 시대에 살고 있던 사람들의 눈에 비친 그 시대와 현대의 청년의 눈에 비치는 빅토리아 왕조 시대는 서로 얼마나 다른지, 아주 기묘할 정도이다.

빅토리아 왕조 시대의 어떤 면에 대해서, 나는 전형적인 노처녀 두 사람이 생각난다. 내가 젊었을 때 잘 알던 사람들이다. 한 사람은 청교도이고 한 사람은 볼테르주의자였다. 청교도 쪽은 연애를 다룬 시를 너무나 유감으로 생각하였다. 그녀는 연애 문제 따위는 조금도 흥미가 없다고 생각했다. 그런데 볼테르주의자 쪽은 곧잘 이렇게 말하곤 했다.

"누구든지 내 말에 반대는 못하게 하겠어요. 내가 언제나 말하는 거지만, 모세의 10계 가운데 일곱 번째(간음을 하지 말라)를 어기는 것은 여섯 번째(살인을 하지 말라)를 어기는 것만큼 나쁘지는 않다는 것 말예요. 왜냐하면 어쨌거나 간음을 하려면 상대방의 동의가 있어야 하거든요."

그러나 이 두 의견 가운데 어느 쪽도 크러치가 전형적인 빅토리아 왕조라고 말하고 있는 것과는 전혀 다르다. 그의 사고방식은 분명히 자기를 둘러싼 주위와 전혀 조화되지 못했던 몇 사람의 작가들한테서 나온 것이다. 그 가장 적당한 예가 로버트 브라우닝*5이다.

나는 브라우닝이 읊었듯이, 연애에는 무언가 숨 막힐 듯한 것이 있다는 확신에 반대할 수는 없다.

신께 감사한다.
그 가장 천한 피조물도 영혼의 두 면을 자랑한다.
하나는 이 세상에 대한 면
하나는 여자를 사랑할 때 그녀에게 보여 주는 면.

이 브라우닝의 시는 투쟁심이야말로 세계 전체에 대한 오직 유일하게 가능한 태도라는 것을 말해 준다. 왜냐하면 '이 세상은 잔인하니까' 하고 브라우닝은 대답할 것이다. 그러나 우리라면 이렇게 말해야 할 것이다. '이 세상은 당신들을 스스로 평가한 대로는 받아들여 주지 않을 것이다.'

한 쌍의 남녀는 브라우닝이 몸소 보여 주었듯이, 말하자면 하나의 상호 칭찬 사회 같은 것을 만들 수 있다. 칭찬받을 만한 가치가 있건 없건, 자기의 일을 틀림없이 칭찬해 주는 누군가를 가까이에 두고 있다는 것은 정말로 기쁜 일이다. 피츠제럴드*6가 브라우닝 부인의 대표시 《오로라 레이》를 칭찬하려 하지 않았을 때 브라우닝은 그를 부정형시(不定型詩)로 공격했지만, 그때 브라우

---

*5 로버트 브라우닝(Robert Browning, 1812~89)은 빅토리아 시대의 위대한 시인이다. 여류 시인 엘리자베스 바레트와 열렬한 연애 끝에 결혼했다.
*6 피츠제럴드(Fitzgerald, 1809~83)는 빅토리아 왕조 시대의 문인이다. 《루바이야트》의 명역(名譯)으로 유명하다.

닝은 확실히 자기를 훌륭하고 남자다운 남자라고 생각했을 것이다. 브라우닝 부부가 둘 다 이와 같이 서로에 대한 비판 능력을 완전히 정지시키고 있었다는 것은 별로 칭찬할 일이 못된다고 생각한다. 그들 부부가 서로 비평하지 않은 것은 공평한 비판의 차가운 바람을 맞기를 두려워하여 그것을 피하고 싶었기 때문이다. 이와 마찬가지로 나이 든 많은 독신자들도 혼자 걷는 길 위에서만 만족을 찾는 법을 익히고 있다. 나 자신으로 말하면, 크러치가 말하는 이른바 근대인으로서는, 빅토리아 왕조 시대에 너무나 오래 산 것 같다.

나는 연애에 대한 나의 신념을 결코 잃지 않고 있다. 내가 믿는 연애는 빅토리아 왕조 시대의 사람들이 칭찬한 그런 것이 아니다. 그것은 대담하고도 세심한 연애이다. 그것은 선에 대한 지식을 주지만 동시에 악을 잊어버리게 만들지는 않으며, 신성(神性)한 체하는 연애가 아니다.

신성이라는 것은 연애를 찬미하기 위해서 필요한 특질로 만든 것으로, 섹스를 터부로 삼은 데서 나온 당연한 귀결이었다. 빅토리아 왕조 시대의 사람들은 섹스를 대체로 악(惡)이라고 믿고 있었으므로, 연애를 시인하기 위해서는 신성이라는 과장된 형용사를 붙이지 않으면 안 되었던 것이다. 당시는 오늘날보다 훨씬 섹스에 굶주리고 있었다. 그것은 의심할 것도 없이 마치 금욕주의자가 언제나 그랬듯이, 당시 사람들에게 섹스의 중요성을 과장했기 때문이었다.

현재 우리는 어느 편인가 하면, 혼란의 시기를 빠져 나오는 중이다. 많은 사람들이 이미 낡은 기준을 내동댕이쳐 버렸다. 그러면서도 아직 새것을 얻지 못하고 있다. 그 때문에 사람들은 여러 가지 곤란에 빠져 있다. 그들은 새로운 시대를 맞이하여 낡은 기준을 버리기로 했지만, 무의식적으로는 아직도 옛것을 믿고 있기 때문에 그와 같은 혼란에 빠지는 동시에, 거기서 절망과 혐오와 시니시즘(도덕적 회의주의)이 생겨나는 것이다. 나는 그런 상태의 민중이 그리 많다고는 생각지 않는다. 그러나 현대의 말 많은 인간들의 태반이 그런 사람들이다. 만일 누가 오늘날의 유복한 계급의 대표적인 청년과 빅토리아 왕조 시대의 대표적인 청년을 들어 비교해 본다면, 연애에 관해서는 60년 전보다 오늘이 훨씬 행복하고 연애의 가치에 대해서도 훨씬 확신을 갖고 있다는 것을 알게 될 것이다. 일부 사람들이 이 시니시즘(cynicism)에 이끌리는 이유는, 옛 시대의 이상이 인간의 무의식적인 심리를 지배한다는 사실과 관계가 있다. 나아가서는, 현대의 사람들이 자기의 행동을 통제할 수 있는 합리적인 윤리를 갖고 있지 않다는 것과 관계가 있다. 그에 대한 치료법은 과거를 슬퍼하거나 그리워하는 데 있지 않고, 현대의 사물을 보는 태도를 더 용감하게 받아들이는 것과, 표면상으로는 부정되어야 할 미신을 컴컴한 은신처에서 쓸어내겠다는 결의를 하는 데 있다.

어째서 사랑을 높이 평가하는가를 간단히 설명하기는 쉽지 않다. 그러나 나는 감히 그것을 해볼까 한다.

첫째, 연애 자체는 환희의 원천으로 높이 평가되어야 한다. 이것은 연애(戀愛)의 최대 가치는 아니더라도, 그 이외의 가치에 비하면 본질적이다.

> 오오 사랑이여!
> 그대의 달콤함을 씁쓸하다고 하는 이들도 있으나
> 그러나, 그대의 무르익은 과실보다
> 더 달콤한 것이 세상에 있으랴.

이 시를 쓴 익명의 작자는 무신론(無神論)에 대한 해결을 구하거나, 우주의 신비에 대한 문을 여는 열쇠를 구하고 있었던 것은 아니다. 그는 단지 스스로 즐기고 있었을 뿐이다. 비록 연애는 단순히 환희의 원천일 수도 있지만, 연애가 없다는 것은 고통의 원인이 되기도 한다.

둘째, 연애는 음악이라든가, 산 정상에서 보는 해돋이라든가, 보름달 아래의 바다 같은 모든 최고의 쾌락을 한층 더 북돋워 준다. 그러기에 연애는 높이 평가되지 않으면 안 된다.

사랑하는 여자와 함께 이런 여러 가지 아름다운 것들을 한 번도 즐긴 적이 없는 남자는, 그것이 주는 마술적인 힘을 충분히 경험해 보지 못한 사람이다. 또 연애는 자아의 딱딱한 껍질을 깰 수가 있다. 왜냐하면 연애는 일종의 생물학적 협력이기 때문이다. 그러기 위해서는 저마다가 사랑의 감정에 불타는 것이 상대방의 본능적 욕망을 채우는 데 필요하다.

지금까지 세상에는 여러 시대에 걸쳐 온갖 고독한 철학자들이 있었다. 어떤 사람은 매우 고결하고, 어떤 사람은 그렇지 않았다. 스토아학파의 철인들과 초기 그리스도교 교인들은 인간을 자기의 의지에 의해서, 즉 적어도 다른 '인간'의 도움 없이 최고의 선을 실현할 수 있다고 믿었다. 그러나 다른 철학자들은 힘을 인생의 목표로 간주했다. 그리고 그 밖의 사람들은 단순한 개인적 쾌락을 인생의 목적으로 보았다. 이런 철학자들은 모두 선(善)이 크건 작건 단지 인간 사회뿐 아니라, 각자 한 사람 한 사람의 인간 속에 실현되는 것이라는 뜻에서 고독한 철학자들이었다. 내 생각으로는, 그와 같은 견해는 다 잘못이었다. 단지 윤리상의 이론으로써 잘못일 뿐만 아니라, 우리의 본능의 좋은 부분의 표현으로써도 잘못이었다. 인간은 서로의 협력에 기대고 있다. 게다가 인간에게는 태어날 때부터 사실은 좀 미숙하기는 하지만, 협력에 필요한 우정이 솟아나는 본능적 기관이 주어진다.

연애(戀愛)는 협력이 가져다주는 감정 중에서 가장 일반적이며, 가장 기본적인 감정이다. 그리고 조금이라도 연애에 경험이 있는 사람이라면 최고선을 자기가 사랑한 사람과 무관하게 생각하는 철학에는 만족하지 않을 것이다. 이점에 대해서 말한다면, 자식에 대한 부모의 감정이 보다 강하지만, 그 강한 부모의 감정도 그 최선의 상태는 부모끼리의 사랑의 결과, 바로 그것인 것이다.

나는 최고 형태의 연애가 일반적으로 공통되는 것이라고 말할 생각은 없다. 그러나 이런 주장을 하고 싶다. 최고 형태의 연애는, 그것이 없었다면 틀림없이 알려지지 않은 채로 있을 인생의 의의를 우리에게 알려 주고, 또 지고(至高)의 연애는 회의주의로는 설명할 수 없을 만한 가치를 갖고 있다고. 하기야 연애를 할 수 없는 회의론자는 그 본능을 회의주의의 탓으로 돌릴지 모르지만, 그것은 잘못이다.

> 참된 사랑은 영원토록 타는 불꽃,
> 마음 속에서 타고 또 타 꺼질 줄 모른다.
> 앓지 않고, 죽지 않고 식지 않고
> 영원히 변하지 않는다.

다음으로, 크러치가 비극에 대해서 말하고자 하는 점에 대해 언급해 보자. 그는 입센의 희곡 《유령》은 셰익스피어의 《리어 왕》보다 못하다고 논하고 있다. 이 점에 대해서는 나도 찬성할 수밖에 없다. 그는 말한다.

"아무리 표현력을 증대시켜 봐야, 또 아무리 말을 풍부하게 만들어 봐야, 입센은 셰익스피어처럼 될 수는 없었을 것이다. 셰익스피어가 그 창작의 제재로 삼은 것—즉, 인간의 존엄에 대한 개념, 인간의 정열의 중요성에 대한 식견, 인생의 풍요함에 대한 통찰력—은 입센에게는 없었던 것이었다. 또 동시에 입센의 동시대 사람들에게도 없었고, 설령 갖고 싶어해도 가질 수 없었던 것이다. '신'도 '인간'도 '자연'도, 모두 셰익스피어부터 입센에 이르는 대략 2~3세기 사이에 퇴색해 버렸다. 왜냐하면 근대 예술의 사실주의가 평범한 사람들을 구해내도록 우리를 이끌었기 때문이 아니라, 우리가 가진 비전을 올바른 것으로 보는 사실적 예술론을 발달시킨 것과 같은 방식이 평범한 삶을 우리에게 강요했기 때문이다."

확실히 왕자들이나 그들의 슬픔을 다룬 고전적인 비극은 우리 시대에는 맞지 않다. 또 우리가 어리석은 한 개인의 슬픔을 같은 수법으로 다루려고 해봐야 그 효과는 같지 않다. 그러나 그 이유는 우리의 인생관이 퇴폐했기 때문이 아니라, 완전히 그 반대이기 때문이다. 즉, 우리는 이제 어느 한 개인을 지상에서 가장 위대한 인물로 간주할 수 없게 되어 버렸기 때문이다. 그런 인물만이 비극적 정열을 가질 권리가 있고, 나머지 전부는 이 소수의 위대한 인물을 낳기 위해서 악착같이 일해야 한다는 생각 따위는 할 수가 없게 됐다.

셰익스피어는 이렇게 말하고 있다.

거지가 죽으면 혜성은 나타나지 않으나
왕자가 죽으면 하늘은 스스로를 태운다

셰익스피어의 시대에는 이와 같은 감정이, 설령 글자 그대로는 믿어지지 않았다고 하더라도 아무튼 상당히 널리 일반에 퍼져 있었던 것이며, 그것은 또 셰익스피어 자신도 마음 깊숙이 받아들이고 있던 견해였다. 그래서 시인 시나*7의 죽음이 희극적인 데 반해서 시저, 브루투스, 카시우스의 죽음은 비극적인 것이다. 한 개인의 죽음이 우주적인 뜻을 갖는다는 것은 이제 우리들의 시대에는 없어져 버렸다. 왜냐하면 우리는 외부적인 형식뿐만 아니라, 마음 깊숙한 신념까지도 이미 민주화가 되었기 때문이다. 그 때문에 현대의 참된 비극은 개인에 관한 것보다 오히려 사회와 관계 있는 것이어야 한다.

---

*7 시나(Cinna)는 셰익스피어 작 《줄리어스 시저》에 나온다. 시저 암살단의 일당에 동명이인이 있어서 당황한다

지금 말하고 있는 것의 실례로서 에른스트 톨러*8의 《군중》*9을 들어 보겠다. 나는 이 작품이 과거의 황금 시대에 만들어진 최고의 작품만큼 좋다고는 말하지 않겠지만, 그것과 당당히 어깨를 나란히 할 수는 있다고 말하고 싶다. 그것은 고귀하고 깊이가 있으며, 아울러 현실적이다. 그것은 영웅적 행위를 다룬 것이며, 아리스토텔레스의 말을 빌리면 '읽는 사람의 마음을 동경과 외포(畏怖)로써 정화하지 않고는 그대로 두지 않는 작품'이다. 이런 종류의 비극의 실례가 오늘날에는 얼마 없다. 왜냐하면 낡은 기술과 낡은 전통을 마땅히 버려야 한다고 하더라도, 그것을 대신할 것이 교양 없고 진부한 것 말고는 별로 없기 때문이다. 비극을 쓰기 위해서는 비극을 느껴야 한다. 비극을 느끼기 위해서는 자기가 살고 있는 세계를 단지 자기의 머리뿐만 아니라 피와 살로 깨닫지 않으면 안 된다. 크러치는 그의 저작 여기저기에서 절망에 대해 말하고 있다. 그런데 사람들은 그가 황량한 세계를 영웅적으로 받아들이고 있는 데 대해 감격한다. 그러나 그 황량이라는 것은, 그를 비롯하여 거의 대부분의 문필가들이 옛풍의 정서를 새로운 자극에 반응함으로써 감득(感得)한다는 것을 아직 깨닫지 못한 데서 온다. 그와 같은 자극은 확실히 존재하고 있다. 그러나 문인들 사이에는 없다. 문인들끼리는 현실의 사회생활과 생기에 찬 관계를 갖고 있지 않다. 만일 사람들의 감정이 진실함과 깊이를 가지려면, 생기에 찬 관계야말로 무엇보다 필요할 것이다. 그것에 비극도 있겠지만, 참된 행복도 생기는 것이다.

이 세상에 자기가 할 일은 아무것도 없다고 생각하면서 빈둥거리고 있는 모든 유능한 청년들에게 나는 이렇게 말하고 싶다.

"무엇을 쓰려고 하지 말고, 오히려 쓰지 않도록 노력해 보게. 현실사회에 나가게나. 해적도 좋고, 보르네오의 임금님도 좋고, 소비에트 러시아의 노동자도 좋으니까 하여튼 무언가 되어 보게나. 인간의 가장 원시적이고 육체적인 욕구가 당신들의 에너지를 깡그리 빨아먹어 버릴 만한 생활 속에 뛰어들어 보게나."

---

*8 에른스트 톨러(Ernst Toller, 1893~1939)는 독일의 시인, 극작가이자 혁명가이다. 대표작 《군중》은 1921년 옥중에서 쓰여진 것으로, 프롤레타리아에 바친 사회 혁명극이다.

*9 독일어 원제 Messenmesch를 영어로 '대중과 인간(Masses and Men)'으로 번역하는 것은 잘못이다. '대중적 인간(The Mass-man)'로 번역하는 것이 옳다. [원주]

나는 이런 행동을 취하라고 모든 청년들에게 권하는 것이 아니라, 다만 크러치가 진단한 그런 질환으로 괴로워하고 있는 청년들에게 권할 뿐이다.

나는 이렇게 믿는다. 그런 생활을 몇 해 동안 계속하면, 이윽고 지적이지 않은 인간이라도 이제 어쩔 수 없이 무엇을 쓰는 것을 억제할 수 없게 된다는 것을 알게 될 것이고, 한번 그때가 오면 글을 쓴다는 것이 조금도 헛된 일로 여겨지지 않을 것이다.

3. 경쟁

미국의 누구라도 좋으니 물어 보자. 영국의 실업가 누구라도 좋으니 물어보자. 인생의 즐거움을 가장 방해하고 있는 것은 무엇이냐고. 그러면 그는 대답할 것이다. "생존 경쟁이다." 그는 정말 정색을 하고 이렇게 말할 것이며, 어느 의미에서는 진실이다. 그러나 보다 중요한 다른 의미에서는, 근본적으로 맞지 않는 말이다. 살기 위한 투쟁은 확실히 누구에게나 일어나는 문제이다. 운이 나쁘면 우리들 누구에게나 일어난다.

이를테면, 콘래드의 소설에 나오는 주인공 포크의 경우가 그렇다. 그는 난파된 배 안에 있었다. 선원들은 총을 갖고 있었는데, 그 중 두 사람만 마지막까지 남았으며, 포크는 그 중의 한 사람이었다. 그리고 마지막으로 두 사람에게는 상대편 한 사람 이외에 아무것도 먹을 것이 남지 않게 되었다. 그들이 의좋게 마지막 음식을 다 먹어 버리자 진짜 생존 경쟁, 다시 말해서 살기 위한 투쟁이 시작된 것이다. 포크가 이겼다. 그때부터 그는 채식주의자가 되었다.

그러나 실업가들이 '생존 경쟁'이라고 말할 때, 그 말이 뜻하는 것은 방금 이야기한 그런 투쟁이 아니다. 그것은 실제로 사소한 일에 지나지 않는 것에 위엄을 갖게 하기 위해서 붙인 정확하지 않은 말이다. 그들 실업 계급의 사람에게 자신이 알고 있는 같은 실업인들 가운데 대체 몇이나 굶어 죽었는지 물어 보라. 그리고 또 그 친구들이 파산해 버렸을 때, 그 뒤에 어떻게 되었는지 물어 보라. 누구나 알고 있는 일이지만, 파산한 실업가는 물질적인 쾌락에 관한 한, 파산할 만한 돈을 한 번도 쥔 적이 없는 사람보다 훨씬 좋은 생활을 한다. 그러므로 여기서 쓰는 생존 경쟁이라는 말은 실은 성공을 위한 경쟁을 의미하는 것이다. 그런 경쟁을 하고 있을 때 모두가 두려워하는 것은, 내일 아침을 먹을 수 없게 될지 모른다는 것이 아니라, 잘못하면 이웃 사람들 앞에서 으스댈 수 없게 될지 모른다는 것이다.

물론 여기에서 내가 말하고 있는 사람은 수입이 넉넉하여, 지금 그들이 갖고 있는 재산만으로도 충분히 먹고 살 수 있는 높은 지위에 있는 실업가들이다. 그들에게 현재 갖고 있는 재산만을 갖고 살아간다는 것은 마치 적지에서 도망치는 패잔병처럼 스스로를 부끄럽게 여기게 된다는 것을 의미한다. 만일 그들에게 당신의 활동이 사회적으로 어떤 의미가 있느냐고 묻는다면 우물쭈물 자기의 생활이 분주하다는 것 등을 늘어놓는 도리밖에 별로 없을 것이다.

또, 다음과 같은 사람의 생활에 대해서 생각해 보자. 그는 매력적인 주택에, 근사한 아내와 귀여운 아이들을 데리고 있다. 그는 아침 일찍 아내와 아이들이 아직 자고 있는 동안에 일어나 사무실로 달려간다. 사무실에서는 뛰어난 경영 관리자의 수완을 보여 주는 것이 그의 의무이다. 그는 믿음직한 말투, 선명한 화술, 사환 이외의 모든 사람에게 감명을 주는 총명하고 신중한 태도를 몸에 지닌다. 그는 편지를 쓴다. 전화로 여러 방면의 중요한 사람들과 이야기한다. 시세와 경기를 연구한다. 그리고 거래 상대나 앞으로 거래하고 싶은 사람과 점심 식사를 나눈다. 같은 일이 오후에도 계속된다. 그는 지친 몸으로 집에 돌아간다. 마침 만찬회에 가기 위해서 옷을 갈아입어야 하는 아슬아슬한 순간이다. 만찬 석상에서는 그나 다른 고달픈 사내들이 조금도 지쳐 보이지 않는 부인들과 어울려 즐거운 척해야 한다. 이 가엾은 남자가 여기서 빠져 나오는 데 대체 몇 시간이 걸릴지 도무지 짐작이 가지 않는다. 그러다가 마침내 잠잘 때가 온다. 그러나 간신히 두세 시간 긴장을 풀 뿐이다.

이 사람의 노동 생활을 보면, 그 심리 상태가 100미터 달리기 경주와 같다. 그러나 그가 달리고 있는 경주는 무덤만이 유일한 결승점이므로, 100미터 달리기 경주에 적합한 에너지의 집중도, 그의 경우 마지막에는 매우 과도한 것이 되어 버린다.

대체 그는 자기의 어린아이들에 대해서 무엇을 안다고 말할 수 있겠는가? 평일에 그는 사무실에 있다. 일요일에는 골프장에 간다. 자기 아내에 대해서도 얼마나 알고 있는가? 그가 아침에 집을 나설 때 아직 그의 아내는 깊이 잠들어 있다. 저녁을 먹은 후, 두 사람은 사교상의 교제에 바빠서 서로 친밀하게 이야기를 나누지도 못한다. 그는 많은 사람들에게, 자기도 그렇게 해주었으면 하는 바람으로 상냥하게 대하지만, 자기에게 소중한 동성 친구는 한 사람도 갖고 있지 않다. 봄이 왔느니 가을이 왔느니 하는 것도 그것이 시세에 관계가 있기 때문에 알고 있을 뿐이다. 외국도 아마 가 본 적이 있겠지만, 그것도 따분해서 못 견디겠다는 눈으로 보았을 것이다. 책 따위는 무익하게 여겨지고, 음악은 너무 고상하게 느껴진다. 나이와 더불어 그는 고독해진다. 그는 점점 더 일에 집중하게 되고, 사업 이외의 생활은 점점 더 메마른 것이 되어 버린다.

나는 전에 중년 나이가 지난 이와 같은 타입의 미국인이 유럽에서 부인과 딸을 데리고 여행을 하는 것을 본 적이 있다. 보아 하니 그의 아내와 딸이 이제야말로 휴가를 얻어 유럽을 구경해야 한다고 이 가엾은 사나이를 설득한 것이 분명했다. 들뜬 아내와 딸이 그 곁에 붙어 있다. 그리고 신기한 것이 있을 때마다 그의 주의를 끌려고 한다. 그러나 이 가장은 정말 나약해 보이고, 따분해서 못 견디겠다는 표정이다. 그가 생각하고 있는 것은, 지금쯤 회사에서는 모두 무엇을 하고 있을까, 야구는 지금 어떻게 되었을까 하는 것이다.

여자들은 마침내 그를 단념한다. 그리고 남자라는 것은 속물에 지나지 않는다고 결론짓는다. 아내와 딸은 그가 자기들의 탐욕에 희생되었다는 사실을 전혀 모른다. 오히려 사실을 말하면, 힌두교의 아내의 순사(殉死)를 유럽인 구경꾼이 알 수 없는 것과 마찬가지이다. 아마도 인도의 순사의 경우, 그 미망인은 십중팔구 영광을 위해서, 또 종교가 그렇게 정하고 있기 때문에 불에 탈 각오를 하고 자진하여 희생이 되었을 것이다.

실업가의 경우 그의 종교와 영광은 돈을 버는 것이다. 그래서 그는 마치 이 힌두교도의 미망인처럼 기꺼이 고통을 받는다.

만일 미국의 실업가가 더 행복해지려면, 먼저 그 종교를 바꾸지 않으면 안된다. 성공을 바랄 뿐 성공을 추구하지 않는 사내는 가엾은 인간이라고 그가 진심으로 믿는 한, 그의 인생은 행복해지기 위해서 지나치게 정력과 인내력을 쏟아 붓고, 지나치게 악착같이 일해야 하는 삶이 된다.

투자라는 간단한 사례에 대해서 생각해 보자. 거의 모든 미국인은 안전한 투자로 4퍼센트의 이윤을 벌기보다는 위험을 무릅쓰고라도 단기간에 8퍼센트를 벌려고 한다. 그 결과 대개 돈을 몽땅 잃어버린다. 또 걱정과 초조가 끊일 새 없다. 내가 돈에서 얻고 싶어하는 것은 안정된 한가로움이다. 그런데 전형적인 현대인이 바라는 것은 더 많은 돈이다. 그것도 과시와 화려함으로 지금까지 동등한 위치에 있던 사람들을 새파랗게 질리게 만들려는 생각에서이다.

미국인의 사회적 지위는 정확히 정해져 있지 않고 끊임없이 동요한다. 그 결과, 신사인 체하는 인간들의 감정은 사회 질서가 정확히 잡혀 있는 곳보다 한층 불안정하다.

물론, 돈 자체가 사람을 숭고하게 만드는 데는 충분하지 않지만 한 푼도 없어서야 위엄을 유지하기는 어렵다. 게다가 얼마나 돈을 모았느냐 하는 것이 두뇌의 정도를 재는 공인된 척도(寸度)로 간주되고 있다. 돈을 많이 번 사람은 머리가 좋고 벌지 못한 사람은 똑똑하지 못한 것으로 간주된다. 그런데다가 누구나 사람들한테 바보 취급은 받고 싶지 않다. 그러므로 경기가 나쁜 상태가 되면 사람은 마치 시험 때 청년 같은 기분이 되고 만다.

파산하면 어떻게 될까. 쓸데없어 보이는 두려움이지만 실제로는 걱정이 된다. 그와 같은 근심이 흔히 실업가들에게 불안의 씨가 된다. 이것은 어쨌든 인정할 수밖에 없을 것 같다. 아놀드 베네트의 작품에 나오는 클레이행거는 아무리 부자가 되더라도 양로원에서 죽게 되지나 않을까 하고 노상 두려워하고 있다. 어릴 때 가난으로 몹시 고생한 사람은 자기 자식들도 같은 고통을 겪게 되지나 않을까 하는 공포에 사로잡힌다. 그리고 이 불행을 충분히 막아 주는 방파제로서 수백만큼의 돈을 벌고자 하지만, 그것도 도저히 안 될 것같이 여겨진다. 이런 두려움은 제1대의 부모에게는 피치 못한 일일 것이다. 그러나 일찍이 한 번도 심한 가난을 경험한 적이 없는 사람은 그런 공포에 괴로워하는 일은 없을 것이다. 그런 공포가 설령 있었다고 하더라도 대단한 것은 아니며, 문제가 된다고 해도 예외적인 것에 지나지 않는다.

경쟁하여 성공하는 것을 행복의 주된 원천으로 너무 지나치게 강조하면 고통의 원인이 된다. 성공했다는 실감, 그 기분은 인생을 즐겁게 만들어 준다. 그것은 나도 부정하지 않는다. 이를테면, 청년 시절을 전혀 세상에 알려지지 않은 채 보낸 화가는, 한번 그 재능이 인정되기만 하면 매우 행복해진다. 돈이라는 것은 어느 정도까지는 행복을 증대시키는 데 매우 도움이 된다—그것도 부정(否定)하지는 않는다.

그러나 그 다음이 문제이다. 어느 정도까지라는 그 정도를 넘으면, 계속 돈이 행복을 증대시키는 요소라고는 생각되지 않는다. 즉 내가 말하고 싶은 것은, 성공은 확실히 행복을 위한 하나의 요소는 될 수 있지만, 그 때문에 만일 다른 모든 요소가 희생된다면, 그 희생은 너무나 비싸게 매겨진 것이 아니겠는가 하는 것이다.

이와 같은 불행의 근원이 어디에 있느냐 하면, 실업계 일반에 널리 퍼져 있는 인생관에 있다.

유럽에는 실제로, 실업계 이외에도 위엄을 떨치고 있는 집단이 몇 개나 있다. 어떤 나라에는 귀족(貴族)이 있다. 모든 나라에는 학자라는 지식 계급이 있다. 극소수의 작은 나라들을 제외하면, 모든 나라에서는 군인이 매우 존경을 받는다.

직업이 무엇이든, 성공 속에는 경쟁적 요소가 포함되어 있는 것은 사실이다. 그러나 존경은 다만 성공했다는 사실과 그 성공의 원인이 된 우월성을 포함한다. 과학자는 돈을 벌지도 모르고, 못 벌지도 모른다. 돈을 번 편이 못 번 편보다 더 존경을 받는다고는 할 수 없다. 과학자가 존경받을 때는 돈이 존경의 대상이 아니다.

저명한 육군 장군이나 해군 제독이 설령 가난하더라도 아무도 놀라지 않는다. 오히려 그와 같은 가난은 어느 의미에서는 확실히 하나의 명예이기까지 하다. 그런 까닭으로, 유럽에서는 돈만을 위한 경쟁은 일부 사회에만 한정되어 있다. 그러나 그와 같은 사회가 가장 유력하고 가장 존경받는 사회라고는 할 수 없다.

미국에서는 사정이 다르다. 육군이든 해군이든 공군이든 군인들은 국민 생활에 영향을 줄 만한 역할을 하고 있지 않다. 지적 직업에 관해서 말한다면, 의사가 얼마나 의학을 알고 있는지, 또는 변호사가 얼마나 법률을 알고 있는지 외부 사람은 전혀 알지 못한다. 그러므로 미국에서는 이런 사람들의 가치를 판단하려면, 그들의 생활 정도에서 추측되는 수입의 많고 적음에 의존하는 것이 지름길이다. 교수들에 관해서 말한다면, 그들은 실업가들에게 고용되어 있는 사용인에 지나지 않는다. 그래서 그들은 역사가 오랜 나라에서 존경받는 것만큼 미국에서는 존경을 받지 못한다. 그 결과, 미국에서는 전문 분야의 사람들이 모두 실업가 티를 내려 하지, 유럽에서처럼 독자적인 타입을 만들려 하지 않는다. 그러므로 유복(有福)한 생활을 하고 있는 계급의 어디를 찾아보아도, 경제적 성공을 위한 노골적인 투쟁을 완화하는 것은 아무것도 없는 것이다.

아주 어릴 때부터 미국의 어린이들은 금전적 성공이야말로 오직 하나의 중

대한 일이라고 생각한다. 그리고 금전적 가치가 없는 교육에는 머리를 쓰고 싶어 하지 않는다.

원래 교육은 언제나 즐길 줄 아는 능력을 훈련하는 일이라고 일반적으로 널리 생각되고 있었다. 거기서 즐긴다는 것은, 교양이 없는 사람들과는 관계없어 보이는 매우 미묘한 쾌락을 말한다. 18세기에는 문학, 그림, 음악에 식견 있는 쾌락을 갖는 것이 '신사(紳士)'의 자격 중 하나였다. 오늘날 우리는 그와 같은 취미를 좋아하지 않을지는 모르지만, 전에는 적어도 순수한 것이었다. 오늘날의 부자들은 전혀 다른 경향을 보이고 있다. 책은 결코 읽지 않는다. 화랑을 만들 때는 명성을 올리는 것이 목적이지, 어떤 그림을 고르느냐 하는 것은 전문가에게 맡겨 버린다. 그림에서 얻으려는 기쁨은 그림 자체를 감상하는 쾌락이 아니라, 다른 부자들이 그 그림을 소유하지 못하도록 방해하는 기쁨이다. 음악에 대해서는 어떤가? 만일 유태인 부호라면 감상력을 갖고 있을지 모르지만, 그렇지 않다면 다른 예술에 관해서처럼 전혀 교양이 없을 것이다. 결국 무슨 말이냐 하면, 여가를 어떻게 즐겨야 좋을지 모른다는 것이다. 차츰 부자가 되어 감에 따라, 돈을 벌기가 쉬워진다. 결국에는 하루에 불과 5분만 일해도, 어떻게 써야 할지 모를 만큼 돈을 번다. 가엾게도 성공의 결과가 오히려 갈피를 못 잡게 만들어 버린다. 성공이 인생의 목적으로 간주되는 한, 이렇게 되는 것을 피할 수가 없다. 성공한 뒤에 어떻게 하느냐를 배우지 않는 한, 성공한 것이 필연적으로 그를 따분하게 만들어 버릴 것이 틀림없다.

언제나 남과 경쟁하는 마음은 자칫하면 습관이 되어, 본래 경쟁 따위가 전혀 없는 세계까지 쉽게 파고들어간다. 독서(讀書)의 문제를 예로 들어 보자. 책을 읽는 데는 두 가지 동기가 있다. 하나는 그것을 즐기는 일이고, 또 하나는 그것을 자랑하는 일이다. 미국에서는 여성들이 매달 몇 권의 책을 읽는 것, 또는 읽은 체하는 것이 유행이 되어 있다. 어떤 사람은 끝까지 읽고, 어떤 사람은 제1장만 읽으며, 어떤 사람은 서평을 읽는다. 그러나 모두 그 책을 책상 위에 놓아두고 있다. 그러나 그들은 명작은 하나도 읽지 않는다. 《햄릿》이나 《리어 왕》이 독서 클럽에서 선정된 달은 한 번도 없었다. 단테에 대해서 알아야 할 달도 한 번도 없었다. 그 결과, 읽히는 것이라고는 모두 최신의, 더욱이 3류의 책뿐이며, 결코 명작이 아니다. 이러한 책이 전부 다 나쁜 것은 아니겠지만, 이것은 서로 경쟁하는 데서 생긴 결과이다. 왜냐하면 문제의 여성들 대부분이 명작도 읽지 않은 채 저마다 마음대로 방치된다면, 그들의 문학 지도자나 선생들이 골라 준 것보다 훨씬 저급한 책을 읽을 것이기 때문이다.

현대 생활에서 경쟁이 강조되는 것은, 아우구스투스 시대 이후에 로마에서 일반적인 문화 수준이 저하되었던 현상과 관계가 있다. 사람들이 모두 더 지적인 기쁨을 맛볼 수 없게 되어 버린 것 같다. 이를테면, 일반적으로 회화 기술은 18세기 프랑스의 살롱에서 완성된 것인데, 40년 전에는 아직도 살아 있는 전통으로서 활발히 쓰이고 있었다. 그것은 매우 세련된 예술로서, 무언가 완전히 사라져 버리려고 하는 것을 지키기 위해 최고의 능력을 발휘해 주었다.

그러나 현대에 그런 한가로운 일에 주의를 기울이는 사람이 누가 있겠는가? 중국에서는 10년 전까지만 해도 예술이 활발하게 번성하였다. 그러나 국가주의자들의 전도자적 정열이 예술을 완전히 불식해 버린 것처럼 보인다. 뛰어난 문학에 대한 지식은, 50년에서 100년 전까지만 해도 교육 있는 사람들 사이에 고루 퍼져 있었는데, 오늘날에는 소수의 교수들에게 한정되어 버렸다. 조용히 맛보는 즐거움은 모두 없어져 버린 것이다.

어느 해 봄, 나는 몇몇 미국 학생들과 함께 대학의 교정과 경계를 이루고 있는 숲 속에서 산책을 한 적이 있다. 거기에는 조그맣고 고운 야생(野生)의 꽃들이 가득 피어 있었다. 그러나 나를 안내해 준 학생들 가운데 누구 하나도, 거기 있는 꽃 이름 하나를 아는 사람이 없었다. 그런 지식이 대체 무슨 소용이 있는가—꽃 이름 따위를 알아 봐야 누구의 수입을 늘려 주지도 않는다는 것이다.

문제는 단지 한 사람 한 사람의 문제가 아니라는 것이다. 한 개인이 문제를 해결했다고 해서 그 문제가 해결되는 것은 아니다. 문제는 일반적으로 받아들여지고 있는 인생관에 있다. 즉, 인생은 곧 경쟁이며, 존경은 우승자에게만 바쳐진다는 인생관이다.

이와 같은 인생관은 감성과 지성을 희생시켜서 의지력만 발달시키는 결과를 낳는다. 어쩌면 이런 표현은 말 앞에 수레를 단 마차, 즉 앞뒤가 바뀐 것을 의미할지도 모른다. 청교도적 도덕가들은 본래 신앙에 역점을 두고 있었는데, 근대에 이르자 의지를 강조하게 되었다. 청교도주의 시대는 경쟁을 활발하게 부추겨서 의지만을 부당하게 발달시켰다. 그런 한편 감성과 지성은 쇠퇴시켜 버렸다. 또 그 경쟁이 청교도의 본질에 가장 적합한 것으로, 경쟁의 철학을 채택

했다고도 말할 수 있을 것이다.

설령 그것이 어떤 것이든, 현대의 공룡이라고도 할 수 있는 청교도는 유사 이전의 원형인 공룡이 그랬던 것처럼 지성보다 힘을 사랑하여 경이적인 성공을 거두었다. 그리고 그것을 널리 일반에게 전염시키고 있는 중이다. 그것은 도처에서 백인들의 전형적인 모습이 되어 버렸다. 이 현상은 앞으로 100년 동안은 점점 더 왕성해져 갈 것으로 보인다.

그러나 이런 유행에 사로잡혀 있지 않은 사람들은 그 공룡도 마지막에는 승리를 거두지 못했다는 것을 생각함으로써 스스로를 위안할 수 있을 것이다. 그들 공룡들은 결국 서로가 서로를 죽였다. 그리고 지적 방관자들이 그들 공룡의 왕국을 이어받은 것이다.

오늘날의 공룡들도 서로가 서로를 죽이고 있다. 게다가 그들은 부부 한 쌍에 평균 두 명의 아이도 갖고 있지 않다. 그들은 아이들을 갖고 싶을 만큼 인생을 향락하지 않는다. 이 점을 생각하면, 그들이 청교도의 조상들로부터 물려받은 과격한 경쟁의 철학이 현대의 세계에는 어울리지 않는다는 것을 알 수 있다. 그 인생관으로 사람들이 이제 아이를 낳고 싶다는 생각을 하지 않을 정도로 그다지 행복을 느끼지 못한다면, 사람들은 생물학적으로 저주받고 있는 것이다. 가까운 장래에 그들은 무언가 더 즐겁고 왕성한 것을 이어받아야 한다.

인생의 주요한 목표로 표방되는 경쟁은 너무나 냉혹하고 너무나 집요하며, 게다가 너무나 신체를 혹사하고 의지를 작용시키므로, 생활 행동의 기준으로는 기껏해야 한 세대나 두 세대 정도밖에 계속되지 않을 것이다. 그 뒤에는 신경질적 피로와 갖가지 도피 현상, 일과 동시에 번거로운 쾌락을 추구하게 되어 (심신을 푸는 일이 불가능해졌으므로), 결국은 생식불능으로 자손이 끊어져 버릴 것이다.

이와 같은 경쟁의 철학은 일뿐 아니라 한가한 여가도 훼손한다. 조용하고 신경의 피로를 회복시켜 주는 한가한 여가 따위는 이제 따분하다고 생각하게 되었다. 거기에 어쩔 수 없이 나타나는 현상이 끊임없는 촉박감이며, 그 당연한 결과로 도달하게 되는 것이 마약이요, 쇠약일 것이다. 이에 대한 치료법은 인생의 균형 잡힌 이상(理想) 속에서 건전하고도 평화로운 쾌락의 역할을 인정해 주는 일이다.

4. 권태와 자극

권태(倦怠)라는 것은 인간 행동의 중요한 요소 가운데 하나이다. 그러나 아직까지는 상당히 등한시되어 온 것이 사실이다. 나는 이 권태가 인류 역사의 면면한 흐름을 통해서 하나의 중요한 원동력이 되어 왔다고 생각한다. 더구나 현대에 와서는 더욱 그러하다고 믿는다.

권태는 인간만이 갖고 있는 고유한 감정이다. 철창 안에 갇혀 있는 동물도 때로는 나른해져서 여기저기를 왔다갔다하거나 하품을 하기는 하지만, 자연 상태에 있는 동물이 권태 비슷한 감정을 느낀다고는 여겨지지 않는다. 그들은 대부분의 시간을 먹이를 찾거나 적의 습격을 대비하는 데 쓰고, 항상 긴장된 상태로 있는 것이 보통이다. 게다가 때로는 교미를 하고 때로는 몸을 보온하려고 한다. 그러므로 동물은 어떤 불행한 처지에 놓이더라도 아마 권태는 느끼지 않을 것이다. 유인원들과 함께 지내볼 수가 없어 실험을 해 보지는 못했지만, 그들은 어쩌면 우리와 비슷할지 모른다.

권태는 현재의 환경과 앞으로 일어날지도 모르는 매혹적인 환경을 서로 비교해 보는 데서 발생한다. 이것은 권태의 특질 가운데 하나이다. 또 우리는 자기의 능력을 충분히 발휘하지 못할 때도 권태의 늪 속에 빠진다. 그 누군가가 자기 자신을 죽이려고 달려들 때 도망치는 것은 권태로운 일이 아니다. 물론 어느 정도 기분은 나쁘겠지만 말이다. 또 사형장의 전기 의자에 앉아서 권태를 느낀다면 분명 초인적인 용기를 지닌 사람이거나 정신병 환자에 불과할 것이다. 마찬가지로 국회의사당에서 첫 연설을 할 때 하품을 하는 사람은 없을 것이다. 다만 이미 고인이 된 데번셔 공작만은 예외였다. 그래서 그가 귀족들로부터 존경을 받았던 것이다. 어떤 일에 대한 의욕이 억압될 때 권태가 생겨난다. 그것은 꼭 즐거운 일이 아니라도 무방하며, 날마다 경험하는 일상적인 일에서도 얼마든지 있을 수 있는 성질의 것이다. 한 마디로 말하면 권태는 쾌락이 아니라 자극이다. 이처럼 인간의 마음 속 깊숙이 뿌리박고 있는 자극을 바라는 욕구는 여자보다는 남성들 편이 더욱 강렬한 듯하다. 옛 수렵 시대에는 자극에 대한 욕구가 훨씬 쉽게 충족되었다. 짐승을 사냥하기 위해 쫓아다니는 일은 분명 신나는 일이었다. 전쟁도 신나는 일이었으며 여자에 대한 구애(求愛)도 자극적인 일이었다. 미개인은 여자의 남편이 잠에서 깨어나면 당장 그 자리에서 죽임을 당할 줄 알면서도, 남편 곁에서 누워 자고 있는 여자와 간통을 하는 일이 흔히 있었다. 이런 상황이라면 어떻게 권태가 있을 수 있겠는가? 권태는 인간이 농경 시대로 접어들면서 시작되었다. 하기야 이때도 수렵 시대의 자극을 즐길 수 있었지만 말이다.

오늘날에도 인생을 즐기는 일부 귀족 계급은 예외일 것이다. 기계를 다루는 일이 권태롭다는 말을 종종 듣게 된다. 이것은 대부분 박애주의자들의 생각이지만, 내생각은 정반대이다. 오히려 기계 시대에 이르러 권태가 많이 해소되었다고 믿는다. 임금 노동자들은 작업 시간에 고독하지 않으며, 또 옛날 농촌에서는 찾아보기 어려운 여러 가지 오락이 풍성하게 널려 있다. 우선 하층민 가정 생활에 일어난 변화를 생각해 보기로 하자. 저녁 식사가 끝나고 아내와 딸들이 설거지를 끝내면 온 집안 식구가 둘러앉아서 이른바 '단란한 가정 시간'을 갖는 게 옛 가정 생활의 풍습이었다.

그러나 실제로는, 가장은 일찍 잠자리에 들고 그의 아내는 뜨개질을 하는 게 고작이었다. 딸들은 지루한 시간을 보내느라고 차라리 죽어 버렸으면 하고 탄식했다. 또 팀북투(Timbuktu, 아주 멀리 떨어진 곳) 같은 먼 곳으로 달아나 버렸으면 하고 조바심을 내기도 했다. 그 딸들은 책을 읽을 수도 없었으며 그렇다고 집을 떠날 수도 없었다. 그 당시의 풍습으로는 아버지와 딸들이 이야기를 주고받는 것이 온 가족에게 기쁨을 주는 일로 여겨졌던 것이다. 그 딸들이 자라 다행히 결혼을 하게 되더라도 자기 자식들에게 자기의 경우와 똑같은 우울한 청춘을 강요할 뿐이었다. 한편 복이 없어 이럭저럭 노처녀로 늙어갈 경우엔 결국 쭈글쭈글한 양가집의 노부인이 되고 마는데, 이것은 야만인들의 희생자가 받는 것보다 몇백 배 몸서리쳐지는 신세라고 아니할 수 없다. 100년 전의 세계를 어림잡는 데 이 정도의 권태가 있었다는 것은 잘 알려진 사실이다. 그러나 이보다 더 멀리 거슬러 올라갈수록 권태는 더 심했다. 무미건조하고 단조로웠던 중세기 농촌의 겨울을 상상해 보기 바란다. 그들은 책을 읽을 줄도 몰랐다. 또 쓸 줄도 몰랐다. 해가 저물면 촛불을 켜놓고 간신히 어둠을 막을 뿐이며, 방 안은 그다지 춥지도 않은데 불을 지피느라고 연기만 가득 차 있었다. 더구나 이웃 마을에서 찾아오는 사람 하나 구경할 수가 없었다. 그들은 너무나 권태로운 나머지와 같은 놀이나 하면서 지루한 겨울의 생기를 되찾으려고 했다.

그런데 우리는 지금 옛 사람들처럼 권태롭지는 않지만, 권태를 두려워한다는 데 문제가 있다. 권태란 인간의 자연적인 운명의 일부가 아니라는 것과 자극을 잘 추구하면 피할 수 있다는 것을 알게 되었다. 오늘날 대부분의 여자들은 스스로 벌어서 생활하는 일이 많아졌다. 그 이유는 여러 가지가 있겠지만, 저녁에 자기 마음대로 자극을 구할 수도 있고, 할머니들이 견디어야만 했던 '단란한 가정 시간'을 피할 수도 있기 때문이다. 또 누구나 도시에서 살 수 있으며 도시에서 살 수 없는 사람은 차나 오토바이를 가지고 있다. 그래서 영화구경이 하고 싶으면 곧장 시내로 달려 나올 수도 있게 되었다. 게다가 옛날과는 달리 젊은 남녀들은 교제할 기회가 많아졌으며, 하녀라고 할지라도 일주일에 한 번 정도는 제인 오스틴의 여자 주인공처럼 소설 전편에서 겪은 정도의 자극을 기대할 수도 있게 되었다. 좀 여유가 있는 사람들은 계속 장소를 옮기면서 명랑한 분위기 속에서 춤을 추고 술을 마시며 생활을 즐긴다. 먹기 위해서 일하는 사람들은 근무 시간 중 권태를 느낄 수밖에 없겠지만, 돈이 많아서 일할 필요가 없는 사람들은 권태에서 벗어난 생활을 이상으로 삼는다.

그것은 물론 고귀한 이상이다. 나로서는 그것에 대해 무어라고 말할 생각은 없다. 그렇지만 그것은 다른 이상과 마찬가지로 이상주의자들이 생각하는 것보다 훨씬 달성하기가 어려울 것 같다. 그리하여 아침이 되면 지난밤에 재미있게 지낸 것만큼 더욱 권태로울 것이다. 이윽고 중년이 되고 노년이 된다. 스무 살 때는 서른 살이 되면 인생이 끝장나는 것처럼 생각하기 쉽다. 나는 78년을 살아 왔지만 그런 생각을 해 본 적은 없다. 인생의 자본을 낭비하는 것은 금전의 자본을 낭비하는 것보다 어리석은 일이다. 인생에 필요한 요소는 권태에 내포된 요소이기도 하다. 그러나 권태에서 벗어나려는 욕구도 당연한 것이다. 실제로 모든 인류는 기회가 있을 때마다 그런 욕구를 표시했다. 미개인들은 백인종의 술맛을 처음 맛보았을 때, 오랫동안 시달려 온 권태에서 벗어나는 방법을 알게 되었을 것이다. 정부로부터 간섭을 받을 때를 제외하고는 매일처럼 떠들썩하게 술을 마셔댔다. 전쟁, 학살, 박해 등은 모두 권태에서 벗어나려는 몸부림이었다. 따라서 권태는 도덕가에게는 커다란 골칫거리였다. 왜냐하면 적어도 범죄자의 태반은 권태를 두려워하는 데서 생기기 때문이었다.

그러나 권태가 전적으로 나쁜 것만은 아니다. 권태는 대체로 두 가지로 나눌 수가 있다. 그 하나가 건설적인 권태요, 다른 하나는 파괴적인 권태이다. 건설적인 권태는 마약이 없는 곳에서 생기고, 파괴적인 권태는 활기에 넘친 행동이 없는 곳에서 생겨난다. 나는 마약이 인생에 해만 끼친다고 말하고 싶지는 않다. 이를테면 현명한 의사들은 금주론자(禁酒論者)들이 생각하는 것보다는 더 자주 환자에게 마취제를 쓸 것이다. 그러나 간절히 원한다고 할지라도, 자연적인 욕구를 완전히 충족시켜줄 만큼 마취제를 주는 것을 방임할 수는 없다. 나는 마약 복용자가 마약을 빼앗길 때 겪는 권태에 대한 치료법은 시간밖에 없다고 생각한다. 그런데 이러한 마취제에 적용되는 원리는 어떤 의미에서 모든 종류의 자극에 그대로 적용할 수 있다.

인간이란 생활에 너무 지나친 자극을 주면 피로해지는 게 보통이다. 자극적인 생활이 거듭되다 보면 쾌락의 요소인 흥분을 자아내기 위해서 더욱 강렬한 자극을 필요로 하게 된다는 것이다. 자극에 너무 익숙한 사람은 마치 병적으로 후추만 찾는 사람과 같다. 그런 사람은 여느 사람이라면 숨 막힐 정도로 많은 분량의 후추도 싱겁게 여겨질 뿐이다. 여기에 지나친 자극의 회피와 불가분의 관계를 가지고 있는 권태의 한 요소가 있다. 자극이 심화되면 건강을 해칠 뿐 아니라, 쾌락에 대한 감각이 둔화된다. 그리하여 근본적인 만족을 쾌감(快感)으로, 지혜를 재기(才氣)로, 아름다움을 값싼 경이(驚異)로 돌려 버린다. 나는 자극을 극단적으로 회피하려는 것은 아니다. 어느 정도의 자극은 건강에도 이로울 것이며 인생에 생기를 줄 수도 있다. 다만 정도의 문제인 것이다. 자극이 너무 적으면 병적인 갈망을 일으키고, 너무 많으면 지치게 된다. 그러므로 권태를 어느 정도 견딜 수 있다는 것은 행복의 불가결한 요소일 수 있으며, 이는 반드시 젊은이들에게 가르쳐 주어야 할 것이다.

아무리 명작(名作)일지라도 반드시 지루한 대목은 있다. 마찬가지로 아무리 훌륭한 일생에도 재미가 없는 때가 있는 것이다. 가령 어느 출판업자가 구약성서의 원고를 처음 보았다고 상상해 보기로 하자. 그는 《창세기》의 계보에 눈이 머물면, "여보시오, 이 장은 도대체 재미라곤 하나도 없군요. 아무런 설명도 없이 사람들의 이름만 잔뜩 늘어놓았으니 말이오. 문체가 좋아 처음엔 나도 호감을 가졌지만 이래 가지고서야 어찌 독자들의 흥미를 끌 수가 있겠습니까? 불필요한 대목은 삭제하고 재미있는 부분만 골라서 다시 가져오도록 하시오" 하고 말할 것이다.

출판업자가 이렇게 말하는 것은 틀림없이 권태를 두려워하는 독자들의 심리를 잘 알고 있기 때문일 것이다. 그는 공자, 코란, 마르크스의 자본론, 그 외에 베스트셀러가 된 어떤 성전(聖典)에 대해서도 같은 말을 되풀이할 것이 틀림없다. 이것은 성전에만 국한된 것은 아니다. 문학사상 최고봉으로 치는 작품에도 지루한 대목은 반드시 감추어져 있게 마련이다. 첫 페이지부터 끝장까지 반짝반짝 빛나는 소설은 위대한 작품이라고 할 수가 없다. 아무리 위대한 위인의 생애일지라도 몇 번의 기막힌 감격적인 순간이 있었을 뿐이다.

소크라테스도 가끔 연회를 즐겼을 것이지만, 그의 몸에 독약의 효과가 서서히 나타나는 시점에 이르러서야 말하는 재미를 느꼈다. 그런데 그의 생애의 대부분은 아내와 조용히 살면서 오후에는 운동을 겸한 산책에 나서고, 길가에서 마주친 친구들과 이야기를 주고받는 것이었다. 칸트는 평생을 살았던 쾨니히스베르크에서 10마일 밖으론 나가 본 적이 없다고 한다. 다윈도 세계 일주를 하고 온 뒤에 죽을 때까지 집 밖을 나간 적이 없었다. 마르크스도 몇 번인가 혁명을 선동한 뒤에는 역시 대영박물관에서 여생을 보내기로 마음먹었다. 그러므로 조용한 생활이 위인들의 특징임을 알 수 있다. 그들의 행복이란 주위 사람들이 볼 때는 결코 신나는 일이 아니었다. 꾸준한 노력이 없는 곳에 위대한 업적이 있을 수 없다. 업적을 달성하는 데 지극히 몰입했으므로 오락을 취할 정도의 정력은 남아 있지 않았다. 다만 휴일이 되면 건강을 유지할 수 있을 정도의 적당한 여가를 즐길 뿐이다.

단조로운 생활을 어느 정도 참고 살아가는 능력을 어릴 때부터 길러 두어야 한다. 이 점에 대해서 현대의 부모들은 낙제생이라 할 만하다. 그들은 아이들에게 쇼나 맛있는 음식 같은 수동적인 오락을 너무나 많이 제공하며, 특별한 경우를 제외하고는 똑같은 생활을 유지시키는 것이 어린이들에게 얼마나 필요한 일이라는 것을 잊어버린다. 어린이의 기쁨은 노력과 창조를 통하여 자기 환경 속에서 스스로 찾아내는 것이라야 한다. 자극적이면서도 육체적인 활동이 전혀 가미되지 않은 즐거움, 이를테면 극장 구경 같은 것을 시켜서는 안 된다. 자극이란 마치 마약과 같아서 날이 갈수록 더욱 많이 요구되는 반면, 자극을 수동적으로 받아들이는 것은 본능에 어긋난다. 어린이는 마치 묘목과 같다. 묘목은 한 곳에 조용히 놔둘 때만 잘 자란다. 그러므로 정도가 지나친 잦은 여행, 잡다한 인상을 주는 것은 삼가는 것이 좋다. 그것은 자라나는 아이들에게 매우 유익할 수 있는 단조로운 생활을 견디지 못하게 만드는 원인이 되기 때문이다. 그렇다고 해서 꼭 단조로운 생활 자체에 가치를 두려는 것은 아니다. 다만 어떤 종류의 유익한 일은 어느 정도 단조로운 분위기가 아니면 이루어질 수 없다는 말이다.

《서곡》이라는 워즈워스의 시를 생각해 보자. 그가 가치 있다고 믿는 사상과 감정은 세상살이에 닳고 닳은 젊은이들에게는 결코 이해할 수 없는 것임이 명백하다. 그러나 삶에 진지하고 건설적인 뜻을 품고 있는 젊은이들은 권태를 참고 견딜 필요가 있다고 생각되면 자진해서라도 참아낼 것이다. 그렇지만 오락과 놀기만을 일삼는 젊은이들에게는 건설적인 목표가 우러나기가 쉽지 않다. 그러한 젊은이의 사고방식은 앞날의 업적보다 눈앞의 쾌락에 더욱 가까워질 것이 분명하다. 그러므로 권태를 참아내지 못하는 세대는 보잘것없는 세대가 되어 버릴 것이며, 자연의 섭리에서 부당하게 벗어난 인간들, 즉 꽃병 속의 꽃꽂이처럼 나날이 생명력이 시들어 가는 세대가 될 것이다.

나는 원래 신비적인 말을 좋아하지 않는다. 그러나 과학적인 표현보다는 시적인 표현을 쓰지 않고서는 나의 생각을 충분히 표현할 수 없을 것 같다. 우리가 무엇을 생각하며, 무슨 행동을 하든 간에 우리는 이 대지의 아들이며, 생명도 이 대지의 한 부분이다. 인간도 동물이나 식물과 마찬가지로 대지에서 영양을 섭취하며 살아간다. 그런데 대지의 생명은 리듬이 아주 느리다. 대지에 있어서 가을과 겨울은 운동 못지않게 중요하다. 아이들에게나 어른들에게나 차면 기울고 기울면 차는 대지의 리듬과 일정한 접촉을 유지하는 것이 필요하다. 인간의 육체는 오랫동안 이 리듬에 적응해 왔으며, 종교는 부활절 축제에서 이 리듬을 보여 주었다. 내가 전에 런던에서 살 때 두 살 된 어린이를 처음으로 녹지대로 데리고 간 적이 있었다. 그때는 마침 겨울이어서 주위는 온통 축축하고 진흙투성이였다. 어른들이 보기에 기쁨을 느낄 만한 것이라고는 아무 데서도 찾아 볼 수가 없었다. 그런데 그 어린애에게는 분명 이상야릇한 황홀감이 떠올랐다. 그 어린애는 축축히 젖은 땅 위에 꿇어 엎드려서 얼굴을 풀 속에 파묻고 기쁨에 들떠서 무슨 소리인가를 지껄이고 있었다. 그 어린애가 맛보는 기쁨은 원시적이고 단순하며 힘찬 것이었다. 생명의 욕구가 충족되는 기쁨은 매우 심오하다. 그러기에 이 기쁨에 굶주린 사람들은 거의 미칠 지경이 되는 것이다. 많은 쾌락—도박이 그렇지만—은 대지와 접촉해서 느낄 만한 요소가 하나도 없다. 이러한 쾌락은, 그것이 끝나기가 무섭게 무미건조하고 불안스럽고 그 꿀맛이 무언지 모르게 공허한 울림을 줄 뿐, 기쁨을 주지는 않는다. 그러나 지상의 생명과의 접촉으로 얻어지는 기쁨은 어딘지 모르게 깊은 만족감이 따른다. 이 기분은 비록 자극적인 쾌락만큼 황홀한 것은 아니지만, 기쁨이 가신 뒤에도 얼마 동안은 그대로 남아 있는 것이 보통이다.

여기서 내가 말하는 기쁨은 그 특성이 가장 단순한 것에서부터 문학적인 것에 이르기까지 각 분야에 걸쳐 있다. 앞에서 말한 두 살 난 어린애는 대지 (大地)의 생명과 혼연일체가 되는 가장 원시적인 형태를 보여 주었던 것이다. 시(詩)에서 우리는 더욱 높은 차원의 기쁨을 엿볼 수가 있다. 셰익스피어의 서정시가 위대한 이유는 두 살 난 어린애가 풀을 가슴에 가득 안은 기쁨이 시 전편을 통해 넘쳐흐르고 있기 때문이다. 〈보라 종달새여〉라든가 〈금빛 모래밭으로 오라〉와 같은 시를 생각해 보라. 우리는 이 시 속에서 두 살 난 어린애가 기뻐서 소리쳤던 그 감정이 아주 섬세하고 세련된 말로 표현된 것을 쉽게 판단할 수 있다. 그리고 연애와 단순한 성적 매력과의 차이를 생각해 보라. 연애는 오랜 가뭄 끝에 단비를 맞는 식물처럼 우리의 생명을 좀더 새롭고 산뜻하게 한다. 그러나 사랑이 없는 성관계에는 이러한 감정이 있을 수 없다. 순간적인 쾌락의 물결이 지나가면 피로와 혐오와 허무감의 찌꺼기가 남을 뿐이다. 연애는 대지의 생명의 한 부분이지만 사랑이 없는 섹스는 섹스에 불과하기 때문이다.

현대의 도시인들이 느끼고 있는 권태는 대지의 생명에서 멀찌감치 떨어져 나간 데서 비롯된다. 그것은 마치 사막을 건너는 순례자와 같이, 인생을 무겁게 하고 먼지투성이로 만들고, 또한 목마르게까지 한다. 자기가 원하는 인생을 누릴 수 있을 만큼 돈이 많은 사람들 중에는 도저히 견디기 어려운 권태에 시달리는 사람들이 있는데, 그 까닭은 권태를 두려워하기 때문이다. 파괴적인 권태에서 벗어나려고 발버둥치다가 더 나쁜 권태에 희생이 된다면 어떻게 할 것인가? 행복한 생활이란 조용한 가운데서만 맛볼 수 있는 것이다. 진정한 기쁨은 조용한 분위기 속에서만 가능하기 때문이다.

5. 피로

피로(疲勞)에는 여러 가지 종류가 있는데, 행복에 커다란 장애가 되는 것도 있다. 지나치지만 않는다면, 단순한 육체적 피로는 얼마만큼 행복의 실마리가 될 수도 있다. 우선 피로는 꿈같은 단잠을 이루게 해 준다. 식욕을 북돋아 주기도 하고, 휴일에 즐길 수 있는 즐거움에 들뜨게도 한다. 그러나 피로가 과도해 지면—이러한 현상은 공업화 초기에 있는 중국이나 일본, 또는 남미 여러 나라에서도 찾아볼 수 있지만—농가의 부인들은 지나친 노동에 지쳐서 서른 살만 되면 늙어 보인다. 산업혁명 초기의 어린이들은 발육이 저해되고 과로로 인한 사망률이 많았다. 이처럼 육체 노동은 어느 정도를 넘어서면 심한 고통이 되며, 인생 자체를 감당할 수 없을 정도에까지 이르게 할 때도 있었던 것이다. 그러나 오늘날 대부분의 선진 국가에서는 노동 조건의 개선으로 인하여 육체적인 피로는 훨씬 줄어들었다. 현대의 문명 사회에서 가장 문제가 되고 있는 것은 신경(神經)의 피로이다. 이 신경의 피로는 기이하게도 부유층에 많으며, 임금 노동자들에게서보다는 실업가나 정신 노동자에게서 훨씬 많이 발견되고 있다.

현대 생활에서 신경의 피로에서 벗어난다는 것은 매우 어려울 듯하다. 우선, 근무 시간은 말할 것도 없고, 직장에서 가정으로 오가는 길에서도 도시 근로자들은 소음에 신경을 쫓기고 있다. 그들은 의식적으로 이 소음에서 벗어나려 하지만 그런 의식적 노력이 더욱 더 그들을 피로 속으로 몰고 간다. 다음으로, 우리는 거의 의식하지 못하고 있지만 끊임없이 낯선 사람들을 대하는 것 또한 피로의 원인이 된다.

다른 동물들도 마찬가지지만, 인간은 낯선 사람을 대하게 되면 본능적으로 호의적으로 대해야 하느냐, 적대시해야 하느냐를 결정하기 위해서 상대방을 샅샅이 경계하게 된다. 혼잡한 시간에 지하철을 타는 사람들은 이러한 본능을 억제당할 수밖에 없는데, 그 결과 낯선 사람 전체로 분노가 확산되어 우연히 접촉하게 될 모든 사람들에게까지도 적의(敵意)를 갖게 되는 것이다. 그리고 근무 시간에 급하게 일하다 보면 자연히 소화불량에 걸리기 마련이다. 그리하여 사무실의 딱딱한 의자에 앉아 하루의 일과를 시작할 무렵이면 이미 신경이 날카로워져서 주위의 누구에게도 불쾌한 시선을 겨누게 된다. 그들의 상사역시 그러한 기분으로 출근했기 때문에 직원들의 불쾌한 마음을 풀어 주기는커녕 오히려 신경을 자극시킨다. 직원들은 혹시 해고를 당하지 않을까 공손한태도를 보이지만 신경은 더욱 긴장될 뿐이다. 그러므로 만일 한 주일에 한 번정도나마 직원이 상사의 코를 잡아당기거나, 또는 다른 방법으로 그에 대해서그들이 어떤 생각을 갖고 있는가를 표현할 수만 있다면 아마도 신경의 긴장이 풀어질 수가 있을 것이다. 그러나 상사로서도 여러 가지 골칫거리가 있기 때문에 만사가 뜻대로 되는 것은 아니다. 고용인이 해고를 당할까 두려워하는 것이나, 고용주가 혹시 파산을 당하지 않을까 전전긍긍하는 심정은 같기 때문이다. 어떤 이들은 이러한 두려움을 견디고 지낼 만큼 강심장을 갖고 있기는 하다. 그러나 그 역시 높은 지위에 오르기 위해서는 기나긴 세월 동안 많은 고초를 겪어야 하며, 그 동안 세계 각국의 모든 경제 상태를 잘 파악해 나아가야 하며, 경쟁자들의 음흉한 계획을 재빨리 간파해서 물리쳐야 한다.

그러므로 그가 드디어 훌륭한 성공을 거두었다고 하더라도 이미 그의 신경은 쇠약해져 있으며, 너무나 큰 불안 속에서 생활해 왔기 때문에 이제는 걱정할 필요가 없어졌는데도 그 불안해하는 심정을 떨쳐 버릴 수가 없는 것이다. 물론 부호의 아들로 태어났다면 그러한 습성은 없을지도 모른다. 그러나 그들역시 부호의 집에서 태어나지 않았으면 겪지 않았을지도 모를 다른 걱정거리를 만들어낼 것이다. 그들은 곧잘 투기와 도박에 빠진다. 그래서 아버지에게서 책망을 듣기도 하고 지나친 유흥에 탐닉해 몸이 쇠약해지기도 한다. 그가 결혼을 해서 자리를 잡을 때쯤에는, 옛날 그들의 아버지같이 행복을 느낄 수 있는 능력을 상실해 버리고 만다. 대부분의 현대인들은 자의든 타의든 간에 신경을 혹사하는 생활을 하고 있으며, 밤낮으로 피로를 겪어야 하기 때문에 술의 힘을 빌리지 않고는 즐거움을 맛볼 기회를 갖기 힘들다.

바보 천치와 같은 이러한 부유층에 대해서는 이 정도로 해두어도 현명한 독자들이라면 곧 이해할 것이다. 그보다는 먹고 살기 위해서 발버둥치고 있는 일반 대중들의 경우를 더 생각해 보자. 그들의 피로는 거의 근심 걱정에서 비롯된 것인데, 이 근심 걱정이란 인생관을 바꾸고 정신적인 수양을 쌓을 수만 있다면 극복할 수 있다고 믿어진다. 흔히 대부분의 사람들은 자기의 사고를 적절히 통제하는 데 익숙하지 못하다. 즉 어떤 문제에 직면했을 때 아무런 행동도 하지 못한 채, 우물쭈물 공연한 걱정만을 되풀이하는 것이다. 사람들은 그날의 걱정을 잠자리에까지 가지고 가는 것이 예사이다. 내일의 문제를 타개하고 새로운 힘을 길러야 하는 밤 시간인데도 그 문제를 생각하며 잠자리를 설치기 마련이다. 잠자리에서 그런 걱정을 해본들 아무런 소용도 없는데 자꾸 쓸데없는 걱정으로 밤을 새우는 것이다. 그것은 그 다음날 건전한 행동 방침을 세우는 데 도움을 주기는커녕, 마침내 날이 밝으면 불면증으로 갈피를 못

잡고 반미치광이 같은 방식을 택하게 만든다. 밤을 새워가면서 거듭한 걱정은 여전히 머릿속에서 떠나지 않으므로 판단력은 흐려지고 기분은 우울해지고, 일마다 신경을 곤두세워 벌컥벌컥 화를 잘 내게 된다. 그러기에 현명한 사람은 그때의 일은 그것으로 끝내고 밤에는 아무런 생각도 하지 않는다.

그러나 나는 커다란 위기에 직면하여 파멸이 눈앞에 이르렀다든가, 아내가 자기를 속인다고 의심할 만한 일이 있다거나 할 경우에도 그 고민을 막을 수 있다고 주장하려는 것은 아니다. 어떤 문제가 속수무책일 때, 어떤 특별한 수련을 쌓은 사람이 아니라면 근심과 걱정은 떨쳐 버릴 수 없는 게 당연한 일일 것이다. 그러나 일상 생활에서 흔히 일어나는 사소한 걱정거리는 그것을 처리해야 할 때를 제외하고는 마음 속에서 떨쳐 버려야 한다. 우리는 수양을 통해 질서정연한 마음을 가짐으로써 놀라울 정도의 행복과 능률을 증진시킬 수 있다. 여기에서 질서정연한 마음이란 어떤 문제를 밤낮으로 산만하게 생각하는 것이 아니라, 생각해야 할 때만 적절히 생각하는 어떤 통제력을 뜻한다. 곤란하거나 걱정스러운 문제를 결정해야 할 경우에는 가능한 모든 자료를 수집하고 최선을 다하여 생각한 끝에 결정을 내리도록 한다. 그리고 일단 결정을 내리고 나면 새로운 변화나 사태의 추이에 따른 것이 아니고서는 그 결정을 변경해서는 안 된다. 이러지도 저러지도 못하고 우물쭈물 망설이는 것처럼 정력(精力)을 낭비시키는 일은 없으며, 또 이것은 백해무익하다.

자기가 걱정하고 있는 것이 별로 중요한 것이 아니라고 인식될 때 걱정은 소멸된다. 나는 대중 앞에서 연설을 많이 한 축에 속한다. 처음에는 솔직한 심정이지만 두려웠던 것이 사실이었다. 이런 두려운 생각이 연설을 서투르게 했다. 한때는 청중 앞에 서는 것이 어찌나 불안하던지 강연을 하기 전에 발목이라도 부러졌으면 하고 생각한 적도 있었다. 또 강연을 마치고 나서는 청중들의 반응이 어떨까 하여 신경을 곤두세웠기 때문에 심신이 모두 피로했다. 그러나 점차로 나는 강연을 잘하건 못하건 간에 상관할 필요가 없다고 생각하게 되었다. 그것이 이 광대무변한 우주에 변화를 일으킬 리가 없다고 나 자신에게 타일렀다. 그랬더니 말의 실수가 적어지고, 나중에는 신경의 긴장이 풀려 아무렇지도 않게 되었다. 대체로 신경의 피로는 이러한 방법으로 처리할 수 있는 것이 아닐까?

인간의 행동이라는 것은 우리가 언뜻 생각하는 것처럼 그렇게 중대하지 않으며, 더구나 성공과 실패란 어찌 보면 그렇게 대단한 것이 못된다. 인간은 커다란 슬픔 속에서도 헤어날 수가 있기 마련이다. 인생의 행복에 종지부를 찍을 것처럼 보이는 고민도 시간이 흐를수록 사그라져 나중에는 그토록 심각했던 번민조차 기억하지 못하는 경우가 많다. 누구나 자기 중심적인 생각을 초월하게 되면 인간의 자아라는 것은 이 세상에서 그리 대단한 것이 못된다는 것을 깨닫게 된다. 자기를 초월하는 존재에게 자신의 사상과 희생을 집중시킬 수 있는 사람이면, 철저한 이기주의자로서는 불가능한 일상 생활에서의 걱정에서 해방되어 마음의 평화를 누릴 수가 있는 것이다.

신경의 위생학—이 분야는 연구된 바도 많지 않고 진전도 별로 없는 듯하다. 다만 산업 심리학 분야만이 피로에 대해 연구하고 있을 뿐이다. 세밀한 통계학적 숫자는 어떤 일을 되풀이해서 오랫동안 계속하면 나중에 피로해진다는 것을 입증하고 있으나, 이러한 것은 군이 과학의 힘을 빌리지 않더라도 충분히 깨달을 수 있을 것이다. 심리학자들이 연구한 피로는 주로 근육에 관한 것이다. 하기야 오늘날에는 학교의 아동들을 대상으로 피로에 대한 연구를 하고 있지만 그 어느 하나도 중요한 문제에 가깝게 접근한 것은 없다. 현대 생활에서 느끼는 피로 가운데서 중요한 것은 근육 같은 것보다는 감정적인 면이다. 순전한 지적 피로는 근육의 피로와 마찬가지로 수면을 충분히 취하면 풀리게 마련이다. 감정적인 면이 전혀 없는 지적 노동에 종사하고 있는 사람—예를 들면 세밀한 계산을 하는 사람—은 그날의 피로를 그날 저녁의 수면만으로 깨끗이 풀어 버릴 수가 있다.

따라서 피로는 그런 일을 해서 생기는 것이 아니고 어떤 근심과 걱정에서 오는 것이다. 그러나 감정의 피로는 휴식을 방해한다. 사람은 피로하면 할수록 그것을 풀기가 난감해진다. 신경쇠약에 걸리는 징조 중의 하나는 자기가 맡은 일이 매우 중요하며, 자기가 쉬게 되면 큰일 난다고 생각하는 데서 찾아온다. 내가 만일 의사였다면 자신의 일의 중요성을 강조하는 환자에게는 우선 휴양부터 권했을 것이다. 내가 관찰한 바에 의하면, 신경쇠약은 감정적으로 괴로운 일이 있을 때 자기 일에 몰두하면서부터 시작되고, 거기에서 벗어나려는 갈등과의 마찰 때문에 더욱 발달하게 된다. 그들은 일단 자신의 일을 포기하고 싶어하지는 않는다. 왜냐하면 만일 일을 포기할 경우에는 그 일이 무엇이든 간에 자기의 불행한 생각을 잊어버리게 하는 것이 사라지는 셈이 되기 때문이다.

이러한 괴로움은 파산에 대한 두려움과 같은 것인지도 모른다. 이때 그의 걱정은 일과 동일시되어 있다. 그래서 그 걱정 때문에 일을 그만큼 더 오래 붙잡고 있게 되고, 나중에는 판단력이 흐려져서 오히려 일을 조금 하는 경우보다도 훨씬 더 쉽게 파산이라는 결과를 재촉하게 되는 것이다. 어떤 경우일지라도 신경쇠약의 시초는 감정적인 괴로움에서 야기된다.

이러한 고민의 심리는 그리 단순하지가 않다. 나는 앞에서 정신적인 훈련, 예컨대 어떤 문제에 대하여 적절한 때에 사고(思考)하는 습관에 대해서 말했다. 여기에는 커다란 의미가 있다. 우선 생각을 낭비하지 않게 해주고, 그날의 일과를 마칠 수 있게 해주며, 불면증을 낫게 하고, 결정하는 지혜와 능률을 증진시켜 준다. 그러나 이러한 방법도 무의식이나 잠재 의식에는 아무런 힘이 되어 주지 못한다. 괴로움이 가장 극심했을 때는 의식의 밑바닥까지 뚫고 들어가는 방법을 취하지 않고서는 별로 효과를 보지 못한다. 심리학자들은 의식이 무의식에 끼치는 영향에 대해서 많은 연구를 했지만 아직 충분하지는 않다.

그러나 무의식에 대한 의식의 작용은 정신건강상 매우 중요하며, 만약 이성적인 확신이 무의식에 어떤 영향을 줄 수 있다면 이러한 문제에 대해 알아둘 필요가 있다. 이것은 특히 고민에 적용할 수 있다. 가령 지금 어떤 불행이 돌발한다고 하더라도 그쯤은 두려울 것이 없다고 자기 자신에게 타이르는 것은 쉬운 일이다. 그러나 이것이 다만 의식적인 확신에 머물러 있는 한은 아무런 작용도 하지 못하고 악몽 같은 일이 생겨도 막을 수가 없다. 나도 상당한 양의 힘과 강도를 집중시킨다면 의식적인 사고를 무의식 속에 심을 수 있으리라고 확신한다. 대부분의 무의식은 한때는 매우 감동적이고 의식적인 사고였던 것이 차차 의식의 밑바닥에 깔리게 된 것이다. 이와 같이 밑바닥에 깔린 것은 의식적으로 해결할 수가 있다. 이런 방법을 쓴다면 무의식중에 유익한 일을 많이 하도록 유도할 수가 있다. 나는 그 한 방법을 찾아냈는데, 그것은 어떤 일에 몇 시간, 아니 며칠 동안이고 사고를 집중—가능한 대로의 사고를 집중하는 일이다. 그러다가 그 기간이 끝날 무렵, 그 일을 밑바닥에서 진행시키도록 명령을 내린다. 그렇게 해서 얼마 후에 그 문제로 돌아가면 어느새 그 일이 이루어진 것을 문득 깨닫게 된다. 내가 이런 방법을 생각해 내기 전에는 조금도 진전이 되지 않았기 때문에 여러 달 동안을 고민으로 지새워야 했다. 그렇게 고민하고 있다고 해서 해결이 빨리 되는 것도 아닌데 시간 낭비를 했던 것이다. 그러나 지금은 그 시간을 다른 일에 사용할 수 있게 되었다.

우리의 근심 걱정에도 이와 비슷한 방법을 사용할 수가 있다. 어떤 불행이 예고될 때, 실제로 그것이 돌발한다면 최악의 경우는 어떻게 될까 하고 진지하게, 그리고 의식적으로 생각해 보라. 장래 일어날지도 모르는 이러한 불행을 정면에서 노려본 다음에, 결국 그 불행을 그다지 두려운 것이 아니라고 생각할 적당한 이유를 찾아내 보도록 하라. 이유는 언제나 있는 법이다. 아무리 나쁜 것이라도 내 한 몸의 일이지 결코 우주적인 의미를 가질 수 없다. 그리하여 한동안 최악의 경우를 내다보고 '그까짓 것 별거 아니다'라고 중얼거리게 되면, 여러분의 고민은 이미 소멸된 것이나 다름없다. 이러한 최악의 경우를 당했을 때 조금도 주춤거리지 않는다면 고민의 그림자는 완전히 사라지고 명랑한 기분이 샘솟을 것이다.

이것은 공포를 피하는 하나의 방법이다. 고민은 공포의 한 형식인데, 여러 가지 공포에서 피로가 발생한다. 공포를 느끼지 않는 훈련을 쌓은 사람은 일상 생활에서 별로 피로를 느끼지 않을 것이다. 공포는 우리가 정면으로 바라보고 싶지 않은 위험이 있을 때 생기며, 이것이 우리에게 해로움을 끼치게 된다. 이따금 우리는 무서운 생각이 들며, 사람 나름이기는 하나 우리도 모르는 사이에 공포의 그림자가 스며든다.

어떤 이에게는 암(癌)의 공포가, 어떤 이에게는 경제적 파탄이, 누군가에게는 치욕스러운 비밀의 탄로가, 또 질투가 섞인 의혹이 생길 때면 누군가로부터 들었던 지옥불의 이야기가 공포로 다가올 수 있을 것이다. 공포에 직면했을 때 그것을 처리하는 방법은 각양각색일 수 있다. 어떤 사람들은 일단 공포의 그림자가 드리워지면 오락이나 일에 대한 것 따위에 정신을 쏠리게 하여 공포를 잊어버리려고 한다. 그러나 이것은 잘못된 생각이다. 모든 공포는 똑바로 직시하지 않으면 안 되며, 그렇게 하지 않으면 더 악화될 수도 있다. 우리의 생각을 다른 데로 돌리는 것은 우리가 벗어나려는 공포를 더욱 북돋아 주는 결과를 낳는다. 어떠한 공포든지 간에 그것을 다루는 올바른 자세는 이성적으로 냉정하게 그리고 정신을 집중하여 그 공포에 대해서 생각하는 것이다. 그러면 드디어는 그 공포에 친숙감이 우러나고, 그렇게 되면 공포의 강도는 약화된다.

그 문제는 지루하게 느껴지기 시작하고 우리의 생각은 거기에서 벗어나게 된다. 다시 말하면 공포에서 벗어나려고 의식적인 노력을 하게 되는 것이 아니라 그 문제에 흥미가 없어져서 생각을 하지 않게 되는 것이다. 어떤 문제가 마음 속을 맴돌며 떠나지 않을 때 이를 물리치는 가장 좋은 방법은 그러한 병적인 환상이 지쳐서 떨어져 나갈 때까지 보통 이상으로 철두철미하게 그 생각을 반복하는 일이다.

오늘날의 도덕적인 견지로 볼 때 가장 미흡한 것이 공포에 대한 것이다. 남자들에게는 전쟁에서의 육체적 용기가 요구되고 다른 형태의 용기는 필요치 않으며, 특히 여자들에게는 오늘날 어떤 용기도 요구되지 않는다. 용감한 부인이 보통의 남성에게서 사랑을 받고 싶을 때는 그 용감성을 감추어야 한다. 또한 육체적인 위험을 제외한 다른 일에 용감한 사람도 환영을 받지 못한다. 이를테면 어른을 무시하는 것은 하나의 도전이라고 여겨지며, 그 도전을 받는 사람들은 자신들의 권위를 무시하는 사람을 처벌하기 위해서 온갖 방법을 다 취한다. 그러나 이것은 옳지 못한 일이다. 마치 군대에서 육체적인 용기를 찬양하는 것처럼 모든 용기는 남녀를 가리지 않고 찬양받아야 마땅하다. 일반적으로 젊은이들의 많은 육체적 용기는 유사시(有事時)에 사회적인 요청에 따라서 과감히 나설 수 있음을 보여 주는 증거가 된다. 용기가 많아지면 고민도 적어지고 피로도 감소한다. 왜냐하면 오늘날 많은 사람들이 겪고 있는 신경의 피로는 의식적이든 무의식적이든 간에 공포에서 비롯되는 것이 대부분이기 때문이다.

흔히 피로(疲勞) 때문에 자극을 즐기게 된다. 한가하게 잠을 자며 시간을 보낼 수 있다면 좋은 컨디션을 유지할 수 있겠지만, 사실 근무 시간이 지루하므로 자유로운 시간이 되면 쾌락을 구하려고 한다. 우리들이 손쉽게 구할 수 있고 쉽사리 마음이 쏠리는 쾌락은 대체로 신경을 피로하게 하는 것이 대부분이다. 자극에 대한 욕망이 정도를 지나치는 것은 성격이 비뚤어졌거나 본능적으로 불만을 느끼고 있다는 징조이다. 달콤한 신혼 시절에 대부분의 남자들은 자극에 대한 필요를 느끼지 않는다. 그러나 결혼이 늦어지는 것이 현대 사회의 특징이다. 그래서 경제적으로 결혼할 능력이 생겼을 무렵이면 자극은 하나의 습성이 되어 다만 잠시 동안만 참을 수 있는 것이 될 뿐이다. 오늘날과 같이 결혼할 때 무거운 경제적인 부담이 없고 사회의 여론이 스물한 살만 되면 결혼해도 무방하다고 한다면, 사람들은 아마 그들이 하는 일만큼이나 피로하게 만드는 쾌락 추구에 매달리지는 않을 것이다. 그러나 이것을 실현해야 한다고 주장한다면, 우리는 린지 판사의 경우에서 보는 바와 같이 부도덕하다고 여겨질 것이다. 그는 늙은이들의 완고한 고집 때문에 젊은이들이 겪게 되는 여러 가지 불행을 막으려 했고, 그 결과 훌륭한 일생을 살았는데도 한편으로는 세상의 비난을 받았던 것이다.

한낱 개인으로서는 자기가 살고 있는 사회의 관습과 제도를 마음대로 개선할 수가 없다. 그러므로 완고한 도덕주의자들이 만들어 영속시키려는 생활에 대항한다는 것은 어려운 일일 것이다. 인생은 더 깊은 만족을 주는 기쁨이 없을 때 자극의 힘을 빌지 않으면 견디기 어렵다. 그러나 자극에서 오는 쾌락이 행복에 이르는 길이 아님을 깨닫는 것은 가치 있는 일이다. 분별 있는 사람은 스스로 자기의 분수를 지키고 건강과 일을 방해하는 쾌락에 빠지는 것을 삼가야 한다. 젊은이들의 고민을 근본적으로 해결하기 위해서는 사회 도덕을 뜯어 고쳐야 한다. 또한 젊은이들은 결혼할 입장에 있음을 자각하고, 행복한 결혼을 불가능하게 만드는 방식—이런 것은 과도하게 신경을 소모하고 더 부드러운 즐거움을 구하는 데서 오기 쉽다—으로 사는 것은 현명치 않다는 것을 생각해야 할 것이다.

신경 피로의 가장 나쁜 특징 중의 하나는 그것이 인간과 외부 세계를 가로막는 칸막이 역할을 하고 있다는 것이다. 외부에서 오는 인상이 그에게 미칠 때 그것이 그에게까지는 닿지 않는다는 사실이다. 이를테면 그에게 가 닿기 전에 소리가 죽고 안 들리는 것이다. 그래서 그는 사람들을 잔재주나 타성에 젖었다고만 생각하게 된다. 그는 식사라든가 햇빛 같은 데서는 기쁨을 느끼지 못한다. 그저 한두 가지 목적에만 악착같이 몰두하고 그 외의 일엔 무관심하게 된다. 그는 휴식을 취할 수 없게 되고 따라서 피로만 계속 중첩될 뿐이다. 마침내 그는 의사의 신세를 져야 할 지경에까지 이른다. 따지고 보면 이것은 이미 앞장에서 이야기했듯이 대지(大地)의 생명과 접촉하지 못한 데서 오는 하나의 형벌이다. 오늘날 같은 복잡한 도시 생활에서 어떻게 하면 대지의 생명과 접촉할 수가 있을까? 그것은 결코 쉬운 문제가 아니다. 이것은 별도로 다루어야 할 중대한 사회 문제이므로 이 책에서는 더 이상 언급하지 않을 것이다.

6. 질투

불행의 가장 커다란 원인 가운데 하나는 질투(嫉妬)일 것이다. 질투는 일반적으로 인간의 감정 속에 가장 깊이 뿌리박고 있는 감정 중 하나이다.

질투는 한 살이 될까 말까 한 젖먹이한테서도 볼 수 있다. 그리고 모든 교육자가 가장 상냥한 마음 씀씀이로 다루어야 하는 성질의 것이다. 한 아이만 귀여워하고 다른 아이는 별로 돌보지 않는다는 것은 대개 어디서나 볼 수 있는 현상인데, 이것이 원망의 원인이 된다. 어린아이를 가진 사람은 절대적이고 엄격한, 그리고 일정하고 공평한 분배의 원칙을 지켜야 한다. 어린아이는 선망이나 질투—질투는 선망의 특별한 변형이다—를 표현할 때, 어른들과 마찬가지로 노골적이다. 본래 이 감정은 어른한테나 아이한테나 똑같다.

우리 집 하녀에 대해서 이야기해 보겠다. 나는 집에서 고용하고 있던 하녀 한 사람—결혼한 여자였다—이 임신했을 때의 일을 기억한다. 나는 그 하녀에게 무거운 것을 들어올리지 않아도 괜찮다고 말했다. 그런데 그 결과가 금방 나타났다. 다른 하녀도 누구 하나 무거운 것은 들지 않게 된 것이다. 그 때문에 무거운 것을 들어올려야 하는 일이 생기면 우리 스스로가 해야 했다.

질투야말로 민주주의의 기초이다. 헤라클레이투스는 에페소스의 시민을 모조리 교수형에 처해야 한다고 말했는데, 그것은 에페소스의 시민들이—"우리 사이에는 제1인자 같은 것이 있어서는 안 된다"고 말했기 때문이다. 이 정열에 의해서 그리스 여러 도시에서 전면적으로 민주주의 운동이 고무된 것이 틀림없다.

이와 같은 말은 현대의 민주주의에도 적용할 수 있다.

민주주의야말로 정치의 가장 좋은 형태라고 주장하는 이상주의적 이론이 있다. 이 이론은 나도 옳다고 생각한다. 그러나 이상주의적 이론은 실제 정치의 어느 분야에서도 변혁의 원동력이 될 만한 힘을 갖고 있지는 않다. 큰 변혁이 일어날 때 그것을 정당화하려는 이론은 언제나 변혁의 정열을 위장하기 위해 사용된다.

민주주의의 이론에 원동력을 제공하는 정열은 의심할 것도 없이 선망과 질투의 감정이다.

롤랑 부인*10의 회상록을 읽어 보라. 부인은 흔히 민중을 위해서 몸을 바친

---

*10 롤랑 부인(Roland de la Platiere, 1754~93)은 프랑스의 여류 작가이다. 자코뱅 당의 미움을 받아 결국에는 단두대에서 죽는다. "자유여! 그대의 이름 아래 얼마나 많은 죄가 저질러졌던가!"라는 마지막 말을 남긴 것으로 유명하다.

고귀한 여성의 대표로 예시된다. 부인을 그와 같이 열렬한 민주주의자로 만든 것은 무엇이었던가? 그것은 롤랑 부인이 우연히 귀족의 성을 방문하여 하녀의 방에 안내되었을 때의 경험이었다.

보통, 사회적 지위가 있는 여성들 사이에서는 질투가 매우 커다란 작용을 한다. 지하철을 타고 있는데 아름답게 차려입은 한 여성이 마침 그 차량 옆을 지나갔다고 하자. 그때 다른 여자들의 시선을 보라. 그 여성과 마찬가지로 아름답게 차려입은 여성은 별도로 치더라도 그 여성들 한 사람 한 사람이 그 잘 차려입은 여성에게 적의에 찬 눈빛을 던지며 그 여성의 가치를 손상시킬 만한 결점을 찾아내려고 눈이 번들거리고 있는 것을 발견하게 될 것이다.

추문(醜聞)을 좋아한다는 것도 바로 이와 같은 일반적인 적의(敵意)의 발로이다. 다른 여성을 헐뜯는 욕설은 그 증거가 하찮더라도 모두 금방 믿어 버린다. 고상한 도덕도 이와 같은 목적에 도움이 된다. 도덕적으로 어긋난 행동을 많이 한 여자를 시샘하고, 그 죄를 벌주는 것을 미덕이라고 생각하는 것이다. 그와 같은 특수한 형태의 미덕, 즉 도덕에 어긋났기 때문에 모든 사람들이 벌을 주어도 괜찮다는 식의 미덕은 그들에게는 하나의 보상이기 때문이다. 즉 질투심에 굶주린 마음을 달래 주는 것이다.

그런데 이와 똑같은 일이 남자들 사이에서도 발견된다. 다만 여자의 경우는 다른 여자 전부를 경쟁 상대로 하지만, 그것과는 달리 남자의 경우는 이 감정을 같은 직업의 남자들에게만 돌린다.

독자 여러분은 지금까지 한 예술가를 다른 예술가 앞에서 칭찬하는 경솔한 짓을 한 적은 없는가? 한 정치가를 그 사람과 같은 정당에 속하는 정치가 앞에서 칭찬한 적은 없는가? 한 이집트 학자를 다른 이집트 학자 앞에서 칭찬하지는 않았는가? 만일 여러분이 그와 같은 짓을 했다면 십중팔구 그들의 질투심이 폭발했을 것이 분명하다.

라이프니츠와 호이겐스*[11]가 주고받은 서한 중에는 뉴턴이 미쳤다는 소문을 유감스러워하는 내용이 많이 있다. 그들은 서로 이렇게 써 보내고 있다. '뉴턴 씨 같은 유례 없는 천재가 이성을 상실하여 아무것도 모르는 상태가 되었다는 것은 이 얼마나 슬픈 일인가.' 이 두 뛰어난 인물들은 마음 속으로는 안도

---

*11 호이겐스(Huygens, 1629~95)는 네덜란드의 물리학자이다. 뉴턴의 빛의 입자설에 대해 빛의 파동설의 기초를 확립했다. 그러나 당시에는 인정받지 못했다.

의 숨을 내쉬며 편지 속에서만 공연한 눈물을 흘리고 있었음이 분명하다. 그러나 사실은 어떠했느냐 하면, 하기야 몇 가지 별난 행위에 대한 소문이 떠돌기는 했지만, 이 두 사람에게 위선자적 눈물을 흘리게 할 만한 사건은 없었던 것이다.

인간성의 모든 특질 가운데서 질투가 가장 불행하다. 시샘이 많은 인간은 남의 불행을 바란다. 그러기 위해서는 처벌만 피할 수 있다면 무엇이든 하고 싶어한다. 그러나 그 정도에서 그치지는 않는다. 질투 자체에 의해서 스스로 불행에 빠져드는 것이다. 질투하는 사람은, 자기가 가진 것으로 기쁨을 맛보지 못해도 좋으니 남에게는 고통을 맛보게 하려고 한다. 그는 될 수만 있으면 남에게서 그 사람의 이점, 자기도 갖고 싶은 이점을 빼앗으려고 한다. 만일 이런 감정이 마구 번지게 되면 결과적으로 모든 장점을 잃게 되고, 나아가서는 가장 유용한 기술마저 잃게 된다.

노동자가 걸어서 일하러 가지 않으면 안 될 때, 어째서 의사는 자동차로 환자를 보러 가는가? 남이 심한 풍우에 시달리고 있어야 할 때, 어째서 과학자들은 따뜻한 실내에서 시간을 보내도 좋은가? 세상에 큰 도움이 되는 보기 드문 재능을 가진 사람은 어째서 성가신 집안일을 돌보지 않아도 되는가? 질투는 이런 질문에 대한 대답을 전혀 제시하지 못한다.

그러나 다행히도 인간의 속성 중에는 그것을 보충하여 주는 감정, 즉 찬미의 감정이 있다. 그러므로 인간으로서의 행복을 증대시키고 싶은 사람은, 찬미의 감정을 증진시켜서 질투를 줄이도록 해야 한다.

그러면 질투에 대해서 어떤 치료법이 있을까?

성자에게는 무아(無我)라는 치료법이 있다. 하기야 성자라 하더라도 다른 성자를 절대로 질투하지 않는다고는 할 수 없다. 성 시메온 스틸리테스[12]가, 만일 다른 성자들이 자기보다 더 가느다란 기둥 위에 자기보다 더 오랜 세월 서 있었다는 말을 들었다면, 과연 진심으로 기뻐했을지 의심스럽다.

그러나 이런 생각은 제쳐 놓더라도, 보통 사람들의 경우 질투에 대한 유일한 치료법은 행복 이외에는 없다. 그런데 질투가 행복 자체를 방해하는 무서

---

*12 시메온 스틸리테스(Symeon Stylites, 390경~459)는 5세기쯤 시리아 지방에 살던 성자이다. 주두성자(柱頭聖者)라고 부르는 은둔자 일파의 시조이다. 높은 기둥 위에 37년 동안 앉아서 고행했다고 전해진다.

운 장애라는 데 문제가 있다. 내 생각으로 질투는 어릴 때 받은 온갖 불행으로 인해 더욱 강해진다. 형제나 자매가 자기 눈앞에서 자기보다 귀여움을 받는 것을 보면, 어린아이는 질투의 습관을 갖게 된다. 그리고 커서 세상에 나가면, 자기가 어릴 때 희생된 것과 같은 불공평한 현상을 발견한다. 그와 같은 현상이 실제로 일어나면 당장 그것을 간파하게 될 것은 물론이고, 그렇지 않은 경우에라도 그런 현상을 상상하게 된다. 이런 인간은 불행하다. 친구들은 그를 혐오한다. 그는 먼저 사람들이 전부 자기를 좋아해 주지 않는다고 생각하기 시작하고, 마지막에는 스스로 그렇게 행동해서 정말 남이 좋아하지 않는 인간이 되어 버린다.

이와 똑같은 결과를 가져다 주는 어린 시절의 불행 가운데 또 하나는 부성애(父性愛)나 모성애(母性愛)가 전혀 없는 양친을 가진 경우이다. 자기보다 부당하게 귀여움을 받는 형제나 자매가 없다 하더라도 다른 집 아이가 그의 아버지나 어머니에게 자기보다 훨씬 귀여움을 받고 있다는 사실을 깨닫게 되는 것이다. 이것이 다른 아이들과 자기의 부모를 미워하는 원인이 되고, 장차 성장했을 때 자기 자신을 이스마엘*13이라고 생각하게 되는 것이다.

행복은 모든 인간의 타고난 권리이며, 그것을 빼앗긴다는 것은 어쩔 수 없이 인간을 괴팍스럽게 만들고 비참하게 만드는 법이다.

질투심이 많은 사람은 이렇게 말할 것이다. "질투의 치료법은 행복해지는 것이라고 말해 봐야 그것이 내게 무슨 소용이 있겠는가? 내가 질투의 감정을 유지하고 있는 한 행복을 발견할 수는 없고, 내가 행복을 발견할 때까지는 질투가 그치지 않을 것이다. 그저 그뿐 아닌가." 그러나 실제의 생활이라는 것은 이렇게 논리적인 것이 결코 아니다. 시샘 많은 감정의 원인을 깨닫는 것만으로도 그것을 고치기 위한 장족(長足)의 발전을 했다고 볼 수 있다.

무엇이나 남의 것과 비교해서 생각하는 습관은 치명적인 악습이다. 자기에게는 자기가 사는 방법, 자기 나름대로의 인생을 즐기는 방법이 있다. 유쾌한 일이 있을 때는 온 힘을 다해서 그것을 즐기면 되고, 다른 누군가가 맛보고 있을지 모를 즐거움과 비교하면서, 자기 것은 그 사람 것만큼 즐거운 것이 아니

---

*13 이스마엘(Ishmael)은 〈창세기〉 제16장 11절에 나온다. 아브라함과 시녀 하갈 사이에서 낳은 아들. 아브라함의 본처에 의해서 추방된다. 이 이름은 '세상의 미움을 받는 자'라는 뜻이 있으며, 방랑자의 대명사로도 사용된다.

지 않을까 하고 상상해서는 안 된다.

질투심이 많은 사람들은 이렇게도 말할 것이다. "확실히 그럴지도 모른다. 그러나 여기서도 날씨는 좋고, 계절은 봄이고, 새는 재잘거리고, 꽃은 피어 있지만, 시칠리아 섬의 봄은 몇천 배나 아름답고, 헬리콘 숲*14의 참새들은 여기보다 더 곱게 노래를 부르고 샤론의 장미*15는 우리 집 마당의 어느 장미보다도 아름답단 말이야." 이런 생각을 하고 있는 동안에 태양은 기울고, 참새의 노래는 무의미한 재잘거림이 되고, 꽃은 거들떠볼 가치도 없는 것이 되어 버린다. 그는 인생의 다른 즐거움에 대해서도 마찬가지의 생각을 한다.

질투심이 많은 남자는 또 이런 독백도 한다. '그야 그렇겠지. 그러나 나의 연인은 아름답고, 나는 그녀를 사랑하고 그녀도 나를 사랑하고 있지만, 시바의 여왕은 훨씬 더 몇 배나 아름다웠을 것이 틀림없잖아. 아아, 내게 만일 솔로몬 왕이 될 기회가 있었으면 얼마나 좋을까?'

이와 같은 비교는 모두 무의미하고 어처구니없다. 불만의 원인이 시바의 여왕이거나, 이웃 사람이거나, 아무 소용도 없다는 점에서는 마찬가지이다. 슬기로운 사람은 자기가 가진 즐거움을 언제나 즐긴다. 그 사람은 그 사람 나름대로의 즐거움을 갖고 있기 때문이다.

질투는 사실 절반은 정신의 결함, 절반은 지적 결함의 한 발로이다. 그것은 사물을 있는 그대로 보지 않고, 비교의 관계로만 볼 때 나타난다. 가령, 내가 지금 내 욕구를 충분히 채울 만한 월급을 받고 있다고 하자. 나는 그 월급으로 만족해야 한다. 그런데 아무리 생각해도 나보다 별로 뛰어나지 않은 사람이 나보다 몇 배나 되는 월급을 받고 있다는 말을 듣는다. 만일 내가 질투심이 센 성질의 인간이라면, 내가 지금 받고 있는 액수에 대한 만족감은 금방 흐려져 버리고, 불공평하다는 느낌에 사로잡히기 시작한다. 이런 모든 경향에 대한 적절한 요법은 정신의 훈련이다. 다시 말해서 쓸데없는 것은 생각지 않는다는 습관을 들이는 것이다.

결국 뭐니뭐니 해도 가장 심한 질투심을 일으키는 것은 남의 행복이다. 만

＊14 헬리콘(Helicon)은 그리이스 신화에 나오는 산으로, 아폴로와 뮤즈 여신이 살고 있었다고 한다. '시상의 원천'이라는 뜻으로 쓰인다.

＊15 샤론(Sharon)은 예루살렘 북서부에 있는 기름진 들이다. 성서의 〈시편〉에 "나는 샤론의 장미, 골짜기의 백합"이라고 연인에게 자랑하는 대목이 있다.

일 내가 질투를 고칠 수만 있다면 행복을 획득할 수 있다. 그러면 사람들이 나를 부러워할 것이다. 나보다 두 배의 월급을 받고 있는 사람은 아마 다른 누구는 자기보다 두 배의 월급을 받고 있을 것이라는 생각에 괴로워한다. 이런 것이 언제까지나 계속되는 것이다.

만일 여러분이 영예를 바라는 사람이라면, 나폴레옹을 부럽게 생각할 것이다. 그러나 나폴레옹은 시저를 부러워하고, 시저는 알렉산더를 선망했다. 그리고 아마도 알렉산더는 헤라클레스를 부러워했을 것이 틀림없다. 더욱이 헤라클레스는 실제로 존재하지도 않은 인물이었다. 그러므로 가령 성공을 하더라도 그것만으로 질투할 필요가 없어질 거라고 생각해서는 안 된다. 역사나 전설을 보면, 여러분 이상으로 성공한 사람이 언제나 등장할 것이다.

여러분이 질투에서 벗어날 수 있는 길은, 눈앞에 놓인 즐거움을 즐기고 자기가 해야 일을 하는 일이다. 그리고 자기보다 훨씬 행복할 것이라고 멋대로 상상해버린—아마도 완전한 착각일 것이다—사람과의 무익한 비교를 하지 않는 일이다.

불필요한 겸손도 질투와 크게 관계가 있다. 겸손은 하나의 미덕이라고 생각되지만, 극단적인 것이 되면 과연 미덕의 가치가 있는지 매우 의심스러워진다.

겸손한 사람들에게는 크게 용기를 불어넣어 줄 필요가 있다. 그들은 자기가 완수할 수 있는 일을 감히 시도도 해 보려고 하지 않는 일이 허다하다. 겸손한 사람들은 평소 자기들이 교제하고 있는 사람들을 도저히 이기지 못한다고 믿는다. 그리하여 공연히 질투심이 세지고, 질투로 인해 불행해져서 악의를 갖게 되기 쉽다.

나는 아이를 기를 때, 자기 자신을 근사한 인간이라고 생각하도록 만들어 주는 것이 중요하다고 생각한다. 공작은 다른 공작을 부러워하지 않을 것이다. 왜냐하면 공작은 모두 자기의 꽁지를 세계에서 가장 아름다운 꽁지라고 생각하고 있기 때문이다. 그러므로 공작은 평화로운 새이다. 그런데 만일 공작이 생각을 좋게 갖는 것은 악덕이라고 배웠다면, 공작의 생애는 얼마나 불행하겠는가? 그런 경우 그 공작은 다른 공작이 꽁지를 펴고 있는 것을 보고 이렇게 혼자 중얼거릴 것이다.

'행여 내 꽁지가 저 녀석의 것보다 아름답다고 생각해서는 안 돼. 그것은 공연한 자랑이야. 하지만 역시 내 꽁지가 더 아름다웠으면 좋겠다는 소원은 간절하단 말이야! 저 얄미운 녀석은 자기의 훌륭한 꽁지에 저렇게 자신감을 갖고 있거든. 저 녀석의 꽁지를 좀 뽑아 버릴까? 그러면 저 녀석과 불쾌한 비교를 하지 않아도 될 게 아닌가.'

어쩌면 이 공작은 상대편 공작이 걸려들 함정을 만들지도 모른다. 저 녀석은 공작답지 않은 행위를 했다면서, 그 증거를 지도자들의 집회에 들고나가 나쁘게 고발할지도 모른다. 그리하여 그는 차츰, 아름다운 꽁지를 가진 공작은 틀림없이 나쁜 공작이라는 원칙을 만들어 낸다. 그리고 이 공작 왕국의 현명한 통치자에게 더러운 조그만 꽁지를 가진 품위 없는 공작을 찾아다니도록 만든다. 그는 이 원칙을 모두가 받아들이도록 설득시켜 가장 아름다웠던 공작들을 모조리 죽여 버리게 만든다. 그러면 마지막에는 정말로 아름다운 공작의 날개는 단지 어렴풋한 과거의 추억으로만 남게 될 것이다. 이것이 바로 도덕의 가면을 쓴 질투의 승리인 것이다.

이에 반해서, 모든 공작들이 자기를 다른 어떤 공작보다도 아름답다고 생각하고 있는 경우에는 그런 탄압이 전혀 필요하지 않다. 어느 공작이나 자기야말로 콘테스트에서 1등 상을 차지할 수 있다고 생각한다. 그리고 1등이 되었을 때는, 자기의 암컷을 소중히 하고 있기 때문에 1등이 될 수 있었다고 믿는다.

질투는 물론 경험과 밀접한 관계가 있다. 우리의 손이 전혀 미치지 못한다고 생각되는 행운은 질시하지 않는다. 사회의 계급 제도가 정확히 정해져 있는 시대에는, 최하류 계급의 사람은 결코 상류 계급을 부러워하지 않는다. 부자와 가난한 자의 차별은 처음부터 신에 의해서 정해져 있는 줄로 알고 있었기 때문이다. 거지는 자기보다 더 많은 것을 구걸해 오는 다른 거지를 시샘하지만, 백만장자를 시샘하지는 않는다. 근대 사회의 사회적 신분의 불안정과, 민주주의 및 사회주의의 평등 이론이 선망과 질투의 범위를 크게 넓혀 놓았다. 지금은 이것이 악임에 틀림없지만, 좀더 올바른 사회 조직에 도달하기 위해서 참아야 하는 악이다.

합리적인 사고방식에 입각해서 불평등을 생각해 보면, 무언가 탁월한 업적을 보이지 않는 한은 불평등이 부당하다고 여겨지기 시작한다. 그리하여 한번 불평등이 부당하다고 생각되기 시작하면, 그 부당한 불평등을 없애지 않는 한 거기서 생기는 질투에는 달리 치료법이 없다. 이렇게 우리의 시대는 질투가 커다란 역할을 하고 있다.

가난한 사람은 돈 많은 사람을 시샘하고, 가난한 나라는 부유한 나라를 시샘하며, 여자는 남자를 시샘하고, 도덕적인 여자는 부도덕한데도 전혀 처벌받지 않는 여자들을 시샘한다.

서로 다른 계급이나 다른 국가 사이, 그리고 남녀 사이에서, 선망과 질투가 정의(正義)와 공평(公平)을 가져다주는 주요 원동력을 이루고 있는 것은 사실이다. 그러나 동시에, 정의와 공평 중에서도 질투의 결과에서 비롯한 것은 가장 악질의 것이라는 것도 사실이다. 불운(不運)한 사람들의 기쁨을 크게 만들어 주기보다, 오히려 행복한 사람들의 행복을 줄여 주기가 쉽기 때문이다.

개인적인 생활에서 파괴적인 감정은 공적인 생활에서도 파괴적이다. 질투같은 나쁜 것에서 좋은 결과가 생긴다고는 생각할 수 없다. 그래서 이상주의적인 이유로 오늘날의 사회 제도에 근본적인 변혁을 바라는 사람과 사회적 정의의 확립을 바라는 사람은, 질투와는 다른 힘을 변화의 수단으로 삼아야 한다.

무릇 나쁜 일이라는 것들은 서로 관련되어 있다. 그래서 그 가운데 어느 것이라도 다른 악의 원인이 될 수 있다. 특히 피로는 흔히 질투의 원인이 된다. 어떤 남자가 자기가 해야 하는 일에 자기 자신이 적합하지 않다고 느꼈다고하자. 그는 무슨 일에 대해서나 불만을 느끼고, 자기보다 훨씬 쉽게 일을 하고있는 사람들을 질투하게 된다. 질투를 줄이는 방법의 하나는 피로를 즐기는것이다.

그러나 질투를 줄이는 방법 가운데 본능을 만족시키는 생활을 하는 것이가장 중요하다.

얼핏 보기에 순전히 일과 관련해서 질투하는 것처럼 보이는 것도 실은 성적(性的)인 원인에서 비롯한 경우가 많다. 결혼 생활이 행복하고 자식에 관해서도 행복한 사람이, 자기가 올바르다고 생각하는 방법으로 지식을 기를 만한힘이 있다면, 자기보다 돈이 많다든가 자기보다 성공했다고 해서 공연히 남을시샘하지는 않는 법이다.

본디 인간의 행복의 요소는 단순하다. 말주변이 좋은 인간들이라 해도 정말로 자기들에게 부족한 것은 이것이라고 꼬집어 말할 수 없을 만큼 단순한것이다.

그리고 앞에서도 말했듯이, 아름답게 차려입은 여성을 질투의 눈으로 보는여자들은 그 본능적 생활에서는 행복하지 않다고 생각한다. 본능적인 행복은 영어로 말하는 나라, 특히 여성들에게서는 거의 발견되지 않는다. 이 점에서 볼 때 오늘날의 문명이 길을 잘못 든 것 같이 여겨진다. 만일 질투를 덜 하려면 이런 상태를 해결하는 방법을 발견해야 한다. 만일 그 방법이 전혀 발견되지 않으면, 우리의 문명은 증오의 폭풍 속에서 붕괴해 버릴 위험이 있다. 옛날에는 이웃 사람들을 대상으로 질투했다. 이웃 이외에는 아는 사람이 거의 없었기 때문이다. 그러나 오늘날에는 전인류적으로, 교육과 신문을 통해서 직접적으로는 단 한 번의 안면도 없는 온갖 계급의 사람들에 대해서도 추상적이나마 여러 가지 것을 알게 되었다. 사람들은 또 영화를 통해서 부자가 어떤 생활을 하고 있는지도 알고 있다. 신문을 통해서 여러 외국의 수없이 많은 부정도 알고 있다. 선전을 통해서 자기와는 피부 색깔이 다른 모든 사람들의 극악무도한 행위도 알고 있다. 황색 인종은 백색 인종을 미워하고, 백인은 흑인을 싫어한다.

이와 같은 증오가 온갖 선전에 의해서 부채질되고 있다고 여러분은 말할 것이다. 그러나 그것은 천박한 설명이다. 우정(友情)보다 증오를 부채질하는 선전이 훨씬 효과적인 것은 어째서일까? 그 까닭은 매우 명백하다. 현대 문명을 만들어 낸 인간의 심정은 우정보다 증오 쪽으로 기울기 쉽기 때문이다. 그리고 인간의 심정이 증오로 기울기 쉬운 것은 무언가 채워져 있지 않기 때문이다. 그것은 아마도 인간이 무의식적으로, 마침내 인생의 의의를 상실해 버렸다고 생각하기 때문이다. 나아가서는 인간의 향락을 위해서 자연이 준 온갖 좋은 것을 자기 이외의 인간이 차지해 버렸다고 생각하고 있기 때문이다.

현대인이 생활에서 누리는 쾌락의 정도는 원시적인 사회에 비해 훨씬 크다. 그러나 '이렇게 될 수 있었는데' 하는 생각은 훨씬 더 강렬해졌다.

가령 여러분이 어린아이를 데리고 동물원에 갔다고 하자. 여러분은 아마도 원숭이들이 체조나 곡예나 호두까기의 재주를 부리고 있지 않을 때, 그 눈빛 속에서 무언가 기묘하게 긴장된 슬픔의 표정을 발견할 수 있을 것이다. 그 슬픈 눈을 보고 이렇게 상상할 수 있다. '우리는 인간이 될 수 있었는데, 그 비밀을 발견하지 못한 거라고 저 원숭이는 생각하고 있겠지.' 그들은 진화(進化)하는 도중에 길을 잃어버렸다. 그들의 사촌 형제들은 자꾸만 행진을 계속하고 있는데, 그들은 뒤에 처져 버린 것이다.

이와 마찬가지의 긴장과 고뇌가 문명인의 영혼 속에 들어와 버린 것 같다.

그는 자기보다 훨씬 좋은 그 무엇이, 자기 손이 미치는 곳에 있다는 것을 안다. 그러면서도 그것을 어디서 어떻게 발견하면 좋은지 모르고 있다. 그는 절망한 나머지 역시 길을 잃고 불행에 허덕이는 인간에게 노여움을 폭발시킨다.

오늘날 우리는 진화의 한 단계에 서 있다. 그러나 그것은 결코 마지막 단계는 아니다. 우리는 그곳을 급속히 통과하지 않으면 안 된다. 만일 그렇게 하지 않으면, 우리의 태반은 도중에서 넘어지고, 그 나머지는 의혹과 공포의 숲 속에서 헤매게 될 것이기 때문이다.

그러므로 질투는, 그것이 좋지 않은 것이고 또 그 가져다 주는 결과가 무서운 것이라고 하더라도 모두가 나쁘다고는 할 수 없다.

질투는 부분적으로 영웅적인 고통의 표현이다. 그것은 아마도 좀더 좋은 휴식의 장소, 즉 죽음과 파멸을 향해서 맹목적으로 어두운 밤길을 걸어가는 자기 고통의 표현일 것이다. 이 절망에서 빠져나올 올바른 길을 발견하기 위해서는, 일찍이 현대인이 자기의 지성(mind)을 향상시킨 것과 마찬가지로, 이제는 감성(heart)을 넓히지 않으면 안 된다.

자기를 초월할 줄 알아야 한다. 그러면서 '우주'의 자유를 획득할 줄 알아야 한다.

7. 죄의식

죄의식에 관해선 제1장에서도 잠깐 말한 적이 있지만, 이 장에서 좀 더 자세히 고찰해 보기로 하자.

죄의식은 어른이 되어 경험하는 불행의 밑바닥에 숨어 있는 가장 중요한 심리적 원인 가운데 하나이다.

세상에는 현대의 어떤 심리학자도 인정할 수 없는 죄에 대한 전통적, 종교적 심리가 있다. 특히 개신교도들은 이렇게 믿고 있다―자기의 행위가 죄를 지을 때, 어떤 인간에게나 양심이 번뜩인다. 그리고 그 행위를 한 뒤에 다음 두 가지 고통 중의 하나를 경험하게 될 것이다. 그 하나는 양심의 가책이라고 부른다. 그러나 그것만으로는 아무런 가치가 없다. 또 하나는 회개라고 부른다. 이것은 그의 죄를 씻어 줄 수 있다. 신교국가에서 크건 작건 이런 의식을 수정해 가기는 했지만, 한때 신앙을 잃은 사람들까지도 이 정통적인 죄악감은 계속 갖고 있었다.

그러나 오늘날에는 이것과 정반대되는 정신 분석이 영향을 미친다. 즉 비정통파 사람들이 죄악에 관한 낡은 교의(敎義)를 부정하고 있을 뿐 아니라, 여전히 자기를 정통파라고 생각하는 많은 사람들도 마찬가지로 이를 부정하고 있는 것이다. 양심은 이미 신비적이라는 이유로 '신(神)'의 목소리로 간주되는 그런 것은 아니다. 오늘날 우리는 양심이 다른 지역에서는 다른 행동을 명령한다는 것을 알고 있다. 일반적으로 말하면, 모든 곳은 그곳 종족의 습관에 일치하게 마련이다.

그러면 양심의 가책을 받는다는 것은 실제로 어떤 것일까?

'양심'이라는 말 속에는 사실 여러 가지 의미가 포함되어 있다. 그 가운데서 가장 단순한 것은, 들키지 않을까 하는 두려움이다. 여러분은 새삼 말할 필요 없이 지금까지 조금도 부끄러울 게 없는 생활을 해 왔을 줄 안다. 그러나 여러분이 만일 발각되면 처벌을 받게 될 행위를 한 사람을 찾았다고 하자. 그때 그 사람이 이제라도 발각될 위험에 처해 있을 경우, 여러분은 그 사람이 나쁜 짓을 한 것을 후회하고 있는 것을 발견할 것이다. 그러나 이것이 절도 상습범에게도 해당된다고는 말할 수 없다. 그들은 아슬아슬하게 도둑질을 하다가 잡혀서 몇 해의 감옥살이를 해야 한다 해도 그럴 각오가 되어 있기 때문이다. 내가 말하는 양심의 가책은 그런 인간이 아니라 사회적 지위가 있는 범죄자에게 해당된다. 이를테면, 돈이 궁해서 횡령을 한 은행 지배인이라든가, 성욕에 시달리다가 해서는 안 되는 성적 행위를 한 목사 같은 사람 말이다. 이와 같은 사람들은 그 범죄가 발각될 위험이 없다고 생각될 때는 그 범죄를 잊을 수 있다. 그러나 범죄가 드러나 버렸다든가 발각될 위험이 클 경우에는 '더 조심했어야 할 것'을 하고 후회한다. 이 후회로 인해 그들은 자기들이 저지른 죄의 극악함을 생생하게 느끼게 되는 것이다.

이런 감정과 비슷한 것으로, 다른 사람들로부터 소외되지나 않을까 하는 두려움이 있다. 카드놀이에서 속임수를 쓰는 사람이라든가 노름빚을 갚지 못한 사람은 그것이 발각되었을 때 친구들이 퍼붓을 비난에 대해 변명의 여지가 조금도 없다. 이 점에서 이런 사람들은 종교 개혁자라든가 무정부주의자라든가 혁명가 등과는 전혀 다르다. 이 사람들은 현재의 운명은 어떠하거나 간에 미래는 자기의 것이며, 또 현재 저주받고 있는 것만큼 미래에는 명예가 주어질 것이라고 생각한다. 이런 사람들은 모든 사람들이 자기에게 적의(敵意)를 보이더라도 자기에게 죄가 있다고는 생각하지 않는다.

그런데 세속적인 도덕에 어긋나는 행위를 하고 있으면서도 그런 도덕을 전면적으로 인정하는 사람은 사회적 지위를 잃었을 때 큰 불행에 괴로워한다. 그와 같은 불행에 대한 공포, 또는 그와 같은 재앙이 실제로 일어났을 때의 고통이 자기가 취한 행동 자체를 죄 많은 행동으로 여기게 하는 모양이다.

그러나 죄의식 중에서 가장 중요한 것은 훨씬 깊은 곳에 존재하고 있는 그 무엇, 즉 무의식적인 심리 속에 깊이 뿌리박고 있는 그 무엇이다. 그것은 다른 사람한테서 비난받는 것을 두려워하여, 의식의 수면(水面) 위로는 떠오르지 않는다.

어떤 종류의 행위는 깊이 반성해도 이유를 알 수 없는데 '죄악'의 딱지가 붙는 수가 있다. 그런 행위를 했을 때는 어째서 그런지 모르면서도 일종의 불쾌함을 느낀다. 그는 자기가 죄라고 생각하고 있는 행동을 하지 않아도 되는 인간이라면 좋을 텐데, 하고 생각한다. 그의 마음 속에서는 크건 작건 일종의 회한이 있어서, 성인(聖人)이 된다는 것은 자기에게 걸맞지 않다고 인정한다. 더욱이 그에게 성인이라는 개념은 아마도 일상 생활에서는 도저히 실행할 수 있을 것 같지 않은 성질의 것이다. 그 결과, 그는 일생 동안 이 죄의식을 끌고 다니면서 지고지선(至高至善) 따위는 자기와 아무런 관계도 없는 일이고, 자기의 최고의 순간은 늘 참회의 눈물에 젖어 있을 때였다고 생각하게 된다.

실제로 이 모든 일은 여섯 살도 되기 전에 어머니나 유모의 팔에 안겨서 받은 도덕의 가르침에서 그 근거를 찾을 수 있다. 그 가르침은 나쁜 말을 해서는 안 된다, 가장 고상한 말 말고는 쓰지 말아라, 술을 마시는 것은 나쁜 사람만이 하는 짓이다, 담배를 피우는 것은 최고의 미덕과 양립하지 않는다는 것 등이었다. 또 인간은 결코 거짓말을 해서는 안 된다고도 배웠다. 그리고 무엇보다 먼저, 신체 중의 성적인 부분에 흥미를 갖는 것은 가장 나쁜 일이라고 배웠다. 그는 이런 교훈이 어머니의 생각이라는 것을 알았고, 동시에 '조물주'의 가르침이기도 하다고 믿었다.

그런데 그는 어머니가, 어머니가 돌보지 않을 때는 유모가 깊은 애정으로 자기를 돌봐 주는 것을 인생의 가장 큰 기쁨으로 알았다. 그런 기쁨은 아직 도덕률을 어길 줄 몰랐을 때만 획득할 수 있는 기쁨이었다.

그래서 그는 어머니나 유모가 비난하는 행위에 막연하지만 무언가 무서운 것을 결부시키게 되어 버렸다. 그러나 그는 차츰 성장함에 따라, 그런 도덕률이 대체 어디서 온 것인지, 그리고 그것을 따르지 않았을 경우에는 어떤 벌을 받게 되는지 완전히 잊어버리고 말았다. 그런데도 그 도덕률을 버리지는 않았으며, 또 그것을 어기면 무언가 무서운 일이 일어날지도 모른다는 것을 잊지 않았다.

그런데 이와 같은 유아기의 도덕적 교훈에는 대부분 전혀 합리적인 근거가 없어서, 보통 사람들의 지극히 평범한 행위에 적용할 수는 없다. 이를테면, '이른바 더러운 말'을 쓰는 사람은 합리적인 관점에서 볼 때 그것을 쓰지 않는 사람보다 나쁘다고 할 수는 없는데도, 거의 모든 사람들이 성인에 대해서 이야기할 때는 나쁜 말을 쓰지 않는 것을 본질적인 요소라고 생각한다. 그러나 이성의 빛에 비추어서 생각해 보면, 이것은 참으로 어이없는 일이다. 술이나 담배에 대해서도 이와 같이 말할 수 있다. 술에 관해서 말하면, 술을 마시는 것이 나쁜 일이라는 따위의 감정은 남방 여러 나라에서는 전혀 존재하지 않는다. 그러면서도 실제로는 술을 마시는 것을 신앙에 어긋나는 행위라고 여기는 마음이 따라다닌다. 왜냐하면 그리스도의 12사도들도 포도주밖에 마시지 않았기 때문이다. 담배에 대해서 말하면, 담배를 피워서는 안 된다는 부정적인 입장을 취하는 것이 가장 쉽다. 왜냐하면 가장 위대한 성자들이 살고 있었던 때는 담배가 알려지기 전이었기 때문이다.

여기서 어떤 성인도 결코 담배를 피우지 않았다는 견해는, 따지고 보면 결국 어떤 성인도 단순한 쾌락 추구를 위해서는 절대 아무것도 하지 않았다는 생각을 반영한다.

그런데 일상의 도덕에서의 이와 같은 금욕적인 요소는 이제 거의 무의식적인 것이 되어 버렸다. 더욱이 그것은 온갖 방법으로 우리의 도덕률을 불합리한 것으로 만들려고 한다.

합리적인 윤리 의식을 지녔다면, 다른 사람에게 아니 자기 자신에게조차 쾌락을 좋은 일이라고 칭찬해 주어야 할 것이다. 다만 그 대가로 남에게나 자신에게 고통을 주지 않는다는 것을 전제로 할 때이다.

이상적인 유덕자(有德者)는 우리가 금욕주의에서 벗어나 있을 때 모든 좋은 것을 누려도 좋다고 허락하는 사람이다. 모처럼 그 기쁨을 누린 결과 좀더 크고 나쁜 일이 일어나지 않는 한은 말이다.

다시 한 번 거짓말의 문제에 대해 이야기해 보자. 나는 이 세상에 너무나 많은 거짓말이 퍼져 있다는 것을 부정하지는 않는다. 그리고 또 진실이 지금보다 훨씬 중요하게 받아들여지면, 우리들 모두가 좋은 인간이 되리라는 것도 물론 부정하지 않는다. 그러나 이성적인 사람이라면 누구나 생각하겠지만, 어떤 경우에도 거짓말을 해서는 안 된다고 말할 수는 없다. 적어도 나는 그렇게 확신하고 있다.

이런 일이 있었다. 내가 언젠가 시골길을 산책하고 있을 때, 지쳐서 다 죽게 된 여우 한 마리가 간신히 달려가고 있는 것을 보았다. 5~6분이 지나서 사냥꾼 일행을 만났다. 그들은 나에게 여우를 보지 못했느냐고 물었다. 나는 보았다고 대답했다. 그들은 여우가 어느 쪽으로 달려갔느냐고 물었다. 그래서 나는 그들에게 거짓말을 했다. 그러면, 그때 사실을 말했어야 좀더 훌륭한 인간이었을까—나는 절대 그렇게 생각하지 않는다.

유년기의 도덕 교육은 특히 성적인 영역에서 해로운 영향을 미친다.

만일 어린아이가 다소 엄한 부모나 유모에 의해서 인습적인 교육을 받으면, 죄악과 생식기를 결부시키는 연상이 여섯 살도 되기 전에 매우 강하게 확립되어 버리므로, 한 평생 이 잘못된 연상을 풀 수가 없게 된다. 그것이 오이디푸스*16콤플렉스에 의해서 한층 강화되는 것은 물론이다. 왜냐하면 유아 때 가장 사랑을 받은 여성은 일체의 성적 자유가 불가능한 여성이기 때문이다. 그 결과, 성인이 된 남성들은 여성이 섹스에 의해서 타락된다고 느낀다. 그리고 그들의 아내가 섹스를 혐오하지 않는다면, 아내를 존경하지 않는다.

그런데 성적으로 차가운 아내를 가진 남성은 본능에 쫓겨 어딘가 다른 데서 본능의 만족을 구하게 된다.

그러나 그는 순간적으로 본능의 만족을 느꼈다고 하더라도, 나쁜 짓을 했다는 죄의식에 시달릴 것이다. 그러므로 그는 이제 아내건 다른 여자건, 여성과의 관계에서는 조금도 행복해질 수 없다.

여자 쪽은 어떤가? 만일 그 여성이 전에 매우 엄격하게 '순결 교육'을 받았다면, 역시 마찬가지이다. 그 여성은 남편과의 성관계에서 반사적으로 뒷걸음질친다. 그리고 성관계에서 얻는 어떤 쾌락을 두려워한다. 그러나 오늘날에는

---

*16 오이디푸스(Oedipus)는 그리스 신화에 나오는 테베(Thebes)의 왕으로 아버지를 배척하고 어머니를 사랑했다.

50년 전에 비하면, 여자에게서 보이는 이와 같은 현상은 매우 적어졌다. 현재 교양 있는 사람들 사이에서는, 남성의 성생활이 여성의 성생활보다 죄의식에서 더 크게 비뚤어져 있고 해롭다고 본다.

유아들에게 종래와 같은 성교육을 제공하는 것은 유해하다는 인식이 일반인들 사이에서도 차츰 널리 받아들여지고 있다. 물론 관계 당국은 아직도 인식하고 있지 않지만 말이다. 올바른 성교육에 관한 법칙은 아주 단순하다. 즉, 어린아이가 사춘기에 이를 때까지는 어떤 형태로든 성도덕을 절대로 가르쳐서는 안 되며 신체의 자연스러운 기능을 창피하게 생각하는 관념이 스며들지 않도록 매우 조심해야 한다. 도덕 교육을 하지 않으면 안 될 시기가 오면 그 교육은 반드시 합리적인 것이어야 한다. 그리고 성에 관한 이야기를 들려 주어야 할 경우에는 어떤 점에 대해서나 충분한 근거를 들어서 설명해야 한다.

나는 이 책에서 성교육에 대해서 말하려는 것은 아니다. 다만 불합리한 죄의식을 일으키는 어리석은 교육의 폐단을 최소한으로 줄이기 위해서 성인들이 어떻게 해야 할 것인가를 말하려는 것뿐이다.

여기에서—앞서 몇몇 장에서 언급했던 문제가 제기된다. 즉 무의식적인 사고를 지배하는 합리적 신념을 인식하도록 강요하는 문제이다. 우리는 이것을 옳다고 여기다가 저것이 옳다고 하는 식으로 기분에 좌우되고 마음이 흔들려서는 안 된다는 것이다.

죄의식은 피로나 질병이나 음주나 그 밖의 이유로 의식적인 의지가 약해졌을 때 강하게 느껴진다. 그럴 때—음주의 경우를 제외하고—사람들은 마치 좀 더 높은 자아로부터 계시를 받기라도 한 듯이 느낀다. "악마가 병에 걸렸다. 모처럼 악마가 성자가 되려 하고 있었는데."

그러나, 약해졌을 때가 힘에 넘쳐 있을 때보다 통찰력이 더 날카롭다고 생각하는 것은 도리에 맞지 않는다. 약해졌을 때는 유아기에 심어진 암시에 저항하기가 어려운 법이다. 능력을 한껏 발휘할 수 있는 어른의 신념보다 그런 암시가 훨씬 낫다고 생각할 만한 이유는 전혀 없다. 오히려 그 반대로, 인간이 원기 왕성할 때는 이성을 최대한 움직여서 신중히 생각하는 편이 언제나 따를 수 있는 기준이 되는 것이다. 그러면 무의식 속에 갖고 있는 유아기의 암시를 극복할 수 있고 또 올바른 테크닉을 써서 이 무의식의 내용을 바꿀 수 있게 된다.

이성으로는 나쁘지 않다고 생각하는 행위에 대해서 왠지 나쁜 짓을 한 것 같은 후회를 느끼기 시작했을 때는, 그 원인을 잘 조사해 보라. 그리고 그 후회가 잘못된 것이라고 철저하게 확신하라. 여러분의 의식적인 신념을 싱싱하게 강한 것으로 만들어서, 그 신념이 유아기에 유모나 어머니에 의해 심어진 인상과 싸워 충분히 이기도록 하라. 그리고 다시 그 신념이 여러분의 무의식 위에 하나의 강한 인상을 새기도록 하라. 합리성과 불합리성을 그저 순간적으로 교체시키는 것만으로 만족해서는 안 된다. 불합리성을 결단코 존경하지 않겠다는 결의, 그리고 불합리성이 결단코 자기를 지배하게끔 하지 않겠다는 결의를 가지고 그 불합리성을 상세히 검토하라. 불합리성이 여러분의 의식 속에 어이없는 사상이나 감정을 밀어 넣으려고 할 때는, 언제라도 그와 같은 사상과 감정을 뿌리째 뽑아 버리고, 재차 확인하고 거부하라. 반은 우유부단한 이성에, 반은 유아기적인 어리석음에 끌려 다니는 길 잃은 존재가 되지 말라. 자기의 유년 시대를 지배한 추억의 사람들에 대해서 무례하지나 않을까 하고 두려워해서는 안 된다. 그러한 사람들이 강하고 또 현명하게 보였던 것은 여러분이 약하고 어리석었기 때문이다. 그러나 이제는 약하지도 않고 어리석지도 않다. 일찍이 그런 사람들에게서 보였던 겉보기만의 힘과 지혜를 잘 검토하여, 습관의 힘으로 그들이 지금도 여러분이 바치고 있는 존경을 과연 받을 만한 사람들인가 생각해 보는 것이 지금 여러분이 할 일이다.

전통적인 도덕을 청소년에게 가르침으로써 과연 이 세상이 제대로 움직여 갈 것인지 진지하게 생각해 주기 바란다. 얼마나 많은 유아기적 미신이 전통적으로 덕망 높은 인사로 간주된 사람들의 인격 구조 속에 파고들어가 있는지 잘 고찰해 주기 바란다. 그리고 나아가서는, 모든 종류의 환상적인 도덕적 위험이 믿기 어려울 정도로 어이없는 억제력으로 보호되고 있으면서도, 어른들이 직면하고 있는 도덕적 위험은 전혀 무관심하게 방치되고 있다는 사실을 반성해야 할 것이다.

보통 사람들이 유혹을 느낄 만한, 정말로 해로운 행위에는 어떤 것이 있는가? 먼저 법에 의해서 처벌되지 않을 정도의 교활한 상행위, 그리고 고용인에 대한 무자비, 아내나 자식에 대한 무정함, 경쟁자에 대한 악의, 정치적 투쟁에서의 잔인성 등이 있다. 이런 행위야말로 존경받을 만하고 또 실제로 존경받는 사람들 사이에서 흔하게 발견되는, 정말로 유해한 죄악인 것이다. 실로 이런 죄악에 의해서 사람은 자기 주변에 불행을 뿌리고, 문명을 파괴하는 데 그 나름대로의 힘을 빌려 준다.

그러나 그는 이와 같은 악덕을 저지르면서도, 병에 걸렸을 때 자기가 신의 은총을 입을 일체의 권리를 잃은 인간 찌꺼기라고는 생각하지 않는다. 그런 악덕을 저지르고 있다고 해서, 그 때문에 밤중에 악몽에 시달리며, 어머니가 자기를 비난의 눈초리로 내려다보고 있는 환상을 보는 일은 없을 것이다.

대체 어찌하여 그의 의식 밑에 있는 도덕률이 이성에서 떠나 버렸을까? 그것은 두말할 것도 없이, 유년 시대에 그를 돌본 사람들이 신봉한 윤리가 어이 없는 것이었기 때문이다. 또, 그 윤리가 사회에 대한 개인의 의무가 무엇인지 주제로 한 연구에서 나오지 않았기 때문이다. 다시 말하면, 그 윤리라는 것이 옛날 방식의 불합리한 터부를 긁어모은 것으로 구성되었기 때문이다. 그리고 마지막으로, 그 윤리는 스스로 멸망해 가는 로마 제국의 정신적 질환에서 유래한 병적인 요소를 합류하고 있었기 때문이다. 명목뿐인 이른바 도덕이라는 것은 승려와 정신적으로 노예화되어 있던 여성들에 의해 형성된 것이다.

이제 이 세상의 평범한 생활 속에서 정상적인 역할을 맡아야 할 사람들이 이 병적인 넌센스에 반역해야 할 때가 왔다.

그러나 이 반란으로 저마다 행복을 얻고, 또 두 기준 사이를 헤매는 일 없이 일관성 있게 하나의 기준으로 인생을 보내는 데 성공하기 위해서는, 이성이 명령하는 것을 잘 생각하고 또 깊이 이해할 필요가 있다.

대개의 사람들은 유년 시대에 주입된 여러 가지 미신을 표면적으로나마 내동댕이쳐 버리면 이제 그만이라고 생각하기 마련이다. 그 미신이 여전히 마음의 밑바닥에 숨어서 은밀히 활동하고 있다는 것을 깨닫지 못한다.

한번 이성적인 신념에 도달하면 그 신념 위에서 여러 가지 결론을 내리고, 그 새로운 신념에 모순되는 신앙이 아직도 살아 있지나 않은지 철저하게 살펴볼 필요가 있다. 그리고 또 죄의식이 강해질 경우에는—이따금 그렇게 되는 수도 있을 것이다—그것을 하늘의 계시라고 간주하거나, 좀더 높은 존재로 향상하기 위한 사명을 보여 주는 신의 소리라는 식으로 생각하지 말고, 오히려 하나의 질환, 하나의 약점으로 생각할 필요가 있다. 물론 그것이 합리적 윤리가 비난하는 행위에 의해서 야기되지 않는다면 말이다.

나는 인간에게 도덕이 필요 없다고 말하는 것이 아니라, 미신적 도덕이라면 절대로 가져서는 안 된다고 말하고 있는 것이다. 이 두 가지는 전혀 다르다.

그러나 인간이 이성적인 도덕을 어겼을 때는 어떨까? 그런 경우에도 죄의식이 과연 좀더 좋은 삶에 대한 최선의 방법이겠는가? 의문스러운 일이다. 죄악감에는 어딘지 야비하고, 자존심이 결여되어 있다.

이성적인 인간은 자기의 바람직스럽지 않은 행위를 남이 그와 비슷한 행위를 생각할 때와 마찬가지로 일정한 환경에 의해서 생긴 것이라고 생각할 것이다. 그리고 그 행위가 바람직스럽지 못한 행위라는 것을 더 잘 앎으로써, 혹은 할 수만 있다면 그런 행위를 야기시킨 환경을 개조함으로써, 그와 같은 행위의 발생을 피할 수 있다고 생각한다.

실제로 죄의식은 좋은 생활의 원인이 되기는커녕 완전히 그 반대이다. 죄의식은 사람을 불행하게 만들고, 열등감을 갖게 한다. 그리고 사람은 불행할 때 다른 사람에게 관대한 요구를 하기 쉬운 법이며, 그것이 행복한 인간관계를 방해하기 쉽다. 또 인간은 열등감을 가졌을 때 자기보다 뛰어나 보이는 사람들에 대해서 적의를 품기 쉽다. 자기보다 뛰어나 보이는 사람을 칭찬하기는 어렵지만 미워하기는 쉽다는 사실을 깨닫게 될 것이다. 그리하여 그는 일반적으로 불쾌한 인간이 되고, 점점 더 자기 자신을 고독하게 만들게 된다. 남에게 너그럽고 관대한 태도를 보이는 것은 그 사람에게만 행복을 주는 것이 아니라 자기 자신에게도 훌륭한 행복의 원천이 된다. 왜냐하면, 그렇게 하면 남에게서 호감을 얻기 때문이다.

그러나 죄의식에 사로잡힌 사람은 그런 태도를 취하기가 거의 불가능하다. 그와 같은 관대한 태도는 균형 잡힌 마음과 자주성에서 생긴다. 거기에는 이른바 정신적 통일이 필요하다. 이 정신적 통일이라는 말은 인간의 의식적, 잠재의식적, 그리고 무의식적 성질의 각층이 조화를 유지하면서 함께 작용하고 서로 간에 끊임없는 투쟁 따위는 절대 하지 않는 상태를 의미한다.

그와 같은 조화로운 상태는 대개 현명한 교육에 의해서 가능하다. 그런데 교육이 현명하지 않을 경우에는 더 곤란한 과정을 걸어야 한다. 그 과정이란 곧 정신 분석이 시도하고 있는 과정을 말한다. 그러나 이것은 대개 환자가 자기 스스로 할 수 있는 일이며, 아주 극단적인 경우에만 전문가의 도움이 필요하다고 나는 믿는다.

"그런 심리적인 일에 마음을 쏟는 시간이 나에게는 전혀 없다. 나의 생활은 여러 가지 일로 가득 차 있어서 매우 바쁘다. 그러므로 그 문제는 무의식인가 뭔가 하는 것이 알아서 하도록 맡겨 두는 수밖에 없다." 이런 말은 절대로 하지 말아 주기 바란다.

자기 자신을 거역하여 분열되어 있는 성격만큼 행복과 능률을 감퇴시키는 것은 없다. 한 성격의 부분에 조화를 이루기 위해 소비된 시간은 사실 유효하게 사용된 시간이다. 결코 헛된 것이 아니다. 그렇다고 자기 반성을 위해 날마다 한 시간씩 시간을 할애하라는 것은 아니다. 그렇게 하는 것이 최선의 길이라고는 생각하지 않는다. 왜냐하면 그것은 고쳐야 할 질환인 자기몰입을 더 증대시키며, 조화 있는 성격이란 바깥 세상에 눈을 돌리는 것이기 때문이다.

내가 말하고 싶은 것은 이것이다. 즉 합리적인 확신을 굳힐 수 있도록 굳게 결심해야 한다는 것이다. 그리고 비록 단기간이라도, 적어도 그것에 어긋나는 불합리한 신앙을 아무런 저항도 없이 순순히 받아들이거나, 지배하도록 허용해서는 안 된다는 것이다. 다시 말해서, 어쩌다가 유아기적인 마음으로 되돌아가려는 유혹에 빠졌을 때 이성을 가지고 자기 자신을 설득해야 한다. 이와 같은 설득은 충분히 합리적이면 아주 단시간으로도 족할 것이다. 그러므로 거기에 소요되는 시간 따위는 문제삼지 않아도 된다.

많은 사람들이 합리성에 대한 혐오감을 갖고 있다. 그런 사람들에게는 내가 여기서 한 말 따위는 빗나간 말이고 아울러 중요하지 않다고 여겨질 것이다. 또, 합리성이란 자유로이 방치해 두면 일체의 깊은 정서를 죽여 버리는 것이라고 생각하는 사람들이 있다. 인간 생활에서 이와 같은 사고 방식은 이성이 하는 역할에 대해 아주 그릇된 생각으로 여겨진다. 본디 감정을 낳는 것이 이성이 할 일은 아니며, 인간의 행복에 방해가 되는 감정을 예방하는 것이 이성의 일부 기능이다. 증오라든가 질투 같은 것을 감소시키는 방법을 발견하는 일 역시 의심할 것도 없이 합리적인 심리의 기능 일부이다.

그렇다고 증오나 질투의 감정을 줄임으로써, 이성(理性)이 나쁘게 판단하지 않는 감정까지도 동시에 약화시킬 것이라고 상상하는 것은 잘못이다. 정열적인 사랑, 연애, 부모로서의 애정, 우정, 자비심, 과학이나 예술에 대한 전념 등에는 이성이 줄이고 싶어하는 것은 아무것도 없기 때문이다. 이성적인 사람은 방금 말한 감정의 어느 하나 또는 그 전부를 가질 때마다 그것을 기쁨으로 인식한다. 그리고 그 힘을 조금이라도 약화하는 짓은 하지 않을 것이다. 왜냐하면 이러한 감정은 좋은 생활을 가져다준다—바꾸어 말해서 자기 자신의 생활이나 남의 생활이나 행복하게 만드는 역할을 하기 때문이다. 그와 같은 감정 속에는 불합리한 것은 하나도 존재하지 않는다. 그리고 합리적이지 못한 많은 사람들이 느끼는 것은 아주 조그많고 보잘것없는 감정에 지나지 않는다. 이성적으로 변한다고 해서 자기의 생활이 시시해져 버리지나 않을까 하고 두려워할 필요는 없다. 오히려 합리성은 주로 내부적 조화를 통해 얻어지는 것이므로, 그것을 달성할 수 있는 사람은 내면적인 투쟁 때문에 언제까지나 곤란을 겪는 사람보다 이 세상의 일을 사색하거나 외부적인 목적을 달성하는 데 그 에너지를 훨씬 자유롭게 사용한다. 자기 속에 갇혀 있는 것만큼 우울한 일은 없고, 주의나 에너지를 밖으로 돌리는 것만큼 유쾌한 일은 없다.

지금까지 우리의 전통적 도덕(道德)은 부당하게 자기 중심적이었다. 죄의식이란 바로 이와 같은 어리석은 자기 집중의 일부이다. 이 그릇된 도덕에서 길러진 주관성에서 한 번도 탈피하지 못한 사람에겐 아마 이성은 불필요할지도 모른다. 그러나 한 번이라도 이 자기 집중의 병에 걸린 적이 있는 사람에게는, 그것을 치료하는 데 이성이 필요하다.

나는 또 이렇게도 생각하고 싶다. 이성의 도움으로 자기 집중을 극복할 수 있었던 사람은, 아직 한 번도 이런 증세나 그 치료를 경험한 적이 없는 사람보다 한층 높은 수준에 도달한 사람이라고.

오늘날 이성에 대한 증오는 대부분 이성의 작용이 근본적으로 충분히 이해되고 있지 않은 데서 생긴다. 자기 분열적인 사람은 흥분과 오락을 찾는다. 그는 강렬한 정열을 사랑한다. 확고한 이유가 있어서 그렇게 하는 것이 아니라, 잠시 동안이나마 그 정열이 자기를 자기 밖으로 끌어내 주고 사고의 고통에서 벗어나게 해 주기를 바라기 때문이다. 그 어떤 정열이라 해도 그에게는 일종의 도취다. 근본적인 행복은 도저히 생각할 수 없으므로, 고통을 피하는 길은 다만 도취라는 형태에 의해서만 가능하다고 생각한다. 그러나 이것이야말로 바로 뿌리 깊은 질환의 징후인 것이다.

이런 질환이 전혀 없이 자기 능력을 완전히 발휘하고 살릴 수 있을 때 최대의 행복이 찾아온다. 정신이 명쾌하여 잊는 것이 가장 적을 때, 바로 가장 강렬한 환희를 경험할 수 있다. 이것이 진정으로 좋은 행복의 시금석이다.

어떤 종류이든, 도취를 필요로 하는 행복은 가짜이고 불충분한 행복이다.

정말로 우리의 마음을 만족시켜 주는 행복은 우리의 능력을 충분히 발휘시켜 준다. 그리고 우리가 사는 이 세상의 일에 대해서 충분히 깨닫게 해 주는 것이다.

8. 피해망상증

피해망상증이 극단에 이르면 정신이상이 된다. 누가 자기를 죽이려고 한다, 감옥에 처넣으려고 한다, 또 큰 피해를 입히려고 한다고 호소해 오는 사람들이 있다. 그래서 이와 같은 망상(妄想)에 젖은 사람들은 박해자로부터 자신을 보호하기 위해 폭력 행사를 서슴지 않기도 한다. 이런 폭력자들은 할 수 없이 자유를 구속할 수밖에 없다. 이러한 현상은 다른 정신이상과 마찬가지로 정상적인 사람이라고 여겨지는 사람 가운데서도 종종 발견된다. 이것이 극단적인 예이기는 하나—나는 극단적인 경우를 말하는 것이 아니다. 그것은 정신과 의사가 취급할 일이기에—여기에서 생각해 보려는 것은 증상이 가벼운 사람들에 대한 것이다. 왜냐하면 그것이 불행의 원인이 되는 경우가 많기 때문이다. 완전히 정신이상을 일으킬 정도가 아니라면 환자 스스로 그 병을 처리할 수 있으므로 그 경우에는 자기 병에 대한 올바른 진단이 요구된다. 즉 병의 원인이 다른 사람들의 가상적인 적대시나 불친절에 있는 것이 아니라 자기 자신에 있다는 것을 인식해야 한다는 것이다.

우리는 남자나 여자를 막론하고 자기 자신은 언제나 남에게서 배은망덕(背恩忘德)과 불친절한 배신을 당한다고 입버릇처럼 말하는 사람들을 알고 있다. 그런데 이러한 사람들 중에는 남달리 말주변이 좋은 사람들이 많다. 그래서 낯선 사람에게서 따뜻한 동정의 말을 듣기도 한다. 대체로 그들이 하는 이야기를 들어 보면 아주 그럴듯하게 각색되어 있다. 그들이 불평하는 학대 같은 일이 실제로 일어났던 것처럼 들린다. 그렇지만 이야기를 다 듣고 나서는 왜 하필 그들이 그렇게 많은 악당들과 만날 만큼 불운했는가 하는 점에 의심이 간다. 확률적 이론에 따를 것 같으면 사람이 살아가는 데 있어 누구나 비슷한 수의 푸대접을 받기 마련이라고 한다. 그런데 만일 그 사람이 말하는 대로 일정한 지방에 거주하는 어느 누가 어디서나 부당한 대접을 받는다면 그 까닭은 그 사람 자신에게 있을 것이라 여겨진다. 즉, 사실은 별 피해를 입지 않았는데도 입었다고 생각하거나 혹은 무의식중에 남의 분노를 일으킬 만한 행동을 한 것이 아닌가 하고 말이다. 그래서 경험 많은 사람들은, 자신이 늘 부당한 대접을 받아 왔다고 말하는 사람들을 의심쩍게 본다. 이 불우한 사람들은 다른 사람들이 동정이 결핍되어 자신에게 반감을 갖고 있다고 생각하는 것이다.

사실 이 병은 다루기 어렵다. 그것은 그가 동정을 받거나 말거나 더욱 심해지기 때문이다. 피해망상증에 걸린 사람은 자기의 불행한 이야기에 상대편이 감동했다고 믿으면 더욱더 과장을 부풀리며, 그와 반대로 이야기를 믿지 않는 것 같으면 자기에게 냉정한 녀석이 또 하나 생겼다고 생각한다.

그러기에 이 병은 오직 이해를 통해서만 해결할 수가 있다. 그리고 환자에게 그 이해가 충분히 전달되어야 효과를 보게 된다. 나는 이제 여러 사람들의 마음 속에 깃들어 있는 피해망상증의 모든 요소를 살펴보고 그것을 규명한 다음 이를 제거할 수 있는 일반적 원칙을 제시하려 한다(정도의 차이는 있으나 대부분의 사람은 이 피해 망상증에 걸려 있다). 모든 사람이 자기를 학대한다고 느낀다면 행복해지는 것은 불가능하므로 이 문제는 행복을 정복하는 데 중요한 요소라 하겠다.

일반적으로 남의 험담에 귀가 솔깃해지는 심리야말로 불합리한 것이다. 자기를 아는 사람에 대해 심지어 친구에 대해 험담을 하지 않는 사람은 별로 없는 것 같다. 반대로 남들이 자기 험담을 했다는 이야기를 들으면 분통이 터진다. 대부분의 사람들은 남의 흉을 보기는 좋아하면서 남들이 자기 흉을 보는 것은 미처 깨닫고 있지 못한다. 이것은 그리 심하지 않은 일상적인 일이다. 그런데도 이것이 지나치면 피해망상증으로 접어들게 된다. 우리는 누구나 자기 자신을 사랑하고 존중하듯이 남들도 나에게 그렇게 해 주기를 바란다. 그런데 우리가 깨닫지 못하고 있는 것은 우리가 남을 생각하는 것보다 남이 나를 더 좋게 생각해 주기를 바랄 수 없다는 사실이다. 그 이유는 자기의 공적은 크고 뚜렷하지만 남의 공적은 설령 있다 하더라도 호의를 갖고 보아야 겨우 눈에 띌 정도이기 때문이다. 어떤 사람이 자기에 대해서 험담을 했다고 하자. 그러나 그는 잘 참을 수 있는 사람이어서 처음에는 모르는 척 그대로 내버려 둘지도 모른다. 그러나 험담이 지나치게 계속된다면 아흔아홉 번까지는 참을지 모르나 백 번째에 가서는 분통을 터뜨리고 비난의 화살을 피하려 할 것이 틀림없다. 그리고 오랫동안 참아온 보답이 겨우 이런 것인가 하고 의아해질 것이다. 그러나 상대방의 입장에서 보면 당신이 꾹 참고 견뎌온 아흔아홉 번에 대해서는 알 턱이 없으므로 자기의 행동과 동일하게 보게 된다. 그가 알고 있는 것은 백 번째의 이야기뿐이기 때문이다.

만일 우리가 상대방의 생각을 환히 들여다볼 수 있는 마법(魔法)의 힘을 갖고 있다면 어떻게 될까? 아마 우선 이 세상의 우정이란 우정은 다 깨질 것이 분명하다. 그러나 친구가 없는 세계란 도저히 견딜 수 없다는 것을 느끼게 될 것이며, 따라서 우리는 완전무결한 인간이 아니라는 것을 감추기 위해서 구태여 환상의 베일을 쓸 필요가 없다는 것을 깨닫게 될 것이다. 우리는 어느 친구에게나 다 결점이 있기 마련이지만 그냥 좋은 친구들이라고 생각한다. 그런데도 왜 그러한 친구들이 험담을 할 때 참기 어려운 것인가? 우리는 친구들이 자기에게만은 결점이 없다고 생각해 주기를 바라고 있다. 자기 자신이 결점이 있다는 사실을 인정할 수밖에 없다면 문제는 달라질 것이 명백하다. 그러기에 누구나 완전하기를 바랄 수 없으며 또한 완전하지 않다고 해서 부질없이 신경을 쓸 필요도 없다.

피해망상(被害妄想)은 언제나 자신을 과대 평가하는 데 뿌리를 박고 있다. 이를테면 저명한 극작가가 있다고 가정해 보자. 그는 그 시대의 사람들이 보기에 가장 뛰어난 극작가임에 틀림없다. 그런데 어떤 이유에서인지 그의 작품은 거의 공연되지 않으며, 또 공연된다 할지라도 성공을 거두지 못한다. 만일 이런 상황이라면 어떻게 설명할 것인가? 아무래도 극장의 지배인과 배우와 비평가가 한데 짜고 이런저런 이유를 들어 그의 작품에 반대하고 있는 것처럼 보인다면 그 이유는 그에게 정당할 것이다. 즉, 그 이유는 그가 연극계의 거물 앞에서 굽실거리기를 거부했으며, 비평가의 비위를 맞추지 않았으며, 또 작품 속에는 그들의 급소를 찌를 만한 통렬한 진리가 담겨져 있다는 것 등이다. 그래서 그의 탁월한 진가가 인정을 받지 못한 채 시들고 있는 것이다.

한편 위대한 발명의 공적을 제대로 평가받고 있지 못하는 발명가(發明家)가 있다고 하자. 제조업자들은 그의 새로운 발명을 거들떠보려고도 하지 않는다. 그들의 사고 방식은 어떤 틀에 얽매어 있기 때문이다. 또 몇몇 진보적인 기업가는 그들 주위에 발명가를 두고 있으므로 공인되어 있지 않은 천재 따위는 쉽게 무시해 버린다. 더구나 학회에서는 그의 원고를 서랍 속에 처박아 두었다가 분실해 버리거나 심지어 읽어 보지도 않고 그대로 반송해 버린다. 그렇지만 누구에게 이런 사실을 호소해 보아야 전혀 반응이 없다. 이러한 상황은 어떻게 설명해야 할 것인가? 분명 발명에 의한 진짜 이득은 자기들끼리만 나누어 가지려고 단합하고 있는 것 같다. 그들은 자기들의 그룹에 속해 있지 않은 사람들의 이야기에는 귀를 기울이려고도 하지 않는다.

또한 사실에 근거를 둔 진짜 불평거리를 갖고 있는 사람이 있다고 생각해 보자. 그는 경험에 의해 그 사실을 일반화하고 자기의 불행이 전체를 이해하는 열쇠가 된다고 결론을 내린다. 이를테면 비밀 경찰의 비리 사실에 대한 것을 알고 있다고 하자. 그런데 당국에서는 그것을 밝혀내는 것보다 그대로 덮어두는 편이 이롭다고 생각한다면, 그가 알아낸 비리를 세상에 밝힐 방도가 거의 폐쇄된다. 설령 그가 그 부정을 시정하기 위하여, 고위층에 알리겠다고 해도 손가락 하나 까딱하지 않는다. 이것은 그가 말하는 사실 그대로이다. 누구도 그의 말에 움직이지 않으므로 그는 곧 좌절감에 빠진다. 또 한편 그는 권력자들이란 누구라도 권력에서 비롯된 범죄를 은폐하기에 급급하다고 믿어버리게 된다. 이러한 문제에는 외관상 일면의 진리가 포함된다. 직접적으로 경험하지 못한 일보다 개인적으로 직접 체험한 일이 더욱 강렬한 인상을 주기 마련이다. 그래서 더욱 다루기가 어려워지는 것이다. 그는 그릇된 균형 감각을 지니게 되고 전형적인 것보다는 예외적인 사실을 지나치게 중요시하게 된다.

또 다른 과대망상의 희생자로 박애주의자들을 들 수가 있다. 그들은 다른 사람들이 바라지도 않는데 친절을 베푼다. 친절을 받는 사람들은 고마워하기는커녕 빈정대며 외면해 버린다. 자신들이 바라지 않는 친절이었기 때문이다. 하지만 이 박애주의자는 이런 반응에 놀라워하고 또 정이 떨어진다고 한다. 우리가 좋은 일을 할 때의 동기란 일반적으로 생각하는 것과는 다르다. 즉 순수하지 않다. 권력을 좋아하는 마음은 음흉하기 짝이 없다. 그 마음 속에는 많은 가장(假裝)이 숨어 있기 때문이다. 우리가 다른 사람들에게 친절을 베푸는 데서 느끼는 기쁨의 원천은 흔히 이 권력을 좋아하는 마음에서 비롯된다. 그런데 여기에 또 하나의 요소가 개입된다. 이를테면 다른 사람들에게 '좋은 일을 한다'는 의도에서 그들에게서 어떤 쾌락, 술, 담배, 노름 따위를 빼앗으려 한다면 거기에는 흔히 사회 도덕적인 요소가 포함되어 있다고 할 수 있다. 즉 존경을 유지하려고 죄를 삼가고 있는 사람이 그러한 죄를 범해도 되는 입장에 있는 사람을 시기하는 경우가 그렇다. 이를테면 금연법—미국의 어떤 주에서는 이런 법이 있었으며 현재에도 있는 주가 있다—에 찬성의 투표를 하는 사람들은 물론 담배를 피우지 않는 사람들이다. 담배를 피우는 사람의 쾌락은 피우지 않는 사람들에게는 시기의 원천이 된다. 만약 금연법에 찬성하는 사람들에게 담배를 피우는 사람들이 몰려와서 그런 악덕에서 해방시켜 주어서 고맙다고 치하라도 한다면 아마 그는 실망할 것이 틀림없다. 그러면서 한편으로 생각하기를 자기들은 공익을 위해서 공헌했는데도 불구하고 마땅히 치하할 만한 사람들은 도무지 감사를 표시하지 않는다며 불평할지도 모른다.

이것은 차원 높은 정치 생활에서도 흔히 볼 수 있는 일이다. 정치가들은 일신의 쾌락을 멀리하고 오로지 공적인 생활 무대에 뛰어들어서 고귀한 목적을 실현하기 위해 헌신한다. 따라서 점차 권력을 장악하기에 이르렀는데 국민들은 그의 기대와는 딴판으로 아무도 고마움을 느끼지 않는다. 이런 사태에 대해 그는 경악할 것이 분명하다. 그러나 그들은 자신이 하는 일이 공적(公的)인 동기에서 비롯되지 않았을지도 모른다는 사실과, 또 정치 생활에서 오는 쾌락이 어느 정도 그들을 신나게 만들었을지도 모른다는 사실을 잊어버리고 있는 것이다. 그들은 강연회장이나 정당의 기관지에서 쏟아져 나오는 상투적인 용어를 진리의 표현인 것처럼 여기고, 당파심에서 비롯한 미사여구를 진정한 동기에서 비롯한 것으로 분석하고 오해하는 것이다. 사회가 자기의 존재를 잊어버릴 때, 그는 혐오와 환멸의 비애 속에 은퇴하면서 공익(公益)을 추구한 자신을 후회할 것이 분명하다.

이러한 견지에서 다음의 네 가지 일반적인 원칙이 나온다. 만일 이 원칙을 충분히 이해한다면 피해망상의 적절한 예방책으로 활용할 수 있을 것이다. 첫째 자신의 행위 동기는 스스로 생각하듯 그렇게 배타적인 것이 아님을 알아 둘 것, 둘째 자기의 공로를 과대하게 평가하지 말 것, 셋째 자기가 자신에게 관심을 갖는 것만큼 다른 사람도 자기에게 관심을 가져다 주지 않는다는 사실을 명심할 것, 넷째 대부분의 사람들이 자기를 박해하겠다는 생각을 할 만큼 자기에게 많은 관심을 가지고 있지 않다는 것을 기억할 것. 이 네 가지 원칙에 대한 설명을 부연해 보면 이러하다.

특히 박애주의자들이나 정치가들은 자기 행위의 동기를 한 번쯤 의심해 볼 필요가 있다. 대개 그들은 이 세상이 또는 세상의 한 부분이 이러저러한 세상이 되어야 한다는 제 나름대로의 꿈을 갖고 있다. 그래서 이 꿈의 실현을 위해서는 인류에게, 또는 어느 부분에 속하는 사람들에게 혜택을 주어야 한다고 생각한다. 이런 생각에는 정당한 것도 있으나 전혀 정당하지 않은 경우도 있다. 그런데 그들은 자기의 행동으로 영향을 받는 사람들도 그들 나름대로의 세계관(世界觀)을 가지고 있음을 인식하지 못하는 경우가 대부분이다. 정치가들은 대개 자기의 견해는 무조건 옳으며 반대쪽의 견해는 틀렸다고 믿기 쉽다. 그래도 그는 주관적으로 옳다고 하는 것을 객관적으로 입증할 도리가 없다. 더구나 그의 신념은 그가 일으키려는 사회 변혁을 생각할 때 느껴지는 쾌감의 위장에 불과할 수도 있다. 또 이런 경우에는 권력에 대한 매력뿐만 아니라 다른 동기, 즉 강한 허영심 따위에 크게 작용할 수도 있다. 고매한 이상(理想)을 가지고 국회의원에 입후보하는 사람은—내 경험으로 알고 있는 이야기지만—유권자들이 그를 '국회의원'이라는 직함을 명함에 쓰는 영광을 누리기 위해 출마한 자라고 비웃는 소리를 듣게 되면 아연실색할 것이 틀림없다. 그러나 선거를 마치고 냉정하게 생각해 볼 때 역시 유권자들의 냉소가 옳지 않았나 하는 느낌이 들 수도 있다. 이상주의는 단순한 동기에 곧잘 가장된 옷을 입히기 마련이다. 그러기에 현실주의자들의 냉소쯤 아무렇지도 않은 법이다. 종래의 도덕은 사람으로서는 거의 불가능한 이타주의(利他主義)를 주입시키려고 했다. 자기의 덕을 자랑하려는 사람들은 이 도달할 수 없는 이상에 자기들은 닿을 수 있다고 생각하는 경우가 가끔 있는 모양이다. 그러나 고귀한 인간일지라도 그 행동은 이기적인 동기에서 비롯한 경우가 많다. 그러나 이것은 결코 유감스러운 일이 아니다. 이런 이기적인 동기가 없다면 인간은 생존할 수 없었을 것이기 때문이다. 자기가 먹을 것은 잊어버리고 남이 먹을 것만을 걱정한다면 그는 필경 굶어죽을 수밖에 없다. 하기야 오직 악덕과 싸우는 데 필요한 힘을 기르기 위해 영양을 섭취한다고 말할 사람이 있을지 모르지만, 그러한 동기에서 섭취하는 식사는 타액이 충분히 나오지 않을 것이므로 소화가 잘 될지 의문이다. 그러므로 공익을 이루려는 데 정신이 팔려서 식사를 하는 것보다는 음식을 즐기기 위해 식사를 하는 편이 훨씬 좋을 것이다.

식사에 적용되는 이러한 원칙은 모든 일에 적용할 수 있다. 우리의 일은 열의가 있어야 순조롭게 진행된다. 그런데 그러한 열의는 이기적인 동기가 없이는 생기기 어렵다. 여기에서 내가 말하는 이기적인 동기 속에는 자기와 핏줄이 다른 사람을 생각하는 마음이 포함된다. 즉 가족을 적의 공격에서 보호하려는 본능적인 마음이 그렇다. 이 정도의 이타주의는 누구나 가질 수 있다. 그러나 기존 도덕에서는 이 정도가 아니다. 보통 사람들이 뜻대로 하려고 해도 거의 도달할 수 없는 정도가 요구된다. 그러므로 자기가 도덕적으로 훌륭하다는 것을 자랑하려는 사람은 어느 정도 자신이 욕심으로부터 벗어났다는 것을 확신할 수 있어야 한다. 그렇지만 이런 경지에는 결코 쉽게 오를 수 없다. 따라서 성자와 같이 되려는 노력은 흔히 자기 기만과 관련되어 있다. 이러한 자기 기만은 쉽사리 피해망상에 빠지는 원인이 된다.

둘째, 자기의 공적(功績)을 지나치게 과대평가하는 것은 현명치 않은 일이라고 앞서 말한 바가 있다. 도덕 이외의 공적에 대해서는 과대평가해서는 안 된다. 작품으로 성공을 거두지 못하는 작가는 자신의 작품이 절대 졸작일 리가 없다고 단정하지 말고 귀납적(歸納的)으로 그것을 조용하고 솔직하게 인정하는 마음가짐이 필요하다. 역사상에는 위대한 걸작이었을지라도 당시에는 인정을 받지 못한 경우도 있었다. 그러나 무가치한 작품이 인정을 받은 경우보다는 훨씬 적었다. 만일 아직 인정을 받지 못한 천재라면 남이 비록 인정을 하지 않더라도 자기의 태도를 쉽게 굽히지 않는 것이 좋을 것이다. 그러나 허영심으로 가득 찬 무능한 사람이라면 자기를 끝까지 고집하지 않는 것이 현명하다. 인정받지 못하는 걸작을 쓰려고 고심한다면 이 양자—천재와 속물(俗物)—가운데 어느 편에 속하는지 알 도리가 없다. 만일 그가 천재에 속한다면 그 고집은 영웅적인 것이지만 속물에 속한다면 웃음거리가 될 뿐이다. 또 만일 그가 죽어서 100년이 지난다면 어느 편에 속할 것인지 생각할 필요도 없을 것이다. 아무튼 누가 뭐라 하든 자기 자신이 천재라고 자부한다면 이를 평가해 보아라. 이 평가는 충분하지는 않지만 상당히 믿을 만하며, 사실 별것 아니다. 우선 어떤 사상과 감동을 표현하려는 충동을 느꼈기 때문에 작품을 쓰고 있는가, 그렇지 않으면 갈채를 받기 위해서 쓰고 있는가를 자신에게 물어보는 일이다. 진실한 예술가라 할지라도 대중들의 갈채를 전혀 무시하지는 않겠지만 그것은 어디까지나 부차적인 문제일 것이다. 진정한 예술가는 작품을 창작하는 것이기 때문에 설령 갈채를 못 받는다 할지라도 자신의 스타일을 바꾸려고 하지 않는다. 그러나 이와는 반대로 남의 칭찬만을 중요하게 여기는 사람은 자기 자신 속에 어떤 독특한 표현을 해야겠다는 강한 충동이 없으니 전혀 다른 종류의 일을 하고 있는 것이라고 보아야 할 것이다. 이런 부류의 사람은 자기의 예술이 대중의 인기를 끌지 못하면 애당초 예술을 그만두는 편이 좋을 것이다.

이것을 좀더 쉽게 말한다면 직업이 무엇이든 간에 자신이 스스로의 재능을 평가하는 것처럼 다른 사람이 평가해 주지 않는다고 해서 섭섭해할 필요는 없다는 것이다. 만일 그렇게 생각한다면 다른 사람들이 공모를 하여 일부러 자신의 참된 가치를 인정하려 들지 않는다고 믿게 되고, 결국 이것이 불행한 인생의 원인이 되고 만다. 자신의 가치가 자신이 생각하는 것처럼 위대한 것이 아니라는 사실을 인정하는 것은 괴로운 일이겠으나, 그 고통은 한계가 있으므로 그것을 넘어서면 행복한 생활을 맛볼 수가 있을 것이다.

다른 사람들에게 너무 기대를 걸지 말라는 것이 셋째 원칙이었다. 옛날의 병약(病弱)한 부인들은 적어도 딸들 중에서 하나쯤은 자기를 끝까지 도와 줄 것을 바라는 것이 일반적인 관례였다. 그래서 심지어는 결혼까지 포기하고 곁에서 시중을 들어 주는 것이 예삿일처럼 여겨졌다. 이런 관습, 극도의 이타주의를 바라는 것은 인간의 이성(理性)과는 모순된다. 왜냐하면 이 경우 이타주의자의 손실은 이기주의자의 이득보다 훨씬 크기 때문이다. 대인관계, 특히 가까운 사람과의 관계에 있어서 우리들이 잊어서는 안 될 것이 있다. 그것은 누구나 인생을 자기의 입장과 처지에서 본다는 것이다. 결코 다른 사람의 입장에서 보지는 않는다는 것이다. 타인 때문에 자신의 근본 방향이 비뚤어져서는 안 된다. 애정이 매우 강하면 큰 희생이 자연스럽게 이루어질 수도 있다. 그런데 그런 희생이 자연스럽게 우러나온 것이 아니라면 강요할 수는 없으며, 또 그것을 비난해서도 안된다. 사람들이 다른 사람에 대해 불평을 하는 것은 어떤 사람의 자아가 한도를 넘어서 욕심을 부릴 경우에 인간의 자연스러운 이기주의가 항의를 하는 것에 불과하다.

넷째 원칙은, 자기가 자신을 생각하는 것보다 다른 사람이 자기를 생각하는 시간이 훨씬 적다는 것을 인정해야한다는 것이다. 피해망상에 빠진 사람은 모든 사람들이 각자의 일을 갖고 있는데도 낮이나 밤이나 자기에게 해를 끼치려 하고 있다고 단정한다. 이와 비슷하게 비교적 가벼운 피해망상에 빠져 있는 사람은 자기는 아무 관련이 없는 다른 사람의 행동을 자기와 관련된 것으로 생각한다. 물론 이러한 증상은 자기 허영심에 대한 아부의 한 표현이다. 그가 위대한 사람이라면 그것은 사실일지도 모른다. 영국 정부에서는 한때 나폴레옹을 견제하기 위해 고심한 적이 있었다. 그러나 별로 보잘것없는 인간이 세상 사람들이 밤낮 그의 생각만 하고 있다고 여긴다면, 이것은 분명 정신병자가 되어 가는 징조이다.

가령 당신이 공식 만찬회 석상에서 연설을 한다고 가정해 보자. 다음날 다른 연사들의 연설 요지와 사진은 버젓이 실려 있는데 유독 당신의 얼굴만 빠져 있다면, 당신은 이것을 어떻게 생각할 것인가? 다른 연사들이 중요한 지위의 인물이라서 그런 것이 아님은 분명하다. 다만 신문사의 편집국장이 당신의 사진을 빼도록 지시했을 것이다. 그러면 그는 왜 그런 지시를 내린 것일까? 당신은 아마 이렇게 생각할지도 모른다. 그들은 아마 내가 중요한 인물이라서 나를 두려워한 것이 틀림없다고. 당신의 사진이 실리지 않은 사실은 이와 같이 묘한 자기 찬사로 둔갑할 수도 있을 것이다. 그러나 이러한 자기 기만을 행복이라고는 할 수 없을 것이다. 사실은 그게 아니라는 것을 인정해야만 되겠지만, 가능한 한 그것을 은폐하기 위해서 상황을 꾸며냈기 때문이다. 그리고 그 생각을 믿으려고 하면서 긴장감은 확대된다. 그뿐만 아니라 자신이 세상 여러 사람들로부터 적대시당하고 있다는 생각은 그에게 분명 매우 괴로운 감정을 불러일으킬 것이다.

자기 자신의 입장을 살려서 해석한 만족은 확고하지 못하다. 그러므로 아무리 불쾌하더라도 엄연한 사실을 똑바로 직시해야 할 것이다. 그래서 그 사실에 익숙해지고, 그에 맞게 생각할 수 있도록 노력해야 할 것이다.

9. 여론에 대한 공포

우선, 자기가 살아가는 방식이나 세상에 대해 갖고 있는 생각을 사회 생활에서 자기와 긴밀한 관계를 맺고 있는 사람들, 특히 함께 살고 있는 사람들이 찬성해 주지 않으면 행복해지기 어려운 법이다.

그러나 현대사회의 큰 특징은 도덕이나 신앙이 근본적으로 다른 몇 개의 큰 그룹으로 나뉘어 있다는 것이다. 이와 같은 상태는 종교 개혁과 더불어 시작되었다고도 할 수 있고 르네상스에서 시작되었다고도 할 수 있다. 아무튼 그 무렵부터 차츰 뚜렷해졌다.

개신교도와 가톨릭 교도는 신학에 대해서뿐 아니라 실제적인 많은 문제에 대해서도 의견을 달리 하였다. 부르주아 사이에서는 허용되지 않는 여러 행위가 귀족 계급 사회에서는 허용되었다. 또 거기에 종교적 자유주의자와 자유 사상가들이 나타났다. 그들은 여러 가지 종교 의식을 인정하지 않았다.

오늘날 유럽 대륙 전체에 걸쳐서, 사회주의자와 그렇지 않은 자 사이에 깊은 대립이 있다. 이 대립은 단지 정치뿐 아니라 사회의 모든 분야에 걸쳐 있다. 영어를 쓰는 나라에서는 이런 대립이 가지각색이다.

근대 예술(近代藝術)이라면 무엇이나 존경하는 그룹이 있는가 하면, 무엇이나 악마로 보는 그룹도 있다. 국가에 대한 충성을 가장 높은 선(善)으로 보는 파가 있고, 악덕(惡德)으로 생각하는 파가 있으며, 어리석은 짓이라고 비웃는 파도 있다.

어떤 사회에서는 대영제국에 대한 충성이 최고의 도덕이지만, 어떤 사회에서는 그것을 악덕이라고 비웃는가 하면, 또 다른 곳에서는 일종의 우매한 짓이라고 비웃는다.

인습에 사로잡힌 사람들은 간통을 최악의 범죄 가운데 하나로 생각하지만, 적극적으로 칭찬할 것까지는 없더라도 용서할 수 없는 일은 아니라고 보는 사람도 많다. 가톨릭에서는 이혼을 절대적으로 금지하고 있지만, 거의 대부분의 가톨릭은 결혼의 고통을 완화하기 위해 필요한 일이라고 인정하고 있다.

이와 같이 견해가 여러 가지로 다르므로, 어떤 특정한 취미와 확신을 가진 사람을 어떤 특정한 사회에서는 인간의 찌꺼기처럼 생각하지만 다른 사회에서는 아주 정상적인 사람으로 받아들이는 것이다. 이렇게 해서 매우 많은 불행이 일어나며, 청년들 사이에서는 특히 그렇다.

어떤 청년이 일반적으로 받아들이고 있는 어떤 생각에 대해 질문한다고 하자. 그런데 그 생각이 그가 생활하고 있는 특수한 환경에서는 저주받은 것임을 깨닫는다. 그 청년은 자기가 살고 있는 환경만이 세계의 전부라고 생각하기 쉽다. 그래서 그들은 감히 입 밖에 내지 않은 생각까지도 아주 사악한 것으로 받아들여질까 두려워하게 되어, 다른 장소나 다른 사회에 가면 그 생각이 아주 당연한 것으로 받아들여진다는 사실을 믿지 못한다. 이와 같이 넓은 세상을 모르기 때문에 매우 많은 불필요한 불행을 견디어야 하는 것이다. 때로는 젊을 때만으로 그치지만 한평생 계속되는 경우도 흔하다.

이와 같이 세상에서 고립된다는 것은 단지 고통의 원천일 뿐 아니라, 적대적인 주위에 항거하여 정신적 독립을 유지해야 하기 때문에 매우 많은 에너지를 낭비하게 된다. 그리고 십중팔구는 자기 자신의 논리적 결론에 따르기를 주저하게 된다.

브론테 자매*17는 자신들의 소설이 출판될 때까지는 마음 맞는 사람들을 한 번도 만난 적이 없었다. 그러나 이 사실은 에밀리 브론테에게 그다지 영향을 주지 않았다. 에밀리 브론테가 영웅적인 타입인 데다가 탁월한 삶을 살고 있었기 때문이다. 그러나 샬럿 브론테에게는 확실히 영향을 주었다. 샬럿 브론테가 사물을 보는 방법은 그 뛰어난 재능에도 불구하고 언제나 가정교사적 수준에 머물러 있었던 것이다. 영국의 시인 블레이크도 에밀리같이 극단적인 정신적 고립 속에 살았다. 그리고 그도 에밀리와 마찬가지로 고립의 나쁜 영향을 극복할 수 있었던 위대한 인물이었다. 블레이크는 자기가 옳고 비평가들이 틀렸다는 사실을 의심하지 않았다. 여론에 대한 블레이크의 태도는 다음 몇 줄의 시에 잘 나타나 있다.

나에게 구토증을 느끼게 하지 않은, 내가 아는 유일한 사나이
그는 푸세리이다.
그는 터어키 인이며, 유대인이다.
그렇다면 크리스천 친구들이여, 자네들은 어떠한가?

그러나 이 정도의 강인함을 내면에 갖고 있는 사람들은 그리 많지 않다.

대부분의 사람들은 행복을 위해서 호의적인 환경을 필요로 한다. 물론 대다수의 사람들이 호의적인 환경에서 살고 있다. 그들은 그곳에서 통용되고 있는 편견을 젊었을 때부터 받아들이고, 자기 주위의 신앙이나 습관에 본능적으로 적응해 간다. 그러나 특정 소수의 사람들은 이와 같은 인종의 태도를 취하기가 불가능하다. 거기에는 사실상 지적(知的), 예술적 업적을 이룬 사람 모두가 포함된다.

이를테면, 시골에서 태어난 사람은 어린 시절부터 탁월한 정신과 지성(知性)을 갖는 데 필요한 모든 것에 주위 사람들로부터 적의(敵意)를 받게 된다는 것을 알 것이다. 진지한 책을 읽으려고 하면 다른 아이들이 경멸한다. 선생한테

---

*17 브론테 자매(Bronte sisters)는 샬럿(Charlotte, 1816~55), 에밀리(Emily, 1818~48), 앤(Anne, 1820 ~49)을 의미한다. 세 사람 다 문학적 재능이 뛰어났으며, 특히 샬럿 브론테와 에밀리 브론테는 문학사에 이름을 남긴 빼어난 소설가였다. 언니 샬럿은 《제인에어》의 작가이고, 동생 에밀리는 《폭풍의 언덕》의 작가이다.

서는 그런 책은 침착성을 없애기 때문에 읽어서는 안 된다는 말을 듣는다. 예술에 관심을 가지면, 같은 나이의 친구들이 남자답지 않다고 경멸하고 어른들은 부도덕하다고 비난한다. 만일 자기가 택하고 싶은 직업이 자기가 속한 사회에서 평범하지 않은 직업일 경우에는 아무리 훌륭한 직업이라 해도 자기 도취라는 말을 듣게 되고, 아버지가 해 온 정도의 일이 꼭 알맞다는 소리를 듣는다.

만일 조금이라도 부모의 종교나 신앙의 정당성을 비판할 때는 금방 심각한 곤경에 빠지고 만다. 이 모든 이유 때문에, 특별한 재능을 가진 젊은이들에게 청춘 시대란 참으로 불행한 시기가 된다. 더 평범한 사람들에게는 청춘기가 명랑과 향락의 시기일지도 모른다. 그러나 그들조차도 자기가 태어난 사회 속의 연장자들이나, 아니면 또래친구들 사이에서 볼 수 없는 더 진지한 그 무엇을 구한다.

이런 청년들은 대학에 가서 그곳에서 마음 맞는 참된 친구를 발견하면 몇 해 동안 행복한 시기를 즐길 것이다. 만일 운이 좋으면, 대학을 졸업한 후에도 마음 맞는 친구들을 만날 수 있는 직업을 가질지도 모른다. 이를테면 런던이나 뉴욕 같은 대도시에 사는 지식인이라면 위선이나 체면이 필요 없는 마음 맞는 친구를 발견할 수 있을 것이다. 그러나 만일 직업 때문에 아주 조그만 도시에 가서 살아야 하고, 더욱이 그 직업이 일반 사람들의 존경을 계속 필요로 하는, 이를테면 의사나 변호사의 경우라면, 자기의 참된 취미나 신념을 평소에 사귀는 대부분의 사람들에게 평생 동안 감추어야 할 것이다.

이런 일은 특히 미국에서 많이 볼 수 있다. 시골이 너무 넓기 때문이다. 북부나 남부나 동부나 서부에서, 말벗도 없이 고독하게 쓸쓸히 살고 있는 사람들을 많이 만날 수 있다. 그들은 쓸쓸하게 살지 않아도 되는 장소가 있다는 것을 책을 읽어서 알고는 있다. 그러나 그런 장소에서 살 기회가 전혀 없으며, 마음 맞는 사람과의 대화도 거의 바라지 못한다. 이러한 환경에서 정말로 행복해진다는 것은, 블레이크나 에밀리 브론테만큼 위대해질 수 없는 사람들에게는 불가능한 일이다.

만일 그런 곳에서 행복을 가능하게 만들고 싶다면, 세상의 포학성(暴虐性)을 조금이라도 약화시키거나 또는 회피할 수 있는 방법을 발견하든지, 아니면 소수의 지식인들이 서로 사귀면서 교제를 즐길 수 있는 어떤 방법을 발견해야 한다. 많은 경우, 필요 이상의 망설임이나 두려움은 오히려 사태를 악화시키고, 곤란을 한층 더 증대시킨다. 세상은 무관심한 사람보다 세상을 두려워하는 사람에게 더 포학해지는 법이다.

개는 자기를 무서워하는 사람에게 한층 더 소리 높여 짖어대고 또 쉽게 덤벼들지만, 아예 멸시하고 대하면 그러지 않는다. 인간도 똑같은 성질을 가지고 있다. 만일 여러분이 무서워하고 있다는 것을 보여 주면 금방 절호의 먹이가 될 것이고, 반대로 무시하고 대하면 상대편은 자기 힘을 의심하기 시작할 것이다. 그리고 여러분을 상관하지 않게 된다.

물론 이것이 극단적으로 세상을 무시하라는 의미는 아니다. 만일 여러분이 전통적인 러시아적 사고방식으로 캘리포니아에서 행동하고, 캘리포니아에서 예부터 통용되고 있는 사고방식으로 러시아에서 행동한다면, 마땅히 그 대가를 치러야 한다. 나는 그런 극단적인 경우에 대해 이야기하고 있는 것이 아니다. 일반의 관례에서 조금 벗어난 정도의 일, 즉 복장을 말끔히 입지 않았다든가, 특정 교파에 속하지 않았다든가, 지적(知的)인 책을 읽는 것을 삼가지 않았다든가 하는 것에 대해서 말하고 있을 뿐이다.

관례에서 벗어난다고 하더라도, 만일 명랑하게 무의식적으로, 그리고 도전적이 아니라 아주 자연스럽게 한다면, 가장 인습적인 사회에서도 관대하게 보아 주게 마련이다. 그리고 차차 좀 독특한 인간으로 공인되어, 다른 사람이 하면 허용되지 않을 일도 허용해 주게 되는 법이다.

이것은 대체로 사람이 좋다는 것과, 붙임성이 있고 없고의 문제이다. 인습적인 사람들이 세상 일반의 관례에서 벗어나는 것은 주로 그런 행위를 자기 자신에 대한 비판으로 간주하기 때문이다.

비인습적인 것이 허용되는 경우는 그들이 매우 명랑하고 붙임성이 많아서 인습적인 사람들이 조금도 비판하려 하지 않는다는 것을, 아무리 바보 같은 인간이라도 금방 알 수 있을 것이다.

그러나 대중의 비난과 공격에서 벗어나는 이와 같은 방법도 그 취미나 의견이 일반 대중의 동정심을 잃게 하는 경우에는 대부분 별로 소용이 없다. 그들은 대중의 동정을 받고 있지 않기 때문에 점점 더 불쾌감을 느끼게 되고, 적의(敵意) 있는 태도를 갖게 된다. 겉으로는 아무리 사람들에게 순응하려 하고, 아무리 날카로운 논쟁을 피하려 하더라도 말이다. 그런 까닭으로 자기가 속한 사회의 관례와 잘 조화되지 않은 사람은 자연히 거칠어지고 불쾌해져서, 누구에게나 기분이 상하게 된다.

그런데 그런 사람이라도, 그 사고 방식이 조금도 이상하게 여겨지지 않는 사회로 옮겨가면, 그 성격이 완전히 변한 것처럼 보인다. 심각하고 내성적이고 소극적이었던 성격이 명랑하고 자신만만해진다. 모가 나 있던 것이 모가 깎이고 사귀기 쉬워진다. 자기 중심적이었던 성격이 사교적으로 변하고, 아울러 외향성을 갖게 된다.

그러므로 주위와 도저히 조화될 수 없다는 사실을 깨달은 청년은 될 수 있는 대로 마음 맞는 친구를 가질 기회가 주어지는 직업을 골라야 할 것이다. 비록 그 때문에 수입이 현저하게 줄어드는 일이 있더라도 말이다.

그런데 이것이 가능하다는 것을 청년들이 모르고 있는 경우가 많다. 세상에 대한 그들의 지식이 매우 한정되어 있고, 지금까지 고향에서 몸에 밴 갖가지 편견이 온 세계 어디에나 퍼져 있다고 생각하기 쉽기 때문이다. 이것이야말로 선배가 젊은 사람들을 도와 주어야만 할 문제이다. 적잖은 인생 경험 없이는 알 수 없는 것이기 때문이다.

오늘날은 정신분석이 유행하는 시대이다. 그러므로 어떤 청년이 환경과 잘 조화를 이루지 못할 경우, 그 원인은 보통 어떤 심리적 혼란 속에 있는 것으로 생각된다. 그러나, 이것은 완전한 잘못이라고 생각한다. 이를테면, 진화론은 부도덕한 이론이라고 생각하고 있는 부모를 둔 청년의 경우, 그 청년과 부모의 조화를 어렵게 만들고 있는 것은 그의 지식 자체이다. 환경과 잘 조화되지 않는다는 것은 물론 불행한 일이다. 그러나 불행은 어떤 희생을 치르고라도 피해야 한다고는 말할 수 없다. 그 환경이 우매하다든가, 편견에 사로잡혀 있다든가, 혹은 잔인하다고까지 할 경우에는, 그런 환경과는 조화하지 않는 편이 미덕이기까지 하다. 이와 같은 특징은 어떤 환경에서나 어느 정도 볼 수 있다.

갈릴레오와 케플러는 '위험 사상(일본에서 곧잘 이런 말을 쓴다)'을 가졌다. 오늘날의 최고 지식인들도 거의 마찬가지로 위험한 사상을 갖고 있다. 그런데 만일 그런 사람들이 소속된 환경에 내재된 사회 감각에 강하게 영향을 받아서 사회가 자기의 견해에 적의의 시선을 보낼까 봐 두려워한다면 어떻게 되겠는가? 그것은 결코 바람직스러운 일이 아니다. 바람직스러운 일은 적의를 줄이는 방법을 발견하는 것이며, 설령 적의가 생기더라도 되도록 그 적의를 효과적으로 적게 만드는 방법을 발견하는 일이다.

오늘날에는 이런 문제 중 가장 중요한 것이 청년 시절에 발생한다. 만일 어떤 사람이 처음부터 적당한 직업을 갖고, 그리하여 올바른 환경을 갖게 되었다면, 그는 대개의 경우 사회적 박해를 받지 않아도 된다. 그런데 그가 아직 젊은 청년이고, 그 장점이 아직 사람들에게 알려져 있지 않은 동안에는 무지한 사람들에 의해 대수롭지 않게 다루어지게 마련이다. 더욱이 그 무지한 인간들은 아무것도 모르면서 올바른 판단을 할 줄 안다고 생각한다. 그러고는 세상의 경험을 많이 쌓은 자기보다 이 풋내기가 훨씬 더 세상을 잘 알고 있다는 것을 알면 펄펄 뛰고 노여워한다.

이러한 무지의 포악에서 달아날 수 있었던 많은 사람들도, 그때까지는 매우 쓰라린 투쟁을 해 왔던 것이다. 그리고 너무나 오랫동안 압박을 받아 왔기 때문에, 나중에는 어쩔 수 없을 만큼 비참해지고 그 에너지도 소모되어 버렸던 것이다.

세상에는 '천재는 언제나 자기 길을 간다'는 참으로 상쾌한 이론이 있다. 이 이론에는 상당한 힘이 있어서, 많은 사람들이 젊은이의 재능을 박해해 봐야 그리 큰 타격을 주지는 않을 것이라고 생각한다. 그러나 이런 이론을 인정해야 할 근거는 전혀 없다. 이것은 살인범은 결국 발각된다는 이론과 아주 비슷하다. 우리가 확실히 알고 있는 살인이 얼마나 많을까? 아무도 모를 것이다.

그와 마찬가지로, 우리가 지금까지 알고 있는 천재들은 모두 저마다 역경을 이겨 온 사람들이지만, 젊었을 때 꺾여버린 천재는 한 사람도 없었다고 추정할 근거는 조금도 없다. 게다가 이와 같은 문제는 오직 천재만의 문제가 아니라, 천재와 마찬가지로 사회에 필요한 재능을 가진 사람들의 문제이기도 하다. 그리고 또, 단지 그런 천재나 재능을 가진 사람들을 출현시킨다는 문제만이 아니라, 비참하게 만드는 일 없이 그리고 에너지를 낭비시키는 일 없이, 그 능력을 발휘시킨다는 문제이다.

이 모든 이유로 해서, 청년의 진로를 너무나 험한 것으로 만들어서는 안 된다. 노인들이 젊은 사람들의 희망을 존중해야 하는 것은 바람직하지만, 청년들이 노인의 바람을 존경심으로 대하는 것은 그리 바람직스러운 일이 아니다. 그 까닭은 간단하다. 즉, 어느 경우에나 관심이 기울어져야 할 것은 젊은 사람들의 삶이지, 늙은 사람들의 삶이 아니기 때문이다. 청년이 홀아비가 된 아버지의 재혼에 반대하듯이 늙은이의 생활을 규제하려 한다는 것은 마치 노인들이 청년의 생활을 제한하려고 하는 것과 마찬가지로 잘못이다. 늙은이나 젊은이나 마찬가지로 사리 분별을 할 수 있는 나이가 되면 스스로 선택할 권리가 있다. 때에 따라서는 잘못을 저지르는 권리까지도 있는 것이다.

젊은 사람들이 무언가 중대한 일을 할 때 노인의 압박에 굴복했다면, 그들은 생각이 깊지 않다고밖에 말할 수 없다. 이를테면, 여러분들이 가령 무대를 동경하고 무대에 서는 것을 목표로 나아가는 청년이라고 하자. 그리고 무대에 서는 것은 부도덕하다는 이유로 또는 사회적으로 천한 신분의 일이라는 이유로, 여러분의 부모가 그 소망에 반대한다고 하자. 그때 부모는 모든 압박을 여러분에게 가하려고 할 것이다. 만일 명령을 듣지 않으면 집에서 쫓아낸다고 말할지도 모른다. 몇 해 안에는 틀림없이 후회할 것이라고 말할지도 모른다. 또는 누구의 말에도 귀를 기울이지 않고 고집을 피우다가 결국 나쁜 결과밖에 얻지 못한 무서운 실패담을 이것저것 늘어놓을지도 모른다. 무대에 서는 것이 여러분에게 맞지 않는 직업이라고 보는 부모의 생각은 물론 옳을지도 모른다. 여러분이 연극에는 소질이 조금도 없을지도 모르고, 혹은 목소리가 나쁠지도 모른다. 그러나 만일 그렇다면, 여러분은 당장에라도 연극 관계자에게서 그런 말을 듣게 될 것이다. 그리고 다른 직업을 고를 만한 충분한 시간이 있을 것이다. 부모의 주장에는 계획을 중단시킬 만한 충분한 논거가 있다고는 할 수 없다. 그러므로, 부모가 무어라고 말하거나 여러분이 만일 처음의 뜻을 끝끝내 굽히지 않는다면, 여러분이나 부모가 생각하는 것보다 훨씬 빨리, 부모의 고집은 꺾이게 될 것이다. 그러나 만일 전문가의 의견이 별로 신통치 않다면, 사정은 다르다. 초심자는 언제나 전문가의 의견을 존중해야 하기 때문이다.

내 생각에 전문가의 의견은 별도로 치더라도, 일반적으로 큰 문제든 작은 문제든 간에 너무 지나치게 남의 의견을 존중하는 경향이 있다. 굶어 죽지 않기 위해서 그리고 투옥을 면하기 위해서 필요한 한은, 원칙적으로 세상의 의견을 존중해야 한다. 그러나 그 선을 넘어서까지 세상에 따른다는 것은 불필요한 죄악에 굴복하는 일이며, 행복을 철저하게 방해받는 것을 의미한다. 소비 문제를 예로 들어 보자. 매우 많은 사람들이 타고난 취미와는 전혀 다른 즐거움에 돈을 쓰고 있다. 그 이유는 단지 이웃 사람들에게 존경을 받으려면 훌륭한 자동차를 가져야 하고, 근사한 만찬회를 베풀 정도의 힘이 필요하다고 생각하기 때문이다. 실제로 자동차를 살 만한 능력이 충분하더라도 그보다는 여행을 하거나 훌륭한 서재를 갖거나 하는 사람이, 결국에는 보통 사람과 똑같이 행동하는 것보다는 훨씬 존경을 받게 될 것이다.

물론 고의로 세상의 방식을 경멸하거나 거기에 반항할 필요는 없다. 고의로 경멸한다는 것은 오히려 거꾸로 그 경멸을 받게 된다는 것을 의미한다. 그렇지 않고 정말로 세상에 무관심하다는 것은, 강한 힘을 보여 주는 것이 되는 동시에 행복의 원천이기도 하다. 게다가 인습에 별로 굽실거리지 않는 남녀로 구성되어 있는 사회가, 누구나 다 똑같이 행동하는 사회보다 훨씬 재미있는 사회라고 할 수 있을 것이다. 각 개인의 성격이 저마다 개성 있게 발휘되면, 여러 가지 특색 있는 타입이 보존된다. 그리고 새로운 타입의 사람을 만난다는 것은 가치 있는 일이다. 왜냐하면 새로운 타입의 사람이란, 지금까지 만난 사람들의 복제가 아니기 때문이다. 이것이 귀족들의 한 장점이었다. 다시 말해서 출생 여하에 따라 사회적 신분이 정해진 곳에서는 상식을 벗어난 행동이 허용되었기 때문이다.

오늘날에는 이러한 사회적 자유의 원천을 잃어가고 있다. 그러기에 획일성의 위험을 더 똑똑히 깨달을 필요가 있다. 나는 사람들이 일부러 제각각 달라져야 한다고 말하는 것은 아니다. 그런 것은 인습적인 것과 마찬가지로 매우 시시한 것이다. 내가 말하는 뜻은 사람들은 자연스러워야 하고 자명하게 반사회적인 취미가 아닌 이상 자기의 자발적인 취미로 살아야 한다는 것이다.

오늘날은 증기기관의 등장 이후 속도가 증가하는 세상이 되었기 때문에, 옛날처럼 지리적으로 가장 가까운 이웃에만 의존할 필요가 없어졌다. 자동차를 가진 사람에게는 20마일 이내에 살고 있는 사람이 모두 이웃으로 간주될 수 있다. 이 때문에 옛날보다 훨씬 자유로이 친구를 선택할 수 있게 되었다. 만일 20마일 이내에 마음 맞는 친구를 발견할 수 없다면, 이웃이 아무리 많더라도 결국은 매우 불행할 것이 틀림없다. 사람에게는 가까운 이웃이 있어야 한다는 생각은 인구가 집중해 있는 대도시에서는 이미 사라졌지만, 조그만 도시나 읍에서는 아직 남아 있다. 그러나 이제 그것은 어이없는 사고 방식이 되어 버렸다. 왜냐하면, 오늘날에는 사교적인 교제를 위해서 가까운 이웃에만 의존할 필요가 전혀 없어졌기 때문이다. 단지 이웃에 살고 있어서가 아니라, 마음이 맞아서 점점 더 친구를 쉽게 고를 수 있게 된 것이다.

행복(幸福)은 취미와 의견을 같이하는 사람들의 교제로 촉진된다. 앞으로는 사람들이 점점 더 이를 중심으로 서로 어울리게 될 것이다. 그리고 현재 매우 많은 비인습적인 사람들을 괴롭히고 있는 고독감은, 그러한 교제에 의해 차츰 감소해서 나중에는 거의 없어져 버릴 것으로 생각된다. 그러한 교제는 분명히 그들의 행복을 증대시켜 줄 것이다.

더욱이 오늘날 인습적인 사람들이 인습적이지 않은 사람들을 자기의 지배 아래 두고 못살게 굴면서 재미있어하는 가학적인 쾌락도 물론 점점 사라져서, 이윽고 없어질 것이다. 나는 이런 쾌락을 크게 마음을 써 보존할 필요가 있다고는 생각하지 않는다.

세상의 눈을 두려워하는 공포감(恐怖感)도 다른 모든 공포처럼 압제적이며 성장을 저해한다. 이런 종류의 공포가 강력히 작용하고 있는 동안은, 아무리 위대한 일이라도 성취되기 어렵다. 게다가 참된 행복을 성취시키는 데 필요한 정신의 자유를 획득하기도 불가능하다. 왜냐하면 우리가 살아가는 방식은 우리들 자신의 마음 속 깊은 곳에서 생겨야 하는 것이지, 어쩌다가 이웃이 되었거나 친척이 되었거나 하는 사람들의 우연적인 기호(嗜好)나 희망 같은 것으로 정해질 것이 아니기 때문이다. 이것은 행복에 있어서도 본질적인 문제이다.

확실히 옛날처럼 가까운 이웃을 심하게 두려워하지는 않게 되었다. 그러나 이번에는 새로운 종류의 공포가 생겨난다. 즉, 신문에 뭐가 실릴지 모른다는 공포이다. 이것은 바로 중세의 마녀사냥처럼 무서운 일이다.

신문이 어쩌다가 정말로 해(害)가 없는 사람을 공격대상으로 삼아 희생시킨다면, 그 결과는 참으로 전율할 만한 것이 될 것이다. 다행히 오늘날 대부분의 사람들이 사회적으로 유명하지 않기 때문에 이와 같은 운명에서 벗어나 있다.

그러나 그 홍보의 방법이 점점 더 완전해짐에 따라, 그와 같은 새로운 방법에 의한 사회적 제재(制裁)의 위험은 더욱 증대할 것이다. 이러한 위험은 박해의 희생이 된 개인을 경멸하는 것만으로 끝나지 않는, 너무나도 심각한 문제이다. 그리고 언론의 자유라는 대원칙이 어떻게 생각되든, 현재의 명예 훼손죄보다 훨씬 더 엄격하게 실행되어야 한다고 생각한다. 그리고 아무런 죄도 없는 개인이 악의적으로 보도됨으로써, 설령 그가 평판을 떨어뜨릴 만한 일을 실제로 말했거나 혹은 그렇게 행동한 일이 있다고 하더라도, 그가 살아가기를 어렵게 만드는 일은 결단코 금지되어야 한다.

그러나 이와 같은 악을 막기 위한 오직 하나의 궁극적인 방법은, 세상의 관용심을 키우는 일이다. 그리고 세상을 관용적으로 만들기 위한 최선의 방법은 참된 행복을 즐거움으로 삼고, 같은 인간에게 고통을 주는 것을 주된 즐거움으로 삼지 않는 사람들의 수를 늘리는 것이다.

제2장
행복은 어떻게 얻을 수 있는가

1. 아직도 행복은 가능한가

지금까지는 불행(不幸)한 사람들에 대해 고찰했다. 이제부터는 행복한 사람들에 대한 즐거운 고찰을 해 보기로 하자. 나는 성급한 결론을 내렸다. 내 주위의 친구들 이야기나 책을 통해서 표현된 오늘날의 세계에서는 행복이 거의 불가능한 것으로 여겨졌기 때문이다. 그러나 혼자서 명상을 하거나 외국 여행을 다녀오거나, 혹은 우리 집 정원사와 이야기를 나누다 보면 이 세상은 결코 불행한 일로만 가득 차 있는 곳이 아니라는 것을 알게 된다. 나는 앞에서 작가들의 불행에 대해 말했지만, 이 장에서는 내 일생 동안에 만난 행복한 사람들에 대해 이야기하고 싶다.

행복(幸福)에는 두 가지 종류가 있다. 물론 그 사이에 중간적인 행복이 있음은 두말할 나위도 없지만 말이다.

내가 말하는 두 가지 종류란 현실적인 것과 공상적인 것, 동물적인 것과 정신적인 것, 정적인 것과 지적인 것으로 구별할 수 있을 것이다. 이렇게 서로 상대적인 종류 중 어느 쪽에 속하는가는 물론 정하고자 하는 주제의 성질에 달려 있다. 나는 여기서 결정은 하지 않고 그저 서술하는 데만 그칠까 한다. 이와 같은 두 종류의 행복이란 한쪽은 사람이면 누구나 얻을 수 있는 행복과, 나머지 한쪽은 읽고 쓸 수 있는 지식인만 얻을 수 있는 행복이라고 단순히 서술할 수 있을 것이다.

나는 소년 시절에 행복으로 가득 차 있는 한 사람을 알고 있었다. 그의 직업은 우물을 파는 일이었다. 그는 키가 엄청나게 큰 사람으로, 믿을 수 없을 만큼 억센 근육을 갖고 있었다. 그는 읽을 줄도 쓸 줄도 전혀 몰랐다. 그리고 1885년에 국회의원 선거권을 갖게 되었을 때야 처음으로 그런 제도가 있다는 것을 알았다. 그의 행복은 지식과 관계된 것이 아니었다. 그의 행복은 자연의 법칙을 믿는다든가, 씨의 완전성을 믿는다든가, 공동 시설의 소유자가 일반 인민이라는 것을 믿는다든가, '토요일을 안식일로 삼는 그리스도 재림론자'의 마지막 승리를 믿는다든가 하는 따위의 신조(信條)나, 지식인들이 인생을 즐기는데 필요하다고 생각하고 있는 그런 신조 따위와는 전혀 관계가 없는 것이었다. 그의 행복은 자신의 체력이라든가, 일거리가 충분히 있다든가, 손을 대기가 쉽지 않아 보이는 암석 같은 장애물을 제거한다든가 하는 일에 있었던 것이다.

내 집에 와서 일하는 정원사의 행복도 이와 같은 종류의 것이었다. 그는 토끼와 1년 내내 끊임없이 싸우고 있는데, 그가 그 이야기를 할 때는 마치 런던 경시청이 볼셰비키에 대해서 이야기하는 투로 말한다. 그는, 토끼는 살금거리고 음흉하고 게다가 흉악하다고 생각한다. 그래서 토끼와 같이 약삭빠르게 움직이지 않으면 도저히 토끼를 당해 낼 수 없다는 생각을 갖고 있다. 발할라*¹의 영웅들은 날마다 멧돼지를 한 마리씩 잡아먹는데, 그 멧돼지가 매일 밤 살해되어도 이튿날 아침이 되면 기적적으로 되살아난다고 한다. 그 이야기와 마찬가지로 이 정원사의 경우도 적들이 내일이면 다 없어져 버리지나 않을까 하는 걱정 없이 적들을 무찌를 수 있는 것이다.

그 정원사는 70세를 훨씬 넘었지만, 온종일 일터를 오가는 16마일의 험한 비탈길을 자전거로 통근한다. 그래도 그의 기쁨의 샘은 마를 줄 모른다. 그 기쁨을 주는 것은 바로 '토끼들'이다.

그러나 여러분은 이렇게 말할 것이다. 그런 단순한 기쁨으로는 우리처럼 뛰어난 인간은 만족할 수 없다. 토끼 같은 시시한 생물과 싸워서 얼마만한 기쁨을 얻을 수 있겠는가 하고. 그와 같은 주장을 나는 아주 하찮은 것으로 여긴다. 황열병균(黃熱病菌)은 토끼보다 그 크기가 훨씬 작다. 그런데도 보통보다 뛰어난 인간이 토끼보다 하찮은 병균과 씨름하여 행복을 발견할 수도 있는 것이다. 감정적인 면에서는 최고의 교육을 받은 사람이라도 내 정원사와 똑같은 종류의 기쁨을 맛본다고 할 수 있다. 교육이 있고 없음으로 인해 생기는 차이란, 다만 그 기쁨을 얻기 위한 활동의 차이일 뿐이다. 무엇을 이룩한다는 기쁨을 맛보려면 온갖 곤란을 극복할 필요가 있다. 이런 곤란은 결국 성취하게 되

---

*1 북유럽 신화에서 예술·문화·전쟁·죽은 자 등의 신이라고 일컬어지고 있는 오딘 신의 전당.

더라도, 처음에는 성공의 가망이 없어 보인다. 그래서 행복의 원천이란 자기 자신의 힘을 너무 과대평가하지 않는 일이라고도 할 수 있다. 자기 자신을 낮게 평가하면 성공을 거두었을 때 대개 스스로에 대해 감탄한다. 그와 정반대로, 자기를 너무 높게 평가하는 사람은 실패했을 때 경악하는 일이 허다하다. 전자와 같은 감탄은 기쁨이지만, 후자와 같은 경악은 불쾌함이다. 그러므로 너무 지나치게 겸허하여 아무것도 시도하지 못하는 것도 현명하지 못한 일이지만, 부당하게 자기 과시가 심한 것도 현명하지 못한 일이다.

오늘날의 사회에서 좀더 높은 교육을 받은 사람 가운데 가장 행복한 사람은 과학자들이다. 대부분의 저명한 과학자들은 감정적으로 단순하여 자기 일에서 매우 큰 기쁨을 얻을 수 있다. 그리고 밥을 먹는 일이나 결혼을 통해서도 기쁨을 맛볼 수 있다. 예술가나 문필가들은 불행한 결혼을 '예술상의 경지에 이르기 위하여 필요한 일'이라고 생각하지만, 과학자는 고상한 가정의 혜택에 잠길 수 있는 사람이 매우 많다. 그 까닭은 그들의 높은 지성이 모두 일에 흡수되어 버려서, 자기의 능력이 미치지 못하는 영역에는 관심을 두지 않기 때문이다.

과학자들에게 일을 한다는 것은 곧 행복을 의미한다. 왜냐하면 현대 세계에서는 과학이 진보적이고 강한 힘을 갖고 있기 때문이며, 자신들은 물론 일반 사람들도 과학의 중요성을 의심하지 않기 때문이다. 그리고 그들은 복잡 미묘한 감정을 필요로 하지 않는다. 보통 사람보다 단순한 그들의 감정은 장애물에 부딪치는 일이 전혀 없기 때문이다. 감정의 복잡성이라는 것은 강물의 물거품과 같다. 물거품은 순조로이 흐르고 있는 물의 흐름을 방해하는 장애물에 의해서 만들어진다. 그러나 생기에 찬 에너지가 방해받지 않는 한, 강의 수면에는 잔잔한 파도 하나 일지 않는다. 그리고 그 방해의 힘도 주의해서 관찰하지 않으면 뚜렷이 알지 못할 정도이다.

과학자의 생활 속에는 행복의 모든 조건이 실현되어 있다. 그는 자기의 능력을 충분히 발휘할 수 있는 일을 갖는다. 그리고 그는 자기 자신뿐 아니라 일반 사람들에게도 중요하다고 생각되는 온갖 업적을 달성한다. 일반 사람들이 그것을 조금도 이해하지 못할 때조차도 그렇다. 따라서 과학자는 예술가보다 훨씬 행복하다.

일반 사람들은 어떤 그림이나 시를 이해하지 못할 때 그것을 나쁜 그림이라든가 나쁜 시라고 결론짓는다. 그러나 상대성 이론을 이해할 수 없을 때는 자기가 받은 교육이 불충분했다고 결론짓는다(옳은 말이다). 그 결과, 일류 화가들이 다락방에서 굶어 죽을 때까지 방치되어 있을 때 아인슈타인은 영예에 빛나고, 화가들이 불행할 때 아인슈타인은 행복할 수 있었던 것이다.

대부분의 세상 사람들이 가진 회의주의에 대항하여 끊임없이 자기확신의 삶을 살아가야 할 때 정말로 행복할 수 있는 사람은 거의 없다. 일부 무리와 어울리는 것 외에는 세상에서 등을 돌려버리고 냉혹한 바깥 세상을 망각해 버리지 않는다면 말이다. 과학자에게는 그와 같은 어울림이 필요 없다. 과학자에 대해서는 자기의 동료들을 제외하고는 모두가 좋게 생각해 주기 때문이다. 반대로 예술가는 세상에서 경멸을 받거나 아니면 스스로 비굴해지거나, 그 어느 한쪽을 택해야 하는 쓰라린 입장에 놓여 있다. 만일 그의 역량(力量)이 최고일 경우에는 이런 불행의 어느 쪽인가를 겪지 않으면 안 된다. 즉, 만일 그가 자기 역량을 발휘한다면 세상에서 경멸당하고, 그렇게 하지 않으면 비굴해질 수밖에 없는 것이다. 이것이 언제 어디서나 그러했다는 것은 아니다. 뛰어난 예술가들이, 더욱이 젊었을 때부터 좋은 평가를 받은 시대도 있었다.

율리우스 2세는, 비록 미켈란젤로를 잘 대우하지 않았는지는 모르지만, 그가 그림을 그릴 능력이 없는 사람이라고는 한 번도 생각한 적이 없었다. 그런데 현대의 백만장자들은, 창작의 역량을 잃어버린 노령의 예술가들에게 황금의 비를 뿌릴지는 몰라도, 그 예술가들의 작품을 자기 자신의 사업만큼 중요한 것이라고는 전혀 생각하지 않는다. 이 같은 상황은 예술가들이 과학자들만큼 행복하지 못하다는 사실과 어떤 연관이 있는 것으로 보인다.

서양의 가장 지적인 청년들이 자기의 뛰어난 재능에 걸맞는 직장을 찾지 못해서 불행을 겪고 있다는 사실을 인정하지 않을 수 없다. 그러나 동양에서는 이와 같은 일이 없다. 오늘날의 지적인 청년들은 세계 어느 나라보다도 러시아에서 행복을 느낄 것이다. 그곳에서 그들은 새로운 세계를 창조할 수 있다. 또 그들에게는 세계를 창조해야 한다는 불타는 신념(信念)이 있다. 낡은 사고 방식을 가진 사람들은 처형되고, 굶어 죽고, 추방당했으며, 혹은 다른 방법으로 숙청되어 버렸다. 따라서 이제 그곳의 젊은이들은 다른 서방국가에서처럼 나쁜 짓을 한다든가 아니면 아무것도 하지 않는다든가, 그 중에서 어느 쪽을 선택하라고 강요받는 일이 없어졌다. 식견이 넓다는 서양의 눈에는 젊은 러시아인들의 신념이 무모하게 보일지도 모른다. 그러나 결국 그들의 신념에 대해 어떤 반대의 말을 할 수 있단 말인가?

러시아의 청년들은 새로운 세계를 만들어 가고 있다. 이 새로운 세계는 그들의 기호에 맞다. 그 세계가 완성되는 날, 일반 러시아인들은 틀림없이 혁명 전보다 훨씬 행복해질 것이다. 그 세계는 식견 넓은 서양 지식인들이 행복해질 수 있는 세계는 아닐지라도, 그들이 그곳에서 살지 못할 이유는 조금도 없는 것이다. 그러므로 젊은 러시아 인들의 신념은 어떤 실제적인 면에 비추어 보더라도 정당하며, 이론적인 근거에 입각한 것이 아닌 한은 그것을 무모하다고 비난하는 것은 전혀 당치 않는 일이다.

인도나 중국이나 일본에서는 외부적인 정치 사정이 젊은 인텔리겐치아의 행복을 방해한다. 그러나 서양에서와 같은 내면적인 방해물은 하나도 없다. 그곳에는 청년들에게 중요하다고 여겨지는 온갖 활동이 있다. 그리고 그와 같은 활동이 성공하는 한 그들은 행복하다. 그들은 자신들에게 국가적으로 중요한 역할과, 비록 추진하기 어렵더라도 실현 가능한 목표가 주어졌다고 생각한다.

최고 교육을 받은 서양의 젊은 남녀들 사이에서 많이 볼 수 있는 냉소주의는, 위안과 무력감이 결합하면서 생겨난 것이다. 무력감은 사람들에게 가치가 있는 일은 하나도 없다고 느끼게 하며, 위안은 이와 같은 감정의 고통을 견디게 해 준다.

동양 전역의 대학생들은 현대 서양의 대학생들보다 여론에 대해 훨씬 큰 영향력을 미칠 수 있다. 그러나 실질적인 소득 확보라는 측면에서는 서양에 비해 훨씬 적은 기회밖에 갖지 않는다. 그런데도 그들은 무력감이나 위안에 빠지지 않으며, 냉소주의자가 아니라 사회 개혁가나 혁명가가 된다. 사회 개혁가나 혁명가의 행복은 사회 문제가 어떻게 진행되어 가느냐에 달려 있다. 따라서 아마도 그들은 처형되는 순간에도, 그저 위안만을 구하는 냉소적인 회의주의자보다 훨씬 참된 행복을 누릴 것이다.

어떤 젊은 중국인이 나의 학교를 찾아왔던 일이 생각난다. 그 젊은이는 중국의 보수적인 어느 지방에 나의 학교와 비슷한 학교를 창립하기 위해서 귀국하는 길이었다. 그는 그 결과로 자신의 목이 잘릴지도 모른다는 것을 각오하고 있었다. 그런데도 그는 부러울 정도로 조용한 행복을 즐기고 있었다.

그러나 나는 이와 같이 지극한 행복만이 유일한 행복이라고 말하고 싶지는 않다. 사실 이와 같은 행복은 극소수의 사람들에게만 열려 있는 것이다. 거기에는 어떤 종류의 능력과 폭넓은 관심이 필요하기 때문이다. 그리고 그것은 일반적으로 누구나 얻을 수 있는 것이 아니다.

오로지 우수한 과학자들만이 일을 통하여 기쁨을 얻는 것은 아니다. 또한 지도적인 정치가들만이 명분을 주장하면서 기쁨을 얻는다고 말할 수도 없다. 일의 기쁨은 어떤 특수한 기능을 발휘할 수 있는 사람이라면 누구나 맛볼 수 있는 것이다. 일반적인 세상의 박수갈채를 바라지 않고, 자기 기량을 살리는 것만으로도 만족할 수 있다면 말이다.

나는 어린 나이에 두 다리를 못 쓰게 된 한 남자를 알고 있었다. 그런데 그는 그 긴 생애를 통해 정말로 행복했다. 그는 그 행복을 장미의 해충에 관한 다섯 권의 책을 씀으로써 얻어 냈다. 장미의 해충에 관해서라면 그는 확실히 일류 전문가였다.

나는 여태까지 많은 패류 학자와 그리 친하게 사귀지는 못했다. 그러나 내가 아는 소수의 사람들을 보면 언제나, 조개의 연구가 그 일에 종사하는 사람들에게 만족을 준다는 것을 알 수 있다. 나는 전에 세계에서 가장 우수하다는 식자공을 알고 있었다. 예술적인 활자를 발명하는 데 전념하고 있는 모든 사람들이 서로 그를 데려가려고 야단들이었다. 그의 기쁨은 그에게 상당한 존경심을 갖고 있는 사람들의 진실한 마음에서 온 것이 아니라, 자신의 재능을 발휘할 수 있는 데서 오는 실질적인 기쁨이었다. 즉, 뛰어난 무용수가 춤 자체에서 발견하는 그런 기쁨이었던 것이다.

나는 또 숫자나 필기체 글꼴, 설형문자나 그 밖에 색다르면서도 꽤 어려운 활자꼴을 만드는 데 전문가였던 식자꾼들을 알고 있었다. 그 사람들의 사생활이 과연 행복했는지 어떤지는 알 수 없다. 그러나 일하고 있는 동안만은 그들의 본능이 충분히 만족하고 있었다.

오늘날과 같은 기계 시대에 있어서는, 옛날의 직공들이 숙련된 일을 하면서 느끼던 그런 종류의 기쁨을 느낄 여지가 적어졌다고들 말한다. 그러나 나는 그것이 사실이라고는 조금도 생각하지 않는다. 오늘날의 숙련공들이 중세 길드(직공 조합)의 관심을 끌었던 것과는 전혀 다른 일을 하고 있는 것은 사실이다. 그러나 그들은 오늘날의 기계 경제 속에서도 여전히 매우 중요하며, 절대로 없어서는 안 될 존재이다. 오늘날에는 과학 실험기구나 정밀한 기계를 만드는 사람들이 있는가 하면 설계가, 항공기 정비사, 운전 기사가 있다. 또 그 밖의 무수히 많은 직업에서 기술을 최대한으로 발달시키는 사람들도 있다.

농업 노동자나 비교적 원시적인 사회의 농민들은, 내가 관찰한 범위 내에서는 요즈음의 운전 기사나 기관사만큼 행복하지는 않았다. 자기 땅을 경작하는 농민들이 하는 일이 다양하다는 것은 사실이다. 갈고, 씨 뿌리고, 거두어들인다. 그러나 농민들은 땅·물·불·바람·하늘 등 자연의 영향력에 좌우되며, 거기에 의존할 수밖에 없음을 잘 알고 있다. 이에 반해서 근대적인 기계일을 하고 있는 사람들은 인간의 힘을 인식하고 있으며, 인간이 자연의 노예가 아니라 주인이라는 생각을 갖게 되었다.

변화가 거의 없는 기계적인 작업을 몇 번이나 되풀이해야 하는 많은 단순 기계공들에게, 일이 매우 흥미 없게 느껴질 거라는 것은 사실이다. 그러므로 일이 흥미 없는 것일수록 그 일은 기계가 맡게 될 가능성이 커진다. 기계 생산의 궁극적인 목표는 모든 흥미 없는 일은 기계화하고 인간은 독창적이고 단조롭지 않은 일을 할 수 있도록 하는 데 있다. 우리가 아직 이 목표에서 멀리 떨어져 있는 것은 사실이지만, 그런 시대가 되면, 일은 농업이 시작된 이래 그 어느 시대보다도 훨씬 덜 따분하고 훨씬 덜 우울해질 것이다. 농업을 시작하게 된 인류는 굶주림의 위험에서 벗어나기 위해 단조로움과 따분함에 복종하기로 결심했던 것이다.

인간이 사냥으로 먹을 것을 얻고 있을 당시에는 일하는 것이 기쁨이었다. 그것은 돈 많은 사람들이 사냥이라는 이 조상 전래의 직업을 여전히 오락의 방법으로서 즐기고 있는 사실을 보아도 알 수 있다.

그런데 농업의 시작과 더불어, 인류는 시시함과 비참함과 광기의 시대로 들어서고 말았다. 오늘날에 이르러서야 기계의 편리한 작업 덕분에 간신히 그와 같은 상태에서 해방되고 있는 것이다. 대지와의 접촉을 이야기하거나, 토머스 하디가 그린 철학적인 농부*²의 무르익은 지혜를 운운한다는 것은 감상주의자들에게는 매우 멋진 일일지는 모르겠지만, 시골에서 살고 있는 모든 젊은 이들의 유일한 희망은 도시에 나가서 직업을 찾는 일이다. 도시에 나가면 바람이나 날씨에 대한 예속 상태나 어두운 겨울밤의 쓸쓸함에서 달아나, 공장이나

---

*2 토머스 하디(Thomas Hardy, 1840~1928)의 걸작 중 하나인 《귀향 The Return of the Native 》의 주인공 크림을 말한다.

영화관이 자아내는, 무언가 의지가 되는 인간적인 분위기 속으로 들어갈 수 있는 것이다.

친구를 갖는다는 것과 서로 협력한다는 것은 일반 사람의 행복에서 없어서는 안 될 본질적인 요소이다. 그리고 이 요소들은 농업 사회에서보다는 산업 사회에서 훨씬 완전하게 얻을 수 있다.

하나의 주의나 주장을 신봉하는 것은 대다수의 사람들에게 행복의 원천이 된다. 그렇다고 내가 압박당하고 있는 나라들의 혁명주의자나 사회주의자, 민족주의자 같은 사람들만을 지칭하여 말하고 있는 것은 아니다. 좀더 비근한 신념까지 포함해서 말하는 것이다. 이를테면, 내가 알고 있는 영국 사람들 중에서, 영국 민족이 이스라엘의 사라진 10개 지파라고 믿고 있던 사람들은 대체로 언제나 행복했다. 또한, 영국 민족이 에프라임과 마낫세 지파라고 믿고 있던 사람들의 행복은 무한한 것이었다.*3

여러분도 이와 같은 신조를 가져야 한다고 말하려는 것은 아니다. 왜냐하면 나는 그릇된 신앙으로 여겨지는 것에 기반을 둔 행복을 여러분에게 권할 수는 없기 때문이다. 동일한 이유로 나는 독자들에게, 인간은 오로지 호두나 밤을 먹고 살아야 한다는 설을 믿으라고 권할 수는 없다. 내가 지켜본 바로는 이런 믿음이 예외없이 완벽한 행복을 보장해 주고 있었지만 말이다.

그러나 전혀 공상적이지 않은 어떤 주의·주장을 찾아낸다는 것은 결코 어려운 일이 아니다. 그리고 그와 같은 주의·주장에 진지하게 종사하고 있는 사람은, 자기의 여가 시간을 충분히 채워줄 일을 갖게 되며, 인생은 공허하다는 감정을 완전히 지워주는 해독제를 얻게 된다.

애매모호한 주의를 신봉하는 것과 취미에 빠져드는 것에는 그리 큰 차이가 없다.

현재 살아 있는 수학자 중에서 가장 저명한 한 사람은 자기의 시간을 공평하게 수학과 우표 수집에 나누어 쓰고 있다. 생각건대, 수학을 풀다가 막힐 때 우표 수집을 하면 위안이 되는 모양이다. 그러나 수(數)의 이론에서의 여러 가지 명제를 증명하는 데서 오는 어려움은 확실히 커다란 슬픔이지만, 이 슬픔을 우표 수집만으로 치유할 수 있는 것도 아니고, 또 수집할 수 있는 대상이

---

*3 에프라임도 마낫세도 다 요셉이 이집트에서 얻은 자식이다. 따라서 영국인은 그들이 정통 이스라엘 민족의 유일한 자손이라고 믿고 있다는 뜻이 된다.

우표밖에 없다고 할 수는 없다. 이를테면, 옛 도기(陶器)라든가 코담뱃갑, 로마 제국 시대의 화폐, 화살촉, 그리고 부싯돌 같은 것을 생각해 볼 때, 얼마나 광대하고 황홀한 세계가 상상 속에 펼쳐지는가!

우리 중 상당수의 사람들이 이런 단순한 쾌락을 즐기기에는 너무나 '고급'이 되어 버렸다는 것은 사실이다. 그런 단순한 즐거움 따위는 우리가 어린아이 때 깡그리 경험해 버린 일이다. 그리고 어떤 이유에선가 그와 같은 즐거움은 어른이 즐거움으로 삼을 만한 것이 못된다고 생각하게 되었다. 그러나 그것은 완전히 잘못된 생각이다. 남에게 해를 끼치지 않는 쾌락이라면 어떤 것이든 즐겨도 좋은 것이다.

나 자신에 대해서 말하자면 나는 강(江)을 수집한다. 나는 볼가 강을 내려가고, 양쯔 강을 거슬러 올라가면서 즐거움을 찾는다. 그리고 아직 아마존 강과 오리노코 강*4을 못 본 것이 얼마나 유감스러운지 모른다. 이와 같은 감정은 아주 단순한 것인지도 모르지만, 조금도 수치라고는 생각되지 않는다. 다시 한 번 야구 팬의 열정적인 환희를 생각해 보라. 그는 욕심을 부리며 신문에 덤벼들고, 라디오는 그에게 가장 아슬아슬한 스릴을 준다.

미국의 일류 문인 한 사람과 처음 만났을 때의 일이 생각난다. 나는 그 사람이 쓴 책으로 미루어 그가 우수에 찬 사람이라고 생각하였다. 그런데 이런 일이 있었다. 내가 그와 만나고 있을 때, 손에 땀을 쥐게 하는 야구 경기가 라디오 방송에서 흘러나왔다. 그는 나도, 문학도, 우울을 주관하는 달 아래 세상 모든 슬픔도 전부 다 잊어버렸다. 그리고 그가 지지하는 팀이 이기자, 그는 너무나 기뻐서 큰 소리를 질렀다. 이런 일이 있은 뒤로 나는 그의 등장인물의 불행에 마음 울적해하지 않고서도 그의 책을 읽을 수 있게 되었다.

그러나 일시적 열광이나 취미는 많은 경우, 아니 대부분의 경우, 근본적인 행복의 원천이 아니라 현실도피의 수단이며, 맞대면하기에는 너무나 고통스러운 한 순간을 잠시라도 잊게 해 주는 수단에 지나지 않는다. 근본적인 행복은 다른 어떤 것보다도 이른바 사람과 사물에 대한 호의적인 관심에 존재한다.

사람에게 갖는 호의적인 관심이란 일종의 애정의 표현이기는 하지만, 탐욕스럽다든가, 소유하고 싶다든가 상대편으로부터 언제나 강한 반응을 원하는

---

*4 남미 북부 베네수엘라의 동쪽을 지나 대서양으로 흐르는 강.

것은 아니다. 후자와 같은 경우는 흔히 불행의 원천이 된다. 행복에 이르는 길을 열어주는 관심은, 사람들을 관찰하기 좋아하고, 한 사람 한 사람의 특징을 발견하는 것을 기쁨으로 삼는 그런 종류의 것이다. 또한 알고 지내는 사람들에게, 그들을 지배하려는 욕망이나 그들에게서 열광적인 찬사를 받아내겠다는 갈망 없이, 관심과 기쁨의 공간을 열어주는 그런 종류의 것이다. 남에게 정말로 이런 태도를 갖는 사람은 바로 행복의 원천 자체가 되며, 남으로부터도 친절을 받는 수혜자가 된다. 그의 대인 관계가 얕든지 깊든지 간에 관심과 애정이 모두 충족될 것이다. 다른 사람들의 배은망덕한 행위로 인해 낙담하는 일도 없을 것이다. 그런 일을 경험하게 되는 일도 좀처럼 없을 것이고, 또 그런 일을 당하더라도 깨닫지 못할 것이기 때문이다. 다른 사람들에게는 신경에 거슬려서 분노를 일으키는 이상한 행동들도 그에게는 훈훈한 즐거움의 샘이 될 것이다. 다른 사람들은 오랜 고투를 벌이고도 성취할 수 없었던 결과물을 그는 힘들이지 않고서도 얻을 수 있을 것이다. 그는 스스로 행복한 사람이므로 사귀기에 즐거운 친구가 될 것이고, 따라서 그의 행복은 한층 더 증대될 것이다.

그러나 이것은 모두 진짜가 아니면 안 된다. 의무감에서 비롯된 자기희생이어서는 안 된다. 의무감이란 일을 할 때는 도움이 되지만, 인간 관계에서는 불쾌한 것이다. 사람은 남이 자기를 좋아해 주기를 바라지, 하는 수 없이 참아주기를 바라지 않는다. 많은 사람들이 마음에서 우러나서 특별한 노력 없이 좋아질 수 있다는 것은, 행복의 원천 중에서 아마도 가장 위대할 것이다.

나는 아까 사물에 대한 호의적인 관심에 대해서 말했다. 이 표현이 억지스럽다고 여겨질지도 모른다. 사물에 대해서 호의를 느낀다는 것은 있을 수 없는 일이라고 말할지도 모른다. 그러나 지질학자가 암석에 대해서 느끼고, 고고학자가 폐허에 대해 느끼는 관심에는 무언가 호의와 비슷한 데가 있다. 그리고 이와 같은 관심이야말로, 각 개인이나 사회에 대한 우리의 태도를 구성하는 기본적인 요소가 되어야 한다.

호의적이라기보다 오히려 적대적인 사물에 대해서 관심을 가질 수도 있다. 이를테면, 거미를 싫어하는 어떤 사람이 거미가 없는 데서 살고 싶다는 바람 때문에 거미의 서식지에 관한 사실을 수집할 수도 있다. 이런 종류의 관심은 지질학자가 암석에서 얻는 종류의 만족을 주지는 못할 것이다. 아무튼 인간이 아닌 사물에 대한 관심은 일상 생활에서의 행복 요소로서는 우리 인간 끼리의 우호적인 태도보다 그다지 가치 있다고 볼 수는 없지만, 그래도 매우 중요하다.

세상은 광대하고 우리의 힘에는 한계가 있다. 비록 우리의 모든 행복이 우리의 개인적인 환경에 전적으로 묶여 있더라도, 우리가 인생에서 얻을 수 있는 행복 이상을 요구하기란 어려운 일이다. 그리고 지나치게 요구하면 받을 수 있는 것보다 훨씬 적게 받게 될 것이라는 사실도 확실하다. 이를테면, 트렌토 공의회(公議會)*⁵라든가 별의 기원 등의 순수한 흥미에 의해서 자기의 근심거리를 잊을 수 있는 사람은, 비인간계의 여행에서 돌아올 때, 마음에 평정과 고요를 되찾아서 자신의 근심사를 최선의 방법으로 처리할 수 있게 될 것이다. 그리고 그러는 사이에 일시적이라 할지라도 참된 행복을 경험 할 수 있을 것이다.

행복의 비결은 이렇다. 즉 자신의 관심사를 될 수 있는 대로 넓히는 것, 그리고 관심을 끌 만한 사물이나 사람에 대해 가능한 한 적대적인 반응이 아니라 우호적인 반응을 보이는 것이다.

여기서 말한 것은 행복의 가능성에 대한 서론적인 개관이지만, 이 뒤의 장에서는 상세하게 설명하기로 하겠다. 그와 더불어 불행의 심리적인 원인에서 벗어나는 방법도 살펴보기로 하겠다.

2. 열의

이 장에서는 행복한 사람들의 가장 보편적인 특징이며 뚜렷한 특징이기도 한 열의(熱意)에 대해서 설명해 볼까 한다.

열의라는 말은 대체 무엇을 의미하는가? 아마도 밥을 먹으려고 식탁에 앉아 있는 사람들의 갖가지 거동을 살펴보면 가장 잘 알 수 있을 것이다.

식사가 따분해서 견딜 수 없다고 생각하는 사람들이 있다. 그들은 음식들이 아무리 맛이 있어도 그것에는 전혀 관심이 없다. 그들은 전부터 아주 훌륭한 식사를 해 왔다. 아마도 거의 식사 때마다 맛있는 것을 먹었을 것이다. 허기가 심해서 미칠 것 같은 통증이 느껴질 때까지 식사를 못하고 있다는 것이 대

---

*5 1545년~1563년에 이탈리아 동북부의 도시 트렌토(Trento)에서 열린 가톨릭 종교회의. 신교가 전개한 종교 개혁의 공세에 가톨릭으로서의 대항책을 협의했다.

체 어떤 것인지 그들은 전혀 알지 못한다. 그들에게 식사라는 것은 단지 자기가 살고 있는 사회의 관습에 따른 일상적인 일이라고 생각한다. 다른 모든 일처럼, 식사 따위는 바로 따분함 자체이다. 어떤 것도 지겹지 않은 것이 없으므로, 먹는 것 가지고 더 떠들어 봐야 별다른 것도 없다.

한편 일종의 의무감으로 밥을 먹는 병자(病者)가 있다. 체력을 높이기 위해 영양을 섭취할 필요가 있다고 의사가 말했기 때문이다. 그리고 식도락가가 있다. 그 사람은 맛있는 요리겠거니 하고 먹기 시작하지만 기대만큼 맛이 없다는 것을 알게 된다. 그리고 대식가가 있다. 그 사람은 무서운 식욕으로 음식물에 덤벼들어 과식을 한다. 그리곤 몸이 불어나서 숨을 씩씩거린다. 마지막으로, 건강한 식욕을 가지고 식사를 시작하여, 기쁜 마음으로 먹다가 충분히 먹었다 싶으면 멈추는 사람이 있다.

인생이라는 잔칫상에 앉은 사람들도, 인생이 베풀어 주는 좋은 것들에 대해서 이와 비슷한 태도를 보인다. 지금 말한 여러 가지 식사 태도 가운데서 마지막의 경우에 상응하는 것이 행복한 사람이다. 음식물과 공복(空腹)의 관계는 꼭 인생과 열의의 관계와 같다.

식사에 따분함을 느끼는 사람은 바이런적 불행의 희생자에 해당된다. 의무감으로 식사를 하는 병자는 금욕주의자에 해당된다. 대식가는 방탕자와 맞먹는다. 식도락가는 인생의 쾌락 가운데 절반은 조금도 아름답지 않다고 비난하는 까다로운 인간에 해당된다. 참으로 기묘하게도 이런 타입의 인간들은, 대식가를 제외하고는 거의가 건강한 식욕을 가진 사람을 경멸하고, 자기들이 더 우수한 사람인 줄 안다. 그들은 배가 고파서 식사를 즐기는 사람들이나 인생이 주는 갖가지 재미있는 구경거리로 놀랄 만한 경험을 맛보며 인생을 즐기는 사람들을 천하게 여긴다. 그들은 환멸감으로 가득 차 저만치 아래를 내려다보며, '이 단순한 인간들아' 하고 경멸하는 것이다.

나는 그 같은 견해에 전혀 동조할 수 없다. 내 눈에는 모든 환멸이 일종의 병이다. 그 병이 상황에 의해 어쩔 수 없이 생겼더라도, 일단 생기면 되도록 빨리 치료해야 할 일이지 고차원적 지혜의 한 형태로 간주될 일은 아니다.

딸기를 좋아하는 사람과 그렇지 않은 사람의 경우를 생각해 보자. 어째서 후자가 더 뛰어나다고 말할 수 있는가? 딸기란 것이 좋다든가, 좋지 않다든가를 말할 수 있는 추상적 또는 객관적인 증거 같은 것은 없다. 딸기를 좋아하는 사람에게는 딸기가 좋은 것이고, 싫어하는 사람에게는 결코 좋은 것이 아니다. 그러나 그것을 좋아하는 사람에게는 그것을 좋아하지 않는 사람은 가질 수 없는 기쁨이 있다. 그러므로 그의 인생은 그만큼 더 즐거우며, 그는 양자가 다 생활해 나아가야 하는 이 세상에 더 잘 적응하게 된다.

이 평범한 예에서 볼 수 있는 진실은 더 중요한 일에도 마찬가지로 적용된다. 축구 경기 관람을 좋아하는 사람은 그만큼 그렇지 않은 사람보다 뛰어나다. 독서를 좋아하는 사람은 그렇지 않은 사람보다 훨씬 뛰어나다. 왜냐하면 축구 관람의 기회보다 독서의 기회를 훨씬 더 많이 갖기 때문이다.

흥미를 갖는 일이 많으면 많을수록 행복을 얻을 수 있는 기회가 많아지고, 운명에 맡기는 일이 그만큼 적어진다. 만일 하나를 잃더라도 의지할 곳이 또 있기 때문이다. 모든 것에 흥미를 갖기에는 인생이 너무나 짧지만, 우리의 나날을 채우는 데 필요한 만큼 많은 것에 흥미를 갖는다는 것은 좋은 일이다.

우리는 모두 내향성 질환에 걸리기 쉽다. 내향적인 사람은 눈앞에 다채로운 장관이 화려하게 펼쳐져도 이를 외면해 버리고, 오로지 그 속의 공허(空虛)함만 바라본다. 그러니 이런 내향적인 인간의 불행에 무언가 대단한 것이 숨어 있다고 상상하는 일은 그만두자.

옛날에 소시지를 만드는 두 개의 기계가 있었다. 돼지고기를 맛있고 훌륭한 소시지로 만들 목적으로 정교하게 만든 기계였다. 그 중의 한 기계는 돼지에 비상한 열의를 보이며 굉장히 많은 소시지를 만들었다. 그런데 다른 한 쪽의 기계가 이와 같이 말하는 것이었다. "내게 돼지 따위가 다 뭐냔 말이야. 나 자신의 일은 돼지 따위보다 훨씬 재미있고 근사한 거야." 이 기계는 돼지를 거부하고 자기 내부를 연구하는 일을 시작했다. 그런데 그 자연산 식품이 들어오지 않게 되자, 그 기계의 내부는 작동을 멈추어 버렸다. 그 내부를 연구하면 할수록 그것은 텅 비어 있고 어리석은 것으로 보이기 시작한 것이다. 그때까지 맛있는 가공을 계속해 오던 정교한 장치가 탁 멎어 버렸다. 그리하여 자기는 도대체 무엇을 할 수 있을까를 생각하면서 갈피를 못 잡게 되어 버렸다.

이 첫번째 소시지 기계는 계속 열의(熱意)를 갖고 있는 인간과 닮고, 두번째 기계는 열의를 잃은 인간을 닮았다. 마음이란 참으로 이상한 기계여서, 주어진 재료를 정말 깜짝 놀랄 방법으로 짜 맞출 줄 안다. 그러나 외부로부터 주어지는 재료가 없으면 무력해진다. 게다가 소시지 기계와 달라서 그런 재료를 스스로 획득하지 않으면 안 된다. 왜냐하면 여러 가지 사건은 우리가 거기에 쏟아 넣는 관심을 통해서만 경험이 되기 때문이다. 만일 우리가 그것에 대해서 조금도 관심을 안 가진다면, 그것은 아무 소용이 없게 된다.

그래서 내부에만 주의를 돌리고 있는 사람은 그의 관심을 끌만한 가치가 있는 그 무엇도 발견하지 못한다. 이에 반해서 외부에 주의를 돌리고 있는 사람은, 어쩌다가 자기의 영혼을 살펴볼 기회를 얻었을 때, 그 내부에 최고로 흥미 있는 온갖 요소가 말끔히 분류되어 아름다운 패턴으로, 또는 세상을 위해서 유익한 패턴으로 재구성되어 있는 것을 발견할 수 있다.

열의의 형태는 무수히 많다. 셜록 홈즈를 떠올려 보자. 그는 우연히 길에 떨어져 있는 모자를 발견하고 그것을 줍는다. 그러고는 잠시 그 모자를 들여다보다가 이렇게 말한다. '이 모자의 주인은 술을 마시다가 나쁜 길로 들어섰고, 그의 아내는 이제 전만큼 그를 사랑하지 않게 되었다.' 조그만 발견에도 풍부한 흥밋거리를 찾아낼 수 있는 이러한 사람에게는, 인생이 조금도 따분할 까닭이 없는 것이다.

시골길을 걷고 있을 때 눈에 띄는 여러 가지 것을 생각해 보라. 어떤 사람은 새에 관심을 가질지도 모르고, 어떤 사람은 식물에, 어떤 사람은 지질학에, 또 어떤 사람은 농업에, 이런 식으로 저마다 다른 것에 관심을 가질지도 모른다. 물론 그 밖의 것에 대해서도 마찬가지이며, 그 가운데 어느 하나에라도 흥미를 느낀 사람은 전혀 그렇지 않은 사람보다 훨씬 이 세상에 적합하다.

또, 같은 인간 끼리에 대한 태도가 사람에 따라서 얼마나 다른지! 어떤 사람은 긴 기차 여행 동안에 같은 칸에 앉은 여행자들에게 눈길 한번 주지 않는다. 한편 다른 사람은 그 사람들을 대강 훑어보고, 그 성격을 분석하고, 그 사람들이 처한 상황을 날카롭게 추정하며, 아마도 그 가운데 몇 사람에게서는 가장 깊숙한 인생의 비밀들을 찾아낼지도 모른다.

사람들이 남에 대해서 단정을 내리는 방식이 제각각이듯 느끼는 방식도 천차만별이다. 어떤 사람은 거의 모든 사람을 시시하다고 생각하고, 또 어떤 사람은 특별히 다른 결정적인 이유가 없는 한 접촉하게 된 사람들에게 금방 친밀감을 느낀다.

다시 한 번 여행의 경우를 생각해 보자. 어떤 사람은 여러 나라를 여행하겠지만, 언제나 최고의 호텔에 묵고, 자기 집에서 먹는 것과 똑같은 음식을 먹고, 집에서 만나는 사람들과 별반 다른 것 없는 게으름뱅이 부자(富者)들과 만나며, 자기 집 식탁에서 나누는 대화와 같은 화제에 대해 이야기한다. 그들이 집에 돌아와서 느끼는 것은 비싼 돈을 들인 따분한 여행이 끝나고 한시름 놓은 일종의 해방감뿐이다.

그런데 어떤 사람들은 어디를 가든지 그 지역의 특징적인 것들을 본다. 그곳 지역색을 대표하는 사람들과 사귄다. 역사적으로나 사회적으로나 재미있는 것이면 무엇이나 본다. 그 지역 특산물을 먹고, 그곳 풍속과 말을 익힌다. 그리고 겨울밤에 정겹게 나눌 즐거운 추억거리들을 잔뜩 지니고 돌아온다.

일어날 수 있는 상황은 모두 다르겠지만, 인생에 대해 열의를 가진 사람은 그렇지 않은 사람보다 훨씬 이점이 많다. 불쾌한 경험이라도 그에게는 도움이 된다.

나는 한 무리의 중국인들과 시칠리아 섬의 냄새를 맡아 본 것을 기쁘게 생각하고 있다. 그때의 내 기쁨이 아주 컸다고 단언할 수는 없지만 말이다. 모험을 좋아하는 사람은 건강을 해칠 정도가 아니라면, 배의 난파, 반란, 지진, 큰 화재, 그 밖에 모든 종류의 불쾌한 경험을 즐긴다. 이를테면, 그들은 지진이 일어나면 이렇게 혼자 중얼거릴 것이다. '지진이란 이런 것이었던가?' 그리고 이 새로운 일 덕분에 이 세상에 대한 지식이 한층 더 늘어난 것을 기뻐할 것이다. 이런 사람들이 운명을 피해갈 수 있다고 한다면, 그건 사실이 아닐 것이다. 꼭 그런 것은 아니겠지만 만일 그들이 건강을 잃으면 동시에 그 열의도 잃어야 한다는 말이 되기 때문이다. 나는 여러 해 동안 괴로워하다가 죽었으나, 그런 고통에도 불구하고 마지막 순간까지 열의를 잃지 않은 사람들을 알고 있다. 어떤 질병 상태는 열의를 잃게 하지만, 잃게 하지 않는 것도 있다. 과연 그 차이를 생화학자들이 분간할 수 있는지 없는지 나는 모른다. 생화학(生化學)이 더 진보하면 그때는 아마도 모든 것에 흥미를 가질 수 있게 해 주는 약을 먹을 수 있게 될지도 모른다. 그러나 그날이 올 때까지 어떤 사람들에게는 모든 것에 흥미를 갖게 만들고, 또 어떤 사람들에게는 어떤 것에도 흥미를 갖지 못하게 만드는 것이 대체 무엇인가를 판단하려면 상식적인 관찰에 의존하는 수밖에 없을 것이다.

열의란 때로는 일반적인 대상에 돌려질 수도 있고, 때로는 아주 특별한 대상에 돌려질 수도 있다.

보로*⁶의 독자들은 《라벵그로》에 나오는 어떤 인물을 기억하고 있을 것이다. 그는 헌신적으로 사랑하고 있던 아내를 잃자, 한동안 인생을 완전히 공허하게 느껴졌다. 그러나 그는 차(茶)를 파는 상인이었으므로, 자신의 손을 거쳐 가는 차 상자에 적힌 글자들을 혼자 힘으로 읽어 낼 수 있도록 중국어를 공부했다. 비록 그는 중국어를 다른 목적으로 사용하지 않았지만, 결국 중국어 덕분에 새로운 삶에 흥미를 느끼게 되었다. 그는 중국과 관련된 것이면 무엇이든지 열정적으로 파고들었다.

또 나는 그노시스파*⁷의 이단설에 관계된 전부를 알아내는 데 마음을 빼앗겨 있던 사람들로 알고, 가장 주된 관심이 홉스*⁸의 원고와 초판본을 대조해 보는 데 있던 사람들도 알고 있다. 무엇이 사람의 흥미를 끌 것인가를 먼저 점쳐보는 일은 불가능하다. 그러나 대개의 사람들은 무언가에 열렬한 흥미를 느낄 수가 있는 법이고, 한번 그와 같은 흥미가 일깨워지면 그 인생은 권태에서 해방된다. 그러나 아주 특별한 것에 한정된 흥미는 행복의 원천으로서 인생에 대한 전반적인 열의만큼 충분하지 않다. 왜냐하면 그의 시간을 전부 특별한 흥미만으로 메울 수 있는 것은 아니고, 게다가 그의 취미가 되어 버린 흥미에 대해서는 그 전부를 다 알아 버릴 수 있다는 우려도 언제나 존재하기 때문이다.

나는 앞에서 맛있는 음식을 마주하고 우리가 취하는 여러 가지 타입 중에서 대식가(大食家)가 있다는 것을 지적했는데, 대식가에 대해서는 별로 칭찬하지 않았다. 그런데 독자는 혹 우리가 여태까지 칭찬해 온 열의 있는 사람이란 이 대식가와 별로 차이가 없지 않느냐고 생각할지도 모른다. 이제 이 양자가 얼마나 다른 타입의 인간인가를 더 뚜렷이 설명할 단계에 온 듯하다.

---

*6 보로(George Borrow, 1803~1881)는 영국의 작가. 그는 유럽 각국에서 근동 여러 나라를 여행하며 각국의 언어를 연구했다. 집시 문학의 확립자이다. 《로마니 라이 Romany Rye 》는 집시말로 '집시의 신사'라는 뜻이며, 작가 자신의 젊을 때 별명이었던 것으로 보인다. 이 소설은 그의 모험과 편력을 그리고 있다.

*7 그노시스파(Gnostic)는 신의 신비적 직관으로 천상의 지복을 얻으려고 한 초기 그리스도교의 한 파이다. 그리스도교에 그리스나 동양의 사상이 첨가되어 이단시되었다.

*8 홉스(Thomas Hobbes 1588~1679)는 영국의 철학자로서, 그의 주요 저서 《리바이어던 Leviathan 》(1651)은 전제 정치의 기초를 확립한 유명한 정치 철학론이다.

누구나 다 알고 있듯이, 옛 사람들은 절제(節制)를 본질적인 미덕의 하나로 간주했다. 그러나 이와 같은 견해도 낭만주의와 프랑스혁명의 영향으로 많은 사람들이 내동댕이쳐 버렸으며, 사람을 압도하는 정열이 설령 바이런 시의 주인공들처럼 파괴적이고 반사회적이라 하더라도, 찬미받았다. 그러나 옛 사람들은 확실히 옳다. 좋은 생활을 하기 위해서는 각각의 활동 사이에 균형이 유지되어야 하며, 그 중에 어느 하나도 다른 활동을 불가능하게 해서는 안 된다. 대식가는 먹는 쾌락을 위해서 다른 쾌락을 모두 희생시켜 버린다. 그리고 그렇게 함으로써 자기 인생의 모든 행복을 감소시킨다.

먹는 것 이외에도 많은 정열이 도가 지나쳐 버리는 수가 있다. 조세핀 황후는 의복에 관해서 바로 대식가와 다름없었다. 처음에 나폴레옹은 조세핀 황후의 옷값을 지불해 주었다. 그러다가 차츰 심하게 잔소리를 하게 되었고, 결국 황후에게 절제를 배워야 한다고 말했다. 그리고 이제 앞으로는 계산서의 액수가 적당하다고 여겨지지 않을 때는 지불하지 않겠다고 선언했다. 재단사의 다음 계산서가 황후에게 전해졌을 때, 황후는 잠시 어찌할 바를 몰랐다. 그러나 곧 한 가지 묘안을 생각했다. 황후는 육군 대신을 찾아가서 전쟁을 위해 마련해 둔 자금으로 그 대금을 지불하라고 요구했다. 대신은 황후가 자기를 면직시킬 만한 권력을 갖고 있다는 것을 알고 있었으므로, 황후가 하라는 대로 했다. 그 결과 프랑스는 제노바를 잃었다. 이 이야기가 실화라는 것을 확실히 증명할 수는 없지만, 적어도 몇몇 책에는 그렇게 씌어 있다. 실화이든 과장된 이야기이든 간에, 이 이야기는 여자가 마음대로 할 수만 있다면 옷에 대해 얼마나 강한 집착을 보이는지를 드러내는 일화로, 그칠 줄 모르는 탐욕의 예로 적절하다 하겠다.

음주광(飮酒狂)과 색정광(色情光)도 분명히 이와 똑같은 종류의 예이다. 어떤 원리로 그렇게 되는가가 아주 뚜렷하게 드러난다. 우리의 모든 개별적인 기호라든가 욕망은 인생의 전반적인 테두리 안에 들어가야 한다. 만일 그것이 행복의 원천이 되려면, 건강이나, 자기가 사랑하는 사람들의 애정이나, 자기가 살고 있는 사회를 존중하는 마음과 양립해야 한다. 정열 중에는 아무리 그 속에 빠져도 이 한계를 넘지 않는 것도 있고, 넘어 버리는 것도 있다. 이를테면 체스 애호가를 예로 들어 보자. 만일 그가 독립하여 생계를 이루고 있는 독신자일 경우에는 그 정열을 조금도 제한할 필요가 없다. 그러나 만일 그가 처자식을 가졌고 더욱이 독립된 생계를 유지할 수 없는 사람이라면 그 정열을 매우 엄하게 제한해야 할 것이다.

음주광이나 대식가(大食家)는 설령 그들이 사회와 전혀 연관이 없더라도, 자기를 소중히 한다는 관점에서 본다면 조금도 현명한 사람들이 아니다. 그와 같이 폭주나 폭식에 빠진다면 건강을 해칠 것이고 불과 몇 분 동안의 쾌락의 대가로서 몇 시간의 불행이 돌아오기 때문이다. 개개의 정열이 불행의 원천이 되지 않기 위해서는, 그 정열이 갖추어야만 하는 테두리가 있다. 그것은 건강하다는 것, 보통 일반의 능력이 결여되어 있지 않다는 것, 필요한 것을 사는 데 곤란을 받지 않을 만큼의 수입이 있다는 것, 처자식에 대한 가장 본질적인 사회적 의무를 다하는 것 등이다. 체스를 위해서 이런 것들을 희생해 버리는 사람은, 본질적으로는 음주광 못지않게 나쁘다. 그런 사람을 우리가 그리 심하게 책망하지 않는 오직 하나의 이유는 그런 사람이 극히 드물다는 것, 다시 말해서 그렇게 지력을 요구하는 게임에 빠져들 만큼의 지적 능력을 가진 사람은 드물기 때문이다.

그리스식의 절제의 덕도 실제로는 이런 경우를 의미하고 있다. 체스를 매우 좋아해서 밤에 체스를 둘 시간을 고대하며 낮에 일에 몰두하는 사람은 행복하다. 그러나 온종일 체스를 하기 위해서 일을 그만둔다면 그 사람은 절제의 미덕을 잃어버린 사람이다.

전해지는 바에 의하면, 톨스토이가 아직 젊고 신앙이 없었을 때 싸움터에서의 용감한 전공으로 십자훈장을 받게 되었다. 그런데 드디어 훈장을 받는 날이 왔을 때, 그는 너무나 체스 게임에 열중하여 그 수여식에 참석하지 않기로 했다. 톨스토이가 이렇게 했다고 해서, 그를 나무랄 이유는 하나도 없다고 생각한다. 왜냐하면 그에게는 훈장을 받고 안 받고는 아무래도 상관없는 일이었기 때문이다. 그러나 보통 사람이 그와 같이 행동했다면 그것은 정말로 어리석은 일에 속할 것이다.

지금까지 펼쳐온 주장에도 어떤 한계가 있다. 그것은 다음과 같은 경우가 있다는 것을 인정해야 하기 때문이다. 즉, 어떤 종류의 행위는 그것을 수행하기 위해서 그 이외의 일체의 것을 희생해도 상관없을 만큼 본질적으로 고귀하다면, 인정할 수 있다. 이를테면 나라를 지키기 위해서 자기의 생명을 잃는 사람은, 설령 그의 처자식이 그 때문에 무일푼으로 남게 되더라도 비난받을 수는 없다. 무언가 위대한 과학적 발견이나 발명을 해낼 생각으로 어떤 실험에 종사하고 있는 사람은, 만일 그의 노력이 마지막에 가서 훌륭한 성공으로 장식된다면, 가족들에게 가난을 물려 주었다 해도 나중에 비난받지는 않는다. 그러나 그가 목표로 하는 발견이나 발명이 끝내 성공하지 못하면, 세상은 이상한 인간이라고 그를 비난한다. 그러나 그것은 당치 않은 말이다. 그런 모험적인 일에서는, 사전에 성공을 확신할 수 있는 사람이 없기 때문이다. 그리스도 탄생 후 1,000년 동안은 거룩한 삶을 위해서 가족을 버린 사람이 찬양을 받았다. 그러나 오늘날에 와서는 가족을 위해 생계를 마련해 주었어야 옳았다고 생각될 것이다.

대식(大食)과 건강한 식욕 사이에는 어떤 뿌리 깊은 심리적인 차이가 반드시 있다고 생각된다. 어떤 욕망에 다른 전부를 희생시키면서까지 과도하게 탐닉하는 사람은, 대개 마음 깊숙이 뿌리박힌 고민이 있어서 그 어떤 공포에서 달아나려고 한다. 음주광의 경우가 그렇다. 그런 사람들은 잊기 위해서 마신다. 만일 그들의 인생에 두려움의 대상이 존재하지 않는다면 취하는 편이 말짱한 것보다 더 낫다고는 생각지 않을 것이다. 어떤 전설상의 중국인이 이렇게 말했다고 한다. "나는 술을 마시기 위해서 마시는 것이 아니라, 취하기 위해서 마신다." 이것은 도를 넘어서 외곬으로 달려 버리는 정열의 전형이다. 그가 구하는 것은 대상물 자체에서 오는 기쁨이 아니라, 망각(忘却)에 불과하다. 그러나 같은 망각을 구하는 데도, 주정뱅이의 방법을 쓰느냐 아니면 자기 자신의 바람직한 능력을 활용하느냐에 따라 엄청난 차이가 있다. 아내를 잃은 슬픔을 견디려고 독학으로 중국어를 배운 보로의 친구가 구한 것은 분명 망각이었지만, 그의 행동은 누구에게도 해를 끼치지 않았고, 오히려 자기의 지성과 지식을 향상시키는 것이었다. 그와 같은 도피 방법에 대해서는 아무것도 할 말이 없다. 그러나 술을 마시는 일이나 도박 또는 그 밖의 헛된 흥분에서 망각을 구하는 경우는 문제가 다르다. 이와 비슷한 경우가 있다. 인생이 싫어졌기 때문에 비행기나 산꼭대기에서 광기에 찬 모험을 하는 사람들에 대해서는 무슨 말을 해야 하겠는가! 만일 그 모험이 무언가 공공(公共)을 위해서 좋은 일이라면 칭찬해도 무방할 것이다. 그러나 만일 그렇지 않다면, 그는 도박꾼이나 주정뱅이보다 그저 조금 나을 뿐이라고 말할 수밖에 없을 것이다.

망각을 구하지 않는 순수한 열의는, 그것이 불행한 처지에 의해서 짓눌려 버리지 않는 한 인간이 본래 타고난 것이다. 어린아이들은 보고 듣는 그 모든 것에 흥미를 갖는 법이다. 아이들 눈에 세계는 경이에 가득 차 있다. 그리고 그들은 항상 지식을 탐구하는 데 열중한다. 물론 그 지식은 학문적인 것이 아니고 자기의 주의를 끄는 사물과 친숙해지면서 얻게 되는 지식이다.

동물은 성숙한 뒤에도 건강한 한 열의를 지속한다. 낯선 방에 들어간 고양이는, 어딘가 쥐의 냄새를 맡을 수 있는 곳은 없나 하고 구석구석 냄새를 맡으며 돌아보지 않고는 앉지 않는다. 인간도 극도로 쇠약하지 않는 한, 외부 세계에 대한 타고난 흥미를 지속할 것이다. 그리고 흥미가 지속되고, 자유가 부당하게 박탈되지 않는 이상 인생은 즐거운 것이라고 생각할 것이다.

문명 사회에서 열의(熱意)가 상실된 이유는 우리가 살아가는 데 없어서는 안 될 자유가 제한되어 있기 때문이다. 야만인은 배가 고프면 사냥을 한다. 본능에 따라서 그렇게 하는 것이다. 아침마다 일정한 시간에 일을 하러 나가는 사람은 근본적으로 이 야만인과 같은 충동, 즉 생활의 양식을 얻을 필요에서 행동한다. 그러나 그의 경우, 그와 같은 충동은 충동을 느끼는 순간에 직접적으로 금방 작용하는 것은 아니다. 그것은 추상·신앙·의욕을 통해서 간접적으로 작용하는 것이다. 그는 일을 하러 나갈 때 별로 공복을 느끼지 않는다. 막 아침 식사를 마친 직후이기 때문이다. 그는 어차피 다시 배가 고파질 것이라는 사실, 그리고 일을 하러 가는 것은 또 다시 배가 고파질 때를 대비하는 수단이라는 것을 알고 있을 뿐이다.

본능의 충동은 규칙적이지 않다. 그런데 문명 사회에서의 습관은 규칙적이어야만 한다. 야만인들 사이에서는 집단적인 기업이라 해도, 적어도 그런 것이 존재한다면 자연 발생적이고 충동적일 것이다. 부족(部族)이 전쟁을 하러 나갈 때는, 큰 북소리로 사기를 고무한다. 그리고 집단적인 흥분이 각 개인을 자극하여 필요한 행동으로 이끈다.

현대의 기업은 이런 식으로 운영될 수는 없다. 정해진 시간에 열차를 발차시켜야 할 때, 시끄러운 음악을 울려서 운반인이나 기관사나 신호수를 움직일 수는 없다. 그들은 저마다 자기의 일을 해야 하기 때문에 하는 것이다. 그들의 동기는 말하자면 간접적이다. 그들에게는 그 행동을 해야 한다는 충동이 있는 것이 아니라, 다만 그 행동으로 얻어지는 궁극의 보수에 대한 충동이 있을 뿐이다.

사회 생활의 대부분도 이와 같은 결점을 가지고 있다. 사람들은 서로 대화를 나누지만, 그렇게 하고 싶어서 하는 것이 아니라 서로 협력하면 얻고 싶은 어떤 궁극적인 이익을 얻기 때문에 하는 것이다. 문명인은 매순간 충동의 제한이라는 울타리에 둘러싸여 있다. 아무리 그가 유쾌한 기분이 들더라도 길거리에서 노래를 부르거나 춤을 추어서는 안 된다. 또한 어쩌다가 슬퍼지더라도 길바닥에 주저앉아 울음을 터뜨려서도 안 된다. 통행인의 교통을 방해해서는 안 되기 때문이다.

젊을 때는 학교에서 자유가 제한되고, 어른이 되면 근무 시간으로 자유가 제한된다. 이 모든 것이 열의의 지속을 더 어렵게 만들고 있다. 지속적인 속박은 권태와 무료를 낳기 쉽기 때문이다. 그러나 문명 사회는 자연 발생적인 충동에 큰 제한을 가하지 않으면 성립될 수 없다. 왜냐하면 자연 발생적인 충동은 가장 단순한 형태의 사회적 협동(協同)밖에 낳지 않으며, 현대의 경제 조직이 요구하는 고도로 복잡한 형태의 협동을 낳지는 않기 때문이다.

열의를 방해하는 이 같은 장애를 극복하기 위해서는 건강과 넘쳐나는 에너지가 필요하며, 만약 운이 좋다면 일 자체에서 흥미를 발견할 수 있는 일을 가질 필요가 있다. 통계에 따르면, 건강은 지난 100년에 걸쳐 모든 문명국에서 점차 좋아지고 있지만, 에너지 역시 그럴지는 측량하기가 어려우므로 건강할 때의 체력이 과연 옛날만큼 강한지는 의심스럽다. 이런 문제는 중대한 사회적인 문제이다. 따라서 이것은 이 책에서 논하지 않기로 한다. 그러나 이 문제는 개인적이고도 심리적인 면을 갖고 있는데, 그런 측면은 이미 피로를 이야기할 때 다루었다.

문명 생활이라는 불리한 조건에도 불구하고 열의를 지속하고 있는 사람들이 있다. 그러나 많은 사람들이 자기 에너지의 대부분이 소모되고 있는 내적(內的)인 심리적 갈등에서 해방되지 않으면 열의를 지속시킬 수가 없다. 열의는 어떤 일을 하는 데 필요 이상의 에너지를 요구한다. 그리고 그 다음에는 심리 기구의 순조로운 작용을 요구한다. 어떻게 하면 순조로운 작용을 촉진할 수 있는가의 문제에 대해서는 뒷장에서 더 상세하게 설명하기로 한다.

여자의 경우, 오늘날에는 옛날처럼 심하지는 않지만 그래도 세상에 잘 보여야겠다는 아주 그릇된 관념에 사로잡혀서 강한 열의를 보이지 못하고 위축되어 있다. 여태까지 여자는 남자에 대해서 노골적인 흥미를 보이거나, 사람들

앞에서 지나치게 활달한 것은 좋지 않은 것으로 생각되어 왔다. 남자에 흥미를 갖지 않도록 교육을 받았기 때문에 급기야는 아무것에도 흥미를 갖지 않게 되어 버렸다. 기껏해야 일부 올바른 행실에 흥미를 보일 뿐이며, 그 이외에는 아무것에도 흥미를 보이지 않았다. 인생에 대해 수동적인 태도나 소극적인 자세를 가르치는 것은, 명백하게 열의를 적대적으로 가르치는 것이며, 신분이 높은 여성들의 특징—특히 그들이 교육받지 않은 여성일 때—일종의 자기 몰두(沒頭)를 북돋워 주는 셈이 된다. 그 여성들은 보통의 남자들이 스포츠에 대해 갖는 흥미를 갖고 있지 않다. 그 여성들은 정치에 대해서 전혀 무관심하다. 남자에 대한 그 여성들의 태도를 보면, 새침하고 거만하다. 동성에 대해서는, 자기 이외의 여성은 자기보다 대수로울 것이 없다는 확신을 갖고, 은근히 일종의 적의를 품는다.

그 여성들은 일반적으로 사람과 교제하지 않는 것을 자랑으로 삼는다. 다시 말해서, 같은 인간에 대해서 흥미를 갖지 않는 것이 그들에게는 미덕처럼 여겨지는 모양이다. 물론, 이 부분에 대해서 그들을 책망할 수는 없다. 그들은 다만 여자에 관해서 몇천 년 동안이나 이어져 내려온 도덕 교육을 받아들이고 있을 뿐이다.

그러나 애석하게도, 그 여성들은 그 부당함을 깨닫지 못하는, 억압 제도에 구속된 가엾은 희생자이다. 그런 여자들의 눈에는 불관용은 모두 선으로 보이고, 관용은 모두 악으로 보인다. 그 여성들은 사교 모임에서는 기쁨을 감소시키는 짓을 하고, 정치적으로는 억압적인 입법을 좋아한다. 다행히도 이와 같은 타입은 차츰 줄어들고 있지만, 그래도 그 수는 해방된 세계에 살고 있는 사람들이 상상하는 것보다 훨씬 많다. 이 사실이 의심스럽다면 이리저리 하숙집을 돌아다녀 보라. 그리고 찾아다니는 동안에 만나는 안주인들을 잘 살펴보라. 그러면 그 안주인들이 여성우월주의의 관념 속에 살고 있는 것을 발견할 것이다. 그러나 실상 그러한 관념은 인생에 대한 적극적인 열의를 파괴하는 중대한 역할을 담당하고 있다. 그리고 그 결과 그들의 마음과 심장이 위축되고 왜소해져 있는 것을 발견할 수 있을 것이다.

남성이 뛰어나다느니 여성이 뛰어나다느니 하지만, 올바르게 고찰하면 그 사이엔 아무런 차이도 없다. 적어도 인습이 주입시킨 차이는 전혀 없는 것이다. 남자와 마찬가지로 여자에게도 적극적인 열의는 편안한 생활과 행복의 비결이다.

3. 애정

열의가 결여되는 주된 원인 가운데 하나는 자기가 사랑받고 있지 않다고 여기기 때문이다. 반면 사랑을 받고 있다는 감정은 다른 무엇보다도 열의를 촉진한다. 사랑을 받고 있지 않다는 감정을 갖게 되는 원인에는 여러 가지가 있다. 자기를 사랑하는 사람은 한 사람도 없을 것이라고 생각할 만큼 스스로를 끔찍하게 여기는 사람이 있을 수도 있다. 어릴 때, 다른 어린아이들에게 쏟아지는 애정보다 더 적은 애정을 받는 데 익숙해져야 했을지도 모른다. 혹은 실제로 아무에게도 사랑을 받지 못했을 수도 있다. 그러나 마지막의 경우 아마도 그 원인은 어릴 때의 불행으로 인해 자신감을 상실했기 때문으로 생각된다.

자기가 사랑을 받고 있지 않다고 느끼는 사람은 그 결과 여러 가지 태도를 취할 것이다. 그는 어쩌면 유별난 친절을 보이면서 애정을 획득하려고 필사적으로 노력할지도 모른다. 그러나 그래봐야 십중팔구는 성공하지 못할 것이다. 왜냐하면 친절의 동기가 그것을 받는 사람들에 의해 쉽게 간파되기 때문이다. 게다가 인간의 본성은 애정이 가장 필요없을 것처럼 보이는 사람에게 가장 흔쾌히 애정을 쏟아 붓게 되어 있다. 그러므로 친절한 행위로 애정을 사려고 하는 사람은 자신의 친절이 무시되면 환멸의 비애를 느끼게 된다. 그 사람에게는 자신이 사려고 하는 애정이 그 사람이 그 대가로 지불하려는 물질적인 혜택보다 훨씬 가치 있는 것이라는 생각이 들지 않지만, 그의 행동의 밑바닥에는 그런 느낌이 깔려 있다.

또 이런 사람도 있다. 자기가 사랑을 받고 있지 않다는 것을 알게 되면 전쟁 혹은 혁명을 일으키거나 또는 교구(敎區)의 주임사제였던 조나단 스위프트[*9]처럼 독필(毒筆)을 휘두르며 세상에 복수하려고 하는 사람도 있다. 이것은 불행에 대한 영웅적인 반동이다. 이렇게 하려면 전세계를 상대로 대항할 만한 강한 성격이 필요하다. 그 높이에까지 자기를 끌어올릴 수 있는 사람은 극히 드물다. 남자나 여자나 대다수의 사람들은 자기가 사랑을 받고 있지 않다고 느

---

*9 조나단 스위프트(Jonathan Swift, 1667~1745)는 영국 국교의 교구 주임사제이며, 《걸리버 여행기》의 저자이다. 불행한 일생을 보냈으며, 독필로 사회를 풍자했다.

끼면, 풀이 죽어서 절망의 못에 가라앉아 어쩌다가 한 번씩 시샘을 하거나 짓궂게 굴거나 하여 기분을 풀 뿐이다. 일반적으로 그런 사람들의 생활은 극단적으로 자기 중심적이다. 또한 사랑을 받고 있지 않다는 사실이 그들을 불안하게 한다. 그리하여 그들은 생활을 전면적으로 완전히 습관에 맡겨 이 불안감으로부터 본능적으로 달아나려고 한다. 일정한 습관의 노예가 되어 버린 사람들은 냉혹한 세계에 대한 두려움과, 전날 걸었던 길을 그대로 걸으면 그런 불안감에 빠지지 않을 것이라는 생각에서 그런 행동을 하는 것이다.

안도감을 가지고 인생에 직면하는 사람들은, 그 안도감이 그들을 불행으로 인도하지 않는 한 불안감을 가지고 살아가는 사람보다는 행복하다. 게다가 언제나 그렇다고는 할 수 없지만, 많은 경우 안도감 자체가 다른 사람이라면 굴복해 버릴 위험에서 그를 구해 준다. 여러분이 어떤 낭떠러지 위에 놓여진 좁은 널빤지 위를 걷고 있다고 하자. 그때 만일 여러분이 무섭다고 생각한다면, 무섭지 않다고 생각할 때보다 훨씬 떨어질 위험이 커진다.

인생에서도 마찬가지이다. 두려움이 없는 사람이라도 별안간 재해를 당할 수 있다. 그러나 그 사람이라면, 겁쟁이는 비탄에 잠겨 버릴 만큼 힘든 상황이라도 아무런 상처를 입지 않고 통과해 나갈 수 있을 것이다. 이와 같이 위급할 때 발휘되는 자신감에도 무수한 형태가 있다. 어떤 사람은 산에 대해, 어떤 사람은 바다에, 그리고 어떤 사람은 하늘에 대해 자신감이 있다. 그러나 인생에 대한 일반적인 자신감은 다른 그 무엇보다도 인간이 필요로 하는 제대로 된 애정을 충분히 받는 데서 비롯한다. 내가 이 장에서 설명하고 싶은 것이 바로 열의의 원천으로 생각되는 이와 같은 마음의 습관에 대해서이다.

이 안도감은 거의가 상호적인 애정에서 생기지만, 주는 애정이 아니라 받는 애정에서 생긴다. 엄밀히 말해서 안도감을 갖게 해 주는 것은 애정뿐만 아니라 존경 또한 그렇다. 사람들이 우러러보는 직업을 가진 사람들, 즉 배우, 설교자, 연설가, 정치가 같은 사람들은 갈채에 점점 더 많이 의존하게 된다. 사람들로부터 자기가 마땅히 받아야 할 보상이라고 여겨지는 칭찬을 받으면 그들의 인생은 강한 열의로 채워지고, 그렇지 않으면 불평불만을 품고 자기 중심적이 된다. 그들이 생각하기에 군중들로부터 받는 폭넓은 애정은, 소수에게서 받는 애정보다 더 농도가 짙다. 부모의 귀여움을 받고 있는 어린아이는 부모의 사랑을 자연의 법칙처럼 당연하게 여긴다. 그 사랑이 그 아이의 행복에 매우 중요한 것인데도 별로 중요하게 생각하지 않는다. 그 아이는 세계를 생각한다. 앞날에 펼쳐질 모험이나, 어른이 되었을 때 만나게 될 근사한 모험에 대해서 생각한다. 그러나 이러한 바깥 세상에 대한 흥미의 이면에는 불행이 닥치더라도 부모의 사랑으로 보호받을 수 있다는 믿음이 깔려 있다. 어떤 이유에선가 부모의 사랑을 받지 못한 아이는 소심하고 모험심이 없으며, 두려움으로 가득차서 자기를 동정하게 된다. 그리고 더 이상 명랑한 모험심으로 이 세상을 대할 수 없게 된다. 그런 아이는 놀랄 만큼 어린 나이에 인생이라든가 죽음이라든가 인간의 운명에 대해서 명상(瞑想)하기 시작할 것이다. 아이의 마음은 내면으로 돌려져서 점점 우울해하며, 결국에는 철학이나 신학 같은 체계 속에서 비현실적인 위안을 구하게 된다.

어린아이의 세계는 왁자지껄하며 즐거운 일이나 불쾌한 일이 모두 한데 뒤섞여 있다. 그러므로 이와 같은 세계에서 누구나 뚜렷이 알 수 있는 체계라든가 패턴 같은 것을 만들어 내고 싶어하는 욕구의 밑바닥에는 공포가 깔려 있다. 그것은 실상 일종의 광장공포증, 즉 열린 공간에 대한 공포의 산물인 것이다.

겁쟁이 학생은 사면이 벽으로 둘러싸인 자기의 공부방 안에서라면 안전하다고 느낄 것이다. 만일 그가 우주도 그 방과 마찬가지로 정연하다고 자기 자신에게 납득시킬 수만 있다면, 그는 과감하게 거리로 나서면 안 될 때라도 그곳이 방 안과 거의 다름없이 안전하다고 느낄 것이다. 그런 사람도 만일 훨씬 더 많은 애정을 받았더라면, 현실 세계를 그토록 무서워하지 않았을 것이고, 그것을 대신하는 이상 세계를 자기의 신앙 속에 자리잡게 하지 않았을 것이다.

그러나 모든 애정이 진취적 기상을 분발시키는 데 효과가 있는 것은 결코 아니다. 애정은 겁을 주는 것보다는 굳세고 강한 것이어야 한다. 애정을 받는 대상은 안전을 강조하는 애정보다는 근사한 애정을 바란다. 물론 안정성 따위는 아무래도 좋다는 것은 아니지만 말이다. 재난이 일어날지 모른다며 끊임없이 어린아이들에게 주의를 주며, 개는 전부 사람을 물고 소는 전부 사나운 황소라고 생각하는 겁 많은 어머니나 유모는, 자기들이 가진 겁을 어린아이들에게도 똑같이 심어 줄 것이고, 집 근처에서 조금만 멀어져도 결코 안전하지 않다는 느낌을 들게 만들 것이다.

지나치게 소유욕이 강한 어머니라면 어린아이의 이런 감정이 흡족하게 느껴질지도 모른다. 그런 어머니는 어린아이가 세상을 헤쳐나가는 능력을 기르는 것보다 자기에게 의지해 주는 편을 더 바랄 것이다. 그런 경우 그 어린아이는, 아마도 결국에는 어머니의 사랑을 조금도 받지 않았을 경우보다 훨씬 더 못쓰게 되어 버릴 것이다. 유년 시절에 만들어진 마음의 습관은 한평생 계속되는 것 같다.

많은 사람들은 연애에 빠질 때, 그곳에다 세계로부터 달아나는 조촐한 안식처를 구한다. 그곳에서는 자기가 특히 존경받을 만하지 않을 때라도 존경을 받는다는 확신을 가질 수 있고, 칭찬받을 가치가 없더라도 칭찬을 받는다.

많은 사람들에게 가정(家庭)은 세상의 진실로부터 피난하여 위안을 찾는 곳이다. 두려움을 가졌거나 겁이 많은 사람들은 반려자를 구하고 싶어하고, 반려자를 얻고 나면 공포나 겁이 완화된다. 그들은 어릴 때 어리석은 어머니한테서 얻었던 것을 자기의 아내에게 구한다. 그러다가 자기 아내가 자기를 다 자란 어린아이 취급을 하면 깜짝 놀란다.

가장 훌륭한 애정이란 어떤 애정인가? 그것은 말하기가 쉽지 않다. 왜냐하면 애정이라는 것 속에는 분명히 무언가 보호의 요소가 포함되어 있기 때문이다. 우리는 자기가 사랑하는 자의 고통에는 무관심할 수 없다. 그러나 실제로 일어난 불행에 대해 느끼는 안타까움과는 반대로, 그와 같은 괜한 걱정은 애정에서 최소한의 부분을 차지해야 한다. 다른 사람에 대한 두려움은 스스로에 대한 두려움보다 아주 조금 나을 뿐이다. 그런데 많은 경우 그것은 소유욕의 위장일 수가 있다. 그런 경우 상대편의 두려움을 유도하여 상대편에 대한 좀 더 완벽한 지배권을 손에 넣을 수 있게 되기를 바라는 것이다. 이것이 남자가 얌전한 여자를 좋아해 온 이유 중 하나이다. 남자가 여자를 지켜주어 여자를 자기 것으로 만들 수 있기 때문이다.

사랑을 받게 되면, 그 사랑은 두 가지 작용을 한다. 하나는 안정감에 관한 것으로, 이에 대해서는 지금까지 이미 설명했다. 그런데 어른의 생활에서 애정은 더 본질적인 생물학적 목적까지도 갖고 있다. 즉, 부모(父母)가 된다는 본성이다.

성애(性愛)에 불탈 수 없다는 것은 어떤 남자, 어떤 여자에게도 커다란 불행이다. 그렇게 되면 그들은 인생이 베푸는 최대의 기쁨을 경험하지 못하기 때문이다. 그 결과 그들은 조만간에 적극적인 열의를 잃게 되고, 내향적으로 변하게 된다.

또 어린 시절의 불행이 성격적 결함을 낳고, 그것이 나중에 사랑을 획득할 수 없게 되는 원인이 되는 경우가 매우 많다. 이것은 여자의 경우보다 남자의 경우가 더 많아 보인다. 어째서 그러냐 하면, 대체로 여자는 남자의 성격에 끌려서 그를 사랑하게 되지만, 남자는 용모에 끌려서 여자를 사랑하게 되기 때문이다. 이 점으로 말하면 남자는 여자보다 뒤떨어져 있다고 할 수밖에 없다. 남자가 여자에게서 좋다고 생각하는 성질은 대체로 여자가 남자에게서 좋다고 생각하는 성질보다 별로 바람직스럽지 않기 때문이다. 확실히 말할 수는 없지만, 좋은 용모를 갖는 것보다 좋은 성격을 갖는 것이 더 쉽다. 또한 남자들이 좋은 성격을 갖기 위해 노력하는 것보다 여자들이 좋은 용모를 갖기 위해 노력하는 편이 더 쉽다.

지금까지 우리는 받는 애정에 대해서 이야기해 왔다. 이번에는 주는 애정에 대해서 이야기하고자 한다. 여기에도 두 가지 종류가 있다. 그 하나는 인생에 대해 적극적인 열의를 보여주는 가장 중요한 표출(表出)이고, 또 하나는 공포의 표출이라고 생각된다. 전자는 극히 찬미할 만하다고 생각되지만, 후자는 기껏해야 위안 정도의 것에 지나지 않는다.

여러분이 어느 맑게 갠 날 배를 타고 아름다운 해안을 바라보며 항해하고 있다고 하자. 그때 여러분은 해안의 아름다움을 찬양하고 그것에서 기쁨을 느낀다. 이 기쁨은 오로지 외부 세계를 바라보는 데서 얻는다. 그것은 여러분 자신이 필사적으로 구하는 것과는 아무런 관계도 없다. 그러나 이에 반해서 배가 난파하여 여러분이 그 해안을 향해 헤엄쳐 간다고 치자. 그때 여러분은 그 해안에 대해서 어떤 새로운 종류의 사랑을 느낀다. 그 해안은 파도로부터 여러분의 몸을 지켜 주는 안전을 의미한다. 이때는 그것이 아름답다든가 흉하다든가 하는 것은 이미 중요한 문제가 아니다. 좋은 쪽의 애정은 타고 있는 배가 안전하게 항해하고 있을 때의 감정에 해당하고, 그리 달갑지 않은 사랑은 배가 난파하여 물가를 향해 헤엄치고 있는 사람의 감정에 해당한다. 이 두 종류의 애정 가운데 전자는 안전하다고 느끼고 있거나 아니면 자기에게 덮치는 위험에 무관심할 때 가능한 것이고, 반대로 후자는 불안의 감정에 의해서 나온 것이다. 불안에서 야기되는 감정은 또 한쪽의 것보다 훨씬 주관적이고 자기

본위의 것이다. 다시 말해서, 사람을 사랑할 때 그 사람이 무언가 도움이 되기 때문에 사랑해 준다는 식이지, 그 사람 본래의 성질을 사랑하는 것은 아니라는 것이다.

그러나 나는 이와 같은 종류의 애정이라 하더라도, 인생에서의 정당한 역할을 아무것도 하고 있지 않다고 말할 생각은 없다. 현실적으로 대부분의 애정은 이 두 종류의 애정이 결합된 형태를 하고 있다. 그리고 그 애정이 정말로 불안감을 없애 줄 때, 위험이나 공포의 순간에는 희박해져 있던 이 세상에 대한 흥미를 다시 느끼게 되는 것이다.

그러나 그와 같은 애정이 인생에서 맡은 역할을 인정하면서도, 그것이 다른 형태의 애정보다 더 낫다는 생각은 할 수 없다. 왜냐하면 그런 애정은 두려움에서 일어나며 두려움은 악이기 때문이다. 그리고 또 그것은 훨씬 더 자기 본위적이기 때문이다.

최선의 애정을 받게 되면 인간은 과거의 불행에서 달아나려고 하기보다 오히려 새로운 행복을 얻고 싶어한다.

가장 좋은 형태의 애정은 서로 활기를 띠게 해 주는 것이다. 저마다 사랑받는 것을 기뻐하고 사랑할 수밖에 없어서 사랑한다. 그리고 서로 사랑한다는 행복이 있기 때문에 온 세상을 한층 더 즐거운 것으로 생각한다.

그러나 이런 애정도 있다. 그것은 결코 보기 드문 것이 아닌데, 한 인간이 상대편의 생기를 다 흡수해 버리는 애정, 상대편이 주는 것만 받고 그 보답으로 거의 아무것도 주지 않는 그런 애정이다. 매우 정력적인 사람 중에는 이와 같은 흡혈형에 속하는 사람도 있다. 그런 사람은 희생된 사람들의 생기를 하나하나 빨아먹는다. 그래서 그들은 사는 재미가 한층 더 커지지만, 생기를 빨아먹힌 사람은 차차 얼굴이 창백해지고, 초라해지고, 흐릿해진다. 그들은 자기의 목적을 위해서 남을 이용한다. 결코 남의 목적을 생각해 주지는 않는다. 근본적으로 그들은 그 순간 자신이 사랑하고 있다고 생각하는 사람들에게 관심을 가진 것이 아니라, 그 사람들이 주는 어떤 자극에 관심을 가졌을 뿐이다. 이는 비인격적인 관심에 불과하다. 분명히 이것은 성격적인 결함에서 오는 것이다. 그러나 그것의 진단이나 치료는 그리 간단하지 않다. 이것은 흔히 위대한 야망과 연관지어 말해지지만, 나는 이것이 인간의 행복에 관한 한 편파적인 견해에 뿌리를 내리고 있는 것이라고 말해야겠다.

두 사람이 서로를 생각하는 순수한 관심이라는 뜻에서의 애정, 서로가 단지 자기의 이익을 위한 수단으로서가 아니라 오히려 두 사람의 행복을 위한 결합으로서의 애정, 그와 같은 애정이야말로 참된 행복의 가장 중요한 요소이다. 그러나 자아가 강철벽 안에 단단히 둘러싸여 있어서 이런 애정을 확장시키지 못하는 사람은, 인생이 주는 최선의 것을 얻지 못하고 만다. 아무리 그가 일신 출세를 하더라도 그렇다.

애정을 배제시키는 야심은 일반적으로 인류에 대한 노여움이나 증오심 때문에 생긴다. 그것은 젊을 때의 불행, 성인이 된 뒤의 불공평한 삶으로 인해 만들어지고, 나중에는 다른 사람들을 학대하는 일에 집착하게 된다.

너무나 강한 자아(自我)는 감옥 같은 것으로, 만일 이 세상의 즐거움을 충분히 얻으려면 그 감옥에서 벗어나야 한다. 순수한 애정을 가질 수 있는 능력은 이 자아라는 감옥에서 빠져 나온 사람만이 얻는 특권 가운데 하나이다. 애정은 받는 것만으로는 충분하지 않다. 애정을 받았으면 풀어 놓아야 한다. 받는 애정과 주는 애정의 양이 같을 경우, 애정은 최고의 장점을 발휘한다.

심리적이건 사회적이건, 서로 사랑하는 마음이 꽃피려 할 때 그를 방해하는 것은 커다란 악(惡)이다. 이 세상은 언제나 그 때문에 괴로워했고 지금도 괴로워하고 있다. 사람들은 혹시 그것이 잘못이지나 않을까 하여 남을 칭찬하기를 주저한다. 또한 혹시 사랑을 준 상대자나 까다로운 세상 사람들에게서 무슨 곤욕이나 당하지 않을까 하여 사랑을 주기를 망설인다. 애정은 도덕과 세속적 지혜라는 두 가지 이름으로 주의가 요구된다. 그 결과 애정에 관한 한, 관용도 적극적인 모험심도 단념할 수밖에 없다. 이 모든 것 때문에 인류는 겁과 미움을 낳는다. 왜냐하면 많은 사람들이 근본적으로 필요한 것을 평생 동안 놓치고 살며, 열 명 중 아홉은 이 세상에서 행복하고도 발전적인 인생을 보내는 데 필수적인 조건을 갖출 수 없기 때문이다.

성적(性的) 관계에서는, 참된 애정이 거의 없는 경우도 있다. 적의(敵意)가 밑바닥에 깔려 있는 일조차 드물지 않다. 어느 쪽도 자기 자신을 주려고 하지 않는다. 근본적으로는 모두가 고독을 간직하려고 한다. 어느 쪽도 변하지 않으려 하므로 열매를 맺을 수가 없는 것이다.

그와 같은 경험에는 아무런 근본적인 가치도 없다. 나는 그러한 경험들을 조심스럽게 피해야 한다고 말하고 싶지는 않다. 더 가치 있고 심오한 애정이 자라날 수도 있는 상황에서 도중에 그 성장이 꺾일 수도 있기 때문이다.

나는 이렇게 말하고 싶다. 참된 가치가 있는 유일한 성적 관계는, 아무런 망설임 없이 이루어지는 것으로, 양자의 온 인격이 융합되어 하나의 새로운 집합적 인격이 생기는 관계라고.

모든 형태의 조심성 중에서 사랑할 때의 조심성이야말로 아마도 참된 행복에 가장 치명적인 영향을 미칠 것이다.

4. 가족

예부터 우리에게 전해 내려오는 모든 제도 중에서, 오늘날의 가족제도(家族制度)만큼 큰 혼란 속에서 탈선된 것은 없다.

자식에 대한 부모의 애정과 부모에 대한 자식의 애정은 행복의 최대 원천이될 수가 있다. 그러나 사실 오늘날에 부모와 자식의 관계는 십중팔구는 양쪽모두에게 불행의 원천이 되고 있으며, 백에 아흔아홉은 적어도 어느 한쪽의불행의 원천이 되고 있다.

본래 가족이 줄 수 있어야 할 근본적인 만족을 가족이 공급할 수 없다는사실은 우리 시대에 가장 뿌리 깊게 퍼져 있는, 불만의 원인 중 하나이다. 자기들의 자식들과 행복한 관계를 갖고 싶어하는 어른들이나, 자식들에게 행복한 인생을 갖게 해 주고 싶어하는 어른들은, 부모다운 것이 무엇인지 깊이 생각해 보아야 한다. 그리고 생각해 보았다면 현명하게 행동해야 한다.

가족이라는 문제는 이 책에서 다루기에는 너무나 큰 문제이므로, 여기서는우리가 지금 취급하고 있는 특수한 문제, 즉 행복의 획득이라는 문제와의 관계에서만 다루기로 한다. 또한 그 문제를 다룰 때 사회 구조의 개혁을 논할 수는 없으므로, 그것에 대해서는 언급하지 않고 여기서는 각 개인의 힘이 미치는 범위 안에서 개선할 수 있는 것에 대해서만 다루어 보도록 하자.

물론 이것을 논의하기 위해서는 매우 커다란 제한을 두게 된다. 왜냐하면오늘날 가족의 불행은 그 원인이 매우 다양하며 심리적, 경제적, 사회적, 교육적, 그리고 정치적 원인을 포함하기 때문이다.

그 중에서도 부유한 계급의 여성들은 두 가지 원인 때문에 부모가 된다는것에 대해 과거보다 더 큰 부담을 느끼고 있다. 그 두 가지 중 하나는 독신 여성에게 직업의 문이 열렸다는 것이고, 하나는 하녀 제도가 붕괴해 버렸다는 것이다.

옛날에는 미혼 여성의 생활 조건이 매우 견디기 힘들었으므로, 아무래도 결혼에 쫓길 수밖에 없었다. 미혼 여성들은 경제적 독립이 불가능했으므로, 처음에는 아버지에게, 그 다음에는 못마땅한 표정을 짓는 형제에게 의존할 수밖에 없었다. 미혼 여성은 자신의 나날들을 채울 만한 일을 전혀 갖고 있지 않았으며, 또 집이라는 보호막 밖으로 나가 스스로를 즐길 자유도 전혀 허용되지 않았다. 그런 여성에게는 성적 모험을 즐길 기회가 전혀 없었으며, 그럴 의향도 없었다. 성적 모험이란 결혼 이외에서는 혐오스러운 행위라고 깊게 믿고 있었다. 엄중히 경호되어 있는데도 누군가 유혹하는 자에게 속아 처녀성을 잃을 경우, 그 여성의 입장은 그 길로 매우 가엾은 처지가 되었다.

《웨이크필드의 목사》*¹⁰에 그것이 잘 묘사되어 있다.

> 그 처녀의 죄를 덮고
> 그 처녀의 수치를 모든 사람의 눈에서 감추고
> 그 처녀의 연인을 후회시켜
> 그의 가슴을 괴롭히는
> 오직 한 가지 방법—
> 그것은 죽는 것이다.

그런데 현대의 미혼 여성은 이런 경우에라도 죽어야 한다고는 전혀 생각하지 않는다. 그 처녀가 좋은 교육을 받았다면, 마음 편한 생활을 해 나가는 데 조금도 곤란을 느끼지 않는다. 그래서 일일이 부모의 허가를 받을 필요는 없다. 부모는 딸에 대한 경제권을 잃어버렸으므로, 도덕상 딸을 책망해야 할 때라도 그 말을 하는 데 매우 주저하게 되어 버렸다. 잠자코 꾸지람을 듣고 싶어하지 않는 자는 꾸짖어 보아야 별로 소용이 없는 것이다.

그러므로 오늘날 직업을 갖고 있는 미혼 여성은, 그 지능과 매력이 평균 이하가 아니라고 전제할 때, 아이를 갖고 싶은 욕망에서만 탈출할 수 있다면 마

---

* 10 《웨이크필드의 목사(The Vicar of Wakefield)》는 영국의 작가 올리버 골드스미드(Oliver Goldsmith, 1703~1774)의 소설집이다. 이 소설집에 있는 유명한 세 편 가운데 한 편에서 이 말이 인용되어 있다. '유혹당한 처녀의 노래' 중 제2절이다.

음껏 생활을 즐길 수 있다. 그러나 아이를 갖고 싶다는 욕망이 그 여성을 압도해 버리면 그 처녀는 결혼할 수밖에 없게 되고, 그리되면 거의 틀림없이 직업을 잃게 된다. 그 처녀는 여태까지 몸에 밴 생활보다 훨씬 낮은 수준의 안락함을 참아야 한다. 왜냐하면 남편의 수입이 그 여성이 전에 얻고 있던 수입만큼 많지도 않을 것이고, 게다가 그 돈으로 그 여성 한 명이 아니라 가족을 부양해야 하기 때문이다. 독립적인 생활을 경험하고 나면, 필요한 돈의 단 한 푼조차 남에게 의존해야 한다는 사실이 참으로 지긋지긋하게 여겨진다. 이 모든 이유로 해서 그와 같은 여성은 어머니가 되기를 주저한다.

그런데도 그런 처지에 뛰어드는 여성은 앞선 세대의 여성과 비교해 볼 때 새롭지만 소름끼치는 문제에 부딪치게 된다. 즉, 하녀가 부족하고, 하녀의 질이 나빠졌다는 것이다. 그 결과 그 여성은 집안일에 묶여, 자신의 능력이나 지금까지 받은 교육에 조금도 걸맞지 않는 수없이 많은 하찮은 일을 손수해야 한다. 만일 그것을 손수 하지 않으면, 하녀에게 시킬 수밖에 없다. 그런데 하녀가 그것을 등한시하므로 하녀를 꾸짖게 되는데, 그러면 그것으로 완전히 기분을 망치고 마는 것이다.

한편 아이를 기르는 문제에서도 마찬가지이다. 여러 가지로 심사숙고한 끝에 이 문제에 대해서 알아보고 나면, 큰 재난을 미리 각오하지 않고는 유모나 보모에게 안심하고 아이들을 맡길 수 없다는 것을 알게 된다. 또한, 만일 그런 계통의 학교에서 훌륭한 교육을 받은 보모를 들인다면 몰라도, 청결이나 위생상의 가장 기초적인 문제에 대해서도 남에게 마음놓고 맡기는 것이 불가능하다.

이렇게 한없이 번잡한 일들에 녹초가 된다면, 그 여성의 매력 전부와 그 지성의 4분의 3을 잃게 되지 않는다면 정말 다행스러운 일이다. 단지 일상적으로 해야 할 일을 처리하고 있을 뿐인데도, 남편에게는 따분한 존재가 되고 아이들에게는 귀찮은 존재가 된다. 그런 여성이 너무나 많다. 저녁때가 되어 남편이 직장에서 돌아왔을 때, 하루의 고생담을 늘어놓는 여자는 남편을 지긋지긋하게 만드는 여자이고, 그렇다고 그런 이야기를 하지 않는 여자는 아무 생각이 없는 여자이다.

아이와의 관계에서는, 아이를 낳기 위해서 치른 희생이 마음 속에 너무나 생생하므로 기대 이상의 대가를 요구하게 된다. 게다가 번잡한 일에 언제나 신경을 써야 하는 습관이 그 여성을 잔소리꾼에, 소심한 인간으로 만들고 만다. 그리하여 그 여성은 가장 악독한 부당함을 겪어야 하는 것이다. 자기가 해야 할 의무, 더욱이 자기 가족에게서 부과받은 의무를 어김없이 해낸 결과가 가족의 애정을 잃게 만든다. 그런데 그와는 반대로, 만일 그 여성이 가족 따위는 전혀 개의치 않고 언제나 명랑하게 매력적으로 있었다면 아마 가족들은 그 여성을 사랑했을 것이다.

이와 같은 문제점은 본질적으로 경제적인 문제에서 발생하며 이것과 비슷한 정도의 또 다른 중대한 문제가 있다. 바로 인구가 대도시에 집중하는 데서 비롯한 주택 문제이다. 중세의 도시는 오늘날의 시골이었다. 어린아이들은 지금도 다음과 같은 동요를 노래하고 있다.

> 세인트 폴 사원 탑 위에 한 그루 나무가 자라
> 사과가 주렁주렁 열려 있네.
> 런던 거리의 어린아이들이
> 막대기 들고 따라오네.
> 이 울타리 저 울타리 뛰어다니다
> 런던브릿지에 와 버리네.

세인트 폴 사원의 철탑은 이젠 없어졌다. 나는 세인트 폴 사원과 런던브릿지 사이의 울타리가 언제 없어졌는지 모른다. 런던 거리의 어린이들이 이 동요를 노래하며 즐거움을 누렸던 무렵부터 어느새 몇 세기가 지났다. 그러나 그렇게 먼 옛날이 아니더라도 사람들은 대부분 시골에 살았다. 도시라고 해야 그리 크지도 않았다. 시골의 많은 집에 정원이 딸려 있는 것을 보는 것은 결코 드문일이 아니었다. 오늘날 영국에는 시골 인구보다 도시 인구가 훨씬 많다. 미국에서는 이 현상이 미미한 편이지만, 매우 급속히 증대하고 있다. 런던이나 뉴욕 같은 도시는 너무나 커서 밖으로 나가는 데 상당히 긴 시간이 걸린다. 도시에 사는 사람들은 보통 아파트로 만족해야 하는데, 그 아파트에는 1제곱 인치의 흙도 붙어 있지 않으며, 그 속에서 보통 정도의 생활을 한다는 것은 최소한의 공간으로 만족해야 한다는 의미이다. 어린아이들이 있으면 아파트 생활은 더 어렵다. 어린아이들에게는 놀 공간이 없고, 부모들에게는 아이들이 내는 소음에서 달아날 공간이 없다. 그 결과 직장을 가진 사람들은 차츰 교외에서 살게 된다. 교외에서 산다는 것은 어린아이들의 입장에서 보면 분명히 바람직한 일이다. 그러나 어른에게는 생활의 피로가 늘어나고, 가정에서 할 수 있는 역할이 크게 줄어든다.

그러나 그와 같은 경제적인 문제는 여기서 논할 사항이 아니다. 왜냐하면 그런 문제는 우리가 지금 다루고 있는 문제, 즉 한 사람 한 사람이 행복해지려면 어떻게 해야 하는가 하는 문제에서 벗어나는 것이기 때문이다. 이제 부모와 자식 간의 관계에서 오늘날 시대에 존재하는 심리적 어려움으로 주제를 옮겨 행복에 관한 문제를 더 자세히 살펴보자.

그것은 바로 민주주의에 의해서 야기된 문제의 일부이다. 옛날에는 주인과 노예가 있었다. 무엇을 해야 하는가를 결정하는 것은 주인이었으며, 대체로 주인은 자기의 노예를 사랑했다. 노예는 주인의 행복을 위해서 봉사했기 때문이다. 노예들은 어쩌면 주인을 미워하고 있었는지도 모르지만, 민주주의 이론이 우리에게 상상시킨 것 같은 사건은 일반적으로 일어나지 않았다. 하기야 노예들이 주인을 미워했다고 하더라도, 주인은 전혀 그 사실을 깨닫지 못했다. 아무튼 주인은 행복했다. 그런데 민주주의 이론이 일반적으로 보급되면서 이 모든 것이 변해 버렸다.

무슨 일에나 순종하던 노예들은 이제 복종을 거부한다. 자기의 권리를 의심해 본 바가 없었던 주인들은 이제 불안해하면서 주저하게 되었다. 결국 마찰이 일어나서 양측 모두가 불행해지고 말았다. 민주주의를 반대하기 위해서 이런 말을 하는 것은 아니다. 이러한 문제는 과도기적 현상으로 필연적이기 때문이다. 과도기가 진행 중이더라도 그 때문에 세상이 불안해진다는 사실을 간과할 수는 없다.

부모와 자식 사이의 관계가 변한 것도 민주주의의 보급에 따른 한 여파이다. 부모는 이제 자식들에 대한 권리를 확신하지 않는다. 자식 쪽에서는 이제 부모에게 존경을 바쳐야 한다고는 생각지 않는다. 복종의 미덕은 옛날에는 무리 없이 강요되고 있었지만, 지금은 낡은 인습(因襲)이 되었다. 그리고 그것이 옳은 것이다. 정신분석 탓에 부모들은 자기들이 무심코 자식들에게 주는 해에 대해서 무서움을 느끼게 되었다. 어린아이들에게 입을 맞추면 오이디푸스 콤플렉스에 걸리게 할지도 모르고, 입을 맞추지 않으면 심한 질투를 생기게 할

지도 모른다. 부모들이 이래라 저래라 명령을 하면 아이들은 죄의식을 갖게 될지도 모른다. 아예 명령을 하지 않으면 부모들의 눈에 바람직스럽게 보이지 않는 행동을 하게 될지도 모른다. 부모는 젖먹이가 엄지손가락을 빨고 있는 것을 보면, 제멋대로 온갖 무서운 추리를 한다. 그러면서도 그것을 못하게 막는 방법을 생각하다 보면, 그만 갈피를 못 잡고 만다. 옛날에는 부모라는 이유로 마음껏 권력을 행사했지만, 지금은 소심해지고, 걱정이 많아지고, 의심에 가득 차게 되었다.

옛날의 단순한 기쁨은 없어졌다. 그리고 지금의 어머니는 어머니가 되는 것을 결심하는 데 옛날보다 훨씬 많은 것을 희생해야 했다. 독신 여성이 새로운 자유를 더 누리고 있기 때문이다. 이런 현실 속에서 양심적인 어머니는 자식들에게서 너무 적게 요구하고 양심적이지 않은 어머니는 너무 많이 요구한다. 양심적인 어머니는 그 본래의 애정을 억제하여 내성적(內省的)이 된다. 양심적이지 않은 어머니는 자기가 절제해야 했던 기쁨의 보상을 자기 자식들에게서 구한다. 전자의 경우, 자식들이 애정에 굶주리게 되고, 후자의 경우에는 너무 많은 자극을 받게 된다. 그 어느 경우나 가족이 최선의 상태에서 줄 수 있었던 단순하고 자연스러운 행복은 모조리 없어져 버렸다.

이와 같은 모든 문제점들을 생각해 볼 때 출산율이 저하됐다고 해서 무엇이 이상하겠는가? 인구 전체로 볼 때 출산율의 저하는 인구가 곧 감소하리라고 추정되는 단계에까지 와 있다. 부유한 계급은 벌써 오래 전부터 그런 상태가 되었다. 더욱이 출산율 저하는 한 나라만의 현상이 아니라, 실제로 대부분의 문명국에서도 마찬가지이다. 부유한 계급의 출산율에 관해서 입수할 수 있는 통계는 별로 많지 않다. 그러나 진 아일린의 책에서 두 가지 사실을 인용할 수 있다. 즉, 스톡홀름에서 1919년부터 1922년까지 직장 여성들의 임신율은, 여성 총 인구 임신율의 3분의 1에 지나지 않았다. 1896년부터 1913년까지의 기간 동안, 미국 웰슬리 칼리지의 졸업생 4천 명이 가진 어린아이의 총수는 약 3천 명이었다. 그런데 자손이 줄어드는 것을 막으려면, 아이들이 어려서 죽지 않는다는 것을 가정할 때, 최소 8천 명의 어린아이가 필요하다. 백인에 의해서 이루어진 문명이 이와 같은 기묘한 특징을 갖고 있다는 것은 의심할 수 없는 일이다. 즉, 남자도 여자도 문명을 흡수하면 할수록 불임증이 된다는 것이다. 문명이 가장 진보한 곳에서 가장 불임이 많고, 문명이 가장 뒤떨어진 곳에서 가장 다산(多産)한다. 그리고 이 양자는 단계적으로 연결되어 있다. 현재 서유럽의 여러 나라에서는 가장 지적인 계급이 사라져 가고 있다. 실제로 2, 3년 이내에 서유럽 국가들의 인구는 줄어들 것이다. 덜 문명화된 지역에서 이민오는 사람들이 없다면 말이다. 그러나 그 이민자들도 이 새로운 나라의 문명을 습득하기가 무섭게 이번에는 그들이 상대적으로 불임이 되어 버릴 것이다.

이와 같은 특징을 가진 문명이 불안정하다는 것은 분명하다. 인구수를 늘리도록 유도되지 않으면 안 된다. 그렇게 하지 않으면 조만간에 그 문명은 사멸해 버리고, 부모가 되려는 욕구가 강해져서 인구 감소를 막아낼 수 있는 어떤 다른 문명과 대체될 것이 틀림없다.

모든 서양 여러 나라의 판에 박은 듯한 도덕론자들은 이 문제를 훈계나 감상적인 방법으로 다루려고 애썼다. 한편에서 그들은 아이들이 건강과 행복을 누릴 수 있느냐 없느냐는 전혀 상관없이, 신이 바라는 수만큼 어린아이를 낳는 것이 결혼한 부부의 의무라고 말한다. 또 한편에서 남자 성직자들은 어머니가 되는 것은 신성한 기쁨이라는 말을 늘어놓으며, 질병과 빈곤에 시달리는 어린아이를 거느린 대가족이 마치 행복의 원천이기나 한듯이 그럴싸하게 지껄인다. 국가는 국가대로 대포밥이 될 만큼 상당한 수의 인간이 필요하다는 이론을 내걸고 이 문제에 참견하고 있다. 만일 그런 정교하고 우수한 파괴 병기로 살상하고도 남을 만큼 충분한 인구가 없다면, 대체 어떻게 그 무기의 살상 기능을 시험해 볼 수 있겠는가?

기묘하게도 한 사람 한 사람의 부모는 이와 같은 이론을 남에게 해당되는 것으로 인정하지만, 자기에게도 해당된다고 하면 아예 귀를 막아 버린다.

성직자와 애국자의 심리학은 잘못되어 있다. 성직자들이 성공적으로 그들을 지옥불로 위협한다면 괜찮을지 모르지만 이 위협을 진지하게 받아들이는 것은 극소수에 불과하다. 이것만도 못한 위협은 근본적으로 개인의 행복을 규제하기엔 부적당하다. 국가의 경우, 그 논리는 너무 무자비하다. 사람들은 남의 자식은 대포밥이 되어도 무방하다고 생각하겠지만 제 자식의 경우엔 결코 그럴 의향이 없는 법이다. 그러므로 국가가 할 수 있는 일은 가난한 사람들을 무지 속에 남겨두는 일인데, 이러한 노력은 통계로 볼 때 서유럽의 후진국들을 제외하면 전혀 성공을 거둘 수 없다. 공적 의무감에서 어린애를 갖는 사람은 거의 없으며, 공적 의무가 존재한다는 사실이 훨씬 분명했던 시대라 하더라도 그럴 것이다. 부모가 어린애를 갖게 되는 것은 어린애들이 그들의 행복을 더해 줄 것으로 믿기 때문이거나, 아니면 피임할 줄 모르기 때문이다. 두 번째 이유는 아직 강력히 작용하고 있으나 점차 줄어가는 추세에 있다. 국가나 교회도 이 감소 추세를 막지 못할 것이다. 그러므로 백인종이 존속하기 위해서는 부모가 되어서 행복해져야 한다.

오늘날의 여러 가지 사정을 떠나 인간의 본성 자체로 생각해 볼 때, 부모가 된다는 것이 인생이 제공하는 최대의, 그리고 가장 영속적인 행복을 안겨줄 수 있음은 분명하다. 이것은 의심할 것도 없이 남자보다 여자에게 해당되지만, 대부분의 현대인이 상상하는 것 이상으로 남자들에게도 상당히 연관되어 있다. 그것은 오늘날의 시대가 오기 이전에는 거의 모든 문학에서 당연하게 받아들이던 일이었다. 헤카베[11]는 남편 프리아모스보다 아이 쪽에 더 신경을 썼고, 맥더프는 아내보다 어린아이들 쪽에 더 신경을 썼다. 구약 성서에서는 남녀 양쪽이 다 자손을 남기는 데 정열적이었는데, 그런 태도는 중국이나 일본에서도 오늘날까지 계속되고 있다. 자손의 번영을 바라는 욕망은 조상 숭배에서 유래한다고 말할지도 모른다. 그러나 나는 그 반대라고 생각한다. 즉, 조상 숭배는 바로 사람들이 가문의 존속에 가진 관심의 반영인 것이다.

조금 전에 논한 직장 여성의 문제로 되돌아가 보자. 그 여성들이 아이를 갖고 싶어하는 욕구는 매우 크다. 그렇지 않으면 그 여성들 중 그 욕구를 채우기 위해서 희생할 사람은 하나도 없을 것이다. 내 개인에 대해서 말하면, 나는 내가 경험한 그 무엇보다도 더 부모가 된다는 데서 행복을 발견했었다. 나는 이렇게 생각한다. 환경적인 이유 때문에 남자나 여자들이 이 행복을 포기하게 될 경우, 매우 깊은 욕구가 채워지지 않은 채 남게 되어, 그 결과 원인을 알 수 없는 불만이 생겨나고 무기력해질 것이다.

이 세상에서 행복하기 위해서는, 특히 청년기가 지난 후에 자기를 곧 일생을 마감하게 될 고립된 개인으로서 볼 것이 아니라, 기원에서 아득한 미지의 미래로 흘러들고 있는 생명의 흐름의 일부로서 생각할 필요가 있다. 이런 정서가 의식적이면서도 정형화된 표현으로 받아들여진다면 분명히 고도로 문명화된 지적 전망과 연관된 것이다. 그러나 이 정서가 애매모호한 본능적 정서로

---

*11 헤카베는 호머의 《일리아드》에 나오는 트로이 왕 프리아모스의 아내로, 헥토르와 파리스를 비롯한 열아홉 남매의 어머니이다.

받아들여진다면 원시적이고 가공되지 않았다는 것을 의미한다. 따라서 지나치게 문명화되었다는 것은 이런 정서 자체의 부재를 의미한다. 무언가 흔적을 후세에 남길 만한 위대하고 현저한 업적을 이룰 수 있는 사람은 이 정서를 일을 통해서 만족시킬 수 있다. 그러나 특별한 재능을 전혀 갖지 못한 남녀가 그것을 이룰 수 있는 유일한 길은 자식을 통해서뿐이다.

자기의 생식적 충동이 위축되는데도 그대로 방치해 온 사람들은, 자기 자신을 생명의 흐름에서 격리해 버린 것이다. 그들은 그렇게 함으로써 메말라 버리는 엄청난 위험을 무릅쓰게 된다. 그들이 예외적으로 감정이 없는 존재가 아닌 한, 그들에게는 죽음이 모든 것의 마지막이다. 자기 뒤에 오는 세계는 자기와 관계가 없다. 그 때문에 자기가 무슨 일을 하더라도, 그것은 극히 보잘것없고 중요하지 않은 것으로 여겨진다. 자식이나 손자들을 갖고, 그들을 자연적으로 사랑하는 남녀에게는, 생명이 끝나는 순간까지 미래는 중요하다. 그것은 도덕이라든가 상상의 노력에 의해서 그런 것이 아니라, 자연적으로 그리고 본능적으로 그런 것이다. 한 사람이 자신의 관심사를 개인의 일생(一生) 이상으로 확장시킬 수 있다면 그 관심사는 아브라함이 그랬던 것처럼, 더 멀리까지 뻗쳐나갈 수 있다. 그 역시 당장의 몇 세대 동안 약속된 땅을 이룰 수 없다 하더라도 언젠가 그의 후손이 그 꿈을 이룰 수 있으리라는 생각에서 만족을 구할 수 있었을 것이며, 또한 그러한 부모의 감정을 통해서 자신도 구원받을 수 있었을 것이다.

가정의 주된 요소가 무엇인가 하면, 그것은 물론 부모가 그 자식들에게 느끼는 특별한 애정(愛情)이다. 즉 부부 사이에 느끼거나 남의 자식들에게 느끼는 것과는 다른 애정이다. 부모들 중에는 부모로서의 애정을 거의 느끼지 않거나 전혀 애정이 없는 사람들도 있다. 또, 자기 아이에 대한 것과 거의 같은 정도의 강한 애정을 남의 아이에게서 느낄 수 있는 여자가 있는 것도 사실이다. 그렇지만 부모의 애정이란 보통의 인간이 자기 자신의 아이들에 대해서 경험하는 특수한 감정이며, 자기 아이 이외의 남에게서는 느끼지 못하는 특별한 감정이라는 것은 잘 알려진 사실이다. 이 감정은 동물이었던 우리의 조상들로부터 이어져 온 것이다. 이 점에 관한 프로이트의 견해는 생물학적인 성격을 띠지 않았던 것으로 여겨진다. 왜냐하면, 새끼를 가진 동물의 어미를 관찰해 보면 누구나 새끼들에 대한 어미의 행동이 성적 관계를 가진 수컷에 대한 행동과 전혀 다른 양식을 보이고 있다는 것을 알 수 있기 때문이다. 이와 같은 본능적인 행동양식은 얼마간 완화되어 그토록 뚜렷한 형태는 아니지만, 인간에도 존재한다. 만일 이런 특수한 감정이 없다면 하나의 제도로써의 가족에 대해서 할 말은 거의 없을 것이다. 어린아이들은 모두 똑같이 전문가에게 맡겨 버리면 될 것이기 때문이다.

그러나 부모가 자식에게 갖는 특별한 애정은 그 본능이 위축돼 버리지 않는 한, 부모와 자식들 양쪽에 모두 가치가 있다. 자식에 대한 부모의 애정이 가치가 있다는 것은, 그것이 다른 어떤 애정보다도 믿을 수 있기 때문이다. 친구가 자기를 좋아해 주는 것은 장점 때문이다. 연인(戀人)이 사랑해 주는 것은 매력 때문이다. 만일 그 장점이 줄면 친구는 사라지고 매력이 감퇴하면 연인은 떠나 버릴지 모른다. 그러나 부모가 가장 의지가 되는 것은 불행한 때이다. 병에 걸렸을 때도 그렇다. 부모가 제대로 된 사람이라면 자식이 치욕스러운 일을 당해도 의지가 된다. 우리는 장점에 대해 칭찬을 받을 때 기쁨을 느끼지만, 대개 마음 속으로 그러한 칭찬을 조심해야 한다고 신중하게 생각한다.

부모는 우리가 자기의 자식이기 때문에 사랑한다. 이것은 변할 수 없는 사실이다. 그 때문에 우리는 다른 누구와 함께 있기보다도 부모와 함께 있는 편이 안전하다고 생각한다. 성공하여 기뻐하고 있을 때는 이것이 그리 중요하지 않게 여겨질는지도 모른다. 그러나 실패로 슬퍼하고 있을 때는 다른 어디서도 발견할 수 없는 위안과 안심감을 준다.

모든 인간 관계에서 한쪽만의 행복을 보장하기는 상당히 쉽다. 그러나 양쪽 모두의 행복을 추구하는 것은 아주 어렵다. 간수(看守)는 죄수를 감시하는 것을 즐길지도 모른다. 고용주는 직원에게 호통치는 것을, 지배자는 국민을 꼼짝 못하게 다스리는 것을 즐길지도 모른다. 그와 마찬가지로 완고한 아버지가 회초리를 들고 아들에게 덕(德)을 강요하면서 즐기는 것도 분명히 가능한 일이다.

그러나 그런 즐거움은 일방적인 즐거움이다. 당하는 쪽에서는 별로 즐거운 것이 못된다. 우리는 이 같은 일방적인 기쁨엔 무언가 불충분한 것이 있다는 사실을 깨닫게 된다. 좋은 인간 관계란 양쪽이 다 만족할 만한 것이라야 한다. 특히 부모와 자식 관계가 그렇다. 부모는 옛날보다 자식한테서 기쁨을 얻는 일이 훨씬 적어졌고, 한편 자식은 부모 밑에서 고통을 받는 일이 훨씬 적어졌다.

이것이 오늘날의 현실임은 부인할 수 없지만, 부모가 자식들한테서 전만큼 행복을 얻어서는 안 될 이유는 하나도 없다고 생각한다. 또한 부모가 자식들의 행복을 증진시켜 주지 않아야 할 이유도 없다고 생각한다. 그러려면, 현대사회의 목표로 받아들여지는 다른 모든 평등한 대인관계에서처럼, 조심성과 친절함, 그리고 상대편의 인격을 존중하는 태도가 필요하다. 또한 이런 사회에서는 일상 생활의 호전성은 장려되지 않는다. 우리는 우선 생물학적인 면에서 부모의 행복을 살펴보고, 그 다음으로는 평등한 세상의 핵심이 되는 타인의 인격에 대한 기본적인 태도를 통해 부모의 행복이 어떻게 촉진되는가 살펴보자.

부모가 갖는 행복의 원천에는 두 종류가 있다. 그 하나는 자기 자신의 일부가 자식에게 객관화되었다고 믿는 마음이다. 즉, 자기 육체의 일부가 죽음을 넘어 자식의 생명으로 이어지고, 다음 세대가 오면 같은 방법으로 이어져서 영원히 영속되어 가리라는 감정이다. 또 하나는 힘과 애정이 완전한 혼합체가 된 감정이다. 어린 생명은 약하므로 그를 도와야겠다는 충동을 느낀다. 이러한 충동은 자식에 대한 부모의 애정을 충족시키지만, 다른 한편 이것은 부모의 지배력에 대한 욕구를 만족시키는 일이기도 하다. 어린아이가 힘이 없고 연약한 동안에는 그 자식에게 쏟는 애정에 이기적인 면이 없다. 그것은 오직 약한 생명체를 보호하려는 본성에서 우러나는 것이기 때문이다. 그러나 아주 이른 시기에 자식을 지배하려는 부모의 욕망과 자식을 위하는 마음 사이에 갈등이 일어나기 마련이다. 어느 정도까지는 자식을 지배한다는 것은 자연의 이치상 당연한 일이다. 그러나 한편으로는 자식들에게 가능한 한 빨리, 여러 면에서 독립심을 길러 주도록 도와 주어야 하는데, 이것은 부모가 자식을 지배하려는 감정면에서 볼 때는 분명 상반된 일이 아닐 수 없다. 어떤 부모들 가운데는 이런 갈등을 무시한 채 아이가 반항을 해 올 때까지 군림하려고 드는 부모도 있다. 그러나 자식을 지배하려는 욕망과 독립심을 증진시키는 데서 일어나는 갈등을 이해하고 있는 부모들도 그 갈등으로 인해 괴로워한다. 이런 갈등 속에서 부모의 행복은 상실된다. 자기는 자식에게 온갖 정성을 다 기울였는데도 결국 기대와는 동떨어진 자식의 모습을 보고 화를 내게 되는 것이다. 자식이 군인이 되기를 바랐는데 평화주의자가 되기도 하고, 혹은 톨스토이처럼 평화주의자가 되기를 바랐는데 그 자식은 엉뚱하게 극우의 비밀 결사에 가담하기도 한다.

이런 종류의 어려움은 더구나 자식이 다 장성했을 때만 볼 수 있는 일은 아니다. 이를테면 혼자서도 충분히 먹을 수 있는 어린아이에게 밥을 먹여 주는 일은 아이들을 아껴주는 행위로 생각되겠지만, 실제로는 아이들의 행복을 부모의 지배력으로 가로막는 일이다. 또한, 어린아이가 자기에게 닥쳐 올 위험을 너무 강렬하게 인식하게 되면, 부모는 자식이 자신들에게 기댔으면 하는 갈망을 느끼게 될 것이다. 자식한테 어떤 보상을 기대하고 노골적인 애정을 베푸는 일도 그 감정에 호소해서 자식을 자신의 곁에 붙들어 두려고 애쓰는 결과밖에는 안 될 것이다.

부모의 마음이 조심스럽거나 순수하지 않으면, 자식을 소유하고자 하는 본능 때문에 크고 작은 여러 가지 일에서 잘못을 저지르는 경우가 많다. 그런데 이런 위험성을 깨닫고 있는 현대의 부모들은, 미리부터 어린이를 다루는 데 자신을 잃은 나머지, 순간적인 실수를 저지르는 것보다 더 나쁜 결과를 낳는다. 왜냐하면 어른들의 자신 없는 불안한 태도는 어린아이들에게 이루 말할 수 없는 불안을 야기시키기 때문이다. 따라서 자식을 대할 때에는 조심성보다는 순수한 마음을 가져야 한다.

자식의 행복을 진심으로 바라는 현명한 부모라면 자식을 위해 무엇을 해야 하고 또 무엇을 해서는 안 되는가를 알려 주는 정신분석학 등의 책이 필요없다. 그들은 본능적으로 자식에 대해 올바른 태도를 취할 수 있기 때문이다. 이 경우에서 부모와 자식과의 관계는 시종일관 조화를 이룬다. 자식은 부모에게 반항심을 갖지 않고, 또 부모는 자식에 대하여 좌절감을 느끼지 않는다. 이렇게 조화를 이루려면 어떻게 해야 하는가? 물론 쉬운 일은 아니겠지만 처음부터 부모는 자식의 인격을 존중해 주어야 한다. 우리는 이러한 인격 존중(人格尊重)을 단순한 도덕이나 지적인 원리 문제로 생각해서는 안 되며, 소유욕과 억압이 완전히 사라질 정도의 거의 신비적인 신념으로 절실하게 느껴야 한다.

이러한 태도는 자식에 대해서만 필요한 것은 아니다. 결혼이나, 그만큼 힘들지는 않겠지만 우정의 문제에서도 마찬가지다. 이상적인 세계에서라면 정치집단 간에도 서로 존중을 보이겠지만, 이것은 아득히 멀게 느껴지는 바람이다. 어쨌든 이러한 온유한 태도는 누구에게나 필요하지만 특히 어린아이에게 필요하다는 것을 잊지 말기 바란다. 어린아이는 무력하고 힘이 연약하여 야비한 사람들에게 쉽게 멸시를 받기 때문이다.

다시 이 책에서 다루고 있는 문제로 돌아가기로 하자. 현대 사회에서 부모로서의 진정한 기쁨은 지금까지 이야기한 바와 같이, 어린이를 존중하는 태도를 가졌을 때만 누릴 수 있다. 왜냐하면 이런 사람들은 자식을 지배하려는 마음을 억제할 필요 자체를 느끼지 않고, 또 자식이 성장하여 자유를 얻게 될 때, 강압적인 부모가 느끼는 쓰라린 환멸도 걱정할 필요가 없기 때문이다. 이러한 태도를 취하는 부모들은, 자식을 키우면서 그 권위가 절정에 달했을 때의 독재적인 부모가 누렸던 기쁨보다 더 큰 기쁨을 느끼게 된다. 왜냐하면 부드러움으로 인해 억압적인 경향이 제거된 사랑은 이 미끄러운 세상에서 저 먼저 위로 올라서려고 집착하는 사람들에게서 볼 수 있는 감정보다 한결 아름답고 상냥한 기쁨을 줄 수 있고, 일상 생활 속에서의 비금속(非金屬)을 신비롭고 아름다운 순금(純金)으로 만들어 줄 수 있기 때문이다.

나는 부모의 사랑을 높이 평가하는 사람 중 하나이다. 그렇다고 해서 흔히 말하는 것처럼 부모는 자식을 위해서 모든 것을 희생해야 한다고는 생각지는 않는다. 이 문제에 대해서는 하나의 인습이 남아 있는데, 자녀들의 교육을 위해 늙은이들이 젊은이들에게 물려준 비과학적인 잡동사니밖에 없던 옛날에는 그래도 괜찮았다. 그러나 현대에 와서는 자녀 교육에 대해 전문적인 연구를 하는 사람이 많아졌고, 또 이들이 교육을 잘 진행시키고 있다. 소위 '자녀 교육'에서 우리는 이를 인정한다. 어머니가 아무리 자식을 사랑한다 해도 수학의 미적분에 대해서 가르치는 것은 쉽지 않다. 따라서 학문적인 것을 습득시켜야 한다면, 전문적인 지식이 없는 어머니 쪽보다는 전문가들에게서 더 잘 배울 수가 있다. 그러나 그 밖의 자녀 교육에 대해서는 반드시 그렇다고만은 볼 수 없다. 전문가라 할지라도 개개의 어린아이에게 어떤 경험이 필요할지 모르기 때문이다. 이런 경우 어머니가 더 잘 해내는 것은 사실이다. 그렇지만 자녀가 성장함에 따라 어머니가 아닌 다른 사람이 교육해야 하는 분야가 점점 늘어난다. 이러한 사실이 널리 인식되면, 어머니는 귀찮은 노고에서 상당히 해방될 것이 틀림없다. 어머니는 그런 일에는 전문적인 능력이 없기 때문이다. 그런데 만일 전문적인 지식이 있는 여성이라면 비록 아이가 있다고 할지라도 자기 자신을 위해서나, 또는 사회를 위해 그 전문적인 기술을 계속해서 발휘할 수 있는 기회를 가져야 함이 마땅하다. 물론 임신 말기나 수유 기간에는 곤란할지 몰라도 출생한 지 9개월이 지난 아이는 어머니가 직장 생활을 하는 데 큰 장애가 되지 않는다. 일반 사회가 그런 어머니들에게 터무니없는 희생을 바란다면, 어머니는 성자가 아니고서야, 자식으로부터 자신이 마땅히 받았어야 했을 대가 이상의 것을 바라게 된다.

흔히 세상에는 희생적이라는 말을 자주 듣는 어머니가 있다. 이 말을 듣게 되는 어머니는 자식에 대해서 지나치게 이기적인 경우가 많다. 자식에 대한 부모의 위치는 인생의 한 요소로서 중요할 뿐이지 인생 전부라고는 할 수 없다. 그리고 불만이 많은 부모는 감정적으로 욕심이 많은 부모일 경우가 많다. 따라서 어머니는 아이의 관심사가 어머니의 관심사만큼 중요하다고 해서, 자기의 모든 관심사와 추구하고 싶은 것을 포기해서는 안 된다. 만일 그 어머니가 아이를 돌보는 데 소질이 있다면, 또 자기 자식을 잘 키울 만한 지식을 갖고 있다면 그 능력을 좀 더 널리 활용해야 한다. 그리고 자기 자식뿐 아니라 다른 아이들까지도 전문적으로 돌봐 줄 수 있도록 해야 한다. 국가에서 요구하는 의무를 다한 부모라면, 그들의 자식을 어떻게 또 누구에게 맡겨서 기르느냐 하는 문제에 대해서 할 말을 해야 한다. 다른 여성들이 더 유능하게 처리할 수 있는 일을 어머니들이 직접 해야 한다는 전통적인 관념을 굳혀서는 안 된다. 많은 어머니들이 그렇듯이, 자식들의 교육에 좌절감을 느끼고 무능함을 느끼는 어머니는, 아이들 교육에 적성이 있고 이에 필요한 교육을 받은 여성에게 서슴지 말고 자식을 맡겨야 한다. 여성들에게는 어떤 것을 자식에게 가르쳐야 옳은가에 대한 본능 같은 것이 없으며, 또 자식에 대한 지나친 갈망은 소유욕의 위장된 표현일 뿐이다. 어머니가 자식을 주책없이 감정적으로 다루려고 하기 때문에 심리적인 파멸을 초래하는 어린이가 많다. 아버지는 자녀 교육에서 큰 역할을 기대할 수 없다고 지금까지 여겨져 왔지만, 아이들은 어머니를 사랑하는 만큼 아버지에게도 사랑하는 마음을 가질 수 있다. 앞으로 여성들의 생활이 불필요한 노예 상태에서 벗어나고, 아이들의 몸과 마음을 돌볼 때 날로 발달되어 가는 과학적인 지식의 혜택을 아이들에게 준다면, 자식에 대한 어머니의 관계는 현재 자식에 대한 아버지의 관계와 비슷해질 것이 틀림없다.

5. 일

일을 행복의 원인으로 헤아려야 하는가, 아니면 불행의 원인으로 헤아려야 하는가? 이것은 상당히 난해한 문제로 여겨질 것이다. 확실히 세상에는 무척

지긋지긋한 일이 많이 있다. 일이 너무 많다는 것도 매우 고달픈 일이다. 그러나 내 생각으로는, 아주 따분한 일이라도 그 분량만 너무 많지 않다면, 보통의 사람들에게는 일이 없어서 빈둥거리는 것보다는 덜 고통스러울 것이다.

일에는 여러 가지가 있는데, 일의 성질이나 일을 하는 사람의 능력에 따라 무료함을 물리쳐 주는 정도의 일에서 이루 말할 수 없는 기쁨을 주는 일까지 온갖 종류의 일이 있다. 대부분의 사람들이 해야 하는 일은 그 자체로는 별로 재미가 없는 것이다. 그러나 그런 일에도 무언가 커다란 이점이 있다. 우선 일은 무엇을 할까 하고 망설일 필요없이 하루 중의 상당한 시간을 소비시켜 준다. 대개의 사람은 자기 시간을 마음대로 쓰라고 하면, 당황해하면서 즐겁게 할 만한 가치가 있는 일이 무엇일까를 생각해 내려고 한다. 그리고 무슨 일이거나 일단 하겠다고 정해 버리고 나면, 이번에는 무언가 다른 일이 더 즐거웠을지도 모른다는 생각을 하기 시작하여 씁쓸해지는 법이다. 한가한 시간을 재미있게 보낼 수 있게 된 것은 극히 최근의 문명이 가져다 준 산물이다. 그러므로 이 수준까지 도달할 수 있었던 사람은 극히 드물다. 그뿐 아니라 대체 무엇을 하면 좋을까를 선택하는 것 자체가 참으로 귀찮은 일이다. 대단히 독창적인 사람을 제외한다면, 보통 사람에게는 그날 하루에 해야 할 시간표가 주어진다는 것은 기분 좋은 일이다. 그 명령이 너무 불쾌한 것이 아니라면 말이다.

대개의 게으른 부자들은 힘든 일은 하지 않아도 되는 대신, 이루 말할 수 없는 무료함에 괴로워한다. 물론 때때로 아프리카에 맹수 사냥을 하러 가거나, 비행기로 세계 일주를 하며 무료함을 달랠 수도 있다. 그러나 그런 자극적인 일에도 한계가 있는 법이며, 젊음이 사라지고 나면 더욱 그렇다. 그래서 현명한 부자들은 마치 가난뱅이처럼 열심히 일을 한다. 한편, 돈 많은 여자들은 자기는 땅을 뒤흔들 만한 중대한 일이라고 굳게 믿고 있지만, 실은 아주 하찮은 무수한 일에 쫓겨서 스스로를 분주하게 만든다.

그러므로 일은 우선 무엇보다도 따분함을 예방하는 데 바람직스럽다. 별로 재미는 없더라도 꼭 해야 할 때 느끼는 따분함은 날마다 할 일이 없어서 느끼는 따분함에 비하면 아무것도 아니다. 일이 가져다 주는 또 하나의 이점이 있다면, 다가오는 휴일을 매우 즐거운 것으로 만들어 준다는 것이다. 일이 완전히 체력을 소모해 버릴 만큼 심하게 힘들지 않다면, 일을 하는 사람은 일 없이 빈들거리는 사람보다 자유시간에 훨씬 많은 즐거움을 누릴 수 있을 것이다.

또 하나 일—보수를 받는 대부분의 일이든 일부 보수 없는 일이든—이 가져다주는 이점은 성공(成功)과 야망(野望)을 달성할 수 있는 기회를 제공해 준다는 것이다. 흔히 일의 성공은 수입의 액수로 매겨진다. 이것은 자본주의 사회에서의 불가피한 현상이다. 하지만 최고의 직업은 수입의 액수로 성공이 판가름되지는 않는다. 수입을 많이 올리고 싶은 욕망은 더 많은 수입으로 더 안락한 생활을 하는 데 있으며, 성공하려는 욕망과 동일하다. 하는 일에 아무리 흥미가 없더라도 사람들은 그 일로 인해 자기가 세상에 알려지거나 어느 집단 속에서 이름을 떨치게 되면 곧잘 참아 나간다.

긴 안목으로 볼 때, 일관성 있는 목적을 끝까지 밀고 나가는 것은 행복의 가장 근본적인 요소 가운데 하나이다. 그리고 대다수의 사람들은 주로 일을 통해서 행복을 이룬다. 이런 점에서 볼 때, 가사에 얽매어 있는 여자들은 남자들이나 사회 활동을 하고 있는 여성들보다 훨씬 불행한 생활을 한다고 볼 수 있다. 가정 주부는 월급을 받는 것도 아니고 자기 자신을 향상시킬 수도 없는데, 남편들—실질적으로 아내가 하는 일의 가치를 인정하지 않는 사람—은 주부(主婦)들이 당연히 그래야 한다고 믿는다. 또 남편은 주부를 집안일로 평가하는 것이 아니라 전혀 다른 각도에서 평가한다. 물론 이와 같은 것은 집을 아름답게 가꾼다거나 정원을 아름답게 꾸며서 이웃 사람들의 질투를 받는 부유한 여자들에게는 적용되지 않는다. 그러나 이런 여성의 수는 상대적으로 극히 적으며, 대부분의 주부들은 가사에 대해서 남자들이나 직장 여성들이 얻고 있는 만족감을 맛보고 있지 못하다.

대부분의 일에는 시간을 보내면서 느끼는 만족감과 사소하나마 야심을 펼쳐놓을 수 있는 출구가 있다는 데서 오는 만족감이 있다. 그러므로 비록 지루한 일을 하고 있는 사람일지라도 대체적으로 말하면, 전혀 일을 하고 있지 않은 사람보다는 더 행복감을 느끼기 마련이다. 게다가 재미있는 일이라면 다만 권태에서 벗어난다는 정도가 아니라 훨씬 큰 기쁨을 가질 만하다. 일의 재미에도 등급을 나누어 볼 수 있다. 여기서 나는 약간 재미있는 일에서 시작하여 위대한 인물이 열정을 불사른 정도의 가치있는 일까지 다루어 보기로 하겠다.

일을 즐거운 것으로 만들어 주는 데는 두 가지 요소가 있다. 하나는 기술(技術)이고 하나는 건설(建設)이다.

어떤 특별한 기술을 획득한 사람은 그 기술을 쉽게 발휘할 수 있을 때까지,

또는 더 이상 향상의 여지가 없다고 말할 수 있을 때까지 그것을 발휘하는 것을 즐거움으로 삼는다. 그런 행동에 대한 동기는 유년 시대에 싹튼다. 이를테면 물구나무 서기를 할 수 있는 소년은 발로 서는 것이 싫어진다. 많은 일은 기술이 필요한 경기에서 얻는 기쁨과 같은 기쁨을 준다. 변호사나 정치가의 일에는, 마치 트럼프의 브릿지놀이에서 얻는 것과 같은 기쁨이 포함되어 있다. 여기에는 기술을 발휘하는 데서 오는 기쁨 외에도 노련한 경쟁자를 앞지르는 데서 오는 기쁨도 있다. 이런 경쟁적인 요소가 전혀 포함되어 있지 않는 경우에도 힘든 일을 해낸다는 것은 유쾌한 일이다. 비행기로 곡예 비행을 하는 사나이는 거기서 커다란 기쁨을 발견하므로, 그것을 위해서라면 생명의 위험마저 무릅쓴다. 유능한 외과의사는 수술을 하는 데 매우 어려운 조건인데도 수술을 정교하게 해내는 가운데 기쁨을 발견한다. 이와 똑같은 기쁨을 설령 그리 강렬하지는 않더라도 수없이 하찮고 자질구레한 일에서도 끌어낼 수 있다. 기술을 필요로 하는 모든 일은 그 기술이 풍부하게 변화될 수 있거나 개선될 수 있다면 즐거움을 줄 수 있다. 만약 그렇지 않다면 기술이 최고점에 도달할 때 흥미가 상실될 것이다. 장거리 달리기 경주를 하는 사람은 자기 기록을 깨뜨릴 수 있는 나이를 넘어서면 흥미를 잃기 시작할 것이다.

다행히 이 세상에는 새로운 시대의 환경에 따라 필요한 새로운 기술과, 적어도 중년의 나이에 이를 때까지 발전시킬 수 있는 기술이 상당히 많다. 어떤 종류의 숙련된 일, 이를테면 정치에서 정치가가 그 기술을 최고로 발휘할 수 있는 시기는 60세와 70세 사이인 것으로 생각된다. 그런 일은 다른 사람들에 대한 폭넓은 경험이 필요하기 때문이다. 이런 이유로 성공한 정치가는 70세라는 연령에도, 정치가가 아닌 동년배의 사람들보다 행복한 경우가 많다. 이 점에서 정치가의 유일한 경쟁 상대는 실업계의 거물들이다.

그런데 최고의 직업에는 또 다른 요소가 있다. 그것은 행복을 위해 기술을 발휘하는 것보다 훨씬 중요하다. 그것은 건설이라는 요소이다. 어떤 종류의 일은, 대부분의 일이 그렇다는 것은 아니지만 그 일이 완성되는 날 무언가 기념비로서 영원히 남겨지는 경우가 있다. 우리는 건설과 파괴를 다음의 기준으로 구별할 수 있다. 건설은 처음에는 결과가 어떻게 될지 뚜렷하지 않더라도 결국은 목적을 이룬다. 그런데 파괴의 경우는 완전히 그 반대이다. 처음 상태에서는 하나의 목적을 이루는 것 같지만 마지막 상태에서는 엉망이 되어 버리는 것이다—즉, 파괴자의 의도는 어떤 일정한 목적이 없는 상태를 만들어 내는 일이다.

이와 같은 기준은 건물의 건설과 파괴라는 가장 확실한 예를 통해서 확인할 수 있다. 하나의 빌딩을 건축할 경우 미리 작성된 계획이 실행에 옮겨진다. 반면 이것을 파괴할 경우에는 그 누구도 파괴된 재료들을 어디에 놓아야 할지, 확실하게 결정해 주는 사람이 없다. 파괴는 물론 다음에 오는 건설을 위한 준비로 매우 필요하다. 그 경우의 파괴는 건설이라는 전체적인 계획의 일부분인 것이다. 그러나 때때로 사람은 그 뒤에 오는 건설에 대해서는 아무 생각도 없이 파괴만을 목적으로 하는 활동에 종사한다. 이 경우 그 사람들은 흔히 자기는 다만 새로이 건설하기 위해 낡은 것을 파괴하는 것이라고 생각하면서 스스로를 속인다. 그러나 그 같은 일이 만일 구실에 지나지 않을 경우, 그 뒤에 어떤 건설이 뒤따른 것인가 물어보면 그 구실이라는 가면을 벗길 수가 있다. 즉 그렇게 물어 보면 그는 모호하게 아무런 열의도 보이지 않고 말할 것이다. 그러나 건설을 위한 파괴인 경우에는 명확히, 그리고 매우 신이 나서 떠들썩하게 이야기할 것이 분명하다.

지금 여기서 말하고 있는 것은 아마도 적지 않은 혁명가, 군국주의자(軍國主義者), 그 밖의 폭력의 무리들에게 해당될 것이다. 그런 사람들은 보통 스스로는 깨닫지 못하고 있겠지만, 다만 증오에 의해서 움직인다. 즉, 그들의 진정한 목적은 자기들이 증오하는 것을 파괴하는 것이다. 그 뒤에 와야 할 것이 무엇인가 하는 문제에 대해서는 거의 무관심하다.

그런데 나로서도 건설에서와 마찬가지로 파괴 속에서도 기쁨이 있을 수 있다는 것을 부정할 수 없다. 그런 기쁨은 아마도 매우 강렬한 순간에 격하게 다가올 것이다. 그러나 그 기쁨은 깊은 만족을 주지는 못한다. 왜냐하면 파괴가 가져오는 결과에서는 별로 만족을 발견할 수 없을 것이기 때문이다. 여러분이 적을 죽였다고 치자. 그 적이 죽으면 여러분의 일도 끝난다. 그러면 그 승리에서 오는 만족도 급속히 사라져 간다. 이에 비해서 건설은 한 번 성취되면 다시 생각해 보아도 즐겁다. 더 이상 완성될 것이 없을 정도로 완벽한 건설은 없다.

가장 커다란 만족을 주는 목적은 도중에 가로막히는 일 없이 하나의 성공에서 다음의 성공으로 무한히 이어지는 것이다. 바로 이 점에서 건설이 파괴보다 훨씬 큰 행복의 원천이라는 것을 알 수 있다. 아마도 이렇게 말하는 편이 더 정확할지도 모른다. 즉 건설 속에서 만족을 발견하는 사람은, 파괴를 사랑하는 사람이 파괴 속에서 발견하는 만족보다 훨씬 큰 만족을 발견한다고. 왜냐하면 한번 증오심에 빠지면, 다른 사람이 건설을 통해서 누릴 수 있는 기쁨을 당신은 쉽게 누릴 수 없기 때문이다.

동시에, 무언가 중요한 건설적인 일에 종사하는 기회만큼 증오의 습관을 고치는 데 큰 역할을 하는 것도 없을 것 같다.

위대한 건설 사업의 성공으로 얻어지는 만족은 인생이 가져다 주는 만족 가운데 가장 강력하다. 안타깝게도 그 기회는 예외적으로 뛰어난 능력을 가진 사람들에게만 한정되지만 말이다. 최종적으로 그 일이 나쁜 결과를 가져오지 않는다면, 그 누구도 중요한 일을 잘 완수했을 때 얻은 행복을 빼앗아 갈 수는 없다. 그런 만족에는 여러 형태가 있다. 이를테면 새로운 관개법(灌漑法)을 사용하여 황무지에 장미꽃을 피우는 데 성공한 사람은 손에 잡힐 듯한 행복을 즐긴다. 하나의 조직을 구성하는 것도 매우 중요한 일이다. 혼돈 속에서 질서를 만들어 내는 데 생애를 바친 일부 정치가의 경우도 마찬가지이다. 오늘날 그 최고의 예(例)를 찾는다면, 레닌을 들 수 있을 것이다. 예술가나 과학자는 가장 분명한 예가 될 것이다. 셰익스피어는 자기의 시에 대해서 이렇게 말한다. "인간이 호흡을 계속하는 한, 그리고 인간의 눈이 사물을 볼 수 있는 한, 이 시는 언제까지나 살아남을 것이다." 이와 같은 생각이 그의 불행을 달래 주었을 것은 의심할 여지가 없다. 그는 자기가 지은 몇 편의 소네트에서, 친구를 생각하면서 인생과 화해할 수 있었다고 읊었지만, 그가 친구에게 바친 소네트가 그 친구보다 자신의 불행을 달래는 데 더 효과가 있었을 것이라는 의심을 품지 않았을 것이다.

위대한 예술가나 과학자는 본질적으로 기쁨을 주는 일을 한다. 그들이 그 일을 계속하는 한, 인품 있는 사람들에게서 변함없는 존경을 받을 수 있고, 그 존경은 그들에게 가장 본질적인 힘, 즉 사고와 감정을 다스릴 수 있는 능력을 준다. 이리하여 가장 위대한 예술가나 과학자는 자기 자신을 긍정적인 시선으로 볼 수 있는 것이다.

그래서 이와 같이 유리한 조건이 결합되면 누구라도 행복할 것이라고 생각할지 모른다. 그러나 그렇다고만은 할 수 없다. 이를테면, 미켈란젤로는 아주 불행한 사람이었다. 그는 이렇게 말했다고 한다. (나는 이 말이 사실이 아니라고 확신한다.) "만일 내가 가난한 친척들의 빚을 갚지 않아도 되었더라면 아마도 예술 작품을 만드는 고생을 하지는 않았을 것이다." 위대한 예술 작품을 낳는 힘은 언제나 그런 것은 아니지만, 흔히 기질적(氣質的)인 불행과 결부된다. 더욱이 이 기질상의 불행은 매우 강력해서, 만일 예술가가 작품을 통해 얻는 기쁨이 없다면, 아마도 불행 때문에 자살하게 될지도 모른다. 그러므로 가장 위대한 일이라고 해서 그것이 반드시 인간을 행복하게 만들어 줄 것이라고 단언할 수는 없다. 우리는 다만 그것이 얼마간이라도 그의 불행을 줄여 줄 것이라고 말할 수 있을 뿐이다.

그런데 과학자의 경우는 기질상의 일로 불행해지는 일이 예술가의 경우보다 훨씬 적다. 대개의 경우, 과학 분야에서 위대한 업적을 남긴 사람은 행복한 사람들이다. 그들의 행복은 원래 그들의 일에서 솟아난다.

오늘날의 지식인들 사이에서 볼 수 있는 불행의 원인 중 하나는 그들 대부분이, 특히 문필가(文筆家)로서의 재능이 있을 경우에 그 재능을 독립적으로 발휘할 수 있는 기회를 갖지 못한다는 것이다. 그뿐만 아니라 속물이 지배하고 있는 돈 많은 기업에 고용되어 그들이 보기에 해롭게 여겨지는 글을 써 낼 것을 강요당하는 것이다. 시험적으로 영국 기자든 미국 기자든, 신문 기자들에게 그들이 일하고 있는 신문사의 정책을 진심으로 지지하느냐고 물어 본다면, 극히 소수의 사람밖에 지지하고 있지 않다는 것을 알 수 있을 것이다. 나머지 사람들은 생계를 위해서, 유해하다고 생각되는 목적에 자기의 재능을 팔아 넘기고 있는 것이다. 그런 일을 해서는 조금도 참된 만족을 얻지 못한다. 그런 일에 자기를 타협시켜 가는 동안에, 그는 냉소적인 인간이 되어 버려서 마침내는 무슨 일에서나 진심으로 만족을 얻을 수 없게 된다. 나는 정말로 굶어죽는 것밖에 대안이 없을 수도 있으므로 그런 일을 하고 있는 사람들을 비난할 수는 없다. 그러나 굶어 죽을 걱정과 인간의 건설적 충동을 만족시켜 줄 일이 있는데도, 단지 급료가 많다는 이유로 그다지 가치가 없어 보이는 일을 하려고 한다면, 그에게 행복의 관점에서 생각하라고 충고해 주고 싶다. 자기존중 없이는 참된 행복이란 있을 수 없다. 그리고 자기의 일을 부끄럽게 생각하고 있는 사람은 자기를 존중하기가 힘들다.

건설적인 일에서 느끼는 만족은 어찌 보면 소수인만이 누리는 특권 같지만, 사실은 좀더 많은 사람이 누릴 수 있는 특권이다. 스스로가 자기 일의 대가

(大家)라면, 주인 노릇을 하는 사람이면 누구나 이것을 누릴 수 있다. 또한 스스로 자기 일이 가치 있으며 상당한 기술을 필요로 한다고 생각하는 사람도 마찬가지다. 어린이를 올바르게 기르는 일은 깊은 만족감을 주는, 어렵고도 건설적인 일이다. 이를 이루어 낸 어머니는 그 수고로 말미암아 이 세상에는—그렇지 않았으면 느끼지 못했을—무언가 가치 있는 것이 존재한다고 깨닫게 된다.

인생을 바라볼 때 인간은 저마다 다른 태도를 갖는다. 어떤 사람들은 인생을 전체적으로 바라보는 것을 당연히 여긴다. 그렇게 해서 얻게 되는 만족은 행복에 본질적인 요소가 된다. 또 어떤 사람들은 인생을 방향성이 없고 통일성이 없는 서로 무관한 사건들의 연속으로 여긴다. 나는 앞의 경우가 행복을 성취할 가능성이 높다고 생각한다. 그들은 만족을 주고 자기 존중을 끌어내는 상황들을 쌓아 나간다. 반면 뒤의 경우는, 한번은 이랬다가 또 한번은 저랬다가 하면서 상황의 변화에 휘둘려서 결코 안식처를 찾지 못한다. 인생을 부분적으로가 아니라 전체적으로 바라보는 습관은 지혜와 도덕성의 본질적인 일부이다. 그리고 그것은 교육에 의해 조장되어야 한다. 일관된 목표는 인생을 행복하게 만들어 주는 충분조건이 아니라, 행복한 인생의 불가결한 요건이라 할 수 있다. 일관된 목표는 주로 일 속에서 구현된다.

6. 일반적인 관심사

인간의 생활을 형성하고 있는 중요한 관심사는 논외로 하고, 여가 시간을 채워주고 각자의 중대한 일에서 생기는 긴장을 풀게 하는 소소한 관심사에 대해서 관찰해 보기로 하자.

아내와 자식이 있는 보통 남자들은 자신의 일과 경제 문제에 대해서 가장 신경을 쓰고 또 진지하게 생각한다. 그가 만일 바람둥이라도 일이나 경제 문제로 인해 가정 생활에 파탄이 없는 한 크게 걱정하지는 않는다. 일과 직결되어 있는 관심사는 여기에서 말하고자 하는 일반적인 관심사에 포함되지 않는다.

예를 들면 과학자는 자기 전문 분야의 연구에는 굉장히 열성적이다. 그는 자신의 전문 분야와 밀접한 관련이 있는 글을 읽을 때는 열정을 갖고 진지하게 읽는다. 그러나 자기의 전문 분야가 아닌 다른 과학 분야의 연구문을 읽을 때는 전혀 다른 태도를 보인다. 즉 자기의 전문적인 태도를 버리고 덜 비평적으로, 관심을 두지 않고 읽는다. 비록 이때 그 책의 내용을 파악하기 위해 머리를 쓴다 할지라도 이것은 그의 일과 아무런 관계도 없기 때문에 그에게는 휴식이 될 수 있다. 만일 그가 그 책에 어떤 흥미를 느낀다면 그것은 어느 정도 일반적인 것이며, 자기 전공 분야에 적용되지 않는 종류의 것이다. 내가 말하려고 하는 것은 바로 이와 같은, 인간의 중요한 활동과는 아무런 관계가 없는 흥미에 대해서이다.

피로와 신경의 긴장은 불행의 원인이다. 이런 현상이 생기면 생활과 밀접한 관계가 없는 일에는 흥미를 거의 잃어버린다. 그리하여 여러 가지 사소한 일 때문에 그의 의식은 편안한 상태가 되지 못하며, 이러한 일들은 제각기 근심 걱정의 요소를 갖게 된다. 잠재의식적인 사고가 차츰 지혜를 성숙시키지만, 의식은 잠잘 때를 제외하고는 쉴 새가 없다. 그러한 흥분의 결과 총명을 잃고 초조해지며 균형 감각을 상실하게 된다. 이것들은 모두 피로의 원인이며 동시에 그 결과이기도 하다. 피로해질수록 외부로 향하는 흥미가 줄어들고, 흥미가 줄어들면 그것이 주는 위로를 못 느끼게 되어 더욱 피로해진다.

이런 악순환은 정신적인 파탄을 가져오기 쉽다. 외부 세계에 관심이 없으면 어떠한 행동도 정지된다. 특히 잠재의식의 힘을 빌지 않고 무엇이나 급히 결심하거나 의지력을 발휘하게 되면 심한 피로에 빠진다. 그러므로 어떤 중대한 결심에 앞서 "하룻밤 자면서 생각해 보자"고 생각하는 사람은 현명하다.

잠재의식은 우리가 잠이 들었을 때에만 작용하는 것은 아니다. 우리의 의식이 다른 곳에 집중되어 있을 때도 작용한다. 하루의 일과를 끝마치고 그 다음 날 다시 일을 시작할 때까지 그 일을 깨끗이 잊어버릴 수 있는 사람은 두고두고 그것을 걱정하는 사람보다는 훨씬 능률을 올릴 수 있다. 자기가 하는 일 외에 다른 여러 가지 일에 흥미를 느끼는 사람은 자기 일을 잊어야 할 경우, 그렇지 못한 사람보다 잊어버리기가 아주 쉽다. 그러나 이러한 흥미를 느끼겠다고 일상적인 업무로 기진맥진해진 바로 그 능력이 다시 혹사당해서는 안 된다. 또 그 흥미의 대상은 의지의 힘이나 즉각적인 결단을 요하는 일, 또는 도박과 같이 경제적인 요소가 포함되는 일이어서는 안 된다. 그리고 감정을 피로하게 하고 의식이나 무의식을 점령해 버릴 만큼 자극적이어서도 안 되는 것이다.

이러한 조건에 맞는 오락은 많다. 스포츠 경기의 관람, 영화 감상, 골프 치는 일 따위는 이러한 견지에서 안성맞춤인 오락이다. 책을 좋아하는 사람은 직업과 관련없는 책을 읽으면 매우 만족스러울 것이다. 아무리 커다란 걱정거리라도 그것에 매달려 온종일 곰곰이 생각하는 것보다는 이러한 오락에 매달리는 것이 훨씬 유리하다는 말이다.

이 점에서는 남녀 사이에 큰 차이가 있다. 대체로 여성들보다 남성 쪽이 쉽사리 자기 일을 잊어버린다. 그러나 가사를 돌보아야 하는 여성은 경우가 다르다. 남자들은 곧잘 직장 문턱을 나서는 것만으로도 새로운 기분을 갖게 되지만, 그런 여성들은 한 곳에 머물러 있어야 하기 때문이다.

그런데 직장에서 일하는 여성들은 어떠냐 하면—물론 내 생각이 잘못된 것이 아니라면—집에서 가사를 보살피는 여자와 별반 차이가 없다. 다시 말하면 여성들은 실제적인 가치가 없는 것에는 흥미를 갖기 어렵다는 뜻이다. 그녀들의 사상과 행동은 목적에 지배되어, 책임이 따르지 않는 관심사에는 좀처럼 쏠리지 않는다. 물론 여기에도 예외는 있을 수 있다. 대체적으로 그렇다는 것뿐이다. 예를 들면 여자 대학의 여교수들은 자기들끼리만 있을 때 자기 전문 분야의 이야기를 곧잘 한다. 그러나 남자 대학의 남자 선생들은 그렇지는 않다. 이렇게 보면 여성들이 남성들보다 자기 직업에 성실한 것 같아 보이지만, 그렇다고 해서 앞으로 여성들의 학문 수준이 더 높아질 것이라는 보장은 없다. 오히려 이러한 태도는 일종의 광신주의(狂信主義)를 낳는 좁은 시야를 가져오기 쉽다.

모든 일반적인 관심사는 긴장을 풀어준다는 중요한 사실 말고도 여러 가지 의의가 있다. 우선 우리의 균형감각을 유지시켜 준다. 우리는 자신이 추구하는 것이나, 자기의 활동 범위나, 자기가 하는 일의 유형에만 지나치게 몰두하기 쉽다. 그러므로 인간의 전체적인 활동에서 볼 때 그것은 실로 보잘것없는 한 부분에 불과하다든가, 이 세상에는 자기가 하는 일에 아무런 영향을 주지 않는 일이 얼마나 많은가 하는 것 등을 망각하기 쉽다. 그런 것을 알아서 무엇 하느냐고 반문할지도 모른다. 이에 대해서는 몇 가지 대답이 있다. 우리의 활동이 차지하는 영역들을 큰 그림으로 그려볼 필요가 있다. 우리가 이 세상에 머물러 있는 기간은 그다지 긴 것이 아니다. 그리고 그 길지 않은 기간 동안 우리는 신비스러운 이 지구와, 이 지구가 우주에서 차지하는 위치에 대해서 알아가야 할 것이다. 설사 불완전하다 할지라도 그런 지식을 얻을 기회를 놓치는 것은 마치 극장에 가서 연극을 보지 않는 것과 같다. 이 세계는 비극적인 일, 희극적인 일, 영웅적인 일, 기이한 일들로 가득 차 있는데, 이런 구경거리에 흥미가 없는 사람은 인생이 베푸는 소중한 특권을 하나 포기하는 셈이다.

그 다음으로, 균형 감각은 귀중한 것이며, 가끔 큰 위로를 주는 경우도 있다. 우리는 우리가 살고 있는 세상의 작은 모퉁이와, 삶에서 죽음으로 이르는 짧은 기간을 너무 중요하게 생각해서 공연히 흥분하고 긴장하며 감명을 받기 쉽다. 이와 같이 자신의 중요성을 흥분하며 과대평가하는 것은 옳지 않다. 이렇게 하면 일을 열심히 하게 될지는 모르겠지만 잘 하게 되지는 못할 것이다. 열심히 살 것을 인생의 신조(信條)로 삼는 사람들은 다르게 생각하겠지만, 일을 많이 하고서 나쁜 결과를 내는 것보다는 일을 조금하고 좋은 결과를 내는 편이 훨씬 나은 것이다. 일밖에 모르는 사람들은 언제나 광신(狂信)에 빠질 우려가 있다. 광신은 본래 인생의 다른 목적들은 생각하지 않고 오직 한두 가지의 목적만을 추구하며, 이러한 과정에서 부수적으로 일어나는 손해들은 염두에 두지 않는다. 이러한 광신적인 기질에 대한 예방법으로는 우주에서의 인간의 삶과 그의 위치를 큰 그림 속에서 인식하는 길밖에 없다. 이러한 관점에서 이 문제를 다루기는 너무나 어마어마한 것같이 생각될지 모르나, 이런 특수한 용도를 떠나서 그것은 본질적으로 매우 중요한 가치를 갖고 있다.

교육이 어떤 종류의 기술을 획득시키는 훈련에 지나치게 치중되고, 세계를 공정한 눈으로 바라보지 않고 정신과 감정을 넓히는 데 너무 등한시하게 된 것은 현대의 고등 교육이 지니고 있는 하나의 결함이다. 예를 들어, 정당 간의 경쟁에 열중하여 자기 당의 승리를 위해서 노력하고 있다고 하자. 거기까지는 나쁠 것은 없다. 그런데 경쟁하는 과정에서 승리의 기회를 얻으려면, 세상에 대한 증오와 폭력과 불신을 높이는 계산된 방법들을 사용해야 할 수도 있다. 가령 다른 국가를 모욕하는 것이 승리를 얻기 위한 지름길이라고 생각될 때도 있을 것이다. 보는 눈이 현재에만 국한되어 있거나 소위 능률(能率) 지상주의를 신봉하는 사람이라면 그런 불미스러운 방법도 취하게 될 것이다. 그런 방법으로 당장은 승리를 거둘 수 있을 것이나, 머지않아 그 결과로 파멸할지도 모르는 일이다.

만일 여러분이 인류의 역사를 돌이켜보고, 인간이 부분적으로 서서히 야만 상태에서 벗어났으며, 인류의 존재 기간은 천문학적인 시대에 비하면 극히 짧다는 사실에 익숙해져 있다면, 여러분이 지금 가담하고 있는 순간적인 싸움은 우리가 헤어난 암흑 시대로 후퇴할 위험을 무릅쓸 만큼 중요하지는 않다는 것을 깨닫게 될 것이다. 인간의 품위를 떨어뜨리는 비열한 수단의 사용을 막았던 '순간성'에 대한 인식이 이번에도 당신을 지탱해 줄 것이다. 여러분은 눈앞에 보이는 행동을 초월하여 원대하고도 커다란 목적을 갖게 될 것이며, 거기에서 여러분은 한 사람의 고독한 존재가 아니라, 인류를 문명 생활로 이끌어 가는 대행렬의 일원이 될 것이다. 이런 인생관(人生觀)을 갖게 되면 여러분은 개인적인 운명이 어떻든 간에 항상 깊은 행복감을 느낄 것이다. 그리하여 인생은 모든 시대의 위대함과 호흡을 함께 하게 될 것이며, 인간이 죽는다는 것을 대수롭지 않게 여기게 될 것이다.

고등 교육을 내 이상대로 개편할 수 있다면 나는 낡고 보수적인 종교—이 것은 젊은 층에 대한 호소력은 거의 없는 데다가, 대체로 가장 지성적이지 않으며 가장 철저한 개화 반대론자의 지지를 받는 것이지만—를 다른 것으로 대체하고 싶다. 이것은 잘 확인된 사실에 대해서만 관심을 집중시키는 것으로 거의 종교라고 부르기는 어려울 것이다. 나는 젊은이들에게 우리의 과거를 생생하게 알리는 동시에 인류의 미래는 과거보다 무한히 길다는 것을 인식시킬 것이다. 또 우리가 살고 있는 이 지구가 얼마나 작은가 하는 사실과 이 지구상의 생명은 한낱 순간적인 현상에 불과하다는 사실을 깨닫게 하고 싶다. 또한 나는 개인의 존재가 얼마나 하찮은 것인가를 강조함과 동시에, 한편으로는 개인이 얼마만큼 큰일을 할 수 있는가라는 것과, 온 우주(宇宙)에서 개인만큼 위대한 가치를 가지고 있는 것도 없다는 사실을 젊은이들의 가슴 속에 인식시켜 주고 싶다. 일찍이 스피노자는 인간의 속박과 자유에 대해 쓴 적이 있다. 그의 표현 방식과 용어가 난해하여 철학을 연구하는 사람들도 그 사상을 이해하기가 어렵지만 내가 말하고자 하는 요지는 그가 말한 것과 큰 차이가 없다.

정신의 위대성을 잠시라도 느껴본 적이 있는 사람이라면, 자신에게 어떤 운명이 닥치게 될지 두려워하면서 사소하고 자기 본위적이고 별 것 아닌 일들 때문에 괴로워하는 스스로를 견딜 수 없게 될 것이다. 위대한 정신의 소유자는 마음의 문을 활짝 열어젖히고 우주의 온갖 곳에서 불어오는 바람을 마음 껏 들이마신다. 그는 스스로와 인생과 세계를 가능한 한 거짓없이 바라볼 것이다. 그리하여 인간의 생명이 순간적이고 아주 작다는 것을 깨닫는 동시에 한편 개인의 정신 안에는 우주가 지니고 있는 모든 가치가 집중되어 있다는 사실을 깨닫게 될 것이다. 그리고 마음 속에 세계를 비추어낼 수 있는 사람은 어떤 의미에서 우주만큼 위대한 사람이라 할 수 있다. 인간은 자기를 환경의 노예로 만드는 공포에서 벗어나면 더 큰 기쁨을 느끼게 된다. 그의 외적(外的)인 생활은 우여곡절에 부딪히게 되더라도 마음 속으로는 언제나 행복한 사람인 것이다.

이런 커다란 사색을 떠나 좀 더 직접적인 관계가 있는 문제, 즉 일반적인 관심사에 대해 생각해 볼 때, 행복에 커다란 도움이 되는 또 한 가지를 찾아 볼 수 있다. 아무리 복을 많이 타고 났더라도 일이 잘 안 풀릴 때가 있다. 결혼한 남자치고 아내와 한 번도 말다툼을 하지 않은 사람은 없을 것이며, 자식들의 병으로 크게 걱정해 본 적이 없는 부모는 없을 것이다. 재정적인 위기에 봉착하지 않은 실업가는 없으며, 또한 실패를 맛보지 않은 직장인(職場人)은 거의 없을 것이다. 이런 경우에 고민의 원인이 되는 일 외에 다른 일에도 흥미를 가질 수 있는 능력이 있다면 이보다 더 고마운 일은 없을 것이다. 걱정을 해도 별도리가 없을 경우에 어떤 사람은 장기를 두고, 어떤 사람은 추리소설을 읽고, 어떤 사람은 아마추어 천문학에 재미를 붙이고, 또 어떤 사람은 칼데아의 우르의 발굴에 대한 이야기라도 읽으면서 스스로를 달랠 것이다. 이들의 행동은 현명하지만, 다른 데로 관심을 돌리지 못하고 걱정 근심 속에 빠져 있는 사람은 정작 행동할 시기가 닥쳐왔을 때 그 문제를 해결할 힘이 없어지게 된다. 진심으로 사랑하던 사람이 세상을 떠나 슬픔에 잠기는 경우도 마찬가지이다. 이런 경우에 슬픔에 빠진다고 해서 무슨 도움이 되겠는가. 슬픔을 피할 방도가 없으니 그것은 당연한 것이겠지만, 그것이 어쩔 수 없는 것이라면 최소한도로 줄이도록 해야 한다. 불행 속에서 비극의 마지막 한 방울까지 짜내려고 하는 것은 감상주의에 불과하다. 인간은 슬픔으로 비탄에 잠길 수도 있는 사실을 부정하려는 것은 아니다. 다만 그 불행한 운명(運命)에서 빠져 나갈 수 있도록 온 힘을 다해야 한다는 것이다. 그리고 그 자체가 해롭거나 품위를 떨어뜨리는 일이 아니라면 아무리 작은 일이라도 그 쪽으로 자기의 관심을 돌려야 한다.

해롭고 품위를 떨어뜨리는 것으로 음주(飮酒)와 마약을 들 수 있는데, 이런 것의 목적은 잠시 동안일지라도 사고를 마비시키는 데 있다. 올바른 방향은 사고를 마비시키는 것이 아니라 새로운 채널로 돌리는 것이며, 적어도 현재의 불행에서 멀리 떨어진 곳으로 돌리는 것이다. 그런데 지금까지의 생활이 극소수의 관심사에만 집중되어 왔고 그것이 지금 슬픔에 가득 차 있다면 위와 같이 하기는 어려울 것이다. 불행이 닥쳐왔을 때 이것을 잘 견디어 나가려면, 행복할 때 관심의 범위를 넓혀 두는 것이 현명한 일이다. 그래야만 우리는 견디기 어려운 현재의 감정이나 연상을 잊어버리게 하는 안식처를 마련해 놓을 수 있다.

활기와 열정이 있는 사람은 어떤 불행이 닥쳐오더라도 인생에 대한 흥미로 이를 극복해 나갈 것이며, 그의 세상은 한 번의 상실이 치명적인 것이 될 정도로 좁지도 않을 것이다. 한 번의 또는 서너 번의 타격으로 쓰러지는 것은 감수성이 예민한 증거로 찬탄받을 만한 일이 못된다. 오히려 생명력이 결여된 것이므로 통탄해야 할 일이다. 인간의 모든 사랑은 죽음에 지배되며, 죽음은 어느때든지 우리가 사랑하는 사람에게 닥쳐올 수 있다. 그러므로 우리는 우리의 관심을 좁은 영역에 집중시킴으로 인해 우연한 사건으로 인생의 의미와 목적을 휘둘리지 않도록 막아야 한다.

이와 같은 이유로 행복을 현명하게 추구하는 사람은 생활의 중심이 되는 관심사 외에 여러 가지 부차적인 관심사를 갖도록 노력해야 할 것이다.

7. 노력과 단념

중용(中庸)이라는 것은 별로 흥미 없는 가르침이다. 지금도 생각나지만, 젊었을 때 나는 이 가르침을 경멸과 분노로써 거부하곤 했었다. 그 무렵에 내가 찬미하였던 것은 영웅적인 극단성이었기 때문이다. 그러나 진리는 흥미있는 것만은 아니다. 그런데도 흥미있다는 이유만으로 신봉되고 있는 일이 많다. 실제로는 그것이 옳다는 증거가 별로 없는 데도 말이다. 중용의 가르침을 예로 들어보자. 그것은 재미없는 가르침일지는 모르지만, 여러 가지 경우에서 확실히 진리의 가르침이다.

중용을 지켜야 할 필요성을 노력과 체념 사이의 균형이라는 관점에서 생각해 볼 수 있다. 지금까지 이 두 가지 신조에는 각각 극단적인 옹호자들이 있었다. 체념에 대해서 설교해 온 것은 성자(聖者)와 신비주의자들이었다. 한편, 부

단한 노력을 주장해 온 것은 능률주의의 전문가나 근육적 그리스도 교도들*12
이었다. 이 서로 대립되는 두 파는 진리의 전부가 아니라, 각각 일부분씩을 갖
고 있었다. 나는 여기에서 양자의 균형을 이루는 방법을 논하고자 한다. 우선,
노력을 권하는 쪽의 입장부터 시작하기로 한다.

행복은, 매우 드문 경우를 제외하고는, 운이 좋아서 잘 익은 과일처럼 입안
으로 톡 떨어지는 그런 것이 아니다. 그러기에 나는 이 책을 《행복의 정복 *The
Conquest of Happiness*》이라고 이름 붙였다. 사실 이 세상은 피할 수 있는 불행이
나 피할 수 없는 불행, 그리고 병이나 심리적인 갈등, 나아가서는 투쟁이나 빈
곤, 악의 같은 것으로 가득 차 있다. 그러므로 행복하게 되기를 바라는 사람들
은 자기에게 엄습해 오는 무수한 불행의 원인과 싸우는 방법을 발견해야 한다.
물론 아주 드물게는, 그리 대단한 노력을 필요로 하지 않는 것도 있다. 이를테
면 충분한 유산을 이어받아, 단순한 취미를 즐기고 좋은 건강의 혜택을 입은
속 편한 호인(好人)이라면, 인생을 아무 걱정없이 살면서 세상 사람들이 왜 그
토록 옥신각신하며 사는지 의아해할 것이다. 혹은 게으르고 인물 고운 여자도,
만일 돈 많은 사나이와 결혼하여 악착같이 일 하지 않아도 된다면, 또 결혼 후
에도 비곗덩어리가 되는 것에 신경 쓰지 않아도 되고, 자식에 대해서도 운이
좋은 편이라면 나태한 생활을 얼마든지 즐기면서 빈들빈들 세월을 보내도 괜
찮을 것이다. 그러나 이런 경우는 어디까지나 예외이다.

대개의 사람들은 부자도 아니고, 태어날 때부터 성격이 좋은 사람들도 많지
않다. 많은 사람들은 신경질적인 정열을 갖고 있어서 조용하고 규율바른 생활
을 참을 수 없을 만큼 따분한 것으로 여긴다. 건강의 축복만 하더라도 언제까
지나 유지할 수 있을 것이라고는 그 누구도 장담할 수 없으며, 결혼도 변함없
는 행복의 원천이라고는 할 수 없다. 이 모든 이유로 해서 행복은 신(神)이 남
녀에게 주신 선물이라기보다, 오히려 노력의 성과이다. 내적이든 외적이든, 행
복을 위해서는 노력이 커다란 역할을 해야 한다. 내적인 노력에는 단념의 노력
도 포함되므로, 우선 먼저 외적인 노력만 생각해 보기로 하자.

남자나 여자나 생활을 위해서 일해야 하는 사람이라면 누구에게나 이와 같
은 노력이 필요하다는 것은 강조할 것도 없이 너무나 뚜렷하다. 물론 인도의

---

*12 근육적 그리스도 교도(muscular Christianity)는 근육을 단단히 하여 운동을 활발히 하고, 신
앙 생활을 왕성하게 하자는 영국 내의 그리스도교 행동강령을 말한다.

고행자라면, 아무런 노력 없이도 밥그릇을 내밀어 신자의 보시만 받아서 살아 갈 수도 있다. 그러나 서유럽 여러 나라는 이런 식으로 수입을 얻는 방법을 좋게 생각하지 않는다. 게다가 서유럽의 기후는, 덥고 건조한 나라들에서처럼 거지에게 쾌적하지 않다. 적어도 겨울철이 되면, 난방이 잘 된 실내에서 일하기보다 옥외에서 게으름을 피우는 편을 좋아한다고 말할 사람은 없을 것이다. 그러므로 서유럽에서는 체념만으로는 행복에 다다를 수가 없다.

서양의 대다수 사람들에게는, 행복을 위해서 단지 먹고 살아 가는 것 이상이 필요하다. 성공하고 있다는 감정을 갖고 싶기 때문이다. 어떤 종류의 직업, 이를테면 과학 연구 같은 직업에서는 큰 수입이 없는 사람도 이런 성공감(成功感)을 맛볼 수 있다. 그러나 대다수의 직업에서는 수입이 성공의 척도가 된다. 이 지점에서 우리는 체념이라는 요소가 대부분의 경우에 바람직한 것인지 생각해 볼 수 있다. 왜냐하면 경쟁이 심한 사회에서 성공이란 극소수의 사람들에게만 가능하기 때문이다.

결혼이라는 것은 상황 여하에 따라 노력이 필요하기도 하고 필요하지 않기도 하다. 남녀(男女) 어느 한 쪽의 수가 적을 경우, 이를테면 남자가 적은 영국이나 여자가 적은 오스트레일리아의 경우처럼 적은 쪽의 성(性)에 속하는 사람은 일반적으로 별로 노력을 기울이지 않고서도 원하는 대로 결혼할 수 있다. 그러나 그와 다르게 다수의 성을 가진 사람들의 경우 상황은 전혀 다르다. 여자가 많을 경우, 이 점에 대해서 여자가 얼마나 머리를 쓰고 노력을 하는가 하는 것은 여성 잡지의 광고를 살펴보면 확실해진다. 남자가 다수일 경우에는 더 손쉬운 방법, 즉 권총 따위를 사용하는 방법을 취한다. 이것은 자연스러운 것이다. 왜냐하면, 남자란 대다수가 문명과 야만의 아슬아슬한 갈림길에 서 있기 때문이다. 만일 무언가 한쪽 성의 수를 격감시키는 질병이 발생하여 남자 수만 많아진다면, 영국의 남자들이 무슨 짓을 할는지 나는 짐작 할 수도 없다. 어쩌면 그들은 다시 한 번 옛 시대로 되돌아가서, 여자에게 구애를 해댈지도 모르겠다.

아이들을 잘 키우는 데 필요한 노력의 양(量)은 명확하므로 아무도 이를 부인하지는 못할 것이다. '영적인' 인생관으로 잘못 알려져 있는 체념을 믿는 국가에서는 어린이의 사망률이 높다. 의학, 위생학, 무균법, 식이요법 등은 현실적인 관심이 없이는 발전할 수 없는 것이다. 이러한 것들은 열정과 지력(智力)

이 물질적인 환경을 향할 것을 요구하기 때문이다. 물질을 환상에 불과하다고 생각하는 사람들은 먼지에 대해서도 그렇게 생각한다. 그런 생각이므로 아이들을 죽게 내버려 두는 것이다.

좀 더 일반적으로 말해 보자. 자연적인 욕망이 약화되지 않은 사람이라면, 어떤 능력이 그의 정상적이고 타당한 목적을 형성한다고 할 것이다. 그리고 그가 원하는 힘은 그의 우세한 정열에 의해 결정되는 것이니만큼, 남의 행동을 지배하는 권력을 원하는 사람도 있고, 남의 사상을 좌우하는 힘을 원하는 사람도 있으며, 남의 감정을 뒤흔드는 힘을 원하는 사람도 있다. 그런가 하면 물질적인 환경의 변화를 원하는 사람도 있으며 지적인 우월감을 맛보려는 사람도 있을 것이다.

부정부패로 재산을 늘리려고 하지 않는 한, 모든 사회 활동에는 권력에 대한 일종의 갈망이 담겨 있다. 인간의 비참한 모습을 보았을 때 일어나는 괴로움이 순수하게 이타적이라면, 그 갈망에는 비참함을 완화시키고 싶은 힘이 반영되어 있다. 권력에 완전히 무관심한 사람은 주변 사람들에게 완전히 무관심한 사람이다. 그러므로 권력에 대한 갈망은 훌륭한 사회를 이룩하기 위한 인간의 도구로 인정해야 한다. 그리고 권력에 대한 욕망은 그것이 방해받지 않는 한 노력과 밀접한 관계를 갖게 된다. 이러한 결론은 서양인의 논리로 보면 당연한 일이다. 그러나 권력에 대한 욕망을 버리려는 동양인들의 이른바 '동방의 지혜'를 긍정적으로 생각하는 서양인들도 적지 않다. 이들은 내가 말하는 것이 의심스럽게 여겨질지 모르나, 만일 그런 생각이 들었다면 나도 말한 보람이 있다고 하겠다.

체념의 경지 또한 행복의 정복에 나름의 역할을 담당한다. 더욱이 그것은 노력의 역할과 마찬가지로 중요하다. 현명한 사람이라면 방지할 수 있는 불행 밑에 일부러 앉아 있지는 않을 것이다. 또한 아무리 애써도 피할 수 없는 불행 때문에 시간을 낭비하고 기분을 해치는 짓도 하지 않을 것이다. 본질적으로 피할 수 있는 문제라 하더라도, 그것을 피하기 위해서 요구되는 시간이나 노력이 더 중요한 일을 추구하는 데 방해가 된다면 단념해야 할 것이다. 많은 사람은 매우 사소한 일이라도 잘 풀리지 않으면 초조해하고 노여워한다. 그리고 더 유익하게 쓸 수 있을 막대한 에너지를 낭비한다. 정말로 중요한 목적을 추구하는 경우라도 감정적으로 너무 깊이 몰두하게 되어 실패에 대한 두려움이 싹터서 마음의 평화에 위협을 가하게 된다면, 그 또한 현명하지 못한 일이다.

그리스도교는 신의 뜻에 따를 것을 가르친다. 이 교의를 받아들일 수 없는 사람들에게도, 전반적인 활동에 걸쳐 이와 비슷한 사고 방식이 퍼져 있다. 실제적인 일을 할 때의 능률은, 우리가 그 일에 쏟아 붓는 감정에 비례하지 않는다. 오히려 감정은 흔히 능률의 방해물이 되기도 한다.

우리에게 필요한 태도는 최선을 다하고 그 다음은 운명에 맡기는 것이다. 체념에는 두 가지 종류가 있다. 하나는 절망에서 비롯된 것이고, 하나는 누를 수 없는 희망에서 비롯된 것이다. 전자는 좋지 않으나 후자라면 괜찮다.

중요한 업적을 달성하고자 하다가 그 희망을 깡그리 내동댕이칠 만큼 근본적인 실패를 겪은 사람은 절망으로 체념을 배우게 된다. 그리고 한번 그렇게 되면 일체의 소중한 활동을 포기해 버리게 된다. 그런 사람들은 절망을 위장하기 위해 종교적인 기도문이라든가 명상이 인생의 참된 목적이라는 식의 교의를 들고 나올지도 모른다. 그러나 어떤 위장으로 자기 내면의 패배를 감추려고 해봐야, 결국 본질적으로 쓸모없고 불행한 인간으로 남게 될 것이다.

그러나 또 한편 그 단념이 이룰 수 없는 희망에 기인한다면 그 사람은 전혀 다른 행동을 한다. 도저히 이룰 수 없는 희망인 이상, 그것은 당연히 원대하고 비개인적인 희망일 것이 틀림없다.

나의 개인적인 활동이 어떻든 나는 죽음에 의해서 혹은 무슨 병으로 쓰러지게 될지도 모른다. 적의 손에 쓰러질지도 모른다. 도저히 성공에 도달할 수 없는 어리석은 항로에 배를 띄워 버렸다는 것을 깨닫게 될지도 모른다. 희망이 오로지 개인적이라면 그 실패를 피할 수 없는 경우가 무수히 많겠지만, 그 개인적인 목적이 인류를 위한 매우 커다란 희망의 일부였을 경우, 설령 실패로 돌아가더라도 앞의 경우처럼 완전한 실패로 볼 수는 없다. 이를테면 위대한 발견을 하고 싶어하는 과학자만 하더라도 실수를 할지도 모르고 혹은 머리를 부딪쳐서 그 일을 포기해야 할지도 모른다. 그러나 만일 그가 과학의 진보를 진심으로 바라고 단지 자기의 공적만을 생각하고 있지 않다면, 오로지 이기적인 동기만으로 연구를 하는 사람이 느끼는 그런 절망을 느끼는 일은 없을 것이다. 무언가 절실한 개혁을 위해서 일하고 있는 사람이 전쟁 때문에 그 노력의 전부가 중단되어 버리고, 그 때문에 자기가 진력을 다한 목적이 살아서는 도저히 실현될 수 없다는 것을 인정할 수밖에 없는 경우도 있을 것이다. 그래도 완전히 절망에 빠져 버릴 필요는 없다. 자기가 그 일에 참여하고 있다는 것 이외에, 인류의 미래에 관심을 갖고 있다면 말이다. 우리는 지금 가장 어려운 체념에 대해 생각하고 있다. 체념이 훨씬 쉬운 경우도 있다. 인생의 주요 목표가 끊임없이 성공의 전망을 제시한다면, 부차적인 목적은 가로막히게 된다. 예를 들어, 중요한 일에 가담하고 있는 한 남자가 부부간의 불화(不和)로 마음이 흐트러져 있다면, 그 실패는 바람직한 체념의 형태로 나타난다. 만약 그가 일에 몹시 열중해 있다면, 결혼생활이 행복할 때나 행복하지 않을 때나 그 일을 똑같이 제대로 할 수 있어야 한다.

사소하고 조그만 트러블도 참지 못하는 사람들이 있다. 조그맣다고는 하지만, 물론 우리가 어떻게 하느냐에 따라서 인생의 큰 부분을 차지할 수도 있다.

기차를 놓쳤다고 화를 내고, 저녁 식사가 맛이 없다고 화를 내고, 굴뚝 연기가 맵다고 우울해지고, 세탁소에 보낸 세탁물이 빨리 돌아오지 않는다고 산업조직 전체에 분통을 터뜨린다. 이와 같은 사소한 트러블에 대해서 소모하는 에너지를 만일 현명하게 사용한다면 능히 한 나라를 일으키고 뒤집을 수 있을 것이다. 현명한 사람은 하녀가 떨어내지 못한 먼지나, 요리사가 만든 맛이 없는 감자나, 굴뚝 청소부가 치우지 않은 그을음 같은 것에 신경을 쓰지 않는 법이다. 현명한 사람은 이런 문제에 대해 아무런 조처를 취하지 않는다는 말이 아니라, 사사로운 감정을 개입시키지 않는다는 말이다. 걱정을 하거나 안달하거나, 조바심을 내거나 신경질적이거나 하는 것은, 어떤 목적에도 도움이 되지 않는 감정이다. 그러나 이런 감정들을 강하게 느끼는 사람이라면 그 감정들을 극복하는 것이 불가능하다고 말할지도 모르겠다. 그들이 우리가 앞서 말한 근본적인 체념을 통해 그런 감정들을 조금이라도 극복해낼 수 있을지는 확실하지 않다. 원대하고 비개인적인 일에 집중되었던, 개인적인 실패나 불행한 결혼생활로 인한 고통을 견디게 만들었던 힘이 기차를 놓치거나 진흙탕 속에 우산을 떨어뜨리는 일을 견디게 해줄 수도 있을 것이다. 만약 그가 신경질적인 성격을 갖고 있다면, 그 외에 다른 방법으로 치유(治癒)되기는 어렵다고 생각된다.

늘 근심 걱정하는 데서 해방된 사람은, 지금까지 줄곧 짜증을 내고 있을 때와 비교하여 생활이 훨씬 즐거워졌다는 것을 발견하게 될 것이다. 옛날 같으면 비명을 지를 만큼 싫었던 지인(知人)들의 특이한 성격도 지금은 유쾌하게 여겨진다. A씨가 티에라 델 푸에고(남미 남단의 섬)의 주교에 관한 일화를 347회나 되풀이해서 말하더라도 그것이 몇 회째더라 하고 세는 것으로서 재미있어 할 뿐, 기를 쓰고 자기 자신의 일화를 꺼낼 생각은 하지 않게 된다. 아침 일찍 차를 타려고 서둘러 가다가 신발 끈이 끊어지더라도 적당한 감탄사를 토할 뿐, 이런 일은 우주의 역사에서 본다면 하등 보잘 것 없는 것이라고 생각해 본다. 그리고 마침 한창 청혼을 하고 있을 때 눈치 없는 옆집 녀석이 찾아와 방해를 하더라도, 아담은 모르지만 지금까지 모든 인류가 이와 비슷한 재난을 겪어 왔다는 것, 그리고 아담마저도 나름의 문제가 있었을 것이라고 생각해 본다. 기발한 유추(類推)나 별난 비유를 써서 불행을 달래는 방법을 발견하려고 하면 끝이 없을 것이다.

내 생각에 문명인은 모두 자기 모습에 대해 스스로가 그려 보는 이미지가 있어서, 이 그림에 흠집을 내는 어떤 일이 일어나면 불쾌감이 든다. 그에 대한 최고의 대책은 자신의 이미지를 그림 한 장에만 담을 것이 아니라 갤러리 전체 규모로 갖고 있다가 당면한 사건에 적합한 한 장을 골라내는 것이다. 그 가운데 좀 우스꽝스러운 것이 있으면 더더욱 좋다. 온종일 자기 자신을 극단적인 비극의 주인공으로 본다는 것은 현명하지 않다. 그렇다고 자기를 언제나 희극 속의 어릿광대로 보아야 한다는 것은 아니다. 그와 같은 짓을 하면 더더욱 짜증이 나는 법이다. 그때 그때의 사정에 알맞은 역할을 골라내는 기술이 필요하다. 물론 자기 자신에 관한 것을 잊고 아무런 연극을 하지 않아도 된다면 그것은 훌륭한 일이다. 그러나 만일 연극을 하는 것이 제2의 천성이 되었다면, 몇 가지 레퍼토리를 연출하여 단조로움을 피해야 할 것이다.

많은 활동적인 사람들에 따르면, 사소한 체념이나 하찮은 유머가 일을 해나가는 원동력인 에너지와 일을 성공시키는 데 필요하다고 여길 만한 결의(決意) 같은 것을 망쳐 버린다고 한다. 그러나 나는 그 사람들이 뭔가 잘못 알고 있다고 생각한다. 보람 있는 일을 해낼 수 있는 사람은, 그 일이 갖는 중요성에 대해서나, 또 그런 일도 그리 어렵지 않게 할 수 있다는 데 대해서 착각을 하지 않는다. 자기를 속이지 않고서는 일을 할 수 없다면, 그 사람은 그 일을 직업으로써 계속하려고 하기 전에 먼저 진실을 견디는 것을 배워야 한다. 그 까닭은, 잘못된 믿음을 고수하는 사람에게는 그 일이 결국 이로움을 주기는커녕 해악을 끼치기 때문이다. 해로운 것으로 만들 바에야 아무것도 하지 않는 편이 낫다. 이 세상의 유익한 일 가운데 절반은 해악과 싸우는 일이다. 사실을 바르게 바라보는 법을 배우는 데 약간의 시간을 소비하더라도, 그렇게 하면 에너지를 충전시키기 위해 끊임없이 자기 자신을 부추겨 올려야 하는 사람들이 하는 일보다 훨씬 해롭지 않을 것이다.

체념(諦念)이란 자기 자신의 진실과 마주할 수 있음을 의미한다. 처음에는 고통스럽겠지만, 결국은 진실과 정면으로 맞서려 하지 않고 스스로를 속이려는 자가 빠지기 쉬운 절망이나 환멸 등으로부터 자기를 지키게 된다. 진정 이 것만이 유일한 방패이다. 하루하루 믿을 수 없어지는 것들을 억지로 믿으려고 노력하는 것만큼 피로를 초래하고, 끝내 화를 돋우는 일은 없다. 이런 노력을 그만두는 일이야말로 확실하고 영속적인 행복을 얻는 데 없어서는 안 될 조건인 것이다.

8. 행복한 사람

행복은 분명히 부분적으로는 외부 환경과 관계가 있고 또 부분적으로는 자기 자신에게 달려 있다. 이 책에서는 자기 자신과 관계되는 부분을 다루었다. 그리고 우리는 이 부분에 관한 한, 행복해지기 위한 비결은 참으로 간단하다는 결론에 도달했다. 그런데 많은 사람들이 종교적인 신조(信條) 없이는 행복은 불가능하다고 생각한다. 또 자신이 불행하다고 생각하는 많은 사람들은, 자기들의 슬픔은 복잡하며 매우 지적 원인으로 그렇게 되었다고 생각한다. 그러나 나는 그와 같은 것이 행복이나 불행의 참된 원인이 된다고는 생각지 않는다. 그것은 단순한 징후일 뿐이라고 생각한다. 불행한 사람은 대체로 불행한 신조를 선택하고, 행복한 사람은 행복한 신조를 선택할 것이다. 그리고 참된 원인은 아주 다른 곳에 있는 데도 저마다 그 행복이나 불행을 신조의 탓으로 돌릴 것이다.

대부분 사람의 행복을 위해서는 아주 간단하지만 없어서 안 되는 것이 있다. 말하자면, 음식물과 주거, 건강, 사랑, 일의 성공, 주변 사람들로부터의 존경(尊敬)이다. 어떤 사람들에게는 부모가 된다는 것이 매우 중요하다. 이런 것 없이 행복해질 수 있는 사람은 아주 예외적이다. 이런 것을 가졌는데도, 아니면 올바른 노력을 기울여 얻을 수 있는데도 여전히 불행하다면 심리적으로 문제가 있는 사람이다. 만일 그것이 중증일 때는 정신과 의사에게 보여야 할 것이다. 그러나 대개의 경우, 올바른 방향에서 접근할 수 있다면 환자 스스로가 고칠 수 있다.

외부 환경이 결정적으로 불행하지 않을 경우에는, 정열과 흥미가 내부가 아닌 외부로 돌려지기만 하면 행복을 성취할 수 있다. 그러므로 외부 세계에 적응하기 위한 교육을 받을 때나 노력을 기울일 때, 자기 중심적인 정열은 피하고 자기 생각을 자신에게만 못박아 두지 않도록 다른 관심사나 흥미거리를 계발하도록 노력해야 할 것이다.

감옥에 갇혀 있으면서도 행복을 느끼는 경우는 흔치 않다. 우리 자신을 가두는 격정은 최악의 감옥이다. 그와 같은 격정 중에서 가장 공통적인 것은 공포, 질투, 죄악감, 자기 연민, 자만, 욕망 등이다. 이 중에서 욕망(欲望)은 우리 자신에게 집중된다. 외부 세계에 대한 참된 흥미는 없고, 있는 것은 다만 자기가 상처를 입지나 않을까 하는 두려움과, 자기의 자아를 관철할 수 없게 되지나 않을까 하는 걱정뿐이다.

어째서 사람들은 사실을 인정하고 싶어하지 않는가? 어째서 잘못된 믿음의 따뜻한 옷을 입고 싶어하는가? 공포가 그 주된 이유이다. 그러나 현실의 가시밭은 따뜻한 옷을 찢고, 차가운 바람은 그 찢어진 틈으로 불어 들어간다. 그리하여 여태까지 잘못된 믿음의 옷의 따뜻함에 길들어진 사람은, 처음부터 현실의 찬바람에 단련되어 온 사람보다 훨씬 그 바람의 차가움을 쓰라리게 느낀다. 그리고 또 자기 자신을 속이는 사람은, 보통 자기가 그렇게 하고 있다는 것을 마음 속으로 안다. 그리고 무언가 곤란한 일이 일어나서, 하는 수 없이 그것을 받아들이게 되지나 않을까 하는 불안한 심경으로 산다.

자기 중심적인 감정의 최대 결점은 생활의 변화가 없다는 것이다. 자기만을 사랑하는 사람은, 사실 애정면에서 혼란을 겪는 일은 없겠지만 헌신적인 애정의 대상이 언제나 자기 자신이기 때문에 결국은 견디기 힘든 따분함에 괴로워하게 된다. 죄악감으로 고통을 받고 있는 사람은 언제나 일종의 특별한 자기애로 인해 괴로워한다. 이 광대한 우주 속에서 그가 제일 소중히 여기는 것은 자기 자신이 도덕적이어야 한다는 것이다. 어떤 종류의 전통적인 종교가 이와 같은 자기 몰입(沒入)을 장려해 온 것은 아주 중대한 결함이다.

행복한 사람이란 객관적인 삶을 사는 사람이다. 자유로운 애정을 갖고 폭넓은 흥미를 가진 사람이다. 행복한 사람은 그와 같은 흥미와 애정을 통해서,

그리고 그 흥미와 애정이 이번에는 거꾸로 자기 자신을 다른 많은 사람들의 흥미와 애정의 대상으로 만든다는 사실을 통해서 자기의 행복을 확실하게 만든다. 애정(愛情)을 받는 사람은 행복의 강력한 원인이다. 그러나 애정을 요구하는 사람은 애정을 받지 못한다. 애정을 받을 수 있는 사람은 널리 일반적으로 말해서 남에게 애정을 주는 사람이다. 그러나 이자를 붙여서 돈을 빌려 주는 방법으로 계산된 애정을 주려고 시도해 봐야 소용없다. 왜냐하면 계산된 애정은 참된 애정이 아니고, 또 그 애정을 받는 사람도 진짜 애정이라고는 생각지 않기 때문이다.

자기 자신에 갇혀서 불행에 시달리는 사람은 어떻게 해야 할 것인가? 자기 불행의 원인만을 생각하는 한 그는 자기 중심의 태도를 버리지 못할 것이며, 따라서 이 악순환에서 벗어날 수가 없다. 그러나 거기에서 벗어나기 위해서는 임시방편에 불과한 비슷하게 꾸며낸 흥미가 아니라 진정한 흥미에 의해서만 가능하다. 이것은 매우 어려운 일이지만 자기의 괴로움을 올바르게 진단하기만 하면 길은 얼마든지 있다. 이를테면 그의 괴로움이 의식적이든 무의식적이든 간에 죄의식으로 인한 것이라면, 자기가 죄의식을 느낄 아무런 이유가 없다는 것을 먼저 자기 의식에 깊이 되새기고, 다음에는 이 책의 앞 장에서 언급한 방법에 따라 합리적인 신념을 무의식 속에 심도록 한다. 그러면 그러는 사이에 어느 정도 중립적인 행동을 취할 수 있게 될 것이다. 죄의식을 없애 버리면 순수하고 객관적인 흥미가 자연스럽게 우러날 수 있을 것이다. 괴로움의 원인이 자기 연민이라도 이와 마찬가지로 해결할 수 있는데, 우선 자기 환경이 특별히 불행스러운 것이 아니라는 확신을 가져야 한다. 공포심 때문에 괴로움을 당한다면, 용기를 내는 훈련을 하도록 한다. 먼 옛날부터 전쟁터에서 용감한 것은 커다란 미덕(美德)으로 여겨져 왔으며, 청소년을 훈련시킬 때 전쟁에 나가 두려움을 모르는 인간으로 만드는 것이 중요한 과제였다. 그런데 도덕적인 용기와 지적인 용기에 대해서는 별로 검토되지 않았다. 그러나 여기에도 방법이 있다. 날마다 적어도 한 가지씩 괴로운 진실을 인정하도록 하라. 그렇게 하면 보이스카우트에서 매일 친절한 행동을 하라고 권장하고 있는 것과 같은 효과를 얻게 될 것이다. 여러분이 덕성과 지성면에서 친구보다 훨씬 뛰어나지 못하더라도—사실은 그렇지 않지만—인생은 살 만한 가치가 있다고 자기 자신에게 타이르라. 이러한 훈련을 몇 해 동안 계속하면 마침내 움츠리지 않고도 현실을 직면할 수 있을 것이며, 그렇게 함으로써 여러분을 뒤덮고 있는 공포의 지배에서 벗어날 수 있을 것이다.

자기 세계에만 몰두하는 병폐를 극복하고 난 뒤 어떤 객관적 흥미가 마음속에서 솟아나는가는, 여러분의 성격과 외부적인 환경의 작용에 의해 결정된다. "우표 수집하는 취미가 있다면 행복해질 수 있을 것이다" 하고 미리 말하지 말고, 우선 우표 수집에 착수해 보라. 우표 수집에 흥미를 느낄 수 없게 될지도 모르기 때문이다. 여러분이 참으로 흥미를 느끼는 일만이 실제로 행복에 도움을 주며, 자기 안에 빠져 들어가지 않는 법을 배웠을 때 진정한 객관적인 흥미가 우러나게 되는 것이다.

행복한 인생은 놀랄 정도로 선한 인생과 닮았다. 지금까지 도덕 전문가들은 자기 부정에 지나친 중점을 두면서 엉뚱한 부분을 강조하고 말았다. 의식적인 자기 부정은 오히려 사람을 자기 몰입적으로 만들어서, 자기가 무엇을 희생했는가를 생생하게 떠올려 준다. 그 결과, 당면한 목표뿐 아니라 궁극적인 목적에서마저 거의 언제나 실패를 경험하게 된다. 필요한 것은 자기 부정이 아니라 외부로 돌려진 흥미이다. 흥미를 통해 자기 자신의 덕을 추구하는 데 전념하는 사람은 의식적으로 자기를 부정하여 간신히 이룩할 수 있는 것들을 아주 자연스럽게 이루어 낸다.

나는 이 책을 하나의 쾌락주의자로서, 다시 말하면 행복을 선(善)으로 보는 사람의 입장에서 써 왔는데, 쾌락주의자의 입장에서 권장하는 행위는 전반적으로 제정신을 가진 도덕가가 권장하는 행위와 같다. 그러나 도덕가는 물론 전부가 그렇다는 것은 아니지만, 정신 상태보다 행위 쪽을 강조하는 경향이 있다. 하나의 행위가 그 행위자에게 미치는 영향은 그 사람의 그때의 정신 상태에 따라서 크게 달라진다.

이를테면, 만일 지금 물에 빠져 죽어 가고 있는 아이를 보고 살리고 싶은 직접적인 충동으로 아이를 구했다면, 도덕심에서 비롯한 행동은 아니다. 그러나 이에 반해서 "무력한 사람을 구하는 것은 덕이다. 나는 도덕적인 인간이 되고 싶다. 그러니 이 아이를 구해야만 한다" 하고 말한다면, 이 말을 하기 전보다 한 뒤가 더 나쁜 인간이 되는 것이다.

이것은 극단적인 예이지만, 이와 같은 것이 그렇게 뚜렷하진 않지만 다른 많은 경우에도 해당된다.

내가 지금까지 권장해 온 인생의 태도와, 전통적인 도덕가들이 권장하고 있는 인생의 태도 사이에는 좀더 미묘한, 또 하나의 차이점이 있다. 이를테면 전통적인 도덕가들은 사랑이란 자기 헌신적이어야 한다고 말한다. 어떤 의미에서는 그렇다. 즉, 사랑은 어느 정도 이상 이기적(利己的)이어서는 안 된다. 그러나 사랑은, 사랑에 성공함으로써 그 사람 자신의 행복을 얻을 수 있는 성질의 것이어야 함은 두말할 것도 없다. 만일 어떤 남자가 어떤 여성에게, 자기가 그 여성의 행복을 열렬히 바라고 있다는 이유로 청혼하고, 또 그와 동시에 그 여성이 이상적인 자기 희생을 하리라 생각한다고 해서, 그 여성이 과연 기쁘게 생각할지 어떨지는 의심스럽다.

확실히 우리는 우리가 사랑하는 사람들의 행복을 바라야 한다. 그러나 우리 행복의 대안으로 바라서는 안 된다. 사실 자기 자신과 자기 이외의 세계와의 대립은 자기 부정의 신조 속에도 포함되어 있듯이, 우리가 우리 이외의 사람이나 사물에 참된 관심을 갖기 시작한 순간 사라져 버린다. 그와 같은 관심을 통해서 사람은 자기 자신을 당구공처럼 단단한 개별적인 존재가 아니라 생명의 흐름의 일부로 느끼게 된다. 당구공 같은 존재라면 다른 존재와의 사이에 충돌 이외에는 아무런 관계도 가질 수가 없는 것이다.

모든 불행(不幸)은 어떤 분열, 즉 통합(統合)하지 못한 데서 생긴다. 의식하는 마음과 의식하지 않는 마음 사이에 조화가 부족하면 내부에서 분열이 일어난다. 자기와 사회가 객관적인 흥미와 애정의 힘으로 결합되지 않으면 양자 사이에는 통합을 이룰 수 없다. 행복한 사람이란 이와 같이 통합하는 데 실패하지 않는 사람이며, 그 인격이 스스로 분열되는 일도 없고 또 세계와 대립되지도 않는 사람이다. 그런 사람은 자기 자신을 우주의 시민으로 느끼고, 우주가 보여 주는 경관(景觀)을 자유로이 즐기며, 우주가 주는 기쁨을 자유로이 누리고, 후세대와 자기 자신이 별개라고는 느끼지 않으므로 죽음을 생각하면서 괴로워하는 일도 없다. 최대의 환희는 생명의 흐름과 그렇게 깊고도 본능적인 결합이 일어날 때 발견되는 것이다.

러셀의 생애와 사상

제1장
고독에서 희망적 인간 형성으로

1. 20세기의 거인 러셀

95세를 맞아

러셀은 생전인 1967년부터 본격적으로 《자서전》을 쓰기 시작하여 제1권 (1872~1914), 제2권(1914~1944), 제3권(1944~1967)을 출간하였다. 그는 제1권 머리말에서 네 번째 아내 에디스 핀치에게 다음 글을 바쳤다.

나는 오랜 세월 평화를 바래 왔다.
그러나 내가 발견한 것은
마음을 어둡게 하는 듯한 혼미요,
광기이고, 허전함이며
고독의 괴로움이었다.

그러나 늙은 나이 인생 만년에
나는 당신을 알게 되었다.
당신을 알고 비로소
나는 희열과 평화를
둘 다 발견하게 된 것이다.

나는 오랫동안 고독한 세월을 겪고 나서
휴식이 무엇인가를 알게 되었고,
생명과 사랑이 무엇인가도
이제 내가 혹시 잠이 들게 된다면

틀림없이 흡족하게 자게 되
리라.

1967년 아흔다섯을 맞은 러셀
의 심경은 네 번째 부인 에디스
(Edith)에게 바친 이 정성어린 몇
마디 말 속에 그대로 묻어난다.

러셀의 긴 인생은 그야말로 혼
미와 평안, 고독과 희망이 뒤섞인,

러셀과 에디스 핀치 부인

인간 무늬로 짠 그의 인생 교향곡의 연주였다. 그는 인생을 어떻게 파악하고
있었던가. 그것을 아는 것이 그의 사고방식과 행동양식, 그리고 생활방식을 그
대로 아는 실마리가 될 것이다.

러셀은 자기의 인생을 강하게 지배해 온 것으로서 애정에 대한 그리움과 지
식에 대한 추구를 들고, 덧붙여 동정(내지는 공감)을 갖는 것을 말하였다. 주로
지식과 애정은 철학을 형성하는 기본적 계기가 된다. 그런 의미에서 그의 인
생은 그대로 철학적 인생이라고 해도 될 것이다. 그에 따르면 애정은 인간을
고독에서 벗어나게 함으로써 자신을 잊도록 하는 상태를 가져오는 것이고, 또
신비스러운 색채화 같은 형태로 성인(聖人)이나 시인이 상상할 듯한 천상(天
上)의 비전을 그린 것 같은 것이다.

또 지식은 인간의 회의에서 출발하여 사물의 진실이 어디에 있는가를 논리
적으로 추구하려는 작용이고, 자연과 인간의 모든 힘이 움직여야 원리적인 근
거를 이해할 수 있는 것이다. 이들은 저마다 인생에 있어 훌륭한 것이기에, 러
셀은 애정을 동경하고 지식을 추구하려고 했던 것이다.

그뿐 아니라, 이 애정과 지식은 인간을 최대한 천상의 높은 곳으로 이끌어
간다. 그러나 동시에 인류의 괴로움에 대한 동정은 인간을 지상의 낮은 곳으
로 되돌려 버린다. 일찍이 괴테는《파우스트》에서 "인간은 땅에 발을 딛고, 손
을 하늘로 뻗어 거기에 도달하려고 영원히 고뇌하는 존재이다"라고 말했다. 인
간은 어떤 의미에서 파우스트적 요소와 메피스토펠레스적 요소를 겸비하고
바르작거리고 있는지도 모른다. 그리고 러셀 역시 이 파우스트적 발버둥을 그
의 긴 인생에서 체험해 온 것이다.

러셀은 그의 긴 인생을 통하여, 정복자들에게 들볶인 희생자들, 그들의 자식들 때문에 무거운 짐을 져야만 했던 힘없는 늙은이들, 그리고 고독과 빈곤으로 괴로움에 넘치는 전세계, 이런 현대에 숱하게 많은 나쁜 체험을 겪으며, 회의와 정열을 가지고 이것을 조금이라도 완화시켜 보려고 노력해 왔다. 아니 러셀이야말로 그와 같은 노력을 거듭해 온 제1인자일 것이다.

그는 한 세기 가까이 장수하였다. 그리고 보통의 인간으로는 도저히 흉내낼 수 없을 만큼 훌륭한 일을 해낸 인물이었다. 그런데도 그는 "나는 결국 아무것도 하지 못했다"고 고백하

러셀(1872~1970)
마흔네 살 때의 러셀(1916).

였다. 그러나 그러기에 그는 "혹시 나에게 기회가 주어진다면 기꺼이 다시 한 번 그와 같이 살고 싶다"고 말하였다. 여기에 우리는 위대한 인생의 체험자로서 보통 사람이 넘볼 수 없는 완성인의 심경을 이해할 수 있는 것이다.

그는 천재인가 광인인가

러셀은 순수한 영국 귀족의 전통을 이어받은 철학자로서 한 쪽에서는 전형적인 민주적 시민으로 존경을 받았고, 동시에 다른 쪽에서는 무슨 짓을 할지 알 수 없는 정체 불명의 시민으로 두려운 존재이기도 하였다. 현대의 사상가 중에서 그만큼 모든 점에서 극단적으로 상반된 두 가지 평가를 받은 사람은 다시없을 것이다.

곧, 그의 사상과 행동에 대하여 쌍수를 들어 찬성하는 사람이 있는가 하면, 눈살을 찌푸리고 반대하는 사람도 있다. 그의 성격과 인품에 대해서 매우 친근감을 가지고 가까이하는 사람이 있는가 하면, 몹시 소외감을 가지고 멀리하는 사람도 있다.

러셀은 이미 설명했듯이 철학과 수학과 논리학에서 뛰어난 업적을 올렸을 뿐만 아니라, 그밖의 넓은 범위에 걸쳐 경탄할 만한 활동을 이룩하였다. 이것은 그의 노력만이 아니라, 타고난 천부적 재능이 가져온 성과라고 하지 않을 수 없다. 이런 점으로 볼 때, 그는 분명히 천재였다.

러셀의 모친이 쓴 수기에 따르면, 그는 말을 할 수 있게 되자 예리한 질문을 하기 시작한 아이였고, 갓낳은 지 사흘 만에 '머리를 들고, 참으로 정력적으로 주위를 둘러봤다'는 것이다. 마치 동양의 철학자인 석가가 태어나자마자 곧 세 걸음을 걷고 '천상천하 유아독존'이라고 했다는 고사를 닮지 않았을까. 설사 그것이 사실이 아니더라도, 이것은 러셀이 나면서부터 천재라는 것을 말한 것이다. 그리고 이 천부적인 요소는 다분히 유전에 의한 것이 클 것이다.

그의 천재적인 특수한 능력을 살펴보기로 하자. 우선 러셀은 보통보다 훨씬 좋은 시력을 가지고 있어 아무리 책을 많이 읽어도 눈의 피로나 두통을 느낀 일이 없었다. 그러나 더 특이한 것은 그는 귀로 일을 한다는 것이다. 그의 기억은 종이의 활자를 통해서보다 말하는 발음에 의하여 작용한다. 이것은 그가 늘 남에게 책을 읽도록 시킨 데서도 확실히 알 수 있다.

이처럼 천재적인 능력을 가진 러셀은 그의 발언과 행동에서도 그의 독특한 방식을 보였다. 그것은 자기가 옳다고 생각한 것은 상대가 어떻게 생각하든 자기 멋대로 행동하는 일이 많았다. 또 다른 사람이 어떤 발언을 하여도 자기 마음에 들지 않으면 가차없이 비꼬며 결코 타협적인 태도를 취하려고 하지 않았다. 그 때문에 상대의 감정을 상하게 하는 일도 있고, 또 갖가지 말썽을 빚기도 하였다. 이런 관점에서 말하면, 그는 상식적인 사람이라고 하기보다 오히려 상식이 의심스러운 벽창호였다.

이처럼 상식이 의심스러워 보이는 발언과 행동은 여러 면에서 나타났다. 예를 들면 금방 어떤 일을 긍정해도, 그 말을 들은 지 얼마되지 않아 부정을 한다든가, 논리적으로 모순이 되는 일을 가끔 할 때가 있다. 새로운 도덕 가치를 확립하려고 하면 과거의 기성 도덕관을 닥치는 대로 배격한다. 또 자유와 평화를 기반으로 삼아야 한다는 확신 아래, 여기에 반역하는 것은 모조리 배격한다. 곧 이집트에 파병한 영국을 비난하고 파시즘하의 독일을 증오하고, 베트남을 공격한 미국을 비난하며, 그것을 미국을 향해 방송도 하였다. 미국은 그 때문에 체면을 구기고 격분하여, 러셀을 정신이 돈 사람 아니냐고 말했다. 그

들에게는 러셀이 미친 사람으로 비쳐진 것
이다.

러셀은 과연 천재인가 광인인가. 상식적
인 사람인가 비범한 사람인가. 흔히 '천재와
광인은 종이 한 장 차이'라고들 한다. 어느
면으로 보면 천재적인 인간도, 다른 면에서
보면 광적인 인간일지 모른다. 천재와 광인
은 원래부터 정반대이다. 그러나 어느 쪽이
나 평범한 보통사람이 아니라는 것은 공통
적이다.

그는 고령으로 만년을 살면서도 나이를
뛰어넘어 정력적으로 집필 등에 전념하였
다. 그 작업은 점점 다채로운 빛을 발휘하
며, 오로지 인간의 지혜를 믿고 어리석은
행위를 증오하며 세계의 질서와 평화를 확
립하기 위하여 다른 사람에게 어떤 비탄을
듣고 욕을 먹더라도, 모든 에너지를 거기에

러셀 자화상

불태운다. 그가 천재인가, 아니면 미친 사람인가는 이 책 전부를 읽고 나서 여
러분들이 결정할 일이 아닐까.

2. 영국사회와 러셀 집안의 전통

반동에서 자유로

우리는 먼저 러셀이 탄생할 때까지 영국이 어떠한 사회적·역사적 배경을 가
지고 있었던가, 그리고 전통을 이어온 러셀 집안이 어떤 영광을 누리고 있었
던가를 살펴본다.

영국은 세계에서도 가장 전통을 자랑하는 오랜 역사를 가진 나라이고, 근
대 시민사회를 제일 먼저 성립시킨 선진국이다. 영국은 러셀이 탄생하기 전부
터 18세기에 이미 다른 유럽 나라들에 비하여 우선 다른 사람의 자유를 존중

하고 정치에 있어서 의회의 지배를 확립하였다. 쉽게 말해서 민주주의가 앞선 나라였던 것이다.

그럼에도 불구하고 산업혁명 후의 19세기에 비교하면 대단히 귀족적인 성격이 강했다. 당시 유럽에서는 프랑스를 비롯하여 독일, 이탈리아, 에스파냐 등을 중심으로 하는 귀족적인 문화의 보급이라고 하는 추세가, 어느 정도 영국에서도 나타났다. 그러나 이런 사회의 추세는 산업혁명에 의해 차츰 변화하게 된다.

그런데 대륙에서는 영국의 산업혁명이 진행되고 있을 때, 프랑스대혁명이 일어나고 여기에 이어 나폴레옹 전쟁이 영국의 민중에게 큰 영향을 주었다. 그리고 급진주의적인 운동이 일어났기 때문에 정부는 여기에 위협을 느끼고 탄압정책으로 대응하며, 1793년의 대프랑스 전쟁의 돌발과 함께, 영국은 보수적 태도를 취하고 그로부터 적어도 7~8년 동안은 반동 시대를 만난 것이다. 그러나 1815년에 곡물법이 제정되어 국내 지주들의 이익은 옹호되었으나, 노동자들은 비싼 곡물 가격에 괴로움을 겪은 끝에 개혁을 요구하는 소리가 높아갔다. 그리고 5년이 지난 1820년부터는 정부에 대한 이 반동적인 세력이 약해지고 점점 자유주의적인 경향이 강해져 새로운 사회를 형성하려고 하는 기운이 고조되었다.

당시의 영국 정당을 보면, 17세기 말엽부터 이미 토리당과 휘그당 둘로 나뉘어 서로 대립하였다. '토리'란 아일랜드의 무뢰한이나 산적이라는 의미이고, '휘그'는 스코틀랜드의 서부에서 일어난 열광적인 무장 봉기의 의미로, 서로가 상대편을 비웃으며 부르는 명칭이었다. 이 양당은 성격으로 말하면 토리당은 보수적인 정당으로 지주계급을 기반으로 하고, 휘그당은 자유주의의 급진적인 정당으로 상인계급을 기반으로 하고 있었다. 그래서 전자는 국내의 개혁을, 후자는 대외 정책을 주장한 것이다.

1760년 무렵부터 1830년까지는 토리당이 정권을 독점하였다. 그러나 1820년 이후에는 토리당 안에서도 커닝처럼 자유주의파 세력이 나와 자유주의적인 정책을 실시하게 되었다. 그리고 1929년에 토리당은 분열되어, 이듬해인 1830년에 휘그당의 그레가 내각을 조직하였다. 따라서 휘그당은 새 시대의 선두에 서게 되었다. 바로 이 1830년에 휘그당은 자유당으로 개칭하였다(뒤에 토리당도 보수당으로 개칭). 그레는 내각을 담당하고 나서 대단한 열성으로 개혁운동에 앞장서서 마침내 현안인 선거법 개정 문제를 다루기로 결심하였다.

개정 전의 선거법에서는 선거 자격이 몹시 제한된 데다 선거구 제도도 극히 불합리한 것으로 지주나 귀족의 의회 지배가 가능하였다. 그러나 산업혁명의 결과, 근대 시민층(이른바 부르주아)이 점점 발달하여 이제까지의 선거제도로는 시대에 뒤떨어진 것이 되어 버렸다. 그러나 이 '선거법 개정안'은 몇 번이나 반대에 부딪치면서도, 휘그당이 중심이 되어 1832년 6월 마침내 상원과 하원을 모두 통과하여 공포되었다. 이것은 중류 이상의 사람들에게 선거권을 주는 신흥 상공도시를 선거구

만년의 러셀
러셀은 삶의 마지막 15년을 핵무장 반대운동으로 보냈다. 그는 아흔 살의 나이에도 1962년 쿠바 미사일 위기 사건이 일어났을 때 국가 수뇌부의 자문 역할을 했다.

로 한 획기적인 개혁으로, 영국은 이 해부터 보수주의 시대가 사라지고 자유주의 시대로 진입하였음을 의미한다. 지주 지배의 시대로부터 부르주아 지배의 시대로 발전한 것이다.

이 선거법 개정에 가장 이바지한 정치가가 우리 버트란드 러셀의 할아버지인 존 러셀이었고, 이로부터 꼭 40년이 지나서 버트란드 러셀이 태어나게 된다.

개혁의 시대가 오다

영국에서 1832년에 선거법 개정이 이루어진 뒤부터 여러 가지 개혁안이 차례차례 의회를 통과하게 된다.

먼저 노예제가 폐지되고 이어 '공장법'이 개정되었으며, 유아 노동의 금지, 소년 노동의 시간 제한, 공장 관리인의 설치 및 공장 설비 등이 개선되기도 하였다. 또 구빈법(救貧法)이 개정되고, 빈민의 독립자존의 정신을 고무하여 자기들

끼리도 정신 차려서 잘만 하면 잘살 수 있다는 마음을 갖도록 하였다. 또 지방자치단체의 보장이라든가 우편제도의 정비도 이루어졌다.

그 중에서도 특히 중요한 것은 '곡물법'의 폐지였다. 이 곡물법은 1815년에 제정된 것으로 외국에서 수입하는 곡물에 대하여 관세를 부과하는 것이었다. 그러나 이것은 노동자의 생활비가 늘고, 여기에 임금을 지불하는 자본가는 이 법률을 폐지하고, 외국에서 값싼 곡물이 자유롭게 수입될 수 있도록 해야 한다고 생각하였다. 이 입장을 대표하는 맨체스터 학파 사람들은 코브던 브라이트를 중심으로 '곡물법 반대동맹'을 조직하여 활발한 반대운동을 전개하였다. 그리고 1846년에 드디어 이 법안이 폐지되자, 이것을 계기로 자유무역정책이 전면적으로 시행하게 되었다. 돌이켜 생각하면 이 시기야말로 자유주의에의 좋은 개혁 시대였다고 할 수 있을 것이다.

그런데 영국이 이처럼 자유주의를 향하여 모든 것이 개혁되고 진보하여 가는 데 따라, 이것은 특히 노동자들의 단결을 굳히고, 자기들의 처지를 개선하기 위하여 정치운동으로 발전함으로써 유명한 '차티스트 운동'을 일으키게 되었다. 그들은 1832년의 선거법 개정에서 선거권이 중류 이상의 국민에게만 주어진 것을 보고, 다시 노동운동을 시작한 것이다. 그들은 선거와 그 밖의 요구를 내건 '인민헌장'을 작성하여 노동자의 권리를 주장하고 차티스트운동을 일으킨 것이다. 그러나 이 운동은 1848년의 대시위 투쟁을 마지막으로, 정부 당국으로부터 철저한 탄압을 받고 마침내 결실을 거두지 못한 채 끝나 버렸다.

그러나 이 운동은 결코 헛된 것이 아니었다. 1850년 이후에는 노동자들이 새로 노동조합을 결성하고 사회의 지식 수준의 향상과 더불어 보수당의 디즈레일리는 스스로 개혁안을 제출하여 1867년 마침내 제2회 '선거법 개정'을 성립시켰다. 이 개정으로 노동자도 선거권을 얻게 되고, 또 1884년의 제3회 개정으로, 농업 노동자와 광산 노동자에게도 선거권을 부여하기에 이르렀다. 그리고 1871년에는 노동조합법도 개정되어 노동운동은 합법적인 기초 위에서 더욱 발전할 수 있게 되었다.

19세기 후반의 영국에서는 자유당의 글래드스턴 내각이 성립되어 브라이트, 체임벌린 같은 급진주의자가 국내의 자유주의적 개혁에 열의를 보이며, 교육제도, 군제, 사법제도 등에 대하여 획기적인 개혁을 이루게 된다. 그뿐만 아니라 개혁의 바람은 아일랜드 문제에도 세차게 휘몰아쳐 국교(國敎) 제도의 폐

영국 국회의사당 웨스트 민스터 궁전

지, 토지법 제정 등도 이루어졌다. 특히 중요한 것은 1870년의 '교육법 제정'이다. 이때까지 교육은 사립학교에 맡겨져 왔기 때문에 당시 영국의 어린이들 절반은 교육을 받지 못하였다고 한다. 그러나 케임브리지, 옥스퍼드가 모든 사람에게 개방되어, 서민 교육의 보급과 사회의 민주화에 큰 기여를 하게 되었다.

이처럼 교육에 많은 개혁이 이루어지고, 교육법이 개정된 2년 뒤에 러셀이 탄생하였다.

노동당 결성과 페이비언협회

차티스트 운동이 끝나고, 급진적인 노동운동이 한때 자취를 감춘 1850년부터 1870년에 이르는 시대는 영국의 자본주의가 가장 번영을 구가한 시대이다. 이 19세기 후반부터 영국은 실은 자유주의(自由主義) 시대로부터 제국주의(帝國主義) 시대로 나아가고 있었다.

당시 영국은 '세계의 공장'이란 이름으로, 그 공업 생산 제품은 세계 시장을 독점적으로 지배하고 있었다. 이와 같은 산업경제의 발전에 의해 영국이 벌어들인 이익의 대부분은 자본가들의 손으로 들어갔다. 원래 노동자들도 조합운동을 통하여 그 혜택의 일부를 맛보기는 했으나, 그것은 극소수에 불과했다. 그리고 19세기 말엽에 불황이 닥쳐오자 새로운 노동조합의 결성이 촉진되고, 또 사회주의 운동도 모습을 드러냈다. 이런 것이 노동당 성립의 유력한 지반이 된 것이다.

그러나 영국에서는 마르크스의 입장에 선 '사회민주연맹'이 대중의 지지를 받지 못하였다. 그 대신 시드니 웨브와 버나드 쇼가 지도한 '페이비언협회'는 영국 특유의 사회주의 사상을 만들어 내어 큰 성과를 낳게 되었다. 그럼 이 영국노동당에 지도이념을 공급하게 된 '페이비언협회'라는 것은 어떤 것이었던가.

애당초 페이비언이라는 명칭은 로마의 명장 파비우스의 이름에서 연유한 것이다. 그는 제2차 포에니 전쟁 때 결전을 피하고 게릴라전을 전개함으로써 지구전에 공을 세우고, 카르타고의 용장 한니발을 격파하여 '대기 장군'이라는 별명을 얻었다. 명장 파비우스는 전장에서 "끈질긴 인내로 기회를 기다리다, 호기가 오면 과감하게 공격하라. 그렇지 않으면 때를 기다린 것은 물거품이 되고 만다"는 구호를 내걸었다.

이 페이비언협회의 사상은 자유주의 원칙을 인정한 영국 전통의 공리주의(功利主義) 윤리와 결부된 것으로, 영국의 민주주의를 기반으로 한 사회주의 사상이었다. 갱부조합(坑夫組合) 출신의 하디는 1893년에 독립노동당을 결성하고, 페이비언협회의 사상을 가지고 노동자들에게 부르짖었다. 1900년에 노동조합과 사회주의 단체가 모여 노동대표위원회를 조직하고, 이것을 1906년에 '노동당'으로 바꾸고 의기양양한 발전의 출로를 만든 것이다. 그때 자유당 내각은 열심히 노동자의 신뢰를 얻으려고 '노동쟁의법' '양로연금법' 및 '국민보험법' 등을 제정하였다. 이것이야말로 영국 사회보장제도의 선구가 되었다.

이렇게 만들어진 노동당이 그 뒤 20년 내지 30년 후에 자유당과 나란히 영국의 2대 정당의 하나가 되리라고는 아무도 예상하지 못했던 것이다. 러셀의 윤리사상이 공리주의의 흐름을 담아, 그 사회사상이 웨브나 쇼 등과 연관되어 있는 것을 생각할 때, 이미 러셀 사상의 사회적 배경이 여기에 존재하고 있다는 것을 이해할 수 있는 것이다.

러셀은 그의 《자전적 회상》(1956) 속에서 생각나는 사람으로서 웨브와 쇼를 들었다. 그리고 거기에서 그는 다음과 같이 말하였다.

"그들이 존재하지 않았다면 영국노동당은 훨씬 더 파란을 겪었을 것이다. 또

그들이 없었다면 영국 민
주주의는 우리가 겪고 있
는 괴로운 세월을 같은 인
내심을 가지고 견딜 수 있
었을지가 의심스럽다."

러셀 집안과 정치의 유대

영국의 사회적, 역사적
발전은 자유주의 시대로부
터 제국주의 시대로 옮아
가는 추세였다. 러셀은 이
전환기에 태어난 것이다.
이런 것을 생각해 볼 때,
러셀은 탄생할 때부터 이
미 역사적인 중요성을 숙
명적으로 타고난 것이 아
닌가 생각된다.

의회민주주의를 대표하는 웨스트민스터

영국은 세계적으로 전통을 자랑하는 나라이다. 의회민주주의도 영국이 모
범이었고, 그 의회민주주의는 '웨스트민스터'라는 말로 대표될 정도였다. 여기
서 웨스트민스터란 영국 29개 구의 하나로, 버킹엄 궁전과 웨스트민스터 사원,
빅뱅의 시계탑 위용을 자랑하는 국회의사당 등의 정치·종교상의 건물이 모여
있는 지구를 이른다. 그리고 영국은 유럽 여러 나라가 저마다 동맹을 맺고 세
력 확장을 꾀하고 있을 때, 어느 진영에도 편들지 않고 '영광의 고립'을 주창하
였다. 이 영광을 자랑하는 영국에서 러셀 집안 역시 그 명문으로서의 위신을
잘 지킨 것이다.

러셀 집안은 헨리8세 이래 오랜 전통을 이은 명문이다. 3대조 전으로 거슬
러 올라가 살펴보자. 러셀의 증조부(曾祖父)부터 제6대 베드퍼드 공작으로, 그
는 트링튼 자작의 딸과 결혼했다. 이 부부의 셋째아들이 존 러셀 경으로 버트
란드 러셀의 할아버지이다. 존 러셀은 빅토리아 여왕 시대의 진보적인 정치가
로 영국에서 역사상 저명한 인물이며 뒷날 초대 러셀 백작의 칭호를 받은 사

람이다. 또 이 존 러셀의 부인은 민트 백작의 딸이었으며, 이 부인과의 사이에 태어난 이가 앰벌리 자작이라는 명예칭호를 받은 사람이다. 그리고 버트란드의 아버지가 되는 이 사람은 스탠리 경의 딸인 캐서린과 결혼하였다.

이 앰벌리 부부의 큰아들이 프랭크 러셀이고, 그 다음 딸이 레이첼 러셀이었으며, 막내아들이 우리의 버트란드 러셀이다. 이렇게 살펴볼 때, 러셀 집안은 대대로 영국의 명문 출신으로 평민의 피가 전연 섞이지 않았다는 것을 이해할 수 있을 것이다. 이제부터 잠시 러셀을 다른 사람들과 구별하기 위하여 버트란드라고 부르기로 한다.

우리는 러셀 집안을 대표하는 버트란드의 할아버지 존 러셀에 대하여 그의 정치적으로 얽힌, 당시의 활약상을 보기로 한다.

존 러셀은 프랑스혁명이 진행 중이던 1792년에 탄생하였다. 그는 나폴레옹이 아직 프랑스 황제로 있을 때에 영국의 국회의원이 되었고 진보적인 정치가 포크스 아래서 휘그당원으로 활동하였다. 그는 프랑스혁명과 나폴레옹에 대하여 영국의 적대 감정이 지나치다고 생각하여, 엘바 섬으로 유배된 나폴레옹을 방문하였다. 나폴레옹이 엘바에서 돌아왔을 때도, 존 러셀은 그에게 적대하면 안 된다고 연설을 하기도 했다. 그의 최대 업적은 영국을 완전한 민주주의 궤도에 올려놓은 1832년의 '선거법 개정안'을 의회에서 통과시킨 일이었다. 그는 이 공로로 1846~48년의 멕시코 전쟁과 1848년의 혁명기에 총리의 중책을 맡아, 영국을 혁명에서 구하여 평화적인 승리로 이끈 인물이다. 이 존 러셀의 자유주의는 그의 선조가 중대한 역할을 한 1688년 명예혁명 정신을 계승한 셈이다.

존 러셀의 큰아들인 앰벌리 자작(버트란드의 아버지)은 서른세 살의 젊은 나이에 죽고, 차남인 윌리엄(버트란드의 작은아버지)도 불치의 병에 걸렸기 때문에 러셀 집안에서 정치적 사명을 담당하는 것은 필연적으로 손자인 프랭크와 버트란드의 몫이었다. 정치는 러셀 집안의 전통적 직업으로 다른 직업을 생각하는 것은 영광스러운 선조에 대한 배신으로 여겨졌다. 따라서 버트란드에 대하여도 아일랜드 장관인 모리가 중요한 정치적 지위를 주고, 또 파리의 영국 대사인 더펠링 경이 대사관의 일을 맡겨 주기도 하였다. 가족들도 온갖 방법으로 버트란드에게 압력을 가하여 정치가로 만들려고 하였다.

그러나 당사자인 버트란드는 그 무렵부터 유혹을 느끼게 된 철학과 숙명으로서의 정치, 그 어느 쪽을 선택할 것인가 하는 문제를 놓고 방황하였으나, 마침내 철학으로 뜻을 세우기로 결정하였다. 하지만 정치가의 길을 가지 않고, 철학에 뜻을 두었다고 해도, 뒷날 총선거에 후보로 나서기도 하였으며, 제1차 세계대전 이후에 그의 관심은 정치로 향하여, 평화운동이라는 형태를 통해서 현대에 가장 이목을 끄는 정치적 활동을 전개하기도 하였다. 이를 두고 생각할 때, 역시 러셀 집안과의 정치적인 유대는 전통적인 숙명이라고 할 수 있을 것이다.

귀족의 낙인

러셀 집안은 빅토리아 여왕 시대에 가장 성세를 누린 굴지의 명문이었다. 그리고 영국이라는 나라 자체가 사회적 지위나 신분적 차이를 대단히 중요시하는 나라이고, 그 중에서 러셀 집안이 귀족이라는 특권적 지위를 전통적으로 가지고 있었다는 것은 러셀 집안의 사람들이 마땅히 유럽의 민주주의와 자유주의를 세계에 널리 보급하는 일이 자기들의 사명이라고 생각하지 않을 수 없었을 것이다.

귀족으로서의 낙인, 이것이야말로 할아버지 이래로 버트란드에 이르기까지의 전통이고, 이런 환경이 버트란드로 하여금 홀로 고고함을 견지하는 것과 아울러 낙천적인 기질을 갖게 함으로써 어디까지나 성실하게 살아가려고 하는 심정을 형성하도록 한 것이다. 그뿐 아니라 귀족과 특권계급을 존중하는 영국의 전통적 관습이 그로 하여금 자유분방한 발언과 행동을 용인하고 어떤 고난과 불행에 부딪치더라도 자신감을 갖게 하는 결과를 낳았다.

또 스스로 자유주의자를 자임하고, 전통적인 습관을 비판하며 서민 속에서 살아가려고 노력하였지만, 역시 그의 마음 어딘가에 "나는 귀족적 개혁자다"라는 기분을 완전히 벗어날 수는 없었던 것이 아닐까. 그리고 그는 원래 그 자신이 위대한 인물이라는 것은 사실이지만, 동시에 그가 영국에서 으뜸 가는 귀족이라는 것이 오늘날 그 위대성을 갑절로 만든 것이 아닐까.

일찍이 할아버지인 존 러셀이 살았던 런던 교외의 리치먼드 공원 중앙에 있는 저택에서 자주 회합이 이루어졌다. 그 많은 초대 인사 중에 한 번은 페르시아 왕이 왔다. 그때 할아버지가 집이 좁은 것을 변명했는데, 왕은 정중하게 "그렇군요. 집은 작지만 위대한 사람이 들어와 살지요"라고 말하였다 한다. 그리고 빅토리아 여왕과 각국의 외교관도 찾아왔다고 한다. 이것만 보아도 귀족으로서의 러셀 집안 전통을 엿볼 수 있다. 버트란드가 그리스식의 고전적인 휴머니즘을 가지고 있음과 동시에 오래된 영국에 대하여 회고적 취미를 가지고 있는 것도 이 때문이다.

강한 전통적 분위기 속에서 자란 사람에게, 현실 세계에 적응하는 것은 꽤나 어려운 일이었다. 이 어려움을 깨달으면 오랜 세월을 존속하여 온 과거와 현재의 훌륭한 제도를 모조리 쓸어버릴 수도 있다는 것을 이해하게 된다. 버트란드는 말하였다.

"우리 시대는 많은 사람을 곤혹스럽게 만들었지만, 동시에 새로운 사상과 새로운 상상력을 발휘할 수 있는 사람들에게는 오히려 수확이 많은 도전의 기회를 가져다 준 것이다."

인간을 형성하고 사상을 확립하는 것은 확실히 그 사람을 둘러싼 전통과 환경이다. 버트란드는 이와 같이 영광스러운 전통과 혜택받은 좋은 환경에서 자라났으며, 그래서 영국의 자유주의와 민주주의를 견지하는 대표적인 지성인으로 되어 갈 토대가 만들어졌던 것이다.

3. 고독한 소년 시절의 괴로움

버트란드, 고아가 되고

버트란드 러셀(앞으로는 러셀이라고만 부른다)은 1872년 신록의 향기 그윽한 5월 18일 웨일스의 트렐렉, 영국의 서남부를 흐르는 와이 강에 가까운 집에서 태어났다. 큰별 러셀의 탄생이다.

이 아이는 포동포동하게 살이 찐 큰 아이로 근골이 튼튼한 건강한 아이였다. 그의 할머니는 '아주 쾌활하고 재미있는 아이'라고 하였고, 그의 작은아버지인 윌리엄 러셀도 '이 아이의 얼굴에는 언제나 미소가 사라지지 않았다'고 적었다. 이것은 러셀이 성인이 되고 나서, 그처럼 몸이 여위고 허약해 보인 것을 생각하면 의외라는 느낌이 든다. 그러나 그가 장수를 하고, 또 정력적으로 활동을 한 건강체임을 볼 때, 이미 단단한 체질을 타고난 것을 알 수 있다.

그러나 러셀의 부모에게는 아직 젊은 나이에 비운이 찾아와, 이 아이의 소년 시대에 어두운 그림자를 드리운 것이다. 그의 부모인 앰벌리 자작 부부가 모두 단명하였기 때문이다. 러셀이 태어난 이듬해에 아버지가 병이 들었다. 그 이듬해에는 작은아버지인 윌리엄이 발광 증세를 보였다고 한다. 그리고 형인 프랭크가 디프테리아에 걸렸다. 프랭크는 단단한 체질이기 때문에 곧 회복되었지만, 누나인 레이첼에게 옮겨졌고 또 그를 간병하던 어머니에게 감염되어 끝내 어머니와 누나가 세상을 떠났다(러셀은 가까운 농장에 맡겨져 감염을 면하였다).

그리고 아버지도 그로부터 불과 18개월 후에 그 뒤를 따르듯이 병사하였다. 아버지는 임종할 때, 의사가 안고 있는 러셀에게 다정하게 키스를 하며 "내 귀여운 아들아, 안녕"이라는 말로 고별을 하였다. 이때 프랭크는 열 살, 러셀은 아직 세 살밖에 되지 않았다. 이렇게 어린 형제는 고아라는 슬픈 운명을 짊어지게 된 것이다.

아버지 앰벌리 자작은 철저한 자유사상가였기 때문에 자기의 두 아들을 위하여 두 사람의 무신론자를 후견인으로 지정하는 유언을 써 놓았지만, 친족회의 결과 이것을 인정하지 않고, 어린 형제는 조부모가 양육하기로 하였다. 이 할아버지야말로 유명한 존 러셀 경이었다. 조부모는 런던 교외의 리치먼드 공원 중앙에 있는 저택에서 살고 있었다. 이 저택은 조부모가 한평생을 보낸 곳으로, 그의 정치적 업적에 대한 공로로 빅토리아 여왕이 선물한 것이다.

할아버지는 영국에 민주주의를 확립한 '선거법 개정' 때에 지도적 역할을 수행한 인물로, 동시에 다른 자유주의자와 마찬가지로 이탈리아를 낭만적으로 사랑하였고, 이탈리아의 통일운동에도 깊은 이해와 협조를 아끼지 않았다. 그래서 이탈리아 정부는 그의 공로에 대한 기념으로 큰 입상(立像)을 보내왔다. 이 입상은 언제나 할아버지의 거실에 세워져 있어 러셀의 흥미를 끌었다고 한다.

그렇지만 할아버지는 이때에 이미 여든셋의 노인으로 육체적으로도 몹시 쇠약하여 일광욕에 쓰는 의자에 태워져 운신(運身)하는 상태였다. 할아버지는 공적인 생활에서는 냉혹한 면도 자주 보였으나, 가정에서는 따뜻한 애정으로 아이들을 좋아하고 아이들이 떠들어도 야단치는 일이 없었다. 그는 또 어학에 뛰어나 원문의 돈키호테를 읽으며 잘 웃었다고 한다. 그 할아버지도 러셀이 이 저택으로 옮겨온 2년 뒤에 타계하였다. 러셀은 할아버지에 대하여 어슴푸레한 기억밖에 남아 있지 않다고 한다.

할아버지가 세상을 떠난 뒤, 형 프랭크가 작위를 계승하여 제2대 러셀 백작이 되었다.

펨브로크의 마당에 서서

러셀은 세 살부터 열여덟 살까지 15년 동안을 이 펨브로크 로지(Pembroke Lodge)의 할머니 집에서 보냈다. 펨브로크에서 러셀 형제를 양육하는 일에 큰 영향을 준 것은 할머니인 러셀 부인이었다. 할머니는 스코틀랜드 장로교회파 가문 출신으로 청교도적인 엄격성을 가지고 있었다. 그러나 명랑한 것을 좋아하는 성격도 있어, 할아버지보다도 훨씬 사고방식이 급진적이었다. 여기에서 러셀은 형과 함께 애정에 넘친, 그러나 엄격한 가풍 속에서 자라난 것이다.

펨브로크 저택의 가족 구성은 이밖에 항상 하얀 숄을 두르고 검정 슬리퍼를 신고 다니는 작은어머니 아가사와, 작은 몸집에 소심하고 사교에도 세련되지 못한 작은아버지 로로가 있었다. 그러나 작은아버지는 과학에 흥미를 가지고 있어, 러셀이 과학에 대하여 처음으로 관심을 불러일으키게 한 것도 이 작은아버지였다. 아무튼 러셀의 펨브로크 생활은 이렇게 시작되었는데, 그 분위기는 고풍스러운 보스턴의 분위기와 완전히 같은 듯하다.

그럼 러셀은 이 할머니로부터 어떤 영향을 받았을까. 그는 열두 살 생일날에 할머니에게 성서를 받았다. 그 속표지에 "군중이 하는 나쁜 짓에 은둔하지 말라"는 글귀가 적혀 있었다. 그는 이 성서를 평생 소중히 간직하였으며 이 말에서 받은 감명은 그의 일생에 큰 영향을 주었던 것이다. 그가 성장한 뒤에 한 발언이나 행동을 생각할 때, 할머니의 마음과 성서의 속표지 글귀가 그대로 그의 행적 속에 살아 있는 것이다.

이 할머니는 단순한 청교도일 뿐 아니라 급진적인 자유주의자이므로 아일랜드의 독립을 지지하고 영국의 제국주의 정책에 반대도 하여, 다른 사람들에게 '만만치 않은 마님'이라는 두려움을 샀다. 그래서 독일과 스위스의 부인이 번갈아 가정교사로 고용되어 왔다. 러셀이 어려서부터 영어와 동시에 독일어를 하게 된 것은 이 때문이다.

러셀은 점점 성장하면서 죽은 어머니의 친정인 스탠리 집안과도 접촉하게 되었다. 러셀 집안 사람들이 학구적이고 내향적인 성품인 데 반하여 외가 사람들은 활동적이고 외향적이었다. 그리고 형인 프랭크는 어느 편이냐 하면 스탠리집안의 기질을 닮았기 때문에 펨브로크 저택의 폐쇄적인 분위기가 맞지 않아, 할머니와 작은아버지를 강력히 설득하여 집을 떠나 기숙학교로 가 버렸다. 이 점에서 프랭크는 친가인 러셀 집안의 기질을 이어받은 러셀과는 '호흡이 맞지 않았다'고 할 수 있다. 프랭크는 늘 동생을 깎아내려 "버티(버트란드를 이렇게 불렀다)는 얌전한 것 같지만 역겹고 젠 체하는 녀석이다"라고 하였다.

러셀은 넓은 펨브로크 저택의 정원을 늘 혼자 산책하였다. 그는 할머니에게 받은 청교도적인 교육에 의해 자기의 허물과 어리석음에 대하여 명상하는 습관을 가지게 되었다. 더욱이 같은 또래의 친구가 없기 때문에 말이 없고 내성적인 소년으로 성장하였다. 말하자면 '펨브로크의 어린 은둔자'가 된 것이다. 그러나 그는 그냥 어린 은둔자로만 성장한 것은 아니다. 그는 정원을 혼자 돌아다녔는데, 그의 머릿속에는 항상 상상과 사색으로 가득 찼다. 그것은 신앙에 대한 의문이었다. "이 세상에는 절대적으로 확실한 지식이 있는 게 틀림없어." 그는 그렇게 믿고 있었다. 그는 펨브로크의 뜰에 펼쳐진 깨끗한 잔디에 누워 '절대적으로 확실한 지식은 무엇일까' 하고 생각했다. 마치 발자크가 《절대의 탐구》(1834)에 노력하였듯이. 러셀은 그래서 '펨브로크의 어린 탐구자'가 되었던 것이다.

그러나 또 소년 러셀은 이처럼 '은둔자'요 '탐구자'의 면만 가지고 있었던 것은 아니다. 내성적인 것과 고독한 점만 빼면 보통 소년과 같았다. 다만 그에게는 함께 어울려 놀러 오는 친구들이 없었기 때문이다. 그래서 할머니는 어떻게든 그에게 좋은 친구를 찾아 주려고 애썼다. 그 무렵 이 펨브로크에 한 소년이 머물고 있었으므로 이 소년과 러셀은 친해졌다. 둘이 나무에 올라가기도 하고 그네뛰기를 하는가 하면 리치먼드 공원의 수목원에 가서 술래잡기를 하며 뛰어다니기도 했다. 러셀은 태어나면서부터 장난과 모험을 좋아하였다. 참으로 이 펨브로크 저택 생활은 고독한 러셀의 소년 시절을 기념하는 생활이었다.

이 저택의 일부는 지금은 여행자나 공원을 산책하는 사람들을 위해 휴게실로 개조되어, 옛날의 모습은 찾아볼 수 없다. 그러나 위대한 인물이 된 노철학자 러셀의 눈꺼풀 속에는 펨브로크의 뜰 정취가 강렬하게 새겨져 뇌리에서 떠나지 않았다.

확실한 지식을 찾아서

러셀의 확실한 지식에 대한 동경은 어려서부터 시작되었다. 그가 다섯 살 때 지구가 둥글다는 말을 듣고, 땅바닥에 구멍을 파서 실제로 오스트레일리아로 나갈 수 있는가를 확인하려고 했다.

그의 절대적인 확실한 지식 추구는 이윽고 수학을 공부하려는 마음을 갖게 하였다. 그는 처음에 곱셈표(구구단에 해당)를 외우는 일이 눈물이 나올 만큼 힘드는 일이었지만, 대수(代數)를 알지 못하여 몹시 싫증이 났다. 그는 대수에 나오는 X와 Y가 무엇인지 정말로 알지 못하였다. 그것은 자연과학자 에디슨이 어린아이 때, 2+2＝4가 어째서 그렇게 되는지 알지 못하여 담임교사에게 질문하여 당황스럽게 했다는 것과 흡사한 이야기이다.

러셀이 수학을 직접 만난 것은 1883년 그가 열한 살 때였다. 그것은 아직 펨브로크에 함께 있던 형 프랭크가 그에게 '유클리드 기하학'(초등 기하학을 말함)을 가르칠 적부터였다. 기하학의 출발점은 그 자체로는 증명할 수 없는 공리(公理)이고, 그것으로부터 여러 정리(定理)가 파생적으로 만들어진다. 러셀은 그 자체로는 증명이 되지 않고, 그냥 믿을 수밖에 없는 여러 공리에 부딪치자 몹시 분한 표정으로 형에게 "증명도 못하면서 어째서 이런 것을 인정해야 되는가"라고 물었다. 그러자 형은 "하지만 싫으면 앞으로 더 나아갈 수가 없다"고 하여, 러셀은 할 수 없이 일단 공리를 인정하기로 했다. 이런 의문은 있었지만, 예전에는 미처 알지 못했던 답을 할 수도 있을 것 같아 수학에 대단한 매력을 느꼈다.

이런 수학과의 만남을 러셀에게 더욱 굳혀 준 것은, 그가 18세가 되었을 때 죽은 아버지의 친구였던 T.S. 밀이 쓴 책을 읽고 나서였다. 밀은 영국 경험주의 철학의 주창자였다. 경험주의 철학은 모든 지식은 경험에 의한 것이라야 된다는 입장에 서 있다. 거기에서 문제가 되는 것은 절대적으로 확실한 지식은 경험에 근거하는 것인가, 아니면 경험을 초월한 선험적(先驗的 ; 아프리오리)인 진리인 것인가 하는 것이다. 러셀은 그 사회사상에 관해서는 밀의 영향이 항구적이었다. 그러나 그는 밀의 《논리학》을 검토하고, 밀이 수학의 여러 명제의 기초 내지 지식을 경험에 근거한 것이라는 견해에 도저히 만족할 수 없었다.

곧 수학에서의 기본인 2+2＝4라는 진리는 '경험적인 지식'인가, 아니면 '절대적인 진리'인가, 이것이 문제였다. 그가 소년 시절에 펨브로크의 정원에서 고독

펨브로크 로지의 저택 런던 교외의 리치먼드 공원 한가운데에 있다..

한 산책을 할 때 끊임없이 자문을 하였던 문제이기도 하다. 이런 의문에 근거하여 러셀은 이로부터 논리학에 착수하는 한편 수학의 가장 기본적인 사항인 수학 기초론 등에 관심을 품었고, 그것은 뒤에 그의 생활을 지배하게 된다.

고독을 이겨내고

러셀의 지적(知的) 추구 의욕은 수학뿐만 아니라 역사와 문학으로 발전하여 갔다. 그것은 할아버지 존의 서고에 있는 장서에 힘입은 바가 크다. 그는 틈만 있으면 서고로 들어가서 역사책으로부터 문학에 이르기까지 허기를 채우듯이 탐독하였다.

문학적 교양을 쌓는 데 이만큼 조건을 갖춘 환경은 없었을 것이다. 그는 바이런이나 테니슨을 비롯하여 많은 영국 시인들의 작품을 즐겨 읽었지만, 특히 셸리를 발견한 그 기쁨은 너무나 컸다. 셸리의 초기 낭만파 시 〈아라스타〉를 처음으로 읽었을 때를 회상하며 그는 이렇게 말했다. "읽을수록 세상이 나한테서 사라져 가는 듯한 느낌이었다. ……나는 자신이 지금 어디에 있는가를 잊어버렸다." 뒷날 러셀의 놀랄 만한 박식의 기초는 이 소년 시절에 탐독한 독서의 혜택이 컸던 것이다.

러셀의 박식한 기초로서 또 한 가지는 과학에 관심을 가진 작은아버지 로로의 영향을 빼놓을 수 없다. 로로는 성서 시편의 운율을 흉내내어 신을 찬양하는 찬송가를 지어, 서로 밀치락달치락하는 원자라든가, 우주에 신호를 보내는 에테르라든가 그런 과학의 화제를 그 안에 담았다. 과학과 종교를 결부시킨 '현대식 찬송가'를 만든 것이다. 따라서 로로의 입장을 과학적 결정론과 종교적인 자유의지가 양립될 수 있다고 하여 '어떤 것이나 우주의 구석구석까지 신의 말씀을 배반하는 것은 없다'고 생각하였다. 그러나 러셀은 이 사고방식에 동의하지 않았다. 생명이 있는 것은 자연과학 법칙의 지배를 받는 것이고, 인간의 행동도 예측할 수 있는 것이라고 생각하였다. 다음에 이 생각은 더욱 철저하게 되어, 마침내 신에 대한 신앙을 전면적으로 버리게 되는 것이다.

러셀의 소년 시절은 확실히 고독하였다. 할머니와 작은아버지 내외는 있었지만, 부모도 없고 형과도 떨어져 살고, 같은 또래의 친구들과 어울릴 기회도 없었으며, 어린 마음에 여러 가지 문제를 터놓고 의논할 사람조차 아무도 없었다. 게다가 일반학교에는 가지 않고, 줄곧 가정교사를 통하여 배우는 공부였기 때문에, 그는 평범한 인간적 애정을 바랐지만 그런 환경을 갖지 못하여 보통의 인간은 어떤 것인가에 대해서도 이해를 하지 못했다. 혹시 누나인 레이첼이 어려서 요절하지 않았다면 누나의 애정이나마 받고 성장하여 그의 인간적 성격은 다르게 되었을지 모른다. 그는 싫지만 이 고독을 견디며 살 수밖에 없었을 것이다.

그러나 소년 러셀은 이 고독을 잘 이겨냈다. 그리고 또 그의 경우, 이 고독한 체험이 그의 지적인 발달을 돕게 되었다. 그 자신도 이렇게 말하였다.

"어려서 고독하게 자라며, 남들로부터 자칫 따돌림을 받은 사람이 오히려, 주위에서 따뜻한 격려를 받고 자란 사람들보다도 위대한 일을 성취하는 일이 많지 않을까."

확실히 고독을 극복할 수 있는가의 여부로, 그 사람이 위대한 업적을 올릴 수 있나 없나 하는 것이 결정되는 것이다. 러셀은 고독의 괴로움을 이겨내고 대성하였다. 워즈워스의 말을 빌린다면 러셀이야말로 '미지의 사상 바다를 홀로 건넌' 사람이다.

그러나 이때에 소년 러셀에게는 이미 고독과 헤어질 날이 점점 다가오고 있었다. 그를 '크라마(속성학원)'로 보내기로 하였기 때문이다. 크라마라는 곳은

▲소년 시절의 러셀

▶케임브리지 시절의 러셀(1893)

샌드허스트의 사관학교에 들어갈 소년들을 위하여 학습을 지도하는 학교였다.

러셀은 거기에서 내성적 성격 때문에 다른 소년들에게 조롱거리가 되었다. 그러나 그는 지적인 이해력에서는 비교가 안 될 만큼 앞서 나갔기 때문에 보통의 학생이 6년 이상이나 걸리는 것을 1년 반 만에 마침으로써 드디어 '스칼라십(장학금)'을 받게 되었다. 그리고 이것이 그의 인생에 새로운 기쁨을 느끼게 한 대학 입학의 길을 열어 준 것이다. 그는 여기에서 고독한 소년 시절과는 완전히 결별하게 되었다.

4. 희망에 넘친 청춘 시절

케임브리지 입학

러셀에게 마침내 희망에 넘치는 청춘 시절이 찾아왔다. 그것은 대학에 입학한다는 기쁨과 인생의 좋은 동반자를 얻게 되는 기쁨이 겹쳐 왔기 때문이다.

1890년 10월, 러셀은 열여덟 살에 케임브리지 대학교 트리니티 칼리지에 입학하였다. 트리니티 칼리지는 케임브리지 안에서 가장 유명한 대학으로 16세기에 창립한 뒤 베이컨, 뉴턴, 바이런, 테니슨 같은 대가들을 많이 배출하였다. 게다가 케임브리지는 옥스퍼드와 함께 영국의 대표적인 대학교이다. 그리고 당시 케임브리지는 다른 여러 대학에 비하여 자연과학과 수학에 특히 앞서 있었다. 형인 프랭크가 옥스퍼드에 들어간 것과는 달리, 러셀이 케임브리지에 들어간 것은 여기에서 수학을 본격적으로 공부하고 싶어서였다.

마침내 희망에 부푼 대학 생활이 막을 올렸다. 케임브리지는 러셀에게 있어 '무한한 기쁨에 넘친 새로운 세계'였다. 그에게 케임브리지가 신천지였다는 것은 수학과 철학의 기본적 문제에 대하여, 자기의 생각을 발표하면 그것을 진지하게 취급하여 준다든가, 또 토론할 수 있는 사람들을 주위에서 쉽게 찾아냈기 때문이다. 펨브로크에서 고독한 생활을 해 온 러셀에게는 친구들과 어울릴 수 있는 이런 생활이 더 없이 큰 기쁨이었다.

이 케임브리지 대학 중에서도 트리니티 칼리지에는 수많은 위대한 인재들이 모여 있는 것이 특색이다. 그리고 러셀은 이 케임브리지에서 4년간 학생 생활을 하는 동안에 뛰어난 사람들과 친교를 맺고, 많은 훌륭한 친구들을 알게 되었다. 그 가운데서도 중요한 사람을 말한다면 철학계에서는 화이트헤드, 맥태거트, 무어, 과학계에서는 러더퍼드, 톰슨, 경제계에서는 케인스, 마셜 같은 사람들이다.

신입생 러셀이 재학 중에 같은 방에서 기거를 함께한 친구로는 상거가 있다. 두 사람의 방은 휴엘관*¹에 있었다. 이 둘은 예전에는 전혀 알지 못한 사이였으나 러셀이 그의 책장 위에 있는 드레퍼가 쓴 《유럽의 지적 발전》이라는 책을 보고, "이것은 좋은 책이야"라고 한 말이 계기가 되어 갑자기 친해지고, 평생의 친구가 되었다. 그리고 두 사람은 함께 수학을 공부하게 되었다. 또 1학기 동안에 다른 친구도 생겼는데, 그것은 주로 화이트헤드가 추천해 준 학생이었다.

화이트헤드는 러셀보다 10년이나 앞서 트리니티 칼리지에 입학하여, 이미 펠로(Fellow)*²가 되었는데, 장학생 시험 때 러셀이 쓴 답안을 보고 매우 감동하여 그 재능을 인정한 사람이다.

러셀은 이후 화이트헤드의 지도를 받게 되었다. 그러나 화이트헤드의 지도

---

*1 휴엘은 영국의 철학자·과학사가.
*2 영국의 대학 특별연구원으로 교수나 강사를 겸한 사람이 많음.

러셀에게 무한한 기쁨을 가져다 준 케임브리지 대학교

는 엄격하여 1899년의 펠로십 논문 때에 러셀을 냉혹하게 비판하였다. 러셀은 몹시 실망하여 다음날 시험결과 발표도 보지 않은 채, 케임브리지를 떠나려고 한 적도 있었다. 그러나 결과적으로 러셀은 펠로십에 선발되어, 이로부터 두 사람은 서로 완전히 협력하여 오랜 세월 수학 연구에 정진하게 되었다.

영원한 친구의 만남
러셀의 케임브리지에서의 희망에 넘친 청춘 시절을 알기 위해서는 역시 그와 같은 시절의 친구와의 교류 상황을 아는 것이 지름길이다. 그런 의미에서도 우리는 좀 더 그의 친구를 살펴볼 필요가 있다.

케임브리지 시절에 철학계 친구로 그에게 영향을 준 사람 중에 맥태거트가 있었다. 그는 러셀보다 여섯 살이나 연상이었는데, 그보다 더 내성적인 성격으로 언제나 트리니티의 회랑 벽에 딱 달라붙듯이 발을 끌면서 조심스럽게 걸었다. 어느 날 그가 러셀의 방문을 노크하자, 러셀이 몇 번이나 "들어오세요" 하였는데도 머뭇거리며 들어오지 않고 신발깔개 위에 서 있었다고 한다. 내성적이고 부끄러움을 잘 타는 러셀은 자기보다 더 내성적인 친구를 발견하고, 어쩌면 좋아했는지도 모른다.

그러나 맥태거트는 이미 학생클럽장으로 펠로가 될 단계였고, 헤겔 철학의 신봉자로서 정열을 기울이고 있었다. 러셀이 철학에 관심을 갖기 시작한 것도 이 때문이다. 그러나 러셀은 다음에 자기보다 2년 후배인 무어와 사귀기 시작하면서부터 영국 철학의 새 경향을 호흡하며 그로부터 맥태거트와는 사상적으로 멀어져 가게 되었다.

러셀이 있던 시기의 케임브리지라기보다도 당시의 영국 대학에서는 졸업 후의 취직 때문에 서로 경쟁하며 좋은 성적을 얻으려는 풍조는 일어나지 않았다. 그래서 그들은 전문 학과를 공부하면서 저마다 철학, 정치, 문학, 종교 그밖의 무엇이나 흥미있는 문제에 대하여 서로 토론하였던 것이다. 그야말로 케임브리지는 그리스의 플라톤 시대의 교육이념에 거의 완전히 가까운 상태를 보이고 있었던 것 같다. 그들은 여러 가지 문제에 대하여 자유로운 토론을 즐겼다. 이것이야말로 진정 '플라톤적인 대화'라고 할 만했다. 토론은 '사도회(아포스폴로)' 또는 '협회(소사이어티)'라고 하는 적은 인원의 그룹으로 항상 토요일 밤에 각자의 방에 모여 심야까지 토론하고, 일요일이 밝으면 모두 산책을 하면서 또 토론을 하는 것이었다.

그 중에서도 러셀은 토론하는 것을 대단히 좋아했다. 자기보다 머리가 훨씬 좋은 사람이 많은 케임브리지에서(그는 너무 머리 좋은 사람이 많았기 때문에 콤플렉스를 느끼고 실망한 적이 있다) 자기의 말을 기꺼이 들어주는 것이 고마웠다. 예전의 펨브로크 저택에서의 내성적 성격은 어디로 사라지고 그는 언제나 토론을 즐겼다. 러셀은 확실히 전혀 새로운 세계에 들어선 것이다. 그 때문일까, 일찍이 할머니가 담배를 죄악이라 하여 배척하였는데, 케임브리지에 와서부터 러셀은 파이프 담배를 피우기 시작하여, 파이프를 물고 매일 밤마다 토론하는 것을 아무렇지도 않게 생각하게 되었다. 그가 언제나 파이프를 물고 담배를 피우는 모습은 이 무렵부터 시작한 것이다.

러셀은 처음 3년간은 수학을 공부하였다. 그 시대의 대학 교수진과 '돈(don ; 케임브리지와 옥스퍼드에서는 학감, 지도교사, 펠로 등을 '돈'이라고 한다)' 가운데에는 꽤 특이한 사람들도 있었던 모양인데, 실제로 러셀의 수학 선생은 미친 사람이었다. 1893년에 러셀은 수학 우등생 중 7등을 하였다. 이것은 별로 나쁘지는 않지만 특별히 좋은 성적도 아니었다. 그것은 당시 케임브리지의 석차가 오직 수학의 문제를 푸는 것만 가지고 결정하였기 때문이다. 그러나 러셀은 수

트리니티 칼리지

학의 근본적인 문제에 흥미를 가지고 있어, 문제 푸는 것은 쓸모없는 일이라고 생각하고 있었다.

그래서 그는 시험에 합격하자, 이런 쓸모없는 수학 수업을 하는 것이 싫어져 수학책을 모조리 팔아 버리고, "이제 수학 따위는 평생 하지 않겠어"라고 맹세를 하였다. 그리고 최종 학년인 4학년 때에 그는 철학 공부를 하게 되었다. 그러나 수학에 대한 매력은 역시 버리지 못하여, 맹세를 거두어들이고 다시 수학으로 돌아왔다. 그의 수학에 대한 집념과 불만은 그만큼 강한 것이었다. 그의 펠로 자격 논문은 '기하학의 기초'라는 제목의 것이었다.

케임브리지는 러셀에게 있어 진정한 의미의 학문적 지도라는 점에서는 완전한 것이 되지 못하였지만 친구들과 지적(知的)인 토론의 경험을 쌓도록 해 준 점에서는 중요한 것이었다. 그리고 그는 가치 있는 사고의 습관의 하나로서 지적 정직성이라는 덕을 얻을 수 있게 되었다. 그러나 어쨌든 그에게 있어 케임브리지의 생활은 지상에서 유일한 최선의 생활 장소였던 것이다.

최초의 이례적인 결혼
인생에서 중대한 문제, 그것은 결혼이다. 러셀은 대체 어떤 결혼을 하게 될까. 아마 평범한 결혼을 하게 되지는 않을 것이다. 희망에 넘친 러셀의 케임브리지 학창 시절에 이 인생의 중대 사건이 찾아왔다.

러셀은 케임브리지에 입학할 때까지 펨브로크 저택에서 고독한 소년 시절을 보냈다. 그래서 이성에 대해서는 거의 아무것도 모른 채 청년으로 성장하였다. 그러나 러셀은 여성에게는 매력있는 존재였던 것 같다. 당시의 케임브리지에서는 아직 여성의 모습은 거의 볼 수 없었지만 가끔 '덩'의 주최로 열리는 만찬회 등에 근교에서 젊은 여성들이 초청되어 오는 일이 있었다. 그의 동료인 친구의 말에 의하면, 어느 만찬회 석상에서 그의 옆에 자리한 여성이 도덕과 철학에 대하여 말하는 러셀의 젊은 정력적인 모습을 눈을 반짝이면서 유심히 쳐다보고 있었다고 한다.

러셀은 이 무렵 로건 피어솔 스미스라는 작가와 알고 지냈다. 이 사람은 사회주의자를 퀘이커 교인의 박애적인 실천에 사회주의적인 신념을 결부시키려고 생각하고 있었다. 러셀은 로건을 통하여 그의 누나인 앨리스 피어솔 스미스를 알게 되었다. 앨리스는 미국 펜실베이니아 주에서 영국으로 이주해 온 복음퀘이커 교인의 딸이었다. 앨리스는 러셀보다 다섯 살 연상이었는데, 이 앨리스가 그의 첫 연애의 상대가 되었다. 그는 만날 때마다 앨리스에 대한 애정이 깊어 갔다. 그처럼 내성적이고 비사교적인 청년이 한번 이성을 알게 되면 상대에게 철저히 반하여 외곬으로 빠져 버리는 것이다. 그리고 마침내 러셀은 앨리스의 집을 찾아가 정식으로 약혼을 하였다.

이 커플의 결합은 영국 귀족으로서의 러셀 집안에는 매우 이례적인 것이었다. 영국 굴지의 귀족과 평민으로 더욱이 미국계 앨리스와의 결혼에 할머니는 말할 것도 없고 많은 관계자나 친구들까지 여기에 반대하였다. 할머니는 그의 기분을 전환시키려고, 케임브리지 대학을 졸업한 해에 그를 파리의 영국대사관 명예직원으로 만들어 버렸다. 그는 어쨌든 할 수 없이 파리에 부임하였다. 그러나 파리의 화려한 생활도 그에게는 조금도 즐겁지 않았다.

러셀은 대사관 직원으로서 무엇인가 평계를 만들어 그 해가 가기 전에 영국으로 돌아와, 1894년 12월 13일 런던의 프랜드파 공회당에서 드디어 앨리스와 결혼식을 올려 버렸다. 당시 러셀은 스물두 살, 앨리스는 스물일곱 살이었다. 예식은 퀘이커 격식으로 치러졌다. 그는 귀족이라는 거추장스러운 딱지에 반항하여, 자기 배우자의 결정에 따라 자유롭게 행동하였으나, 결혼에 대하여

▲러셀과 앨리스의 결혼 사진(1894)

▶결혼 당시의 러셀

는 청교도처럼 엄격한 태도를 보였던 것이다. 그는 이렇게 새로운 인생을 시작하였다.

독일에서 마르크스주의를 만나고

러셀의 청춘 시절은 대학 졸업 후 결혼으로 이어지고, 이번에는 또 외유(外遊)가 그를 기다리고 있었다. 이 무렵 그의 시대는 그야말로 순풍에 돛단배 나아가듯 희망찬 것이었다.

결혼 후에 러셀은 지금까지 해 온 수학과 철학 공부뿐만 아니라, 정치에 대한 관심이 커지고 경제학과 사회주의의 연구를 시작하게 된다. 이것은 아내인 앨리스와 처남인 로건을 통하여 페이비언협회의 사람들과 접촉을 갖게 된 뒤부터이다. 그리고 1895년에 러셀은 앨리스 부인과 함께 독일을 두 번이나 방문하였다. 특히 두 번째 독일 방문은 독일의 사회주의 운동을 연구하기 위해서였다.

독일에 도착한 러셀은 봄이라고는 하나 아직은 기온이 낮아 쌀쌀한 베를린의 티아갈텐 거리 눈 녹은 길을 자주 산책하였다. 그때 그의 머리에는 추상적인 수학의 연구와 구체적인 정치학과 경제학의 연구를 어떻게 종합시킬 방법은 없을까 하는 생각으로 가득 차 있었다. 이 문제를 가지고 그는 온갖 노력을 다해 보았지만 헤겔 철학에서 멀어진 그에게는 그 이론적 종합은 가망이 없는 일이었다.

어쨌든 베를린에 자리잡은 러셀은 이윽고 사회주의 공부를 시작하였다. 그는 사회주의자들의 회합에 참석하여, 그들이 사회주의를 실현하기 위해 어떤 이론과 정책을 주장하고 있는가를 관찰하였다. 그리고 러셀이 알 수 있게 된 것은 마르크스라는 위대한 사상가의 존재이고, 그의 계급투쟁 이론과 전술이었다. 러셀의 마르크스주의와의 만남은 여기에서 시작되었다.

독일의 사회주의를 알기 위해서는 마르크스를 알아야 했다. 러셀과 앨리스의 마르크스주의 공부는 그래서 열심히 그리고 끈질기게 계속되었다. 그 훌륭한 성과로서 그는 《자본론》 세 권을 모두 독파하는 위업을 달성한 것이다. 사회주의자를 자처하는 사람들조차 이 난해하고 방대한 책을 전부 독파하는 것은 엄청난 일이었다. 이런 면에서도 러셀의 보통이 아닌 투지를 엿볼 수가 있다.

러셀은 독일 체류 중에 사회주의자의 회합 때 경관의 강압적인 행동과 숙소인 호텔에서 있었던 프로이센 사관의 횡포한 태도를 보고, 프로이센 국가 자체도 공부가 되었다. 곧 그는 당시의 독일이 영국에서 볼 수 있는 진보적이며 자유주의적인 사고방식이 거의 존재하지 않는다는 것과, 반대로 온갖 형태의 억압과 악정(惡政)이 판치고 있는 것을 발견하였다. 러셀의 이 관찰은 그로부터 30년이 지나서 히틀러가 정권을 장악하게 되었을 때에 딱 들어맞은 것이다.

독일 방문을 마치고 영국으로 돌아온 러셀은 자기가 독일 방문에서 생각한 것을 페이비언협회에서 연설하였다. 그의 이 강연은 군중 앞에서 한 첫 강연이었다. 그래서 그는 완전히 상기되어 버렸다. 이때 그는 다음과 같이 말했다.

"독일의 사회주의자들은 계급투쟁 이론을 주창하고 있지만 이것은 자본가들에게 사회주의자에 대한 공동전선을 펴게 하는 것이다. 그 점을 생각하여 단순한 교조주의의 폐단에 빠져 국민과 대립을 심화시키면 안 된다."

러셀의 이 강연 내용은 새로 나온 〈런던스쿨 오브 이코노미스트〉지에 발표되었다. 그런데 어느 쪽이냐 하면, 영국의 사회주의자들에게 충고를 준 결과처럼 되어 버렸다. 그래서 별로 호평을 얻지 못하였다. 그로서는 최초의 강연이었지만.

《독일 사회민주주의》 출간

러셀은 마침내 최초의 저서를 세상에 내놓게 되었다. 그는 2년간의 독일 사회주의 연구 성과를 1896년에 《독일 사회민주주의》라는 제목의 책으로 냈다. 이것이야말로 그의 수많은 저작 가운데 최고를 장식하는 책으로, 그가 스물네 살 때였다.

러셀은 이 책의 처음에 '마르크스와 사회민주주의의 이론적 기초'를 논하고 마르크스가 현대사회를 과학적으로 분석하고, 자유경제에서 독점에의 자본의 집중화와, 국가가 생산수단의 전체를 포괄적으로 소유하는 사회주의로 이행하는 필연성을 밝힌 것을 높이 평가하였다. 러셀은 자유주의자였지만 국민의 빈곤에 대한 사회주의자의 항의에는 동조하는 태도를 보였다.

그는 마르크스의 《공산당선언》에 대하여 "이것은 유물사관이 가진 서사시적인 박력을 모두 갖추고 있다. 아직껏 비교되는 것이 없는 문학적 가치를 가진 것으로, 고금의 정치 문헌 중에서 최고 걸작의 하나이다"라고 극찬하였다.

러셀은 분명히 사회주의에 대하여 이와 같이 보통이 아닌 동정과 이해를 가지고 있었다. 그러나 그는 마르크스의 사고방식에 전적으로 찬성한 것은 아니다. 그 공식주의적, 그리고 교조주의적 사고방식과 계급투쟁 이론 그 자체에 대해서는 비판적 태도를 취하였다. 프롤레타리아트 독재 이론이 실현된다면 그것으로 생기는 이익과 손실의 어느 쪽이 클 것인가에 대하여는 조급하게 단정할 수 없다고 생각하였다.

또 마르크스는 사회가 차츰 부르주아와 프롤레타리아트라는 두 계급으로 분열해 간다고 설명하였으나, 이 생각은 생산에 있어서 기술자의 증대라는 중요한 사정에 의하여 두 계급 사이에 중간 계급이 생겨난다고 하는 사실을 고려하지 않았다. 러셀은 이 점을 지적하여 마르크스주의에 대한 놀라울 정도의 투철한 공감과 비판을 전개한 것이다. 우리는 이 책을 통하여 청년 러셀의 마르크스주의에 기울인 정열과 정력을 이해하지 않으면 안 된다.

이 책을 완성한 1896년에 러셀 부부는 몇 달 동안 미국을 방문하였다. 그는 뉴저지 주에 있는 미국 시인 월트 휘트먼의 집을 찾아가고, 또 존스 홉킨스 대학과 브린모어 여자대학에서 강연을 하였다. 이렇게 독일과 미국 여행에서 귀국한 부부는 그로부터 몇 달 동안은 영국에 차분히 자리잡고 앉아 주로 서섹스 주에 있는 작은 별장에서 기거하며, 그가 예전부터 의문으로 여겨 온 수학의 기본적 이론 연구에 몰두하였다.

조용한 목가적인 생활

영국으로 돌아온 뒤, 서섹스 주에서 지낸 러셀의 생활은 그야말로 목가적인 조용한 생활이었다. 그는 사랑하는 부인 앨리스와 함께 호화스런 환경에서 간소하게 평화로운 생활을 하였다.

러셀은 옛날부터 지적인 일을 하기 위해 자각적으로 자신을 훈련해 온 사람으로, 매일의 생활 스케줄을 면밀하게 계획하였다. 여러분은 독일 철학자 칸트가 쾨니히스베르크에서 꼼꼼하고 빈틈없는 규칙적인 생활을 하였다는 것을 알 것이다. 그의 매일 아침 산책 시간을 보고 부근의 사람들이 시계를 고쳤다는 것은 유명하다. 러셀은 칸트처럼 정확하지는 않았지만 그의 생활 시간표는 상당히 규칙적이었다고 한다.

이 당시 러셀 부부는 페이비언협회 회원인 시드니 웹과 그 부인 베어트리스 웹하고 친하게 사귀어 서로 놀러 갔다. 러셀은 웹 부부와 오랫동안 사귀면서 때로는 같은 집에서 살기도 하였는데, 그가 알고 있는 한 그들은 가장 완벽한 부부였다. 이 베어트리스 부인도 질서와 계획을 아주 좋아하여, 부인의 일기에는 자주 러셀에 대한 얘기가 적혀 있었다. 그에 따르면 러셀의 일상생활은 다음과 같았다. 오전 중에는 수학공부와 책읽기 그리고 산책, 오후에는 처남인 로건과 크로켓 경기를 하며 놀고, 야간에는 다시 수학공부와 책읽기, 그리고 역사책이나 소설을 공부하고, 때로는 웹 부부와 잡담을 할 적도 있었다.

러셀은 이 정도로 규칙적인 생활을 하였지만, 그는 어떤 연구의 도중에도 식사 때가 되면 어김없이 일을 중단하고 식탁에 앉아 끼니를 거르는 일이 없었다고 한다. 그리고 또 그는 일 도중에 자리를 떠나더라도 다음에 자리로 되돌아와서 곧 하던 일을 계속하였다고 한다. 이런 면을 보아도 러셀에게는 특수한 능력이 있고, 또 그가 얼마나 건강을 소중히 하였는가를 엿볼 수 있다.

이 무렵 러셀에게 있어 또 하나의 성격은 그가 몹시 골초였던 데 비하여 철저한 금주가였다는 사실이다. 그리고 언제나 그는 친구들이 알코올을 지나치게 마시는 것을 비난하였다. 아마 그의 충고를 성가시게 여기는 친구가 많았을 것이다. 그건 그렇고, 러셀의 이와 같은 조용한 목가적 생활이 그 후 그의 사상적 자립의 시대를 형성하는 데 기초가 되었다.

5. 불후의 업적 위한 초석쌓기

헤겔주의로부터의 탈피

드디어 러셀의 사상적 자립 시대가 시작되었다. 동양의 격언에 "15세에 배움의 뜻을 세우고, 30세에 자립하며, 40세에는 불혹……"이라고 하였다. 자립 시대는 서른 살부터라고 한 것이다. 그러나 러셀은 스물너덧 살 때에 이미 사상적으로 독립의 시대를 맞았다. 그리고 이 무렵부터 몇 년 동안 그는 철학과 수학에서 독창적 학문의 기초를 쌓아올렸던 것이다.

러셀은 수학을 매개로 하여 철학을 연구하였다. 당시의 영국 철학계는 헤겔의 형이상학적인 관념론적 철학체계에 의하여 지배되고 있었다. 그리고 러셀자신도 케임브리지의 최종 학년에서 철학에 전념할 때는 칸트와 헤겔과 브래들리의 관념론 철학을 신봉하였다. 엄격한 가정에서 자란 고독한 러셀이 칸트와 헤겔에게 동경하는 마음을 가졌던 것은 당연한 일이다. 그리고 그는 특히변증법을 중요시하여 그것에 의해 여러 과학을 종합하려고 생각하였다. 이른바 '관념론에의 외도'의 시대였다.

그러나 러셀이 독일에 여행하여 거기에서 수학의 석학인 칸토르, 데데킨트, 바이어슈트라우스 등의 업적(무한개념 이론과 집합개념 이론 및 비(非)유클리드기하학 이론 등)을 알게 됨으로써 칸트와 헤겔의 수학적 인식에 관한 이론이잘못된 것임을 발견하였다. 칸트와 헤겔은 사물을 인식하는 데 있어서는 그것을 다수가 모인 것으로서 그 개개의 것을 분석하는, 다원적인 입장에서 인식할 수도 있다. 이것이 러셀이 생각한 인식의 방법이었다. 이것을 좀더 구체적으로 생각해 보자.

예를 들면 수학에서 유클리드의 여러 공리는 현실에 대한 인식을 우리에게주는 것으로 생각하였다. 그것은 그 당시의 자연과학에서 뉴턴의 '만유인력의법칙'에 근거하여 현실의 물리적 공간은 '유클리드적 공간'이라는 것이 당연한것으로 되어, 그것에 의해 또 '유클리드 기하학'이 성립하였던 것이다. 그런데자연과학의 진보에 의해 아인슈타인의 '상대성 원리'가 나타났다. 그것은 물리적 공간이 지금까지의 인식과는 다른 '비유클리드적 공간'으로서 파악하게 되어 그것에 의해서 새로운 '비유클리드 기하학'이 성립하게 되었다. 곧 러셀은처음의 유클리드 공리들이 모두 옳다는 것이 아니고, 유클리드 기하학이라는 수학체계의 출발점을 더 멀리 거슬러 올라가서 찾는다면 무엇인가 절대적으로 확실한 것에 도달하게 되지 않을까 하는 생각을 가졌던 것이다.

러셀이 칸트나 헤겔의 관념적, 일원적인 수학의 인식에 잘못이 있다고 한 것은 이것을 말한다. 논리나 수학의 토론은 가정적인 것인데, 종래의 철학자는 논리가 뭔가 자기가 믿고 싶어하는 것의 존재를 증명하는 힘을 가지고 있는 것처럼 생각하였다. 거기에 큰 오류가 있었다. 러셀은 이렇게 말하고 헤겔주의에 의혹의 눈을 돌린 것이다. 러셀의 헤겔주의로부터의 이탈은 1898년(26세) 무렵에 나타나, 그해 연말이 되자 경험주의자인 무어의 철학에서 영향을 받아 더욱 박차를 가하게 되었다.

러셀은 이렇게 말하였다.

"나는 헤겔 철학이 수학에 적용되지 않는다는 것을 발견하였다. 그래서 무어의 손을 빌려 헤겔주의로부터 탈출하여 수학적 논리학으로 맛을 내는 상식으로 되돌아왔다."

헤겔주의를 벗어난 러셀은 세상이 갑자기 기쁨으로 넘치는 것같이 느껴졌다. 그에게 매우 충실한 우주가 주어진 것이다. 그에게는 모든 수가 플라톤적 천상계(天上界)에서, 죽 한 줄로 나란히 앉아 있는 것처럼 상상이 되었다.

새로운 논리 시스템

그럭저럭 이렇게 지내고 있을 때, 러셀에게 뜻밖의 행운이 찾아들었다. 마침 영국이 남아프리카 전쟁을 일으킨 1899년에 모교인 케임브리지 대학에서 철학 강의를 하게 된 것이다.

그것은 이 해에 라이프니츠*³의 강의를 하기로 되어 있던 맥태거트가 예정을 바꾸어 휴가를 얻어서 뉴질랜드에 있는 가족을 방문하기로 했기 때문에 러셀이 대신 강의를 맡게 된 것이다. 그의 첫 강의 내용은 어떤 것이었을까. 러셀은 예전의 철학자를 라이프니츠가 문제로 삼은 점과 논리학상으로 전혀 다른 점을 문제로 제시하였다. 그것은 라이프니츠 철학의 기초인 '실체'라는 개념(데카르트와 스피노자도 그렇지만)에 있어서 '주어'와 '술어'라는 논리적 범주와 그런 것들과의 관계라는 문제였다. 여기에서 우리는 논리학의 기본에 대하여

---

*3 과학 철학자로 미적분학의 창시자.

약간 생각해 보자.

원래 전통적인 형식논리학은 아리스토텔레스에 의하여 확립된 것으로 'S는 P이다'라고 할 때, S는 주어(主語)이고 P는 술어(述語)이다. 그리고 주어로 되는 것이 실체이고, 술어로 되는 것은 우연적인 성질이다. 이 논리가 체계화되어 저 유명한 삼단론법이 나오게 된 것이다. 그러나 이 논법은 인간이 실제로 행하고 있는 추리 속에서는 극히 한정된 것밖에 적용되지 않는다. 예를 들면 '관계'를 나타내는 추리

화이트헤드(1861~1947)
러셀과 함께 《수학 원리》와 《자연의 개념》을 완성했다. '유기체 이론'에서 그는 형이상학과 과학의 접목을 시도했다.

에는 적용될 수 없다. 그래서 러셀은 종래의 논리학을 더 확대하여 거기에 전혀 새로운 '논리 시스템'을 제공하려고 생각하였다.

그럼 러셀의 새로운 '논리 시스템'이란 무엇이었을까. 그것은 P라든가 Q라든가 하는 명제(命題)의 내부구조를 분명하게 밝혀 이와 같은 구조를 가진 논리 시스템을 만들려고 한 것이다. 그는 주어 술어의 글이라고 하는 '……은 ……이다'라는 명제를 FX로 기호화하여, 'X는 F이다'라는 방식으로 나타냈다. 여기에서 아리스토텔레스에게 있어서는 X에 해당되는 문법상의 주어는 동시에 논리상 주어였다. 그러나 러셀에게 있어서는 종래의 문법상 주어는 논리적으로 진정한 주어가 아니고, 진정한 논리적 주어는 명제함수 FX에서의 주어 변항 X(또는 Y……)와 같은 것이라고 생각하였다.

이것을 구체적으로 말해 보자. 예를 들면 '모든 그리스 인은 인간이다'라는 일상적 언어 표현을 'X가 그리스 인이면 X는 인간이다(라는 것이 모든 X에 대하여 해당된다)라는 논리적 표현으로 고친 것이다.

결국 일상적 언어의 주어인 '그리스 인'은 진정한 논리적 주어가 아니고, X라는 주어와 그리스 인이라는 술어로 성립되는 하나의 문장으로서 다루는 것

이다. 똑같은 것을 'X는 인간이다'라는 식으로 논리적으로 고쳐 쓴다.

러셀은 주어와 술어의 논리적 관계를 이와 같이 주장하였던 것이다. 러셀이 라이프니츠에게서 발견하였다는 것은 라이프니츠는 논리학을 형이상학의 기초로 생각하여, 진정한 명제는 그 주어가 모든 술어를 개념으로서 포함하고 있다고 하여, 그 주어와 술어의 관계를 무시하였다는 것이다.

러셀의 강의 내용이었던 이 라이프니츠 연구는 전통적인 논리학의 사고방식을 타파하고 새로운 관점에서 논리 시스템을 검토하였다는 데 큰 의의가 있다.

벽에 부딪친 지적 한계

수학의 기본적 문제에 대한 의문, 논리학에의 새로운 시스템 검토, 러셀의 이와 같은 노력은 서서히 보답을 받을 날이 가까워졌다.

20세기 최초의 해인 1900년은 러셀에게 있어 매우 중요한 해가 되었다. 그것은 수학의 여러 문제에 대한 의문에 대단한 광명이 비쳐 왔기 때문이다. 그는 7월에 파리에서 개최된 국제철학회의에 참석하여, 거기에서 이탈리아의 수학·논리학자인 페아노와 그의 제자들을 만나게 되었다. 그는 그들이 기호논리 분야에서 이룬 업적을 알게 되고, 이 논리적 기술을 수학에 적용시키는 방법을 배웠다. 그는 용기백배하여 귀국 후에 수학의 원리에 관한 저술의 집필에 착수하였다.

오랫동안 수학의 기초문제로 암중모색을 하고 있던 러셀은 이제야 막혔던 둑이 터져 분류가 대단한 기세로 흐르듯이 그 초고(草稿)를 거침없이 써 나갔다. 그에 따르면 날마다 그때까지 이해하지 못한 것을 알게 되어, 모든 문제는 해결될 수 있다고 생각하였다는 것이다. 그는 이것을 이제까지 경험해 본 적이 없는 '지적 밀월(知的蜜月)'이라고 기뻐하였다.

이 《수학의 원리 The Principles of Mathematics》라는 책은 상·하 두 권으로 낼 예정으로, 그 상권은 1903년에 간행되고 이어 하권을 계획하였으나 그 작업이 대단히 어려운 데다, 또 새로운 난제에 부딪쳐 끝내 하권은 내지 못하고 말았다. 그의 기쁨에 넘친 지적 밀월은 불과 1년 만에 종지부를 찍고, 거기에서부터 도리어 '지적 장벽'이 무겁게 심신을 짓눌렀다. 도대체 이렇게 빨리 그를 괴롭힌 지적 장벽이란 무엇이었을까. 그것은 그가 '집합'의 문제를 고찰하고 있을

때 생긴 논리상의 패러독스(모
순)의 문제였던 것이다.

곧 어떤 명제에는 그 주어 술
어가 문법상으로는 괜찮지만
논리적으로는 의문이 있는 경
우가 있어, 그때는 그 명제의 진
위(眞僞)를 판정할 수 없는 일이
생긴다는 것이다. 패러독스란
어떤 논리적 표현의 진위를 결
정하려고 할 때, 그것을 '진'(眞)
이라고 하면 '위(僞)'라고 하는
결론이 나오고, 위라고 하면 진
이라는 결론이 나와, 진위 결정
을 할 수 없는 것을 말한다.

옛날의 예를 들면 '나는 거짓
말을 했다'는 명제는, 그 사람이
실제로 거짓말을 했다고 하면
그는 진실을 말한 것이고, 혹시
진실을 말했다면 거짓말을 하
고 있는 것으로, 여기에 패러독
스가 존재한다. 그는 이와 같은

PRINCIPIA MATHEMATICA

BY

ALFRED NORTH WHITEHEAD, Sc.D., F.R.S.
Fellow and late Lecturer of Trinity College, Cambridge

AND

BERTRAND RUSSELL, M.A., F.R.S.
Lecturer and late Fellow of Trinity College, Cambridge

VOLUME I

Cambridge
at the University Press
1910

《수학의 원리》 러셀과 화이트헤드에게 가장 귀중한 이 책에서 그들은 수학이 논리학의 한 분야로 될 수 있다는 가능성을 보여 주고자 했다.

것이 수학의 문제 속에 존재한다는 것을 찾아낸 것이다. 곧 수학을 논리로 환원하고 나면, 논리 그 자체 속에 모순이 있다는 것이다.

러셀은 이 지적 장벽의 괴로움을 함께 저술에 종사하는 화이트헤드에게 전하자, 그는 "기쁨에 넘치고, 힘에 넘친 날은 다시 오지 않으리"라는 귀절을 인용하여 러셀을 위로하려 했지만 소용없는 일이었다. 그러나 이런 곤란한 문제와 대결하게 됨으로써 전화위복으로 대저작인 《프린키피어 마티마티커 Principia Mathematica》의 탄생을 보게 되었던 것이다.

《프린키피어 마티마티커》를 펴냄

러셀이 《수학의 원리》를 상권만 출판하고 하권은 중단했다는 것을 앞에서 말하였지만, 이것은 다만 어려움에 부딪쳤다는 것뿐만 아니라, 화이트헤드가 협력자로서 참여한 것에도 관계가 있었다(화이트헤드는 이미 《일반 대수학》 제1권을 출판하였다). 두 사람은 협동하여 새로운 계획을 세웠다. 그리고 그 작업은 1900년에 시작하여 그로부터 원고가 완성되기까지 고투의 10년이 걸려, 1910년에 드디어 3권의 원고가 마무리되었다. 《프린키피어 마티마티커》라는 이 대작은 제목을 《수학 원리》라고 번역해야 되지만, 여기에는 1903년에 상권만 낸 《수학의 원리》와 혼동될 우려가 있기 때문에 굳이 원명의 제목을 그대로 사용한 것이다.

이 《프린키피어 마티마티커》의 간행은 수학 기초론의 역사에서 그야말로 획기적인 대사업이었다. 이 책의 출판이 이렇게 오래 걸린 것은 러셀이 2년 동안 패러독스에 부딪쳐 그 장벽을 해결하고 나서 원고를 다 쓰는 데 5년이 걸렸기 때문이다. 러셀은 이 작업이 한창이던 1905년에 앨리스와 함께 옥스퍼드 교외로 집을 옮겼다. 거기에서 기분을 전환하자 작업도 순조롭게 진행되어, 1910년에 간신히 원고 전부를 케임브리지 대학 출판부로 가지고 갈 수 있었다.

《프린키피어 마티마티커》 제1권은 1910년, 제2권은 1912년, 그리고 제3권은 1913년에 완간하였다. 러셀과 화이트헤드가 이 작업의 완성을 위하여 기울인 노력은 상상을 초월하는 것이었다. 이 작업은 다음과 같이 이루어졌다. 러셀이 케임브리지 대학에서 강의를 통하여 이 저작의 모든 것을 구상하고, 두 사람이 각기 맡은 부분에 대한 초고를 만들어 교환하여 상대의 코멘트를 참고로 하여 거기에 손질을 하고, 다시 모든 부분을 세 번 검토하고 나서 러셀이 최종 원고를 정리하여 썼다. 한 명제마다 한 장의 종이를 사용하였기 때문에 원고는 정리상자마다 가득히 쌓여 그 부피가 놀랄 만큼 엄청났다.

그럼 이 불후의 대작인 《프린키피어 마티마티커》는 어떤 책이었는가. 이것은 크게 나누면 철학적(논리학) 분야와 수학적 분야로 나뉘고, 러셀이 전자를, 화이트헤드가 후자를 담당하였다. 이 책의 원래 목적은 순수 수학의 전체가 논리학적인 전제로부터 귀결하고, 또 논리적인 명사(名辭)에 의하여 정의되는 개념만을 쓴다는 것을 나타내는 것이었다.

이 책은 수학의 기본적인 문제를 구명한 것으로, I라는 수의 정의에 이르기

까지 상당한 설명을 가하였
기 때문에, a×b=b×a의 증명
이 나오게 될 무렵에는 제2권
도 벌써 꽤 많이 나아가고 있
었다. 러셀은 이 책에서 숫자
가 가지고 있는 미신적 감정
과, 수학이 가지고 있는 신비
성을 제거하여, 수학의 기초를
간단명료하게 하려고 노력하
였으며, 기호의 기술을 구사하
여 그 응용을 꾀한 것이다.

그는 수학의 기본문제로서
또 수학 귀납법에 관한 논의,
극한 개념의 해명, 집합론에
있어서 무한집합과 재귀집합
의 구별, 각종의 무한수 상호
간의 부등(不等)에 대한 논증
및 관계 대수에 있어서의 구
조의 관념 등에 대하여 설명
하고 있다. 이런 것을 수학의
기본문제라고는 하지만 상당

수학적 논리학
러셀과 화이트헤드의 공동저작인 《수학 원리》는 수학은
논리적 진리에서 나올 수 있다는 점을 프레게의 기호법을
이용하여 보여 주고자 한 것이었다. 제시한 13쪽은 수학적
논리학을 다룬 부분으로, 분류의 가설을 보여 주고 있다.

히 어려운 전문적인 영역에 관한 것이기 때문에 그런 설명은 생략하지만, 요컨
대 그는 이 책에서 종래에 생각하였던 패러독스 문제를 수학의 기본적인 이론
속에서 해결하려고 했던 것이다. 여기에 이르면, 이것은 단순히 수학만의 문제
가 아니고, 철학 문제이며 또 과학에 대하여도 큰 의미를 갖는 것이었다.

어쨌든 이 《프린키피어 마티마티커》는 합작이기는 하여도 찬란한 업적으로,
아마 인간의 두뇌가 만들어 낸 최고의 걸작 중 하나이며, 러셀이 다년간에 걸
쳐 전력투구한 에너지의 결정이었다. 이 방면의 권위자였던 독일의 라이헨바하
가 미국의 캘리포니아 대학에서 러셀과 동료로 있을 때, 러셀을 찾아와 "나는
수학적 귀납법의 새로운 이론을 생각하였다. 그것은 초한(超限) 귀납법이라는

것이다"라고 의기양양하게 말했다. 그런데 러셀이 "그것은 《프린키피어 마티마티커》에 이미 충분히 설명되어 있어"라고 말하자 실망하였다고 한다. 그가 살펴보았더니 정확하게 적혀 있었다.

《프린키피어 마티마티커》의 완성 후에 러셀은 케임브리지의 수학자 하디에게, 참 이상한 꿈을 꾸었다고 말했다. 그 꿈의 장소는 케임브리지의 대학도서관, 때는 200년 전, 어느 조교가 양동이를 들고 와서 도서관 안을 돌아다니며 장서 가운데서 가치가 없어 버리기로 된 책을 마구 그 속에 집어넣고 있었다. 러셀이 보고 있는데, 그 조교는 《프린키피어 마티마티커》의 현재 보관되어 있는 유일한 복사본을 쥐고 버릴까 말까 망설이고 있었다. ……여기서 러셀은 잠에서 깨어났다. 이 꿈은 무엇을 의미하는 것이었을까.

토론과 서평으로 날을 지새며

러셀은 논리·수학자로서 훌륭한 업적을 완성하였다. 그의 생애의 광범한 업적 가운데서 특히 논리학과 수학의 업적이 주목을 받는 것은 이 《프린키피어 마티마티커》를 완성하였기 때문이다.

러셀 가족은 《프린키피어 마티마티커》 집필 중에 옥스퍼드 교외의 버글레이 우드로 이사를 하였는데, 이것은 그의 친척인 그리스 문학을 하는 길버트 말레이의 권유에 의한 것이었다. 그러나 그가 이주한 중요한 이유는 옥스퍼드에 있는 관념론 철학자들과 토론을 하기 위한 것으로 여겨진다. 당시 옥스퍼드에서의 관념론은 "떠오르는 해 같은 기세로 눈부신 광채를 발하여, 그 때문에 중천에 떠 있는 별들은 모조리 빛을 잃은 상태였다"고 한다. 경험철학자 러셀에게 옥스퍼드는 바로 공격을 해야 될 일대 아성이었던 것이다.

러셀이 옥스퍼드 대학에서 벌인 토론 한 토막을 소개한다. 바리올 칼리지의 J.A. 스미스라는 관념론자가 "진리란 절대자의 여러 관념으로 이루어진다"고 말한 것에 대하여 그는 "그럼 절대자가 내 머리칼을 생각해 주지 않으면, 나는 대머리가 되겠네"라고 반박하였다. 또 코파스 칼리지의 실용주의의 대표자는 F.C. 실러에게 그는 "실용주의의 진리란 우세한 군대를 가진 쪽을 편드는 철학이다"라고 단정하기도 했다. 러셀은 이런 토론을 즐겼던 것 같다.

러셀은 또 《프린키피어 마티마티커》를 집필할 때 바쁜 시간을 할애하여 많은 논문과 서평을 썼다. 이 무렵에 쓴 약 40편의 논문 중에서 특히 중요한 것은 기호이론과 진리의 개념에 대하여 기술한 것으로, 초기의 산문 스타일의 모범이라는 평가를 받은 《자유인의 신앙》(1902)이다. '메피스토펠레스는 서재에 있는 파우스트 박사에게 천지창조의 역사를 다음과 같이 말했다……'는 문장으로 시작된 이 책은 그의 인생관을 문학적으로 표현한 것으로, 독자로 하여금 아름다운 이 글에 감탄을 자아내게 한다. 이것이 논리학·수학으로 불후의 업적을 세운 사람의 문장인가, 어리둥절하게 하기에 모자람이 없다. 이 가운데 한 대목을 보기로 하자.

'우리 자신의 이상을 기도하기 위한 전당의 설계도는 슬픔으로부터 멀리 떨어진 곳에, 변화에 대한 공포로부터 멀리 떨어진 곳에, 실패나 현실 세계에 대한 환멸로부터 멀리 떨어진 곳에, 공상의 세계 속에, 음악 속에, 건축 속에, 근심이 없는 이성 왕국 속에, 그리고 또 아름다운 빛이 번쩍이는 서정시라는 황금의 석양과 마술 속에, 끊임없이 모습을 드러낸다…….

이 전당에 들어오기 전에 어두운 동굴을 지나오지 않으면 안 된다. 그 동굴의 문은 절망이었으며, 그 바닥은 버림받은 희망의 묘석으로 깔려 있다. 거기에서 자아는 망하고, 거기에서 제멋대로 된 욕망은 묻어 버려야 된다. 그러나 동굴에서 나오면 자제의 문이 있고, 거기를 빠져 나가면 다시 지혜로운 밝은 곳으로 나간다. 반짝이는 그 빛으로 새로운 통찰, 새로운 희열, 새롭고 우아한 빛을 발하여 순례의 마음을 격려하고 위로한다.'

여기에는 성서에 비교할 만한 그의 인생 교훈이 시적(詩的)으로 그려져 있을 것이다. 그런 의미에서 그는 또 문학적 소질을 가졌다고 할 수 있지 않을까.

이런 논문과 서평은 〈마인드〉지나 그런 종류의 전문적 간행물에 게재되었다. 또 〈마인드〉지의 편집장은 독일어나 프랑스 어나 이탈리아 어로 쓰인 철학의 문헌이 도착하여 아무도 모르면, 반드시 그것을 러셀에게 보내기로 하였다. 러셀은 곧 그것을 철저하게 비평하는 글을 써 보냄으로써 관계자들을 감격하게 하였다.

그 대신 그는 서평을 할 때에 기탄 없는 평론가로, 언제나 통렬한 비평을 하며 용서가 없었다. 그에게 비평을 받으면 영원히 잊지 못할 정도로 치명적인 타격을 받았다고 한다.

그것은 항상 러셀이 그 진술이 진실인가 허위인가라는 것에 대한 진지한 지적 솔직성 때문이었다. 이 점에서 러셀은 늘 버너드 쇼와 비교된다. 두 사람을 비교하여 보면 러셀이 훨씬 미묘하고, 쇼는 통절한 느낌을 주었다고 한다. 쇼가 물구나무서기를 좋아했다면, 러셀은 공중제비를 하고 다시 땅바닥에 발을 딛는 것을 좋아한 것이라 한다. 재미있는 비교가 아닐까.

귀족이면서 하이칼라

이 무렵 러셀 부부의 생활은 아마 이상적인 생활이었을 것이다. 그는 쾌적한 전원의 별장에 살면서 오전에는 작업에 몰두하고, 오후는 토론과 산책을 즐겼다.

러셀은 여행을 좋아했다. 그는 자주 대학으로 가서 펠로즈 가든에 앉아 늦도록 거기에 머물며 버들잎 너머로 저물어 가는 저녁놀을 바라보는 것이었다. 화이트헤드 부부나 웹 부부를 찾아가기도 하고, 피렌체의 버너드 베렌슨 집에 가서 묵으며, 화랑을 돌아다니기도 하였다. 베렌슨은 러셀의 미술작품에 대하여 흥미를 환기시켜 보려고 했으나 그다지 효과는 없었다. 왜냐하면 러셀은 시각적 감상에 민감하기보다도 청각적 감상이 훨씬 더 낫고 특히 서정시에 흥미를 가지고 있었기 때문이다. 러셀은 셸리의 작품과 셰익스피어의 소네트나 브레이크 같은 긴 시구를 언제나 암송하였다.

다음으로 러셀의 사생활에서 재미있는 성격을 말한다. 그것은 그의 복장이다. 그는 항상 단정하였다. 그의 사진을 보면 잘 알 수 있지만, 그의 복장의 특색은 칼라였다. 곧 언제나 풀기가 빳빳하고 하얀 윤기가 있었다. 게다가 예전엔 없었던 하이칼라로 턱을 가려 버릴 정도로 높은 것이었다. 그는 이 점에서 '신식 신사'였다. 도보 여행(그는 자전거 여행도 좋아했다)을 하는 낮에는 부드러운 칼라를 했으나, 밤이 되면 어느 벽촌의 작은 숙소에서도 하이칼라로 단정한 모습을 갖추었다. 여기서도 그의 빈틈없는 성격이 나타나고, 이것 역시 청교도적인 가정교육의 결과가 아닌가 싶다. 그렇다 하더라도 귀족 러셀과 하이칼라, 재미있는 결합이 아니겠는가.

또 한 가지, 그는 언제나 한꺼번에 네 잔의 차를 마시고, 찻잔을 두 손으로 들고 손을 녹이는 버릇이 있었다는 것을 덧붙인다. 이 버릇은 그의 친구들 사이에 널리 알려져 있었다고 한다.

6 케임브리지의 강사가 되다

하원선거에 입후보

러셀은 《프린키피어 마티마티커》의 집필 중에도 서평 외에 시간을 쪼개어 정치에도 관계하였다. 그는 당시 '계수회(係數會)'라는 토론 그룹에 가입하였다. 이 모임 명칭은 회원 각자가 일치 협력하여 능률을 높이자는 의미를 가진 것이었다. 역사가로서 유명한 H.G. 웰스도 그 멤버의 한 사람이었다.

1907년 당시 서른다섯 살의 러셀은 타고난 정치적 성격을 드러내기 시작하였다. 그것은 런던의 윔블던 선거구의 하원 보궐선거가 있을 때였다. 이때는 보수당의 독주가 되기 쉬운 기색이 짙었다. 자유당 정책의 가장 중요한 것은 자유무역에 관한 것이고, 러셀은 이 자유무역을 옹호하는 선동에 자극되어, 마침내 입후보를 결심하고 자유당도 이것을 강력히 지원하였다. 그의 경쟁 상대는 당시의 보수당 당수인 헨리 채플린이었다.

이 당시 선거운동은 공중 앞에서 연설을 하는 것으로, 러셀도 그 응원자도 연단에 서서 여성의 참정권이 중요하다는 것을 역설하였다. 그러나 선거 결과는 러셀의 참패로 끝났다. 이윽고 1910년 5월 《프린키피어 마티마티커》의 작업이 대체로 끝나자, 러셀은 이번에는 의회의 정식 의석을 얻기 위하여 지난번보다 더 본격적으로 활동하여 자유당 공인후보의 지명을 받으려고 했다. 그러나 그는 교회에 가지 않는 무신론자라고 하여, 이 공인 경쟁에서 제외되었다. 이때 러셀이 정계로 들어가 정치 활동을 본격화했다고 하면 어떠한 역사가 만들어졌을까.

여기에서 러셀을 둘러싸고 이런 얘기가 있다. 자유당을 지지하는 사람들에게 새로 작위를 주어 자유당의 다수 지배를 확보하자는 제안이었다. 그리고 러셀에게 작위를 수여하는 게 어떻겠느냐는 사람이 있었는데, 러셀은 자기가 작위를 받기로 한다면 '얼빠진 머저리경'이라는 칭호를 고르겠다고 하여 함께 있는 사람들을 어리둥절하게 했다.

러셀은 젊어서부터 선거운동을 하게 될 때까지 사진을 보면 알 수 있듯이 아주 훌륭한 갈색 수염을 기르고 있었다. 당시 그는 런던의 아리스토텔레스협회 회장을 하고 있었는데, 언젠가 그 협회의 모임이 있을 때, 어디에 회장인 러셀이 있는지 알지 못하였다. 그도 그럴 것이, 그의 훌륭한 콧수염이 완전히 사라져 딴사람이 되어 있었기 때문이다. 이 콧수염을 둘러싸고 일설에는 이런 일화가 있다. 그가 콧수염을 가위와 면도로 깎도록 한 것은 자유당 의원 필립 모렐 부인의 권유에 의한 것이었다고 한다. 그의 콧수염을 깎게 한 모렐 부인은 대체 어떤 여성이었을까.

모렐 부인은 옥스퍼드에서 좀 떨어진 거싱턴에 별장을 가지고 있는 사람으로, 포트랜드 공작과 연고가 있는 귀족 출신이다. 부인은 키가 큰 데다 화려한 의상을 좋아하여 어디를 가나 사람들의 이목을 끌었다. 게다가 박식하고 예술적 감상력도 지니고 있었다. 부인은 다른 사람의 능력을 인정하고, 그것을 권장하여 활기에 넘친 인사들을 한자리에 모으는 데 힘썼다. 부인은 러셀과 친교가 있고, 뒷날 제1차 세계대전 때에는 거싱턴에 은신처를 제공하는 역할을 하게 된다.

다시 트리니티 칼리지로

1910년 10월 러셀은 《프린키피어 마티마티커》의 작업을 끝냄과 동시에 논리학과 수학기초론의 강사로서 케임브리지 대학의 트리니티 칼리지로 돌아왔다. 그 대신 화이트헤드는 러셀이 돌아왔을 때 케임브리지를 그만두었는데, 이듬해에는 무어가 역시 강사로 복귀하였다.

러셀의 강의는 '수학적 논리학'에 관한 것으로 이 강의에는 세 사람밖에 나오지 않았다. 그러나 이 세 사람 모두 장래에 철학과 수학 방면에서 유능한 학자로 성장해 갔다. 그는 "내 제자는 100연구원의 자격을 땄다"고 자랑스럽게 말하였다. 케임브리지 대학은 러셀, 무어 다음에 비트겐슈타인이 가담하여 그 뒤 오랫동안 현대철학을 지배하는 운명을 짊어진 세 사람의 철학자가 모였던 것이다.

러셀에게 있어, 비트겐슈타인과의 접촉은 그의 사상 발전을 위하여 크나큰 의의가 있었다. 비트겐슈타인은 어떤 사람이었던가. 그는 유복한 오스트리아 청년으로 항공학이라는 새로운 학문을 닦기 위해 맨체스터 대학에 연구생으로 와서 공학을 공부하는 동안에 수학에 흥미를 느꼈다. 그래서 수학의 원리를 알고 있는 학자는 없을까 하고 알아보다가 러셀이라는 이름을 듣게 되었다. 그래서 그는 러셀의 강의를 듣고 그 지도를 받기 위하여 케임브리지를 찾아온 것이다.

비트겐슈타인은 어떤 의미에서는 천재이고, 어떤 의미에서는 기인이었다. 러셀은 그가 단순한 기인인지 어쩐지 알 수가 없어 무어에게 물어 보았다. 그러자 무어는 이 사나이는 장래성이 있어 보인다고 말했다. 그 이유를 묻자 무어는 "강의 중에 이해가 되지 않는다는 표정을 짓는 것은 그 사람뿐이니까 말이야"라는 유명한 대답을 하였다. 비트겐슈타인은 논리학과 철학에 관해 독창적인 연구를 하여, 초기의 '논리실증주의'(과학의 여러 명제와 이론을 기호논리적인 기술을 사용하여 해명하고, 철학으로부터 애매모호한 성

서른다섯 살 때의 러셀
하원의원에 입후보하려 했으나 무신론자라는 이유로 좌절되었다.

질을 제거하려는 일)에 대하여 깊은 영향을 주었다.

그는 다음에 무어의 뒤를 이어 철학교수가 되고, 오늘날의 이른바 '분석 철학'(특히 일상언어 학파)을 성립시켰다. 러셀은 이 일상언어 학파적 분석에 비판적이기 때문에 이 두 사람은 다음에 사상면에서 몹시 소원하게 되었다. 그래서 러셀은 독자적인 철학의 견해를 심화시켜 갔다.

러셀이 1910년대 철학상 견해를 체계적으로 나타낸 것은 《철학의 모든 문제》(1912)와 《외계의 인식》(1914)이다. 여기에서 논리의 모든 법칙을 사물 그 자체의 법칙으로 보는 견해를 제시하고, 관념론에 반대하기 위하여 소박한 형태에서의 실재론의 경향을 나타냈다. 곧, 그는 사물을 인식하는 가장 확실한 것을 경험적 인식이고, 이 경험적 인식에서 출발하여, 세계의 존재를 알기 위해서는 사실 존재의 배후에 있는 형이상학적인 모든 개념을 제거하고 대들어야 한다는 것이다. 이것이 그가 말한 '오컴의 면도날'(형이상학적인 모든 개념을 제거해야 된다는 격언을 남겼다)이라는 방법이다.

러셀은 관념적 입장과 실재적 입장을 새로운 각도에서 고쳐 해석하려고 한

것이다. 바꾸어 말하면, 우리의 지식과 물리적인 세계를 결부시키려는 것이었다. 이와 같은 방법에 의하여 철학과 과학이 상호간에 서로 관계를 가지고 전진해 갈 수 있는 것이고, 그런 의미에서 그는 이 방법으로 근대과학의 발달을 촉진시켰다고 할 수 있는 것이다.

로웰 기념 강연

철학의 모든 문제에서 인식상의 저작은 1914년으로 예정되어 있던 하버드 대학*4에서의 로웰 기념 강의를 위하여 준비된 것이었다.

러셀은 이 강의를 예행 연습하는 셈으로 이해 초에 먼저 케임브리지 대학에서 시도해 보았다. 이때의 청중은 60~70명이나 되어 교실과 옆방을 연결하는 겹문을 틀 정도의 성황을 이루었다. 처음에는 이렇게 인원이 많은 강의를 한 적이 없기 때문에 당황하였으나, 재치있는 농담을 써 가면서 강의가 궤도에 올라 잘 진행되었다. 이 예행 연습으로 자신감을 얻은 그는, 하버드 대학에서의 강연에 대단한 성공을 거둘 수 있었다.

러셀의 로웰 강의는 3월부터 4월에 걸쳐 이루어졌는데, 이와 병행하여 그는 또 하버드 대학에서 기호논리학 수업도 하였다. 그리고 강의를 마친 뒤에 그는 학생들을 다실로 불러, 그들과 허물없이 토론을 하였다. 그에 따르면 이 수업에 나온 학생 가운데 특히 유능한 두 사람이 있었다. 그 한 사람은 다음에 철학교수가 된 데모스이고, 또 한 사람은 T.S. 엘리엇이었다.

엘리엇은 처음에 기호논리는 실제의 세계와는 관계가 없다고 생각하였으나, 차츰 기호를 구사하는 것이 즐거웠다. 그와 동시에 러셀에게 끌려갔다. 그것은 당시 미국의 대학 철학교수들 대다수가 독일의 교수들처럼 심오한 모습을 보이기 위해 초연한 자세를 취한 데 비하여, 러셀은 격식을 차리지 않아 접근하기 쉬웠기 때문이다. 러셀과 엘리엇의 교유는 이렇게 시작되었다.

러셀이 강의를 마치고 영국으로 돌아가고 나서, 이번에는 엘리엇이 유럽으로 왔다. 그리고 어느 날 두 사람은 우연히도 대영박물관에서 가까운 노상에서 뜻밖에 딱 마주쳤다. 그래서 두 사람은 벨리 거리에 있는 러셀의 집으로 함께 갔다. 러셀의 그에 대한 우정은 여기에서 또 나타났다. 그것은 엘리엇 부

---

*4 미국 매사추세츠 주 케임브리지 시 소재.

부가 가난하였기 때문에 러셀은 철학적 서평을 쓰는 일거리를 찾아주고, 그 다음에는 마로라는 곳에 별장을 빌려 그들 부부가 살도록 배려해 준 것이다. 엘리엇은 때때로 러셀에게 자기의 시를 낭독하여 들려 주었는데, 그의 시가 훌륭한 것을 최초로 인정한 사람이야말로 러셀이라고 할 수 있다.

엘리엇의 시가 보여 주는 시심 속에 러셀과의 대화에 시사되어 있는 사상이 깃들어 있는 것은 이 때문이다. 역으로 러셀의 사상 속에 엘리엇의 시심이 들어 있는지도 모른다. 어쨌든 러셀과 엘리엇이 어떤 형태로든 결부되어 있다는 것을 알 수가 있다.

별거에 들어감

이제까지 러셀은 아무 불편 없는 생활을 하여 왔다. 그것은 그가 독창적인 사색을 하는 데 필요한 외적인 환경을 갖추고, 그가 서재에서 아무에게도 구애(拘礙) 없이 공부할 수 있도록 가정 살림을 잘 꾸려 온 앨리스가 있었기 때문이다. 앨리스가 있음으로써 러셀은 훌륭한 업적을 쌓을 수 있었던 것이다. 그러나 이 이상적인 생활이 차츰 변화되어 갔다.

그것은 러셀이 1901년 무렵부터 결혼이라는 것에 대한 사고방식에 변화가 생겼다고 말할 수 있을 것이다. 이것에 대하여 러셀 부부와 친분이 있었던 웹 부인은 두 사람 사이가 '어딘가 이상한 느낌이 든다'고 말하였다. 또 웹 부인은 당시의 일기에 그들 부부의 관계에 '각박하고 무리한 데가 있다'고 적었다. 생각해 보면, 러셀의 빠른 두뇌 회전과 앨리스의 착실한 퀘이커적인 사고방식 사이에는 어쩐지 잘 어울리지 않은 데가 있는 것 같았다.

게다가 이 무렵 러셀의 형인 프랭크가 소문이 아주 나쁘게 났다. 프랭크는 옥스퍼드에서 불교인이 되어 바리올 칼리지에서 추방당하고, 소송과 사업의 부진 등으로 거의 파산 상태에 있었다. 그 때문에 남의 말을 잘하는 호사가들은 프랭크를 '고약한 백작'이라고 불렀다. 이런 사정으로 세상 사람들이 러셀 형제를 이상한 눈으로 바라보는 것은 당연했다.

보통 세상 사람들처럼 체면을 차린다든가, 타협하는 것을 싫어하는 러셀이기 때문에 그는 이런저런 고뇌를 하면서도 독자적인 행동을 취하게 된 것으로 생각된다. 러셀과 앨리스는 처음에는 서로 자제하며 겉으로 체면을 세웠지만 한번 뒤틀린 관계는 본래대로 되돌리기가 대단히 어려웠다. 마침내 두 사람은 1911년(《프린키피어 마티마티커》 작업이 거의 끝났을 때) 별거에 들어갔다. 그리고 이 별거생활은 10년간이나 계속된 것이다.

앨리스와 별거 후 러셀의 인생은 파란 많은 생활이 시작되며, 이로부터 3년이 지나서 제1차 세계대전이 일어나게 된다. 그리고 거기에서부터 러셀은 사상적으로 새로운 모습을 형성하여 갔다.

제2장
세기의 사상가 그 이론과 실천

1. 제1차 세계대전과 사상의 전환

논리학에서 정치학으로

러셀의 한 세기에 걸친 거대한 사상은 그가 마흔두 살인 1914년을 경계선으로 하여 크게 둘로 갈라진다. 바꾸어 말하면 러셀이 하버드 대학의 기념강의를 마치고 영국으로 돌아온 지 불과 몇 달 뒤에 일어난 제1차 세계대전이 그의 생애를 크게 둘로 갈라놓은 것이다. 아는 바와 같이 1914년 6월, 오스트리아 황태자의 사라예보 암살사건은 발칸의 위기에 불을 붙인 도화선이 되어, 다음달 말에 오스트리아가 세르비아에 선전포고를 함으로써 제1차 세계대전은 막이 오른 것이다. 영국의 선전포고는 그해 8월 4일이었는데, 그날 저녁때 러셀은 트라팔가 광장에서 이상한 체험을 하게 된다. 그것은 인간의 생명과 재산이 크게 파괴될 위험한 상태에 놓이게 되었는 데도 불구하고 국민들은 전쟁이라는 걱정스러운 사태를 오히려 환호성을 지르며 환영한다는 사실이었다.

러셀은 영국 경험철학의 입장에 선 전형적인 합리주의 지지자이다. 그는 빅토리아 여왕 시대에 특유한 낙천주의를 그 기초로 삼은 것이다. 그러나 적어도 대전이 일어난 후 자기의 사상에 많은 오류가 있고, 인간이라는 것은 자기가 믿고 있는 것처럼 합리적이 아니라는 것을 알았다. 그는 "나의 생애는 제1차 세계대전을 전후하여 두 시기로 나뉘게 되었다. 이 전쟁은 나의 많은 편견을 떨쳐 버리고, 새로운 많은 기본적 문제에 대하여 생각하도록 하였다"고 회상하고 있다.

러셀은 그래서 이와 같은 현실의 사회적 움직임과 인간의 어리석은 행동의 원인을 냉정한 관찰과 분석에 의하여 살펴보려고 생각하였다. 그는 제1차 세계대전을 계기로 하여, 이제까지의 수학과 논리학의 연구로부터 새로운 정치적,

사회적인 문제 연구로 그 관심의 중점을 옮겨 갔다. 애초부터 그는, 그 뒤에도 논리학과 추상수학을 모두 버린 것은 아니다. 그러나 그의 연구 초점은 차츰 정치적인 문제로 전환시켜 간 것이다. 그것이 그가 말한 '논리학에서 정치학으로'라는 말로 표현한 사상적 전환인 것이다. 이 때에 러셀은 마흔두 살로서, 일반적으로 이 때는 불혹의 나이로서 정착하는 시기가 된다. 그러나 그는 앞으로 새로운 연구과제를 향하여 새 출발을 하였다. 이것이 그가 위대하다는 점이다.

러셀은 대전이 일어났을 때, 처음에는 절망과 공포 때문에 "이런 시대에 살고 있다는 것은 완전한 지옥이나 마찬가지이다. 1914년이 되기 전에 죽어 버렸으면 좋았을 텐데"라고 말하며, 또 어딘가에 가서 은둔생활이라도 하고 싶다고도 하였다. 그러나 사상적 전환을 결심하고 나서는 "나는 이제야말로 전 인격을 바쳐 해야 될 일을 발견하였다. 이 일에 종사하는 때만큼 아무 주저도 없이 온 정성을 기울일 수 있는 것은 없었다"고 회고하였다.

그래서 그는 소극적인 태도를 떨쳐 버리고, 한창 부풀어오른 세상의 전쟁 기분을 상대로 겨루며 감연히 적극적인 반전운동에 돌입하게 된다. 여기에서 그는 일찍이 펨브로크 저택에서 작은아버지 로로가 즐겨 부르던 찬송가의 일절을 회상하였다.

'그대는 나쁜짓을 하는 군중에게 휩쓸리지 말라
무엇보다 소중한 것은 강한 의지이니라.
사람들의 환심을 사는 사악한 의지와 싸우고
군중의 부르짖음에 반항하기 위하여
또 정의를 배반한 왕후 폭군의 비뚤어진 의도를 분쇄하기 위하여'.

징병반대 운동과 거싱턴 그룹

이때 영국은 지식계급을 포함한 대다수의 사람들이 독일에 대하여 적개심을 불태우며 독일을 패배시키고야 말겠다는 의욕에 넘쳐 있었다. 그런데 러셀은 그런 것에는 구애받지 않고, 자신의 신념에 의거하여 전쟁반대 운동을 펴나갔다.

러셀은 먼저 다른 평화주의자와 협력하여, 평화주의 홍보를 위한 주된 조직인 '징병반대동맹'(약칭 NCF) 위원회 멤버가 되고, 이 반전동맹의 중심 인물로서 활약하게 되었다. 그런데 이 무렵 평화주의 입장에서 징병 반대를 주장한 NCF의 사람들 외에, 그다지 적극적은 아니지만 양심적으로 징병 거부를 주장하다 사교계에서 외면당한 그룹이 있었다. 그것은 '블룸즈버리그룹'이라고 하여, 전쟁 중에 징병을 피해 모임을 가졌다. 이 그룹의 집회를 주최한 사람이 앞에서 언급하였던 모렐 부인이다.

모렐 부인은 매주 목요일에 이 그룹을 런던의 자기 저택으로 불러들였다. 손님들은 2층의 큰 거실에 모여 부드러운 불빛과 현대식 회화에 둘러싸여 담소도 하고 실내악에 귀를 기울이며 춤을 추기도 했다. 또 옥스퍼드의 근교에 있는 거싱턴 별장에는 필립 모렐의 농원이 있어, 몇 명의 징병 거부자들이 이 농원에서 일하는 것으로 병역을 면제받고 있었다. 이 저택에서도 파티가 열려, 런던의 모렐 저택의 모임보다도 더 성황을 이루었다.

러셀은 다른 평화주의자와 마찬가지로 이 거싱턴그룹의 단골 회원이었다. 그 중에서도 주목받는 중심 인물이었다. 이 가운데는 유명한 문필가인 헉슬리도 있었고, 또 때로는 총리나 장관들도 온 적이 있었다. 이런 방식으로 러셀은 반전운동을 펴 나갔는데, 그의 도발적인 활동은 차츰 영국 사람들의 자존심을 거슬리게 하였다. 케임브리지 대학에서도 그의 행동을 좋지 않게 생각하게 되어, 맥태거트를 비롯한 많은 선배들도 그에게 적의를 품기 시작하자 그의 케임브리지에서의 지위마저도 위태롭게 되었다. 그러나 그는 그런 것에 전혀 신경 쓰지 않았다.

그런데 1916년에 이 거싱턴그룹과 관계가 있는 하나의 사건이 터졌다. 그것은 어네스트 에베레트라는 징병 거부자가 체포되어 중노동 2년의 판결을 받게 된 일이다. 이 일을 NCF는 묵묵히 보아 넘길 수는 없었다. NCF는 신속히 여기에 항의하기 위하여 팸플릿을 만들어 배포하였는데, 이번에는 이것이 불온 문서라고 하여 돌린 사람이 단속을 당하게 되었다. 그래서 러셀은 '내가 팸플릿의 필자이고 책임자이다'라는 투고를 〈타임스〉지에 보냈기 때문에, 6월 15일 러셀은 런던 시장 관저에서 재판에 회부되었다.

재판에서 러셀은 스스로 자기의 정당성을 변호하는 발언을 하였다. 그의 논리는 매우 파괴적인 것이었기 때문에 그의 변론과 공판기록은 정부의 손으로 발행이 금지되어 버릴 정도였다. 그의 노력에도 불구하고 유죄가 인정되어, 벌금 100파운드가 부과되었다. 그러나 그가 입은 타격은 이것으로 끝나지 않았다. 왜냐하면 이 사건이 계기가 되어 평소에 러셀의 언행에 대하여 못마땅히 여겨 온 케임브리지 대학 트리니티 칼리지는 그 해 7월 11일 그를 강사 자리에서 정식으로 해임시켜 버렸다.

어지간히 강인한 성품의 러셀도 모교로부터 외면당한 것에는 굉장히 충격을 받았다. 설마 하는 생각을 가지고 있었기 때문이다. 그러나 이만한 일로 주저앉을 사람이 아니었다. 예전보다 한결 더 그는 반전운동을 계속하였다.

사회 재건의 원리

러셀은 전쟁이 가장 치열했던 1916년(그가 거싱턴에서 사건을 일으킨 해)에 일련의 강연 초고에 손을 대어 이것을 출판하기로 했다. 이것이 러셀을 연구하는 사람이면 누구나 읽는 《사회재건의 원리》라는 책이다.

이것은 그가 인간의 활동은 반드시 어떤 충동이나 욕구에서 비롯된다는 정치철학을 밝히기 위하여 쓴 것이다. 그는 전쟁의 원인을 정치적 곧 객관적 조건임과 동시에, 인간성에 숨겨진 심리적 곧 주관적 조건이며 또한 인간의 충동이야말로 그 궁극적인 것이라고 생각하였다. 그는 전쟁을 매개로 하여 인간 활동의 기초인 충동을 분석하려고 한 것이다.

러셀은 인간의 충동을 '소유적 충동'과 '창조적 충동'으로 나누었다. 전자는 다른 사람으로부터 무엇인가를 빼앗지 않으면 자기의 욕구를 만족시킬 수 없는 충동으로, 자본가의 충동이 이것을 대표한다. 이것에 대하여 후자는 자기와 다른 사람의 생활을 발전시켜, 그것이 없으면 누구나 생활을 음미할 수 없는 무엇인가를 설정하는 충동으로, 예술가의 충동이 이것을 대표한다고 생각하였다. '소유적 충동'은 그 자체가 나쁜 것은 아니고, 영국의 명예 혁명이나 프랑스대혁명 또는 러시아혁명은, 거기에 격렬한 생명력이 넘친 충동이 숨쉬고 있는 것이다. 역사는 이와 같은 힘에 의하여 추진된다. 그러나 이 힘이 사회를 파괴하는 방향으로 작용할 때, '소유적 충동'은 그릇된 활동을 전개하는 것이다.

따라서 중요한 것은 이 충동이 건설이나 사회개조의 방향으로 돌려질 때, 그것은 '창조적 충동'으로 발동한다. 그리고 이 '창조적 충동'이 지성이나 양식과 결부할 때에 학문, 예술, 종교의 빛나는 전당이 지어지는 것이다. 러셀은 이처럼 생각하고, 현대사회가 불행하게도 권력과 부정 위에 구성되어 있기 때문에 무력한 상태를 드러내고 있는 것이므로 인간성의 개선을 통하여 사회를 개선하지 않으면 안 된다고 주장한 것이다.

이와 같은 취지의 강연 내용이 하필이면 전쟁이 가장 치열한 시기에 출판되었다는 것은 평범한 일이 아니었다. 그런데 평화주의를 자처하고 나선 발행인 스탈레이 안원이라는 출판계 거물이 러셀의 전시 논문을 몇 편 읽어보고 완전히 감동하여 이 논문들을 한 권의 책으로 낼 만한 자료가 있는가를 러셀에게 문의한 결과, 그로부터 곧 《사회재건의 원리》의 원고가 답장과 함께 도착했던 것이다. 이 원고에 출판사의 이사도 대단히 놀랐다. 그러나 발행인인 안원은 기꺼이 이것을 출판하기로 했다.

그래서 러셀은 책을 통하여 민중에게 부르짖으며 인간의 행복을 하소연하게 된 것이다. 그는 이렇게 말하였다.

"나는 황야에서 혼자 부르짖는 소리를 끝내고 싶지 않다. 사람들에게 듣게 하고, 또 대답할 수 있는 소리를 말하고 싶다."

그러나 트리니티 칼리지에서 추방된 러셀에게 영국정부의 태도는 냉혹하였다. 러셀은 하버드 대학에서 강의해 달라는 초청을 받았지만, 영국 외무성은 그에게 미국행 여권 발행을 거부하였다. 또 국내에서 강연을 하려고 해도 맨체스터같이 떨어져 있는 도시는 괜찮지만 런던에서 가까운 곳은 금지구역이라 안 된다고 거절했다. 이렇게 오기를 부리는 태도에 러셀의 반항은 어떠하였던가.

영국 의회에서는 정치가 로이드 조지 등이 러셀의 강연은 명백히 전쟁 수행을 방해하는 것이며, 또 육군의 징병모집에 대하여 중대한 장애가 되고 있다고 생각하였다. 그러나 러셀은 이에 조금도 굽히지 않고 반격하였다.

"이것이 역사이다. 우리는 역사를 만들고 양심을 만드는 작업을 하고 있는 것이다."

이런 불온한 상황에서 마침내 사고가 발생하였다. 그것은 러셀이 NCF의 주간지 〈더 트리뷸〉에 쓴 한 논문에서 발단하였다.

여기에서 그는 미국 파견군을 중상하고, 영국정부에 대한 매도를, 그의 장기인 비아냥거리는 말로 논평한 것이다. 예를 들면 이런 말이 있었다. "영국정부의 머리에는 아마 생각 같은 건 약으로도 쓰려 하지 않고, 당국자는 무지와 감상적인 잠꼬대로 자신을 달래고 있는 것이다"라는 식이었다. 그보다 그를 억압할 수 있는 좋은 핑계를 찾았다고 하는 것이 옳을 것이다.

그래서 1918년 2월에 러셀은 소환되어 보 스트리트에서 재판을 받았다. 검사가 그 논문을 낭독할 때 방청하던 그의 친구들은 배꼽을 뺏지만, 마침내 그는 6개월의 금고형을 선고받았다. 그는 항소를 하였으나 5월에 끝내 감옥으로 호송되었다. 그리고 세기의 철학자 러셀의 죄수 생활이 시작된 것이다.

프링크스턴 감옥의 죄수

일찍이 케임브리지 대학에서 철학과 논리학을 강의하던 러셀이 이번에는 죄수 생활을 하게 되었다. 영고성쇠는 덧없는 세상의 일상사라고는 하지만 누가 이것을 상상이나 하였겠는가.

그가 호송되어 감금된 곳은 프링크스턴 감옥이고, 그곳의 감옥등록부에는 '죄인 2917호, 성명 B. 러셀'이라고 적혔다. 프링크스턴에 수감된 러셀의 생활은 어떠하였을까. 그의 독방은 형 프랭크의 아내인 엘리자베스의 옥바라지로 책상과 의자, 침대와 이부자리 등이 갖추어지고 서적이나 꽃도 들여와 불편함이 없었다. 그의 독방은 보통보다 크기 때문에 1주일에 2실링 6펜스의 방값을 치러야 했다.

러셀이 죄수로서 맨 먼저 한 일은 교도소장(헤인스 대위라는 훌륭한 퇴역 군인이었다)과의 면담이었다. "방값을 체납하면 어떻게 되는 겁니까? 혹시 한푼도 내지 못하면 쫓아내는 것입니까"라고 진지하게 물었던 것이다. 그는 옥중의 일과를 작성했다. 그에 따르면 매일 4시간의 철학 저술, 4시간의 철학 독서, 4시간의 일반 독서로 되어 있었다. 볼테르에서 체호프에 이르는 일반 독서와 프랑스혁명에서 티베트 여행기까지이고, 여기에 몇 가지 추리소설이 첨가되었다.

옥중의 러셀 면회는 매주 동시에 세 사람만 인정되었다. 그래서 러셀은 친구 중에서 서로 호흡이 맞을 것 같은 3인조를 고르는 데 고심하였다. 그리고 이런 면회자들이 오면, 러셀은 그들과 뜰의 정자에서 마치 미국의 일등 침대차라도 타고 있는 것처럼 즐겁게 대화를 나누었다고 한다. 이와 같은 러셀의 옥중 생활은 우리의 보통 상식으로는 상상할 수 없는 일이었으나, 더욱 놀라운 것은 그가 이 감옥에서 훌륭한 철학적 저술을 완성하였다는 사실이다.

그가 이 4개월 반의 옥중 생활에서 철학상으로 한 일은 《수리철학 서설》의 집필을 끝냈다는 것과, 존 듀이의 《실험논리학 논집》에 대하여 자세한 서평을 다 썼다는 것이다. 그의 집필과 독서는 옥중에서도 결코 평소에 못지않았다. 당시 교도소장은 옥중에서 외부로 나가는 원고를 모두 검열해야 되기 때문에, 러셀은 교도소장에게 어떻게 하면 《수리철학 서설》을 쉽게 알 수 있게 하는 방법이 없을까 하여 고심하였다. 교도소장도 그것을 열심히 읽고 이해하려고 노력하였지만 결국 손을 들고 말았다. 그리고 이 책은 조금도 파괴적인 내용의 기록이 없다는 보장만 하면 되지 않느냐는 선에서 양해가 되었다. 요컨데 이 교도소장은 직책상 수리철학의 공부를 강요당한 셈이었다.

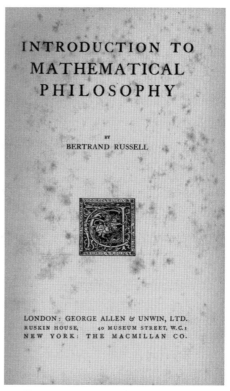

《수리철학 서설》(초판 발행 1919) 속표지 1925년판.

러셀은 되도록 소탈하게 농담을 하였다. 그러나 교도소장은 거기에 놀아나지 않고, 일부러 엄숙한 표정을 짓고 있는 것이 재미있었다. 그는 옥중에서 아무 불편없이 지냈으나, 다만 그의 생애에서 병이 들었을 때 말고는 담배를 피울 수 없었던 것은 이때뿐이었다. 러셀은 이처럼 태평스럽게 옥중 생활을 즐겼지만, 그것은 그의 이런 생활이 곧 끝난다는 것을 알고 있었기 때문인지도 모른다. 그리고 실은 그것이 투옥에 대한 마음의 깊은 상처를 숨기려는 표정 관리였을지도 모른다.

그것은 그가 옥중에서 비밀로 내보낸 편지에, 인간에게 있어 하늘을 우러러 보고 친구와 어울려 다니면서 이야기를 나누는 것이 얼마나 소중한 것인가를 강조하고, 그 문명적인 대화가 그리워 견딜 수 없다고 쓴 데서도 알 수 있다. 저 고독과 고난을 극복해 온 일대의 영웅 러셀도 역시, 우리와 마찬가지로 피가 통하는 인간이었던 것이다.

러셀은 1918년 9월 전쟁 종결을 눈앞에 두고 석방되었다. 옥중 생활은 무엇보다도 러셀에게 인간의 자유가 얼마나 소중한가를 실감하게 한 체험이었다. 그가 감옥을 떠나기 직전에 쓴 글 가운데 다음의 구절은 마치 최상의 에세이라고 하는 《자유인의 신앙》(1902)과도 비길 만한 인간정신의 아름다운 증언의 하나일 것이다.

"심상(心象 ; 이미지)은 하나, 또 하나 나의 뇌리를 스쳐간다. 알프스 산중의 새벽, 눈을 뒤집어 쓴 소나무 향기, 산의 목초지는 아침 안개에 반짝이고 있다. 산에서 내려오면 가르다 호*¹가 보이기 시작한다. 그리고 더 아래에는 미친 집시의 웃음띤 눈매처럼 햇빛을 받으며 춤추고, 번쩍거리며 지중해의 태풍, 짙은 쪽빛 바다, 저 멀리 아득히 코르시카 산들이 햇빛에 싸여 보인다. 동화처럼 환상적으로."

그의 산뜻한 글은 계속된다.

"내 머리 속에는 자유스러운 것, 아름다운 것의 모습이 떠오른다. 육체를 감금하여도 정신이 자유로우면 가두어 놓은 보람이 없다. 나는 이 옥중 생활에서 내 실생활을 초월하여 브라질로, 중국으로, 티베트를 돌아다니고, 또 프랑스혁명을 체험하였다…… 이 마음의 여행을 하는 동안, 내 현실 세계가 지금 갇혀 있는 감옥이라는 것을 까맣게 잊게 되었다. 나는 자유이다. 그리고 세계도 자유롭게 만들지 않으면 안 된다."

러셀이 출옥하고 그로부터 약 2개월 뒤, 11월 11일에 그는 런던 시민이 환희에 날뛰며 미친 듯이 전쟁의 승리라는 역사적 순간을 기뻐하는 광경을 거리에서 맞이하게 되었다.

철학문제 해명을 향하여

옥중에 있을 때 받은 러셀의 심리적 상처는 출옥하자 씻은 듯 사라지고 예전과 마찬가지로 다시 철학의 이론적 해명에 전념하였다. 멈출 줄을 모르는 러셀이다.

첫 작업은 런던에서의 일련의 강연 준비였는데, 이것은 이미 프링크스턴 감

---

*1 이탈리아 바로나 서쪽에 있는 빙하호.

옥에 있을 때부터 시작한 것이다. 이 강연의 기획은 그가 석방된 해에 몇몇 친구들이 사적인 기금을 만들어, 거기에서 러셀이 다시 철학 연구에 몰두할 수 있도록 하기 위해 생각해 낸 일이었다.

그는 옥중에서 인간정신의 자유를 강조하였다. 그런데 인간정신이 자유롭게 되기 위해서는 '정신'과 '물질'의 관계를 문제삼지 않을 수 없었다. 종래의 전통적인 철학에서는 정신과 물질을 완전히 이원적으로 나누어 각기 관념론과 유물론을 성립시키고 있었다. 그러나 러셀은 미국 윌리엄 제임스의 영향 등을 받아 세계는 정신도 물질도 아닌 중립적인 것으로, 정신이나 물질이나 그 구성 요소에 지나지 않는 것이 아닐까 하는 생각을 하였다. 이것은 말하자면 '물심이원론(物心二元論)'에 대하여 '중립일원론(中立二元論)'이라는 철학의 입장이다.

이것은 7년 전에 그가 '외계 인식'에서 물질에 가한 분석을 똑같이 정신에도 가한 것이었다. 그런 의미에서 이 두 저술은 러셀의 인식론 개요를 아는 데 중요한 의미를 갖는다. 그리고 이 사고방식은 장차 《인간의 지식, 그 범위와 한계》(1948)에 나타난 만년의 사상으로 발전되어 간 것이다.

2. 마르크스주의에 대한 찬반

소련 방문

이 무렵부터 러셀의 눈은 유럽에서 세계의 새로운 무대인 아시아로 향하였다. 그렇다, 20세기 문제는 아시아에 있었던 것이다. 우리도 이제부터 광대한 땅을 가진, 젊은 에너지가 약동하고 있는 아시아를 바라보자. 거기에는 소비에트연방(러시아)이 있고 중국이 있으며, 그리고 일본도 있다. 그래서 러셀은 이 나라들을 차례차례 방문한 것이다.

러셀은 전부터 현재의 사회를 유지하고 있는 자본주의 사회체제가 전쟁과 필연적으로 결부된 유력한 원인이므로 이 자본주의를 무너뜨리지 않으면 안 된다고 생각하였다. 그것이 그로 하여금 사회주의에 대한 관심을 갖게 한 것이다. 바로 그 때문에 그가 아직 20대일 때에 두 번이나 독일을 방문하여 이 나라의 사회주의를 연구하였던 것이다. 그때부터 그는 언젠가 반드시 소련에도 가 보아야겠다고 생각하였다.

1917년 10월 소련에서 혁명이 일어나고, 이어서 레닌이 지도하는 볼셰비키 (볼셰비키란 제국주의와 프롤레타리아 혁명시대 마르크스주의를 말하며, 상식적으로는 소련공산주의 이데올로기를 가리킴)가 권력을 장악하게 되었을 때, 러셀은 다른 사회주의자들과 마찬가지로 이 혁명을 열렬히 환영하였다. 이때 그가 다음에 영국노동당의 중진이 된 클리포드 알렌에게 보낸 편지에는 "세계는 날이 갈수록 희망이 늘고 있다. 레닌과 트로츠키만이 그 등불이 되고 있다"고 썼으며, 볼셰비키는 러셀을 기쁘게 하는 데 부족함이 없었다.

러셀이 그 혁명의 과정과 성과를 자기 눈으로 확인하려고 생각한 기회가 얼마 후에 찾아왔다. 1920년 5월, 그는 영국노동당 대표단의 비공식 멤버로서 소련을 방문하게 되었다. 이 일행들이 머무른 기간은 약 1개월이었다. 그들은 특별열차로 각지를 시찰하였다. 그때 그들은 국경이 가까워져 소련 국기가 눈에 들어오자, 대표단 전원이 '인터내셔널' 노래를 합창하기 시작할 정도로 열광적이었다.

러셀은 소련 방문을 통하여 무엇을 알게 되었을까. 그는 일찍이 독일에서 연구한 마르크스주의가 소련(러시아)에서 구체적으로 어떻게 나타나고 있는가를 관찰하려고 했다. 애당초 현재와 같이 종합기술교육에 의하여 몇 차례 건설계획을 수행한 소련과 50년 전에 러셀이 관찰한 소련과는 대단한 차이가 있었을 것이다. 그는 공식대표가 아니었기 때문에 때로는 의례적인 행사에는 참석하지 않았고, 되도록 거리와 농촌으로 가서 일반 민중과 접촉하는 데 힘썼다. 그리고 거기에서 그가 기묘하게 찾아낸 것은 민중의 비참한 가난이었다.

러셀은 피로에 지친 사람들이 국영 빵가게 밖에서 긴 행렬을 지어 배급을 참을성 있게 기다리고 있는 광경을 보았다. 또 다른 대표자와 마찬가지로 일부러 헌 옷을 입고 갔는데, 그들이 곁으로 다가와서 그 복장을 감상하며 만져 보는 모습도 보았다. 이것은 현재의 소련에도 어느 정도 해당되는 일로, 저 광대한 시베리아 대륙의 식량 문제와, 국가 발전의 중점이 기계기술의 진보에 돌려지고 개인적인 생활 조건의 정비에는 손이 미칠 겨를이 없다는 것을 의미한다. 그러나 러셀에게는 이 상황이 강한 인상으로 남은 것이다.

그런가 하면 러셀은 어디를 걸어가 보아도 술에 만취한 자를 볼 수 없다는 것, 또 모스크바에는 비행을 저지르는 자가 전혀 없어 거리가 정연하다는 것을 발견했다. '도덕적으로 질서 있는 도시라는 것이 전체적인 인상이다'라고 하였다. 이 소련의 도덕적 수준은 지금까지도 이어져 온 것이다. 이것은 소련의 교육적 성과가 아닐까.

러셀은 또 소련의 지도자인 트로츠키와 레닌도 만나보았다. 트로츠키는 그에게 매우 좋은 인상을 주었으나, 레닌의 인상은 별로 좋지 않았다. 영국 같은 나라에서는 평화적인 혁명이 가능하다는 것을 아무리 설명해도 그는 전혀 믿으려고 하지 않았다. 러셀은 레닌의 그런 광신적이고 불손한 태도에 몹시 실망하고 말았다. 짧은 소련 방문이기는 하였으나, 러셀은 러시아혁명 직후의 소련 상태를 날카롭게 관찰하고, 거기에 밝은 면과 어두운 면이 병존하고 있다는 것을 알게 되었다.

《볼셰비즘의 이론과 실천》 출간

러셀은 당시의 소련 민중이 물질적으로는 극도로 빈곤한 상태에 놓였다는 것, 그러나 사회적 질서와 정신적인 도덕수준이 높이 유지되고 있다는 것을 알았다. 그리고 또 한쪽에서는 지도자들이 새로운 사회를 건설하려고 노력하고 있는데, 다른 한 쪽에서는 권력을 남용하여 압제와 광신(狂信)으로 지배를 일삼고 있다는 것도 알았다.

그래서 러셀은 거기에 자기가 가지고 있는 철학과 엄청나게 다른 철학이 있고, 마르크스주의가 반드시 이념대로 시행되지 않고 있다는 것도 발견하였다. 소련을 방문한 대표단 일행은 귀국하여, 소련이 얼마나 훌륭한가 하는 예찬을 들으려고 열심히 기다리고 있는 대중의 열광적인 환영을 받고 나서 자기들이 소련에서 본 어두운 기억을 점점 희석하여, 그 보고는 차츰 밝은 면으로 기울어졌다. 그러나 러셀은 소련과 마르크스주의에 대하여 비판적 분석을 신중하게 쓰는 작업에 착수하였다. 이것이 《볼셰비즘의 이론과 실천 The Practice and Theory of Bolshevism》(1920)이다.

러셀은 마르크스주의가 항상 과학적으로 현실사회를 분석하여 모든 희망적인 사고나 낭만주의를 배척해 온 것을 높이 평가한다. 또 역사의 과정을 설명하면서, 역사는 계급과 계급 사이의 투쟁에 의해 발전한다는 '유물사관(唯物史觀)'이 여러 가지 결점을 가지고는 있지만 대단히 중요한 문제를 제공하고 있다는 것 또한 인정한다. 이것은 이 책에서 그가 "나는 사회주의가 세계에 필요하다는 것을 믿고, 또 러시아의 영웅적인 행위는 장래에 사회주의의 실현을 위해 불가결한 방식으로서, 인류에게 희망의 등불을 켠 것이라고 믿는다"라는 말에서도 이해할 수 있다.

이와 같이 러셀은 어떤 면에서는 마르크스주의 가치를 인정하지만, 그와 동시에 냉정하게 다음과 같이 비판한다. 그는 마르크스의 이론체계 속에 헤겔의 변증법적 논리가 이용되고 있다는 것, '계급투쟁론'에 계급의 역할이 편중되어 있다는 것 그리고 '잉여가치론'이 정당하지 않다는 것 등을 지적한다. 그러나 그 중에서도 특히 그가 마르크스주의와 그 철학에 반대하는 최대의 이유는 마르크스주의가 가지고 있는 특유의 공식주의적인 교조주의(敎條主義) 성격이다. 바꾸어 말하면, 마르크스주의의 종교적·메시아적 성격에서 생긴 너그럽지 못한 분위기인 것이다.

러셀은 사회주의 그 자체에 회의적이었던 것은 아니다. 오히려 하나의 신조를 굳게 믿는 나머지 그 때문에 사람들에게 광대한 범위에 걸쳐 비참한 생활을 강요하는 일이 과연 현명한 일인가에 대해 회의적이었을 뿐이다. 그는 또 폭력혁명과 프롤레타리아 독재에 관한 마르크스 이론은 실천에 있어서 많은 폐해가 불가피하다고 생각하였지만, 이 또한 그의 체험을 통해 비관적인 견해를 취하지 않을 수 없었다.

그 때문에 그는 이 책에서 "나는 볼셰비키의 희망적 관측에 찬성할 수가 없다. 이런 희망은 슬퍼해야 할 환상이며, 세계에 장차 몇 세기에 걸친 암흑과 쓸데없는 폭력을 불러들이는 숙명을 짊어진 사고방식이라고 생각한다"라고 썼다. 이처럼 러셀은 분명히 마르크스주의와 볼셰비키에 대해 검찰 쪽 주장과 변호사 쪽 주장을 합친 것으로 보인다. 그는 자유로운 지성이야말로 인간의 진보를 주도하는 힘이라고 믿었다. 그런 러셀이기에 로마교회에 대한 것과 마찬가지로 볼셰비즘에 대해서도 근본적으로 반대할 수밖에 없었을 것이다.

러셀은 말한다.

"공산주의를 고무하는 희망은 대체로 '산상의 수훈'이 가르치는 것과 같을 정도로 훌륭하다. 그러나 전자는 후자에 못지않을 만큼 광신적으로 신봉되고, 또 후자에 못지않을 만큼 해로울 우려가 있다."

이처럼 그는 현실의 공산주의가 그 행동에 있어서 신조에 대한 충성, 종교적 광신에 대하여 본능적으로 두려움과 불신을 갖게 된 것이다.

공산주의는 종교인가

러셀에 따르면 마르크스주의는 교조적·종교적 성격을 가진 것이다. 원래 마르크스주의는 '종교는 아편'이라 하여 배척하고, 사회를 과학적으로 분석하는 이론이었다. 과학적 사회주의를 자처하는 이론, 특히 공산주의는 종교적·메시아적 성격을 갖는 것이라고 생각하는 데에 러셀의 독특한 사고방식이 존재한다.

이와 같이 공산주의(코뮤니즘)를 일종의 종교라고 보며, 그리스도교와 마찬가지로 박해를 정당화하기 위해 사용될 수 있는 종교라고 지적한 최초의 논자는 러셀이다. 그의 최초의 작품인 《독일 사회민주주의》(1896)의 내용에 이미 마르크스주의를 종교라고 불렀다는 데에서도 그의 입장을 이해할 수 있다.

이 사고방식은 볼셰비즘의 이론에 대해 더 철저히 분석하고, 더욱이 뒷날 출판한 논문집 《나는 왜 그리스도 교인이 아닌가》(1957)에서도 볼 수 있는 태도이다. 이 책의 서문에서 그는 다음과 같이 말했다.

"내가 옛날처럼 기성 종교에 대해 반대하는 입장을 취하지 않고 있다는 소문이 근년에 떠돌고 있지만 이는 전혀 사실과 다르다. 나는 세계의 대종교(大宗敎)인 불교, 힌두교, 그리스도교, 이슬람교 및 공산주의는 모두 진실이 아님과 동시에 해로운 것이라고 생각한다."

여기에서도 그가 기성종교에 대해 취한 태도와 공산주의를 종교로서 다루고 있다는 것을 알 수 있다.

사실 러셀은 공산주의의 가장 위험한 모든 특색들이 중세 교회와 흡사하다고 말하였다. 그는 1945년에 출간한 《서양철학사》 가운데 성 아우구스티누스의 철학을 논한 장에서 다음과 같은 대조 사전을 제시하였다. 여기서 성 아우구스티누스는 그리스도교에 합치고, 마르크스는 사회주의에 합쳐 놓았다.

여호와＝변증법적 유물론
구세주＝마르크스
선민＝프롤레타리아
교회＝공산당
재림＝혁명
지옥＝자본가 처벌

천년왕국＝공산주의사회

이 표는 왼쪽과 오른쪽의 정서적 내용을 나타내고, 이같은 정서적 내용은 그리스도교나 유대교의 분위기 속에서 자라난 사람들에게는 매우 익숙한 것으로 이것이야말로 마르크스의 종말론을 사람들에게 믿게 만드는 것이다.

마르크스주의에 대한 이와 같은 반대 이유는 이 철학의 내용도 그렇지만, 오히려 거기에 따르는 교의적(敎義的)·종교적인 분위기에 역점을 두고 있다. 곧 소련공산당을 중세 교회에 빗대어 그것을 받아들이지 않거나 이단시하는 사람에 대해 박해하는 행위를 혹독하게 한 것이다. 이것은 러셀이 영국에 적합한 사회주의는 공산주의가 아닌, 그와 훨씬 다른 것이 아니면 안 된다(이를테면 산업자치제 같은)는 것을 시사하려는 것이기도 했다.

그러나 그의 노력에도 불구하고 《볼셰비즘의 이론과 실천》은 영국 사회주의자들에게 격렬한 반감을 샀다. 그것은 러셀로부터 혁명을 열렬히 찬양하는 의견이 나오기를 많은 친구들이 기대하고 있었기 때문이다. 설사 그의 비판이 정당하다고 해도, 그것은 반동적인 입장에서 소련을 공격하려고 하는 보수주의자들에게 힘을 실어 주는 결과가 될 수 있기 때문이다. 그래서 러셀의 기탄없는 비판을 배신행위라고 생각한 친구들은 차츰 그로부터 멀어져 갔다.

이미 전쟁에 대한 반대 때문에 많은 친구를 잃은 러셀은 이번에는 소련에 대한 비판 때문에 새로 얻은 많은 평화주의자 친구들을 또 다시 잃게 되었다. 글리포드 알렌과의 불화와, 대전 중에 러셀을 옹호하며 의회에서 논진을 펼쳤던 트레벨리언과의 의견 대립도 여기에서 비롯되었다. 그래서 러셀은 이제 자신은 완전히 고립되었다는 것을 실감하게 된다. 러셀은 그렇게 사면초가의 궁지에 몰렸다. 마치 적군에게 포위된 중국의 영웅 항우처럼. 그는 "우(虞)야, 우야, 너를 어찌하리!" 하고 외치고 싶었을 것이다. 그러나 이렇게 고립된 러셀을 우희(우미인)처럼 분발하게 해 준 한 여자가 있었다. 이 여성은 나중에 그의 두 번째 부인이 된 도라 블랙이었다.

도라는 재능도 있고 정력과 활기에 넘친, 당시로서는 매우 파격적인 사고방식을 가진 여성이었다. 도라는 1919년에 연합군의 포로가 된 비트겐슈타인을 만나러 가는 러셀과 동행하고, 이듬해에는 그와 함께 중국으로 간다.

중국의 장래를 내다보며

영국정부 당국자들 대부분이 아직 아무도 중국에 관심을 보이지 않고 있을 때, 러셀은 세계 정세의 추세를 보며 중국이 장차 중요한 나라가 될 것이라는 것을 재빨리 간파하였다. 4억 인구를 가진 중국 대륙은 1911년 신해혁명이 일어났고, 그 이듬해 중화민국으로 새로운 출발을 하여, 1919년에는 5·4운동(제국주의 반대를 외치며 학생·청년이 항의 데모에 나서자, 여기에 전국민이 참가한 민주주의 운동)이 일어나 차근차근 발전해 가고 있었다.

러셀은 중국 문제를, 우선 외부로부터의 침략에 대항하기 위하여 전통적인 생활양식을 버리고, 국력을 충실하게 하지 않으면 안 된다는 것, 다음으로는 과학기술을 발전시키고, 서유럽 공업주의의 모든 폐단을 피해 가야 한다고 생각하였다. 오늘날 중국의 약진상을 볼 때, 우리는 새삼스레 1920년대에 중국의 장래성을 지적한 러셀의 형안에 감탄하지 않을 수 없다.

러셀은 소련 방문을 마치고 돌아오자, 얼마 후 1920년에 도라와 함께 중국을 찾아가 약 1년 동안 강의를 하기 위해 베이징에서 지냈다. 그는 중국에 대해서도 소련과 마찬가지로 그 상태를 세밀히 관찰하고, 그 밝음과 어두움 양면을 고찰하였다. 러셀의 극동 방문의 성과는 《중국의 문제》(1922)로 간행되었는데 이것은 중국 연구에서 빼놓을 수 없는 훌륭한 역작이다. 여기에서 그는 다음과 같이 요약하였다.

"중국은 자기 자신의 능력으로 활로를 찾아야 하며, 외국의 선심에 기대면 안 된다. 그러나 자기의 독립을 지키는 데 충분할 정도로 국력을 축적하는 과정에서 중국은 제국주의로 나서는 데 충분한 힘을 가질 위험성도 크다는 것을 조심해야 할 것이다."

러셀은 이때 중국에 대해서 자본주의니 사회주의니 하는 것보다도 어떻게 하면 공업화를 촉진할 수 있는가 하는 데 중점을 두었던 것 같다. 그리고 이 문제에서, 그는 과학기술과 인간 가치를 존중하는 것을 어떻게 조화시킬 것인가에 대해서, 도라의 협력을 얻어 그 이듬해에 《산업문명의 장래》(1923)를 출판하였다. 도라는 이미 러셀과는 따로 소련을 방문하여 볼셰비즘을 열렬히 찬양하였는데, 러셀과 함께 중국을 방문하여 서로 의견을 교환하며 이 책을 낸 것이다.

러셀은 중국에서 '삼민주의(三民主義)'를 주창하여 오늘의 중국 건설에 기초를 쌓은 선각자 쑨원(孫文)을 닮고 싶다고 생각했다. 러셀은 쑨원이야말로 중국을 구할 수 있는 자유주의자라고 찬양하였고, 쑨원 역시 러셀이야말로 중국을 이해한 유일한 영국인이라고 칭찬하였다. 당시 영국의 중국정책이 몹시 어리석었기 때문에 영국 제국주의를 가차없이 비판한 영국의 귀족 러셀의 방문이 중국인들에게는 감격적인 일이었던 것 같다. 베이징 대학의 학생들은 열광적으로 러셀의 견해를 널리 알리기 위하여 특별히 〈러셀 잡지〉를 발간하였을 정도였다. 다만 그의 종교에 대한 사고방식을 선교사들이 격렬히 비판한 것은 어쩔 수 없는 일이었다.

그러나 러셀의 중국 방문(도라와 함께 약 1년간)에는 예기치 않은 사태가 기다리고 있었다. 그것은 그가 병이 나서 간신히 생명을 건지게 된 일이었다. 러셀은 차가운 베이징의 외풍이 사정없이 스며드는 강당에서 강의를 계속하여 극도로 피로했다. 그런 어느 날 드라이브를 하고 나서 오한이 들어, 그것이 원인이 되어 급성폐렴이 되고 말았다. 그의 병세는 악화되어 몇 주일 동안 위독한 상태가 계속되었다.

베이징 사람들은 위문품을 병원으로 보냈으며, 중국의 명사들 중에는 만일의 경우를 생각하여 옛날 시인묵객들이 놀던 속되지 않은 땅으로 이름난 서호(西湖) 호반에 특별히 묘를 세워, 거기에 러셀을 매장하고 싶다고 하였다. 그러나 러셀은 사경(死境)을 헤매면서도 그 불굴의 용기와 쾌활성을 잃지 않았다. 어느 의사의 말에 따르면, 너무나 쇠약하여 말을 하지 못할 때는 진정 철학자답게 얌전하게 있지만 정신이 돌아오면 늘 농담을 하였다고 한다. 물론, 도라는 입원 중에 쭉 헌신적으로 간호를 하였다.

웃지 못할 일은 러셀이 죽었다는 신문기사가 나와 이것을 믿는 사람도 있었다. 그러나 지극한 치료에 힘입어 생명을 건질 수 있었다. 그 때문에 그는 자기 자신의 사망 기사를 읽게 된 특권을 누렸다. 이렇게 중국 방문을 마치고 일본에 들르게 된다.

일본의 불청객

러셀이 일본을 찾은 것은 그의 오랜 생애 중에서 중국 여행으로부터 귀국길인 1921년 여름뿐이다. 그즈음 일본은 제1차 세계대전 후, 자본주의의 독점화 상황과 다이쇼(大正) 데모크라시 운동이 한창 대립하고 있던 전반적 위기의 시대였다. 그리하여 일본은 점점 국가주의적인 경향이 강해져 군사국가를 향하여 나아가고 있었다. 따라서 당시 일본으로서는 자유주의 사상을 가지고 사회 개혁과 반전론(反戰論)을 부르짖는 러셀의 방문을 달갑게 여길 수 없는 '불청객'으로 생각하였을 것이다.

베이징을 출발한 러셀은 처음에 고베(神戶)에 도착하였다. 그리고 곧 교토(京都)로 가서 호텔에 투숙하였다. 처음 예정은 교토에서 강연회를 열 작정이었으나 경찰에 신고하는 시간이 지나, 호텔에서 교토 대학 교수 등 27명의 학자들과 간담회를 가졌다. 그때에 니시다 기타로(西田幾多郎)는 러셀의 인상을 "그는 사회개혁을 주장하는 사람이기 때문에 가두에 선 지사형(志士型) 인물이 아닐까 생각했는데 차분한 학자형 사람으로 어쩐지 '프린키피어 마티마티커'가 그의 본질같아 보였다"고 말했다.

러셀의 강연회는 도쿄의 게이오 대학(慶應大學) 강당에서 개최되었다. 청중이 초만원을 이루어, 입장자의 행렬이 장사진을 칠 만큼 대성황이었다. 여느 강연회에나 사상가의 강연에는 반드시 경찰관이 나와 언론을 단속하는 것이 당시의 관례였다. 그러나 러셀 때는 강연 내용의 학설이 너무나 심오하기 때문에 청중도 잘 알아듣지 못하여 사회에 해악이 미치지 않을 것으로 생각하고 별로 단속을 하지 않았다. 그러나 그것은 큰 오산이었다. 거기에 모인 청중은 일본의 지성을 대표하는 엘리트들이었기 때문이다.

귀국 후에 러셀은 이미 오랫동안 별거(別居)하고 있던 첫 아내인 앨리스와 정식으로 이혼하고, 얼마 뒤에 도라와 결혼하여 첼시의 시드니 거리로 이사하고 저작과 정치에 적극적인 활동을 하였다. 그리고 이 첼시의 저택에서 두 자녀를 낳았다. 큰아들은 존(1921년생)이고, 큰딸은 케이트(1923년생)였다.

3. 안팎 모두 평온한 저작활동

미국 강연과 실용주의 비판

러셀은 중국에서 일본에 들러 귀국한 뒤, 대체로 15년간 비교적 평온한 학구생활로 들어갔다. 그 동안 그의 활동은 노동당 후보로서 입후보한 것 말고는 거의 저작과 강연으로 보낸 생활이었다.

이미 그는 1907년 윔블던 선거구에서 출마하여 고배를 마셨는데, 1922년과 그 이듬해인 1923년 두 번에 걸쳐 이번에는 첼시 선거구에서 하원의 노동당 후보로서 다시 입후보하였다. 그러나 첼시 선거구는 보수당의 기반이기 때문에 두 번 다 패배하고 말았다. 생각건대 러셀은 정치가 집안 분위기 속에서 자랐지만, 그의 철저한 지적 솔직성과 진리에 대한 타협 없는 성실성은 현실 정치가로서는 결점이 되었다. 그런 의미에서 선거에 패배했다는 것은 그에게 어쩌면 다행한 결과였을지도 모른다. 그래서 그는 현실정치에 참여하는 것을 단념하고, 저술과 강연으로 살아갈 결심을 굳혔다.

그럼 먼저 그의 몇 번에 걸친 미국에서의 강연 여행부터 살펴본다. 러셀이 미국에서 처음으로 강연을 한 것은 1914년 하버드 대학에서의 로웰 강연이었다. 이것에 이어 1920년부터 30년대까지의 몇 차례 여행은 그에게 미국을 모든 각도에서 관찰하는 데 큰 도움이 되었다. 그는 이미 미국의 특징 가운데 많은 것이 개척자적인 문명이 가지고 있는 가치로부터 나온 것이라고 생각하고, 이런 것이 정치적·경제적 및 사회적인 모든 조건과 결부되어 세계에서 최강의 국가가 되었음을 인정하였다. 그리고 그는 그 무렵에 출판한 《회의(懷疑)평론집》(1928)에서, "미국과 러시아는 저마다 개인주의와 공산주의를 대표하는 현대의 유일한 강국이며, 세계는 이렇게 서로 대립하고 있는 철학 사이의 관용이 없는 새로운 시대로 돌입하고 있다"는 것을 예언하였다.

러셀의 미국에 대한 관찰은 동시에 바람직하지 않은 사태에도 언급하였다. 곧 자본주의의 독점적 형태로의 이행 때문에 이론상으로는 민주주의를 기반으로 하면서도 실제로는 경제적으로 불평등하게 되었다는 것, 사회계층이 늘 변동하고 있기 때문에 사회적 질서가 고정되지 않는다는 것, 그리고 시민의 무의식적인 욕망이 범죄의 증가를 가져오고 있다는 것을 지적하였다. 여기에서 중요한 것은 러셀의 미국에 대한 태도가 근본적으로 소련에 대한 태도와 같이 관용이 없다는 문제를 다룬 점이다.

러셀에 따르면 미국에는 '군중의 전제'가 있고, 러시아에는 '소수의 전제'가 존재한다는 것이다. 그리고 이것은 미국의 '실용주의'가, 러시아 '마르크스주의'가 바탕을 이루는 문제라는 것이다. 여기에서 그의 실용주의 비판이 전개된다. 실용주의(프래그머티즘)는 생활 경험을 존중하고 그것에 따라 새로운 행동으로 이끌어 가려는 것이며 생활에 유익한가 어떤가에 의해 진리가 결정된다.

러셀은 이 실용주의 형성에 큰 역할을 한 듀이의 도구주의(道具主義 ; 인간 행동에 유익한 것이 도구이고, 지성이나 사고도 도구로 본다) 사고방식이 우주에 대한 불경(不敬)을 저지른 것이라 하였다. 그는 기계기술의 도움을 빌려 인간 환경을 개선할 힘을 무조건 믿고, 거기에서 생기는 지적인 태도에 불안한 생각을 느꼈기 때문이다.

러셀은 실용주의에 관하여 재미있는 말을 했다. 그것은 '할리우드'의 사상이 어떤 형태로 실용주의 철학과 관계가 있다는 것을 발견하였기 때문이다. 그는 미국 영화를 보러 가서 할리우드 영화 제작자의 목표가 오직 관객에게 행복감을 맛보도록 하는 데 있다는 것을 알았다. 영화는 원래 예술의 한 형태로서 헤아릴 수 없는 가능성을 가지고 있는 것이다. 그러나 그는, 할리우드가 민중 속의 가장 무지몽매한 층에게 교태를 부려, 이것이야말로 예술이라는 가면을 쓰고 만행을 저지르는 것이라 한탄하고, 그 이후 영화를 보러 가지 않았다. 확실히 1930년 초기의 할리우드에 관한 한, 러셀의 비판은 적중한 것이었다.

《과학적 전망》으로 본 과학의 존재양식

러셀의 저작활동은 이 시기에 최고조에 달하였다. 더욱이 그의 저작은 철학, 사회이론, 과학, 교육 및 도덕 등 극히 광범위한 영역에 걸쳐 있었다.

또 철학의 영역에서는 《철학개론》(1927), 《물질분석》(1927)이 있고, 사회이론으로는 이미 언급한 《산업문명의 장래》(1923)을 비롯하여 《자유와 조직》(1934), 《권력론》(1938) 등이 있었으며, 또 과학론으로는 《과학적 전망》(1931), 《종교와 과학》(1936) 등이 있다. 그리고 그는 제2차 세계대전까지의 약 15년 동안에, 중요한 저서만 해도 매년 평균 한두 권씩 냈으며, 여기에 작은 출판물과 잡지논문 및 서평까지 합치면 참으로 방대한 양으로, 놀라울 정도의 저작활동을 계속한 것이다.

우리는 여기에서 그의 과학에 대한 사고방식을 보기로 한다. 현대는 과학기술이 장족(長足)의 발전을 하고 있는 시대이다. 그래서 과학혁신 시대라고도 한다. 모든 것은 과학과 기술에 의하여 해결될 것이라고도 한다. 러셀은 과학적 인식 위에 철학의 체계를 구축한, 과학을 이해한 제일의 철학자이다. 그리고 그는 또 '과학이란 무엇인가' '과학적으로 사물을 보는 방법'과 같이 가장 근본적인 것을 주장한 철학자이기도 했다. 그러나 이처럼 과학기술이 발전한 것에 비하여 인간의 정신이나 도덕은 아직도 폐쇄적인 상태에서 벗어나지 못하고 있다. 이렇게 균형이 깨진 현대 사회에서 새삼스럽게 과학기술이란 무엇인가를 검토하는 일은 매우 소중한 것이다.

이런 관점에서 쓴 것이 《과학적 전망》이다. 이 책은 제1부 과학적 지식, 제2부 과학적 기술 및 제3부 과학적 사회로 이루어졌다. 러셀은 이 서두에서 과학이란 본래에는 일반적인 법칙을 구하는 지식이라고 하고, 이 과학적 지식은 '과학적 정신'을 매개로 하여 발전한 것으로, 과학적 정신이야말로 합리적인 요소를 가진 것임을 지적한다. 달리 말하면, 이 합리적 정신이 근대과학을 성립시켰으며 이 과학적 정신이 뒷받침을 받음으로써 비로소, 과학의 정상적인 진보와 발전을 이루게 된 것이다. 그러나 러셀에 의하면 이 '과학적 지식'이 어느새 '과학적 기술'로 변질되어 버렸다고 한다. 본래 기술은 인간의 정신에 종속된 것이다. 그것이 또 어느새 반대로 인간의 정신을 지배하게 되었다.

이렇게 논한 러셀은 과학적으로 사물을 보는 방법을 어떻게 파악하고 있었을까. 그가 말하는 과학적으로 사물을 보는 방법은 경험주의에 의거하여 회의를 매개로 합리성을 추구하는 태도이다. 인간의 이성(理性)에 대한 기본적인 신뢰를 근거로 하여, 우리의 판단은 항상 오류를 포함하고 있다는 것에 대한 경계심을 게을리하지 않는 태도를 견지하는 것이다. 그는 말한다. "과학이란 경험적인 것, 시행적인 것, 그리고 독단적이 아닌 것이다"라고. 그가 가장 싫어한 것은 이것이 절대로 옳은 것이라는 확신의 과잉이고, 확고부동한 교리는 모두 비과학적인 것이다. 곧 과학의 진보에 의하여 모든 문제가 해결된다고 생각하는 것이야말로 확신의 과잉이며, 그런 태도는 결코 과학적이라고 말할 수 없다.

과학(科學)이라는 것은 어떤 목적이 설정되었을 때 그 실현을 위하여 어떤 수단이 가장 적합한가를 제시할 수는 있으나, 목적 그 자체의 올바름을 증명할 수는 없다. 러셀은 이것을 과학이란 기차의 '시간표'와 같은 것이라고 말한다. 그 여행이 어떤 목적을 가졌다 하더라도 시간표는 여행자에게는 어디까지나 수단으로서의 역할밖에 하지 못한다. 그 목적을 결정하는 것은 인간 주체적인 가치판단인 것이다.

이 《과학적 전망》이 출판된 해에 형 프랭크가 죽었다.

이 시기에 또 하나의 과학론으로서 주목되는 것은 '홈 유니버시티 라이브러

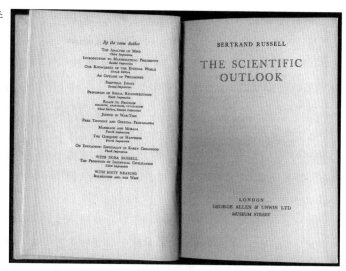

《과학적 전망》(초
판 발간 1931)
속표지

리'의 한 권으로 쓴 《종교와 과학》(1935)이다. 여기에서 그는 과학적 지식이 비
과학적 독단, 특히 종교적 도그마에 의하여 저지되어 온 것을 논하고, 과학과
종교와의 대립 문제를 지적하였다. 이 종교적 독단이 진리의 자유로운 탐구를
가로막아 과학의 진보를 위태롭게 하는 것이다. 그는 차차 커지고 있는 정치권
력에서의 너그럽지 못한 체제가 과학의 진보를 점점 후퇴시키게 할 것이라고
경고한다.

그는 정치권력이 종교적인 대중 조작에 의하여 진실을 은폐하려고 하는 경
향을 포착하고, 끝까지 과학적인 중요성을 주장한 것이다. 우리는 이와 같은
그의 자세에서 과학의 본질과 방법을 제시한 그의 사고방식을 이해할 수 있다.

인습도덕의 낡은 껍질을 벗김

러셀의 이 저작 생활 중에서 가장 인간 생활과 직결되는 남녀 관계의 윤리,
결혼과 행복 등에 대하여 논한 것이 두 가지 있다. 그 하나는 《결혼과 도덕》
(1929)이고, 또 하나는 《행복의 정복》(1930)이다. 특히 《결혼과 도덕》이 그의 독
자적이고 기발한 선풍적 인기로 주목을 끌게 되었다.

종래의 전통적인 도덕은 인습과 금기(터부) 등 신비적인 요소를 가지고, 그
것이 많은 사람들의 윤리적 판단을 지배해 왔다. 현대와 같은 과학 발전에 따
라 이런 반이성적(反理性的)인 윤리의 존재는 희미해지는 것이 사실이지만 아

직도 여러 관습 속에서 갖가지 폐해를 빚어내고 있는 것은 무시할 수 없다.

러셀은 이와 같은 전통적 윤리를 미신윤리(迷信倫理)라고 부르고, 이 미신윤리가 당시 영국의 법률에 영향을 끼친 사례로서 1936년 상원에서 부결된 '안락사 법안'을 들었다. 이 법안은 불치의 병에 걸린 사람을 참을 수 없는 고통으로부터 벗어나도록 하기 위하여, 환자와 친척과 의사의 동의에 따라 자연사보다 죽을 때를 조금 앞당기는 것을 목적으로 한 것이었다. 이것이 '생명의 등불이 꺼져야 할 순간을 결정하는 일은 오직 신(神)에게만 허락되어 있는 전능(全能)의 힘'을 짓밟는 짓이라 하여 부결된 것이다. 러셀은 이것이야말로 이성에 대한 미신의 승리라고 말하였다.

러셀은 이 전통적, 인습적 도덕의 미신성이 특히 성도덕에 강한 영향을 끼치고 있다고 하였다. 예를 들면 여러 형식의 동족결혼을 금하는 법률과 규칙이 널리 이루어지고 있다든가, 또 근친결혼을 공포의 시선으로 바라보는 것 등이다. 러셀은 이런 성도덕의 인습에 날카로운 비판을 가하여, 합리적인 성생활이 자리잡도록 하려고 했다.

러셀은 기본적인 입장으로서 성(性)이라는 것은 아무런 신비적인 것이 아니라고 하면서, 그것이 신비감을 갖게 된 것은 빅토리아 여왕 시대의 도학자들이 무지몽매하였던 탓이라고 하였다. 따라서 그는 성에 대한 모든 지식을 어린이들에게 가르쳐 줄 수 있고, 그것은 소중한 것이라고 주장하였다. 그런데 인습 도덕은 유년기부터 사춘기, 청년기를 거쳐 결혼기에 이르기까지, 사람들의 공포나 서로의 오해라든가 또 신경의 긴장 등으로 소중한 애정이라는 것을 훼손시켜 버린다. 그에 따르면 "성에 관한 사랑을 감옥에 가두어 버렸기 때문에, 그에 따라 모든 다른 형태의 사랑도 투옥될 처지가 된다"는 것이다. 그래서 그는 인습 도덕을 타파하고 미신으로부터 자유로워져야 한다고 주장하였다.

여기에서 완전히 독특한 그의 견해가 제기된다. 그것은 일찍이 J.S. 밀이 여성의 예속 원인을 분석하고 부인 해방을 주장한 것같이 러셀은 남성과 여성은 근본적으로는 차이가 없다 하고, 지능적으로 여성이 뒤떨어진다고 하는 것은 여성이 성에 관한 호기심을 억압당하고 있기 때문이라 하며 남녀평등 운동을 제창한 것이다. 그리고 그의 생각은 한 걸음은 더 나아가 남녀 간의 애정 문제로 발전하였다. 그는 세상에는 자기가 만나면 아주 좋아하게 될 여자가 수두룩한데 한 여성만 평생 사랑한다고 약속할 수 있는 것인지 의문이 생긴다. 그리고 그는 "우리의 대다수가 일부일처제를 강행하고 있는 시도는 과연 세상에 행복을 가져다 줄까, 어쩌면 막을 수 없는 불행을 가져오지나 않을까" 하는 발언을 하게 되었다.

러셀은 전통적이고 상식적인 도덕에 의문을 가지고 인간에게 무엇인가 억제가 필요하다면, 애정이라는 자유스럽고 기쁨에 넘친 감정을 억제해야 되는 것이 아니라 질투라는 부정적이고 억압적인 감정을 억눌러야 된다고 생각한 것이다. 그는 아마 애정이 없는 생활 속에서 전통적 도덕에 따라 허위를 계속하는 것보다 인습 도덕의 껍질을 깨고서라도 진실한 애정을 즐기고 살아야 된다고 생각하지 않았을까. 확실히 그가 말하고 있는 것은 중대한 문제를 함축하고 있다. 오직 전통적 도덕에 따라 살아 온 사람들에게는 좀체로 이 껍질을 깨기가 어려운 일이 아닐까.

러셀은 이 인습 도덕의 껍질을 깼다. 그리고 독자적인 그의 도덕관에 따라 결국 네 번이나 결혼을 하게 되고 세간에 여러 가지 영향을 주었으며, 또 그의 사고방식이 부도덕하며 도발적이라는 비난을 받은 것이다. 다만 그는, 새로운 도덕의 원칙은 남녀가 서로 모든 인격을 따뜻하게 감싸주고, 각기 풍성해져서 서로 가치를 높여 융합으로 이끄는 성실한 사랑이 되도록 많아져야 된다고 생각한 것이다. 그의 본심도 역시 여기에 있었다는 것을 이해해야 할 것이다.

어쨌든 그의 도덕에 대한 발언과 행동은 상식적인 사고를 타파한 괴짜의 행동인가, 아니면 근대적 자유를 제시한 시대의 선구적 행동인가는 앞으로 젊은 이들에 의해서 규명되어야 할 것이다.

행복의 정복과 그 비결

러셀은 전통적 도덕을 깨고 근대적 자유의 도덕을 스스로 몸을 던져 밝혀 주었다. 그러나 이것은 인간 생활에서 본능과 충동에 따라 자기 마음대로 행동해도 된다는 것은 아니다. 그는 자유와 함께 훈련과 자제를 잊지 않았다.

그는 인간생활을 본능과 충동을 실은 기차를 선로 위로 달리게 한 것과 비교하였다. 우리는 기차에 고장을 일으켜 대피선으로 가게 하는 것이 아니고, 옳은 목적지를 향하여 정상적으로 운행시키지 않으면 안 된다. 언제나 브레이크를 걸 수 있는 태세를 취하면서. 그는 이와 같은 입장에 서서, 어떻게 하면 기차를 레일 위를 올바로 달리도록 하여 행복한 목적지에 도착하게 할 수 있는가를 생각하였다. 그의 《행복의 정복》(1930)이란 책은 이래서 쓴 것이고, 여기에는 쉰여덟이라는 풍부한 인생 체험을 겪어 온 그가 젊은이들에게 하고 싶은 말이 적혀 있다.

러셀은 이 책의 머리에서 '불행 때문에 고통을 겪고 괴로워하는 수많은 남녀 중에서 몇 사람이라도 이 책에 의하여 그들이 놓여 있는 상황을 진단하고, 그리고 거기에서 탈출할 방법이 시사된 것이라면' 하는 바람을 담고 있다. 그는 현대에 살고 있는 인간의 차가운 현실 속에서 불행의 원인을 차분히 분석하여 그 불행에서 벗어날 비밀을 찾아내려고 하였다. 그는 일찍이 청년 시절에는 인생을 증오하고, 늘 자살을 생각하고 있었다. 그러나 그 뒤로는 인생을 즐기게 되었다. 어째서 그랬을까.

그것은 그가 자신을 되돌아보고 자기가 가장 적절히 바라는 것이 무엇인가를 발견하였기 때문이며, 도저히 채울 수 없다고 생각되는 욕망을 깨끗이 포기한 덕분이다. 곧 자기 자신에게 구애되지 않게 되었음을 말한다. 그의 인생에서 자기 자신이 포로가 되어 있는 것으로 무엇을 들고 있을까. 러셀은 자기 자신이 매여 있는 것으로, 먼저 자기를 찬미하고 남들에게 칭찬을 받고 싶어하는 욕구와 권력욕에 빠져 나타내는 심리적 상황을 들고 있다. 이런 것은 모두 다 자기를 실제 이상으로 돋보이게 하려는 것이다.

다음으로 그는, 이 세상에는 살 만한 가치가 있는 것이 아무것도 없다는 염세관적인 생각(이것을 '바이런적 불행'이라고 하였음), 생활과 성공을 위하여 서로 경쟁하는 것, 거기에서 생기는 피로와 권태, 거기에서 벗어나려는 자극과 흥분 그리고 또 질투와 피해의식 같은 심리적 원인을 들었다. 이런 것이 모두 자기 자신을 너무 얽매이게 하고, 스스로 행복을 깨뜨리는 것이다. 여기에 현대인의 비극이 있다.

러셀에 따르면 이 불행의 원인을 제거하는 것이 그대로 행복을 가져오는 것으로 이어진다는 것이다. 그렇다면 행복에의 길은 먼저 내부로 향하고 있는 눈을 밖으로 돌리는 것이다. 밖으로 한 걸음만 나가면 밖에는 상쾌한 바람이 불고, 나무들은 초록색으로 살랑거리고 있다. 이것이 인생이다. 그는 말한다.

"행복의 비결은 여러분의 흥미를 되도록 넓게 하는 것, 그리고 여러분의 흥미를 부추기는 사람이나 사물에 대한 반응을 되도록 적대적이 아니라 우호적(友好的)으로 하는 것이다."

그는 그러기 위해서는 무슨 일에나 열의와 애정을 가지고 힘써야 된다고 말한다. 일은 성공할 수 있는 기회를 주고, 또 야심을 채우는 데 배출구가 되어주는 이점이 있다. 오로지 일에 열중하는 모습이야말로 인생에 있어 가장 아름다운 것이고 행복한 것이다. 다음으로 여가를 살려 생활과 일의 긴장을 풀고 흥미를 가질 것, 자신의 최선을 다하고 나서 그 성패를 운명에 맡긴다는 태도를 갖도록 할 것 등을 권하였다. 인생의 사소한 불행 속에서 위안을 찾고, 그것을 객관적으로 바라봄으로써 체념의 경지에 도달할 수가 있다.

그래서 러셀은 불행을 극복하는 방법으로서 그 정열과 흥미를 자기 자신의 내부를 향하지 않도록 하고, 외부를 향하여 움직이라고 주장하였다. 곧 그의 말에 따르면, 행복한 인간이란 자아(自我)로부터 탈피하여 객관적으로 사는 인간이다. 자기에게 얽매이지 않고 자유로운 애정과 넓게 흥미를 가진 인간이다. 그의 행복론은 산 넘어 먼 허공을 바라보는 식의 상식론이 아니다. 그러기에 우리의 인생에 중요한 문제를 시사하고 있는 것이다.

게으름 예찬과 레저

러셀의 이 저작활동의 주된 관심은 전체적으로 볼 때, 정치·경제 이론 및 역사에 중심을 두었는데, 이 분야에서 특히 주목해야 할 견해를 발표한 것이 《게으름 예찬론》(1935)이다. 일찍이 전통적 도덕에 반대하여, 새로운 윤리를 주장하며 문제를 던진 러셀은 이번에는 이 책으로 다시 파문을 일으킨다.

자본주의(資本主義)는 자본가의 기업과 노동자의 노동에 의하여 발달한 것이고, 그 당시로서는 근로와 절약은 사회를 발전시키기 위하여 필요한 직업윤리였다. 그러나 자본주의는 이 직업윤리를 떠나서 독주하게 되고, 노동자는 노동 그 자체에서 소외당하는 상태를 나타내게 되었다. 그런데 현대사회는 그 뒤 대중사회라는 상황을 보이고, 기계의 발달은 필연적으로 인간의 노동시간을 단축하게 하였다. 이런 가운데 인간은 그 소외된 상황으로부터 극복을, 노동시간 이외의 여가 속에서 찾아내려고 했다. 이래서 '노동'과는 따로 새로운 '여가(餘暇)'가 현대적 과제로서 다루어지게 되었다.

러셀은 인간이 진정으로 자유를 누리고, 주체성을 확립할 수 있는 것은 노동의 잔여시간 곧 여가를 어떻게 하느냐에 있다고 주장한다. 그는 이 책의 머리에서 다음과 같이 말한다. "근대사회에서 일 자체는 훌륭한 것이라는 신념이 많은 해악을 이 세상에 가져오고 있다. 행복과 번영에 이르는 길은 조직적으로 일을 줄여 가는 것이다"라고. 그에 따르면 여가를 잘 이용하는 것은 문명과 교육의 결과라 할 수 있는 일이고, 예찬해야 할 것은 근로가 아니고 나태(懶怠)라고 하는 기발한 이론을 전개한 것이다.

우리 사회에서는, 개인은 이익을 추구하여 일을 하지만 그 일의 사회적인 의미는 생산한 것을 소비하는 데 있다. 그러나 예전부터 자칫 생산을 중하게 여기고, 소비를 경시하여 왔다. 러셀은 이와 같은 사고방식에 반대하고, 인간은 자기의 수입을 소비하는 것이, 결국 다른 사람에게 이익을 주는 것이 되며, 절약은 타개해야 할 악덕으로, 절약하기 때문에 실업이라는 상태가 생긴다는 견해를 밝혔다. 이 사고방식은 당시로서는 완전히 이단적이고 그릇된 학설로, 모든 사람들에게 웃음거리가 되고 말았다. 그러나 다음에 경제학자 케인스가 그의 경제학 이론 가운데서 그와 똑같은 견해를 상세하게 논증하게 되어, 그런 의미에서 러셀의 사고방식은 케인스 이론에 앞선 것이라고 할 수 있을 것이다.

또 러셀은 생산과 소비의 관계에서, 혹시 어떤 조직적인 사회제도가 이루어진다면, 인간은 노동시간을 더 줄여서(그는 하루 네 시간 노동을 제창하였다) 나머지 시간은 스스로 적당하다고 생각되는 시간으로 해야 하고, 교육은 그처럼 여가를 현명하게 사용하도록 지혜를 불어넣어 주어야 한다고 했다. 그렇게 되면 사람들은 신경을 덜 써도 되고, 피로하게 되지도 않고, 서로 더 친절해지고, 서로 괴롭힐 일도 없고, 인생의 행복과 환희가 생겨나게 될 것이 틀림없다. 그의 이와같은 사고방식은 우리가 바라고 있는 '복지사회'의 모습이며, 우리는 그의 게으름 예찬론을 거쳐서 이상적인 사회상(社會相)을 그려볼 수가 있다.

그런데 러셀의 이 엉뚱하다고도 생각되는 게으름 예찬론은 최근 많은 관심을 끌고 있는 레저 문제와 대단히 밀접한 관계가 있다. 현대의 인간은 과학기술의 발전과 생활수준의 향상에 따라 어떻게 레저를 즐길 것인가에 중점이 걸려 있다. 노동시간은 확실히 단축되었고, 여가시간이 많아졌다. 레저란 원래 인간의 자발적이고 또 창조적인 활동이고, 주체성을 확립하기 위한 것이다. 그런 의미에서 레저의 중요성을 처음으로 지적한 것은 러셀이라고 할 수 있지 않을까.

최근 세계 도처에서 미래상이 검토되고 있다. 과학의 진보에 따라 세계는 장래에 모든 분야에서 눈부신 발전을 이루게 될 것이다. 각국에서 저마다 장래에 찾아올 인간사회의 '가능한 내일'의 밑그림을 그려내고 있다. 이때, 러셀의 독창적 비전은 현재와 미래를 이어주는 소중한 가교(架橋)가 되는 것이다.

모범적인 기고가

러셀은 보통 사람들보다 훨씬 정력적인 노력으로 수많은 저작활동에 전념하였다. 그 논문은 노동당의 〈뉴 리더〉지를 위하여 쓴 것이 많고, 그 내용은 통속과학으로부터 영국의 중국정책 비판까지 광범위하였다. 이 무렵 이 잡지는 브레일스포드를 주필로 하여 그 뒤의 좌익 저널리즘이 끝내 다시는 도달하지 못할 정도로 높은 수준이었다. 그 기고가에는 러셀 외에도 웰스, 쇼, 케인스, 헉슬리 등의 이름이 줄을 이었다.

그런데 특필해야 할 것은 러셀이 모범적인 원고의 기고가(寄稿家)였다는 사실이며, 여기에서도 그의 성격을 알 수 있다. 그의 논문은 언제나 기한을 벗어난 일이 없고, 깨끗이 정서가 되어 있어 거의 고친 흔적도 없었다고 한다(이것은 틀림없이 도라부인의 도움이 있었다고 생각되지만). 또 뒷날 라디오나 TV 강연자로서 저명한 인물이 되어서도 그는 반드시 시간을 지켜 방송국에 나왔다고 한다. 그의 일에 대한 성실성을 엿볼 수 있는 대목이다.

러셀은 일을 하는 데 있어, 일반 저술은 겨울에 첼시에서 하고 여름에는 콘웰로 가서 전문적인 작업을 하였다. 그의 작업 태도는 항상 같은 페이스로 집중력을 가지고 진행되었다. 콘웰로 그를 찾아간 방문객은 그의 작업 태도에 모두 매료되었다고 한다.

러셀은 오랜 저작활동을 하는 동안 트리니티 칼리지에서 추방되어 있는 꼴이었으나, 1927년 《물질분석》이 출판된 무렵부터 차츰 양자 사이에는 화해가 성립되기 시작하였다. 그것은 그의 저작활동을 통하여 업적이 점점 인정을 받게 되었기 때문이다.

4. 비컨힐스쿨의 교육

전통적 교육에 대한 의문

러셀의 1920~30년대 학구생활 가운데, 저작생활 이외의 일로 생각되는 것은 몇 차례에 걸친 미국 강연과, 지금 여기에서 설명할 학교 창설에 의한 교육 실천이다. 특히 이 교육활동은 이 시기에 있어서 중요한 의미를 갖는 것이며, 그가 도라부인과 함께 자기의 교육이론을 실지로 시험해 보려는 것으로, 비컨 힐스쿨(Beacon Hill school) 교육이란 이름의 유명한 것이다.

러셀은 자기 아들이 태어나기 전부터 그 관심은 이미 제1차 세계대전에 의해 교육으로 향하고 있었다. 그것은 그가 인간성 자체에 문제가 있다는 것을 발견하였기 때문이다. 러셀은 보통의 퍼블릭스쿨(public school)에서 교육을 받은 경험이 없이 열여덟 살이 될 때까지 가정교사에 의해 교육을 받았다. 그는 이와 같은 일을 돌이켜 반성하면서 자기 아들은 세간의 일반학교에 입학시키려고 결심하였다. 그렇지만 당시의 학교교육은 러셀의 교육적 양심을 결코 만족시킬 수 없는 것이었다.

러셀은 교육에 대한 관심을 정리하여 《교육론》(1926)을 내고, 그 서문에 이렇게 썼다.

"세상에는 나와 마찬가지로 어린이에게 되도록 교육을 잘 시켜보려고 하지만, 현재의 교육제도는 결점투성이라 그런 폐단 속에 아이를 맡겨놓고 싶지 않다고 생각하는 부모들이 많을 것이 틀림없다."

이것이야말로 러셀이 아버지로서 교육에 대한 고민의 실토였다. 그럼 러셀은 당시 일반학교 어디에 만족할 수 없었던 것이다. 그것은 전통주의 교육이 다만 지식과 기술의 전달만으로 그치고, 계통적인 지식을 철저히 하지 못하는 데에 결함이 있다고 비판하였다.

러셀은 현대와 같이 복잡한 사회에서는 철저히 파고드는 본질적인 학습을 하지 않으면 안 된다고 생각하였다. 교육은 다만 현재의 사회를 유지하기 위한 역할뿐만 아니라 어린이를 참다운 인간으로 성장시켜야 할 사명이 있는 것이다. 세상의 부모들은 확실히 교육에 열심이다. 그러나 그들이 바라는 것은 자식을 참된 인간으로 교육시키는 것보다도, 자기 자식을 남의 자식보다 상급교육을 받도록 하려는 것이 아닐까. 그리고 부모들은 본능적으로 자식의 입신출세나 영달이 곧 자기들의 영광이라고 생각하고, 반대로 자식의 실패나 좌절이 자기들의 치욕이라고 생각하는 것은 아닐까. 이런 경향은 은연 중에 자식의 발랄한 활동력을 빼앗가 가는 결과를 초래하게 된다. 러셀은 이와 같은 사고 방식을 어떻게든지 피해야 한다고 생각하였다.

그렇게 하지 않으면 내 자식에 대한 기대가 진실한 교육을 억압하는 기운이 생겨, 이것이 정치권력에 이용되고, 자유스럽게 사물을 보는 안목(眼目)이 억눌려, 새로운 생각이 창출되는 것을 막아 버리게 될 것이다. 러셀은 세간의 일반 학교와 달리, 자유를 존중하고 억압을 배제하는 교육을 무슨 일이 있어도 꼭 해야 하겠다고 마음먹었다. 그리고 그는 구체적으로 자기의 두 아들을 실험적으로 교육하는 실천을 통하여 참다운 자유인을 교육한다는 작업에 착수한 것이다. 이것이 비컨힐스쿨의 창설이었다.

프로이트주의 채택

러셀의 교육에 관한 생각에는 프로이트의 정신분석에서 받은 영향이 컸다. 그가 프로이트를 연구하기 시작한 것은 제1차 세계대전의 충격에 의한 것으로, 프로이트에게 힘입어 인간의 유년 시절 교육의 중요성을 더욱 잘 알게 된 것이다.

러셀이 프로이트에게 배운 교육방법이라는 것은, 어린이에 대한 규율은 일반적으로 생각하는 것보다도 훨씬 낮은 정도로 필요한 것에 지나지 않는다는 것이다. 조금이라도 남에게 강제를 당하면 어린이는 증오심을 가지고 거기에 응하려고 하여, 만일 그 증오심을 자유롭게 발산시키지 못하는 경우에는 증오심은 내공(內攻)으로 무의식층에 가라앉아 그 뒤에 평생을 통하여 갖가지 기묘한 결과를 낳게 되는 것이다. 따라서 프로이트식으로 생각한다면 교육이라는 것은 좋은 행동을 자제하는 문제로서가 아니라 습관의 문제로서 하는 것이다.

다만 러셀은 인간이 그 생애에서 훌륭한 일을 성취하기 위해서는 비범한 자제와 규율, 그리고 의지력이 필요하다고 믿었다. 그래서 그는 프로이트라는 습관 형성의 문제와 그 개인의 자제와 의지력 형성 문제를 어떻게 조화시킬 것인가에 대하여 힘쓴 것이다.

그런데 당시의 영국 교육은 어린이의 자유와 개성을 존중하는 진보주의 교육이었다. 그러나 러셀이 창설한 비컨힐스쿨은 이런 진보주의 교육을 표방하는 학교가 아니었다. 오히려 그가 생각한 학교의 원형은 같은 영국의 전형적인 자유교육으로 알려진 A.S. 닐의 서머힐스쿨이었던 것처럼 생각된다. 닐의 학교는 비컨힐스쿨보다 6년 전인 1921년에 창립된 자유주의를 교육정신으로 하는 학교였다.

많은 진보주의 학교가 성인사회의 무엇인가의 이상을 실현하기 위하여 설립된 것이라면, 닐이 만든 서머힐스쿨은 어린이들 자신을 위한 학교라고 생각하였다. 그는 말한다. "활동적인 어린이를 붙잡아 몇 시간이나 책상에 억지로 앉혀 놓고, 소용없는 교과학습을 강요하는 학교는 나쁜 학교이다." 따라서 그는 어린이들에게 아무것도 강제하지 않고, 그들이 하고 싶은 대로 맡겨두는 완전한 자유를 원칙으로 하는 교육을 하였다.

그러나 러셀은 분명히 프로이트주의를 채택하고 닐 학교의 교육정신인 자유를 중심으로 하는 교육을 실시하였지만, 그것은 자유방임주의를 완전히 인정하는 교육은 아니었다. 오히려 자유주의에 의거하면서도 어린이가 다른 사람이나 사회에 대하여 의무를 갖는 것을 인식하도록 지도하고, 그 사명을 수행하는 데 필요한 훈련을 시켜야 된다고 생각하여 그 입장에서 마침내 그 교육 실천으로 들어간 것이다.

비컨힐스쿨의 교육방법

러셀은 1927년 피터즈필드에서 가까운 텔레그래프 하우스 건물을 형 프랭크에게서 빌려, 도라부인의 협력을 얻어 비컨힐스쿨을 창설하였다. 러셀은 자기가 교장이 되고, 도라는 부교장으로서 경영을 맡도록 한 것이다. 그가 사비를 들여 전연 경험이 없는 교육사업에 발을 들여놓은 것도 아이들에게 진실한 교육을 받게 하려는 마음 이외에 아무것도 없었다. 그리고 그의 교육방침을 이해하는 사람들의 어린이가 입학하는 것을 환영하였다.

비컨힐스쿨은 그렇게 원대(遠大)한 이상을 가지고 출발하였다. 처음에는 수업을 필수로 하였으나, 다음에는 이 원칙을 어린이들에게 강요하는 것을 포기하고 자유에 맡기기로 하였다. 그의 교육 근본태도는 '자유와 훈련의 적합한 조화'였다. 그래서 그는 한편으로는 어린이들이 어떤 말을 하고 행동을 하더라도 아주 자유롭게 방임하면서 또 한편으로는 생활습관, 시간을 지키는 습관, 정직한 덕의 양성, 일과의 중요성 등을 강조하였다.

이 학교가 설립되어 주로 활동한 것은 도라부인이었는데 러셀도 어린이의 행동 연구에 몰두하며 어린이들과 생활을 같이하고, 자기의 지도방법을 자세히 기록하여 실지로 유용한 조언을 주기도 했다. 이와 같이 실천을 한 철학자는 아마 로크 말고는 러셀 한 사람이 아닐까. 이렇게 학교를 경영하고 있던 1931년에 형 프랭크가 세상을 떠났기 때문에, 러셀은 작위를 계승하여 제3대 러셀백작이 되었다. 마침 《과학적 전망》이 출판된 해의 일이었다.

유명하게 된 비컨힐스쿨은 참관인과 관광객으로 붐볐다. 게시판에는 첫머리에 '매주 수요일 오후 2시 30분~5시, 교장 재실(在室)'이라고 적혀 있었으나 이것도 '참관하실 분은 미리 신청해 주십시오'라고 고쳤다. 러셀은 변함없이 많은 저작을 요청받았기 때문에 차차 텔레그래프 하우스 탑의 자기 방에 틀어박히는 날이 많아져 어린이들은 수업을 받기 위하여 자주 이 방을 찾는 일이 많아졌다.

이 학교가 세간의 관심을 끈 것은, 뭐라고 해도 당시로서는 새로운 독창적인 자유주의 교육을 하였기 때문이다. 예를 들면 체벌(體罰)은 금지되어 있고, 공부하고 싶지 않을 때는 교실에서 나가 자기가 좋아하는 데로 가서 하고 싶은 것을 해도 되고, 또 기후가 허락되면 어린이는 알몸으로 생활해도 되었던 것이다(비컨힐스쿨 사진을 보면 어린이들이 알몸으로 노는 장면이 보인다). 또 텔레그래프 하우스를 찾아간 사람들은 러셀은 결벽하여 몸을 깨끗이 하고 있는데 학교 전체가 불결하고 깔끔하지 못한 인상을 주는 것에 놀랐다. 식당의 천장에는 튀어오른 음식 찌꺼기가 더덕더덕 붙어 있었다. 이것은 어린이들이 푸딩을 내던져 누가 천장에 제일 두텁게 붙게 하는가를 경쟁하였던 흔적이다.

그러나 비컨힐스쿨은 언제까지나 순탄하게 운영된 것은 아니었다. 그것은 러셀이나 도라나 모두 경영에 있어서 경험이 없었던 원인이 컸다. 그러나 그것만이 아니고, 이 학교가 일반학교에서 쫓겨난 문제아 수용소 같은 상태가 되었다는 것도, 그리고 재정상으로도 차츰 곤란에 직면하게 된 것도 어려움을 더한 것이다. 재정적 손실은 1년에 1,000파운드 이상이나 되었다.

러셀은 이런 적자를 메우기 위해 더 많은 논문를 쓰지 않으면 안 되었고, 미국으로 강연 여행도 가야만 했다. 그는 이중으로 이런 부담을 지게 된 것이다. 처음에는 위대한 포부를 가지고 출발하였지만 차차 무리가 생겨, 러셀이 생각한 대로 운영할 수 없게 되었다. 그리고 창설한 지 채 10년도 안 되어 위기가 닥쳐왔다. 이 학교에 위기가 찾아온 데는 여러 가지 사정이 있었으나, 그 중에서도 치명적인 것은 러셀과 도라 간의 교육상 견해 차이가 아닌가 싶다.

러셀은 원래 자유를 교육원리로 하면서도 그와 동시에 훈련을 잊지 않았다.

그러나 도라는 철저한 자유방임주의 입장을 취하였다. 그것은 처음에 필수로 삼은 학과가 도라의 의견에 따라 폐기되었다는 것을 보아도 알 수 있다. 러셀과 같이 논리적이고 자기의 생명을 그 탐구와 실현에 건 인물이 자기의 교육적 소신이나 견해와 모순되는 교육을 계속하도록 방치할 리가 없다. 그래서 마침내, 러셀은 1934년 이 학교에서 손을 떼게 되었다. 그리고 또 이것이 그와 도라와의 관계까지 비극적인 결말로 몰아넣게 된 것이다.

그 이듬해에 두 사람은 이혼하게 된다. 그렇지만 도라는 러셀과 이혼한 뒤에도, 제2차 세계대전이 일어난 1939년까지 이 학교에 남아서 경영을 계속하였다.

《교육과 사회질서》에서 보인 경쟁과 협력의 대립

비컨힐스쿨의 교육실천은 러셀이 교육은 유년 시절부터 시작해야 된다는 신념으로 쓴 《교육론》을 그대로 실제로 실험한 것이다. 그 뒤 러셀의 교육에 관한 이론적 추구는 더 체계화되어 마침내 《교육과 사회질서》(1932)로 정리되어 나왔다. 우리는 여기에서 그의 교육에 대한 중요한 견해를 살펴보자.

러셀은 교육에서 계급의식과 경쟁의식 문제가 어린이에게 큰 영향을 끼친다는 것을 논하고, 그러므로 사회적 연대성을 길러야 하는 필요성을 주장한다. 그는 교육이라는 작업을 다른 분야와 떼어 놓고 독립적으로 생각하지 않았다.

그것은 교육이 항상 사회체제나 정치권력과 깊이 결부되어 있기 때문이다. 곧 자본주의 사회라는 계급사회에서는 아무리 해도 부친의 사회적 지위가 그대로 자식의 사회적 지위를 결정한다. 그뿐만이 아니고, 반대로 자식은 그 자신의 장점 때문에 존경받는 것이 아니라, 그 아버지의 재산이나 지위 때문에 존경을 받는다는 현상을 낳게 된다.

이렇게 되면 학교 안에서 비교적 많은 수가 존재하는 가난한 어린이들은 언제나 자세를 낮추어 행동해야 한다. 이런 분위기에서 어린이가 어떻게 지성을 구김살 없이 쭉쭉 뻗어갈 수 있겠는가. 러셀은 계급사회 교육에 있어서는 정신적인 면이 육체적인 면보다도 숭고하다는 관념을 낳게 마련이라는 것을 지적한다. 왜냐하면 정신적 활동을 하는 자본가가 육체적 노동을 하는 노동자보다도 소중하다는 평가를 낳게 되기 때문이다. 이런 사고방식은 어떤 영향을 끼치게 될까.

러셀에 따르면 이와 같은 사고방식은 어린이에게 먼저 현상유지의 기풍을 낳고, 사회적 진보에 제동을 거는 경향을 취하게 한다. 그리고 사회현상에 대하여 무엇인가 개혁을 꾀하는 사람들에게 증오심을 품게 만든다. 이것이야말로 인간의 자유와 지성을 위축시키는 일이다. 교육이라는 사업은 사회에 적응할 뿐만 아니라, 사회를 개조하는 역할도 해야 한다. 인간성 개선을 통하여 사회개조(社會改造)를 기원하는 러셀에게 있어, 이 사고방식은 당연할 것이다.

다음으로 러셀은 현대 자본주의 사회에서 중요한 결함으로서 '경쟁의식'이 지나친 점을 들었다. 원래 사회에서 살아가기 위해서는 어느 정도 경쟁은 부득이할지 모른다. 그러나 교육에 있어서 경쟁은 어린이에게서 안정을 빼앗고, 또 공부의 진정한 기쁨을 앗아가는 것이 사실이다. 교육에서 경쟁의식의 과잉은 자연히 어린이에게 교육의 과잉을 강요하게 된다. 이렇게 생각한 러셀은 어린이에게 진정으로 필요한 것은 "경쟁이 아니라 협력이다"라고 강조한다. 그것은 친구에 대한 적대감이나 질투가 아니고 이해와 동정이다. "경쟁은 교육적 사실로서 나쁠 뿐만 아니라, 젊은이 앞에 보여 주어야 할 이상(理想)으로서도 나쁘다"고 하면서, 그는 경쟁사회 교육에 이와 같은 결함이 있음을 지적하였다.

그럼 계급과 경쟁을 주로 하지 않는 사회주의 사회에서는 이와 같은 교육의 해악을 어떻게 극복하고 있을까. 그에 따르면 사회주의 사회에서 교육은 자본주의 사회에서 교육과는 달리 경쟁을 대폭적으로 완화했다고 한다. 그는 경쟁이라는 반사회적인 관념을 거의 완전하게 청산한 교육을 확립한 것은 사회주의 사회의 공적이라고 한다. 그는 소련의 학교생활과 사회생활에서 모두 경쟁이라는 것이 말끔히 제거되어 어린이들은 서로 우호적인 정신을 가지고 협력하며 안심하고 공부에 전념하고 있는 상태에 대단히 경의를 표하였다.

애당초 그는, 마르크스주의가 오늘날과 같이 교조주의화를 계속한다면, 지적인 진보에 크나큰 장애가 된다는 것을 경고하였다. 그러나 동시에 사회주의 사회에서 교육이 청년들에게 희망과 활력을 주고 있는 것을 높이 평가했던 것이다. 그럼 우리의 경우는 어떤가. 경쟁 위주의 교육적 폐단을 주장한 러셀의 말이 가슴에 와 닿지 않는가.

대학 수험준비에 여념이 없는 오늘날 우리나라의 교육제도, 그것은 다만 단편적인 지식을 암기하는 데 그칠 뿐, 친구들을 넘어뜨리고 자기만 유리한 입장에 서려고 생존경쟁과 암기식 경쟁으로 지새는 상태가 아닌가. 여기에서는 경쟁·대립의식은 발달하지만, 우호정신이나 협력태도는 기대할 수 없다. 교육의 소외 현상은 여기에서 생기는 것이다. 러셀이 자기 나라 교육에 대하여 비판한 말은 그대로 우리나라 교육에도 참고가 될 것이다.

인간을 제정신으로 돌아오게 하는 교육

러셀은 《교육과 사회질서》(1932)를 출판하고 나서 2년 뒤에 비컨힐스쿨에서 떠나, 저작은 오로지 사회이론에 관한 것으로 향하였다. 그에게 있어 교육이란 절대적으로 어린이의 자유를 지키고, 참된 인간으로서 가치 있는 생활을 할 수 있도록 하는 데 있었다. 비컨힐스쿨에서 어린이들과 놀면서 반면에 미소를 띠고 어린이를 무릎에 앉히고 즐거운 듯이 말하고 있는 러셀을 회상할 때, 그가 얼마나 어린이를 소중한 존재로 생각하였는가를 이해할 수 있다. 어린이를 존중하고 어린이의 권리를 인정한다면, 어린이에게 독립적인 견해를 형성하는 데 필요한 지식과 정신적 습관을 갖도록 교육하지 않으면 안 된다.

그러나 교육은 때로는 정치적 권력에 이용되고 어린이는 그 도구가 되는 일도 있다. 그때는 정치권력의 손에 의해 만들어진 특정의 신념을 어린이에게 주입시킨다. 교육이 이렇게 되지 않도록 하기 위해서는 우리가 올바른 사회인식에 근거한 지식을 가져야 한다. 그러자면 합리적이고 과학적인 정신을 바탕으로 한, 진실과 허위를 뚜렷이 간파할 수 있는 능력을 가진 이른바 비판정신을 기르는 것이 중요하다.

러셀 교육이 목표한 것은 이 비판정신을 어린이에게 심어 주려는 데 있었다. 그리고 이 비판정신을 기름으로써 현재 갖가지 병폐로 괴로움을 겪고 있는 사람들을 구해 낼 수 있다고 생각하였다. 그는 이와 같은 교육을 "인간을 제정신으로 돌아오게 하는 교육"이라고 하였다. 그것은 현대가 너무나 광기에 빠진 상황이고, 그 이상한 상태로부터 정상적인 정신으로 돌이키는 일이야말로 교육이 해야 할 사명이라고 생각하였기 때문이다. 그런 의미에서도 교육은 새로운 세계를 열어 준 열쇠가 되는 것이다. 그는 이와 같이 현대라는 시대에 대한 관심과 역사적 현실을 파악하는 깊이에 따라, 그의 교육 존재양식을 시사하였다. 더욱이 아주 따뜻한 부모의 심정으로……

가정에 불어온 새 바람

러셀의 교육에 대한 정열, 어린이에 대한 따뜻한 부모의 마음, 그렇게 인간성이 넘친 러셀이지만 그의 가정생활은 파란이 많았다.

비컨힐스쿨에서 교육상의 견해 차이와 그밖의 이유 때문에 러셀부부의 관계가 꼬였다는 것은 앞에서 말했다. 두 사람의 이혼은 도라의 이혼소송에 의한 재판 결과, 정식으로 인정을 받게 되었다. 그렇게도 서로 사랑하고, 둘이 중국 방문도 하고, 함께 손을 잡고 교육실천까지 하였으며, 그리고 두 아들도 낳았지만 이혼을 둘러싸고 소송문제까지 일으키게 되었으니, 인생은 알 수 없다고 할 것이다.

도라와 헤어진 러셀은 그 이듬해인 1936년에 세 번째 결혼을 하게 된다. 그때 러셀은 예순네 살이었다. 그 상대는 훨씬 전부터 그의 연구 보조를 해 온 매절리 스펜스(친구들은 매절리 스펜스를 피터 스펜스라고 불렀다)라는 여성이었다. 스펜스는 러셀에게는 유력한 연구의 협력자였고, 당시 그의 몇 가지 저서의 서문에는 협력자로서 스펜스의 이름이 나온다(이를테면 《안발레의 수기》). 이것이 다음에 퍼트리샤 스펜스로 개명한, 세 번째 부인이 된 것이다.

그들은 결혼을 하고 나서 잠시 텔레그래프에서 살았으나 다음에 키들링턴으로 집을 옮겼다. 그 이듬해에 스펜스와의 사이에서 둘째아들이 태어났다. 이 아이는 콘래드라는 이름이 붙여졌다.

러셀은 세 번째의 결혼으로 확실히 가정에는 새 바람이 불어왔다. 그의 가족은 부부 외에도 자식이 세 명, 모두 다섯 명이 북적거리는 가정이 되었다. 이때 큰아들 존은 어느새 열일곱, 큰딸 케이트는 열다섯 살이 되었다. 이 무렵이 되자 그의 15년에 걸친 평온한 저작활동도 종말이 가까와지고, 세계 정세는 차츰 험악한 양상을 띠게 되었다.

콘래드가 태어난 해인 1937년에 중일전쟁이 일어났다. 독일과 이탈리아와 일본이 3국동맹을 맺고, 제2차 세계대전의 준비가 착착 진행되고 있었다. 그리고 러셀도 5인 가족과 함께 평온한 생활로부터 다시 파란과 동요의 시대를 맞이할 참이었다.

5. 미국에서 파란을 겪으며

제2차 세계대전 발발

1939년 9월, 히틀러가 선전포고도 없이 폴란드를 침공하자, 영국과 프랑스는 즉시 독일에 선전포고를 함으로써 제2차 세계대전이 일어났다. 그리고 덩케르크의 패퇴와 프랑스의 붕괴는 영국에 엄청난 충격을 안겨 주었다. 사태가 이렇게 되자 영국은 나치스의 세계 제패에 대한 유럽의 마지막 보루가 되었다.

대전이 일어나기 1년 전에, 러셀은 옥스퍼드에서 〈언어와 사실〉이라는 제목으로 연속 강의를 하고 나서, 퍼트리샤 부인과 함께 가족을 데리고 미국으로 갔었다. 그러고 나서 1944년까지 꼬박 6년간을 미국에서 지내게 된다. 그리고 미국에서 지낸 이 6년간이 그의 일생에서 가장 파란 많고 불행한 시기가 되었다.

1940년 8월부터 독일의 공격은 주로 영국을 향하였고 런던은 매일 치열하게 공습을 당하였다. 당시 런던은 며칠 동안에 일대 광란장으로 변하고, 웨스트민스터 정부는 공포의 사태로 쓸려 나가고 말 것이라는 상상까지 할 정도였다. 독일의 우세가 고국에서 멀리 떨어져 있는 러셀에게 전해오자, 그는 때로는 절망적이 되고 때로는 억누를 수 없는 희망이 되어 요동쳤다.

러셀은 향수를 견딜 수 없어 "미국에서 안락하게 살고 있는 것이 부끄럽다"고 말하였다. 또 그는 고국의 친구들에게 자주 편지를 쓰고, 자기가 그렇게 잘 알고 있는 적막한 사레 숲은 비행기 폭음에 시달리고 있지나 않은가, 그리고 리스힐의 나무들이 벌목당했다는 것이 사실인가를 물었다. "아름다운 것이 사라졌다는 것을 생각하면 견딜 수가 없다"는 것이 그의 거짓없는 심경이었던 것이다.

러셀은 고국에서 한창 저작활동에 열중하고 있을 때 이미 페이비언협회의 강연에서 "만일 대도시가 공습당한다면 몇백만의 난민이 폐허 속을 헤매는 처지로 몰릴 것이다"라고 예언하였다. 그리고 이 예언은 《평화에의 길》(1936)에서 상세히 전개되었다. 그의 평화에 대한 강렬한 욕망은 이때에 이미 절실했으나, 독일의 강대한 힘이 어느 정도인지 그 당시는 아직 이해하지 못하였다.

그러나 조국인 영국이 공격을 받고 침략의 위기에 몰리자, 러셀은 '히틀러를 타도하지 않으면 평화는 있을 수 없다. 혹시 내가 군대에 갈 수 있는 나이라면 자진하여 무기를 들 것'이라고 고백하였다. 이때의 러셀은 '무기여 잘 있거라' 입장이 아니고, '유니언잭의 깃발 아래 나가리'라는 입장이었다고 할 수 있을 것이다.

언어분석 강의와 연습

러셀은 이처럼 전쟁을 겪고 있는 영국을 걱정하면서도 멀리 떨어진 미국에서 자기에게 주어진 일에 몰두하지 않으면 안 되었다. 그는 미국으로 건너가 처음 2년간은 시카고 대학에서, 이어 캘리포니아 대학에서 지냈다. 이때 일련의 강의와 연습은 모두 언어분석을 중심으로 하는 것으로, 대학원 학생들을 상대로 한 전문적인 것이었다.

다 아는 바와 같이, 시카고 대학은 유명한 허친스(그는 신제 대학의 교육이념인 리베럴아트(학예)의 주창자였다)가 총장으로 있어 더욱이 철학의 영역에서는 현대 논리경험주의의 중심을 이루고 있는 빈 학파에 속한 사람들이 망명하여 여기를 본거지로 삼아 '빈 시카고 학파'라고 부르게 되었다. 캘리포니아 대학에서는 역시 언어분석을 테마로 하여 러셀의 연습이 이루어졌다. 그는 강의를 하는 한편 차근차근 저작을 계속하여, 이것이 다음에 《의미와 진리의 연구》(1940)라는 책이 되어 나온 것이다.

러셀은 이런 일을 끝내고 그해 2월에 뉴욕시립대학으로부터 공식초청을 받았다. 그것은 그를 이 대학의 철학과 교수로 임명하여 논리학, 수학기초론, 과학방법론 등을 중심으로 강의를 담당하도록 하려는 것이었다. 이것은 이 대학의 철학과 교수에 빈자리가 생겼기 때문에 누군가 훌륭한 철학자를 초청할 필요가 있어, 관계자 전원의 일치하에 러셀을 맞아들이기로 결정한 때문이다. 러셀도 하버드의 예정을 마치고 나서 뉴욕으로 떠나기로 하였다.

그의 하버드에서의 일이라는 것은 1940년 가을에 캘리포니아 대학에서 연습 종료 후, 윌리엄 제임스의 기념강의를 하기로 되어 있었던 것이다. 뉴욕시 고등교육위원회는 2월 1일자로 그를 철학교수로 임명하였다. 임기는 1942년 6월 30일까지(그때가 되면 그는 정년인 70세가 되기 때문)로 예정되어 있었다. 뉴욕시립대학의 학장대리였던 미드는 그 성명을 신문에 발표하고, 러셀경과 같은 세계 유수의 철학자를 맞이하게 된 것은 우리 대학으로서는 더없는 영광(榮光)이라고 하였다.

그러나 뜻밖의 일이 생겼다. 전혀 상상도 하지 않았던 사건이 일어난 것이다.

버트란드 러셀 사건의 발생

러셀은 미국의 여러 대학들에서 강사로 끌어가려고 세가 난 판에 저 유명한 '버트란드 러셀사건'이 일어났다. 곧 러셀의 뉴욕시립대학 교수취임 발표에 대하여 반대운동의 불길이 솟아오른 것이다. 그 도화선이 된 것은 영국국교회의 머닝 주교였다.

머닝 주교는 러셀을 교수로 임명한 뉴욕시립대학의 처사를 비난, 항의하며 "러셀은 종교와 도덕을 파괴하는 배덕자(背德者)이다"라고 역설, 모든 신문에 그것을 투고하였다. 이 소식은 곧 미국 전역에 파급되었고, 가톨릭과 개신교가 함께 러셀은 청소년을 부패시키는 반도덕 사상의 고취자요, 공산주의자이므로 이런 인물을 경솔하게 임명한 대학 당국 및 뉴욕시 고등교육위원회의 잘못에 격렬한 비난을 퍼부었다.

그와 반대로 러셀을 옹호하는 여론도 여기에 못지않을 만큼 대단한 기세를 올렸다. 시카고 대학의 허친스 총장, 캘리포니아 대학의 스브라울 총장, 철학계의 모든 학회와 미국 대학교수연맹의 책임자들 그리고 개인적으로는 존스 홉킨스 대학의 러브조이 교수, 하버드 대학의 슐레징거 교수 등이 러셀을 지원하였다.

그밖에도 화이트헤드와 존 듀이 그리고 알버트 아인슈타인 등 세계적으로 저명한 학자들도 러셀의 임명을 전면적으로 지지하였다. 세계적 물리학자인 아인슈타인은 이때 다음과 같이 말하였다.

"고래(古來)로 위대한 정신은 항상 범용(凡庸)한 자들로부터 격렬한 반대를 받아왔다. 예로부터 잘못된 의견에 무조건 굴복하지 않고, 자기의 신념을 정직하고 또 용감하게 행사하는 사람을 이해하는 것은 범용한 자들은 할 수 없는 일이다."

얼마나 그들이 러셀을 지지하였던가를 이해할 수 있는 발언이었다.

더욱이 당사자인 뉴욕시립대학에서는 학생과 교수들도 학교가 자주적으로 결정한 인사권에 대하여 외부에서 종교적, 정치적으로 간섭을 하는 것에 강력히 반발하고, 특히 러셀의 전임자였던 코언 교수는 러셀을 소크라테스에 비유하며, 일찍이 아테네가 소크라테스를 부당하게 처리하여 후세에 그 잘못을 비난받은 것처럼 이 임명을 취소하는 일이 생긴다면 뉴욕도 영원히 그 상처를 입게 될 것이라고 하였다고 한다.

이와 같은 찬반 양론의 소용돌이 속에서 결정적인 효과를 낸 것은, 그의 취임을 저지하려는 반대운동에 있어 이름없는 한낱 시정의 여인에 의한 소송이었다. 그 여인은 브루클린에 사는 치과의사의 아내인 진 케이 부인으로, 그 소송은 뉴욕 주 최고법원에서 이루어진 것이다. 원고인 케이 부인에게는 골드스타인이라는 변호사가 딸려 있었다. 그는 "러셀의 철학은 모두 천박하고 미망하며, 민중을 속이기 위한 술책에 불과하다"고 평하였다.

그런데 이 사건을 담당한 것은 막긴이라는 로마가톨릭의 판사로, 그는 1940년 3월 30일에 역사적인 판결을 하였다. 그 판결에 따르면 러셀의 임명은 세 가지 이유로 무효가 되어 버렸다. 첫째는 그가 미국인이 아니라는 것, 둘째는 임명 조건으로서 경쟁시험을 치르지 않았다는 것, 셋째는 그의 저서는 부도덕하고 또 외설한 견해로 가득하다는 것이었다.

이 판결은 러셀의 지지자들을 격분시키고 반대파를 미쳐 날뛰게 하였다. 게다가 이 재판은 원고인 케이 부인측과 뉴욕 시 고등교육위원회 사이의 소송으로, 러셀 자신은 정식 당사자가 아니었다. 그래서 그는 이 왜곡된 사실을 법정에서 해명할 기회를 요구하며 상소하려고 하였으나 라거디아 시장은 이 사건을 너무 깊이 파고들지 않는 것이 정치적으로 좋은 방법이라고 생각하여, 그 의견을 채택하려고 하지 않았다. 그리하여 그는 공격에 대응하여 해명할 기회도 가지지 못한 채 끝내 그의 뉴욕시립대학 임명은 취소되고 말았다.

'버트란드 러셀사건'이라고 하는 이 소동은 러셀 개인의 문제를 떠나 법률적으로나 사회적으로 중요한 많은 문제를 남겼다. 특히 연구와 교육의 자유를 사명으로 하는 대학당국이 외부의 정치세력에 의하여 짓밟혔다는 사례로서 역사적으로 큰 오점을 남긴 것이다.

그럼 하버드 대학 쪽에서는 어떻게 했는가. 역시 외부의 압력이 하버드에도 가해져, 기념강의를 취소시키려는 공작이 있었다. 그러나 하버드 대학에서는 총장을 비롯한 모든 교직자가 단호히 여기에 대항하였다. 그리고 예정대로 1940년 가을, 러셀은 초청을 받고 로스앤젤레스에서 메사추세츠로 직행하여 거기에서 윌리엄 제임스 기념강의를 할 수 있었다.

그렇지만 뉴욕시립대학에서의 불의의 사태는 어떤 점에서는 러셀 자신의 전통적인 인습과 기성종교에 대한 도발적인 발언도 있기는 했으나, 그의 견해에 대한 오해나 왜곡에서 비롯된 부분도 있어, 청교도 정신이 강하게 남아있는 당시의 미국인들과 맞지 않는 점이 있었다고 생각된다. 선각자는 항상 세상에서 박해를 받기 쉬운 것이다. 큰나무는 바람도 강하게 맞기 마련이다.

러셀은 미국에서 이렇게 실업의 신음을 맛보게 되어, 잠시 고립무원의 불행한 생활을 겪게 된 것이다.

반즈재단 구원의 손길

버트란드 러셀사건을 둘러싸고 각종 신문과 잡지들이 그의 윤리사상과 사생활 등에 대해 갖가지 소문과 가십을 무책임하게 써냈기 때문에 미국의 대학은 어디에서도 그에게 강사 자리를 내주려고 하지 않았다. 그는 고립되었을 뿐만 아니라 생활비를 벌 수입원이 막혀 버렸다.

그러나 세상은 재미있는 곳이다. '버리는 신이 있는가 하면 구해 주는 신도 있는 법'이다. 러셀을 구해 줄 신이 나타났다. 그것은 반즈 박사라는 좀 색다른 부호였다. 그는 펜실베이니아 주에서 '반즈재단'을 운영하고 있었다. 그 반즈가 러셀에게 위촉을 해 준 것이다. 그 덕분에 그는 일시적으로 재정상의 궁핍에서 벗어날 수가 있었고 부인과 세 자녀를 데리고 그 재단 소재지인 필라델피아 서쪽 26마일에 있는 리틀 더챗 펌이라는 오래된 농장으로 이사하게 되었다.

이 동부의 모든 주는 영국인에게 친밀감을 가지고 대하기 때문에 그 점에서 그는 안도의 숨을 내쉴 수가 있었다. 여기에서 그는 J.S. 헉슬리를 비롯하여 영국에서 온 친구들의 방문을 받을 기회가 많았다. 그러나 그곳에서 또 불행한 일이 생겼다. 질병이 그를 괴롭힌 것이다. 그 병은 감염에 의한 축농증으로, 그 때문에 행동이 둔해지고 길을 건너는 것도 맘대로 되지 않는 상태였다. 설상가상으로 그는 겨우 2년 만인 1943년 1월에 모처럼의 계약을 맺은 반즈재단에서 해약 통보를 받고 말았다.

그래서 러셀은 일흔 살이나 된 고령으로, 아직 학교에 다니는 세 자녀를 포함한 가족을 거느리고 실업자 신세가 된 것이다. 〈뉴욕타임〉지는 그를 '미국 모든 대학의 철학적 처치 곤란한 존재'라고 부르기도 했다. 비난과 가십 때문에 온몸으로 정신적 상처를 입은 러셀에게 자리를 내주는 대학은 하나도 없었을 뿐만 아니라, 논문을 게재해 주는 신문도 거의 없게 되었다. 고령과 경제적으로 불우한 이 처지를 어떻게 해야 될까. 만사가 완전히 끝난 것같이 보였다.

이 무렵, 제2차 세계대전은 일본의 진주만 기습으로 태평양전쟁으로 발전하였다. 그러나 러셀은 안팎으로 모진 역경에 시달리면서도 그 의기는 결코 시들지 않았다. 아무리 고난과 불행에 빠져 있어도 조금도 좌절하지 않고, 어떻게 타개해야 될까 골몰하는 불굴의 투지에 우리는 경탄을 금할

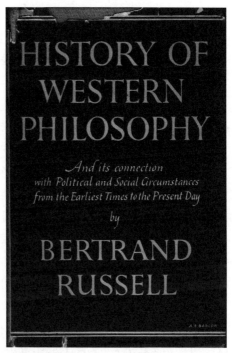

《서양철학사》(초판 발간 1945) 표지 1954년판.

수 없다. '정신일도 하사불성(精神一到何事不成)'이라는 이 구절은 그에게 그대로 적용할 수 있는 말이다.

그럼 러셀은 이 역경을 어떻게 극복하였을까. 그는 영국에서 출판사를 경영하고 있는 스탠리 언원 경에게 연락하여 그의 저서에서 발생할 장래의 인세액을 계산하여 세 아들 중 연상(年上)의 둘이 미국에서 대학을 마칠 수 있도록 선불을 받았다. 그리고 반즈재단에서의 강의를 바탕으로 쓰기로 한 철학사의 인세를 미국 출판사에서도 선불받게 되었다. 확실히 '궁하면 통한다'는 말을 실감하게 된다.

이렇게 해서 그는 생활비와 교육비를 마련하고, 그 대신 계약한 철학사를 정리하는 데 전력을 기울였다. 이 철학사 책에는 그의 생활이 걸려 있었기 때문이다. 이 파란 많은 불행한 환경에서 태어난 걸작이 《서양철학사》(1945)인 것이다.

개성과 독창성이 풍부한 《서양철학사》

러셀과 반즈재단과의 관계는 그에게 있어 별로 유쾌하지 않은 결말로 끝났지만, 이 재단이 그에게 철학사 강의를 위촉한 것은 학문 발전에는 실로 큰 의의가 있었다.

그럼 이 《서양철학사》는 어떤 특징을 가진 책일까.

이것은 부제(副題)로서 〈정치 및 사회적 상황과 관련하여〉라고 한 것처럼 역대 철학자의 학설을 고대에서 현대에 이르기까지 그 시대의 사회적 배경과 아울러 포괄적으로 이해하도록 하려는 시도로서 900쪽이 넘는 대작(大作)이었다. 더욱이 이 책은 러셀이라는 개성이 강한 철학자에 의해 쓰여졌기 때문에 개성적인 색채가 매우 짙고, 또 독창적 견해로 일관된 독특한 것이다.

이 책의 내용은 제1부 고대철학, 제2부 중세철학(가톨릭철학), 제3부 근대철학으로 나뉘어 있다. 그리고 근대철학의 부분에 비하여 고대와 중세 철학 부분이 상당히 자세하게 서술되어 있다. 이 철학사의 서술 중에서 한두 가지 특징을 살펴보자.

러셀은 우선 그리스 시대의 철학사상이 신비주의적 요소를 많이 가지고 있다는 것을 강조하고 소피스트를 높이 평가한다(러셀은 현대의 소피스트라는 말을 들었다). 또 영국의 경험론 특히 벤담과 밀을 높이 평가하고, 독일 관념론의 칸트와 헤겔 및 베르그송을 강하게 비판한다.

예를 들면 러셀은 관념론에 대하여 "칸트는 독단의 겉잠에서 깨어났다고 스스로 말하지만 이것은 일시적이며, 금세 또 관념 속으로 잠들고 말았다" 하고, 헤겔은 "정신이라는 신비적인 실체가 인간의 역사를 움직여 변증법적(辨證法的)인 단계를 따라 발전한다고 생각하였지만, 어째서 정신이 이 단계를 지나가지 않으면 안 되는가를 전혀 이해할 수 없다"고 하였다.

또 러셀은 흄과 니체는 의지를 존중하고 권력을 찬미하여 "파시즘의 온상을 만든 것"이라고도 하였다. 러셀은 종래에 별로 자세히 연구되지 않은 중세의 가톨릭 철학자를 깊이 파고들어 그들이 중요한 가치를 가지고 있었다는 것을 강조하고 있다. 이 철학자는 마지막으로 듀이와 제임스의 실용주의에 독특한 견해를 밝히고, 논리분석철학으로 마무리하였다. 전체적으로 보아 러셀의 개성이 매우 강하게 나타나 있어, 각 철학자에 대하여 자기의 입장에서 동조(同調)나 비판을 적극적으로 서술했다고 할 수 있다.

그러나 이 점에 대해 사상이 약간 독립적으로 다루어져, 시대와 사회적 배경과의 관계가 충분히 반영되어 있지 않은 면도 보인다. 러셀의 논리는 극히 명쾌하고 그 문체는 참으로 유려한 언어로 설명되어 있다. 따라서 러셀의 문장은 대표적인 명문(名文)이라는 말을 듣는다. 우리는 이 책의 어디를 읽어보아도 그것을 실감할 수 있다. 세계대전 중 이국땅 미국에서, 그와 같은 고난과 시련을 겪으면서도 어떻게 그토록 넓고 많은 자료를 소화시킬 수 있었는지, 놀라움을 느끼지 않을 수 없다. 아마 러셀이 일찍이 할아버지의 서재에서 읽은 책들로부터 60년에 걸친 독서와 수업 편력의 성과가 여기서 결실을 맺었다고 할 수도 있을 것이다. 또 부인 퍼트리샤는 자료가 될 만한 원전을 힘들게 수집하여 원고 작성에 헌신적으로 내조를 다하였던 것이다. 이 책은 러셀이 다시 고국땅 영국으로 돌아간 이듬해에 출판되고, 그때는 제2차 세계대전도 끝나게 된다.

다시 그리운 고국으로

러셀은 제2차 세계대전이 시작되기 1년 전부터 미국에서 꼬박 6년간 파란만장한 생활을 하였다. 미국에 있을 때도 그리고 고국 영국에 돌아왔을 때도 악평을 받았던 러셀은 고국으로 돌아갈 날을 하루가 천추 같이 고대하였을 것이다. 그 소원은 마침내 이루어졌다.

1944년 초에 러셀은 전시하의 영국으로 돌아갈 기회를 얻었다. 모교인 케임브리지의 트리니티 칼리지에서 그를 다시 부른 것이다. 너무 좋아서 뛸 듯이 기쁜 마음으로 미국에서 화물선을 타고 출발하여 전쟁 속의 대서양을 3주간 항해하여 고국땅을 다시 밟을 수 있었다. 전쟁은 아직도 몹시 치열하여, 독일의 로켓 무기 V1호와 2호가 영국인들의 간담을 서늘하게 할 정도로 위력을 발휘하고 있었다. 그러나 그것도 독일의 단말마적 몸부림일 뿐 연합국의 승리는 차츰 확실해지고 있었다.

귀국 후 러셀은 맨 처음으로 시폴즈에 있는 트레벨리언 부부를 찾아갔다. 그는 오랜만에 미국에서 꿈꾸어 왔던 살레의 구름과 아름다운 자작나무 숲을 눈앞에서 보는 기쁨을 누렸다. 그리운 친구들과 어울려 담소를 나누는 것 또한 오랜만에 맛보는 행복이었다. 그가 고국으로 돌아왔을 때 영국은 극단적일 정도로 소련을 찬양하는 분위기에 지배되고 있었다. 그는 이 상태를 보고,

전후의 동서 사이에 큰 대립이 생기지나 않을까 하는 예감이 들었다(그의 이러한 예감은 그대로 적중하였다). 그리고 이런 정세 아래에서 현실을 타개할 방법은 노동당 베번의 외교정책 외에는 없다고 생각하였다.

그 이듬해가 되자 영국은 총선거를 치렀는데 애틀리를 옹립한 노동당이 처칠이 이끄는 보수당에 이겨 새 정권을 장악하게 되었다. 러셀은 처칠에게 인간적인 애착을 느끼기는 하였으나, 노동당이 승리한 것을 마음으로 기뻐하였다. 7월에 베를린 교외에서 연합국 정상회의가 열려 '포츠담선언'이 발표되었다. 그리고 8월에 세계 최초의 원자폭탄이 히로시마 상공에서 투하되고 소련이 일본에 선전포고를 하자 일본은 마침내 무조건 항복을 선언하고 도쿄만에 들어온 미국 전함 미주리 호 함상에서 항복문서에 조인하였다.

제2차 세계대전은 만 6년 만에 여기서 끝이 났다. 러셀은 대전의 종결을 고국에서 맞이하였을 때, 이미 일흔세 살이 되었고 현존하는 철학자로서는 세계에서 가장 저명한 인물이 되어 있었다. 이 나이로 말한다면, 보통 사람이면 제1선에서 물러나 한가롭게 유유자적하는 생활을 보낼 때이다. 그러나 그는 그로부터 20년 동안 이번에는 새로운 평화운동에 몸을 내던지게 된다.

6. 지난날 반역자, 드디어 시대의 총아가 되다

케임브리지로 복귀함

시대의 선각자는 모든 고난과 가시밭길을 걷게 마련이다. 러셀 역시 그런 인물이었다. 그는 40대에 확고한 명성을 얻었지만, 제1차 세계대전에서의 반전운동과 미국에서의 불행한 사건으로 말미암아 거의 일흔을 바라보는 나이에 오랫동안 세상에서 따돌림을 당하고 사상적 배덕자(背德者)라는 비난을 받았다. 그러나 제2차 세계대전 뒤에는 그를 보는 안목이 달라지고, 다시 진가가 회복되기 시작하였다. 전후 세계는 예전에 냉대하던 그를 현대 최대의 철학자로서 인정하려는 모습을 모았다. 오랫동안 그늘에 가려져 있던 그에게 간신히 찬란한 햇볕이 비치기 시작하였다. 그 빛은 점점 더 밝아지면서.

얼마 동안은 아직도 경계의 대상이 되기도 했다. 영국 방송협회는 러셀을 백안시하며 방송을 의뢰하는 일을 아직까지 별로 달갑게 여기지 않았다. 그

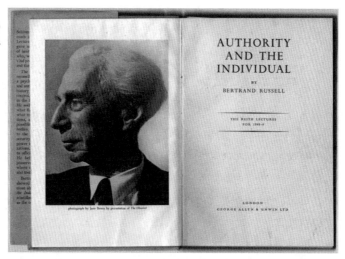

《권위와 개인》
(초판 발간 1949)
러셀 초상과 속표
지

를 다시 부른 케임브리지에서도 그를 트리니티의 명예 펠로에 임명하려는 안
이 좀처럼 통과되지 않았다. 그러나 이와 같은 상태는 점점 사라지고, 그의 진
가가 이해되기 시작하며 특히 수학자 리틀우드 교수의 추천도 있어, 펠로로서
모교의 강의를 담당하게 되었다. 생각하면 길고 긴 편력의 여행이었다. 그런데
그는 지금이야말로 로만 롤랑의 말대로 '괴로움을 넘어서 기쁨으로'의 경지를
마음으로 맛볼 수 있었을 것이다.

케임브리지 대학에 복귀한 러셀은 모두에게서 영웅을 맞이하는 듯한 환영
을 받았다. 많은 예전 친구들은 그를 따뜻하게 맞았고, 학생들도 그에게 열광
적인 박수를 보냈다. 케임브리지는 역시 그의 케임브리지였다. 그의 첫 강의에
는 제일 큰 교실이 배정되었으나 그럼에도 청중이 줄을 이어 넘칠 지경이었다.
그는 5년 계약으로 강의를 담당하게 되었고, 우선 그해의 테마로는 '비논증적
추리'라는 문제를 골랐다. 그는 트리니티 강의 외에도 런던 상원의 심의에도
참여하게 되었다.

러셀의 명성은 날로 높아갔다. 1948년 그는 영국 BBC 방송의 교양 프로그
램으로서 '리스 강좌'를 부탁받아, 〈권위와 개인〉이라는 제목의 연속강연을 하
게 되었다. 그는 이 강연에서 노동당에 의한 기간산업의 국유화를 지지하였는
데, 전체적으로는 권위에 대하여 개인을 옹호하는 데 역점을 두었다. 그 내용
을 더 자세히 말하면 사회의 결합과 인간성, 개성의 역할, 기술과 인간성의 충
돌, 중앙의 통제와 주도권, 개인과 사회윤리 등이었다. 특히 그는 사회의 가치

는 개인에게 있다는 부동의 신념에 의거하여 정치권력은 최대한의 주도권을 개인에게 주어야 한다고 주장했다.

그의 생각은 궁극의 가치는 전체가 아니라 개인의 내부에서 찾아야 하는 것으로, 좋은 사회는 그것을 구성하는 각 개인이 잘살기 위한 수단이므로 그 자체에서 독자적인 가치를 가져서는 안 된다는 것이다. 이 생각은 그가 예전에 쓴 《자유인의 신앙》(1902)부터 꾸준히 주장해 온 개인의 인격을 강조하는 윤리사상이었다. 개인의 인격을 강조하는 사고방식이야말로 개인주의자인 러셀의 기본적 입장이라고 할 수 있을 것이다.

또한 이 연속강연은 다음에 《권위와 개인》(1949)이라는 같은 제목의 저서로 출판되었다.

훈장을 받고

얼마 전까지 반역자로 몰렸던 러셀은 드디어 시대의 총아가 되었다. 그는 BBC 강연뿐만 아니라 도처에 강연을 하러 다녔다. 일찍이 1916년에 영국 외무성은 그에게 미국 여행을 거부한 적이 있었다. 그 외무성이 이번에는 그에게 독일을 비롯한 유럽 대륙의 여러 나라, 이어서 미국 그리고 호주 등 해외 각지에서 강연을 해 달라는 요청이 쇄도하여 이에 적극 협조하였다. 30여 년 전과 비교할 때 얼마나 큰 변화인가. 일대 영웅이 된 러셀은 몇 년 동안을 자기 나이의 절반밖에 안 되는 젊은이 못지않은 패기로 차례차례 강연여행을 이어나갔다.

강연여행을 할 적에 이런 일화가 있다. 1949년 10월, 그가 일흔여섯 살 때 노르웨이에서 비행기 사고를 만나 구사일생으로 살아난 것이다. 그가 타고 있던 수상기가 곧 착수(着水)하려는 순간의 잘못으로 바다 속에 처박혀 침몰해 가고 있었다. 러셀은 기체 바닥 위로 내던져져 사태의 긴박성을 알지 못했으나, 승객들은 빨리 비행기 밖으로 탈출하라는 지시가 내려졌다. 20야드쯤 떨어진 곳에 한 척의 보트가 대기하고 있었기 때문에 러셀은 거기까지 헤엄쳐 갔다. 이는 승객 19명의 익사사고를 낸 참사였다. 얼어붙을 듯한 늦가을 북해(北海)에서 고령의 러셀은 물 속을 몇 분 동안 헤엄쳐 살아난 것이다. 그야말로 위대한 생명력이었다.

이제까지의 러셀의 오랜 연구활동이 영국에서 드디어 인정받는 날이 왔다. 그것은 1950년 6월 영국 국왕으로부터 수여받은 최고 영예의 메리트훈장(Order of Merit)이었다.

러셀은 상을 받기 위해 버킹엄 궁전으로 안내를 받아 당시 국왕이었던 조지 6세를 만나게 되었다. 이때 조지 6세는 분명히 내키지 않는 모습이었다. 그도 그럴 것이, 러셀은 일찍이 국왕의 감옥 죄수이고 그 언행이 국왕을 교주로 모시는 영국국교회에서 소문이 좋지 않은 인물이었기 때문이다. 그런 인물에게 최고의 명예훈장을 수여하는 것은 영국에서 전대 미문의 일이었을 것이다.

이때 조지 6세는 러셀에게 "귀하는 매우 파란 많은 인생을 보냈다고 하는데, 모든 사람이 귀하처럼 살려고 한다면 세상은 잘되어 가지 않을 게 아닌가요?" 이렇게 물었다고 한다. 러셀은 그에 대해서 "보통 사람이 특별한 일을 하는 사람의 흉내를 내려고 하면 곤란합니다. 특별한 사람에게는 그 사람 나름의 가치와 사명이 있는 것입니다"라는 의미의 대답을 하였다고 한다. 귀족 러셀, 희대의 철학자 러셀의 진면목을 드러낸 말이 아니었을까.

이제 러셀의 가정에서 세 번째 변화를 맞은 이야기를 적기로 한다. 그가 훈장을 받기 2년 전의 언젠가 그와 부인 퍼트리샤는 시칠리아 섬으로 휴양을 간 일이 있었다. 이때의 생활은 그에게 참으로 즐거웠던 것 같다. 그러나 이때 그들 사이에는 무언가 불화가 있었던 게 틀림없다. 미국의 생활을 포함한 10년 동안 그렇게도 행복하게 생활해 온 두 사람이 헤어지게 된 것이다. 퍼트리샤 혼자 영국으로 귀국한 지 얼마 지나지 않아 둘의 이혼이 이루어졌다.

미래의 나라 호주로

훈장을 받은 러셀은 또 각지로 강연여행을 다녔다. 그의 수많은 여행 중에서 특히 그의 진취적 기상과 지적 탐구심이 언제까지고 쇠퇴하지 않을 거라는 사실을 보여 준 것이 바로 가장 흥미진진했던 1950년 호주여행이다.

러셀은 항상 미지의 세계에 대한 경험을 얻고 싶어했다. 당시 호주에서는 에드워드 다이어슨이라는 멜버른의 한 사업가에 의해 신탁기금이 설립되어 그 이름으로 해외에서 저명인을 초청하여 강연회를 열고 있었다. 러셀은 이 신탁기금에서 초청받은 것이다. 그는 그때 일흔여덟이었으나, 이 초청을 흔쾌히 수락하고 난생 처음인 땅으로 여행을 결심하였다.

호주에서는 러셀의 신변경호를 위해 경관을 배치하고, 외무성의 선임대표가 시드니까지 그를 맞이하러 나왔다. 러셀은 시드니에서 퀸스랜드, 캔버라, 멜버른 등을 돌아다니면서 2개월 남짓의 호주생활을 하였다. 그는 어디에 가서든 공개강연과 방송을 하였을 뿐 아니라 되도록 많은 것을 보고 배우려고 힘썼다. 그는 또한 고국에 있는 손자(그에게는 이미 몇몇의 손자가 있었다)들에게 편지 쓰는 일도 잊지 않았다.

각 대학은 모두 빠짐없이 러셀의 참석을 요청하고 세미나를 개최하였는데, 그런 자리에서 그는 교수들과 소수의 선발된 학생들과 철학문제를 논할 수 있었다. 호주에서는 미국에서 발생한 문제나 논쟁이 일어나지 않았다. 신문기자들은 러셀이 무언가 도발적인 망언을 할 것으로 기대하였지만 그것은 실망으로 그쳤다.

러셀이 여행에 나선 직후에 한국 전쟁이 일어났다. 한때 그는 한국 전쟁이 세계 전쟁으로 발전할지도 모른다는 우려에서 고국에 있는 손자들에게 런던에서 멀리 떨어진 곳에 집을 알아보라고 지시하기도 했다. 그는 호주에 대해 개인주의적인 신념과 집단주의적인 필요성이 서로 맞서며 함께 존재한다는 점을 간파하고, 이것이야말로 호주의 정치를 이해하는 열쇠라고 생각하였다. 그리고 그는 호주인이 더욱 진취적 기상과 개척자 정신을 가진다면 이 나라의 자원이 개발되고 문화가 발전할 것이라는 시사를 주었다. 그러나 결국 그는 호주를 찬양하는 것으로 끝나는 꼴이 되고 말았다.

러셀의 호주 방문 당시 추억으로 남은 사람은 외무성에서 안내역으로 파견되어 온 글리디슈였다.

두 사람은 서로 잘 아는 사이가 되어, 그는 기분이 좋을 때는 잡가도 불러 글리디슈를 즐겁게 해 주었다고 한다. 그는 이 나라가 꽤나 마음에 들었던지 "혹시 내가 이 세상에 다시 한번 태어날 기회가 주어진다면, 나는 유럽인이 되기보다 호주인이 되고 싶다"고 말했다고 한다.

유럽의 위대성은 과거에 있다. 영국이나 프랑스 문화는 지금까지 이미 다 이루어졌다는 권태감이 있다. 과거와 더불어 산다는 것은 어딘가 어둡고 마음이 우울해지는 일이다. 그러나 미래의 비전과 더불어 산다는 것은 희망과 활력을 가져다 주는 일이다.

러셀은 호주를 미래의 나라로 느꼈다. 그는 이미 여든 살에 가까워졌지만 과거에 사는 인간이 아니었다. 그는 장래를 향해 전진하는 인간이다. 결코 뒤를 돌아보지 않았다. 아마 그가 좀더 젊다면 유럽의 문화를 이 나라에 이식하여 새로운 활력과 에너지를 발동시키는 큰 작업을 하려고 했을 텐데.

그가 호주에 남긴 추억거리를 하나 적어 본다. 어느 신문기자가 러셀에게 뭔가 재미있는 말을 하려고 하다 생각이 났는지 "꾀보인 코알라를 닮았다"고 말하자, 러셀은 곧 멜버른 동물원으로 코알라가 어떻게 생겼는지를 보러 갔다. 그는 돌아와서 정말 애교스러운 동물을 닮았다는 말에 몹시 기뻐했다고 한다. 그 일세의 철학자에게도 그런 치기(稚氣)가 있었다.

어쨌든 러셀의 호주여행은 마음으로 즐거운 것이었다. 그는 호주에서 아직 물이 차가워 헤엄을 처보지 못한 게 유감이라는 말을 남기고 비행기로 영국으로 돌아갔다.

빛나는 노벨문학상

러셀은 호주를 떠나, 각지로 여행을 계속하여 1만 2천 마일이라는 강행군 비행 끝에 영국에 도착해서도 겨우 몇 주일밖에 쉬지 않고, 이번에는 또 미국으로 강연여행을 떠났다. 그 노령에 이처럼 세계 각지를 쉬지 않고 강연을 위해 날아서 돌아다니는 것은 확실히 초인적이었다. 그의 활동 무대는 세계 전체에 이르렀으니 아마 그에게는 세계가 너무 좁았을지도 모른다.

또 러셀이라는 인물은 아무 일도 하지 않고 가만히 있을 수 없는 인간이었다. 그는 늘 "인간은 무엇인가를 하지 않으면 안 되는 것"이라고 말하곤 했다. 그리고 그는 미국으로 강연을 떠날 때에도 이 말을 남겼다. 그는 항상 새로운 일에서 기쁨을 찾았다. 그런데 그가 출발한 직후 예상치 못했던 기쁜 소식이 날아왔다.

노벨상! 1950년, 그에게 노벨문학상의 수여가 결정된 것이다.

이 낭보를 들은 그는 기쁨에 신바람이 나서, 일을 마치기가 바쁘게 귀국하여 전통에 따라 스톡홀름으로 갔고 거기에서 형식대로 수상강연을 하였다. 이 강연은 인간에 대한 그의 깊은 통찰의 결정이었다고 전해진다.

그럼 이 노벨문학상 수상강연의 내용은 어떤 것이었던가. 그는 다음과 같이 말했다.

"우선 인간이 행복을 추구하기 위하여 필요한 것은 그 정신적 병폐인 바람직하지 않은 모든 욕구를 심리적으로 분석하지 않으면 안 된다. 기본적인 것으로써 의식주 등 생존에 필요한 욕구, 소유욕, 경쟁심, 허영심, 권력욕 등이 있고 그밖에도 자극 애호심이나 공포심, 증오 따위가 있다. 그럼 이런 것들을 치료할 처방전은 무엇인가."

여기에서 그는 과학의 눈부신 진보에 대하여 윤리의 후진성(後進性)을 들고, 이 과학적 사회를 안정시키기 위해서는 윤리는 이성과 과학적 정신에 의해 관통되지 않으면 다른 방법이 없다고 하였다. 그래서 우리는 전통적인 미신윤리를 타파하고 보편적인 인간의 욕구를 충족시키는 길을 확립하는 것이 중요하다는 것이다. 이 강연 내용은 다음에 그의 윤리사상의 집대성이라고 할 수 있는 《윤리와 정치에서의 인간사회》(1954)의 제2부 제2장 '정치적으로 중요한 모든 욕구'로서 게재하게 된다.

일찍이 미국에서 불우하게도 밑바닥까지 전락, 모든 사람들에게 외면당하고 고립무원한 처지가 되었던 러셀은, 이제 시대의 각광을 받아 무대 위로 뛰어올랐다. 사상가로서 러셀의 진가에 대해 영국에서는 훈장으로 그리고 세계적으로는 노벨상이라는 최고의 영예를 통해 보답한 것이다.

세상은 확실히 그를 다시 보게 되었다. 영국에서는 귀족을 존경함과 동시에 노인을 공경하는 경향이 있다. 이미 여든을 맞이하려고 하는 러셀에 대하여, 더욱이 이런 최상의 영예와 영광에 빛나는 러셀에 대하여, 영국의 사회가 찬양을 시작한 것은 어쩌면 당연할지 모른다. 아울러 러셀 자신이 인간적으로 위대성을 한결 더 높여 가는 것으로 여겨진 것이다.

인간적 중후함이 더해 가고

러셀은 다시 리치먼드로 돌아와 어려서부터 뛰어다니며 놀던 펨브로크 저택에서 1마일쯤 떨어진 곳에 있는 빅토리아식 큰 집에서 살게 된다.

그리고 그때에는 그 자신 또한 인간적으로 좀더 원만해졌다. 그것은 그가 인간적으로 더욱 중후한 노인이 되었다는 것을 말한다.

이 무렵 그가 출판한 것으로는 《반속(反俗)평론집》(1950)이 있다. 이것은 기회가 있을 때마다 써 놓은 글을 정리한 것으로, 우리의 비극적인 세기를 특징지어 온 교조주의(敎條主義)의 성장에 대한 일종의 도전이었다. 또한 여러 가지 사상을 논하였는데, 종래와 같은 난해한 표현을 되도록 피하고, 형식에 구애됨 없이 얼굴을 찡그리지 않고 쉽게 읽을 수 있도록 했다. 그러나 이 책은 소중한 목적을 가지고 있기 때문에 그는 결코 이를 통속적(通俗的)이라고 하지 않았다. 통속적이 아니라면 반통속적인 것이기 때문에 책이름을 이렇게 붙인 것이다.

러셀은 이것으로 그의 3대 평론집을 완성한 셈이다. 곧 《철학평론집》(1910), 《회의평론집》(1928), 거기에 이 《반속평론집》까지 구색을 갖춘 것이다. 우리는 이 평론집들을 통해서 그가 사상가일 뿐만 아니라 훌륭한 평론가라는 점을 알 수 있다. 그리고 그의 마지막 평론집은 그의 인간적 중후함이 더해진 것을 느끼게 한다. 이때 그의 인간성은 다음의 사건에 의해 더욱 깊이를 가지게 되었다.

1952년(그때 러셀은 여든 살이었다), 그는 에디스 핀치와 네 번째 결혼을 하였다. 에디스 핀치는 윌프레드 스콘 브랜트의 전기를 쓴 저자이고, 17세기에 미국으로 간 유서 깊은 뉴잉글랜드의 오래된 가문 출신으로, 프린모어 대학에서 교편을 잡은 적이 있는 인물이다. 더욱이 에디스는 학문 이외에도 다양한 취미를 가지고 있었다.

러셀은 예전과 마찬가지로 누군가 다른 사람이 책을 낭독해 주는 것을 좋아했는데, 다만 한 가지 곤란한 것은 에디스 부인이 러셀 못지않은 애연가라는 사실이었다. 그래서 부부가 돌아가며 낭독을 하곤 했는데, 부인이 편하게 담배를 피울 수 있도록 그가 낭독을 자청하기도 했다.

어쨌든 이 부부는 그로부터 오랜 세월을 금슬좋게 협력하며 행복한 생활을 하였다.

7. 새 분야의 개척과 마무리

생각나는 문인과의 교제

러셀은 에디스와 결혼하고 나서 약 10년간은 핵무장 반대운동과 저작활동을 더욱 활발히 펼쳐 나갔다. 그리고 그의 저작활동은 지금까지의 오랜 사상적 편력을 일단 집대성하는 일과 또 하나, 문학과 창작이라는 새로운 분야를 개척하였다는 것이다. 우리는 그의 새로운 창작과 소설 분야의 활동부터 살펴보기로 한다.

그러자면 먼저 그가 어떤 문학가나 소설가와 접촉하고 있었는가를 생각해 보는 것이 적당하다. 그리고 그로써 종래와 전연 다른 새로운 문학이라는 장르 중에서 새로운 러셀상이 부각되는 것이다.

그는 언뜻 보기에는 문학과는 인연이 없는 것같이 보이지만, 그것은 그를 잘 몰라서 그렇다. 그의 저서에는 셰익스피어를 비롯하여 영국문학의 고전을 인용한 부분이 꽤 많다. 그는 젊은 시절에 밀튼에 심취하였고, 또 워즈워스에 관심을 가졌으며 그리고 T.S. 엘리엇과는 우연히 만났다.

이런 사람들 외에도 러셀은 다양한 문인들과 잘 알고 지냈다. 그는 '생각나는 사람들' 가운데 G.B. 쇼, H.G. 웰스, 조셉 콘래드 그리고 D.H. 로렌스 등을 말하고 있다. 우선 웰스와는 1902년에 시드니 웹이 만든 '협력회'의 간담회에서 처음 만났다. 러셀은 그와의 토론으로, 그가 언제나 합리적이고 미신적인 것을 배격하며, 과학적 방법에 대한 확신이 건전하고 정신이 발랄한 인물이라는 것을 알았다. 러셀은 그가 사상과 상상력의 해방자로서 에너지를 가지고 있는 것에 감복하여, 주말에는 언제나 그를 찾아가서 토론을 하였다.

러셀의 문인들과의 교제에서 특히 그에게 소중한 추억이 된 것은 콘래드와 로렌스이다. 콘래드는 귀족적인 폴란드 신사로 영국을 각별히 사랑하고, 더욱이 선장 출신 문인으로 해양에의 동경을 잊지 못하여 《청춘》(1902)과 《태풍》(1903) 등에서 볼 수 있다시피 해양소설의 창시자이다. 러셀과 콘래드는 1913년에 서로 알게 되어 그로부터 점점 더 친해졌다. 그들은 인간생활과 인간 운명에 대한 공통의 사고방식을 가지고 있었다.

콘래드는 가혹한 자연과 인간의 적의(敵意)에 부딪칠 때, 내면적인 투쟁으로 무서운 고독을 이겨내려는 성격을 가지고 있었다. 러셀은 그의 작품들 중에서 단편소설로 〈어둠의 한가운데〉(1902)에서 가장 큰 감동을 받았다. 이것은 나약한 이상주의자가 열대지방의 숲과 야만인 속에 남겨진 고독의 공포 때문에 미쳐 버린다는 내용으로, 여기에 그의 인생철학이 가장 잘 표현되어 있었다. 두 사람의 친교는 더욱 마음 깊은 데까지 나아갔다. 러셀은 그에게 "그 정열적인 기품은 나의 추억 속에, 샘의 바닥에서 바라본 별처럼 빛나고 있다. 나는 그의 빛이 나에게 비치는 것처럼 모든 사람들에게 찬란하게 하고 싶다"고 말했다(콘래드는 러셀의 큰아들인 존의 대부였다).

다음으로 로렌스는 특히 개성이 강한 문인이었다. 러셀과의 교제는 1년밖에 안 되는 짧은 것이었지만 그 동안은 열렬하였다. 로렌스는 불타는 듯한 감정과 강렬한 에너지의 소유자였다. 러셀이 '민주주의의 확고한 신봉자'인 데 반하여 그는 '민주주의적인 제어를 믿지 않는' 파시즘적 사고방식을 폈다. 러셀은 그에게서 몇 번의 편지를 받고, 자신에게 없는 통찰력을 가지고 있는 로렌스에게 감탄하였다. 그러나 결국 러셀은 건전한 사고방식을 가지고 있었고, 로렌스가 세계를 잘 만드는 데 진정한 희망을 갖지 않고 다만 세계가 나쁘다는 것에 대한 웅변으로 독설을 즐기려고 할 뿐이라는 것을 알게 되었다. 그래서 러셀은, 세계가 광기에 휩쓸리는 상황에 놓여 있을 때 로렌스는 그 광기를 찬양하는 해설자에 지나지 않는다는 것을 인정할 수밖에 없었다. 그로부터 두 사람의 관계는 소원해지고 그 친교(親交) 또한 극적인 종말을 보지 않은 채 사라져 갔다.

한 사람을 더 말한다면 그것은 서머셋 몸이다. 몸은 웰스를 통해서 러셀을 알게 되어 그의 저작을 읽고 러셀을 무척 존경하게 되었다. 몸은 인간의 기쁨을 떳떳하게 쳐들어 충족한 인간의 행복을 작품 속에 그려내는 데 노력하였다. 그리고 그는 러셀에게서 그 인생의 지침을 찾으려고 하였다. 예를 들면 그는 《심판의 자리》와 《묘약》 등에서 인간 본래생활의 존재양식을 논하고 있다. 그런 점에서 몸은 러셀의 영향을 받은 작가라고 할 수 있다.

이와 같이 러셀은 특히 개성적인 문인들과 교우관계를 맺었고, 그들과의 접촉을 통해 그의 문학 업적과 창작 의욕을 싹틔웠다.

창작과 소설쓰기에 착수

러셀의 멈출 줄 모르는 의욕은 지금까지 손대지 않았던 소설 분야에까지 손을 뻗치게 되었다. 그때까지의 그의 저작을 보면 오직 무미건조한 철학이나 논리학 논문에서도 거기에 어딘지 경묘(輕妙)하고 소탈한 수법이 있고, 어딘가 예술적인 분위기가 느껴져 누구에게나 매력적이었다.

러셀의 초기 에세이 《자유인의 신앙》(1902)은 훌륭한 문학작품이고, 새로운 '과학적 전망' 속에서 과학사회 미래의 그림을 묘사하는 등 구하기 어려운 공상소설이었다. 그것에 대하여 1953년에 그는 처음으로 창작과 소설이라는 새로운 영역에 손을 대게 된 것이다. 그는 이렇게 말하였다.

"나는 생애의 처음 80년을 철학에 바쳤으나, 이번에는 다음의 80년을 소설이라는 또 하나의 분야에 바치려고 생각한다."

우리는 그가 하는 일에 가끔 놀라움을 가지고 바라보았다. 그러나 또 다시 그런 나이에 전혀 새로운 분야에 손을 댄다는 것은 새삼 경외의 눈으로 볼 수밖에 없다. 그는 아직도 청년같은 정열과 감수성을 잃지 않고 있다. 러셀은 바로 '80세 청년'인 것이다.

러셀이 처음 단편소설집으로 출판한 것은 《교외의 악마》(1953)였다. 그는 이 분야에서 새 명성을 얻기 위해 필명을 사용하여 출판하려고 했다. 그러나 출판사는 본명으로 내지 않으면 출판하지 않겠다고 하기 때문에, 결국 그 중 단편 〈코르시카에서의 X양의 모험〉은 〈고우〉라는 잡지에 익명으로 게재되었는데, 작자를 맞힌 사람에게는 25파운드의 상금이 걸렸다. 그러나 그것을 맞힌 사람은 아무도 없었다.

응모한 해답 중에는 몸의 이름도 있어, 그는 의기양양하였다. 이 단편집은 전율과 박진감에 넘친다는 호평을 받아, 1961년에는 〈펭귄북스〉에 한 자리를 차지했다.

여기서 자신감을 얻은 러셀은 이듬해인 1954년에는 제2의 단편소설집 《저명인의 악몽》을 출판하였다. 거기에는 시바의 여왕을 비롯한 철학자, 과학자, 또는 정치가의 악몽을 그린 단편이 〈자하트볼크〉와 〈신앙의 산〉이라는 제목으로 과학소설과 함께 수록되었다. 특히 이 〈자하트볼크〉는 스위프트를 연상시키는 잔인성과 신랄함을 보여 주목받는 작품이 되었다. 이 〈자하트볼크〉라는 소설은 어떤 내용을 담았을까. 간단히 소개한다.

시대는 지금으로부터 4천 년 후, 장소는 전세계에 군림하는 세계제국의 수도 모스크바, 그리고 자하트볼크는 흔들림 없는 굳건한 제정을 쌓아올린 건국의 아버지이다. 그는 매우 엄격한 인종차별과 태양숭배를 위하여 인신의 제물을 강행하여 제국의 질서유지에 힘써 오랜 세월 태평성대를 누린다. 그로부터 1천 년이 지났다. 모스크바의 신설 대학 학생 가운데 학장의 아들인 토머스와 그 애인인 디오티마가 있는데, 이 두 사람은 장래가 촉망되는 남녀였다.

디오티마는 높은 교양을 가지고, 이 제국의 신화와 사고방식에 대하여 회의적이 되고, 토머스도 그 영향을 받아 진리와 자유를 요구하게 되었다. 그런데 이 나라는 매년 태양신(자하트볼크)에게 바치기 위하여 어딘가의 처녀를 희생으로 삼는 풍습이 있었다. 이것은 실은 제왕 잉카의 희생이 되는 것이었다. 그리고 어느 해에 디오티마가 이 역할을 하게 되었다. 그러나 이 여인은 이 미신의 제전에 희생되기를 거부하였기 때문에 감옥으로 끌려가 많은 사람들이 보는 앞에서 화형당하였다. 이 비극에 직면하자 토머스는 격분하여 은밀히 정부의 전복을 꾀하며 동지를 모아 차근차근 계획을 추진하였다.

20년 뒤에 토머스는 학장이 되어, 부하들을 거느리고 혁명의 봉화를 올렸다. 아프리카에서 모여든 선봉대는 정부의 모든 기관을 무너뜨리고 혁명은 성공하였다. 그래서 제정시대의 압제정치는 종말을 고하고, 자유로운 세계국가의 시대가 시작된 것이다.

대체로 이런 줄거리의 소설이었는데, 러셀은 이 소설에서 무슨 말을 하려고 하였을까. 그는 국가권력이 아무리 지배체제를 구축하려고 하여 국민의 자유를 압박하여도 그것은 결코 오래 가지 못하고 언젠가는 타도되고 만다는 것을 지적한 것이다. 이것은 전체적인 질서보다도 개인적인 자유가 사회를 행복과 평화로 이끈다는 것을 보여 준 셈이다.

다음으로 이상적인 사람들이 정의감에 의거하여 압제에 감연히 저항하며 죽음도 두려워하지 않고 싸웠다는 데서, 실은 러셀 자신이 비판적 정신을 가지고 허위와 타협하는 일 없이 사회개혁을 위해 적극적으로 행동하는 것이 중요함을 말하는 것이다. 그리고 거기에서 성취되는 자유스런 세계국가야말로 세계 연방정부를 주창한 그의 희망이었음을 나타낸다.

이것은 공상소설이기는 하지만 정치와 사회이론과 관련하여 인간의 존재양식을 논한 것이다. 자하트볼크, 이것이야말로 오늘날의 세계에서 인간의 마음속에 존재하는 부정한 권력욕과 소유적 충동이 낳은 산물인 것이다. 우리는 그의 소설에서도 여러 가지 배울 것이 있음을 이해할 수 있다.

《윤리와 정치에서의 인간사회》 출간

러셀은 새 분야의 일을 함과 동시에 지금까지의 사상을 집대성하기 시작하였다. 먼저 여기에서 다루어야 될 것은 윤리사상의 총결산이라고 할 수 있는 《윤리와 정치에서의 인간사회》(1954)이다. 또는 이것을 정치와 관련되는 사회이론의 총집산이라고 하는 것이 좋을지도 모른다.

이 책의 특징부터 말해 보자. 이 책의 표지를 열면 왼쪽에 세 개의 사진이 있다. 맨 위가 '황금시대'로 되어 있다. 곧 눈부시게 찬란한 태양 아래서 사람들이 일하고 있는 그림이다. 피라미드가 있는 것으로 보아 절대적인 권력을 가진 사람들이 노예나 노동자를 부려 먹고 있는, 봉건시대로부터 자본주의 시대를 나타내고 있다. 가운데 사진은 '현재'로 되어 있으며 독일과 소련의 장교가 나란히 마주 보고 있는 그림이다. 러셀이 가장 중요한 것으로 생각한 '독일 군국주의'와 '소련 공산주의'를 대표하여, 그것이 군대를 소유하고 대치하고 있는 제국주의 시대를 나타낸 것이리라.

그리고 맨 밑의 사진은 '장래'라고 되어 있는 원자폭탄을 연상시키는 버섯 모양의 폭탄으로, 사람들이 공포에 떨고 있는 그림이다. 아마 핵무기의 이용으로 인류가 멸망할지도 모른다는 과학 시대를 나타낸 것이리라. 그리고 이런 사진의 밑에 '지성(知性)의 사용'이라는 글자가 적혀 있다. 그는 아마 인간의 지성에 의하여 이처럼 되어서는 안 된다는 것을 나타낸 것이리라. 그야말로 이 책의 제목과 같이 윤리와 정치에서의 인간사회 그 자체를 표현하고 있는 것이다.

그럼 이 책의 목적과 내용에 대하여 생각해 보자. 이 책은 두 가지 목적을 가지고 쓴 것이다. 하나는 독단적이 아닌 윤리학을 확립하는 일이고, 또 하나는 이와 같은 윤리학을 현대의 복잡한 정치문제에 응용하는 것이다. 그리고 이 목적과 아울러 전체를 둘로 나누어 제1부는 '윤리학', 제2부는 '모든 정념의 갈등'이라고 되어 있다. 러셀은 윤리학에서 주관주의 윤리학의 입장을 내세운다. 그는 윤리학의 기본적 조건은 감정과 정서이고, 지각 표상은 아니라는 사고방식을 취하고 있다.

그러나 과학적 진리는 객관성을 가지고 있는 것이다. 따라서 윤리학이 객관성을 유지하기 위해서는 선(善)의 욕구 충족이 되도록 많은 다른 욕구와 공존할 수 있는 욕구가 되지 않으면 안 된다. 러셀은 벤담의 '최대 다수의 최대 행복'과 비슷한 일종의 공리주의적(功利主義的)인 기준을 채용하여, 선이란 욕구 충족에 있다는 정의를 세워, 공존 가능한 욕망이 충족되는 욕망의 총량은 크다는 것을 분명히 하였다. 그리고 옳은 욕망이라는 것은 되도록 많은 다른 욕망과 공존할 수 있는 것이고, 옳지 않은 욕망이라는 것은 다른 욕망을 방해해야만 충족되는 것이라고 생각하였다. 여기에서 그는 윤리적 가치에 대하여 가능한 한 객관성을 부여하려고 하는 노력을 보였다.

다음으로 러셀은 윤리학이 객관성에 도달하기 위해서는 다수에 대한 감명(感銘)을 수반하지 않으면 안 되고, 윤리학은 개인 윤리학으로부터 정치학의 영역으로 나아가야 된다고 하였다. 여기에서 그의 '모든 정념의 갈등이론'이 전개되는 것이다 (이 중에서 '정치적으로 중요한 모든 욕구'가 노벨문학상 수상 때의 강연 내용이었다). 선(善)의 실현이라는 윤리학의 목표는 그것이 구체성을 띨수록 이런 모든 욕구와의 대립을 되도록 제거하는데 집중된다.

서로 대립하는 모든 욕구를 억제하기 위해서는 좋은 사회제도를 만들 것, 옳은 과학적 이해를 할 것, 그리고 사회적으로 바람직한 윤리를 확립하는 것이 필요하

《서양의 지혜》(초판 발간 1960) 표지

다. 이것은 개인의 만족과 일반의 만족과의 충돌을 적게 한다. 그렇게 함으로써 인간은 행복하게 사회는 평화스럽게 될 것이다. 이것이 그의 윤리적인 도달점이었던 것이다.

이색적인 《서양의 지혜》의 완결

러셀은 마침내 철학사 연구의 총결산을 계획하였다. 그 성과를 세상에 물어본 것이 1960년에 출판한 《서양의 지혜》이다. 러셀의 철학사 저술로는 일찍이 900쪽이나 되는 방대한 《서양철학사》(1945)가 있었다. 이 《서양의 지혜》는 300쪽밖에 안 되는 책이지만, 판형은 훨씬 크고, 게다가 그의 수많은 저서 중에서도 깨끗한 삽화가 들어 있는 것이 특색이다. 더구나 이 삽화는 전체의 40% 정도의 분량을 차지하고 있다. 이것은 P. 폭스 박사가 편찬한 것인데, 이 사람이 여러 가지 새로운 자료를 러셀에게 주었다고 한다. 이 삽화 때문에 철학사라는 딱딱한 책이 대단히 친근감을 주게 되었다. 이 삽화는 크게 나누어 두 종류로, 하나는 역대 철학자의 초상과 생가 그밖의 역사적 자취, 첫 저술의 초판본 속 표지 등인데, 또 하나는 추상적인 아이디어와 사고방식을 구상적인 그림으로

나타낸 것이다. 이것이 또 대단히 흥미로운 특징을 이루고 있다.

이 책의 내용은 소크라테스 이전의 아테네, 헬레니즘, 초기 그리스도교, 스콜라 철학, 근대 철학의 융성, 영국 경험론, 계몽주의와 낭만주의 그리고 공리주의 이후의 현대철학으로 되어 있다. 예전의 《서양철학사》에 비하여 그 서술은 간소하고 또 평이해서 읽기 쉬워 일반 독자의 교양서로 아주 적합한 것이다. 또 그리스철학의 서술이 상당한 분량을 차지하고 있는 것은 예전 저술과 마찬가지로 그가 서양철학이라는 것은 어떤 의미에서 모두가 그리스철학이라고 한 주장에 의한 것이다.

일찍이 《서양철학사》에서 러셀은 플라톤과 아리스토텔레스의 형이상적 철학 및 칸트, 헤겔에게서 볼 수 있는 관념론적 철학을 철저히 비판하였던 태도는 15년 전에 비하면 상당히 온건해진 것이다. 왜냐하면 이 책에서는 그의 종래의 주관적인 견해를 꽤나 절제하고, 되도록 객관적인 철학 역사 서술에 힘썼다는 것이다. 따라서 평소와 같은 특유의 획기적, 독창적인 의견이나 상대 의견에 대한 날카로운 비판적 분석은 약간 누그러져 있다. 그리고 이 책에서 또 하나의 중요한 점은 마지막으로 현대사상을 논한 데서, 처음으로 그가 '실존철학'을 언급한 것이다.

러셀은 예전에 쓴 철학사에서는 실존철학에 대해 단 한 줄도 쓰지 않았다. 또 현대 분석철학의 진영에 속하는 철학자로서는 논리분석에 중점을 둔 것은 당연하다. 그러나 그런 그가 이번에는 처음으로 키에르케고르, 야스퍼스, 하이데거, 마르셀 및 사르트르라는 중요한 실존철학자에 대해 각각 한 사람씩 언급하였다는 것은 그의 철학사 연구에서 중요한 사실이다. 그것은 그의 말년의 철학사상이 실존주의적인 경향을 띠게 되었다는 것을 말하는 것이다.

러셀은 과학기술의 발전이 반드시 인간에게 희망을 주는 것이 아니고, 최근의 핵무기 발달은 인류에게 희망보다도 오히려 절망을 안겨주고 있다는 사실을 부정할 수가 없었다. 그의 세계관은 예전의 낙천주의로부터 상당히 비관주의 요소를 더해 가고 있는 것같이 보인다. 인간은 고통과 좌절과 실망에 고민하면서 그 속에서 희망을 찾고 전진해야 된다. 그와 같은 사고방식이 그로 하여금 실존철학에, 그리고 특히 야스퍼스에게 접근하도록 한 것이다.

그런 의미에서도 이 책은 형식적으로나 내용적으로나, 이색적인 작품으로서 주목해야 하는 것이다. 여기에서 우리는 그의 철학사 체계가 완결된 것으로 생각한다.

일 속에서 살며

러셀은 한시도 일에서 떠날 수 없는 사람이다. 이제 그는 아흔 살에 가깝다. 그러나 여전히 방대한 부피에 이르는 여러 가지 것을 다 읽고 있다.

그는 〈타임〉〈맨체스터 가디언〉〈뉴욕 헤럴드 트리뷴〉세 가지 신문을 보고, 딱딱한 책만 읽는 것이 아니라 대체로 하루에 한 편의 추리소설을 읽는다. 그가 추리소설을 읽는 것은 옛날부터 이어온 투쟁적 본능을 해롭지 않은 방법으로 충족하는 배출구로 삼기 위해서였다. 그리고 그가 추리소설을 읽을 때는 "자기를 차례차례 살인 범인의 입장에 둔다든가, 이것을 쫓는 형사의 입장에 둔다든가 하기 위해서였다"고 한다.

러셀만큼 일이 많은 사람도 드물 것이다. 저서나 논문이나 소설을 쓰거나, BBC에서 방송을 한다든가, 면회자와 토론을 하기도 했다. 더욱이 이런 일을 그는 아무렇게나 하는 것이 아니고, 철저히 정열을 쏟아 최선을 다하는 것이다. 그는 언제나 몇 시간이고 토론을 하여도 태연한데, 오히려 토론 상대자가 완전히 녹초가 되어 버리는 일이 많았다. 또 BBC의 TV토론 리허설과 본방송 양쪽을 다하고 귀가하여도 밤늦도록 원기왕성하게 일을 했다고 한다.

러셀이 쓴 저널리즘적 저술을 다 읽어 본 사람은 그 부피가 방대하고 참으로 많은 견해가 그 속에 포함되어 있는 것을 보고 어찌 할 바를 모르는 경우가 많다. 그야말로 "그 마음의 흐름은 그 작업과 함께 멈출 줄을 모른다"는 것이다. 일찍이 러셀이 호주 방문 중에, 기자회견을 하고 나서 나온 신문 〈시드니 브리턴〉은 다음과 같이 보도하였다.

"러셀은 우리를 격려하여 주었다. 그것은 완전히 그의 무진장한 활력과 쾌활함 때문이다. 이 세계에는 원자폭탄도 있지만, 그러나 러셀 같은 불굴의 인간 정신도 함께 존재하고 있는 것이다."

확실히 이 말은 그대로 러셀의 위대함을 말해 주는 것이다.

일을 멈출 줄 모르는 러셀, 지칠 줄 모르는 러셀, 그는 아흔 살을 맞이한 다음에도 또 새로운 일과 씨름하게 되었다. 그것은 인류를 구제해야 할 세계평화 운동이라는 커다란 일을 맞이하였기 때문이다. 더구나 이 일은 지금까지의 일과는 비교도 되지 않을 만큼 크나큰, 그리고 어려운 일이다. 그는 또 새로운 용기와 투지를 불태우며 이 일과 대결하게 되었다.

8. 과학무기 등장과 인류 위기

《변화하는 세계의 새 희망》

20세기의 대가로 떠오른 러셀, 그의 제2차 세계대전 후 활동을 말함에 있어 절대로 빼놓을 수 없는 것이 그의 평화운동, 특히 원·수폭금지를 위한 투쟁이다. 러셀은 대전이 한창일 때 독일·일본 등 동맹국 쪽이 하루라도 빨리 패배하기를 기원하였다. 그러나 전쟁이 연합국 쪽의 핵무기 사용에 의해 끝난 것을 그는 큰 충격으로 받아들였다. 그리고 "원자폭탄의 출현은 모든 것의 재검토를 필요로 한다. 나는 이렇게 앞날을 어둡게 느껴본 적이 없다"고 말하였다.

그리고 러셀은 1945년에 〈어떻게 하면 원폭 전쟁을 피할 수 있는가〉라는 논문을 쓰고, 또 이 해에 영국 상원에서 상태가 이대로 가면 수소폭탄이 얼마 안 가서 실용화될 것이라고 발언하였다. 그리고 그는 연합국 쪽 특히 미국에 대하여 핵무기 전쟁의 참화에 관해서 활발한 계몽운동을 전개하였다. 그의 예언대로 수소폭탄은 몇 년 뒤에 실현되고, 이것은 그에게 비상한 결심과 사명감을 가지고 전세계의 양심에 호소하도록 하였다.

러셀은 1950년 〈원자시대에 살면서〉라는 제목으로 라디오방송을 하였다. 이것은 고쳐 써서 이듬해 출판한 것이 《변화하는 세계의 새 희망》이다. 그는 이 책의 머리말로 "현대사회는 아무도 바라지 않는 전쟁 방향으로 떼밀리고 있으며, 닥쳐오는 이 위기를 피하지도 못하고 가만히 처다보고만 있는 것이다"라고 하였다. 그는 인간에게는 갖가지 다툼이 있지만, 그 중에서도 인간과 인간의 싸움이 문제라고 생각한다. 왜냐하면 인간과 인간의 다툼에서 먼저 극복하지 않으면 안 되는 것이 전쟁이고, 인류가 과학을 매개로 하여 전쟁 위협에 떨고 있는 동안은 어떠한 평화도 있을 수 없기 때문이다. 과학은 원래 진리를 탐구하는 것이고, 진리탐구에 근거하여 자연과 사회의 법칙을 발견하여 그 성과를 인간 복지에 기여하도록 하는 것이다. 그러나 현대 과학은 전쟁에 유익한 기능을 낳게 되었다. 과학이 만든 새로운 도구가 살인과 파괴의 무기가 되어 버렸다. 과학은 확실히 사회에 큰 영향을 준다. 그는 1951년에 옥스퍼드의 러스킨 칼리지에서 '과학이 어떻게 사회에 영향을 주었는가'라는 연속강연을 하였다. 여기에서 그는 현대의 전쟁이 인류에게 새로운 공포를 조성하고 있다고 주장하며, "과학이야말로 인간을 전멸시킬 수 있는 것이다"라고 말하였다. 이와 같이 과학과 인간이 단절 상태가 되어도 좋은가.

러셀은 이 변해 가는 세계 속에서 새로운 희망을 어떻게 생각하고 있는 것일까. 그는 현대의 과학기술을 통하여 인간을 하나로 돌아가게 할 것, 예전의 불완전한 기술로는 피할 수 없었던 과도한 노동의 교훈으로부터, 인간을 해방한다는 사실을 발견하였다. 이 사실에 근거하여 우리는 인간이 현대의 기술이 요구하는 협동을 실행하는 것을 배우지 않으면 안 된다. 거기에 바로 유일한 희망이 존재하고 있는 것이다.

그러나 세계는 우리의 희망과는 정반대로 점점 핵무기의 제조와 그 사용을 향하여 나아가고 있다. 이제 이대로 가면 세계는 생존이냐 멸망이냐의 갈림길을 스스로 선택하지 않으면 안 되게 된다. 러셀은 이제 가만히 앉아 있을 수가 없게 되었다. 1954년 12월에 그는 영국의 방송을 통하여 핵무기 금지를 세계에 감동적으로 호소하였다. 그는 이 방송에서 다음과 같이 항의하며 말을 마쳤다.

"나는 하나의 인간으로서 동포에게 하소연합니다. 여러분의 인간성을 상기하고 그밖의 일은 모두 잊어버립시다. 그렇게 할 수 있다면 새로운 낙원으로 가는 길이 열립니다. 그렇지 않으면 그 앞날에는 전인류의 죽음이 있을 뿐입니다."

그의 이 말이야말로 새로운 희망이고, 이것을 들은 사람은 누구나 그 속에 담긴 그의 정열과 성의를 잊지 않을 것이다.

러셀·아인슈타인 선언

러셀은 다시 전쟁이 터지지 않을까 공포에 떨고 있는 전세계의 소리 없는 대중의 기수로서 새로운 행동을 개시하였다. 그는 자유주의 진영과 공산주의 진영에, 그리고 지도적인 세계의 노벨상 수상 과학자들에게 호소하여 수소폭탄의 무서움을 경고하는 공동성명을 내려고 결심하였다. 이러한 움직임은 이미 제2차 세계대전 중에 오펜하이머와 폴링 등이 수소폭탄 제조에 온몸으로 반대한 데에서도 나타난다.

러셀은 먼저 아인슈타인에게 자기의 뜻을 문의하였더니, 그는 쌍수를 들어 찬성하고 러셀이 그 성명의 초안을 잡는 게 어떻겠느냐고 제안하여 왔다. 그 래서 러셀은 성명안을 만들어, 그에게 보냈다. 이어서 러셀은 로마에서 개최 된 세계정부에 관한 회의에서 강연을 마치고 비행기로 귀국하였는데 그 기상 에서 '아인슈타인 죽음'이라는 슬픈 뉴스를 접하게 되었다. 러셀은 중요한 때에 친한 친구를 잃었다. 그러나 다행히 아인슈타인이 죽기 직전에 성명서에 서명 하는 것을 동의한 편지를 써 놓은 것이 러셀에게 도착하였다.

거기에서 러셀은 에디스 부인과 함께 대단한 노력으로 연락과 교섭을 계속 하여 다른 사람들의 서명을 받아낼 수 있었다. 그 가운데는 폴링, 브리지먼(미 국의 화학자·물리학자), 파웰(영국 물리학자), 졸리오 퀴리(프랑스 물리학자, 퀴리 부부의 사위), 일본의 유카와 히데키(湯川秀樹 ; 이론물리학자) 등이 있다. 이들 과학자의 성명은 '러셀–아인슈타인 성명'이라고 불렀다. 이들은 이데올로기를 넘어, 인류의 일원으로서 공통의 적과 싸워야 한다는 기본적 지반에 서 있다. 그리고 유명한 '전체적 파멸을 피한다는 목표는 다른 어떠한 목표에도 우선하 지 않으면 안 된다'는 원칙에 따라 행하는 운동이었다.

1955년 7월 초에 러셀은 런던의 칵스턴 홀로 신문기자들을 불러 회견하였다. 그리고 카메라맨의 조명 속에서 그는 은발을 반짝이며 기자들의 질문에 답하 였다. 이어서 그는 TV방송을 통하여 핵무기 금지와 인류의 앞날에 대하여 강 연하였다. 그의 말은 전세계에 퍼져 나가고, 그의 소리는 사람들의 가슴에 감 동을 일으켰다. 이 일로 찰스 트레벨리언 경도 러셀을 찬양하게 되었다. 일찍이 러셀을 비판하여 온 이 노인도 이제는 "러셀이야말로 오늘의 세계에서 앞날을 내다보는 유일한 위인이다"라고 말하였다 한다.

이 해에 각국 정상들이 제네바에 모여 회의를 열고, 이것이 국제관계에 새 로운 희망을 주게 되었다. 그 직후에 러셀은 자기는 1914년 이래 세계의 앞날 에 이만큼 밝은 느낌을 가져본 적이 없다고 말하였다 한다. 그러나 그때에는 세계 정세가 다시 다른 방향으로 발전하여 간다는 것은 몰랐던 것이다.

전쟁의 선악판정에 변화를 가져오고

러시아의 문호 톨스토이는 일찍이 《전쟁과 평화》라는 대작 소설을 썼다. 톨 스토이가 여기에서 말하고 있는 것은 전쟁을 중심으로 한 인간의 자유와 필연의 관계이며, 그런 것이 만들어 낸 역사의 관점이었다. 어느 쪽이냐 하면 톨스토이는 인간의 역사를 전쟁에 무게를 둔 역사로 본 것이다. 이에 대하여 러셀은 평화에 중점을 두고 인간의 역사를 바라보며, 어떻게 하면 전쟁을 방지할 수 있는가를 고찰한다.

그런데 러셀은 처음에는 절대적인 평화주의자는 아니었다. 그것은 훨씬 이전인 1916년에 발표한 《전쟁 중의 정의》라는 책에서 "전쟁이라는 것이 모든 경우에 범죄라고는 여겨지지 않는다"고 한 말에서도 알 수 있다. 그것은 그가 제1차 세계대전은 위신을 앞세운 전쟁이었기 때문에 그 정당성(正當性)을 인정하지 않았지만, 제2차 세계대전은 자위의 전쟁으로서 그 정당성을 인정한 것이다. 이 점에 대하여 좀더 설명을 한다.

제1차 세계대전의 종결은 러셀에게 큰 기쁨을 가져왔지만, 베르사유 체제의 독일에 대한 가혹한 조건이 필연적으로 군국주의 독일의 부활을 촉진시키게 되었다. 그러나 그 무렵, 그는 닥쳐오는 제2차 세계대전에서 나치스 독일이 그렇게까지 잔학한 짓을 하리라고는 예측하지 못하였기 때문에, 일어나게 될 독일에 대한 전쟁에 영국은 완전히 무저항으로 나아가야 된다는 견해를 취하였다. 그러므로 러셀은 평화주의야말로 유일한 정책이라 하고, "혹시 영국이 평화주의 정권하에 있을 때, 히틀러가 이 나라를 공격해 온다면 우리는 관광객이라도 맞이하는 셈으로 그와 그의 군대를 환영해야 한다"고까지 말하였다.

그런데 막상 제2차 세계대전이 시작되어 영국이 위험을 겪게 되자, 그는 자기의 정세 판단이 안이했다는 것을 깨닫고, 연합국의 전투 행위를 적극적으로 지지하기 시작하였다. 그래서 1941년 1월 27일의 〈뉴욕 타임스〉는 '러셀 박사 평화주의를 부정'이라는 보도를 하였고, 그해 2월 16일에도 그 신문은 '오랜 세월의 평화주의도 이번 전쟁을 긍정'이라는 제목 기사를 게재하였다. 그리고 러셀 자신도 독일에 대한 그 무저항주의를 철회하였다. 그는 "히틀러가 함부로 날뛰는 한 평화는 결코 있을 수 없다. 사태를 조금이라도 호전시키기 위해서는 그를 타도하는 것이 불가결한 전제이다"라고 말했다. 이것은 그가 평화주의를 부정한 것이 아니라, 오히려 그 기본적인 태도는 진정으로 평화를 추구하여 그 실현을 기대하는 것이었다.

그러나 제2차 세계대전은 새로운 전쟁의 상황을 보였다. 그 전쟁 형태는 세계 전쟁이며, 그것은 인류의 존속이냐 멸망이냐 하는 갈림길을 나타낸 것이었다. 여기에서 러셀의 전쟁에 대한 태도는 다시 변화한다. 곧 어떠한 전쟁도 그 정당성은 존재할 수 없다는 절대주의 입장으로 전환하였다. 여기에서 그는 진정한 평화주의 입장에서 그 평화론을 전개한 것이다.

러셀은 제2차 세계대전 직후 몇 년 동안 소련에게 정복당하는 것보다는 오히려 원자폭탄 전쟁을 선택한다고 역설하였다. 이것은 그의 공산주의에 대한 비판적 태도의 표현이었다. 그러나 이제는 이 입장마저 바뀌었다. 그것은 러셀이 조셉 올솝과의 회견에서 "만일 공산주의자가 핵무장 해제에 대한 관리안에 동의하지 않는 경우, 그 결과로 전세계가 공산주의자의 지배하에 놓인다고 하여도 나는 일반적으로 핵무장 해제에 찬성할 것이다"라는 의미의 발언을 한 데서도 이해할 수 있는 것이다.

그런데 러셀의 이 절대주의적 입장에 선 평화의 사고방식에 대하여, 정면으로 공격을 해 온 것이 그의 논적(論敵)인 시드니 훅이었다.

평화를 둘러싼 화려한 논쟁

세계적으로 러셀과 훅의 논쟁(論爭)만큼 화려하고 격렬한 논쟁은 없을 것이다.

시드니 훅은 뉴욕 대학의 교수로 옛날부터 러셀의 좋은 논쟁 상대였다. 바둑으로 말하면 좋은 맞수인 것이다. 그는 공산주의를 철저하게 싫어하는 인물이었다. 훅은 자유주의 진영이 자유를 지키기 위해서는 절대로 공산주의 진영과 손을 잡으면 안 된다고 생각하였다.

그 때문에 러셀의 발언에 대하여 "그것은 서유럽 자유주의가 공산주의자의 비타협적 태도에 대하여 완전히 굴복하는 것으로, 우리는 단호하게 여기에 승복할 수 없다"고 반박하였다. 훅은 러셀이 전쟁의 위기를 회피하려고, 결국 자유의 깃발을 내려 공산주의의 군문에 항복하기를 권하는 것이라고 생각하였다. 그래서 두 사람 사이에 공개장을 통하여 몇 번의 격론이 되풀이되었다.

이와 같은 논쟁을 통해, 서유럽의 일방적 군축을 지지한 러셀의 견해는 훅과 같은 반공주의자를 격분시키고, 반대로 일부의 공산주의자로 하여금 러셀을 다시 보게 하는 결과를 가져왔다. 훅의 개인 공격적인 말을 빌린다면, 공산주의자가 일찍이 '제국주의의 앞잡이'로 여겨온 러셀이 이번에는 '평화의 진정한 친구'로 치켜세워진 것이다. 그리고 훅은, 러셀이 전쟁도 하지 않고 모든 이 세계를 크렘린에 바치게 될 것이라고 단정하였다.

그러나 러셀은 소련 체제에 대해 러시아혁명 직후부터의 강한 반감을 결코 수정하지 않았고, 죽을 때까지도 그 격렬한 불신감(不信感)은 변하지 않았다. 이 점에서 혹의 안목은 약간 빗나갔다고 해도 될 것이다.

여기에서 중요한 것은 '자유주의와 공산주의'라는 이데올로기의 대립이 중대한가, 아니면 '생존이냐 멸망이냐' 하는 대립이 중대한가 하는 문제이다. 러셀은 자유주의의 모든 국민도, 공산주의의 모든 국민도 다 함께 가장 기본적인 자유, 곧 '살아남기를 선택하는 자유'를 존중해야 한다는 것이다. 그것은 이 '살아남는 자유'가 러셀의 평화사상에 핵심이 되어 있기 때문이다. 그야말로 현대의 위기는 '생존이냐 멸망이냐'의 갈림길에 놓여 있다. 우리는 혹과의 논쟁에서 러셀이 얼마나 인간의 정의를 소중하게 여기고 있는가를 생각해야 한다.

이처럼 러셀에 따르면 이제 모든 전쟁은 무조건 나쁘고, 그것을 보상하고도 남음이 있는 그런 인간적 이익(이를테면 혹이 말하는 자유 등)은 이미 존재하지 않는다. 현대에 있어서 대규모의 핵전쟁은 물론이고, 소규모의 비핵전쟁도 항상 예기치 않는 방향으로 확대 발전할 위험성을 가지고 있는 것이다. 과거의 역사적 사실에 비추어 보아도 군비경쟁이 있는 곳에는 반드시 전쟁이 일어났다. 평화를 확립하기 위해서는 어떻게든 핵무기 그 자체를 폐기하지 않으면 안 된다. 그러기 위해서는 인간의 호전적(好戰的)인 충동에 적당한 배출구를 제공함과 동시에 전쟁을 부정하는 교육을 철저히 하지 않으면 안 되는 것이다.

러셀이 전쟁의 원인을 정치적, 경제적 요인에서만 찾지 않고 정신적, 심리적 요인에서 찾는 것은 그 때문이다. 그리고 바로 여기에 그가 평화를 생각하는 근본적인 자세가 존재하고 있는 것이다.

세계정부의 비전

러셀의 평화에 대한 자세는 과학무기 등장과 함께 위기에 직면하게 된 인류에 대하여 경고하고, 어떻게 하면 그 위협으로부터 벗어날 수 있는가를 생각하는 데 있다. 그리고 최초로 제시한 것이 '세계정부'의 구상이다.

그럼 러셀의 '세계정부' 비전은 어떤 것이었을까. 우선 현대와 같이 기계문명과 과학기술이 발달한 사회는 보통의 사회와는 달라, 높은 수준으로 정치권력과 경제조직을 지배하는 사회라고 할 때, 이 사회를 특히 '과학적 사회'라고 말한다. 그리고 이 과학적 사회가 언제까지나 발전해 가기 위해서는 억압과 폭력이 만연하는 일이 없이 관용하는 태도로 자유롭게 토론을 할 수 있는 사회가 되지 않으면 안 된다.

자유스런 토론은 관용정신(寬容精神)을 촉진하고, 관용정신은 전쟁을 저지하는 역할을 한다. 민주주의와 자유토론의 체제하에서만 그 사회는 모든 형태의 해악을 제거할 수가 있다. 그리고 그는, 이 과학적 사회가 평화롭고 안정되기 위해서는 무슨 일이 있어도 전세계가 단일정부를 가지고, 더욱이 그 단일정부는 군사력을 독점할 필요가 있다. 이것이 그의 평화윤리를 현실적으로 나타내는 세계정부의 구상인 것이다.

러셀은 이미《변화하는 세계의 새 희망》(1952)을 출판하였을 때, 세계를 전쟁으로부터 지키는 유일한 방법은 권위있는 기관을 만들어 전세계에 퍼지게 하고, 거기에 일체의 중요한 군사력을 점유시켜야 한다고 했다. 이것이 그가 말하는 '국제적 권위기관'의 창설이다. 이 권위기관은 몇 가지 권위를 가지고 있는데, 그 중에서도 가장 중요한 것은 군건한 군권(軍權)의 확립이다. 이 기관이 모든 주요한 전쟁무기를 점유하고, 그 사용을 위한 군대를 갖는 것이다. 이 국제적 군대는 어떤 사정이 있어도 중앙정부에 충실하고, 어떤 나라라도 다른 나라에 무력을 사용하면 이 국제적 군대에 의하여 처벌을 받도록 할 필요가 있다.

다음으로 러셀은 이 권위기관의 작업을 전진시키기 위하여 '유화위원회'를 설치하고, 이 위원회의 권고에 권위가 인정되도록 해야 한다고 생각하였다. 그것은 현재의 국제연합(유엔) 헌장에는 몇몇 강대한 국가가 거부권을 행사하게 되어 있으나, 장래의 대규모 전쟁을 방지할 능력을 갖기 위해서는 거부권의 존재를 허락하지 않는 권위기관이 필요하기 때문이다. 그렇지 않으면 어느 쪽 진영에서도 언제나 거부권을 행사할 수 있기 때문이다. 러셀은 말한다. "국제적 권위기관의 설립만이, 집단적 대량 파괴의 수단을 취하는 모든 전쟁을 방지할 수 있는 유일한, 그리고 궁극적인 방법이다." 이것이 러셀의 세계정부 이론인 것이다.

그러나 현대의 세계는 러셀의 세계정부 구상같이 움직이지 않고 있다. 그렇다 하여 이 사고방식이 유토피아가 되는 것은 아니다. 왜냐하면 세계의 평화는 이렇게 하지 않으면 달성이 불가능하기 때문이다. 인류의 평화를 위해 싸우는 자는 최후의 승리자가 되고, 도전하는 자는 패배자가 된다. 이것이 현대 역사의 진리이다. 스피노자의 말처럼 "모든 숭고(崇高)한 것은 드물고 또 곤란을 겪는 것이다."

우리는 러셀이 품은 이 비전을 내걸고, 사람들의 지성과 양식(良識)에 의거하여 인내와 노력을 다하며 한 걸음 한 걸음 착실하게 전진하여 가지 않으면 안 된다.

9. 세계평화운동의 실천에 나섬

상식적인 평화 제안

러셀은 세계평화운동의 상징으로 추앙을 받았다. 그는 제2차 세계대전 이후로 세계평화운동에 나서는 일을 생애의 마지막 역할로 생각하고, 모든 정력을 그 해결에 쏟았다.

그런데 그의 평화운동은 1961~62년을 경계선으로 큰 발전을 보였다. 그것은 이 무렵부터 동서양의 대립이 급격히 노골화되어 상호 불신이 점점 깊어져 갔기 때문이다. 이와 같은 동서양 진영의 상호 불신을 제거하기 위해서는 어떻게 하는 것이 좋을까. 여기에서 그의 오랜 세월에 걸친 사상적 편력은 평화운동(平和運動)이라는 실천활동으로서 결실을 맺게 된 것이다. 사상이 참다운 사상이 되기 위해서는, 그것이 이론에서 실천행동으로 옮겨가지 않으면 안 된다. 그런 의미에서 그의 사상은 완전히 살아 있는 사상이 된 것이다.

러셀은 우선 상식적이지만 구체적으로 평화를 어떻게 하면 확립할 수 있을까를 생각하였다. 그러자면 동서양의 위정자를 설득하고, 서로 증오심을 부추기는 쌍방의 선동을 멈추도록 하며, 핵실험을 정지시켜 핵사찰을 수반하는 군축의 여러 단계를 거쳐 세계기구 확립에 이르는 일련의 정책을 세우는 것이 필요하다. 그는 《상식과 핵전쟁》(1959)이라는 책에서 다음과 같은 '평화에의 걸음 프로그램'을 제시하였다.

러셀에 따르면 평화로 가는 제1보는 동서양의 정부에, 그들의 목적은 대규모 전쟁에 의해서는 결코 이루어질 수 없다는 것을 납득시키는 일이고, 제2보는 각기 상대편의 나라들이 이 명료한 사실을 확신하고 있다는 것을 납득시키는 일이다. 러셀은 여기에서 평화를 실현하는 구체적인 방책으로서 핵실험 정지와 미국·소련 공동선언을 역설한다. 서로 다른 사회체제의 차이에서 오는 각종의 대립을 핵전쟁에 호소하는 것이 아니라 평화적인 방식으로 해결하자는 것이다.

러셀은 이와 같이 합리적인 대책을 제시하였다. 그러나 그 당시 세계의 분위기는 쌍방 모두 순수하게 받아들일 것 같지 않았다. 오히려 격렬한 감정적 반대가 일어나는 것도 피할 수 없었다. 따라서 인간의 생존을 바란다면, 이 합리적인 구상에 대한 이러한 감정적인 장애의 근원을 제거하지 않으면 안 된다. 그 근원이란 갖가지 편견이다.

러셀은 이미 주로 이런 편견의 원인으로서 광신, 내셔널리즘, 잘못된 교육, 세 가지를 들었다. 이런 것이 일방적인 이데올로기를 가지고, 사람들에게 투쟁적, 적대적인 성격을 품게 하는 것이다. 따라서 평화를 확립하기 위해서는 이런 편견을 제거하는 것이 중요하고, 그러기 위해서는 평화에 결부되는 교육이 핵심을 이루게 된다.

인류의 미래를 찾아서

러셀은 참으로 교묘한 발상으로 다음과 같은 인류의 현상을 그려냈다. 그는 곧 지구 밖에 있는 다른 행성으로부터 방문객 한 사람이 이 지구를 찾아왔다고 가정하여, 인류와 세계의 현상을 그럴듯하게 설명하고 있다.

이 방문객은 인간의 말을 모른다. 방문객은 지구에 와서 다음의 것을 발견한다. 우선 인류는 각기 방대한 인구를 거느린 두 큰 무리로 나뉘어 있다. 그한 쪽 집단은 가난하고 노동을 강요당하고 있다. 다른 쪽은 경제적으로 번영하여 노동이 필요 없다. 이 대립하는 집단은 서로 미워하고, 기술을 이용하여서로 상대를 멸망시키려는 일대 군사계획을 추진하고 있다는 것이다. 이 방문객의 비유는 마치 그가 일찍이 썼던 공상소설을 연상케 한다.

이와 같은 입장에서 러셀은 《사실과 허구》, 《인류에게 미래는 있는가》(둘 다 1961)를 출판하여 세계의 평화 확립에 대한 방법을 제시한다. 그에 따르면, '평화의 조건'은 확실히 정치적 영역에서의 여러 가지 문제 해결보다도, 인간성 문제로서 해결해야 한다는 것이다. 이것은 바꾸어 말하면, 동서양이 회담을 할때에 성의와 노력을 가지고 하지 않고 상대를 압도하고 싶은 마음이 지배하는

'승부의 자세'를 가지고 한다는 것이다. 핵무기 사용에 의한 전쟁 발생 가능성을 서로 바라지는 않으면서도, 막상 회담을 하면 성과 없이 끝나는 것은 어째서일까.

이성(理性)과 지성(知性) 영역에서 분명히 이해되고 있음에도 불구하고, 동서 간 회담에서 성과를 거두지 못하는 것은 상호간에 증오하는 마음이 뿌리박혀 있기 때문이다. 그래서 러셀은 자존심, 시기심, 공포심 및 권력욕 등을 들어, 이런 심리적 장해를 어떤 형태로든 시정하지 않으면 이 문제는 언제까지나 해결될 수 없다고 하였다. 이것이 러셀이 말하는 평화

연좌농성
1950년대에 러셀은 철학에서 정치로 관심을 돌린다. 1958년 그는 반핵단체 의장이 되었다가, 1960년 좀더 열렬한 100인위원회를 세운다. 위 사진은 1961년 런던 국방성 근처에서 영국의 핵 정책을 반대하는 농성을 벌이고 있는 100인위원회 회원들. 맨 앞에 백발의 러셀이 보인다.

확정의 조건이다. 그리고 이것은 인간의 상식에 의거하여 평화를 확립하려고 하는 단계로부터 인간의 정의에 의하여 평화를 확립하려고 하는 단계로 발전한 것을 의미하는 것이다.

러셀은 결코 단순하게 이상적인 세계평화론을 주장한 것은 아니다. 특히 쿠바 위기와 중국·인도 국경분쟁이라는 두 위기를 교훈으로 삼아, 그의 평화이론은 마침내 구체적인 실천운동으로 추진되었다. 곧 이 국지적(局地的) 전쟁을 보며, 러셀은 세계 무대 뒤에서 필사적인 노력과 인내심을 가지고 세계의 정치적 대표자와 편지를 교환하며 사태의 설득에 힘썼던 것이다.

러셀은 케네디, 흐루시초프, 카스트로, 우탄트, 수카르노, 네루, 저우언라이

(周恩來) 같은 세계 지도자들과 몇 번씩이나 편지를 주고받았다. 이와 같은 그의 설득이 있었기에 국지적 문제는 국지분쟁으로 끝나고, 세계 전쟁으로 확전되지는 않았던 것이다. 그의 이런 서간집은 《무기 없는 승리》(1963)라는 제목으로 출판되었는데 거기에 자세한 내용이 실려 있다. 이 책을 읽어본 사람은 그의 노력의 발자취가 이만저만이 아니라는 것을 이해할 수 있을 것이다. 러셀은 "인류는 과연 앞으로도 계속 생존할 수 있을까" 하는 질문에 대하여 "나는 절대로 그렇다는 것을 확신한다"고 대답하였다.

핵무장 반대 및 시민 불복종운동

러셀은 핵무기 폐기라는 인류의 비장한 소원을 목표로, 드디어 그 조직활동을 전개하였다. 그는 제2차 세계대전이 끝나자, 우선 영국에서 '핵무장 반대 국민동맹'을 조직하여 자신이 지도자가 되었다. 러셀을 최고 지도자로 한 핵무기 폐기를 위한 운동본부는 런던에 설치되고, 그는 그 동맹의 최고 고문이 되고 얼마 뒤에 그 총재가 되었다.

그리고 이 조직은 대중 속으로 침투하여 핵실험 반대의 집회와 평화행진 등을 차근차근 진행시켜 갔다. 그는 항상 "다른 나라가 핵전력을 보유한다고 해서 자기도 가지려고 하는 것은 어리석은 생각이다. 이것은 핵전력을 확대시키는 기운을 촉진하여, 이것이 대규모 전쟁을 유발하는 위기를 조성하는 것이다"라고 주장하였다.

그런데 1955년에 이 평화운동 조직의 간부 중에 국회의석을 가지고 싶다는 자가 나와, 노동당에 접근하고 정식 정당인으로 정치활동에 참가해야 한다는 의견을 주장하기 시작하였다. 그러나 노동당 주류의 방침은 핵무기를 보유하는 것이 국방상 필요하고, 군축문제는 국제정세에 따라야 한다는 의견에 기울고 있었다. 러셀은 이 경향에 반대하고 여러 번 간부회를 열었으나 의견이 분분하여 그는 끝내 이 동맹을 떠나기로 하였다.

애당초 러셀은 핵무장 반대라는 인류 구제의 순수한 마음은 정치적 야심과 결부되어서는 안 된다고 생각했다. 러셀은 뜻을 같이하는 사람들과 함께 더욱 뚜렷한 목표와 성격을 가진 조직을 결성하려고 했다. 그리고 그는 그 가운데서 100명의 정예를 뽑아, 새로운 결의를 가진 위원회를 만들고, 여기에 '100인 위원회'라는 이름을 붙였다. 이 위원회는 오늘날에는 영국 전역에 조직이 확대되어 5만 명의 회원을 가진 시민단체가 되었다.

1961년을 맞아, 러셀은 부인과 함께 스스로 대중의 진두에 서서 핵무장 반대의 연좌데모를 감행하였다. 정부는 이것을 묵묵히 방치할 리가 없다. 그는 국방성 현관 앞에 앉아 있다가 체포되어, 1주일 동안 감방 신세를 지게 되었다. 그래서 100인위원회는 핵무장에 반대하는 시민 불복종운동을 시작하게 되었다. 10월 29일 드디어 100인위원회 주최로 런던의 트라팔가 광장에서 러셀 부부를 지도자로 불복종 운동을 테마로 하는 공개토론회가 열렸다. 또 12월 9일, 이 위원회는 영국 내의 각 핵무기 기지와 군비행장 등에서 연좌데모를 감행하였다. 이때는 수천 명이 움직이고 수백 명이 체포되었다고 한다.

이때의 일이다. 러셀은 핵실험의 피해를 입은 유일한 나라인 일본에 메시지를 보냈다. 그 메시지에 다음과 같이 썼다.

"영국에서 우리는 대중 동원에 의한 조직적 저항을 하고 있다. 그리고 이 운동이 국제적으로 확산되고 압도적으로 되어 가기를 우리는 희망한다. 나는 절망에 항복하는 것을 거부한다. 우리의 운동이 전세계에 퍼져 가기를 나는 간절히 열망하여 마지 않는다."

러셀에게 있어서, 평화 문제는 영국에서나 일본에서나 마찬가지 문제였다. 영국과 일본의 거리가 설사 몇천 마일이나 떨어져 있어도 그가 보낸 메시지나 실천행동은 서로 호소하고 서로를 격려할 수 있는 것이었다.

이렇게 핵무장 반대운동을 하고 있는 동안에도 런던 상공에는 수소폭탄을 실은 비행기가 끊임없이 날아다니고, 또 핵잠수함이 항구를 드나든다. 러셀은 이 운동에 가족들도 한덩어리가 되어 활동하였다. 에디스 부인은 언제나 러셀 곁에 있고, 광장에서나, 단상에서나, 행진에도 항상 행동을 함께하였다.

이처럼 그의 평화이론과 발언은 실천활동 속에서 완전한 형태로 전개되었던 것이다.

베트남 문제

세계평화 문제는 1962년이 되자 새로운 역사적 전기를 맞이하게 된다. 그것은 베트남 전쟁의 시작이었다. 세계의 이목은 베트남으로 쏠렸다. 그리고 러셀의 실천활동은 1962년을 계기로 하여, 그 이후에는 베트남 문제에 모든 정력을 집중시켰다.

러셀의 평화운동 기반은 어디까지나 자유와 평화를 인류사회 속에 확립하려고 하는 것이다. 그것은 자본주의 사회라든가 사회주의 사회라는 이데올로기를 초월한 것이다. 다만 그는 자본주의 국가들이 자유주의를 수호한다는 평계로 후진국들을 압박하여 왔다는 사실을 보아 넘기지 않았다. 거기에는 분명히 제국주의적 입장에 선 식민지 지배의 사고방식이 존재하였던 것이다. 이런 관점에서 그는 영국이 일찍이 콩고, 수에즈, 로디지아, 남아프리카 등에서 취한 태도를 비난하여 왔고, 마찬가지로 미국이 베트남에 대하여 취한 태도를 비난한 것이다.

러셀은 베트남 문제에 관해서는 뭐라고 해도 미제국주의의 침략 행위라고 보았다. 그리고 베트남에서의 미국의 군사행동은 비전투원을 대량 학살하는 등 야만적인 행위를 저지른 것으로 윤리적으로 용서받지 못할 일이라고 비난했다. 그는 이 문제를 해결하기 위해서는 무력에 의존하지 말고, 14개국 제네바협정을 기초로 하는 국제회의에 의하여 평화적으로 처리해야 한다고 주장했다.

그래서 러셀은 '버트란드 러셀 평화재단'(핵전쟁 위협에 대한 국제적 레지스탕스 운동을 발전시키려는 러셀의 노력에 광범위하고 조직적인 기반을 제공한 것)을 조직하여 '베트남 공동연대동맹'(1966)의 일을 하기로 했다. 그리고 그는 연설, 메시지, 가두행진, 혹은 영국의 국내집회, 그리고 해외 국제회의에도 호소를 계속하는 활동을 하였다.

러셀은 베트남 문제에 모든 활동을 집중하며, 자기가 조직한 '100인위원회'도 어느새 미국의 힘에 오염되었다고 하여 탈퇴하였다. 그는 미제국주의는 베트남의 적일 뿐만 아니라, 세계의 도처를 그 지배하에 두려고 하는 적이므로, 베트남의 승리는 억압당하고 있는 나라와 사람들의 해방을 쟁취하는 일이라고 주장한다. 그의 이 호소는 압박받고 침략당하는 사람들이 제국주의와 싸워 이를 격파하기 위한 것이다.

1965년 6월 런던의 러셀 자택에서 TV인터뷰가 이루어지고 그것이 미국 전역에 방송되었다. 거기에서 러셀은 미국은 베트남에서 침략전쟁을 하고 있으며, 그것은 '베를린장벽'을 친 소련의 어리석은 행동보다도 더욱 혹독하다고 정면으로 미국을 비판하였다. 미국에서는 TV 스크린을 통해 외국인으로부터 처음으로, 자기 나라가 호되게 비판을 받은 만큼 그 충격이 크고 엄청난 반향을 불러일으켰다고 한다.

러셀은 부르짖었다. "미국의 양심에 호소한다. 동시에 인류의 양심에 호소한다. 도리에 어긋난 이런 행위가 오늘의 문명 시대에 용서받을 수 있겠는가." 진정 러셀은 철학자로서가 아니고, 또 영국인으로서도 아니고, 한 인간으로서 인류를 멸망시키면 안 된다는 것을 힘차게 요구한다.

국제전범 법정 열림

러셀은 '베트남 공동연대동맹'의 총재로서 가장 험악하고 가장 다난(多難)한 조직활동에 착수하기 시작하였다. 이것은 베트남에서의 비인도적 행위의 실정을 인류에게 알리고, 그 증거와 증언을 제출함으로써 이런 행위를 정지시키는 데 공헌하고자 하는 일이었다. 러셀의 사상과 행동을 체계적으로 추구하면, 베트남에서의 전쟁범죄 규탄은 그의 지금까지의 사상과 행동의 계통으로 볼 때 극히 논리적이라고 해야 할 일이다.

러셀이 1966년 봄 아흔네 살 때 〈인류의 양심〉이라는 제목의 글로 각국의 저명한 지식인들에게 호소하였을 때, 세계적으로 상당한 충격을 주었다. 그가 이렇게까지 급진적으로 나아가리라고는 예상하지 못하였기 때문이다. 그는 이 〈인류의 양심〉이라는 글에서 이렇게 호소하였다.

"미국정부가 베트남에서 도발한 전쟁, 이 터무니없는 잔학행위를 세계의 여론과 세계의 행동에 의하여 포기하도록 해야 한다. 그렇지 않으면 아이히만이 전인류의 화신이 될 것이다."

일찍이 러셀은 독일이 자유와 평화와 인도(人道)의 확립에 위반하였기 때문에 독일을 증오하였다. 그리고 그는 나치스를 처단하는 뉘른베르크 재판을 지지하였다. 그러나 이번에는 그 뉘른베르크에서 나치스의 죄상을 논고한 미국이 나치스와 마찬가지로 잔학행위를 베트남에서 저질렀기 때문에, 뉘른베르크 법정에서 미국의 전쟁범죄 행위를 재판해야 된다고 주장하였다. 곧 베트남에서의 전쟁범죄자로서 미국의 정치 대표자, 비인도(非人道) 행위에 책임이 있는 자를 재판할 국제재판을 열자고 제창한 것이다.

그래서 1966년 11월, 러셀의 호소에 호응하여 프랑스의 철학자 장 폴 사르트르, 폴란드의 작가 이사크 도이처, 독일의 극작가인 페터 바이스, 물리학자인 알프레트 슈베르츠, 그밖의 각국 학자, 문화인이 런던에 모여 미국의 전쟁범죄를 재판하기 위한 준비회가 열렸다. 그리고 국제법정은 러셀을 명예회장으로, 사르트르를 재판장으로 하여 개정(開廷)하기로 결정하였다. 여러 나라들에 그 위원회가 설치되어 러셀법정을 지지 협력하고 베트남 조사단을 파견하였다. 이들 운동의 본거지는 '러셀 평화재단'으로, 재단활동 자체가 베트남 전쟁 범죄의 국제재판이라고 할 수 있었다.

그 이듬해인 1967년 4월 30일부터 5월 10일까지 10여 일에 걸쳐 스웨덴 스톡홀름의 중심가에 있는 홀케트 후스에서 '국제전쟁범죄법정' 이른바 '러셀법정'의 제1회 공개법정이 개최되었다. 법정에는 세계 각국의 보도진, 그밖의 초대객으로 몇백 명이 방청하였다. 그러나 미국정부는 법정의 초청을 거부하였다.

법정에서는 미국의 침략행위에 대하여 차례차례 증언이 이루어지고, 민간을 목표로 한 포격·폭격에 대한 증거도 많이 쏟아져 나왔다. 특히 극적인 것은 네이팜탄의 희생자가 법정에 나온 일이었다. 그리고 법정은 인류에 대한 범죄로서 미국을 유죄로 판결하였다. 더 자세한 문제의 심의와 검토는 다음 법정에서 하기로 했다.

이와 같은 국제재판 진행과 베트남의 수렁 상태에서 러셀의 평화운동은 점점 첨예화하고 그 앞길은 다난할 수밖에 없었다.

러셀은 그 뒤 《베트남 전쟁범죄》(1967)라는 책을 출간, 거기에서 베트남 문제의 핵심을 지적하고, 국제법정의 의도를 밝혔으며, 아울러 인류의 예지를 가지고 항의와 고발을 하였다. 여기에서 그는 모든 나라 사람들에게 이 법정을 인류의 양심 법정이 될 수 있기를 기원한 것이다.

10. 휴머니스트로서의 러셀

천문학적 세계관

우리는 러셀이 현재에 이르기까지의 사상과 행동을 여러 관점에서 살펴보았다. 여기에서 그의 사상을 전체적으로 확고히 하고, 그것을 또 포괄하는 세계관(世界觀)과 인생관(人生觀)에 대하여 더 검토해 보기로 한다.

러셀은 철학자임과 동시에 과학자였다. 그것이 그의 세계관을 독특한 것으로 하였다. 그는 과학자로서 이 우주가 광대무변(廣大無邊)하다고 생각하였다.

이 광대무변한 우주 속에서 지구는 은하계의 항성 가운데 더 작은 행성의 하나에 지나지 않는 것이다. 이와 같은 입장에 서면 우리의 생명이나 경험은 인과적(因果的)으로는 거의 중요하지 않다. 인간의 상상력은 천문학의 세계에 지배되고, 지상에서의 낙관주의나 비관주의도 우주철학으로서는 마찬가지로 이 소박한 인간중심주의의 표현이다.

위대한 세계는 자연의 철학이 가르치는 한, 선도 아니고 악도 아니며 또 우리에게 화복을 가져다 주는 것에 관심을 보이지 않는다. 이 하찮은 행성에 사는 인간이 하는 것은 우주라는 방대한 존재에 비한다면 얼마나 미미한 것인가. 러셀은 이와 같이 광대무변한 우주의 유구한 발전에서 인간은 하찮고 미세한 존재임을 강조한다.

이와 같은 그의 입장은 '우주적 세계관' 또는 '천문학적 세계관'이라고 말한다. 그의 우주에의 인간의 위치와, 우주에 내재하고 있는 정의의 원리를 인정하지 않는 입장은, 그리스도교 윤리를 초월한 입장이고, 이것이야말로 그의 처세상의 지혜를 만드는 것이다. 왜냐하면 만일 우주가 정의의 존재를 믿는 것을 단념한다면 무슨 일이 일어나도 우리는 이 세계에 대하여 불평을 하지 않아도 되기 때문이다. 러셀은 자기의 인생철학의 근본이념을 스스로 생활의 실천적 방침으로 삼아 왔다.

그러나 러셀의 우주 사상에서 인간의 위치가 이것밖에 되지 않는다면 인간을 경멸하는 일종의 허무주의에 귀착하여 버린다. 그의 세계관은 이것만으로 끝나지 않는다. 그것이 무엇인가 하면, 이처럼 우주 전체에서 본다면 실로 미미한 인간이 왜소한 것임에도 불구하고 위대한 존재라는 것이다. 곧 인간은 자기의 속에 광대한 우주를 비추는 위대한 능력을 가지고 있다. 바꾸어 말하면 인간의 이성적 정신은 학문을 형성하고 문화를 산출하며, 동시에 역사를 움직이는 능력을 타고난 것이다. 일찍이 파스칼은 말하였다. "인간은 무력하고 위대함을 동시에 가진 존재이다"라고.

이 점에 대하여 러셀은 이렇게 말한다.

"천문학자가 사진 원판 위에서 인정하는 점은, 그에게는 몇십 만 광년이나 떨어진 방대한 성운의 상징이다. 공간의 막대함과 시간의 영원함은 모두 그의 마음 속에 기억되고, 그 마음은 어떤 의미에서 공간·시간과 마찬가지로 막대하다."

확실히 아무리 거대한 것도, 아무리 미소한 것도 인간의 지성은 이것을 파악할 수 있고, 아무리 시간적 또는 공간적으로 떨어져 있는 것도, 인간은 우주의 구조 속에서 그 의의를 인정할 수 있다.

인간은 힘에서 볼 때 약한 존재이다. 그러나 생각하는 점에서는 자기가 이해할 수 있는 모든 것과 동등한 존재인 것이다. 그래서 러셀은 다시 인간중심주의 입장으로 돌아온다. 곧 광대한 우주에 대한 경탄과 경외하는 마음은, 그대로 개인으로서의 자유스런 인간을 존중하는 사고방식과 결부되는 것이다. 우리는 별이 반짝이는 우주가 얼마나 큰가를 조용히 생각할 때, 음악이나 시를 통하여, 또는 역사나 과학을 통하여 인간생활에서 소중한 것은 개인적이라는 것을 인식할 수 있다. 러셀의 세계관은 이처럼 개인으로서의 인간 존중의 입장에 의거하여 확립되어 간 것이다.

인생은 영원히 흐르는 물처럼

그럼 러셀은 인생을 어떻게 보고 있는 것일까.

거의 한 세기를 살았던 거인 러셀의 인생관은 아마 우리에게 중요한 시사를 주었다고 할 것이다. 그는 인생에 대하여 항상 미래지향적이었으며, 결코 과거에 부당하게 집착하지 않았다. 그가 언제까지나 정신적으로 젊음을 잃지 않았다는 것은, 인생에 대하여 전향적(前向的)인 이 자세에서 비롯되었다고 할 것이다.

러셀은 인생을 강물과 같은 것이라고 생각한다. 개인적인 인간의 존재를 강물에 비겨 그는 다음과 같이 말하였다.

처음에는 작고 좁은 둑 사이를 흘러가고, 세차게 바위에 부딪쳐 폭포가 되어 떨어진다. 그 사이에 차차 강폭은 넓어지고, 둑은 뒤로 물러가 물살이 훨씬 완만해지고, 마침내 어느새 바다로 흘러들어감으로써 아무 고통도 없이 개인적 존재를 소멸시키게 된다.

노인이 되어 인생을 이렇게 볼 수 있는 사람은 죽음의 공포를 두려워하지 않을 것이다. 러셀은 이와 같이 인생을 급류(急流)로부터 발달하여 바다로 흘러들어가는 큰 강에 비유하였지만, 그것은 고난에 찬 길이었으나 거의 보상을 받은 그의 인생 자체를 표현한 것처럼 들린다. 그는 인생에 대한 희망의 윤리 확립(倫理確立)을 이 영원히 흘러가는 강물에 대한 확신 속에서 구하였다. 그래서 그는 자기의 생명을 보편적 생명 속에 융합시켜 그것으로 그의 존재와 생명의 발전이 약속된 것이다.

오늘날과 같이 인간이 소외된 상황에서 인류가 살아갈 희망을 잃고 있을 때, 인간에게 희망을 주기 위해서는 전진할 에너지가 필요하다. 그리고 이런 에너지가 외계에 대하여 흥미를 촉진함으로써 인간을 그 불행으로부터 구제하는 것이다. 러셀은 인간의 생명력과 에너지를 중시한다. 이상적인 인간상으로서 구비해야 할 성격으로, 러셀이 가장 중시하는 것은 이 생명력 곧 바이탤리티(vitality)이다. 그가 노령에도 불구하고 그만큼 완벽에 가까운 건강을 유지한 것도, 젊은이 못지 않은 활력으로 평화운동에 몸을 바칠 수 있는 것도 그가 무한한 생명력을 지녔던 증거이다.

아흔다섯 살 생일날의 러셀

러셀의 인생에 대한 사고방식은 생에 대하여 적극적으로 긍정적인 태도를 취한, 이 적극성과 창조성 그리고 건설성에 의하여 그의 인생론은 지탱이 된 것이다. 인생론이란 인간의 이 가능성을 탐구하는 일이다. 따라서 인생론은 희망과 이상에 결부된다. 왜냐하면 인간은 가능성을 탐구하여 수많은 가능성 중에서 하나 또는 몇 가지를 선택하려고 하기 때문이다. 러셀은 사람들이 아름다움을 창조하고, 사랑의 능력을 얻어 나아가서 전인류의 갖가지 웅대한 희망의 능력을 건설할 것으로 믿고 있다. 그는 인간의 가능성에 큰 신뢰를 두고 있는 것이다.

러셀은 말한다.

"인간의 힘으로 혁혁한 광채에 빛나는 대전당을 건설하여, 거기에서 인간의 사상과 감정을 가진, 가능한 한 찬란하고 위대한 것이 그늘에 가려지지 않은 빛을 발하여 사람들의 감정을 기쁘게 하고, 사상을 명석하게 할 수 있는 것이다."

요즘 인생론에 대한 관심이 붐을 일으키고 있다. 사회가 불안한 상태가 되면 인간은 저마다 자기의 인생을 어떻게 해야 되는가를 생각하는 것이다. 그때 우리는 러셀의 인생에 대한 적극성, 전진성 및 창조성과, 인간의 가능성에 대한 무한한 신뢰를, 자기의 인생관을 확립하기 위한 일대 지침으로 삼아야 할 것이다.

인간애와 측은한 정

러셀의 인생관 가운데서 잊으면 안 되는 것은 그의 사상 내면에 숨어 있는 다정한 인간애(人間愛)와 아울러 종교적이라 할 만큼 측은한 정(情)이다. 러셀은 겉으로는 예리한 비판과 가차없는 우상의 파괴로 나갔지만, 그것만 가지고는 그를 충분히 이해하지 못한다. 그의 내부적인 성격에는 인간적인 애정과 종교적인 측은한 마음이 존재하였던 것이다.

러셀의 그처럼 숨겨진 내면성은 그의 "사랑에 감동하고, 이성(理性)에 이끌려"라는 말에서도 알 수 있고, 또 일찍이 17년 전에 호주로 강연여행을 갔을 때, "문제의 근본은 참으로 단순한 것이다. 내가 말하고 싶은 것은 사랑, 바로 그리스도교적인 사랑 내지는 측은한 정이다"라고 발언하여 청중을 놀라게 한 데서도 알 수 있다.

러셀은 지성(知性)과 함께 애정(愛情)을 인생에서 중요한 것으로 생각하고, 그 자유스런 발전을 방해하는 것은 이것을 극력 제거해야 한다고 하였다. 사랑이란, 본래의 의미에서 말한다면 정서적인 요소를 포함한, 또 육체적임과 동시에 정신적인 것이다. 그리고 인간에게 새로운 인격을 형성할 때에도 인간의 모든 존재, 바꾸어 말하면 육체와 정신이 서로 융합된 '정열적인 애정'이 어떤가에 따르는 것이다. 정열적인 애정이야말로 인간활동의 출발점이고, 원만한 정신과 관용하는 사회의 기반이 되는 정서라고 할 수 있다.

러셀은 이 '정열적인 애정'을 방해하는 것의 하나로서 종교 특히 금욕주의를 들었다. 이것은 오랫동안 사람들에게 편견을 심어, 문명을 왜곡시켰다고 보는 것이다. 그러나 그가 비판하는 것은 인습적인 미신이고, 또 권력과 결합한 이데올로기로 화한 광신이었지 종교 그 자체를 배척한 것은 아니다. 러셀은 종교의 본질은, 인간을 그 탐욕적인 소원이나 편협한 사상의 감옥으로부터 해방하는 것으로 파악하고 있다. 그리고 그리스도교 중에서도 '우러러보는 마음' '달게 받는 마음' 그리고 '사랑하는 마음' 같은 것은 남겨두어야 한다고 말한다. 이와 같이 러셀의 참뜻은 다정한 인간애(人間愛)에 있었던 것이다.

러셀은 인간의 참다운 자유는 우리 자신의 모습을 사랑하는 마음에 의하여 창조된 신으로 굳게 믿으려 할 때 존재한다고 하였다. 그는 인간으로 하여금 끊임없이 선함을 꿈꾸며 사는 것을 가능하게 한 그 신념의 에너지를 배우려고 하였으며, 그 행동에서 그 꿈을 언제나 눈앞에 생생하게 그리며 현실세계로 내려가려고 하였던 것이다. 여기에는 과학자 러셀이라고는 생각할 수 없는 종교적인 측은한 정이 발로된 것이라고 할 것이다.

자유스런 인간은 나날의 생활에 사랑의 빛을 비추어주는 새로운 꿈이 항상 자기와 함께 있음을 보게 될 것이다. 인간의 생활은 밤길을 만나 지치고 괴로움에 시달림을 겪으면서 극히 소수의 사람밖에 도달할 수 없는 목표를 향하여 나아가는 것과 같다. 러셀은 말한다.

"인간은 극히 드문 정신을 가진 사람밖에는, 자기 이상을 기원하기 위한 전당(殿堂)으로 들어가기 전에 어두운 동굴을 지나가지 않으면 안 된다. 그러나 거기에서 나오면 희망의 문이 있고, 거기를 빠져 나가면 다시 지혜의 등불을 만날 수 있다. 그리고 그 빛으로 새로운 통찰과 새로운 희열, 그리고 새로운 다정함이 빛을 발하는 것이다."

러셀의 인생관은 이와 같이 인간애와 측은한 정에 넘쳐 있는 것이다. 그러나 인생관이 사상이 되기 위해서는 이 애정과 숭상하는 마음이 과학과 결부되지 않으면 안 되는 것이다. 과학이 없이는 사랑은 무력하고, 사랑이 없는 과학은 파괴적이다. 바로 '애정에 의해 통치되는 과학'이야말로 인생문제를 효과적으로 해결하는 것이다. 이것은 그가 애정과 지성, 곧 '지식과 사랑'의 아름다운 통일이야말로, 인생의 자유와 평화의 교향곡을 연주할 수 있다는 신념을 견지하고 있음을 말하는 것이다.

그래서 그의 철학은 현대의 모든 과학장비를 몸에 지니고, 우주의 신비성과 인간의 위치를 근거로 지식과 애정의 통일적 체계로서 완결되는 것이다. 이 점에 대하여 1967년 9월에 출판된 《러셀기념 논문집》(영국계 철학자 19명을 주체로 함)에서 에이여가 러셀이야말로 경험주의를 계승하여, 이것을 현대적으로 새롭게 대성(大成)한 유일한 인물이며, 바로 '세기의 철학자'라고 말한 것도 귀담아 들을 말이다.

성운(星雲)으로서 빛을 비추며

러셀의 생애와 사상을 세밀히 살피고 나서, 별이 총총한 밤하늘을 처다보면 그는 따로따로 빛을 발하는 외딴 별이 아니고, 또 몇몇 별들이 모여 있는 별자리도 아닌 것 같고, 밤하늘 가득히 채우고 있는 크나큰 '성운(星雲)'의 모습으로 여겨진다. 그렇다, 러셀은 성운인 것이다. 그 안에 수많은 별과 별자리를 가지고, 하늘 가득히 펼쳐져 있는 일대(一大) 성운, 그것이 러셀인 것이다.

러셀 성운은 언제까지나 빛을 발하며 우리를 이끌어 준다면 얼마나 좋을까. 러셀은 이미 그의 나이 예순다섯 살이었던 1937년에 장난삼아 자기에 대한 조사(弔詞)를 썼는데, 자기는 아흔 살이 되면 이 세상에서 사라질 것이라고 했다. 그러나 이 예언은 적중하지 않았다. 자기 희평(戲評)이라고나 해야 할 조사 가운데 그는 자기를 제3자 입장에 두고 다음과 같이 말했다.

"그의 생애는 매우 기구하였으나 거기에는 19세기 초두의 귀족적인 반역자들을 방불케 하는 일종의 시대착오적인 일관성이 보인다. 그의 모든 원리는 확실히 기묘한 원리이기는 했으나 그것은 그 나름으로 그의 행동을 다루고 있었던 것이다." 이어서

"만년에 그가 정치적으로는, 왕정복고 후에 밀턴이 그랬던 것처럼, 완전히 고립되었던 것을 생각하면 이것은 주로 그가 지칠 줄 모르는 건강 때문이었던 것 같다. 그는 이미 죽은 시대의 마지막 생존자였다"라고 끝을 맺었다. 이 조사는 물론 소용없게 되었다. 세계를 위하여 다행한 일이다.

러셀은 세상 일에 초연하고 나서지 않았다면 귀족으로서 조용한 여생을 보냈을 것이다. 그러나 그는 '끊임없이 노력하는 자는 구원을 받는다'는 사고방식에 따라 움직이며 인생을 추구하였다. 그는 회의론자(懷疑論者)처럼 사색하고 신자처럼 행동하는 근대인이며, 강한 의지와 정열을 가지고 언제까지나 일을 계속하는 인간이었다. 그는 마지막으로 《자서전》을 집필, 전3권을 출간하였다.

러셀은 영국 북웨일스의 펜린듀드래스 마을의 풍치좋은 곳에서 한가롭게 마지막 인생을 보냈다. 원래 건강체질이었지만 늙고 죽음은 피할 수 없는 것,

그래도 즐기는 위스키와 파이프는 끝까지 놓지 않았다고 한다.

1970년 2월 2일 밤, 러셀은 웨일스의 자택에서 인플루엔자(유행성감기)에 시달린 끝에 오랫동안 빛나던 생애를 마감하였다. 이 거인이야말로 다가올 좋은 시대를 열기 위해 열렬히 싸운 투사였다.

러셀 연보

1872년   5월 18일, 버트란드 러셀은 영국 웨일스의 와이 강 기슭 트렐렉에서 태어났다. 조상은 영국의 대표적인 귀족 베드퍼드 공작, 할아버지는 빅토리아 왕조의 총리를 두 번이나 지낸 존 러셀 백작이다. 아버지는 앰벌리 자작, 어머니는 앨더리의 스탠리 남작 2세의 딸 캐서린임.

1874년(2세) 어머니와 누나 레이첼이 죽음.

1876년(4세) 아버지가 죽고, 형 프랭크와 함께 조부모 밑에 들어감.

1878년(6세) 할아버지 죽고, 형 프랭크가 제2 백작에 오름.

1883년(11세) 처음으로 유클리드 기하학 배움.

1888년(16세) 크라마(속성학원)에서 공부하다.

1890년(18세) 케임브리지 대학 트리니티 칼리지에 입학, 수학을 전공함.

1894년(22세) 대학을 졸업, 파리 주재 영국대사관 명예직원으로 부임. 앨리스 피어솔 스미스와 첫 연애 끝에 결혼.

1895년(23세) 두 차례 독일 방문. 3개월간 베를린 대학에서 정치, 경제학을 연구. 논문 〈G. 하이만의 과학적 사고 법칙과 원리에 관한 비평〉 발표.

1896년(24세) 처녀작 《독일 사회민주주의》 출간. 〈기하학의 아프리오리〉 〈기하학의 논리〉 〈수와 양에 대하여〉 발표. 런던정치경제대학의 수석강사에 취임, 3개월 간 미국 방문.

1897년(25세) 〈기하학의 토대에 관한 소론〉 제목의 박사학위 논문으로 트리니티 칼리지 펠로가 됨.

1898년(26세) 헤겔주의에서 벗어나기 시작함. 〈유클리드 특유의 공리는 경험적인가〉를 파리에서 간행되던 잡지 〈형이상학과 도덕〉 제6호에 발표.

1899년(27세) 〈기하학의 공리〉 발표. 케임브리지 대학 강사가 되어 라이프니츠 철학을 강의.

1900년(28세) 《라이프니츠 철학의 비판적 해설》 출간. 《수학의 원리》의 저작에 착수.

1901년(29세) 전년 파리에서 열렸던 '국제철학회의'에서 발표한 논문 〈질서 관념과 시간 및 공간의 절대적 위치〉 발간.

1902년(30세) 에세이집 《자유인의 신앙》 《러셀의 이율 배반》 출간.

1903년(31세) 《수학의 원리 *The Principles of Mathematics*》 상권 출간(하권은 내지 못함).

1905년(33세) 〈지시에 대하여〉 〈푸앵카레의 '과학과 가설'에 관한 비평〉 발표.

1906년(34세) 〈논리학의 모순〉 발표.

1907년(35세) 하원의원에 입후보했으나 낙선됨.

1908년(36세) 〈계형이론에 근거한 수리논리학〉과 〈조건과 합의〉 발표. 영국학 사원 회원에 선출됨.

1910년(38세) 케임브리지 대학 트리니티 칼리지에서 논리학과 수학기초론 강의를 시작. 화이트헤드와의 공저 《프린키피어 마티마티커 *Principia Mathematica*》(수학 원리) 제1권, 《철학평론집》 출간.

1911년(39세) 부인 앨리스와 별거 시작. 〈기초논리학의 철학적 중요성〉 발표.

1912년(40세) 제1권에 이어 《프린키피어 마티마티커》 제2권 출간. 또 그의 단독 저서인 《철학의 모든 문제》 출간. 〈보편적인 것과 개별적인 것의 관계에 대하여〉 발표.

1913년(41세) 《프린키피어 마티마티커》 제3권 출간.

1914년(42세) 미국으로 건너가 하버드 대학과 보스턴 대학에서 강의함. 제1차 세계대전의 발발과 함께 반전운동을 전개함. 《외계의 인식》 《철학에서의 과학적 방법》 출간하고 〈숙지(熟知)의 성질〉 발표.

1916년(44세) 반전운동과 징병 반대운동으로 벌금형을 받고, 케임브리지 대학에서 해고됨. 《전쟁 중의 정의》 《사회재건의 원리》 출간. 〈전쟁, 공포의 소산〉 발표.

1917년(45세) 《정치의 이상》 출간.

1918년(46세) 주간지 〈트리뷰널〉에 게재한 논문 〈독일의 평화제의〉에 미군을 비방한 내용이 있다고 하여 재판 끝에 유죄를 선고받고 6개월 동안 투옥됨. 옥중에서 《수리철학 서설》과 《정신분석》 집필. 〈논리적 원자론의 철학〉 발표. 《자유에의 길》 출간.

1919년(47세) 《수리철학 서설》 출간. 케임브리지 대학으로 다시 돌아옴.

1920년(48세) 소련 방문. 그러나 그곳에서 증오와 독재 권력에 바탕을 둔 철학을 발견하고 실망과 환멸을 맛봄. 고국으로 돌아오는 길에 중국에 들러 베이징 대학에서 강연. 《볼셰비즘의 이론과 실천》 출간.

1921년(49세) 중국에서 유럽으로 돌아오는 도중 일본을 방문, 미국을 경유해서 귀국한 다음 앨리스 부인과 이혼하고, 도라 블랙과 재혼. 큰아들 존 출생. 《정신분석》 출간.

1922년(50세) 《자유사상과 관료적 선전》 출간. 〈미개국의 사회주의〉 〈물리학과 지각〉 발표. 《중국의 문제》 출간. 총선거 때 노동당 후보로 입후보했으나 낙선.

1923년(51세) 《산업문명의 장래》 《원자의 ABC》 출간. 두 번째 노동당 후보로 입후보했으나 낙선됨. 큰딸 케이트 출생.

1924년(52세) 방미 강연여행 중 형식 민주주의와 금권정치의 인상을 강하게 받음. 《볼셰비즘과 서양》 《어떻게 자유로워지고 행복해지는가》 《과학의 미래와 문명 파괴의 위협》 출간. 〈민주주의와 자본주의〉 발표.

1925년(53세) 《상대성의 ABC》 《나의 신념》 출간.

1926년(54세) 《교육론》 출간.

1927년(55세) 비컨힐스쿨을 창설함. 자유와 훈련의 적합한 조화를 이념으로 교육에 전념하나 재정난을 겪음. 《물질분석》 《철학개론》 《러셀선집》 출간.

1928년(56세) 《회의(懷疑)평론집》 출간. 〈물리학과 형이상학〉 〈나의 결혼관〉 〈미국의 새 철학〉 〈과학과 교육〉 〈회의주의 가치〉 발표.

1929년(57세) 《결혼과 도덕》 출간.

1930년(58세) 《행복의 정복》 출간. 〈마음의 건강과 학교〉 〈현대 결혼에의 의문〉 〈머리와 꼬리〉 〈남자는 자식을 원하는가〉 〈지금부터 40년〉 〈종교와 행복〉 발표.

1931년(59세) 《과학적 전망》 출간. 〈나의 신조〉 〈유년기의 자유토론〉 발표. 형 프랭크 사망으로 제3대 러셀 백작이 됨.

1932년(60세) 《교육과 사회질서》 출간. 〈마음의 변혁〉 발표.

1934년(62세) 《자유와 조직》 출간. 〈왜 나는 공산주의자가 아닌가〉 〈결혼과 자식〉 발표. 러셀은 비컨힐스쿨에서 손을 뗌.

1935년(63세) 도라와 이혼. 《종교와 과학》 《게으름 예찬론》 출간.

1936년(64세) 퍼트리샤 스펜스와 세 번째 결혼. 《평화에의 길》 출간.

1937년(65세) 〈민주주의의 장래〉 〈검증에 대해〉 발표. 작위계승에 대한 최초의 원내 강의. 둘째아들 콘래드 출생.

1938년(66세) 시카고 대학에서 철학교수로 초빙됨. 《권력론—새 사회분석》 출간. 〈과학과 사회제도〉 〈교육의 목적〉 〈심리학과 논리학의 관련〉 발표.

1939년(67세) 미국 캘리포니아 대학에서 철학강의 시작. 〈행복이란 무엇인가〉 〈근대 세계에 있어서의 지성의 역할〉 〈민주주의를 위한 교육〉 발표.

1940년(68세) 뉴욕시립대학의 철학교수에 임명되나 영국국교회의 윌리엄 머닝의 종교적·도덕적 비난으로 발단된 재판사건으로 교수임명이 결국 취소되다. 하버드 대학에서의 강의에도 공작이 있었으나 화이트헤드를 중심으로 대학 교수진의 강력한 지지로 기념강의를 하게 됨. 《의미와 진리의 연구》 출간. 〈자유와 정부〉 〈산타야나의 철학〉 〈바이런과 근대 세계〉 발표.

1941년(69세) 펜실베이니아 주의 반즈 재단에서 철학사 강의 시작. 〈헤겔의 역사철학〉 발표.

1942년(70세) 〈국제대학의 제안〉 〈인도의 실정〉 발표.

1944년(72세) 케임브리지 대학으로 돌아오다. 〈전후 아시아에서의 서양의 지도권〉 〈영국과 미국은 우호국이 될 수 있는가〉 〈국제적 시야의 교육〉 발표.

1945년(73세) 《서양철학사》 출간. 〈영미의 국가주의〉 〈어떻게 하면 원폭 전쟁을 피할 수 있는가〉 발표. 이 논문에서 그는 평화유지를 위해서는 미국이 소련보다 우세한 병력을 가져야 한다고 강조함. 트리니티 칼리지의 강사 겸 펠로로 임명됨.

1948년(76세) BBC 방송에서 〈권위와 개인〉을 강연하면서, 정부는 지방자치단체에 최대한의 자유를 주어야 한다고 강조함.《인간의 지식, 그 범위와 한계》출간. 퍼트리샤와 이혼.

1949년(77세) 영국 최고의 영예인 메리트훈장(Order of Merit)을 수여받음.《권위와 개인》출간.

1950년(78세) 노벨문학상 수상. 강연여행차 호주와 미국 방문.《반속(反俗)평론집》출간.

1952년(80세) 〈과학의 사회적 영향〉〈변화하는 세계의 새 희망〉발표. 에디스 핀치와 네 번째 결혼.

1953년(81세) 단편소설집《교외의 악마》출간.

1954년(82세) 《윤리와 정치에서의 인간사회》출간. 원자·수소폭탄 금지를 방송으로 세계에 호소함. 두 번째 단편소설집《저명인의 악몽》출간.

1955년(83세) 세계 각국의 과학자들에게 원자·수소폭탄 금지 공동성명을 호소함.

1956년(84세) 《자전적 회상》출간.

1957년(85세) 국제연합에서 '과학상' 수상. 〈역사의 이해〉〈토요평론 명작집〉〈나는 왜 그리스도 교인이 아닌가〉발표. 앨런 우드의 러셀 평전인《정열의 회의자》출간.

1958년(86세) 《버트란드 러셀의 베스트》《회의의 의지》《러셀, 흐루시초프·덜레스의 중요 서간집》출간.

1959년(87세) 《나의 철학의 발전》《상식과 핵전쟁》《위기의 철학》《신사와 학자와 악당》출간.

1960년(88세) 덴마크로부터 '서닝상' 수상.《서양의 지혜》《버트란드 러셀, 본심을 말한다》출간.

1961년(89세) 2월 18일, 5천 명의 평화행진의 선두에 서서 국방성 현관 앞에 핵무기 반대 연좌데모하다가 체포됨. 8월 6일, 정부의 금지령에도 불구하고 히로시마데이의 기념집회를 개최. 9월 12일 러셀 두 번째로 체포, 투옥됨. 12월 9일, 영국 전역의 핵기지와 미군기지에 대한 연좌 항의데모를 지도함.《사실과 허구》《인류에게 미래는 있는가》출간.

1963년(91세) '대서양평화재단'을 조직, 베트남 전쟁 반전운동 전개. 《인생의 여러 문제》《정치의 이상》《무기 없는 승리》 출간.

1964년(92세) 《베트남에서의 전쟁과 잔학행위》 출간.

1967년(95세) 《자서전》 제1권, 《베트남 전쟁범죄》《러셀 기념 논문집》《버트란드 러셀의 보존기록 문서류집》 출간.

1968년(96세) 《자서전》 제2권, 《침묵의 죄에 항거하여》《베트남 전쟁 범죄재판의 전기록》《윌슨 씨, 두려움 없이 베트남 문제를 러셀에게 말하다》 출간. 보존기록문서를 캐나다 맥마스터 대학에 판매함.

1969년(97세) 《자서전》 제3권, 《삼가 버트란드 러셀님에게》 출간.

1970년(98세) 2월 2일, 영국 북웨일스의 펜린듀드래스의 플라스펜린 산중턱에 있는 산장에서 1세기에 가까운 생애를 마침. 〈중근동의 위기〉에 관한 러셀의 성명이 2월 3일 이집트 카이로에서 개최된 '국회관계자 세계회의'에서 대독됨.

정광섭

경남거창 출생. 경북대학교 문리대 철학과 서양철학 전공. 《청색시대 시인을 위하여》 외
4편으로 〈자유문학〉 신인문학상 시부문 수상. 지은책 시집 《빛의 우울과 고독》 옮긴책
H.P. 러브크래프트 《러브크래프트전집》 애거서 크리스티 《검찰측 증인》 등이 있다.

세계사상전집084
Bertrand Arthur William Russell
THE PROBLEMS OF PHILOSOPHY
THE CONQUEST OF HAPPINESS
철학이란 무엇인가/행복의 정복
B.A.W. 러셀/정광섭 옮김
동서문화사창업60주년특별출판
1판 1쇄 발행/1989. 10. 10
2판 1쇄 발행/2007. 9. 20
3판 1쇄 발행/2017. 2. 20
3판 2쇄 발행/2023. 4. 1
발행인 고윤주
발행처 동서문화사
창업 1956. 12. 12. 등록 16−3799
서울 중구 마른내로 144(쌍림동)
☎ 546−0331~2 Fax. 545−0331
www.dongsuhbook.com
＊
사업자등록번호 211−87−75330
ISBN 978−89−497−1599−5 04080
ISBN 978−89−497−1514−8 (세트)